Gesellschafterfremdfinanzierung inländischer Kapitalgesellschaften durch ausländische Anteilseigner

Europäische Hochschulschriften
Publications Universitaires Européennes
European University Studies

Reihe V
Volks- und Betriebswirtschaft

Série V Series V
Sciences économiques, gestion d'entreprise
Economics and Management

Bd./Vol. 2546

PETER LANG
Frankfurt am Main · Berlin · Bern · Bruxelles · New York · Wien

Christoph J. Hirsch

Gesellschafterfremdfinanzierung inländischer Kapitalgesellschaften durch ausländische Anteilseigner

PETER LANG
Europäischer Verlag der Wissenschaften

Die Deutsche Bibliothek - CIP-Einheitsaufnahme

Hirsch, Christoph J.:

Gesellschafterfremdfinanzierung inländischer
Kapitalgesellschaften durch ausländische Anteilseigner /
Christoph J. Hirsch. - Frankfurt am Main ; Berlin ; Bern ;
Bruxelles ; New York ; Wien : Lang, 1999
(Europäische Hochschulschriften : Reihe 5, Volks- und
Betriebswirtschaft ; Bd. 2546)
Zugl.: Würzburg, Univ., Diss., 1999
ISBN 3-631-35453-3

D 20
ISBN 3-631-35453-3
ISSN 0531-7339

Meiner Frau

Vorwort

Die vorliegende Arbeit lag der wirtschaftswissenschaftlichen Fakultät der Universität Würzburg als Dissertation vor. Mein Dank gilt Herrn Prof. Dr. Wolfgang Freericks, der die Arbeit angeregt und betreut hat. Ferner danke ich Herrn Prof. Dr. Ekkehard Wenger für die Erstellung des Zweitgutachtens.

Mein besonderer Dank gilt meiner Frau, ohne die ich nicht geworden wäre, was ich heute bin. Ihr widme ich diese Arbeit.

Besonderer Dank gebührt auch meinen Eltern, ohne deren Hilfe und Unterstützung Studium und Promotion nicht möglich gewesen wären. Leider konnte mein Vater die Entstehung der Arbeit nicht mehr miterleben.

Auch der Bischöflichen Studienförderung des Cusanuswerkes möchte ich danken, die durch meine Aufnahme in die Graduiertenförderung und die Gewährung eines Promotionsstipendiums diese Arbeit wesentlich gefördert hat.

München, im Juli 1999

INHALTSVERZEICHNIS

Akürzungsverzeichnis

a.A.	anderer Ansicht
a.a.O.	am angegebenen Ort
Abb.	Abbildung
ABl. EG	Amtsblatt der Europäischen Gemeinschaften
Abs.	Absatz
Abschn.	Abschnitt
ADS	Adler/Düring/Schmaltz (Kommentar)
AE	Anteilseigner
a.F.	alte Fassung
AG	Aktiengesellschaft
AG	Die Aktiengesellschaft (Zeitschrift)
AIG	Auslandsinvestitionsgesetz
AktG	Aktiengesetz
AnfG	Anfechtungsgesetz
Anm.	Anmerkung
AO	Abgabenordnung
Art.	Artikel
AStG	Außensteuergesetz
Aufl.	Auflage
ausld.	ausländisch
AZ	Aktenzeichen
B.	Beschluß
Bayer.	Bayerisches
BB	Betriebsberater (Zeitschrift)
Bd.	Band
Beil.	Beilage
BewG	Bewertungsgesetz
BFH	Bundesfinanzhof
BFHE	Amtliche Sammlung der Entscheidungen des BFH
BFH/NV	Sammlung amtlich nicht veröffentlichter Entscheidungen des BFH
BFuP	Betriebswirtschaftliche Forschung und Praxis (Zeitschrift)
BGBl.	Bundesgesetzblatt
BGH	Bundesgerichtshof
BGHZ	Amtliche Sammlung der Entscheidungen des Bundesgerichtshofes in Zivilsachen
BMF	Bundesminister der Finanzen
BStBl.	Bundessteuerblatt
BT-DrS	Bundestags-Drucksache
BVerfG	Bundesverfassungsgericht

BVerfGE	Amtliche Sammlung der Entscheidungen des Bundesverfassungsgerichts
bzw.	beziehungsweise
CGI	Code Général des Impôts (Frankreich)
DB	Der Betrieb (Zeitschrift)
DBA	Doppelbesteuerungsabkommen
DEJW	Dötsch/Eversberg/Jost/Witt (Kommentar)
Diss.	Dissertation
DStJG	Deutsche Steuerjuristische Gesellschaft
DStR	Deutsches Steuerrecht (Zeitschrift)
DStZ	Deutsche Steuerzeitung (Zeitschrift)
EFG	Entscheidungen der Finanzgerichte
EG	Europäische Gemeinschaften
EG	Einführungsgesetz
EGV	Vertrag über die europäische Union
EK	Eigenkapital
Erl.	Erlaß
EStG	Einkommensteuergesetz
EStR	Einkommensteuerrichtlinien
ET	European Taxation (Zeitschrift)
EU	Europäische Union
EuGH	Europäischer Gerichtshof
EuGHE	Amtliche Sammlung der Entscheidungen des Europäischen Gerichtshofs
EWG	Europäische Wirtschaftsgemeinschaft
EWG-V	EWG-Vertrag
f.	für
f.	folgende
ff	fortfolgende
F.	Fach
FAZ	Frankfurter Allgemeine Zeitung
FG	Finanzgericht
FR	Finanzrundschau (Zeitschrift)
FS	Festschrift
gem.	gemäß
GewStG	Gewerbesteuergesetz
GewStR	Gewerbesteuerrichtlinien
GG	Grundgesetz
ggf.	gegebenenfalls
GmbH	Gesellschaft mit beschränkter Haftung
GmbHG	Gesetz betreffend die Gesellschaften mit beschräkter Haftung
GmbHR	GmbH-Rundschau (Zeitschrift)

Gr.	Gruppe
GuV	Gewinn- und Verlust
Hans.	Hanseatisch
HGB	Handelsgesetzbuch
HHR	Herrmann/Heuer/Raupach (Kommentar)
h.M.	herrschende Meinung
Hrsg.	Herausgeber
ICTA	Income and Corporation Taxes Act (Großbritannien)
i.d.R.	in der Regel
IDW	Institut der Wirtschaftsprüfer
IFSt	Institut Finanzen und Steuern
Inf	Die Information über Steuer und Wirtschaft (Zeitschrift)
inld.	inländisch
InsO	Insolvenzordnung
IRC	Internal Revenue Code (USA)
i.S.d.	im Sinne des
i.S.v.	im Sinne von
IStR	Internationales Steuerrecht (Zeitschrift)
ITA	Income Tax Act (Kanada)
i.V.m.	in Verbindung mit
IWB	Internationale Wirtschaftsbriefe (Zeitschrift)
JbFSt	Jahrbuch der Fachanwälte für Steuerrecht
JZ	Juristenzeitung (Zeitschrift)
KAGG	Gesetz über Kapitalanlagegesellschaften
Kap.	Kapitel
KapESt	Kapitalertragsteuer
KG	Kommanditgesellschaft
KGaA	Kommanditgesellschaft auf Aktien
KO	Konkursordnung
Komm.	Kommentar
KSt	Körperschaftsteuer
KStG	Körperschaftsteuergesetz
KStR	Körperschaftsteuerrichtlinien
KVStG	Kapitalverkehrsteuergesetz
KWG	Kreditwesengesetz
LG	Landgericht
m.E.	meines Erachtens
m.w.N.	mit weiteren Nachweisen
NJW	Neue Juristische Wochenschrift (Zeitschrift)
Nr.	Nummer
NWB	Neue Wirtschaftsbriefe (Zeitschrift)
ObLG	Oberstes Landesgericht

OECD	Organisation for Economic Cooperation and Development
OECD-MA	OECD-Musterabkommen
OFD	Oberfinanzdirektion
o.g.	oben genannt
OHG	offene Handelsgesellschaft
OLG	Oberlandesgericht
Pkt.	Punkt
Rdn.	Randnummer
Rdnr.	Randnummer
Rdvfg.	Rundverfügung
RegE	Regierungsentwurf
Rev.	Revision
RFH	Reichsfinanzhof
RFHE	Amtliche Sammlung der Entscheidungen des Reichfinanzhofs
RIW	Recht der internationalen Wirtschaft (Zeitschrift)
rkr.	rechtskräftig
Rn.	Randnummer
RStBl.	Reichssteuerblatt
Rz.	Randziffer
S.	Satz
S.	Seite
ScheckG	Scheckgesetz
Schr.	Schreiben
Sec.	Section
sog.	sogenannt
SolZG	Solidaritätszuschlaggesetz
StandOG	Standortsicherungsgesetz
StB	Der Steuerberater (Zeitschrift)
StbJb	Steuerberaterjahrbuch
StBKonRop.	Steuerberater-Kongreßreport
StBp	Die steuerliche Betriebsprüfung (Zeitschrift)
SteuerStud	Steuer und Studium (Zeitschrift)
STML	Special Taxation Measures Law (Japan)
StuW	Steuer und Wirtschaft (Zeitschrift)
StVj.	Steuerliche Vierteljahresschrift (Zeitschrift)
Tz.	Textziffer
U.	Urteil
v.	von
VAG	Versicherungsaufsichtsgesetz
vE	verdeckte Einlage
Vfg.	Verfügung
vGA	verdeckte Gewinnausschüttng

vgl.	vergleiche
Vol.	Volume
VStR	Vermögensteuerrichtlinien
WechselG	Wechselgesetz
wesentl.	wesentlich
WiSt	Wirtschaftswissenschaftliches Studium (Zeitschrift)
WM	Wertpapiermitteilungen, Zeitschrift für Wirtschafts- u. Bankrecht
WPg	Die Wirtschaftsprüfung (Zeitschrift)
z.B.	zum Beispiel
ZBB	Zeitschrift für Bankrecht und Bankwirtschaft
ZfB	Zeitschrift für Betriebswirtschaft
ZfbF	Zeitschrift für betriebswirtschaftliche Forschung
ZGR	Zeitschrift für Unternehmens- und Gesellschaftsrecht
ZHR	Zeitschrift für das gesamte Handelsrecht und Wirtschaftsrecht
Ziff.	Ziffer
ZIP	Zeitschrift für Wirtschaftsrecht
zugl.	zugleich
zzgl.	zuzüglich
z.Zt.	zur Zeit

Verzeichnis der verwendeten Symbole

EK	Eigenkapital
EK_M	Eigenkapitalmarktwert
FK	Fremdkapital
FK_M	Fremdkapitalmarktwert
GK_M	Gesamtkapitalmarktwert
i	Fremdkapitalzinssatz
r_{GK}	Rendite des Gesamtkapitals
r_{EK}	Rendite des Eigenkapitals
r_{EK}^*	geforderte Eigenkapitalrendite
r_d	durchschnittliche Kapitalkosten
k(e)	durchschnittliche Eigenkapitalkosten
k(f)	durchschnittliche Fremdkapitalkosten
k(g)	durchschnittliche Gesamtkapitalkosten

Abbildungsverzeichnis

1. Einleitung

1.1. Problemstellung

Seit langem wird in der betriebswirtschaftlichen und insbesondere in der steuerrechtlichen Diskussion darüber gestritten, welche Finanzierungsform für Unternehmen und Anteilseigner am geeignetsten sei. Eng damit verknüpft ist die Frage, welche Kapitalstruktur ein Unternehmen zu verwirklichen habe. Steht die Steuerbelastung im Vordergrund der Betrachtung, fällt zunächst auf, daß das bestehende deutsche Steuersystem die Eigenfinanzierung grundsätzlich steuerlich benachteiligt, während die Fremdfinanzierung begünstigt wird. Dies gilt unabhängig davon, ob der Kapitalgeber der deutschen Steuerpflicht unterliegt oder nicht bzw. Anteilseigner des kapitalaufnehmenden Unternehmens ist oder nicht. Wird einem Unternehmen Kapital zur Verfügung gestellt, besteht somit aus steuerlicher Sicht grundsätzlich der Anreiz, dieses in Form von Fremdkapital zu überlassen. Allerdings sind mit der Art der Finanzierung verschiedene nichtsteuerliche Konsequenzen verbunden, die bei der Beurteilung der Vorteilhaftigkeit der Finanzierung ebenfalls zu berücksichtigen sind.
Erhält das Unternehmen Kapital von seinen Anteilseignern, müssen die Auswirkungen der möglichen Finanzierungsformen sowohl auf Gesellschafts- als auch auf Gesellschafterebene analysiert werden. Unterliegen die Anteilseigner als unbeschränkt Steuerpflichtige der deutschen Besteuerung, sieht das inländische Steuerrecht andere Regelungen vor als bei nicht unbeschränkt steuerpflichtigen Anteilseignern. Diese Ungleichbehandlung löst ihrerseits Anreize aus, eine bestimmte Finanzierungsart zu wählen. Die Problematik der Finanzierung der inländischen Gesellschaft durch ihre ausländischen Anteilseigner wird noch verschärft, da zwei Steuerhoheiten tangiert werden, deren Regelungen nicht aufeinander abgestimmt sind.
Sind außersteuerliche Wirkungen der Finanzierung für den ausländischen Kapitalgeber zu vernachlässigen, handelt er rational, wenn er unter den gegebenen Randbedingungen diejenige Finanzierungsmaßnahme auswählt, welche die steuerliche Belastung insgesamt minimiert. Dieses Verhalten kann sich durchaus zu Lasten der deutschen Steuereinnahmen auswirken. Daher ist es nicht erstaunlich, daß der deutsche Gesetzgeber Gegenmaßnahmen ergreift, die einer Minderung des deutschen Steueraufkommens entgegenwirken sollen. Dies ist mit der Regelung des § 8a KStG geschehen, welche im Rahmen des Standortsicherungsgesetzes 1993 in das Körperschaftsteuergesetz eingefügt wurde und seit 1.1.1994 anzuwenden ist. Gegenstand der Regelung des § 8a KStG ist es, die steuerliche Abzugsfähigkeit von Zinszahlungen einer inländischen Kapitalgesellschaft an ihre ausländischen Anteilseigner einzuschränken. Die Anwendung des § 8a KStG ist dabei insbesondere von der Einhaltung einer bestimmten Kapitalstruktur in der Bilanz abhängig.

In dieser Arbeit wird untersucht, ob den Argumenten des Gesetzgebers und der Finanzverwaltung, welche die Gesellschafterfremdfinanzierung in die Nähe einer mißbräuchlichen Gestaltung rücken, zu folgen ist, und eine Einschränkung daher notwendig war. Dabei wird die Begründung der Gesetzesänderung und deren Folgen für ausländische Investitionen in Deutschland diskutiert. Im Mittelpunkt der Arbeit steht die Frage, ob die Gesellschafterfremdfinanzierung ein Gestaltungsmißbrauch sein kann, d.h. ob sich Maßstäbe finden lassen, die eine angemessene von einer mißbräuchlichen Kapitalausstattung abgrenzen.
Ziel der Arbeit ist es, die gegenwärtige Rechtslage kritisch zu untersuchen. Die Gesellschafterfremdfinanzierung wird dabei aus betriebswirtschaftlicher, zivilrechtlicher und steuerlicher Sicht gewürdigt, wobei die Darstellung der betriebswirtschaftlichen und zivilrechtlichen Grundlagen der Hinführung dient und auf die steuerliche Diskussion vorbereitet.[1] Der Schwerpunkt der Arbeit liegt in der Beurteilung der steuerlichen Regelung des § 8a KStG. Hier wird nicht nur der komplexe Regelungsgehalt erläutert, sondern es werden Ungereimtheiten, Probleme und Widersprüche innerhalb der Regelung herausgearbeitet und Anwendungsprobleme aufgezeigt. Zahlreiche Verbesserungsvorschläge zielen darauf, die aufgedeckten Mängel innerhalb der bestehenden Regelung zu beseitigen. Hierbei wird stets vom geltenden Recht ausgegangen, die Lösungsvorschläge fügen sich daher in das bestehende Besteuerungssystem ein.
Neben Lösungsvorschlägen, die unmittelbar innerhalb der Regelung des § 8a KStG ansetzen, enthält die Arbeit weitere Hinweise darauf, wie die Ursache der steuerlichen Diskriminierung von Eigenkapital beseitigt werden kann. Auch diese Lösungen können innerhalb des bestehenden Steuerrechts verwirklicht werden.
Darüber hinaus wird eine systemverändernde Lösung der Problematik der Gesellschafterfremdfinanzierung, mit der gleichzeitig die Grundlagen der bisherigen Unternehmensbesteuerung aufgegeben werden, vorgestellt.

Hinsichtlich der Regelung des § 8a KStG beschränkt sich die Untersuchung auf die Gesellschafterfremdfinanzierung durch ausländische Anteilseigner. Obwohl § 8a KStG auch für inländische Nichtanrechnungsberechtigte gilt (juristische Personen des öffentlichen Rechts sowie steuerbefreite Körperschaften), bringt eine Betrachtung dieser Personen keine weiteren Erkenntnisse. Auf ihre Einbeziehung wird daher verzichtet.

1.2. Gang der Untersuchung

Die steuerliche Beurteilung der Gesellschafterfremdfinanzierung kann nicht isoliert von betriebswirtschaftlichen Finanzierungsgrundsätzen und zivilrechtlichen Regelungen vorgenommen werden. Daher sind einleitend die ökonomi-

---

[1] Da § 8a KStG an Bilanzwerte anknüpft, lassen sich aus der marktwertorientierten betriebswirtschaftlichen Theorie keine unmittelbaren Rückschlüsse auf § 8a KStG ziehen. Ähnliches gilt auch für das Zivilrecht. Beide Bereiche werden daher nicht vollständig ausdiskutiert.

schen und zivilrechtlichen Grundlagen zu erörtern. Die Arbeit beginnt mit der Betrachtung der Gesellschafterfremdfinanzierung aus betriebswirtschaftlicher Sicht. Es wird hinterfragt, ob es eine optimale bzw. angemessene oder mißbräuchliche Kapitalstruktur gibt. Da § 8a KStG auf bilanzielle Größen zurückgreift, wird ebenso untersucht, ob sich diese als Kriterien einer Beurteilung eignen. Zur Beantwortung dessen ist zunächst auf die unterschiedlichen Funktionen von Eigen- und Fremdkapital einzugehen und zu klären, warum Unternehmen mit unterschiedlichen Verschuldungsgraden arbeiten. Im weiteren werden in diesem Abschnitt vor allem die nichtsteuerlichen Vor- und Nachteile der Gesellschafterfremdfinanzierung aufgezeigt.

Daran anschließend wird die Gesellschafterfremdfinanzierung aus zivilrechtlicher Sicht beurteilt. Im Vordergrund stehen hierbei vor allem Fragen des Gläubigerschutzes und der Bilanzierung. Daneben werden die zivilrechtlichen Anforderungen an den finanzierenden Gesellschafter sowie die Folgen aus der ihm auferlegten Finanzierungsverantwortung ausführlich dargestellt.

Darauf aufbauend werden die steuerlichen Regelungen der Gesellschafterfremdfinanzierung einer kritischen Betrachtung unterworfen. Im Zentrum der Analyse steht dabei die Vorschrift des § 8a KStG und damit zusammenhängender Vorschriften. Tatbestand und Rechtsfolgen der Regelung werden diskutiert, vorhandene Mängel aufgezeigt und Verbesserungsvorschläge angeführt. Dabei wird nicht nur die Vereinbarkeit der Vorschrift mit bestehenden Doppelbesteuerungsabkommen und europarechtlichen Regelungen hinterfragt, sondern auch ein Vergleich mit ähnlichen Regelungen anderer Staaten vorgenommen.

Abschließend werden alternative Lösungsvorschläge erarbeitet, die den steuerlichen Anreiz zur Fremdfinanzierung beseitigen und somit die Ursache der Problematik entschärfen. Die Vorschläge empfehlen zunächst Lösungen innerhalb des bestehenden Steuersystems, wobei auch eine systemverändernde Lösung diskutiert wird.

2. Unternehmensfinanzierung aus betriebswirtschaftlicher Sicht

Der Gesetzgeber lehnt unter bestimmten Voraussetzungen[1] die steuerliche Anerkennung einer Gestaltung ab, bei welcher der Gesellschafter seiner Kapitalgesellschaft Mittel als Gesellschafterdarlehen überläßt. Um eine derartige Gestaltung als mißbräuchlich oder als begründet einstufen zu können, müssen neben den steuerlichen Wirkungen auch ökonomische Aspekte der Kapitalüberlassung beachtet werden.
Im folgenden soll daher untersucht werden, welche Möglichkeiten für einen Gesellschafter bestehen, seiner Kapitalgesellschaft Mittel zu überlassen und welche nichtsteuerlichen Gründe dafür ausschlaggebend sein können. Dazu sind im kommenden Abschnitt zunächst einige Grundlagen abzuklären.

2.1. Begriffliche Grundlegung und Abgrenzungen

2.1.1. Der Finanzierungsbegriff

In der Literatur wird der Finanzierungsbegriff sehr unterschiedlich verwandt. So unterscheidet SWOBODA[2] zwischen einem monetären und einem kapitalwirtschaftlichen Finanzierungsbegriff. Der monetäre umfaßt sämtliche Einzahlungen von Kapitalgebern, die Einbehaltung von Gewinnen, die aus Transaktionen am Markt resultierende Freisetzung von Geldbeträgen in liquide Form[3] sowie die Gewinnung von disponiblen Mitteln. Finanzierung wird dabei nur als Geldbeschaffung bzw. Bereitstellung finanzieller Mittel zur Durchführung der betrieblichen Leistungserstellung gesehen. Diese Sichtweise ist zu sehr an der Erfassung von Geldströmen orientiert und erweist sich m.E. als zu eng.
Der kapitalwirtschaftliche Finanzierungsbegriff ist wesentlich umfassender. Hier wird nicht nur die Versorgung des Betriebes mit disponiblem Kapital eingeschlossen, sondern auch die optimale Strukturierung des Kapitals sowie die Kapitalherabsetzung[4]. Finanzierung umfaßt somit nicht nur die Überlassung oder Gewinnung liquider Mittel, sondern jede Änderung des Kapitalumfangs und der Kapitalstruktur. Der Vorteil dieser Begriffsverwendung liegt darin, daß auch Sacheinlagen eingeschlossen sind.[5] Dies bestätigt auch DRUKARCZYK,[6] der Finanzierung nicht nur als Beschaffung von Geld, sondern auch von geldwerten Einlagen begreift.

---

[1] Zu den Einzelheiten siehe Kap. 4.
[2] Vgl. SWOBODA, Peter: Betriebliche Finanzierung, 3. Aufl., Heidelberg 1994, S. 1ff.
[3] Dieser Vorgang wird auch als Desinvestition bezeichnet.
[4] Vgl. SWOBODA, Peter, a.a.O., S. 3f. Auch VORMBAUM verwendet diesen Begriff. Vgl. VORMBAUM, Herbert: Finanzierung der Betriebe, 9. Aufl., Wiesbaden 1995, S. 26.
[5] Diesen Finanzierungsbegriff verwenden auch WÖHE, Günter/BILSTEIN, Jürgen: Grundzüge der Unternehmensfinanzierung, 7. Aufl., München 1994, S.3.
[6] Vgl. DRUKARCZYK, Jochen: Finanzierung, 6. Aufl., Stuttgart 1993, S. 1.

Es genügt nicht, Finanzierung nur als umgekehrte Investitionszahlungsreihe zu verstehen, die mit einer Einzahlung ins Unternehmen beginnt und auf welche später Auszahlungen folgen. Finanzierung umfaßt neben der Überlassung von Geld und geldwerten Einlagen auch die Gestaltung der Vertragsbeziehungen zwischen dem Unternehmen und dem Kapitalgeber.[7] Bei der Beurteilung der Finanzierung müssen neben den Zahlungswirkungen immer auch die Vereinbarungen bzgl. der Informations-, Kontroll-, Einwirkungs-, Sicherungs- und Sanktionsrechte berücksichtigt werden.

Auch die Beurteilung der Kapitalstruktur des Unternehmens muß vor dem Hintergrund dieser Rechte erfolgen. Finanzierungsentscheidungen betreffen nicht nur Höhe, Zeitpunkt und Anspruchsgrundlage von Mittelbeschaffungen und -rückzahlungen, sondern auch die Frage, welche Rechte sich der Kapitalgeber gegenüber dem Unternehmen einräumen läßt.[8] Die mit der Kapitalüberlassung verbundenen Rechte sind insbesondere wegen der Unsicherheit zukünftiger Entwicklungen bedeutsam.[9]

Die Finanzierung erlaubt es auch, Lösungen für Probleme zu finden, die durch unterschiedliche Interessen verschiedener Kapitalgeber verursacht werden: Eigentümer bzw. Unternehmensgründer sind grundsätzlich daran interessiert, zusätzliche finanzielle Mittel bei gegebenem Risiko möglichst billig zu erhalten und das Risiko des Mittelabflusses sowie Mitwirkungs- und Kontrollrechte von neuen Kapitalgebern gering zu halten. Investoren dagegen wollen bei gegebenem Risiko grundsätzlich eine möglichst hohe Rendite erzielen bzw. bei Bedarf ihre Mittel abziehen können, um sie an anderer Stelle besser anzulegen. Für ihre Anlageentscheidungen benötigen sie möglichst umfassende Informations- und Kontrollrechte.
Diese Interessendivergenz kann mit Hilfe von Finanzierungsverträgen gelöst werden, wenn darin die Aufteilung von Erfolg, Risiko, Informations-, Entscheidungs- und Kontrollrechten geregelt ist.[10]

---

[7] Vgl. DRUKARCZYK, Jochen, Finanzierung, a.a.O., S. 1f.

[8] Der Zusammenhang zwischen Investitions- und Finanzierungsentscheidungen kann hier nicht ausführlich erläutert werden. Grundsätzlich können Investitionen unter Ungewißheit unabhängig von der Finanzplanung erfolgen, wenn neben der persönlichen Konsumneigung auch der Einfluß der persönlichen Risikoneigung ausgeschaltet wird. Vgl. dazu: SCHNEIDER, Dieter: Investition, Finanzierung und Besteuerung, 7. Aufl., Wiesbaden 1992, S. 505. Eine Diskussion der damit zusammenhängenden Separationstheoreme würde den Rahmen der Arbeit übersteigen. Zu dem Separationstheorem von Tobin vgl. ebenda, S. 496, zum Separationstheorem von Fisher vgl. FRANKE, Günter/HAX, Herbert: Finanzwirtschaft des Unternehmens und Kapitalmarkt, 3. Aufl., Berlin, Heidelberg, New York, Tokyo 1994, S. 57, 153ff.

[9] Zu den Einzelheiten siehe Pkt. 2.4.

[10] Vgl. DRUKARCZYK, Jochen: Theorie und Politik der Finanzierung, 2. Aufl., München 1993, S. 7.

2.1.2. Systematisierung der Finanzierungsformen

Finanzierungsformen lassen sich nach vielerlei Kriterien abgrenzen.[11] Die wichtigsten werden im folgenden dargestellt.[12]
Nach dem Kriterium der Rechtsstellung des Kapitalgebers bzw. der Kapitalhaftung lassen sich Eigen- und Fremdfinanzierung unterscheiden. Die Eigenfinanzierung erfolgt als Beteiligungsfinanzierung durch Einlagen oder als Selbstfinanzierung durch Zurückbehalten von Gewinnen. Die Fremdfinanzierung erfolgt als Außenfinanzierung durch Kreditaufnahme des Unternehmens oder als Innenfinanzierung u.a. durch Bildung von Rückstellungen.

Im Hinblick auf die Befristung der Kapitalüberlassung unterscheidet man kurz-, mittel- und langfristige Finanzierung, wobei die Einteilung in Jahresfristen grundsätzlich willkürlich ist. In der Literatur werden Mittel als kurzfristig angesehen, wenn sie bis zu einem Jahr überlassen werden und langfristig bei über vier Jahren.[13]

Nach dem Zweck der Finanzierung kann zwischen Gründungs-, Erweiterungs-, Sanierungs- und Umfinanzierung unterschieden werden.

Bezüglich des Erfolgsanspruchs wird zwischen Finanzierung gegen feste oder variable Vergütungsansprüche unterschieden sowie zwischen vorrangig oder nachrangig zu befriedigenden Ansprüchen bzw. Residualansprüchen.

Betrachtet man die Häufigkeit des Finanzierungsvorganges, wird die einmalige von der laufenden Finanzierung unterschieden.[14]

Nach der Mittelherkunft wird schließlich zwischen Außen- und Innenfinanzierung differenziert werden. Auf die letzte Differenzierung wird im folgenden genauer eingegangen.

2.1.2.1. Innenfinanzierung

Werden finanzielle Mittel, die dem Unternehmen zugeflossen sind, im Unternehmen zurückbehalten, liegt Innenfinanzierung vor. Diese findet in Form der Selbstfinanzierung, der Finanzierung aus Abschreibungen oder aus Rückstel-

---

[11] Vgl. dazu auch die Übersicht in Anhang 1.
[12] Vgl. PERRIDON, Louis/STEINER, Manfred: Finanzwirtschaft der Unternehmung, 8. Aufl., München 1995, S. 319ff, SCHNEIDER, Kristian: Erfolgswirkungen der Kapitalstruktur, Frankfurt 1991, zugl. Diss. Frankfurt 1991, S. 20ff, VORMBAUM, Herbert, a.a.O., S. 30ff.
[13] Vgl. PERRIDON, Louis/STEINER, Manfred, a.a.O., S. 320.
[14] Vgl. WÖHE, Günter: Finanzierung und Besteuerung, in: Betriebswirtschaftslehre und Unternehmensbesteuerung, ausgewählte Aufsätze, München 1984, S. 427.

lungen statt. Die Selbstfinanzierung kann still oder offen erfolgen. Die offene erfolgt aufgrund gesetzlicher Ausschüttungssperrvorschriften[15] oder durch explizite Ausschüttungssperrbeschlüsse des Managements[16] bzw. der Eigentümer. Bei der stillen Selbstfinanzierung werden Mittel durch Nutzung von Ermessensspielräumen bei den handelsrechtlichen Ansatz- und Bewertungsvorschriften im Unternehmen gebunden.
Bei der Innenfinanzierung fließen dem Unternehmen aus dem laufenden Umsatzprozeß liquide Mittel zu.[17] Werden Abschreibungsgegenwerte, Aufwendungen für Rückstellungen etc. vom Markt vergütet, steht diesem Zufluß in der GuV-Rechnung ein Aufwandsposten gegenüber, der in derselben Periode nicht auszahlungswirksam wird. In Höhe dieses Postens verringert sich der ausschüttungsfähige Jahresüberschuß. Somit werden Mittel an das Unternehmen gebunden und stehen als liquide Mittel für zusätzliche Investitionen zur Verfügung.[18] Auf diese Weise findet eine Finanzierung aus Abschreibungen bzw. aus Rückstellungen statt.[19] Daneben können die Mittel auch durch Umwandlung in künftige Ansprüche Dritter im Unternehmen zurückgehalten werden (z.B. durch Bildung von Pensionsrückstellungen).[20]

Die offene Selbstfinanzierung[21] als Einbehaltung von Gewinnen kann freiwillig als eine von der Gesellschafterversammlung[22] bzw. Hauptversammlung[23] beschlossene Gewinnthesaurierung, also Einstellung in die offenen Rücklagen bzw. Ausweis als Gewinnvortrag, erfolgen. Sie kann aber auch gesetzlich erzwungen sein.[24] In jedem Falle erfolgt sie aus versteuertem Gewinn[25] und ist in der Bilanz sichtbar.

Bei der stillen Selbstfinanzierung[26] wird der Gewinnausweis in der Bilanz durch bilanzpolitische Maßnahmen verringert.[27] Durch die Bildung stiller Reserven wird

---

[15] Gem. § 150 AktG.
[16] Gem. § 58 Abs. 2 AktG
[17] Vgl. JURKAT, Werner: Korreferat zum Referat Sarrazin, in: JbFSt 1979/80, S. 406.
[18] Vgl. PERRIDON, Louis/STEINER, Manfred, a.a.O., S. 420f.
[19] Vgl. dazu DRUKARCZYK, Jochen: Finanzierung, a.a.O., S. 318ff, PERRIDON, Louis/STEINER, Manfred, a.a.O., S. 428ff, 433ff. Ebenso WÖHE, Günter/BILSTEIN, Jürgen, a.a.O., S. 288ff, 305ff. Zum Kapazitätserweiterungseffekt, dem sog. Lohmann-Ruchti-Effekt vgl. ebenda, mit Beispiel: S. 290f, PERRIDON, Louis/STEINER, Manfred, a.a.O., S. 430.
[20] Vgl. DRUKARCZYK, Jochen: Theorie..., a.a.O., S. 15. Zu weiteren Einzelheiten siehe Übersicht in Anhang 2.
[21] Vgl. dazu auch VORMBAUM, Herbert, a.a.O., S. 235ff.
[22] Gem. § 29 GmbHG.
[23] Gem. § 174 Abs. 1 AktG.
[24] Z.B. Einstellung in die gesetzliche Rücklage (§ 150 Abs. 2 AktG), Rücklage für eigene Anteile (§ 272 Abs. 4 HGB).
[25] Der Gewinn unterliegt hier gemäß § 23 Abs. 1 KStG der KSt-Tarifbelastung von 40% zzgl. Solidaritätszuschlag von z. Zt. 5,5% (§ 4 SolZG). Zu Einzelheiten der steuerlichen Belastung der Gewinnthesaurierung siehe Kap 4.
[26] Vgl. WÖHE, Günter/BILSTEIN, Jürgen, a.a.O., S. 284ff, PERRIDON, Louis/STEINER, Manfred,

der erzielte Gewinn nicht in der Bilanz sichtbar. Somit ist der Umfang der stillen Selbstfinanzierung für außenstehende Bilanzleser nicht erkennbar. Die stille Selbstfinanzierung erfolgt aus unversteuertem Gewinn. Da die stillen Reserven erst bei ihrer Auflösung versteuert werden, ergibt sich für das Unternehmen der Vorteil einer Steuerstundung,[28] d.h. ein Liquiditäts- und Zinsgewinn. Eine endgültige Steuerersparnis oder -mehrbelastung kann sich nur bei einem progressiven Steuertarif, nicht jedoch beim linearen Tarif des KStG ergeben, sofern die Steuersätze selbst nicht geändert werden. Bei der stillen Selbstfinanzierung ist im Vergleich zur offenen das Finanzierungsvolumen um die ersparten Steuern höher.

Bei der Beurteilung der Innenfinanzierung fällt zunächst folgendes auf:[29] Wenn für ein Unternehmen keine Möglichkeit besteht, von außen neues Kapital zu erhalten, dann ist die Innenfinanzierung die einzige Finanzierungsmöglichkeit. Da keine zusätzlichen Kapitalgeber mit dem Unternehmen in Verbindung treten, muß dieses keine zusätzlichen Sicherheiten bestellen, die Macht- und Einflußverhältnisse im Unternehmen verändern sich nicht, und die vorhandene Unabhängigkeit bleibt bestehen. Das Kapital steht zunächst unbefristet zur Verfügung und ist frei von Zweckbindungen, Zins- und Tilgungszahlungen. Gegenüber der Beteiligungs- oder Kreditfinanzierung erspart die Innenfinanzierung Transaktionskosten. Infolge des ersparten Zinsaufwandes kann sich das Unternehmen eine niedrigere kurzfristige Preisuntergrenze als bei Kreditfinanzierung erlauben.

Da die offene Selbstfinanzierung einer relativ hohen Steuerbelastung von 40% unterliegt,[30] ist zu prüfen, ob eine Gewinnausschüttung mit anschließender Kapitalerhöhung sinnvoller ist.[31] Wird der Gewinn ausgeschüttet, unterliegt er zunächst auf der Ebene der Kapitalgesellschaft der Ausschüttungsbelastung von 30%.[32] Diese wird jedoch bei anrechnungsberechtigten Gesellschaftern[33] auf

a.a.O., S. 423ff, WÖHE, Günter: Finanzierung und Besteuerung, a.a.O., S. 433f.

[27] Z.B. durch Nichtaktivierung immaterieller Vermögensgegenstände gem. § 248 Abs. 2 HGB, Unterbewertung von Vermögensgegenständen (durch überhöhte Abschreibungen gem. § 253 Abs. 2 - 5 i.V.m. § 279 HGB, niedrige Ansätze bei den Herstellungskosten gem. § 255 Abs. 2 HGB oder bei der Vorratsbewertung gem. §§ 240 Abs. 3, 4, 256 HGB), unterlassene Zuschreibungen gem. § 280 Abs. 2 HGB, Überbewertung von Passiva (Rückstellungen gem. § 249 HGB), Sofortabschreibung geringwertiger Wirtschaftsgüter gem. § 6 Abs. 2 EStG i.V.m. § 254 HGB und § 5 Abs. 1 S. 2 EStG, Nichtaktivierung des derivativen Firmenwerts gem. § 255 Abs. 4 HGB.

[28] Der Zeitraum der Steuerstundung ist davon abhängig, in welchen Wirtschaftsgütern die stillen Reserven vorhanden sind. Stille Reserven in Grund und Boden halten sich mangels planmäßiger Abschreibung i.d.R. bis zur Veräußerung, während sie sich bei planmäßig abzuschreibenden Wirtschaftsgütern des Anlagevermögens sukzessive durch verringerte Abschreibungen auflösen.

[29] Vgl. VORMBAUM, Herbert, a.a.O., S. 250ff, PERRIDON, Louis/STEINER, Manfred, a.a.O., S. 426ff.

[30] Gem. § 23 Abs. 1 KStG.

[31] Zum Schütt-aus-Hol-zurück-Verfahren siehe auch: GROSSE-HOKAMP, Dieter: Das Schütt-aus-Hol-zurück-Verfahren, Diss. Münster 1985, ebenso: Die Körperschaftsteuer, Kommentar zum KStG und zu den einkommensteuerrechtlichen Vorschriften des Anrechnungsverfahrens, hrsg. v. DÖTSCH, Ewald/ EVERSBERG, Horst/JOST, Werner/WITT, Georg, Stuttgart, 1995, § 27 KStG Tz. 224ff.

deren Steuer angerechnet,[34] so daß die Gewinnausschüttung nur dem persönlichen Einkommen- bzw. Körperschaftsteuersatz der Eigentümer unterliegt. Liegt der persönliche Steuersatz des Anteilseigners unter 40%, ist das Schütt-aus-Hol-zurück-Verfahren grundsätzlich vorteilhaft. Durch Ausschüttung und Kapitalerhöhung fallen zwar Transaktionskosten [35] an, doch haben diese bei der GmbH seit der Abschaffung der Gesellschaftsteuer nur noch geringe Bedeutung, zumal Zuführungen zur Kapitalrücklage weder Notar- noch Handelsregisterkosten verursachen.

Die Selbstfinanzierung bzw. Gewinnausschüttung mit Kapitalerhöhung ist für die Eigentümer eine Alternative zur Verwendung der Mittel außerhalb des Unternehmens. Ob die Eigentümer ihre Mittel im Unternehmen belassen oder abziehen, hängt neben der Frage, ob die Mittel für den Konsum benötigt werden, davon ab, welche Rendite die Mittel innerhalb und außerhalb des Unternehmens erwirtschaften.[36] Selbstfinanzierung kommt für die Eigentümer daher nur in Frage, wenn diese Investition die vom Anteilseigner geforderte Mindestrentabilität, ggf. erhöht um eine Risikoprämie, erreicht.[37]
Während die offene Selbstfinanzierung auf einer Anlageentscheidung der Eigentümer beruht, ist die stille Selbstfinanzierung bei einer Trennung von Eigentum und Kontrolle deren Mitsprache entzogen.[38] Hier nimmt das Management den Eigentümern die Anlageentscheidung ab und entzieht ihnen somit einen Teil ihrer Kompetenz. Die Mittel gelangen nicht auf den Kapitalmarkt und unterliegen nicht der Lenkungswirkung des Kapitalmarktzinssatzes. Es kann folglich zu Fehllenkungen kommen, indem wenig rentable Investitionen durchgeführt werden.[39] Da das Management anstelle der Anteilseigner über den Finanzierungsumfang entscheidet, besteht die Gefahr, daß die Entscheidung nicht am Interesse der Eigentümer[40] ausgerichtet ist.[41] Deshalb ist die Bildung stiller Reserven abzulehnen.[42]

---

32 Gem. § 27 Abs. 1 KStG.

33 Zu Einzelheiten vgl. Kap. 4.

34 Zum Anrechnungsverfahren (§§27 ff KStG) allgemein siehe: WÖHE, Günter: Betriebswirtschaftliche Steuerlehre, Bd. I/1, 6. Aufl., München 1988, S. 224ff, ebenso ROSE, Gerd: Die Ertragsteuern, 13. Aufl., Wiesbaden 1994, S. 158ff.

35 Unter Berücksichtigung dieser Transaktionskosten läßt sich für die Vorteilhaftigkeit des Schütt-aus-Hol-zurück-Verfahrens ein kritischer Steuersatz des Anteilseigners errechnen. Vgl. dazu VORMBAUM, Herbert, a.a.O., S. 241ff. Vgl. dazu auch: WAGNER, Franz W./DIRRIGL, Hans: Die Steuerplanung der Unternehmung, Stuttgart, New York, 1980, S. 133ff, SIEGEL, Theodor: Steuerwirkungen und Steuerpolitik in der Unternehmung, Würzburg, Wien 1982, S. 171ff.

36 Die Selbstfinanzierungs- bzw. Ausschüttungspolitik dient hier als Instrument der Managerkontrolle.

37 Problematisch wird die Entscheidung, wenn die Eigentümer keine homogene Gruppe bilden, sondern unterschiedliche Konsum- und Risikoneigungen, Zielsetzungen sowie andersartige Anlagemöglichkeiten haben. Vgl. MELLWIG, Winfried: Investition und Besteuerung, Wiesbaden 1985, S. 46.

38 Dies ist nicht der Fall bei einem Gesellschafter-Geschäftsführer, da in seiner Person Eigentum und Kontrolle nicht getrennt sind.

39 Vgl. VORMBAUM, Herbert, a.a.O., S. 255f, PERRIDON, Louis/STEINER, Manfred, a.a.O., S. 427f.

Weiterhin ist zu bemängeln, daß durch stille Reserven die Bilanz verschleiert wird und für Außenstehende wenig Informationen bietet.

2.1.2.2. Außenfinanzierung

Während bei der Innenfinanzierung hauptsächlich die Eigenfinanzierung im Vordergrund steht, und die Fremdfinanzierung (z.B. in Form von Pensionsrückstellungen) eher von geringerer Bedeutung ist, spielt bei der Außenfinanzierung die Fremdfinanzierung eine sehr viel wichtigere Rolle.
Bei der Außenfinanzierung wird dem Unternehmen Kapital über die Finanzierungsmärkte (Kredit- und Kapitalmarkt) zur Verfügung gestellt.[43] Als wesentliche Formen der Außenfinanzierung gelten die Kreditfinanzierung als Hingabe von Fremdkapital sowie die Beteiligungsfinanzierung als Überlassung von Eigenkapital.

2.1.2.2.1. Abgrenzungsmerkmale zwischen Eigen- und Fremdkapital

Eine Unterscheidung zwischen Eigen- und Fremdkapital ist bei idealtypischer Ausprägung der Finanzierungsformen leicht möglich, jedoch findet sich in der Realität eine Fülle von Mischformen. Gemäß der idealtypischen Ausprägung läßt sich eine Abgrenzung nach folgenden Kriterien vornehmen:[44]

Nach dem Kriterium der Fristigkeit steht Eigenkapital bis zur Liquidation zur Verfügung, während Fremdkapital zu einem festen Tilgungstermin zurückgezahlt werden muß.
Der Eigenkapitalgeber trägt das Risiko bei Verlusten bis zur Höhe seiner Einlage, nicht dagegen der Fremdkapitalgeber aufgrund seiner Gläubigerstellung.
Beim Fremdkapital existiert ein fester Zinszahlungsanspruch, während die Vergütung für die Eigenkapitalüberlassung gewinnabhängig ist.
Mit dem Fremdkapital ist ein fester Rückzahlungsanspruch in Höhe der Forderung verbunden, der Eigenkapitalgeber hat lediglich einen Quoten- bzw. Residualanspruch, wenn der Liquidationserlös die Schulden übersteigt.

---

[40] Als Zielsetzung der Anteilseigner könnte man die Maximierung des erwarteten Nutzens aus unsicheren künftigen Konsumausgaben ansehen. Vgl. SWOBODA, Peter, a.a.O., S. 6.

[41] Das Management ist grundsätzlich daran interessiert, möglichst viele Mittel im Unternehmen zu halten, um den eigenen Handlungsspielraum nicht unnötig einzuschränken.

[42] Für eine Beschränkung der Innenfinanzierung durch Ausschüttungszwang spricht sich auch Dieter SCHNEIDER aus, der dadurch die Marktlenkung von Risikokapital verbessern will. Vgl. SCHNEIDER, Dieter: Sofortabschreibung, sofortiger Verlustausgleich und Marktlenkung von Risikokapital, in: Besteuerung und Unternehmenspolitik, Festschrift für G. Wöhe, hrsg. v. G. John, München 1989, S. 313.

[43] Vgl. DRUKARCZYK, Jochen, Theorie..., a.a.O., S. 15. Eine genaue Übersicht findet sich in Anhang 3.

[44] Vgl. PERRIDON, Louis/STEINER, Manfred, a.a.O., S. 321, DRUKARCZYK, Jochen: Finanzierung, a.a.O., S. 170ff, SWOBODA, Peter, a.a.O., S. 10f.

Mit Eigenkapital ist im Gegensatz zum Fremdkapital ein Recht auf Einflußnahme auf die Unternehmensleitung verbunden, mit Fremdkapital nicht.
Während die Vergütungen für Eigenkapital ertragsteuerlich nicht abziehbar sind, stellen die Fremdkapitalzinsen steuerlich abzugsfähige Betriebsausgaben dar. Lediglich bei der Gewerbeertragsteuer sind sie nur hälftig abziehbar.[45]

In der Finanzierungspraxis sind diese Abgrenzungsmerkmale auf vielerlei Weise durchbrochen: Bei Konkurs des Schuldners verliert der Fremdkapitalgeber seinen festen Zins- und Rückzahlungsanspruch. Ein Großkreditgeber hat aufgrund des Vertrages i.d.R. mehr Einflußnahmemöglichkeiten auf die Unternehmensleitung als Aktionäre mit geringer Beteiligung. Werden Kredite immer wieder prolongiert, kann Fremdkapital länger zur Verfügung stehen als Eigenkapital, welches mit Hilfe einer Kapitalherabsetzung oder durch Ausschüttung freier Rücklagen abgezogen werden kann.
In der Literatur gibt es noch weitere Abgrenzungsmerkmale und Durchbrechungen, die an dieser Stelle nicht alle aufgeführt werden können. Im folgenden soll unter Eigen- und Fremdkapital die idealtypische Ausprägung verstanden werden, soweit nicht eine konkrete Mischform angesprochen ist.

2.1.2.2.2. Funktionen des Eigen- und Fremdkapitals

Die Auswahl der Finanzierungsmaßnahmen beeinflußt nicht nur die Liquidität und die Eigenkapitalrentabilität[46] des Unternehmens, sondern auch die Verteilung des Risikos auf die Kapitalgeber. Unter Risiko ist hier der mögliche Eintritt eines nachteiligen Ereignisses zu verstehen.
Wird ein Unternehmen von einem Eigentümer (Investor) voll eigenfinanziert, hat dieser einen Anspruch auf sämtliche Chancen, trägt aber auch das volle Risiko. Stellen mehrere Kapitalgeber Eigenmittel zur Verfügung, so entspricht bei einem symmetrischen Finanzierungsvertrag die Kapitalaufbringung und die Erfolgsbeteiligung der Eigenkapitalquote. Bei einem nicht symmetrischen Finanzierungsvertrag ist sowohl Kapitalaufbringung und Erfolgsbeteiligung als auch die Geschäftsführungsbefugnis und das Recht auf Information und Kontrolle asymmetrisch verteilt. Chancen und Risiken aus der Investition, d.h. aus der wirtschaftlichen Tätigkeit des Unternehmens, entsprechen dann nicht mehr den Chancen und Risiken einer Teilposition.
Wird das Unternehmen auch teilweise fremdfinanziert, haben die Fremdkapitalgeber über ihre vertraglich fixierten Zahlungen hinaus keinen Anteil an den Chancen. In Abhängigkeit von der Höhe der Rückzahlungen aus der Investition und der Höhe des Fremdkapitals kann der Eigentümer bei beschränkter persönlicher Haftung Risiko auf den Fremdkapitalgeber abwälzen.[47]

---

[45] Zu Einzelheiten bzgl. der Besteuerung siehe Kap. 4.
[46] Vgl. dazu im einzelnen Pkt. 2.2.1.

Finanzierung ist folglich ein Instrument zur Risikoverteilung bzw. Umverteilung von Chancen und Risiken zwischen den Kapitalgebern.[48] Ein wesentlicher Unterschied zwischen Eigen- und Fremdkapital liegt demnach in der unterschiedlichen Übernahme von Risiken.[49]
Der Eigenkapitalgeber ist gemäß seiner Eigenkapitalquote an Gewinn und Verlust der Gesellschaft sowie an ihrem Vermögen beteiligt.[50] Durch die Einlage erwirbt er künftige Auszahlungsansprüche, die als Restbetragsansprüche ausgestaltet sind.[51] In der Literatur wird dem Eigenkapital deshalb eine "Voraushaftungsfunktion" gegenüber dem Fremdkapital zugesprochen.[52] Es wird daher auch als Garantie-, Risiko- oder Haftungskapital bezeichnet. Darauf aufbauend sieht SCHNEIDER[53] die Hauptfunktion des Eigenkapitals darin, als "Verlustpuffer" das Insolvenzrisiko bei Auftreten ungeplanter Verluste zu begrenzen bzw. zu verringern.

Überläßt ein Kapitalgeber dem Unternehmen Fremdkapital, erwirbt er kein Eigentum am Unternehmen, sondern schließt einen schuldrechtlichen Vertrag, in dem die Vergütung und Rückzahlung seines Kapitals geregelt ist. Der Gläubiger ist nicht an den stillen Reserven beteiligt und hat i.d.R. keine Mitsprache-, Kontroll- und Entscheidungsbefugnis. Er partizipiert nicht am Verlust des Unternehmens.[54]

2.1.3. Definition und Messung der Kapitalstruktur

Nachfolgend sollen die in der Finanzierungsliteratur verwandten Begriffe genauer betrachtet werden. Der Begriff der Kapitalstruktur beschreibt die Aufteilung der Passivseite der Bilanz in Eigen- und Fremdkapital. Der Verschuldungsgrad ist der Quotient aus Fremd- und Eigenkapital. Die Eigenkapitalquote bezeichnet das Verhältnis von Eigenkapital zum Gesamtkapital (also der Bilanzsumme). Analog errechnet sich die Fremdkapitalquote aus dem Verhältnis von Fremdkapital zum Gesamtkapital.[55]

---

[47] Vgl. DRUKARCZYK, Jochen: Finanzierung, a.a.O., S. 130ff.
[48] Vgl. FRANKE, Günter/HAX, Herbert, a.a.O., S. 67.
[49] So auch LOISTL, Otto: Grundzüge der betrieblichen Kapitalwirtschaft, Berlin, Heidelberg 1986, S. 203. Zur Aufgliederung des Risikos in einzelne Bestandteile siehe ebenda, S. 205, SCHNEIDER, Dieter: Investition..., a.a.O., S. 547 sowie Pkt. 2.2.1.
[50] Darüber hinaus steht ihm ein Anteil am Liquidationserlös zu.
[51] Vgl. SCHNEIDER, Dieter: Investition..., a.a.O., S. 47f. Vgl. ders.: Messung des Eigenkapitals als Risikokapital, in: DB 1987, S. 186.
[52] VORMBAUM, Herbert, a.a.O., S. 36.
[53] SCHNEIDER, Dieter: Investition..., a.a.O., S. 43.
[54] Unternehmensfortführung (Going Concern) vorausgesetzt. Vgl. BIEG, Hartmut: Zur Eigenkapitalausstattung der Unternehmungen in der Bundesrepublik Deutschland, in: Besteuerung und Unternehmenspolitik, FS für G. Wöhe, hrsg. v. G. John, a.a.O., S. 35, WÖHE, Günter/BILSTEIN, Jürgen, a.a.O., S. 131, zu einer detaillierten Übersicht über die Formen der Fremdfinanzierung vgl. ebenda S. 132f.
[55] Vgl. SCHNEIDER, Kristian, a.a.O., S. 17.

Bei der Verwendung dieser Begriffe ist jedoch zu beachten, daß es sich dabei um bilanzielle Größen handelt. Das bilanzielle Eigenkapital (Reinvermögen) ergibt sich dabei als Differenzgröße aus Vermögensgegenständen abzüglich Schulden. Insofern ist die Eigenkapitalhöhe davon abhängig, nach welchen Regeln der Vermögensbestand und die Schulden abgegrenzt und bewertet werden.[56] Da dem Bilanzierenden bei der Bilanzaufstellung vom Handelsrecht zahlreiche Ermessensspielräume gewährt werden, ist ein Vergleich von Eigenkapitalquoten verschiedener Unternehmen nur mit großer Vorsicht möglich.[57]
Aufgrund dieser Manipulationsmöglichkeiten ist die Eigenkapitalquote zur Beurteilung der Unternehmensfinanzierung nur bedingt aussagefähig. Daneben tritt bei der Messung der Eigenkapitalquote noch eine Reihe weiterer Probleme auf. So sind stille Reserven in der Bilanz nicht zu erkennen, können aber bei Bedarf aufgelöst werden, um Verluste auszugleichen. Private Bürgschaften von Anteilseignern können die Haftungsfunktion von Eigenkapital ersetzen, sind aber in der Bilanz nicht sichtbar. Gesellschafterdarlehen können unter bestimmten Voraussetzungen als eigenkapitalersetzend qualifiziert werden[58] und somit in der Krise nicht zurückgefordert werden. Durch solche Maßnahmen vergrößert sich zwar nicht die bilanzielle Eigenkapitalquote, aber die Haftungsmasse des Unternehmens.[59] Auch diese Faktoren sind bei der Beurteilung von bilanziellen Eigenkapitalquoten zu berücksichtigen.[60]

Einen anderen Eigenkapitalbegriff verwendet die Finanzierungstheorie: Hier wird das Eigenkapital mit dem Marktwert angesetzt. Existiert ein Börsen- oder Marktpreis, errechnet sich der Marktwert als Produkt aus Börsenkurs und Anzahl der Aktien. Als schwieriger und mit größeren Unsicherheiten behaftet erweist sich die Bestimmung des Eigenkapitalmarktwertes bei nichtnotierten Unternehmen. Hier läßt sich ein Marktpreis nur schätzen.[61] Untersuchungsobjekte der Finanzierungstheorie sind von daher nur börsennotierte Kapitalgesellschaften. Dementspre-

[56] Vgl. SCHNEIDER, Kristian, a.a.O., S. 19, BIEG, Hartmut, a.a.O., S. 29.

[57] Laut SCHNEIDER ist die Errechnung einer Eigenkapitalquote aufgrund der systematischen Unvollständigkeit des Vermögens- und Schuldenausweises unzulässig. Vgl. SCHNEIDER, Kristian, a.a.O., S.39. Die durchschnittlichen Eigenkapitalquoten deutscher Unternehmen werden von der Deutschen Bundesbank und dem Statistischen Bundesamt veröffentlicht, wobei die Quoten infolge unterschiedlich einbezogener Unternehmen differieren. Vgl. BIEG, Hartmut, a.a.O., S. 27f.

[58] Vgl. § 32a, b GmbHG. Zu Einzelheiten siehe Kap. 3.

[59] Vgl. SCHMIDT, Reinhart: Das Finanzierungsverhalten der Unternehmen in der Bundesrepublik, in: Finanzierung deutscher Unternehmen heute: Diagnose und Vorschläge zur Verbesserung der Kapitalstruktur, hrsg. v. M. Bierich u. R. Schmidt, Stuttgart 1984, S. 99.

[60] Vgl. dazu auch STEHLE, Richard: Eigenkapitalquoten und Fremdkapitalstruktur börsennotierter deutscher Aktiengesellschaften, in: ZfB 1994, S. 813 mit einer empirischen Analyse.

[61] In diesem Fall kann man auf die Methoden der Unternehmensbewertung zurückgreifen. Auch das Steuerrecht kennt mit dem Stuttgarter Verfahren eine Methode zur Bewertung von Anteilen von nichtnotierten Unternehmen. Die Ergebnisse sind jedoch mit Mängeln behaftet und daher nicht mit Börsenkursen vergleichbar. Grundsätzlich bestimmt sich der Marktwert des Eigenkapitals als Kapitalwert der zukünftigen Dividendenzahlungen, wobei von einer ewigen Rente ausgegangen wird und sich der Diskontierungszinssatz aus der gewünschten Verzinsung ergibt. Vgl. LOISTL, Otto, a.a. O., S. 220.

chend sind auch die Ergebnisse nur sehr eingeschränkt auf Unternehmen zu übertragen, deren Anteile nicht am Kapitalmarkt gehandelt werden.

2.1.4. Maßnahmen zur Beeinflussung der Kapitalstruktur

Wird die Kapitalstruktur anhand bilanzieller Größen gemessen und ergibt sich somit das Eigenkapital als Differenz aus Vermögensbestand abzüglich Schulden, kann das gesamte Spektrum handelsrechtlicher Ansatz- und Bewertungswahlrechte und -ermessensspielräume für die Aktiv- und die Passivseite genutzt werden, um die Eigenkapitalhöhe zu beeinflussen.[62] Auch Spielräume bei der Periodenzuordnung sind vorhanden.
Letztlich entscheidet die mit einer Bilanz verfolgte Zielsetzung über die Ausnutzung der Wahlrechte und Ermessensspielräume und damit auch über die Eigenkapitalhöhe.
Die Kapitalstruktur ist jedoch nicht nur durch Maßnahmen der Bilanzpolitik zu beeinflussen, sondern bereits einen Schritt vorher durch Gestaltung der realen Sachverhalte, wie z.B. durch die Konstruktion der Betriebsaufspaltung[63] oder die Ausnutzung von Leasingverträgen.[64] Wird ein Vermögensgegenstand verkauft und gleichzeitig zurückgeleast und wird mit dem Verkaufserlös eine Schuld getilgt, erhöht sich die Eigenkapitalquote. Nach dem deutschen Bilanzverständnis zeigt die Handelsbilanz Fortführungswerte.[65] In anderen Bilanzen (z.B. Überschuldungsbilanz[66]) werden Vermögen und Schulden mit anderen Werten angesetzt. Unterschiedliche Meßkonzepte liefern also unterschiedliche Eigenkapitalquoten und Kapitalstrukturen.

2.2. Finanzierungstheoretische Ansätze zur optimalen Verschuldung

Der Verschuldungsgrad von Unternehmen ist nicht nur das Ergebnis von Finanzierungsverträgen zur Verteilung von Risiko, sondern auch von Rentabilitätsüberlegungen der Kapitalgeber. Die Beurteilung der Kapitalstruktur muß folglich auch unter Kosten- und Renditegesichtspunkten erfolgen, denn auch solche Überlegungen können Grundlage für die Ausstattung des Unternehmens mit einer bestimmten Kapitalstruktur sein.

---

[62] Die Spielräume sind rechtsformabhängig und für Kapitalgesellschaften etwas eingeschränkt. vgl. §§ 264ff HGB. Zu den Ansatz- und Bewertungswahlrechten im Handelsrecht allgemein vgl. statt vieler: FEDERMANN, Rudolf: Bilanzierung nach Handelsrecht und Steuerrecht, 10. Aufl., Berlin 1994, STREIM, Hannes: Grundzüge der handels- und steuerrechtlichen Bilanzierung, Stuttgart 1988, S. 49ff.
[63] Gem. R 137 Abs. 4 - 8 EStR.
[64] Zur bilanziellen Behandlung von Leasingverträgen vgl. WÖHE, Günter: Betriebswirtschaftliche Steuerlehre, Bd. I/2, 7. Aufl., München 1992, S. 301ff.
[65] Gem. § 252 Abs. 1 Nr.2 HGB.
[66] Vgl. dazu: OLFERT, Klaus/KÖRNER, Werner/LANGENBECK, Jochen: Sonderbilanzen, 3. Aufl., Ludwigshafen 1990, S. 198.

In diesem Abschnitt soll der Zusammenhang zwischen Rendite, Kapitalkosten und dem Verschuldungsgrad näher untersucht werden.[67]
Zunächst ist jedoch darauf hinzuweisen, daß bei anonymen Unternehmen die Gesellschafterfremdfinanzierung praktisch nicht vorkommt. Trotzdem soll die Finanzierungstheorie am Beispiel solcher Unternehmen dargestellt werden, da sie für das Verständnis der Finanzierungsmaßnahmen bedeutsam ist.

2.2.1. Marktwertmaximierung als Unternehmensziel

Die Anteilseigner eines Unternehmens haben unterschiedliche Konsum- und Risikopräferenzen. Bei Trennung von Eigentum und Kontrolle kennt die Unternehmensleitung weder diese Präferenzen, noch weiß sie, welche Risikoprämie den Anteilseignern zur Kompensation ihres Risikos ausreicht. Insofern kann die Unternehmensleitung die Gewinnausschüttung nicht derart gestalten, daß für alle Anteilseigner gleichzeitig der Nutzen durch Konsum der empfangenen Zahlungen maximal wird. Wegen Unkenntnis der individuellen Präferenzen der Anteilseigner kann die Ausschüttungspolitik folglich nicht allen Anteilseignern gerecht werden.[68]
Die Unternehmensleitung kann dieses Problem lösen, indem sie bei Investitionsentscheidungen die Maximierung[69] des Marktwertes des Eigenkapitals verfolgt.[70] Damit erübrigt sich die explizite Berücksichtigung der subjektiven Präferenzen der Anteilseigner.[71] Die Ausschüttung bemißt sich nur noch nach der von den Anteilseignern geforderten Rendite. Die Transformation in die gewünschte zeitliche Struktur der Konsumströme wird den Anteilseignern überlassen.[72] Diese Unternehmensstrategie ist für jeden Anteilseigner optimal.

---

[67] Die Finanzierungstheorie geht von einer börsengehandelten Publikums-Kapitalgesellschaft, also von Trennung von Eigentum und Kontrolle aus.

[68] Vgl. FRANKE, Günter/HAX, Herbert, a.a.O., S. 57, SCHNEIDER, Kristian, a.a.O., S. 85f.

[69] Die Maximierung des Marktwertes des Eigenkapitals entspricht der Maximierung des Marktwertes aller Fremdkapital- und Eigenkapitalanteile, wenn die Fremdkapitalkosten vom Verschuldungsgrad unabhängig sind. Vgl. PERRIDON, Louis/STEINER, Manfred, a.a.O., S. 443.

[70] Vgl. DRUKARCZYK, Jochen: Theorie..., a.a.O., S. 72, ebenso: SÜCHTING, Joachim: Finanzmanagement, 6. Aufl., Wiesbaden 1995, S. 330. Ansonsten müßte das Unternehmen Investitionen, Finanzierung, Gewinnthesaurierung und -ausschüttung unter expliziter Einbeziehung der Präferenzen aller Anteilseigner simultan planen, um den Nutzen seiner Anteilseigner zu maximieren. Vgl. SCHNEIDER, Kristian, a.a.O., S. 86f. Die Maximierung des Marktwertes des Eigenkapitals umgeht die Probleme der simultanen Planung und gilt als optimale Unternehmensstrategie im Hinblick auf die Zielvorstellung der Aktionäre. Gemäß SCHNEIDER ist die Marktwertmaximierung nur dann optimal, wenn als Voraussetzung das Separationstheorem von Tobin erfüllt ist. Vgl. ebenda: S. 88.

[71] Vgl. DRUKARCZYK, Jochen: Theorie..., a.a.O., S. 74, FRANKE, Günter/HAX, Herbert, a.a.O., S.57.

[72] Ist der Marktwert des Eigenkapitals maximiert, verfügt der Anteilseigner über den größtmöglichen Betrag an Ausschüttung und Anteilswert nach Ausschüttung. Stimmen die Ausschüttungen nicht mit dem gewünschten Konsum überein, kann der Anteilseigner bei zu hoher Ausschüttung die Mittel zwischenzeitlich anlegen und bei zu niedriger Ausschüttung Anteile verkaufen und den Erlös konsumieren. Vgl. DRUKARCZYK, Jochen: Theorie..., a.a.O., S. 72. Problematisch wird der Verkauf jedoch, wenn die Beteiligung eine kritische Grenze erreicht (z.B. 25%, 75%). Zu den weiteren Voraussetzungen der

2.2.2. Bestimmung des optimalen Verschuldungsgrades

2.2.2.1. Wirkung des Leverage-Effektes

Erhalten Fremdkapitalgeber vertraglich fixierte, feststehende Zinszahlungen auf das von ihnen überlassene Kapital, und erhalten die Eigenkapitalgeber die verbleibende Residualgröße, so erhöht sich die Eigenkapitalrendite bei steigendem Fremdkapitaleinsatz (Verschuldungsgrad), solange die Gesamtkapitalrendite höher als der Fremdkapitalzinssatz ist.[73]
Unter diesen Bedingungen wird die Eigenkapitalrendite r_{EK} nach oben gehebelt, weil die positive Differenz zwischen Gesamtkapitalrendite r_{GK} und Fremdkapitalzinssatz i auf einen immer kleiner werdenden Eigenkapitalanteil entfällt. Diese Wirkung wird als Leverage-Effekt bezeichnet. Je höher der Verschuldungsgrad ist, desto höher ist auch die Eigenkapitalrendite. Ist der Fremdkapitalzinssatz unabhängig vom Verschuldungsgrad, besteht ein linearer Zusammenhang zwischen dem Verschuldungsgrad und der Eigenkapitalrendite. Dieser funktionale Zusammenhang läßt sich auf folgende Weise formal ableiten:[74]

$$r_{GK} = \frac{FK \times i + EK \times r_{EK}}{EK + FK}$$

$$r_{GK} \times (EK + FK) = FK \times i + EK \times r_{EK}$$

$$r_{EK} \times EK = r_{GK}(EK + FK) - i \times FK$$

$$r_{EK} = r_{GK}\left(\frac{EK}{EK} + \frac{FK}{EK}\right) - i \times \frac{FK}{EK}$$

$$r_{EK} = r_{GK} + r_{GK} \times \frac{FK}{EK} - i \times \frac{FK}{EK}$$

$$r_{EK} = r_{GK} + \frac{FK}{EK} \times (r_{GK} - i)$$

Theoretisch ist es möglich, die Eigenkapitalrendite r_{EK} durch Erhöhung des Verschuldungsgrades beliebig zu steigern. Der Zusammenhang läßt sich auch graphisch darstellen:[75]

Marktwertmaximierung vgl. ebenda S. 75.

[73] Vgl. SCHNEIDER, Dieter: Investition..., a.a.O., S. 546, PERRIDON, Louis/STEINER, Manfred, a.a.O., S. 445ff mit Zahlenbeispiel auf S. 445, BIEG, Hartmut, a.a.O., S. 36, LOISTL, Otto, a.a.O., S. 206ff.

[74] Vgl. PERRIDON, Louis/STEINER, Manfred, a.a.O., S. 446ff.

[75] Diese Darstellung setzt voraus, daß die Zinsforderungen der Fremdkapitalgeber unabhängig vom Verschuldungsgrad sind.

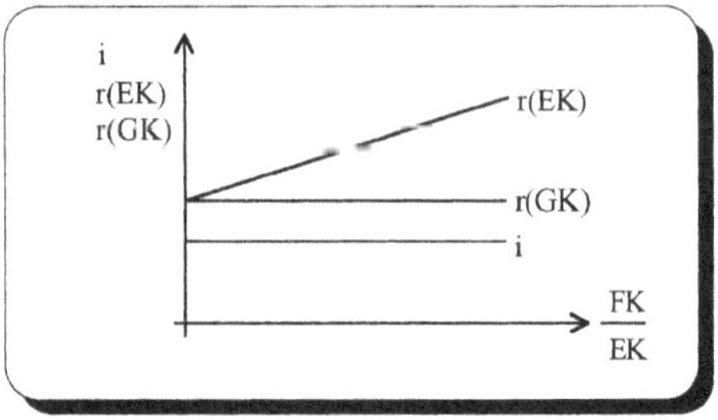

Abb. 1

Wenn sich der Fremdkapitalzinssatz i bei steigendem Verschuldungsgrad erhöht, d.h. wenn die Fremdkapitalgeber eine Risikoprämie als Zinszuschlag fordern, ist der lineare Zusammenhang nicht mehr gegeben. Die Eigenkapitalrendite steigt dann nur noch unterproportional mit dem Verschuldungsgrad. Eine Steigerung der Eigenkapitalrendite r_{EK} ist nur bis zu jenem Verschuldungsgrad möglich, bei dem der Fremdkapitalzinssatz i die Höhe der Gesamtkapitalrendite r_{GK} erreicht:

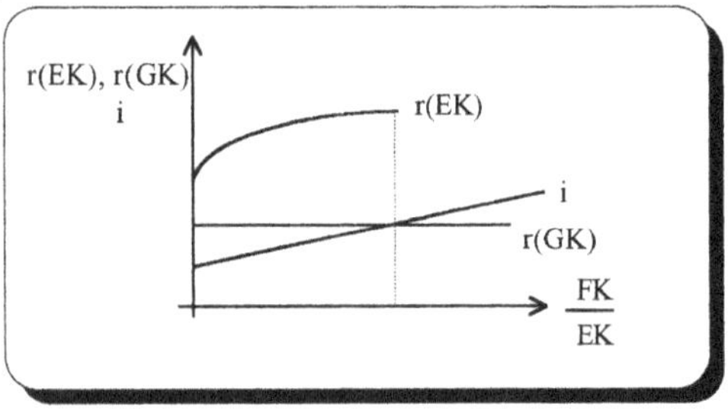

Abb.2

Übersteigt jedoch der Fremdkapitalzinssatz i die Gesamtkapitalrendite r_{GK}, sinkt die Eigenkapitalrendite r_{EK} mit steigendem Verschuldungsgrad. Die Eigenkapitalrendite sinkt dabei linear, wenn der Fremdkapitalzinssatz i unabhängig vom Verschuldungsgrad ist:

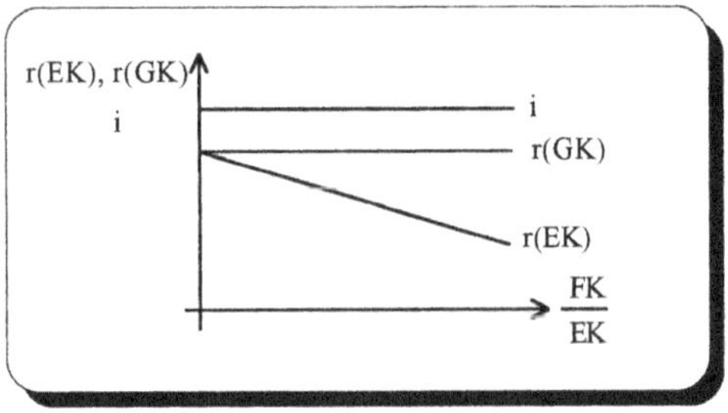

Abb. 3

Die Eigenkapitalrendite r_{EK} sinkt dagegen überproportional, wenn der Fremdkapitalzinssatz i mit dem Verschuldungsgrad steigt:

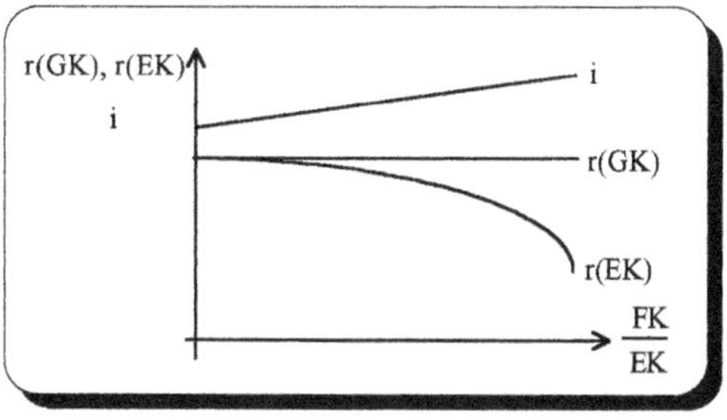

Abb. 4

Bei der Erhöhung des Verschuldungsgrades sind zwei Fälle zu unterscheiden: Bleibt das Gesamtkapital konstant, erhöht sich der Verschuldungsgrad, indem bei der Finanzierung gegebener Projekte Eigenkapital durch Fremdkapital substituiert wird. Die neu hinzutretenden Gläubiger werden jedoch infolge des gestiegenen Risikos einen Zinszuschlag als Risikoprämie[76] verlangen, so daß der Fremdkapitalzinssatz mit zunehmender Verschuldung steigt. Die Höhe des Verschuldungsgrades wird sinnvollerweise nur bis zu dem Punkt ausgedehnt werden, an dem der Fremdkapitalzinssatz die Höhe der Gesamtkapitalrendite erreicht.[77] Bleibt hingegen die absolute Eigenkapitalhöhe konstant, erhöht sich der Verschuldungsgrad durch die fremdfinanzierte Ausweitung des Investitionsvolumens. Hier wird der Hebeleffekt durch sinkende Grenzrenditen bei wachsendem Investitionsvolumen oder durch einen steigenden Fremdkapitalzinssatz begrenzt.[78]

Insgesamt ist die Ausnutzung des Leverage-Effektes dadurch beschränkt, daß bei unsicheren Zukunftsentwicklungen nicht für alle Umweltzustände ausgeschlossen werden kann, daß die Gesamtkapitalrendite unter den Fremdkapitalzinssatz fällt. In diesem Fall hebelt der Leverage-Effekt die Eigenkapitalrendite nach unten. Steht nicht genügend Eigenkapital zur Überbrückung dieser Krise zur Verfügung, droht die Insolvenz.[79] In der Literatur[80] wird dieses Insolvenzrisiko,

[76] Der Zinssatz könnte konstant bleiben, wenn die Gläubiger die Kredite so rationieren, daß die Rückzahlung gesichert ist. Damit wäre aber das Kreditvolumen begrenzt. Eine andere Möglichkeit wäre, sich Kreditsicherheiten bestellen zu lassen.

[77] Entscheidend für die Rentabilität des gesamten Kapitals des Anteilseigners ist, daß das durch zunehmenden Fremdmitteleinsatz freigewordene Kapital extern zu einer Rendite angelegt werden kann, die mindestens die Fremdkapitalzinsen erreicht. Da sich die Gesamtkapitalrendite aus der Eigenkapitalrendite und der extern erzielten Rendite zusammensetzt, verbessert sich der Anteilseigner in seiner Gesamtposition trotz Leverage-Effekt nicht mehr, wenn die Fremdkapitalzinsen die externe Rendite übersteigen. Vgl. dazu mit Zahlenbeispiel: VORMBAUM, Herbert, a.a.O., S. 102 und Anhang 4.

[78] Vgl. SCHNEIDER, Dieter: Investition..., a.a.O., S. 547.

[79] Vgl. PILTZ, Klaus: Konzernfinanzierung unter Berücksichtigung internationaler Finanzierungsquellen, in: Bericht der IDW-Steuerfachtagung 1985, Düsseldorf 1985, S. 39.

[80] Vgl. SCHNEIDER, Dieter: Investition..., a.a.O., S. 547.

das durch ein Umschlagen des Leverage-Effektes gekennzeichnet ist, als Kapitalstrukturrisiko bezeichnet.[81] Dabei hängt es von der Wahrscheinlichkeitsverteilung der Gesamtkapitalrenditen und der Höhe des Fremdkapitalzinssatzes ab, wie stark das Kapitalstrukturrisiko mit dem Verschuldungsgrad steigt.[82]

Die Gestaltung der Kapitalstruktur muß folglich unter Rentabilitäts- und Liquiditätsaspekten betrachtet werden. Die Fremdkapitalaufnahme steigert unter o.g. Bedingungen zwar die Eigenkapitalrendite, gefährdet aber gleichzeitig durch die Aufnahme fester Zahlungsverpflichtungen die Liquidität des Unternehmens und erhöht folglich das Insolvenzrisiko. Das Ziel der Erhöhung der Eigenkapitalrendite tritt demnach in Konkurrenz zu dem der Erhaltung der Liquidität.

2.2.2.2. Das Konzept der Kapitalkosten

Bei gegebenem Kapitalbedarf stellt sich für die Unternehmensleitung die Frage, mit welchen Kapitalformen, d.h. mit welcher Kapitalstruktur der Bedarf gedeckt werden soll. Das Kapitalkostenkonzept dient dazu, unter Kostengesichtspunkten die Kapitalstruktur optimal zu gestalten.
Das Konzept orientiert sich am Verhalten der Kapitalgeber und bezeichnet als Kapitalkosten die Renditeforderungen der Kapitalgeber.[83] Fremdkapitalkosten sind sämtliche aus dem Kreditverhältnis entstehenden Aufwendungen, z.B. Zinsen incl. Risikoprämie, Gebühren. Eigenkapitalkosten sind die Ausschüttungsforderungen der Anteilseigner, die mindestens in Höhe der Opportunitätskosten, d.h. in Höhe der günstigsten unterlassenen Alternativanlage zu veranschlagen sind.[84] Dazu kommt eine adäquate Risikoprämie für die Übernahme des leistungswirtschaftlichen Risikos und des Kapitalstrukturrisikos.[85]
Eine Steigerung des Aktienkurses bedeutet gleichzeitig eine Senkung der Eigenkapitalkosten, denn wenn man die Ausschüttungsforderung der Anteilseigner (Dividende pro Aktie) auf den Börsenkurs bzw. Marktwert (pro Aktie) bezieht, sinkt der Eigenkapitalkostensatz bei konstanter Dividende mit steigendem Marktwert.[86]

---

[81] Ein weiterer Bestandteil des Insolvenzrisikos ist das leistungswirtschaftliche Risiko, das aus der unternehmerischen Tätigkeit resultiert. Das Kapitalstrukturrisiko entsteht zusätzlich dazu, wenn Fremdkapital aufgenommen wird. Vgl. LOISTL, Otto, a.a.O., S. 205f, SCHNEIDER, Dieter: Investition..., a.a.O., S. 547, 592.

[82] Vgl. SCHNEIDER, Dieter: Investition..., a.a.O., S. 549.

[83] Vgl. SCHMIDT, Reinhart, a.a.O., S. 97, SÜCHTING, Joachim, a.a.O., S. 420. In der Investitionsrechnung werden die Kapitalkosten zur Beurteilung von Investitionsobjekten verwendet: Nur wenn die Rendite eines Investitionsobjektes die Kapitalkosten deckt, liegt dessen Durchführung im Interesse der Anteilseigner. Vgl. DRUKARCZYK, Jochen: Theorie..., a.a.O., S. 197.

[84] Vgl. BÜCHTER, Dieter: Investitionsentscheidungen unter dem Einfluß ausgewählter Methoden der Erfolgsmessung, Diss. Münster 1990, S. 31f.

[85] Vgl. PERRIDON, Louis/STEINER, Manfred, a.a.O., S. 451f, SCHMIDT, Reinhart, a.a.O., S. 97.

[86] Vgl. SCHMIDT, Reinhart, a.a.O., S. 97, SÜCHTING, Joachim, a.a.O., S. 420. Will die Unternehmensleitung die Eigenkapitalkosten durch Verminderung der Dividende senken, fällt gleichzeitig auch

Es bleibt festzuhalten, daß die Maximierung des Eigenkapitalmarktwertes gleichbedeutend mit der Minimierung der Eigenkapitalkosten ist. Bleiben die Fremdkapitalkosten konstant, ist mit dem Minimum der Eigenkapitalkosten auch gleichzeitig das Minimum der Gesamtkapitalkosten[87] erreicht.

$$r_d = \frac{EK_M}{GK_M} \times r_{EK}* + \frac{FK_M}{GK_M} \times i$$

$$FK_M = \frac{Fremdkapitalzinsen}{Fremdkapitalzinssatz}$$

$$EK_M = \frac{Periodenüberschuß - Fremdkapitalzinsen}{geforderte Eigenkapitalrendite}$$

$$GK_M = FK_M + EK_M$$

$$GK_M = \frac{Periodenüberschuß - Fremdkapitalzinsen}{geforderte Eigenkapitalrendite} + \frac{Fremdkapitalzinsen}{Fremdkapitalzinssatz}$$

$$GK_M = \frac{Periodenüberschuß}{r_d}$$

($r_{EK}*$ = geforderte Eigenkapitalrendite, EK_M = Marktwert des Eigenkapitals, FK_M = Marktwert des Fremdkapitals, GK_M = Marktwert des Gesamtkapitals, r_d = durchschnittliche Kapitalkosten)

In dieser formalen Ableitung wird gezeigt, daß die Maximierung des Gesamtkapitalmarktwertes GK_M gleichbedeutend mit der Minimierung der durchschnittlichen Gesamtkapitalkosten r_d ist.[88]
Versteht man die Eigen- und Fremdkapitalkosten als geforderte Rendite, so werden die Eigenkapitalkosten i.d.R. höher als die Fremdkapitalkosten sein, da die Anteilseigner ein höheres Risiko als die Fremdkapitalgeber tragen und folglich eine Risikoprämie verlangen.[89]

---

der Aktienkurs, so daß das Dividenden-Kurs-Verhältnis konstant bleibt und eine Minderung der Eigenkapitalkosten nicht eintritt. Vgl. ebenda, S. 421.

[87] Die Gesamtkapitalkosten ergeben sich aus der Summe der Eigenkapital- und Fremdkapitalkosten. Die durchschnittlichen Kapitalkosten r_d berechnen sich aus den gewichteten Eigen- und Fremdkapitalkosten. Die Marktwerte von Eigen- und Fremdkapital bestimmen sich als ewige Rente aus den periodischen Rückflüssen auf das jeweilige Kapital. Vgl. PERRIDON, Louis/STEINER, Manfred, a.a.O., S. 452, SÜCHTING, Joachim, a.a.O., S. 469.

[88] Versteht man den Marktwert des Gesamtkapitals als Unternehmenswert, kann der Kapitalkostensatz r_d auch als Diskontierungsrate verstanden werden, mit der die Gewinne des Unternehmens als ewige Rente abgezinst werden, um den Unternehmenswert zu bestimmen. In der Höhe der Kapitalkosten ist das Risiko des Unternehmens bereits durch einen Risikozuschlag berücksichtigt. Vgl. SÜCHTING, Joachim, a.a.O., S. 422, S. 466. Vgl. auch VORMBAUM, Herbert, a.a.O., S. 47f.

[89] Vgl. VORMBAUM, Herbert, a.a.O., S. 46, SCHNEIDER, Kristian, a.a.O., S. 111.

Ersetzt das Unternehmen teures Eigenkapital durch billigeres Fremdkapital, sinken zunächst die Gesamtkapitalkosten. Gleichzeitig steigt jedoch der Verschuldungsgrad. Erreicht dieser eine bestimmte Höhe, reagieren die Gläubiger auf das für sie gestiegene (Ausfall-)Risiko mit einer Erhöhung ihrer Zinsforderungen. Somit steigen ab einem bestimmten Verschuldungsgrad die Fremdkapitalkosten.
Auch die Anteilseigner fordern als Risikoausgleich eine höhere Rendite, wenn ein bestimmter Veschuldungsgrad überschritten ist.[90] Somit steigen auch die Eigenkapitalkosten.[91]
Da die Gesamtkapitalkosten[92] zunächst sinken, ab einem bestimmten Verschuldungsgrad aber wieder steigen, existiert ein Minimum der Gesamtkapitalkosten. Bei einem gegebenen Investitionsprogramm erreicht der Unternehmensgesamtwert[93] genau hier sein Maximum. An dieser Stelle[94] liegt der optimale Verschuldungsgrad, der die optimale Kapitalstruktur determiniert.[95]
Bei einem geringeren als dem optimalen Verschuldungsgrad überwiegt der positive Hebeleffekt des Fremdkapitals und es lohnt sich, die Verschuldung auszuweiten. Bei einem höheren Verschuldungsgrad als dem optimalen wird der positive Rentabilitätsbeitrag des Fremdkapitals durch das gestiegene Insolvenzrisiko überkompensiert und die Renditeforderungen steigen.[96]
Bei zunehmendem Verschuldungsgrad steigt wegen des positiven Leverage-Effektes der Marktpreis des Eigenkapitals (Börsenkurs). Gleichzeitig steigt das Insolvenzrisiko, weshalb die Kapitalgeber ihre Renditeforderungen um eine Risikoprämie erhöhen. Versteht man den Marktwert der Aktien als Kapitalwert zukünftiger Erträge und die Renditeforderung als Kalkulationszinsfuß der Anteilseigner, so ergibt sich aus der gegenläufigen Entwicklung von Verschuldungshebel und Kalkulationszinsfuß ein maximaler Unternehmenswert.[97]
Diese optimale Kapitalstruktur wird in Marktwerten gemessen, nicht anhand von Bilanzgrößen.

Als Ergebnis bleibt vorläufig festzuhalten, daß die Kapitalstruktur und der Verschuldungsgrad den Marktwert des Unternehmens beeinflussen.

---

[90] Das Ausmaß der Kapitalgeberreaktion ist abhängig von deren Risikosensibilität, d.h. die Renditeforderungen werden in dem Maße angepaßt, wie sich nach subjektiver Einschätzung der Kapitalgeber das Insolvenzrisiro erhöht.

[91] Es besteht allerdings kein linearer Zusammenhang zwischen dem Verschuldungsgrad und der von den Anteilseignern geforderten Rendite.

[92] Gemeint sind die durchschnittlichen Gesamtkapitalkosten r_d.

[93] Verstanden als Marktwert des Unternehmens. SCHNEIDER bezeichnet ihn als Kapitalwert des Unternehmens, vgl.: SCHNEIDER, Dieter: Investition..., a.a.O., S. 551.

[94] Es kann sich dabei um einen Punkt oder Bereich handeln.

[95] Vgl. DRUKARCZYK, Jochen: Theorie..., a.a.O., S. 148, PERRIDON,Louis/STEINER, Manfred, a.a.O., S. 453.

[96] Vgl. SÜCHTING, Joachim, a.a.O., S. 474f.

[97] Vgl. SCHNEIDER, Dieter: Investition..., a.a.O., S. 550f, VORMBAUM, Herbert, a.a.O., S. 51.

2.2.3. Das Irrelevanztheorem von Modigliani/Miller

2.2.3.1. Darstellung des Ansatzes

Zu einem völlig anderen Ergebnis gelangen MODIGLIANI/MILLER. Sie stellen die These auf, daß der Marktwert des Unternehmens unabhängig von der Kapitalstruktur ist.[98] In ihrem Modell gehen sie jedoch von ganz speziellen Prämissen aus, nämlich von der Existenz eines vollkommenen Kapitalmarktes,[99] der Unabhängigkeit der realisierten Investitionsobjekte von der Kapitalstruktur, von homogenen Erwartungen und der Möglichkeit, Unternehmen in Risikoklassen einzugruppieren.[100]

Aus den gesetzten Prämissen leiten MODIGLIANI/MILLER drei Theoreme ab:[101]

1. Der Marktwert des Unternehmens und die durchschnittlichen Kapitalkosten sind unabhängig von der gewählten Kapitalstruktur. Kapitalstrukturentscheidungen beeinflussen folglich auch nicht das Vermögen der Anteilseigner.
2. Die Eigenkapitalgeber fordern eine vom Verschuldungsgrad linear abhängige Risikoprämie, d.h. die Eigenkapitalkosten[102] steigen linear mit dem Verschuldungsgrad.[103]
3. Die durchschnittlichen Kapitalkosten gelten als Vergleichszinssatz für die Beurteilung der Vorteilhaftigkeit von Investitionsprojekten.

Die Autoren begründen die Irrelevanz der Kapitalstruktur durch folgende Überlegung: Bei gegebenem Investitionsprogramm bestimmt sich der Marktwert des Unternehmens (Unternehmenswert) als Barwert aus der Kapitalisierung erwarteter zukünftiger Gewinne. Als Kapitalisierungszinsfuß gelten die durchschnittlichen Kosten des Gesamtkapitals.[104] Da diese über alle Verschuldungsgrade konstant bleiben, hat der Verschuldungsgrad und somit die Struktur der Finanzierung keinen Einfluß auf den Unternehmenswert.[105]

---

[98] Vgl. MODIGLIANI, Franco/MILLER, Merton H: The Cost of Capital, Corporation Finance and the Theory of Investment, abgedruckt in: Finanzierung, hrsg. v. Horst Seelbach, München 1980, S. 261-294.

[99] Die Wertpapiere sind unendlich teilbar, es existieren keine Steuern, Transaktions- oder Informationskosten und es besteht gleicher Marktzugang für Unternehmen und Investoren.

[100] Zu weiteren Prämissen und Einzelheiten vgl.: DRUKARCZYK, Jochen: Theorie..., a.a.O., S. 131f, VORMBAUM, Herbert, a.a.O., S. 55.

[101] Vgl. dazu: VORMBAUM, Herbert, a.a.O., S. 56f, DRUKARCZYK, Jochen: Theorie..., a.a.O., S. 132ff, SÜCHTING, Joachim, a.a.O., S. 475, SCHNEIDER, Dieter: Investition..., a.a.O., S. 552ff, SWO- BODA, Peter, a.a.O., S. 92ff.

[102] Der Leverage-Effekt läßt sich hier nicht ausnutzen, da der Anstieg der Eigenkapitalrendite durch ein steigendes Kapitalstrukturrisiko genau kompensiert wird. Vgl. SWOBODA, Peter, a.a.O., S. 101.

[103] Voraussetzung ist, daß die Fremdkapitalkosten bei steigendem Verschuldungsgrad konstant bleiben.

[104] Die durchschnittlichen Kosten des Gesamtkapitals entsprechen dem Eigenkapitalkostensatz bei vollständiger Eigenfinanzierung. Vgl. VORMBAUM, Herbert, a.a.O., S. 56, PERRIDON, Louis/ STEINER, Manfred, a.a.O., S. 458, SWOBODA, Peter, a.a.O., S. 101.

[105] Die Theorie von MODIGLIANI/MILLER soll hier nicht in aller Ausführlichkeit dargestellt werden. Zu weiteren Einzelheiten sowie dem Arbitragebeweis vgl. die angegebenen Literaturhinweise. Vgl. auch:

Infolge der Konstanz der durchschnittlichen gesamten Kapitalkosten existiert kein Minimum und somit keine optimale Kapitalstruktur. Selbst wenn ab einem kritischen Verschuldungsgrad die Gläubiger ihre Zinsforderungen durch eine Risikoprämie erhöhen sollten, würde dies zu einem Absinken der Renditeforderung der Anteilseigner führen, weil sie von Risiken entlastet würden, so daß insgesamt die durchschnittlichen Gesamtkapitalkosten kostant blieben.[106] Der Kapitalkostenverlauf läßt sich wie folgt darstellen:

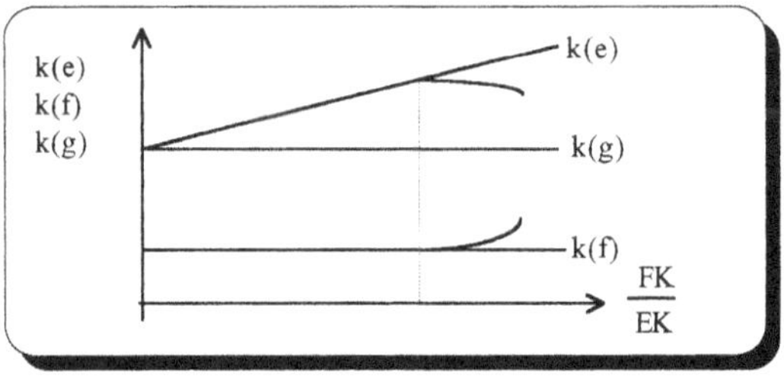

Abb. 5

k(g) = durchschnittliche Kosten des Gesamtkapitals, k(f) = durchschnittliche Kosten des Fremdkapitals, k(e) = durchschnittliche Kosten des Eigenkapitals

2.2.3.2. Würdigung des Ansatzes

Die in der Literatur geäußerte Kritik setzt zum einen an den Prämissen und zum anderen an der empirischen Testbarkeit des Modells an.[107]
Die Prämissen des Ansatzes sind in der Realität nicht erfüllt. Es existiert kein vollkommener Kapitalmarkt, auf dem sämtliche Wertpapiere friktionslos gehandelt werden können. Die Akteure können aufgrund der unterschiedlichen Informationsverteilung keine homogenen Erwartungen haben, Transaktionskosten behindern zusätzlich das Handeln. Auch das angenommene Verhalten der Kapitalgeber wird teilweise als wirklichkeitsfremd eingestuft.[108]

Empirisch läßt sich der Ansatz weder absichern noch verwerfen, denn das Kapitalstrukturrisiko ist kaum meßbar, weil es nur sehr schwer vom leistungswirtschaftlichen Risiko zu trennen ist.[109] Außerdem fußen die Irrelevanz-Beweise auf zwei Voraussetzungen, deren empirische Gültigkeit nicht getestet wurde. Zum einen, daß Konsumentscheidungen eines Marktteilnehmers unabhängig von seinen

FRANKE, Günter/HAX, Herbert, a.a.O., S. 466f.
[106]Vgl. FRANKE, Günter/HAX, Herbert, a.a.O., S. 467, SÜCHTING, Joachim, a.a.O., S. 478f. Ob sich steigende Zinsforderungen und sinkende Eigenkapitalrenditeforderungen genau ausgleichen, ist abhängig vom Risikoaversionsgrad der Anteilseigner und Gläubiger.
[107]Vgl. z.B. VORMBAUM, Herbert, a.a.O., S. 61f.
[108]Z.B. das Arbitrage-Verhalten der Anteilseigner oder das Verhalten der Gläubiger, die trotz steigender Verschuldung ihre Zinssätze grundsätzlich nicht erhöhen. Vgl. SÜCHTING, Joachim, a.a.O., S. 480.
[109]Vgl. PERRIDON, Louis/STEINER, Manfred, a.a.O., S. 465.

Investitionsentscheidungen in Kapitalmarkttitel erfolgten, zum anderen, daß Investitionsentscheidungen eines Unternehmens unabhängig von den Finanzierungsentscheidungen erfolgten.[110]

MODIGLIANI/MILLER begründen ihre Theorie, die Finanzierung sei irrelevant für den Marktwert von Unternehmen und somit ohne Einfluß auf den Reichtum der Anteilseigner, mit dem Hinweis darauf, daß Anleger durch Mischung von Mittelanlagen am Kapitalmarkt zu sicherem Zinssatz bzw. durch private Verschuldung und Halten von Unternehmensanteilen die von ihnen gewünschte Reichtumsposition erreichen können. Dieselbe Position wäre auch erreichbar, wenn der Gesellschafter Anteile hielte und das Unternehmen seine Kapitalstruktur änderte. Irrelevanz der Finanzierung bedeutet also, daß die Anleger nicht an die Finanzierungsentscheidungen des Unternehmens gebunden sind, sondern sich von ihnen lösen können, um eine Position einzunehmen, die ihren individuellen Rendite- und Risikopräferenzen näherkommt.[111]
So betrachtet ist die Kapitalstruktur des Unternehmens nur eine "Vorentscheidung",[112] die den Investor nicht bindet, sondern die er entsprechend seinen individuellen Präferenzen korrigieren kann. Wie der Investor sein individuelles Optimum bestimmt, wird vom Irrelevanztheorem nicht beschrieben. Eine Entscheidung über die Kapitalstruktur seiner Gesamtposition ist in Abhängigkeit von persönlichen Konsum- und Risikopräferenzen vom Investor selbst zu treffen. Hierbei existieren dann optimale, den individuellen Präferenzen entsprechende Kapitalstrukturen.[113]

Wegen oben aufgezeigter Schwächen ist der Ansatz von MODIGLIANI/ MILLER lediglich theoretischer Natur und kann in der Realität keine Gültigkeit besitzen. Insbesondere kann er nicht dazu dienen, tatsächlich vorhandene Kapitalstrukturen und das Finanzierungsverhalten von Kapitalgebern zu beurteilen.

2.2.4. Optimale Kapitalstruktur bei Besteuerung

Die bisher diskutierten Ansätze vernachlässigen die unterschiedliche Besteuerung von Eigen- und Fremdfinanzierung. Nach deutschem Steuerrecht wird die Eigenkapitalüberlassung im Regelfall steuerlich ungünstiger als die Fremdfinanzierung behandelt.[114]

---

[110] Vgl. dazu SCHNEIDER, Dieter: Investition..., a.a.O., S. 555.
[111] Vgl. DRUKARCZYK, Jochen: Theorie..., a.a.O., S. 142.
[112] DRUKARCZYK, Jochen: Theorie..., a.a.O., S. 146f.
[113] Vgl. ebenda, S. 147.
[114] Fremdkapitalzinsen sind gem. § 8 Nr. 1 GewStG bei der Gewerbeertragsteuer hälftig abzugsfähig. Zu weiteren Einzelheiten siehe Kap. 4.

Unter Berücksichtigung dieser Sachlage ist die Unternehmensfinanzierung nicht mehr irrelevant, da verschuldete Unternehmen aufgrund der Steuervorteile einen Marktwertvorsprung gegenüber vollständig eigenfinanzierten haben.[115]
Wird nur die steuerliche Begünstigung der Fremdfinanzierung betrachtet, würde der Marktwert des Unternehmens bei nahezu vollständiger Fremdfinanzierung[116] maximiert.[117]
Unter Berücksichtigung eines realistischen Kapitalgeberverhaltens würden die Gläubiger bei steigender Verschuldung eine Risikoprämie fordern, folglich ihre Zinssätze erhöhen. Die Anteilseigner würden ähnlich reagieren und ebenso eine Risikoprämie für ihr gestiegenes (Insolvenz-)Risiko verlangen.
Den steuerlichen Vorteilen einer zunehmenden Verschuldung stehen also steigende Eigen- und Fremdkapitalkosten[118] gegenüber, so daß sich bereits bei einer Fremdfinanzierung unter 100% die Vor- und Nachteile eines steigenden Verschuldungsgrades ausgleichen und hier ein optimaler Verschuldungsgrad liegt, der durch minimale Kapitalkosten bzw. maximalen Unternehmenswert gekennzeichnet ist.[119]

Betrachtet man den Anteilseigner als Nur-Gesellschafter, ist seine optimale Position durch einen maximalen Unternehmenswert ausreichend beschrieben. Ist der Anteilseigner gleichzeitig auch Fremdkapitalgeber, reicht es nicht mehr, nur die Maximierung des Unternehmenswertes anzustreben, denn er wird als Zinsempfänger steuerpflichtig. Unterliegt die Zinszahlung beim Empfänger einem höheren Steuersatz als dem Thesaurierungssatz, verbessert sich evtl. seine Gesamtposition trotz eines positiven Leverage-Effektes auf Unternehmensebene nicht.[120]
Soll das Einkommen nach Steuern maximiert werden, müssen die steuerlichen Wirkungen sowohl auf Unternehmensebene als auch auf der Ebene des Kapitalgebers berücksichtigt werden.[121]

---

[115]Vgl. DRUKARCZYK, Jochen: Theorie..., a.a.O., S. 183 mit einem Beispiel zur Marktwertbeeinflussung bei Fremdfinanzierung S. 177 - 185. Wegen der steuerlichen Abzugsfähigkeit der Fremdkapitalzinsen bei fehlendem Anrechnungsverfahren mußten MODIGLIANI/MILLER ihr Irrelevanztheorem korrigieren. Vgl. dies.: Corporate Income Taxes and the Cost of Capital: A Correction, in: The American Economic Review, 1963, S. 433-443. Vgl. dazu auch: SEELBACH, Horst: Finanzierung, a.a.O., S.388ff.
[116]Eine hundertprozentige Fremdfinanzierung kann es nicht geben, da sonst keine Aktien existierten.
[117]Vgl. PERRIDON, Louis/STEINER, Manfred, a.a.O., S. 463, SCHNEIDER, Dieter: Investition..., a.a.O., S. 557, FRANKE, Günter/HAX, Herbert, a.a.O., S. 474.
[118]FRANKE, Günter/HAX, Herbert weisen darauf hin, daß die Kapitalkosten bei Existenz von Steuern als Nettorendite, d.h. als geforderte Rendite nach Steuern zu betrachten ist. Vgl. ebenda: S. 475f.
[119]Vgl. SCHNEIDER, Dieter: Investition..., a.a.O., S. 558, SÜCHTING, Joachim, a.a.O., S. 481.
[120]Neben der Steuerentlastung durch Betriebsausgabenabzug der Fremdkapitalzinsen ist der persönliche Steuersatz des Gesellschafter-Gläubigers entscheidend.
[121]Zu Einzelheiten siehe Pkt. 2.5. und Kap. 4.

2.2.5. Zwischenergebnis

Der als "traditionelle" Theorie[122] bezeichnete Ansatz des optimalen Verschuldungsgrades[123] widerspricht der These von MODIGLIANI/MILLER in der Frage, ob der Verschuldungsgrad den Unternehmensmarktwert beeinflußt.
Nach beiden Ansätzen existiert ein individuelles Optimum. In diesem Punkt widersprechen sie sich nicht. Die traditionelle Theorie sagt aus, daß es eine individuell optimale Position und somit eine optimale Kapitalstruktur gibt, die der Präferenz des Investors entspricht. MODIGLIANI/MILLER bestreiten dies nicht. Auch sie gehen davon aus, daß es individuelle Optima gibt, nur sind die Finanzierungsentscheidungen von Unternehmen diesbezüglich irrelevant, da sie den Investor nicht binden, sondern durch entsprechende Maßnahmen des Investors korrigiert werden können.
Die traditionelle Hypothese stellt auf die individuelle Position des Investors ab, fragt, ob dieser sich ausgehend von einer nicht verschuldeten Position durch Fremdkapitalzuführung verbessern kann und bejaht dies.
Der Ansatz von MODIGLIANI/MILLER hebt dagegen den Marktwert einer Position hervor, fragt, ob sich dieser durch zunehmende Fremdfinanzierung erhöhen läßt und verneint dies.[124]

Auf der Ebene des individuellen Investors gibt es eine optimale (Gesamt-) Position, die sich aus einem Erwerb von Unternehmensanteilen, einer Mittelanlage zu sicherem Zinssatz oder Kreditaufnahme zusammensetzt und die der Investor seinen persönlichen Konsum- und Risikopräferenzen entsprechend ausgestalten wird. Das Ausmaß seines Aktienerwerbs ist abhängig von den erwarteten Erträgen und dem erwarteten Risiko.
Hat sich der Investor entschieden, Vermögen in Unternehmensanteilen anzulegen, erwartet er von der Unternehmensleitung eine in seinem Sinne optimale Unternehmenspolitik. Damit kommt die Unternehmenspolitik als zweite Ebene ins Spiel, auf welcher eine optimale Position gesucht wird. Wie bereits herausgearbeitet verhält sich die Unternehmensleitung dann im Sinne des Anteilseigners optimal, wenn sie eine Finanzierungspolitik betreibt, die zu minimalen Kapitalkosten, d.h. maximalem Unternehmenswert führt, also die optimale Kapitalstruktur realisiert.

Aus diesen finanzierungstheoretischen Ansätzen lassen sich verschiedene Schlüsse ziehen. Wenn es in der Realität eine optimale Kapitalstruktur für ein Unternehmen gibt, verhält sich das Unternehmen nur dann im Sinne der An-

---

[122]Vgl. PERRIDON, Louis/STEINER, Manfred, a.a.O., S. 452, SCHNEIDER, Kristian, a.a.O., S.122.
[123]Vgl. Pkt. 2.2.2.
[124]Vgl. DRUKARCZYK, Jochen: Theorie..., a.a.O., S. 149. Zu einer weiteren Gegenüberstellung vergleiche auch. PERRIDON, Louis/STEINER, Manfred, a.a.O., S. 464ff mit Hinweisen auf neuere Arbeiten, die eine Synthese beider Ansätze versuchen.

teilseigner, also nur dann optimal, wenn es diese auch realisiert. Dabei kann der Grad der Erreichung bzw. Verfehlung der optimalen Kapitalstruktur als Maßstab für die Güte der Unternehmensleitung dienen.
Existiert die optimale Kapitalstruktur jedoch nur in Modellen, nicht aber in der Realität, dann kann nicht so einfach beurteilt werden, ob die im Unternehmen vorhandene Kapitalstruktur im Interesse der Anteilseigner liegt oder nicht.

Die bisher dargestellten Ansätze sind Theorien, die unter gegebenen Prämissen ein bestimmtes Kapitalgeberverhalten zugrunde legen. Der Ansatz von MODIGLIANI und MILLER erweist sich als realitätsfremder als die traditionelle These.[125] Bei dieser ist das Verhalten der Kapitalgeber teilweise plausibel, z.B. wenn die Fremdkapitalgeber ihre Forderungen bis zu einem bestimmten Verschuldungsgrad als sicher einstufen und keinen höheren Zinssatz verlangen, teilweise aber auch weniger nachvollziehbar, da der Anstieg der geforderten Rendite im Modell nur in Abhängigkeit vom Kapitalstrukturrisiko verläuft. Da sich dieses praktisch nicht getrennt vom leistungswirtschaftlichen Risiko messen läßt, ist die Anpassung der Renditeforderung der Kapitalgeber in der Realität immer eine Reaktion auf beide Risiken und läßt sich nicht aufteilen.[126]
Ein weiteres Problem stellt die Messung des Verschuldungsgrades in der Realität dar, denn dazu müssen die Marktwerte des jeweiligen Kapitalanteils bekannt sein.

Da beide Theorien empirisch so nicht testbar sind,[127] bleibt es folglich unklar, ob es einen optimalen Verschuldungsgrad gibt. Unterstellt man, daß das Verhalten der Kapitalgeber im traditionellen Ansatz realistisch ist, d.h., daß mit dem Verschuldungsgrad steigende Renditeforderungen existieren, und nimmt man den Leverage-Effekt und die steuerliche Begünstigung der Verschuldung hinzu, so wird es einen optimalen Verschuldungsgrad geben.[128] Dieser ist jedoch wegen o.g. Meßprobleme nicht berechenbar oder quantifizierbar und läßt sich nicht in bilanziellen Größen auszudrücken.
SCHNEIDER geht sogar noch einen Schritt weiter, wenn er feststellt, daß noch nicht einmal eine Mindesteigenkapitalausstattung quantitativ bestimmbar sei.[129]

---

[125]Zustimmend: FRANKE, Günter/HAX, Herbert, die die Irrelevanz der Finanzierung vor allem wegen des fehlenden gleichen Marktzugangs aller Akteure in Frage stellen. Vgl. ebenda: S. 480. Ebenso kritisch: MOXTER, Adolf: Optimaler Verschuldungsumfang und Modigliani-Miller-Theorem, in: Finanzierung, hrsg. v. Horst SEELBACH, a.a.O., S. 363ff.

[126]Zur Problematik der Messung des Kapitalstrukturrisikos vgl. SCHNEIDER, Dieter, Investition..., a.a.O., S. 592ff.

[127]Vgl. SCHNEIDER, Kristian, a.a.O., S. 123.

[128]Dies bestätigt auch SCHNEIDER als Ergebnis seiner empirischen Untersuchung. Nach seiner Auffassung existiert eine optimale Kapitalstruktur. Sie ist abhängig von den ex-ante-Renditeforderungen der Kapitalgeber und somit von deren individueller Risikoeinstellung. Deshalb ist keine Aussage über die genaue Lage möglich. Vgl. SCHNEIDER, Kristian, a.a.O., S. 222f. Zum empirischen Test vgl. ebenda S. 166ff und S. 200ff.

[129]Eigenkapital dient hierbei als Verlustpuffer der "Selbstversicherung" von Risiken, die nicht über den

Fällt Eigentum und Verfügungsmacht zusammen, bestimmt sich der optimale Verschuldungsgrad in Abhängigkeit vom leistungswirtschaftlichen Risiko, das auf die Gesamtkapitalrentabilität sowie auf den Leverage-Effekt einwirkt, von Zins- und Tilgungszahlungen auf Fremdkapital und von der persönlichen Risikoneigung.[130] Auch hier besteht wieder ein Meßproblem, so daß sich keine allgemeinen Aussagen treffen lassen.

Insgesamt läßt sich feststellen, daß die Kapitalstruktur nicht nur unter dem Aspekt der Finanzierungskosten zu würdigen ist. Neben Kapitalbeschaffung und Risikoallokation kann Finanzierung auch noch anderen Zwecken dienen.[131]
Deshalb wäre es verfehlt, aus den Theorien über Kapitalstrukturoptima Normen oder Zielgrößen abzuleiten, welche den Unternehmen eine bestimmte Kapitalstruktur vorschrieben.
Es kann somit keinen wissenschaftlich begründeten Soll-Ist-Vergleich hinsichtlich der Kapitalstruktur geben, da die Sollgröße nicht eindeutig bestimmbar oder berechenbar ist.

Aus der Finanzierungstheorie ergibt sich daher kein Anhaltspunkt, bestehende Kapitalstrukturen als "gut" oder "schlecht", "vernünftig" oder "unbegründet", "angemessen" oder "mißbräuchlich" zu beurteilen.

2.3. Bilanzkennzahlen als Grundlage von Finanzierungsregeln

Da die Finanzierungstheorie wenig zur Beurteilung bestehender Kapitalstrukturen beitragen kann, ist zu prüfen, ob Regeln der Finanzierungspraxis als Maßstab geeignet sind, um Verschuldungsgrade zu qualifizieren. Diese Praxisregeln lassen sich in horizontale und vertikale Finanzierungsregeln aufteilen.
Sind diese Regeln ökonomisch begründbar, könnte eine Abweichung als "falsche" oder "unbegründete" Finanzierung klassifiziert werden. Im folgenden werden horizontale und vertikale Finanzierungsregeln auf ihren ökonomischen Gehalt hin untersucht.

Finanzierungsregeln beschreiben Normen bzgl. der Bilanzstruktur, deren Zweck auf die Erhaltung der Liquidität und Einschränkung des Leverage-Risikos des Unternehmens zielt.[132] Horizontale Regeln (Kapitalbindungsregeln) stellen auf

Markt versichert werden können, da nicht alle zukünftigen Umweltzustände vorhersehbar bzw. planbar sind, und somit das System der Zukunftsmärkte unvollständig sein muß. Vgl. SCHNEIDER, Dieter: Investition..., a.a.O., S. 574f.

[130] Ausgedrückt durch die Risikonutzenfunktion. Vgl. SCHNEIDER, Dieter: Investition..., a.a.O., S.596. Die Risikonutzentheorie als theoretisches Konstrukt kann zwar bei gegebener Nutzenfunktion das Verhalten von Akteuren beschreiben, hilft aber bei Quantifizierungsproblemen in der Realität nicht weiter.

[131] Z.B. zur Lösung von Problemen, die aufgrund asymmetrischer Informationsverteilung bestehen. Zur Agency-Problematik siehe Pkt. 2.4.

[132] Vgl. SÜCHTING, Joachim, a.a.O., S. 487.

eine bestimmte Bilanzrelation zwischen Vermögens- und Kapitalteilen ab[133] und sollen die Fristenkongruenz zwischen Investitions- und Finanzierungszahlungen sichern. Vertikale Regeln (Kapitalstrukturregeln) beschreiben das Verhältnis einzelner Finanzierungsarten zueinander[134] und zielen somit auf die bilanzielle Kapitalstruktur ab.[135]
Grundlage der Kapitalbindungsregeln ist die sog. "Goldene Bankregel", nach der kurzfristig aufgenommenes Kapital nur kurzfristig investiert werden darf, während langfristige Investitionen mit langfristigem Kapital unterlegt sein müssen.[136]
Grundlage dieser Regel ist die Vorstellung, Eigenkapital stehe immer langfristig und kurzfristiges Fremdkapital immer nur kurzfristig zur Verfügung, ebenso verbleibe Anlagevermögen immer lang und Umlaufvermögen immer nur kurz im Unternehmen.
Dabei wird übersehen, daß Eigenkapital durch die Ausschüttung freier Rücklagen, durch Verluste oder eine Kapitalherabsetzung schnell gemindert werden kann, und daß zunächst kurzfristiges Fremdkapital durch Kreditprolongation oder die kontinuierliche Inanspruchnahme von immer neuen Lieferantenkrediten mitunter sehr lange im Unternehmen gebunden werden kann. Außerdem sind meist auch zunächst langfristig vergebene Kredite kurzfristig kündbar.
Ebenso können Vermögensgegenstände des Anlagevermögens schnell liquidiert werden, während bestimmtes Umlaufvermögen (z.B. ein Bodensatz an Vorräten) dauerhaft im Unternehmen verbleibt.[137] Die Zugehörigkeit von Forderungen zum Anlage- oder Umlaufvermögen richtet sich nach der ursprünglichen Laufzeit, so daß bereits in Kürze fällige Forderungen trotzdem als Anlagevermögen ausgewiesen werden.

Bereits hier wird klar, daß die Einhaltung von Bilanzkennzahlen, die auf so groben Größen wie Anlage- oder Umlaufvermögen bzw. Eigen- oder Fremdkapital beruhen, keinesfalls dazu geeignet ist, eine Insolvenz des Unternehmens zu verhindern, zumal wesentliche Auszahlungen, welche die Liquidität des Unternehmens gefährden könnten, wie z.B. Gehalts- und Steuerzahlungen oder Leasingraten, sich nicht in der Bilanz niederschlagen.
Außerdem zeigt die Bilanz nur ein Bild der Finanzlage am jeweiligen Stichtag. Außenstehende Bilanzleser müssen daher beachten, daß in der Zwischenzeit Änderungen eingetreten sein können.[138] Daneben leisten die handelsrechtlichen Ansatz- und Bewertungsvorschriften ihren Beitrag dazu, daß die Unternehmens-

[133] Z.B.: Das Anlagevermögen soll mindestens durch Eigenkapital und langfristiges Fremdkapital gedeckt sein. Vgl. ebenda, S. 489.
[134] Z.B.: Das Eigenkapital soll mindestens die Höhe des (halben) Fremdkapitals erreichen. Vgl. ebenda, S. 490.
[135] Vgl. SCHNEIDER, Dieter: Investition..., a.a.O., S. 577.
[136] Kritisch dazu: LOHMANN, Martin: Zur Problematik der goldenen Bilanzregel, in: WPg 1959, S.142f.
[137] Vgl. SCHNEIDER, Dieter: Investition..., a.a.O., S. 578.
[138] Vgl. SÜCHTING, Joachim, a.a.O., S. 495.

leitung die Höhe von Bilanzrelationen beeinflussen kann, ohne dagegen die Liquiditätswirkung zu verändern.[139] Ebenso wirken die in der Bilanz nicht erkennbaren stillen Reserven als Liquiditätspolster, die durch die Veräußerung des entsprechenden Wirtschaftsgutes genutzt werden können.
Die aufgezeigten Probleme machen die Schwächen von Bilanzkennzahlen deutlich. Es besteht auch in der Literatur Einigkeit darüber, daß die Einhaltung dieser Finanzierungsregeln keineswegs die Liquidität des Unternehmens sichert und somit das Insolvenzrisiko nicht ausschließen kann.[140]

Aus den finanzierungstheoretischen Modellen ergibt sich bereits, daß sich allgemeingültige Finanzierungsregeln nicht aufstellen lassen. Auch Finanzierungsregeln, die auf Bilanzkennzahlen beruhen, sind nicht als Entscheidungshilfe zu rechtfertigen.[141]

Die Kapitalbindungs- und -strukturregeln bauen jeweils auf bestimmte Hypothesen auf. Einer Kapitalstrukturregel, die eine bestimmte Mindesteigenkapitalquote fordert, liegt die Hypothese zugrunde, eine geringe Eigenkapitalausstattung erhöhe die Insolvenzanfälligkeit bzw. eine steigende Eigenkapitalquote mindere das Insolvenzrisiko.[142]
Dahinter verbirgt sich die Auffassung, Unternehmen seien bei geringem[143] Eigenkapital eher krisenanfällig, führten wenig Investitionen und Innovationen durch[144] und hätten dadurch geringere Wettbewerbschancen. Dies führe letztlich zu einer steigenden Anzahl von Insolvenzen.[145]

---

[139]So können z.B. erhaltene Anzahlungen auf Vorräte offen von den Vorräten abgesetzt oder als Verbindlichkeiten ausgewiesen werden. Der gleiche Mittelzufluß läßt im ersten Fall den Verschuldungsgrad konstant, im zweiten erhöht er ihn. Vgl. § 268 Abs. 5 HGB.

[140]Vgl. SÜCHTING, Joachim, a.a.O., S. 490, WÖHE, Günter/BILSTEIN, Jürgen, a.a.O., S. 327, SCHNEIDER, Dieter: Investition..., a.a.O., S. 578f.

[141]Wenn Finanzierungsregeln als Heuristiken eine Prognosehilfe bilden sollen, z.B. als "Wenn-Dann-Aussage", sind sie laut SCHNEIDER aus wissenschaftlicher Sicht nicht zu kritisieren. Vgl. SCHNEIDER, Dieter: Investition..., a.a.O., S. 580.

[142]Neben der Zahlungsunfähigkeit führt die Überschuldung zum Konkurs der Kapitalgesellschaft (§ 92 Abs. 2 AktG, § 63 GmbHG).

[143]Dabei wird keine Aussage getroffen, wann eine Eigenkapitalquote gering ist. CLAUSSEN bezeichnet Produktionsunternehmen mit einer Eigenkapitalquote unter 25% als kapitalschwach, ohne diese Ziffer näher zu begründen. Vgl. CLAUSSEN, Carsten: Möglichkeiten und Grenzen der Kreditgewährung an kapitalschwache Unternehmen, in: Bericht der IDW-Steuerfachtagung 1985, a.a.O., S. 147.

[144]Ob risikoreiche Investitionen nur bei zusätzlicher Eigenkapitalausstattung durchgeführt werden, ist nicht sicher, da dafür ggf. auch Mittel aus der Innenfinanzierung zur Verfügung stehen. Die Auswahl der Investitionen bei gegebenen Finanzmitteln ist vom erwarteten Risiko und der erwarteten Rendite sowie der persönlichen Risikoneigung abhängig. Der Anteil risikoreicher Investitionen steigt bei zunehmender Eigenkapitalquote nur bei sinkender relativer Risikoneigung. Vgl. SCHNEIDER, Dieter: Investition..., a.a.O., S. 586ff, SCHNEIDER, Kristian, a.a.O., S. 160.

[145]Vgl. ALBACH, Horst: Kapitalausstattung und Entwicklung der Wirtschaft, in: Finanzierung deutscher Unternehmen heute: Diagnose und Vorschläge zur Verbesserung der Kapitalstruktur, a.a.O., S. 6, ebenso: BIERICH, Marcus: Der Einfluß der Besteuerung auf die Kapitalbeschaffung der Unternehmen, ebenda, S. 52. Auch ALBACH, Horst/HUNSDIEK, Detlef/KOKALJ, Ljuba verweisen in ihrer empiri-

In der Realität läßt sich beobachten, daß Unternehmen mit einem relativ hohen Eigenkapital im großen und ganzen bessere Überlebenschancen haben als andere. Das beweist jedoch noch nicht die Hypothese, ausschließlich die Höhe der Eigenkapitalquote entscheide über Fortbestand oder Insolvenz. Eine derart pauschale Aussage wird dem Zusammenhang zwischen Eigenkapitalhöhe und Insolvenz nicht gerecht.[146]
Gegen die Gültigkeit der Hypothese, eine steigende Eigenkapitalquote mindere das Insolvenzrisiko, sprechen die Probleme bei der ordinalen Messung des Insolvenzrisikos und bei der Isolierung des Kapitalstrukturrisikos.[147] Der Einfluß des Kapitalstrukturrisikos auf das Insolvenzrisiko ist praktisch nicht getrennt vom leistungswirtschaftlichen Risiko zu messen. Deshalb kann die Hypothese nicht getestet werden.
Theoretisch betrachtet sinkt das Insolvenzrisiko durch eine steigende Eigenkapitalquote nur bei einer Liquiditäts- und Vermögensmehrung, bei welcher das leistungswirtschaftliche Risiko und das Eigenfinanzierungsrisiko[148] zusammen weniger als das Kapitalstrukturrisiko steigen.[149]

Ergibt sich die Erhöhung der Eigenkapitalquote nur aus einem buchtechnischen Vorgang[150] ohne Zufluß liquider Mittel, hat die dann gestiegene Eigenkapitalquote keinerlei Verbesserung oder Sicherung der Zahlungsfähigkeit zur Folge. Auch die Funktion des Eigenkapitals als Verlustpuffer hat unmittelbar keine Auswirkung auf die Liquidität. So können hohe stille Reserven in nicht unmittelbar betriebsnotwendigen Vermögensgegenständen durch Veräußerung mobilisiert werden und damit einen wesentlich wichtigeren Beitrag zur Erhaltung der Zahlungsfähigkeit leisten als eine hohe Eigenkapitalquote bei fehlendem Zahlungsmittelbestand. Die Höhe solcher Liquiditätspolster ist aus der bilanziellen Kapitalstruktur nicht ersichtlich. Generell gilt, daß aus der vergangenheitsorientierten Bilanz keine Erkenntnisse über die zukünftige finanzielle Entwicklung gewonnen werden können. Darüber hinaus ist der Eintritt der Zahlungsunfähigkeit auch von der Bereitschaft und der Fähigkeit der Anteilseigner abhängig, zusätzliche Nachschüsse als Einlagen zu leisten.

---

schen Untersuchung auf einen engen Zusammenhang zwischen der Eigenkapitalausstattung und der Insolvenzanfälligkeit. Vgl. dies.: Finanzierung mit Risikokapital, Stuttgart 1986, S. 49 - 51, 55 - 60.

[146]Neben der Insolvenz führt auch die Überschuldung zum Konkurs. Da diese aber nicht nach Fortführungswerten, sondern auf der Grundlage einer gesonderten Überschuldungsbilanz gemessen wird, wird hier nur auf den Zusammenhang zwischen Bilanzgrößen und Insolvenz eingegangen.

[147]Vgl. SCHNEIDER, Dieter: Investition..., a.a.O., S. 599. Die Eigenkapitalhöhe und die von daher gegebene Gefahr eines negativen Leverage-Effektes drücken sich im Kapitalstrukturrisiko aus.

[148]Das Eigenfinanzierungsrisiko ist ein zusätzliches Insolvenzrisiko bei gegebenem leistungswirtschaftlichen und Kapitalstrukturrisiko und entsteht dadurch, daß das Eigenkapital seine Aufgabe einbüßt, als Verlustpuffer zu wirken. Vgl. ders., S. 547.

[149]Vgl. ders., S. 597.

[150]So wird bei einem Forderungsverzicht eines Gesellschafters eine betriebliche Verbindlichkeit durch eine Einlage zu Eigenkapital (bei Werthaltigkeit der Forderung).

Unabhängig davon, ob der Zusammenhang zwischen Eigenkapitalquote und Insolvenzrisiko empirisch beweisbar ist oder nicht, und die Aussagefähigkeit von Bilanzkennzahlen folglich fragwürdig ist, verlangen Kapitalgeber die Einhaltung bestimmter Bilanzrelationen, werden diese doch in der Finanzierungspraxis bei Kreditvergabe- oder -prolongationsentscheidungen herangezogen. Somit hat die Einhaltung dieser Regeln, auch wenn diese wesentliche Schwächen aufweisen, praktische Auswirkungen auf die Höhe der Fremdkapitalaufnahme, sofern die Kapitalgeber Kreditrationierung betreiben, bzw. auf die Höhe der Fremdkapitalzinsen, wenn die Gläubiger eine Risikoprämie verlangen.[151]
Das Unternehmen muß diese Regeln als "Konvention"[152] einhalten, um seine Kreditfähigkeit nicht zu gefährden und um sich nicht den eigenen finanziellen Spielraum unnötig einzuschränken und gerade dadurch in Liquiditätsprobleme zu geraten. Die Kreditgeber werden ihre Verhandlungsmacht[153] ausnutzen, um höhere Eigenkapitalquoten durchzusetzen, mit dem Ziel, ihre eigenen Risiken zu mindern.

Auch wenn sich ein unmittelbarer Zusammenhang zwischen der Sicherung der Liquidität und der Eigenkapitalquote nicht beweisen läßt, heißt das keineswegs, die Eigenkapitalhöhe könne nicht entscheidend für das Überleben des Unternehmens sein. Zum einen bemessen sich die Fremdfinanzierungsmöglichkeiten nach der Eigenkapitalhöhe, zum anderen dient das Eigenkapital als Verlustpuffer.[154] Von der Höhe dieses Puffers ist es abhängig, wie lange ein Unternehmen trotz eines negativen Leverage-Effektes oder Verlusten aus der unternehmerischen Tätigkeit überleben kann.

Als Ergebnis läßt sich festhalten, daß die Einhaltung von Finanzierungsregeln und Bilanzrelationen den Eintritt der Insolvenz nicht unbedingt vermeidet. Aus diesen Regeln lassen sich daher weder allgemeingültige Aussagen zur Unternehmensfinanzierung ziehen, noch bieten sie Anhaltspunkte für die Beurteilung bestehender Kapitalstrukturen.

---

[151] Vgl. SÜCHTING, Joachim, a.a.O., S. 501f.
[152] FRANKE, Günter/HAX, Herbert, a.a.O., S. 115. Auch GUTENBERG ist der Ansicht, daß nicht der Versuch, eine Optimalposition zu erreichen, sondern die betriebsindividuellen Umstände der Kreditgewährung die Verschuldungshöhe bestimmen. Vgl. GUTENBERG, Erich: Zum Problem des optimalen Verschuldungsgrades, in: ZfB 1966, S. 703.
[153] Vgl. dazu: JANSEN, Helge: Kapitalstrukturentscheidungen bei bilanzorientierter Finanzplanung, Wiesbaden 1978, S. 220ff, 224ff.
[154] Das Eigenkapital ist jedoch nicht der einzige Verlustpuffer. Als solcher können auch stille Reserven dienen.

2.4. Agencytheoretische Begründung der Finanzierung

2.4.1. Grundlagen

Im Vordergrund dieser Betrachtung steht die Erfassung der Ungewißheit, welche daraus resultiert, daß Investitionen riskant sind, und nicht sämtliche Akteure den gleichen Wissensstand haben.[155] Liegt Informationsasymmetrie vor, muß jeder Vertragspartner damit rechnen, daß sich sein Kontrahent opportunistisch verhält, um sich zu Lasten des anderen zu bereichern. Handeln die Akteure rational, antizipieren sie diese Verhaltensmöglichkeit bei der Gestaltung ihrer Verträge und versuchen somit, ihr Risiko einzuschränken.
Bezogen auf den Zeitraum, für den die Informationsasymmetrie besteht, kann zwischen "hidden information"[156] und "hidden action"[157] unterschieden werden.

Da durch die Informationsasymmetrie die Funktionsfähigkeit von Märkten beeinträchtigt wird, suchen die Akteure nach Lösungsmöglichkeiten. Eine Möglichkeit, Informationsgefälle vor Vertragsschluß zu beseitigen, bietet das "Signaling". Der Signalisierende sendet hier Signale aus, die eine korrekte Information beinhalten, wobei er aus eigenem Interesse richtig informiert, da er bei einer Fehlinformation Signalkosten trägt, welche die erhofften Vorteile überkompensieren.[158]
Besteht Informationsgefälle nach Vertragsabschluß bei der Vertragsdurchführung, kann dies im Rahmen der Agency-Theorie als Prinzipal-Agent-Problem aufgefaßt werden.

Wenn man das Verhältnis zwischen Kapitalgeber und -nehmer als Agency-Beziehung betrachtet, könnten die Kapitalgeber als Prinzipal und der Unternehmer als Agent angesehen werden. Dabei hat der Agent einen Wissensvorsprung, den er dazu nutzen kann, von den vertraglich festgelegten Vereinbarungen abzuweichen und sich selbst zu Lasten des Kapitalgebers zu bereichern. Der Agent weiß, daß für den Prinzipal positive Informationskosten entstehen und kann die be-

---

[155]Diese Sichtweise der Finanzierung wird auch als neoinstitutionalistische Betrachtung bezeichnet und ist die Weiterführung der neoklassischen, welche Finanzierung noch als reine Partenteilung verstand. Es werden nicht mehr nur Rendite und Risiko betrachtet, sondern insbesondere die von der Finanzierung ausgehenden Verhaltensanreize und mit ihr verbundene Schutzvorkehrungen. Vgl. PERRIDON, Louis/ STEINER, Manfred, a.a.O., S. 485f. Vgl. dazu auch: HÖFLACHER, Stefan: Einlagen und Eigenkapital bei der handels- und steuerrechtlichen Erfolgsermittlung in ökonomischer Sicht, Bergisch Gladbach, Köln 1992, zugl. Diss. Hohenheim 1991, S. 90f, 93ff.

[156]Gemeint ist der Zeitraum vor Vertragsschluß. Die ungleiche Informationsverteilung bezieht sich auf bei Vertragsschluß gegebene Tatbestände. Vgl. FRANKE, Günter/HAX, Herbert, a.a.O., S. 410. Die Informationsasymmetrie kann zu Marktversagen führen. Bekanntestes Beispiel dafür: AKERLOF, George A.: The Market for "Lemons", in: Quarterly Journal of Economics, Vol. 84, 1970, S. 488 - 500.

[157]Im Zeitraum nach Vertragsabschluß führt ein Vertragspartner nicht (kostenlos) beobachtbare Handlungen aus. Vgl. FRANKE, Günter/HAX, Herbert, a.a.O., S. 410.

[158]Vgl. FRANKE, Günter/HAX, Herbert, a.a.O., S. 413f, SÜCHTING, Joachim, a.a.O., S. 503.

stehende Informationsasymmetrie zu seinem Vorteil ausnutzen.[159] Voraussetzung dafür ist eine Interessendivergenz zwischen Agent und Prinzipal.

2.4.2. Mögliche Agency-Beziehungen

2.4.2.1. Beziehung zwischen Anteilseigner und Management

Überlassen die Anteilseigner ihre Mittel dem Unternehmen als Eigenkapital, ist bei Trennung von Eigentum und Kontrolle jeder Anteilseigner Prinzipal. Das Management ist der Agent, dessen Arbeitseinsatz und Handlungen nicht unmittelbar beobachtet werden können.
Das Management ist grundsätzlich daran interessiert, möglichst wenig riskante Investitionen zu tätigen, weil das von ihnen persönlich zu tragende Risiko des Arbeitsplatzverlustes oder der Einbuße an Reputation sehr eng mit dem Erfolg des Unternehmens zusammenhängt. Es ist weiterhin daran interessiert, möglichst viele Mittel im Unternehmen zu binden.[160] Die Anteilseigner sind prinzipiell eher an hohen Ausschüttungen bzw. hohen Marktwerten interessiert und bevorzugen risikoreiche und damit zumeist chancenreiche Investitionen, da sie ihr Portfolio diversifiziert haben.[161]
Hier liegt also Informationsasymmetrie und Interessendivergenz zwischen Management und Anteileignern vor.
Im Regelfall erhält der Agent ein fixes oder gewinnabhängiges Gehalt und der Prinzipal den gesamten Restgewinn. In dieser Situation kann sich der Agent zu Lasten der Anteilseigner z.B. durch einen verminderten Arbeitseinsatz oder durch "consumption on the job"[162] bereichern, denn den Vorteil daraus zieht er alleine, den Nachteil tragen die Anteilseigner. Selbst bei Gewinnbeteiligung hat er den vollen Nutzen, trägt aber die Kosten nur quotal.[163]

2.4.2.2. Beziehung zwischen Gläubiger und Management

In dieser Konstellation ist der Gläubiger Prinzipal und das Management der Agent. Auch hier besteht Informationsasymmetrie, wenn das Handeln des Managements nicht unmittelbar beobachtbar ist. Interessendivergenz tritt auf, wenn das Management sich so verhält, daß die Erfüllung der festen Zins- und Tilgungsansprüche nicht mehr gewährleistet ist. Deshalb sind die Gläubiger grundsätzlich daran interessiert, möglichst viel Haftungsmasse im Unternehmen zu

[159] Vgl. SWOBODA, Peter, a.a.O., S. 162. Bei homogener Information wäre die First-Best-Lösung realisierbar, indem die paretooptimale Strategie vertraglich festgelegt und ohne Informationskosten kontrolliert werden kann. Vgl. ebenda, S. 163.
[160] Vgl. DRUKARCZYK, Jochen: Theorie..., a.a.O., S. 82.
[161] Vgl. ders.: Finanzierung, a.a.O., S. 257.
[162] Z.B. teure Büroausstattung, Dienstwagen, Dienstreisen etc.
[163] Vgl. FRANKE, Günter/HAX,Herbert, a.a.O., S. 419f. Zu weiteren Beispielen siehe STREIM, Hannes, a.a.O., S. 14f.

behalten und bevorzugen hohe stille Reserven und die Bildung offener Rücklagen. Das Management kann durch fremdfinanzierte Ausschüttungen oder absprachewidrige Verwendung der Mittel die Gläubiger schädigen.[164]

2.4.2.3. Beziehung zwischen Gläubiger und geschäftsführendem Gesellschafter

Hier ist die Trennung von Eigentum und Kontrolle aufgehoben. Der Anteilseigner ist gleichzeitig Geschäftsführer und verkörpert somit die Rolle des Agenten. Der Kreditgeber ist Prinzipal. Unter der Voraussetzung nicht beobachtbarer Handlungen ist der Prinzipal erst dann geschädigt, wenn der Unternehmer seinen Zahlungspflichten nicht mehr nachkommt bzw. wenn Insolvenz droht.
Der Prinzipal präferiert deshalb grundsätzlich wenig risikoreiche Investitionen und bevorzugt eine hohe Haftungsmasse im Unternehmen.
Der Agent kann durch risikoreiche Investitionen das Risiko zum Teil auf den Prinzipal verlagern, behält aber die vollen Gewinnchancen, da der Prinzipal nur einen Festbetragsanspruch besitzt.[165] Weiterhin kann er durch Vermögensübertragung in den Privatbereich dem Unternehmen Haftungsmasse entziehen, z.B. durch fremdfinanzierte Gewinnausschüttungen oder durch die Ausschüttung freier Rücklagen.[166]
Auch in diesem Falle liegt Interessendivergenz vor.

2.4.3. Finanzierungsverträge als Lösungsmöglichkeit

Solange das Risiko des Fehlverhaltens des Agenten und der Schädigung des Prinzipals nicht ausgeschlossen ist, kann durch Handlungen des Agenten der Marktwert des Eigen- oder Fremdkapitals gemindert werden. Unter Berücksichtigung dieser Agencykosten des Eigen- bzw. Fremdkapitals kann die institutionelle Ausgestaltung von Finanzierungsbeziehungen das Risiko absichtlichen Fehlverhaltens[167] und die Agencykosten senken.[168]
Die Wahl der Finanzierungsweise kann als Lösungsinstrument dienen. Zum einen können mit Finanzierungstiteln Informations-, Kontroll- und Einwirkungsrechte verbunden sein, welche die Informationsasymmetrie vermindern. Für die Anteilseigner existieren gesetzliche Informationsrechte,[169] desweiteren können im Gesellschafts- oder im Kreditvertrag Rechte ausbedungen werden.[170]

---

[164] Zu weiteren Beispielen siehe STREIM, Hannes, a.a.O., S. 12ff.
[165] Vgl. PERRIDON, Louis/STEINER, Manfred, a.a.O., S. 490, SÜCHTING, Joachim, a.a.O., S. 512.
[166] Vgl. FRANKE, Günter/HAX, Herbert, a.a.O., S. 421 mit weiteren Beispielen, SCHNEIDER, Dieter: Investition..., a.a.O., S. 630.
[167] Dieses wird auch als "Moral Hazard" bezeichnet. Vgl. STREIM, Hannes, a.a.O., S. 11.
[168] Vgl. PERRIDON, Louis/STEINER, Manfred, a.a.O., S. 490.
[169] § 131 AktG, § 51a GmbHG.
[170] Die Wahrnehmung dieser Rechte verursacht wiederum Kosten, so daß sich ihr Einsatz nur lohnt, wenn diese Kosten geringer als die erwartete Minderung der Agencykosten sind.

Zum anderen können in Finanzierungsverträgen die Zahlungsströme derart aufgeteilt werden, daß der Agent keinen Anreiz hat, gegen die Vereinbarungen zu verstoßen, sondern aus eigenem Interesse so handelt, daß auch der Nutzen des Prinzipals maximal wird.[171] Mit der Entgeltaufteilung[172] hat der Finanzierungsvertrag[173] nicht mehr nur die Funktion der Risikoaufteilung, sondern auch Anreizwirkungen.[174]

Auch die Veränderung der Kapitalstruktur kann Agencykosten für bestimmte Kapitalgeber senken. Aus Sicht der Anteilseigner führt die Substitution von Eigen- durch Fremdkapital zu einer stärkeren Disziplinierung des Managements und somit zur Minderung der Agencykosten des Eigenkapitals. Durch hohe feste Zins- und Tilgungsverpflichtungen ist das Management gezwungen, beständig hohe Erträge zu erwirtschaften. Je höher der Verschuldungsgrad ist, desto höher ist das Risiko, daß die Verpflichtungen bei einer schlechten Leistung des Agenten nicht erfüllt werden, und um so höher ist das Arbeitsplatzrisiko, welches der Agent nur durch eine bessere Unternehmensführung begrenzen kann.[175] Bei Kreditaufnahme oder -prolongation muß sich der Agent darüber hinaus von den Kreditgebern überprüfen lassen.[176] Die Drohung des Kapitalentzugs diszipliniert den Agenten und macht die Einhaltung des vereinbarten Verwendungszweckes wahrscheinlicher.

Werden dem Kreditgeber Sicherheiten eingeräumt, sinken die Agencykosten des Fremdkapitals, weil risikoreiche Investitionen oder die Insolvenz den Gläubiger nicht unbedingt beeinträchtigen. Außerdem reduzieren Sicherheiten seine Kontroll- und Informationskosten, da der Kreditgeber nicht mehr das gesamte Tätigkeitsfeld des Unternehmens überwachen muß, sondern seine Kontrolle auf das Vorhandensein und die Werterhaltung der Sicherheiten beschränken kann.[177]

2.5. Gesellschafterdarlehen als Finanzierungsform

Beim Gesellschafterdarlehen gewähren Anteilseigner ihrer Gesellschaft zusätzlich zu ihrer Beteiligung ein schuldrechtliches Darlehen und stellen ihr folglich

---

[171] Vgl. FRANKE, Günter/HAX, Herbert, a.a.O., S. 413.

[172] Zu genauen Aufteilungsregeln in Abhängigkeit von der Risikoneigung von Agent und Prinzipal vgl. SWOBODA, Peter, a.a.O., S. 170f, SCHNEIDER, Dieter: Investition..., a.a.O., S. 623f.

[173] Mögliche Gestaltungsinstrumente sind z.B. Gewinn- und Wandelschuldverschreibungen, Optionsanleihen, Vorzugsaktien.

[174] Vgl. dazu WENGER, Ekkehard/TERBERGER, Eva: Die Beziehung zwischen Agent und Prinzipal als Baustein einer ökonomischen Theorie der Organisation, in: WiSt 1988, S. 506ff.

[175] Vgl. PERRIDON, Louis/STEINER, Manfred, a.a.O., S. 491.

[176] Insbesondere bei der Publikums-AG sind Kleinaktionäre auf die Kontrolle durch Kreditgeber angewiesen.

[177] Vgl. PERRIDON, Louis/STEINER, Manfred, a.a.O., S. 491f. Zu gesetzlichen Gläubigerschutzvorschriften siehe DRUKARCZYK, Jochen: Theorie..., a.a.O., S. 314.

sowohl Eigen- als auch Fremdkapital zur Verfügung. Damit verbinden sie die Vorteile einer Eigentümerposition mit der einer Gläubigerposition. Durch ihre Stellung als Anteilseigner haben sie Informations-, Kontroll- und Mitwirkungsrechte und sind gemäß ihrer Residualansprüche an den stillen Reserven, am Firmenwert und am Liquidationserlös beteiligt. Aufgrund ihrer Gläubigerstellung haben sie einen Anspruch auf feste Zins- und Tilgungszahlungen.[178] Der Darlehensbetrag ist dabei im Konkursfall i.d.R. kein zusätzliches Haftkapital.[179]

Für Gesellschafterdarlehen als Finanzierungsform können aus Sicht des Anteilseigners zunächst Renditeüberlegungen sprechen. Benötigt die Gesellschaft zusätzliches Kapital, und ist der Anteilseigner liquide, stellt sich für diesen die Frage, ob er persönlich das Kapital zur Verfügung stellen oder es bei fremden Dritten als Beteiligungs- oder Fremdkapital aufnehmen soll. Scheidet die Aufnahme neuer Gesellschafter wegen nicht gewünschter Änderung der Gesellschafterstruktur und der Mitwirkungsrechte aus, wird der Gesellschafter sich für die Hingabe eigener Mittel und gegen die Inanspruchnahme fremder Dritter entscheiden, wenn die erwartete Rendite seiner eigenen Mittel bei einer Alternativanlage bei ähnlichem Risiko geringer ist als die Fremdkapitalzinsen, die von fremden Dritten verlangt werden. Er könnte zwar durch eine Steigerung des Verschuldungsgrades durch Kreditaufnahme bei fremden Dritten die Eigenkapitalrendite des im Unternehmen eingesetzten Eigenkapitals erhöhen, würde dabei aber die Rendite seiner Gesamtposition verschlechtern.[180] Finanziert der Gesellschafter sein Unternehmen ausschließlich selbst durch gleichzeitige Überlassung von Eigen- und Fremdkapital, ist die Ausrichtung der Eigenkapitalhöhe nach dem Maximum der Eigenkapitalrendite nicht sinnvoll,[181] da ihm als einzigem Kapitalgeber stets der gesamte Gewinn des Unternehmens als Zins- und Dividendenzahlung zufließt und er somit die Gesamtkapitalrendite[182] erzielt.

Überläßt der Anteilseigner seinem Unternehmen ausschließlich eigene Mittel und kommt eine Kreditaufnahme bei fremden Dritten nicht in Frage, hat die Hingabe eigener Mittel als Darlehen einige Vorteile gegenüber einer Erhöhung der Betei-

---

[178] Die Verzinsung kann grundsätzlich gewinnunabhängig oder -abhängig vereinbart sein. Darüber hinaus kann das Darlehen unverzinslich oder mit einem Zinssatz über bzw. unter dem Marktzins gewährt werden. Zur steuerlichen Behandlung siehe Kap. 4.

[179] Gem. §§ 32a, b GmbHG ist aber unter bestimmten Voraussetzungen die Darlehensrückzahlung im Konkursfall ausgeschlossen. Zu Einzelheiten siehe Kap. 3.

[180] Vgl. VORMBAUM, Herbert, a.a.O., S. 102. Die Gesamtposition besteht dabei aus der extern erzielten Rendite und der Rendite des im Unternehmen eingesetzten Eigenkapitals.

[181] Durch die Ausnutzung des Leverage-Effektes zur Steigerung der Eigenkapitalrendite verbessert sich der Anteilseigner in seiner Gesamtposition nicht, da bei Senkung der Eigenkapitalquote das freiwerdende Kapital bei ungünstigerer Alternativanlagemöglichkeit als Gesellschafterdarlehen ins Unternehmen zurückfließt, und folglich der Anteilseigner nur die Gesamtkapitalrendite erwirtschaften kann.

[182] Dabei ist zu beachten, daß der Anteilseigner nur dann Kapital in das Unternehmen investiert, wenn er keine Alternativanlage hat, die bei ähnlichem Risiko eine höhere Rendite als die Gesamtkapitalrendite einbringt. Siehe dazu die Beispiele in Anhang 4.

ligung. So kann die Überlassung wesentlich flexibler gestaltet werden. Das Darlehen ist bei ausreichender Liquidität der Gesellschaft schneller abziehbar und kann somit leichter einer besseren Verwendung zugeführt werden. Eine aufwendige Kapitalerhöhung mit Satzungsänderung, notarieller Beurkundung, Registereintragung und späterer Kapitalherabsetzung unter Beachtung der verbundenen Gläubigerschutzregelungen wird damit umgangen. Auf diese Weise werden vor allem Transaktionskosten eingespart. Wird dagegen das Eigenkapital nicht durch eine Erhöhung des Nennkapitals, sondern durch eine Zuführung zur Kapitalrücklage vermehrt, fallen weder Notar- noch Registerkosten an.

Ist der Gesellschafter eine ausländische Muttergesellschaft, kann eine hohe Fremdfinanzierung das vom inländischen Unternehmen angestellte Management disziplinieren. Zusätzlich ist jedoch sicherzustellen, daß das Management nicht nur risikolose Investitionen durchführt, die in seinem eigenen Interesse liegen.[183]

Die Diskriminierung des Eigenkapitals im deutschen Steuerrecht stellt einen weiteren Anreiz zur Gewährung von Gesellschafterdarlehen anstelle einer Beteiligungserhöhung dar. Hat der Anteilseigner sowohl Beteiligungs- als auch Zinserträge nur mit seinem persönlichen Steuersatz zu versteuern,[184] so ergibt sich beim Gesellschafterdarlehen aufgrund der Behandlung bei der Gewerbesteuer ein Vorteil gegenüber der Beteiligungsfinanzierung.[185]

Gesellschafterdarlehen haben auch im Insolvenzfall gegenüber der Beteiligungsfinanzierung Vorteile, da sie nicht zur Haftung herangezogen und nicht zu Eigenkapital umqualifiziert werden, sondern eine Verbindlichkeit der Insolvenzmasse bleiben.[186]

Im Regelfall kann man davon ausgehen, daß Gesellschafterdarlehen tendenziell eher von beherrschenden Gesellschaftern oder zumindest von Anteilseignern mit relativ hoher Beteiligung gewährt werden. Bei einer Publikums-AG sind sie dagegen bedeutungslos. Aufgrund seiner Gesellschafterstellung wird der Anteilseigner über ausreichend Informationen verfügen, die er gleichzeitig in seiner Funktion als Kreditgeber verwenden kann.

Neben Renditeüberlegungen, der Ersparnis von Transaktionskosten und steuerlichen Belastungen, der Haftungsvermeidung und der erhöhten Flexibilität spre-

---

[183]Vgl. FRANKE, Günter/HAX, Herbert, a.a.O., S. 551.

[184]Dies ist der Fall, wenn er am körperschaftsteuerlichen Anrechnungsverfahren nach §§ 27 ff KStG teilnimmt.

[185]Zu Einzelheiten der Besteuerung von Beteiligungs- und Gesellschafterfremdfinanzierung von anrechnungs- und nichtanrechnungsberechtigten Anteilseignern siehe Kap. 4.

[186]Vgl. DRUKARCZYK, Jochen: Finanzierung, a.a.O., S. 305. Zu den Eigenkapitalersatzregeln siehe Kap. 3.

chen noch weitere Gründe für die Gesellschafterfremdfinanzierung. So ist diese ein wirksames Mittel zur Reduzierung von Agencykosten. Da jetzt dieselbe Person als Gläubiger und Anteilseigner auftritt, ist sowohl die Interessendivergenz als auch die Informationsasymmetrie beseitigt. Sämtliche Probleme, die aus der möglichen Reichtums- und Risikoverlagerung zwischen Anteilseigner und Gläubiger entstehen können, entfallen somit. Sowohl gläubigerschädigende Handlungen der Gesellschafter als auch gesellschafterschädigende Aktionen durch die Gläubiger unterbleiben infolge gleichgerichteter Interessen zwischen Gesellschafter und Gläubiger bzw. Personalunion. Da das Informationsproblem gelöst ist, können auch hohe Verschuldungsgrade in Kauf genommen werden.
Die Gesellschafterfremdfinanzierung kann jedoch nicht sämtliche Agency-Beziehungen eliminieren. Diese können weiterhin auftreten zwischen angestellten Managern, die nicht am Unternehmen beteiligt sind, und Gläubigern bzw. Gesellschaftern. Daneben können jetzt Agency-Beziehungen zwischen nicht am Unternehmen beteiligten Gläubigern und Gesellschafter-Gläubigern bestehen.

Infolge der Beseitigung o.g. Agencyprobleme durch die Gesellschafterfremdfinanzierung kommt es nicht zu einer Marktwertminderung des Eigen- oder Fremdkapitals. Diese Finanzierungsform erspart folglich auch die Kosten, die zur Beseitigung der Marktwertminderung notwendig würden. Dazu zählen vor allem als Transaktionskosten die Kosten der Vertragsgestaltung mit der Vereinbarung bestimmter Rechte und der Aufteilung der Zahlungsströme sowie etwaige Kontroll- und Überwachungskosten.

Ein Nachteil der Gesellschafterfremdfinanzierung kann in der fehlenden Risikoaufteilung gesehen werden. Wird das Unternehmen nur mit Mitteln des Gesellschafters gleichzeitig eigen- und fremdfinanziert, und gibt es sonst keine Kapitalgeber, trägt der Gesellschafter-Gläubiger das gesamte Risiko. Würde das Fremdkapital dagegen von einem Außenstehenden gewährt, könnte dieser einen Teil des Risikos übernehmen.
Hat das Unternehmen ungesicherte Darlehen von fremden Dritten aufgenommen, kann durch die Gewährung zusätzlicher Gesellschafterdarlehen die Risikobelastung der Drittgläubiger erheblich erhöht werden. Diese ist abhängig davon, ob das Gesellschafterdarlehen mit einem Rangrücktritt versehen ist, ungesichert gewährt wurde oder voll besichert ist. Greifen die Schutzregelungen der §§ 32a, b GmbHG nicht, vermindert ein ungesichertes Gesellschafterdarlehen infolge quotaler Befriedigung die Konkursquote des Drittgläubigers, während ein voll besichertes die Haftungsmasse von vornherein durch Aus- oder Absonderung mindert.[187]
Auch das Darlehen neu hinzutretender Drittgläubiger ist vom Ausfall bedroht, wenn sie das durch Gesellschafterdarlehen für sie erhöhte Risiko nicht erkennen

[187] Vgl. DRUKARCZYK, Jochen: Finanzierung, a.a.O., S. 308.

und keine entsprechenden Schutzvorkehrungen (z.B. Darlehensbesicherung) treffen.

Aus Sicht des Unternehmens hat die Gesellschafterfremdfinanzierung den Vorteil, daß Kosten für die Kreditwürdigkeitsprüfung entfallen. Darüber hinaus kann das Unternehmen nicht von einer unerwarteten Kreditkündigung überrascht werden. Aufgrund der guten Information des Gesellschafter-Gläubigers kann dieser dem Unternehmen auch dann noch einen Kredit einräumen, wenn dies für außenstehende Kreditgeber infolge des Informationsgefälles nicht mehr in Frage kommt.[188]
Ein Gesellschafterdarlehen ermöglicht dem Unternehmen auch in der Krise noch mehr Handlungsmöglichkeiten, denn sollte es in Liquiditätsprobleme geraten, wird ein Gläubiger, der gleichzeitig Gesellschafter ist, eher zu Zugeständnissen (wie z.B. Stundung von Zahlungen, Zinsverzicht) bereit sein als ein fremder Kreditgeber.
Außerdem kann der Gesellschafter bei Eintritt der Überschuldung einen Rangrücktritt erklären und somit den Konkurstatbestand beseitigen.[189] Auch die Zahlungsunfähigkeit kann mit Hilfe eines Gesellschafterdarlehens überbrückt werden.

2.6. Ergebnis

In diesem Kapitel wurde untersucht, ob es allgemeine betriebswirtschaftliche Grundsätze gibt, nach welchen ein Unternehmen zu finanzieren ist, ob eine Grenze für die Fremdfinanzierung existiert und ob eine bestimmte Kapitalstruktur aufgrund betriebswirtschaftlicher Finanzierungsgrundsätze als "mißbräuchlich" einzustufen ist.

Auf der Grundlage der finanzierungstheoretischen Ansätze läßt sich zwar feststellen, daß eine optimale Kapitalstruktur und somit ein optimaler Verschuldungsgrad für ein vorab feststehendes Investitionsprogramm existiert, doch läßt dieser sich nicht eindeutig messen bzw. quantifizieren und ebensowenig anhand von Bilanzgrößen ausdrücken. Bereits hier wird deutlich, daß es willkürlich ist, wenn der Gesetzgeber eine bestimmte Kapitalstruktur zur Norm erhebt und an Abweichungen steuerlich nachteilige Folgen anknüpft. Wenn eine optimale Kapitalstruktur anhand von Bilanzdaten zu errechnen wäre, könnte ein Abweichen hiervon als "mißbräuchliche" Finanzierung eingestuft werden. Es wurde aber oben bereits gezeigt, daß es eine Reihe von Gründen gibt, eine Ausstattung mit einer bestimmten Kapitalstruktur zu wählen. Selbst wenn es die optimale Kapi-

---

[188] Vgl. DRUKARCZYK, Jochen: Finanzierung, a.a.O., S. 305, ebenso WREDE, Friedrich: Korreferat zum Referat Lotz, in: JbFStR 1979/80, S. 451.
[189] Zu den Folgen eines Rangrücktritts siehe Kap. 3.

talstruktur gäbe, wäre es rational begründbar, davon abzuweichen. Da nun die optimale Kapitalstruktur nicht eindeutig quantifizierbar ist, und auch Abweichungen begründbar sind, läßt sich anhand dieses Ansatzes die tatsächlich realisierte Finanzierung nicht beurteilen.
Auch die auf Bilanzkennzahlen beruhenden horizontalen und vertikalen Finanzierungsregeln helfen bei der Beurteilung aufgrund ihrer Schwächen nicht weiter.

Es läßt sich feststellen, daß sich anhand dieser theoretischen und praktischen Konzepte ökonomisch fundierte, allgemeingültige Finanzierungsregeln nicht aufstellen lassen. Es läßt sich nicht nachweisen, ob eine bestimmte Kapitalstruktur mißbräuchlich oder angemessen ist. Daraus ergibt sich, daß der Unternehmer bei der Finanzierung seines Unternehmens freie Hand hat. Die Art der Finanzierung ist dabei abhängig von seinen persönlichen Konsum- und Risikopräferenzen.[190] Ein Außenstehender kann sich deshalb nicht auf ökonomische Erkenntnisse berufen, wenn er allgemeinverbindliche Eigenkapitalquoten festlegt und deren Nichtbeachtung sanktioniert.

Für den Unternehmer gibt es vielerlei Gründe, sein Unternehmen mit Eigen- oder Fremdkapital auszustatten. Neben steuerlichen Gesichtspunkten existieren zahlreiche ökonomische Motive. Besonders die Überlassung von Fremdkapital ist unter vielen Aspekten vorteilhaft für den Anteilseigner, denn eine hohe Verschuldung bedeutet nicht zwangsläufig eine Gefährdung für ihn, da er über gute Informationen verfügt und sich Sicherheiten einräumen lassen kann.[191]
Eine Gesellschafter-Fremdfinanzierung muß also keineswegs nur steuerlich motiviert sein. Da sich aber keine allgemeinen Regeln aufstellen lassen, unter welchen Bedingungen eine Kapitalausstattung mißbräuchlich ist, erhebt sich hier der Verdacht, daß es sich bei der sog. "Mißbrauchsverhütungsvorschrift" des § 8a KStG mangels eindeutiger Begründbarkeit nur um eine Vorschrift zur Erhöhung des Steueraufkommens handelt.

Ist der Unternehmer gezwungen, Kapital bei fremden Dritten aufzunehmen, wird er sich höchstens bis zu einer Höhe verschulden, die durch den Gläubiger noch akzeptiert wird. Diese wird durch die von der Verschuldung ausgehenden Verhaltensanreize, durch das Investitionsrisiko und die Möglichkeit der Kreditbesicherung bestimmt.

---

[190] Bzw. von der subjektiven Risikoneigung des angestellten Managements.
[191] Auf die Gefährdung von Drittgläubigern durch dieses Verhalten wurde bereits in Pkt. 2.5. hingewiesen.

3. Unternehmensfinanzierung im Zivilrecht

3.1. Untersuchungsgegenstand

In diesem Kapitel soll untersucht werden, ob es gesellschaftsrechtliche Grundsätze über die Finanzierung von Unternehmen und ihre Ausstattung mit Eigen- oder Fremdkapital gibt. Im Mittelpunkt steht dabei die Frage, ob sich aus dem Zivilrecht Anhaltspunkte dafür ergeben, welche Kapitalstruktur ein Unternehmen zu realisieren hat, und welche Finanzierung noch angemessen oder schon mißbräuchlich ist. Weiterhin ist nach einem Hinweis zu suchen, ob es sich bei der Gesellschafter-Fremdfinanzierung an sich um eine mißbräuchliche Gestaltung handelt. Dabei ist zu überprüfen, ob die zivilrechtlichen Regelungen die Finanzierungsfreiheit des Gesellschafters anerkennen oder einschränken.
Im Gesellschaftsrecht bestehen bezüglich der Gesellschafter-Fremdfinanzierung hauptsächlich für die GmbH ausdrückliche Regeln. Um fundierte Rückschlüsse aus diesen Regeln auf die Unternehmensfinanzierung ziehen zu können, werden diese zunächst dargestellt und dann im Hinblick auf eine Mißbrauchsgrenze untersucht. Anschließend werden die relevanten Regeln auf die AG übertragen. Im Aktiengesetz existieren keine expliziten Vorschriften über die Gesellschafter-Fremdfinanzierung, der BGH[1] wendet aber die Finanzierungsregelungen unter bestimmten Voraussetzungen auch auf die AG an. Für Personenhandelsgesellschaften verweisen eigene Normen auf die entsprechende Anwendung der Eigenkapitalersatzregeln des GmbH-Gesetzes, wenn bei diesen kein persönlich haftender Gesellschafter eine natürliche Person ist.[2]
Bei den zivilrechtlichen Vorschriften ist zu erwähnen, daß sich der Gesellschafterbegriff nicht wie in § 8a KStG auf Nichtanrechnungsberechtigte beschränkt, sondern umfassend an der Gesellschaftereigenschaft anknüpft. Somit werden sowohl inländische als auch ausländische Gesellschafter erfaßt, ebenso auch die öffentliche Hand.

3.2. Finanzverfassung der GmbH

In § 5 Abs. 1 GmbHG ist als Mindesthöhe des Stammkapitals ein Betrag von Euro 25.000 bestimmt. Jeder Gesellschafter hat eine Stammeinlage von mindestens Euro 100 zu zeichnen. Jeder höhere Betrag ist möglich. Die Stammeinlagen müssen gemäß § 7 Abs. 2 GmbHG jeweils zu mindestens einem Viertel eingezahlt sein, sonst kann keine Anmeldung in das Handelsregister erfolgen. Insgesamt muß mindestens die Hälfte des Mindeststammkapitals gemäß § 5 Abs. 1

---

[1] Vgl. dazu das grundlegende Urteil des BGH v. 26.3.1984, II ZR 171/83, ZIP 1984, S. 575 sowie Pkt. 3.4.

[2] Vgl. §§ 129a, 172a HGB.

GmbHG eingezahlt sein.[3] Dieser Betrag muß jedoch nicht in bar entrichtet werden, sondern kann auch als Sacheinlage erbracht werden.[4]
Darüber hinaus enthält das GmbHG keine weiteren expliziten Vorschriften über die Kapitalausstattung der GmbH.

Im Zentrum der Regeln über die Finanzverfassung der GmbH stehen die sog. Kapitalerhaltungsvorschriften. Diese dienen dem Gläubigerschutz[5] und sollen gewährleisten, daß die Gesellschaft mindestens über ein Vermögen in Höhe des Stammkapitals verfügen kann, und dieses Vermögen der Gesellschaft auch erhalten bleibt. Diese Grundsätze über die Aufbringung und Erhaltung des Stammkapitals sind in den §§ 19ff und 30f normiert.[6]
Ist die Gründung der Gesellschaft abgeschlossen, und ist den Kapitalaufbringungsregeln somit genüge getan, sind es vor allem noch zwei Regelungskomplexe, die nach der Gründungsphase auf das Finanzierungsverhalten der Gesellschafter Einfluß nehmen, nämlich zum einen die Kapitalerhaltungsregeln der §§30, 31 GmbHG, zum anderen die Vorschriften der §§ 32a, b GmbHG über eigenkapitalersetzende Gesellschafterdarlehen.

Im folgenden werden beide Komplexe im Hinblick darauf betrachtet, ob sich aus ihnen Regeln oder Grundsätze ergeben, nach welchen der Gesellschafter seine Gesellschaft zu finanzieren habe. Ziel ist es, die Anforderungen des Zivilrechts an das Finanzierungsverhalten der Gesellschafter zu untersuchen.

3.3. Regelungen über eigenkapitalersetzende Gesellschafterdarlehen

3.3.1. Regelungsinhalt und Rechtsgrundlagen

Gewährt ein Gesellschafter seiner Gesellschaft ein Darlehen, so bestimmt § 32a Abs. 1 GmbHG, daß er im Konkurs- oder Vergleichsfalle der Gesellschaft seine Darlehensforderung nicht zur Konkurstabelle anmelden darf und somit nicht an der Konkursquote teilnimmt, sofern sein Darlehen eigenkapitalersetzend war.

---

[3] Vgl. § 7 Abs. 2 S. 2 GmbHG, vgl. auch: HUECK, Götz, in: BAUMBACH, Adolf/HUECK, Alfred: GmbH-Gesetz, Gesetz betreffend die Gesellschaften mit beschränkter Haftung, Kommentar, 15. Aufl., München, 1988, § 7 GmbHG Rn. 6.

[4] Bei einer Sacheinlage greifen verschiedene Schutzmechanismen, um einer Manipulation durch den einbringenden Gesellschafter vorzubeugen. §§ 5 Abs. 4, 7 Abs. 3, 8 Abs. 2. Zu weiteren Einzelheiten siehe BAUMBACH/HUECK, Kommentar, a.a.O., § 5 GmbHG Rn. 14ff, § 7 GmbHG Rn. 9ff.

[5] Vgl. BAUMBACH/HUECK, Kommentar, a.a.O., § 19 GmbHG Rn. 1, § 30 GmbHG Rn. 1.

[6] Weitere Vorschriften über die Kapitalaufbringung finden sich in § 3 Abs. 1 Nr. 4, § 5, insb. Abs. 4, §7 Abs. 2, 3 und §§ 9 bis 9c. SCHMIDT differenziert hier noch weiter zwischen formellen und materiellen Normen und stellt fest, daß sich die Gesellschafter nur durch die Erfüllung dieser Vorschriften die beschränkte Haftung der GmbH verdienen können. Vgl. dazu: SCHMIDT, Karsten: Gesellschaftsrecht, 2. Aufl., Köln u. a., 1991, S. 924f.

Unabhängig davon greift das Rückzahlungsverbot des § 30 Abs. 1 GmbHG auch außerhalb eines Insolvenzverfahrens und bestimmt, daß Gesellschaftsvermögen nicht an die Gesellschafter ausgezahlt werden darf, wenn diese Auszahlung das Gesellschaftsvermögen[7] derart reduzierte, daß es nicht mehr die Höhe des Stammkapitals erreichte.
Zum Tatbestand und den Rechtsfolgen des Rückzahlungsverbotes in § 30 GmbHG entwickelte sich in den letzten Jahrzehnten eine umfangreiche und gefestigte Rechtsprechung durch den BGH. Der Gesetzgeber entschloß sich zwar im Rahmen der GmbH-Novelle 1980,[8] Gläubigerschutzregeln bei der Gewährung von Gesellschafterdarlehen gesetzlich zu kodifizieren und schuf die §§ 32a, b GmbHG, jedoch sind die Vorschriften nach Auffassung des BGH[9] nur unzureichend gelungen und bleiben hinter dem Schutz, der zu diesem Zeitpunkt bereits durch die Rechtsfortbildung infolge der BGH-Rechtsprechung[10] erreicht war, zurück. Nach dem Willen des BGH[11] sollen die Novellenregelungen in den §§ 32a, b GmbHG nicht ausschließliche Geltung erlangen, sondern die bis dahin vom BGH aufgestellten Grundsätze zum Gläubigerschutz ergänzen. Die herrschende Auffassung im Schrifttum teilt diese Ansicht und geht somit von der Geltung eines dualen oder zweistufigen Schutzsystems aus.[12]
Werden Gesellschafterdarlehen an die GmbH ausgereicht, werden die Gläubiger, die nicht gleichzeitig Gesellschafter sind, zum einen durch die Novellenregeln in den §§ 32a, b GmbHG geschützt, zum anderen durch die Rechtsprechungsregeln des BGH, die bei Zins- und Tilgungszahlungen auf eigenkapitalersetzende Gesellschafterdarlehen die analoge Anwendung des Auszahlungsverbotes des § 30 GmbHG sowie bei Verstoß die Sanktionsregeln des § 31 GmbHG vorsehen.

Die BGH-Regeln und die Novellenregeln überschneiden sich zwar teilweise, haben darüber hinaus jedoch auch unterschiedliche Rechtsfolgen und Reichweiten, so daß sie sich insgesamt ergänzen.[13]

---

[7] Gemeint ist das Reinvermögen, d. h. Vermögen abzüglich Schulden. Vgl. BAUMBACH/HUECK, Kommentar, a.a.O., § 30 GmbHG Rn. 5.
[8] Gesetz zur Änderung des GmbHG und anderer handelsrechtlicher Vorschriften vom 4.7.1980, BGBl. I 1980, S. 836.
[9] Vgl. BGH-U. v. 26.3.1984, II ZR 14/84, DB 1984, S. 1339f.
[10] Vgl. dazu vor allem BGH-U. v. 24.3.1980, II ZR 213/77, BB 1980, S. 797ff m.w.N.
[11] Vgl. BGH-U. v. 26.3.1984, II ZR 14/84, DB 1984, S. 1339f.
[12] Vgl. GEISSLER, Markus: Rechtsfragen um die Eigenkapitalersatzfunktion des in der Krise belassenen Gesellschafterdarlehens, in: GmbHR 1994, S. 154, PRIESTER, Hans-Joachim: Sind eigenkapitalersetzende Gesellschafterdarlehen Eigenkapital?, in: DB 1991, S. 1919, HOMMELHOFF, Peter: Das Gesellschafterdarlehen als Beispiel institutioneller Rechtsfortbildung, in: ZGR 1988, S. 481, VON GERKAN, Hartwin: Schwerpunkte und Entwicklungen im Recht der kapitalersetzenden Gesellschafterleistungen, in: GmbHR 1986, S. 219. A.A.: RÜMKER, der hierin eine Rechtsfortbildung contra legem sieht. Vgl. RÜMKER, Dietrich: Überlegungen zur gesellschafterlichen Finanzierungsverantwortung, in: ZGR 1988, S. 497.
[13] Zu den Rechtsfolgen im einzelnen siehe Pkt. 3.3.3.

3.3.2. Tatbestandsvoraussetzungen eigenkapitalersetzender Gesellschafterdarlehen

Die Rechtsfolgen der BGH-Regeln und des § 32a GmbHG knüpfen an folgende Voraussetzungen an: Es muß sich um ein Darlehen eines Gesellschafters an seine GmbH handeln, welches zu einem Zeitpunkt gewährt wird, in dem ein ordentlicher Kaufmann Eigenkapital zugeführt hätte.

3.3.2.1. Gesellschafterdarlehen

3.3.2.1.1. Darlehensgewährung

3.3.2.1.1.1. Zuführung von Kapital

Unter einer Darlehensgewährung i.S.d. § 32a Abs. 1 GmbHG anstelle einer an sich gebotenen Eigenkapitalzuführung ist grundsätzlich die Überlassung von Geld oder anderen vertretbaren Sachen aufgrund eines Darlehensvertrages (§ 607 BGB) zu verstehen.[14] Dabei kommt es nicht darauf an, ob das Darlehen verzinslich, unverzinslich oder als partiarisches Darlehen gewährt wird. Ebenso unerheblich ist der Grund für die Kapitalüberlassung[15] oder der Zweck des Darlehens (z.B. Hingabe als Sanierungsdarlehen). Unberücksichtigt bleibt grundsätzlich auch, welche Laufzeit vereinbart wurde.[16] Lediglich kurzfristige Überbrückungsdarlehen, die zur Abdeckung eines Liquiditätsengpasses einen vorübergehenden Geldbedarf ausgleichen, gelten wegen dieser Zweckbestimmung nicht als Eigenkapitalersatz.[17]

§ 32a Abs. 3 GmbHG erstreckt den Anwendungsbereich der Vorschrift auch auf andere Rechtsverhältnisse, die der Darlehensgewährung wirtschaftlich entsprechen, aber nicht auf einem Darlehensvertrag beruhen.[18] [19] Der Anwendungsbe-

[14] Vgl. BAUMBACH/HUECK, Kommentar, a.a.O., § 32a GmbHG Rn. 29, ebenso: SCHMIDT, Karsten, in: SCHOLZ, Franz: Kommentar zum GmbH-Gesetz, Bd. I, 8. Aufl., Köln, 1993, § 32a GmbHG, Anm. 27.

[15] Ein möglicher Grund wäre, daß der Gesellschafter überschüssige Liquidität und die Gesellschaft Liquiditätsbedarf hat. Die Vereinbarung eines Zinssatzes zwischen Soll- und Habenzinsen einer Bank bringt beiden Vorteile. Daneben wäre als weiterer Grund eine gesellschaftsvertragliche Abrede möglich, nach welcher das Darlehen als Förderungsleistung des Gesellschafters zu gewähren ist. Vgl. SCHOLZ/SCHMIDT, Kommentar, a.a.O., § 32a GmbHG, Anm. 27.

[16] Auch kurzfristige Darlehen fallen unter die Eigenkapitalersatzregeln, wenn ohne ihre Gewährung eine Insolvenz unabwendbar gewesen wäre. Vgl. BGH-U. v. 27.11.1989, II ZR 310/88, GmbHR 1990, S. 127.

[17] Vgl. BGH-U. v. 28.11.1994, II ZR 77/93, BB 1995, S. 61, BGH-U. v. 27.11.1989, II ZR 310/88, GmbHR 1990, S. 126, BGH-U. v. 26.3.1984, II ZR 171/83, ZIP 1984, S. 576, OLG Hamm, U. v. 7.7.1986, 8 U 278/85, DB 1986, S. 2321. Jedoch muß bei Einräumung des Kredits objektiv damit gerechnet werden können, daß dieser aufgrund der wirtschaftlichen Lage der Gesellschaft in der vorgesehenen kurzen Zeitspanne auch abgelöst wird. So auch OLG Frankfurt, U. v. 23.6.1992, 5 U 69/90, GmbHR 1993, S. 437 (rkr.).

reich ist dabei grundsätzlich weit auszulegen. So fällt darunter z.B. die Stundung einer Gesellschafterforderung aus einem Leistungsaustausch gegenüber der Gesellschaft oder die Kapitalüberlassung im Rahmen einer stillen Beteiligung des Gesellschafters.[20]

3.3.2.1.1.2. Stehenlassen eines Darlehens

Gewährt ein Gesellschafter seiner Gesellschaft vor der Krise ein Darlehen und zieht er dieses nicht ab, obwohl die Gesellschaft in eine Krise gerät, wird nach §32a Abs. 3 GmbHG dieses Stehenlassen einer Darlehensgewährung gleichgestellt.[21] Das Stehenlassen gilt somit als erneute Kreditgewährung zu dem Zeitpunkt des Kriseneintritts.[22] Auch hierbei ist der Darlehensbegriff weit zu fassen.[23]

---

[18] Heftig umstritten ist die Ausdehnung des Kapitalersatzrechts auf Gebrauchsüberlassungen wie z.B. Miete, Pacht etc. unter Berufung auf § 32a Abs. 3 GmbHG durch BGH-U. v. 16.10.1989, II ZR 307/88, DB 1989, S. 2470. Befürwortend: KLAUS, Hans: Die kapitalersetzende Nutzungsüberlassung aus ökonomischer Sicht, in: DStR 1994, S. 1059ff, 1097ff. Ablehnend: SCHMIDT, Karsten: § 32a GmbHG: ein Allheilmittel gegen unerwünschten Eigenkapitalersatz?, in: ZIP 1990, S. 69ff. Zu weiteren Einzelheiten vgl. ZIEGLER, Klaus: Kapitalersetzende Gebrauchsüberlassungsverhältnisse und Konzernhaftung bei der GmbH, Baden-Baden, 1989, zugl. Diss. Tübingen, 1988, ebenso: MUTTER, Christoph: Kapitalersetzendes Darlehen und Gebrauchsüberlassung bei der GmbH, Frankfurt u.a., 1992, zugl. Diss. Mainz, 1991, S. 105ff.

[19] Da sich diese Arbeit mit Gesellschafterdarlehen befaßt, wird dieser Problembereich nicht diskutiert.

[20] Darüber hinaus gilt auch der Erwerb gestundeter Forderungen Dritter durch den Gesellschafter sowie unter bestimmten Voraussetzungen auch Fälligkeitsvereinbarungen in Austauschverträgen zwischen Gesellschafter und Gesellschaft als Darlehen i.S.v. § 32a GmbHG. Vgl. SCHOLZ/SCHMIDT, Kommentar, a.a.O., § 32a GmbHG, Anm. 101ff, BAUMBACH/HUECK, Kommentar, a.a.O., § 32a GmbHG, Rn. 30f. Vgl. auch BGH-U. v. 13.7.1981, II ZR 256/79, BB 1981, S. 1667, BGH-U. v. 24.3.1980, II ZR 213/77, BB 1980, S. 797. Gemäß OLG Hamm liegt ein Gesellschafterdarlehen vor, wenn der Gesellschafter bei fremden Dritten Anlagevermögen für seine Gesellschaft erwirbt und dieses unter Kaufpreisstundung an seine Gesellschaft weiterveräußert. Vgl. OLG Hamm, U. v. 25.6.1992, 27 U 257/91, GmbHR 1992, S. 754.

[21] Vgl. LUTTER, Marcus/HOMMELHOFF, Peter: Kommentar zum GmbH-Gesetz, 14. Aufl., Köln, 1995, § 32a GmbHG Rn. 43, BAUMBACH/HUECK, Kommentar, a.a.O., § 32a GmbHG, Rn. 34. Vgl. auch BGH-U. v. 14.11.1988, II ZR 115/88, BB 1989, S. 242, BGH-U. v. 6.5.1985, II ZR 132/84, BB 1985, S. 1813, BGH-U. v. 19.11.1984, II ZR 84/84, BB 1985, S. 425, BGH-U. v. 28.9.1981, II ZR 223/80, GmbHR 1982, S. 182, BGH-U. v. 21.9.1981, II ZR 104/80, BB 1981, S. 2028, BGH-U. v. 24.3.1980, II ZR 213/77, BB 1980, S. 798, BGH-U. v. 26.11.1979, II ZR 104/77, DB 1980, S. 297, Hans. OLG Hamburg, U. v. 16.5.1986, 11 U 219/85, DB 1986, S. 1329. SCHMIDT sieht im Stehenlassen des Darlehens jedoch keine "andere Rechtshandlung" i.S.v. § 32a Abs. 3 GmbHG, sondern plädiert für die Anwendung von § 32a Abs. 1 GmbHG, weil die Gesellschafterleistung in der Darlehensbelassung liegt, und Darlehen von Abs. 1 umfaßt werden. Vgl. SCHOLZ/SCHMIDT, Kommentar, a.a.O., § 32a GmbHG, Anm. 43. Ders.: Gesellschaftsrecht, a.a.O., S. 959 m.w.N. Es ergeben sich daraus aber keine praktischen Konsequenzen, da die Rechtsfolgen von Abs. 1 und 3 identisch sind. Deshalb wird darauf nicht näher eingegangen.

[22] Sind die übrigen Voraussetzungen für den Eigenkapitalersatz erfüllt, kann somit auch ein Altdarlehen eines Gesellschafters als eigenkapitalersetzend behandelt werden, obwohl bei dessen Überlassung ein ordentlicher Kaufmann nicht ausschließlich Eigenkapital hingegeben hätte.

[23] Grundsätzlich bezieht sich die Regelung des "Stehenlassens" nicht nur auf das Darlehen selbst, sondern auch auf alle der Darlehensgewährung nach § 32a Abs. 3 GmbHG gleichgestellten Rechtsverhältnisse. So kann auch eine gestundete Forderung stehengelassen werden, ebenso auch Gehälter, Miet- und Pachtzinsen, Leasingraten. Vgl. dazu auch: BGH-U. v. 12.1.1987, II ZR 63/86, GmbHR 1987, S. 226.

Nach der früheren Auffassung des BGH konnte ein Darlehen jedoch nur dann den Eigenkapitalersatzregeln unterliegen, wenn es trotz Fälligkeit oder Möglichkeit der Kündigung in der Gesellschaft belassen wird.[24] Der Gesellschafter mußte also, um ein Darlehen stehenlassen zu können, zumindest rechtlich in der Lage sein, es aufgrund einer ordentlichen oder außerordentlichen Kündigung nach Eintritt der Krise abzuziehen.[25] Dem folgt die neuere Rechtsprechung jedoch nicht mehr. Diese betrachtet ein Darlehen auch dann als stehengelassen, wenn der Gesellschafter schuldrechtlich das Darlehen nicht zurückfordern kann und darauf verzichtet, die Gesellschaft zu liquidieren.[26]
Daraus ergeben sich unterschiedliche Konsequenzen für Mehrheits- und Minderheitsgesellschafter. Gegenüber einem Mehrheitsgesellschafter, der sein Darlehen aus rechtlichen Gründen nicht einfordern kann,[27] der aber in der Lage ist, die Gesellschaft zu liquidieren, treten die Rechtsfolgen der Umqualifizierung in Eigenkapitalersatz ein, wenn er nicht die Liquidation einleitet. Auf einen Minderheitsgesellschafter, der sein Darlehen aus rechtlichen Gründen nicht einfordern und die Liquidation der Gesellschaft nicht durchsetzen kann,[28] kann diese Folgerung so nicht angewandt werden. Die Rechtsfolgen treten für ihn erst dann ein, wenn die Kündigung hätte wirksam werden können bzw. bei Vertragsablauf, sofern kein Kündigungsrecht besteht.[29] Allerdings ist zu prüfen, ob er ein Recht auf außerordentliche Kündigung wegen Verschlechterung der Vermögensverhältnisse besitzt.[30]

---

[24] Vgl. BGH-U. v. 24.9.1990, II ZR 174/89, BB 1990, S. 2211, BGH-U. v. 14.11.1988, II ZR 115/88, BB 1989, S. 242, BGH-U. v. 6.5.1985, II ZR 132/84, BB 1985, S. 1813, BGH-U. v. 26.11.1979, II ZR 104/77, DB 1980, S. 297f. Zustimmend: LUTTER, Marcus: Die GmbH-Novelle und ihre Bedeutung für die GmbH, die GmbH & Co. KG und die Aktiengesellschaft, in: DB 1980, S. 1321.

[25] Vgl. BGH-U. v. 24.9.1990, II ZR 174/89, BB 1990, S. 2211, BGH-U. v. 16.10.1989, II ZR 307/88, DB 1989, S. 2471, BGH-U. v. 6.5.1985, II ZR 132/84, BB 1985, S. 1813, Hans. OLG Hamburg, U. v. 25.5.1990, 11 U 77/90, DB 1990, S. 2012f (rkr.). Bei einem Darlehen mit fester Laufzeit ohne Kündigungsrecht wäre demnach ein Stehenlassen und somit die Anwendung des Eigenkapitalersatzrechts nicht möglich. Vgl. MAYER, Dieter: Kapitalersetzende Darlehen im GmbH-Recht aus handels- und konkursrechtlicher Sicht, in: BB 1990, S. 1938f, GOERTZEN, Reiner: Die Rechtsprechungsgrundsätze zu eigenkapitalersetzenden Gesellschafterdarlehen, in: DB 1988, S. 2446.

[26] Vgl. BGH-U. v. 14.12.1992, II ZR 298/91, GmbHR 1993, S. 89, OLG Koblenz, U. v. 7.2.1992, 2 U 3/90, DStR 1993, S. 252 (rkr.), OLG Hamm U. v. 27.1.1993, 8 U 54 u. 124/92, GmbHR 1994, S. 55, OLG München U. v. 5.3.1993, 23 U 4873/92, GmbHR 1993, S. 432. Ablehnend: SCHOLZ/SCHMIDT, Kommentar, a.a.O., § 32a GmbHG, Anm. 46, LUTTER/HOMMELHOFF, Kommentar, a.a.O., § 32a GmbHG, Rn. 47. Im Regelfall ist eine außerordentliche Kündigung aus wichtigem Grund (Verschlechterung der Vermögenslage) immer möglich.

[27] Z.B. weil eine feste Laufzeit ohne Kündigungsrecht vereinbart wurde.

[28] Eine Auflösung der GmbH kann gem. § 60 Abs. 1 Nr. 2 GmbHG durch Beschluß der Gesellschafter mit grundsätzlich 75% der abgegebenen Stimmen beschlossen werden, wenn im Gesellschaftsvertrag nichts anderes bestimmt ist. Vgl. BAUMBACH/HUECK, Kommentar, a.a.O., § 60 GmbHG, Rn. 15.

[29] Vgl. RÖHRICHT, Volker: Die Rechtsprechungsregeln zum Eigenkapitalersatz bei GmbH und GmbH & Co. KG, in: StbJb 1991/92, S. 327f.

[30] Vgl. RÖHRICHT, Volker, StbJb 1991/92, S. 327 mit Hinweis auf BGH-U. v. 9.10.1986, II ZR 58/86, GmbHR 1987, S. 56. GEISSLER nimmt auch bei längerfristig festgelegter Laufzeit generell ein außerordentliches Kündigungsrecht an und verweist zur Begründung darauf, daß dieses für vergleichbare Dauerschuldverhältnisse gesetzlich normiert ist, so z.B. in den §§ 554a, 626 BGB. Vgl. GEISS-

Umstritten sind die Voraussetzungen des Stehenlassens, so z.B. die Frage, ob das bloße Belassen als einseitiges Verhalten des Gesellschafters bereits genügt oder ob eine Finanzierungsabrede zwischen Gesellschaft und Gesellschafter notwendig ist.[31] Für das Erfordernis einer zumindest konkludenten Abrede spricht, daß §32a Abs. 1 GmbHG mit der Darlehensgewährung ein Rechtsgeschäft erwähnt, und deshalb ein Rechtsgeschäft als Tatbestandsvoraussetzung notwendig sein könnte.

TILLMANN verlangt ebenfalls eine zumindest konkludente Abrede, da Unterlassen allein keine Finanzierungs-"Entscheidung" sei, die nach dem Maßstab des ordentlichen Kaufmanns beurteilt werden könne.[32]

Ausgehend vom Normzweck des § 32a GmbHG läßt sich feststellen, daß es für die Gefährdung der Gläubiger unerheblich ist, ob das Darlehen aufgrund einer rechtsgeschäftlichen Vereinbarung bestehen bleibt oder nur, weil der Gesellschafter eine Rückforderung nicht geltend macht. Auch die Generalklausel des §32a Abs. 3 GmbHG zeigt, daß der Gesetzgeber einen möglichst umfassenden Gläubigerschutz gewährleisten will. Im übrigen ist eine konkludente Finanzierungsabrede kaum beweisbar und als Tatbestandsmerkmal folglich nicht geeignet. Deshalb ist es m.E. sachgerecht, wenn der BGH[33] eine Ungleichbehandlung ablehnt. So ist nach seiner Ansicht weder eine ausdrückliche noch eine konkludente Finanzierungsabrede erforderlich, sondern schon allein ein Unterlassen der Rückforderung bei Eintritt der Krise reicht aus.[34]

Vereinbaren beide Parteien eine Finanzierungsabrede, ist davon auszugehen, daß der Gesellschafter um die Situation seiner Gesellschaft und die daraus entstehenden Konsequenzen für sein Darlehen weiß. Da die Rechtsprechung die Rechtsfolgen des Eigenkapitalersatzrechts bereits an das bloße Nichtgeltendmachen der Forderung knüpft, ist zu prüfen, ob sich der Gesellschafter diesen Konsequenzen durch die Behauptung des Nichtwissens entziehen könnte. Dies lehnt VON GERKAN ab, da § 32a GmbHG seiner Meinung nach keine Sanktionsnorm für ein subjektives Fehlverhalten des Gesellschafters sei, sondern an der objektiv eigenkapitalersetzenden Funktion der zugeführten Mittel anknüpft.[35] Auch der Gesetzeswortlaut läßt keinen Schluß auf subjektive Merkmale zu.

LER, Markus, GmbHR 1994, S. 156.

[31] Laut SCHMIDT ist zumindest eine stillschweigende Abrede erforderlich. Vgl. SCHMIDT, Karsten, Gesellschaftsrecht, a.a.O., S. 959, ebenso: SCHOLZ/SCHMIDT, Kommentar, a.a.O., § 32a GmbHG, Anm. 44. Zustimmend: SCHRÖDER, Siegfried: Gesellschafterfremdfinanzierung, in: StBp 1991, S. 180. Auch nach ULMER kann im bloßen Unterlassen weder eine Darlehensgewährung nach § 32a Abs. 1 GmbHG noch eine andere Rechtshandlung nach Abs. 3 gesehen werden. Vgl. ULMER, Peter: Umstrittene Fragen im Recht der Gesellschafterdarlehen (§32a GmbHG), in: ZIP 1984, S. 1169 und 1170.

[32] Vgl. TILLMANN, Bert: Kapitalausstattung der GmbH - zivil- und steuerrechtlich, in: GmbHR 1987, S. 335.

[33] Vgl. BGH-U. v. 28.11.1994, II ZR 77/93, BB 1995, S. 61, BGH-U. v. 17.2.1992, II ZR 154/91, DB 1992, S. 981, BGH-U. v. 18.11.1991, II ZR 258/90, DStR 1992, S. 403, BGH-U. v. 6.5.1985, II ZR 132/84, BB 1985, S. 1813, auch Hans. OLG Hamburg, B. v. 4.4.1984, 11 W 21/84, ZIP 1984, S. 586 (rkr.).

[34] Dem zustimmend: GEISSLER, Markus, GmbHR 1994, S. 157.

Nach der Rechtsprechung des BGH ist es unstrittig, daß es dem Gesellschafter obliegt, seine Informationsmöglichkeiten zu nutzen und sich über die finanzielle Lage seiner Gesellschaft in Kenntnis zu setzen.[36] Er ist deshalb bei Nichtwissen grundsätzlich nicht schutzbedürftig. Trotzdem befürwortet der BGH ein Mindestmaß eines subjektiven Elementes, indem er feststellt, daß die Rechtsfolgen des Eigenkapitalersatzrechts erst dann eintreten, wenn der Gesellschafter den Kriseneintritt hätte erkennen können oder müssen und nicht entsprechend handelte.[37] So ist entscheidend, daß der Gesellschafter wenigstens die Möglichkeit hatte, den Kriseneintritt zu erkennen.[38] Der BGH geht allerdings davon aus, daß der Gesellschafter im Regelfall die Situation seiner Gesellschaft kennt und betrachtet es als Ausnahme, daß diesem die Kenntnis fehlt.[39] Nichtwissen schützt folglich den Gesellschafter nur in Ausnahmefällen bei Vorliegen ganz besonderer Umstände.[40]
Dieses Ergebnis liegt im Interesse des Gläubigerschutzes und ist zu begrüßen, da ansonsten der Gesellschafter dafür belohnt würde, daß er sich nicht um die wirtschaftliche Situation seines Unternehmens kümmern kann oder will.[41] Die Belohnung eines solchen Verhaltens würde jedem sinnvollen Gläubigerschutz die Grundlage entziehen.

Dem Gesellschafter kann nicht zugemutet werden, daß sein Darlehen bereits in der Sekunde des Kriseneintritts unter die Rechtsfolgen des Eigenkapitalersatzrechts fällt, denn es muß ihm möglich bleiben, unter Abwägung aller Folgen die Finanzierung seiner Gesellschaft neu zu ordnen. Dabei muß er sich entscheiden, ob er die Mittel abzieht und dadurch eventuell die Krise verschärft, ob er sofort die Liquidation der Gesellschaft anstrebt, ob er die Mittel stehenläßt oder ob er

---

[35] Vgl. VON GERKAN, Hartwin, GmbHR 1986, S. 221.
[36] Vgl. BGH-U. v. 7.11.1994, II ZR 270/93, BB 1995, S. 60.
[37] Vgl. BGH-U. v. 7.11.1994, II ZR 270/93, BB 1995, S. 59, BGH-U. v. 9.3.1992, II ZR 168/91, DB 1992, S. 981, BGH-U. v. 17.2.1992, II ZR 154/91, DB 1992, S. 981, BGH-U. v. 18.11.1991, II ZR 258/90, DStR 1992, S. 403, BGH-U. v. 3.12.1990, II ZR 215/89, DB 1991, S. 692, BGH-U. v. 24.9.1990, II ZR 174/89, BB 1990, S. 2211, BGH-U. v. 16.10.1989, II ZR 307/88, DB 1990, S. 2471, BGH-U. v. 6.5.1985, II ZR 132/84, BB 1985, S. 1813.
[38] Vgl. BGH-U. v. 11.12.1995, II ZR 128/94, DB 1996, S. 421, BGH-U. v. 19.12.1994, II ZR 10/94, DStR 1995, S. 815, BGH-U. v. 28.11.1994, II ZR 77/93, BB 1995, S. 62, BGH-U. v. 7.11.1994, II ZR 270/93, BB 1995, S. 59. In früheren Urteilen hatte dies der BGH noch offen gelassen. Auch OLG München, U. v. 5.3.1993, 23 U 4873/92, GmbHR 1993, S. 433.
[39] Vgl. BGH-U. v. 11.12.1995, II ZR 128/94, DB 1996, S. 421, BGH-U. v. 9.3.1992, II ZR 168/91, DB 1992, S. 981, BGH-U. v. 17.2.1992, II ZR 154/91, DB 1992, S. 981, BGH-U. v. 18.11.1991, II ZR 258/90, DStR 1992, S. 403, BGH-U. v. 3.12.1990, II ZR 215/89, DB 1991, S. 692, BGH-U. v. 16.10.1989, II ZR 307/88, DB 1989, S. 2471, BGH-U. v. 26.11.1979, II ZR 104/77, DB 1980, S. 298.
[40] Vgl. BGH-U. v. 7.11.1994, II ZR 270/93, BB 1995, S. 60. Hierbei trifft den Gesellschafter die Beweislast. Vgl. BGH-U. v. 17.2.1992, II ZR 154/91, DB 1992, S. 981.
[41] Das Finanzierungsverhalten eines ordentlichen Kaufmanns zeichnet sich auch dadurch aus, daß der Kaufmann sich stets intensiv um Informationen über die wirtschaftliche Situation seiner Gesellschaft bemüht. Wenn § 32a GmbHG also diesen als Vergleichsmaßstab nimmt, darf Nichtwissen des Gesellschafters grundsätzlich nicht belohnt werden. Vgl. GEISSLER, Markus, GmbHR 1994, S. 155, auch BGH-U. v. 7.11.1994, II ZR 270/93, BB 1995, S. 60. Vgl. auch Pkt. 3.3.2.2.1. dieser Arbeit.

weitere Mittel als Eigen- oder Fremdkapital gewährt. Für diese Entscheidung muß ihm eine Bedenkzeit eingeräumt werden, die nach Auffassung des BGH[42] zwei bis drei Wochen betragen darf. Falls der Gesellschafter bis dahin nicht reagiert, gilt das Darlehen als stehengelassen.[43]

Zusammenfassend läßt sich folgendes feststellen: Wird ein Gesellschafterdarlehen unter gesunden wirtschaftlichen Verhältnissen gegeben, greifen die Regelungen des Eigenkapitalersatzes nicht, wenn es vom Gesellschafter bei Eintritt der Krise zurückgefordert wird, auch wenn deshalb die Gesellschaft in die Liquidation gerät. Läßt der Gesellschafter dieses aber stehen, entfalten die Schutzwirkungen des Eigenkapitalersatzrechts ihre Wirkung.[44]

3.3.2.1.1.3. Mittelbare Darlehensgewährung

Um eine Umgehung der Regelungen des Eigenkapitalersatzrechts seitens des Gesellschafters zu verhindern, ist in § 32a Abs. 2 GmbHG festgelegt, daß sich der Gesellschafter gegenüber einer unmittelbaren Darlehensgewährung nicht besser stellt, wenn ein fremder Dritter der Gesellschaft das Darlehen überläßt, und der Gesellschafter[45] gegenüber dem fremden Dritten eine Sicherheit stellt (z.B. Bürgschaft). Der Begriff der Sicherheiten ist umfassend auszulegen. Sämtliche Personal- und Realsicherheiten können darunter subsumiert werden.[46]
Eine Voraussetzung für das Eingreifen von § 32a Abs. 2 GmbHG ist, daß das gesellschafterbesicherte Drittdarlehen zu einem Zeitpunkt gewährt bzw. stehen-

---

[42] Vgl. BGH-U. v. 11.12.1995, II ZR 128/94, DB 1996, S. 421, BGH-U. v. 19.12.1994, II ZR 10/94, DStR 1995, S. 815. Im Jahre 1990 sprach der BGH nur von einer "angemessenen Frist". Vgl. BGH-U. v. 24.9.1990, II ZR 174/89, BB 1990, S. 2211, ähnlich OLG München, U. v. 5.3.1993, 23 U 4873/92, GmbHR 1993, S. 433.

[43] Dem zustimmend: SCHOLZ/SCHMIDT, Kommentar, a.a.O., § 32a GmbHG, Anm. 46, LUTTER/HOMMELHOFF, Kommentar, a.a.O., § 32a GmbHG, Rn. 47, RÖHRICHT, Volker, StbJb 1991/92, S. 327, GEISSLER, Markus, GmbHR 1994, S. 157.

[44] Vgl. BGH-U. v. 19.9.1996, IX ZR 249/95, DB 1996, S. 2271, BGH-U. v. 12.1.1987, II ZR 63/86, GmbHR 1987, S. 226, BGH-U. v. 8.7.1985, II ZR 269/84, GmbHR 1986, S. 23.

[45] Die Regelung greift auch, wenn eine dem Gesellschafter nach § 32a Abs. 3 GmbHG gleichzustellende Person das Darlehen besichert. Vgl. BAUMBACH/HUECK, Kommentar, a.a.O., § 32a GmbHG, Rn. 65. Zur Gleichstellung nach Abs. 3 siehe Pkt. 3.3.2.1.2.3.

[46] Vgl. SCHOLZ/SCHMIDT, Kommentar, a.a.O., § 32a GmbHG, Anm. 130, LUTTER/HOMMELHOFF, Kommentar, a.a.O., § 32a GmbHG, Rn. 91 mit Aufzählung von Beispielen. Dazu auch BGH-U. v. 12.12.1988, II ZR 378/87, DB 1989, S. 419. Vgl. zur Grundschuld: BGH-U. v. 27.11.1989, II ZR 310/88, GmbHR 1990, S. 126, Hans. OLG Hamburg, U. v. 18.7.1986, 11 U 77/84, DB 1986, S. 2016, Hans. OLG Hamburg, B. v. 4.4.1984, 11 W 21/84, ZIP 1984, S. 585 (rkr.), zur Bürgschaft: BGH-U. v. 11.12.1995, II ZR 128/94, DB 1996, S. 420f, BGH-U. v. 6.2.1995, II ZR 41/94, DStR 1995, S. 616, BGH-B. v. 29.11.1993, II ZR 47/93, DStR 1994, S. 145, BGH-U. v. 16.12.1991, II ZR 110/91, DStR 1992, S. 331, BGH-U. v. 9.12.1991, II ZR 43/91, GmbHR 1992, S. 167, BGH-U. v. 18.11.1991, II ZR 258/90, DStR 1992, S. 402f, BGH-U. v. 2.4.1990, II ZR 149/89, GmbHR 1990, S. 258f, BGH-U. v. 5.2.1990, II ZR 114/89, GmbHR 1990, S. 249, BGH-U. v. 28.9.1987, II ZR 28/87, DB 1988, S. 38, BGH-U. v. 25.11.1985, II ZR 93/85, WM 1986, S. 448, BGH-U. v. 13.7.1981, II ZR 256/79, BB 1981, S. 1665.

gelassen wurde, in dem ein ordentlicher Kaufmann Eigenkapital zugeführt hätte. Diese Voraussetzung ist besonders wichtig, da insbesondere Gesellschafter von mittelständischen Unternehmen gegenüber ihrer Hausbank häufig Bürgschaften übernehmen oder sonstige Sicherheiten stellen. Allein aufgrund einer Bürgschaft darf von daher noch nicht auf die Eigenkapitalersatzfunktion des Darlehens geschlossen werden.[47]
Für die Prüfung der eigenkapitalersetzenden Funktion des Darlehens wird dessen Gewährung durch den Gesellschafter fingiert. Die Prüfung erfolgt dann wie die nach § 32a Abs. 1 GmbHG.[48] Fallen Darlehensgewährung und Bestellung der Sicherheit zeitlich auseinander, greift die Vorschrift auch dann, wenn zum Zeitpunkt der Darlehensgewährung durch den fremden Dritten ein ordentlicher Kaufmann Eigenkapital zugeführt hätte, d. h. wenn das Kapital bereits zum Zeitpunkt der Bestellung der Sicherheiten durch den Gesellschafter eigenkapitalersetzend war.[49]
Auch im Rahmen des § 32a Abs. 2 GmbHG greift der Umgehungsschutz des Abs. 3, der nicht nur Drittdarlehen, sondern auch diesen mittelbaren Darlehen entsprechende Rechtsverhältnisse[50] mit einschließt.[51]

War die Gesellschaft im Zeitpunkt der Drittkreditgewährung nicht in der Krise und hätte deshalb ein ordentlicher Kaufmann nicht ausschließlich Eigenkapital zugeführt, können aufgrund der oben genannten Regelungen des Stehenlassens trotzdem die Eigenkapitalersatzregeln zur Anwendung kommen, wenn der Gesellschafter nach Eintritt der Krise das der Sicherheit zugrunde liegende Kausalverhältnis nicht kündigt und z.B. im Falle der Bürgschaft keine Freistellung von der Gesellschaft verlangt (§ 775 Abs. 1 Nr. 1 BGB).[52]

---

[47] Vgl. BGH-U. v. 27.11.1989, II ZR 310/88, GmbHR 1990, S. 126, BGH-U. v. 28.9.1987, II ZR 28/87, DB 1988, S. 39, BGH-U. v. 9.10.1986, II ZR 58/86, GmbHR 1987, S. 56, Hans. OLG Hamburg, U. v. 18.7.1986, 11 U 77/84, DB 1986, S. 2016, VON GERKAN, Hartwin: Zum Stand der Rechtsentwicklung bei den kapitalersetzenden Gesellschafterleistungen, in: GmbHR 1990, S. 386.
[48] Vgl. SCHOLZ/SCHMIDT, Kommentar, a.a.O., § 32a GmbHG, Anm. 128, LUTTER/HOMMELHOFF, Kommentar, a.a.O., § 32a GmbHG, Rn. 88, BAUMBACH/HUECK, Kommentar, a.a.O., § 32a GmbHG, Rn. 66.
[49] Vgl. BAUMBACH/HUECK, Kommentar, a.a.O., § 32a GmbHG, Rn. 67.
[50] Zum Inhalt der "entsprechenden Rechtsverhältnisse" gilt das oben bereits Gesagte.
[51] Vgl. BAUMBACH/HUECK, Kommentar, a.a.O., § 32a GmbHG, Rn. 64.
[52] Vgl. LUTTER/HOMMELHOFF, Kommentar, a.a.O., § 32a GmbHG, Rn. 92, RÖHRICHT, Volker, StbJb 1991/92, S. 327, VON GERKAN, Hartwin, GmbHR 1990, S. 386. Vgl. auch BGH-U. v. 11.12.1995, II ZR 128/94, DB 1996, S. 421, BGH-U. v. 17.2.1992, II ZR 154/91, DB 1992, S. 981, BGH-U. v. 18.11.1991, II ZR 258/90, DStR 1992, S. 403, BGH-U. v. 13.7.1981, II ZR 256/79, BB 1981, S. 1665.

3.3.2.1.2. Gesellschaftereigenschaft

3.3.2.1.2.1. Regelungsinhalt

Da der Gesellschafter gerade aus seiner Doppelstellung als Gesellschafter und Darlehensgeber die Möglichkeit zu gläubigerschädigendem Fehlverhalten besitzt, ist es eine entscheidende Voraussetzung für die Anwendung des Eigenkapitalersatzrechts, daß der Darlehensgeber im Zeitpunkt der Darlehensvergabe bzw. des Stehenlassens Gesellschafter, d. h. Inhaber des Geschäftsanteils, ist.[53] Dabei ist ein innerer Zusammenhang zwischen Darlehen und Geschäftsanteil nicht notwendig; die Darlehensvergabe muß also nicht durch das Gesellschaftsverhältnis veranlaßt sein.[54]

Umstritten ist die Frage, ob die Eigenkapitalersatzregeln auch für institutionelle Kreditgeber gelten sollen, d. h. ob es ein Bankenprivileg geben sollte, welches Banken von den Vorschriften des § 32a GmbHG ausnehmen würde, wenn sie an ihren Kreditkunden eine Beteiligung erwerben. Dabei kann es offen bleiben, ob die Beteiligung infolge einer Kapitalerhöhung im Rahmen einer Sanierung oder aus sonstigen Gründen übernommen wurde.[55]

Ein Bankenprivileg ist m.E. aus folgendem Grund abzulehnen: Es wurde bereits darauf hingewiesen, daß § 32a Abs. 1 GmbHG nur an objektiv bestimmbare Merkmale anknüpft und keine subjektiven Tatbestandsmerkmale aufweist, so daß Darlehen unabhängig von Zweck und Rechtsgrund ihrer Gewährung erfaßt werden. Es gibt demnach keinen Hinweis darauf, daß bestimmte Gläubigergruppen gegenüber anderen privilegiert sein könnten. Gerade das will auch der Normzweck eines umfassenden Gläubigerschutzes gewährleisten. Sind Banken gleichzeitig Gesellschafter und Kreditgeber, könnten sie Drittgläubiger durch ihren Informationsvorsprung schädigen, und es wären exakt jene Gefahren gegeben, welche auch in anderen Fällen bei Gesellschafterdarlehen vorhanden sind und durch das Eigenkapitalersatzrecht ausgeschaltet werden sollen. Deshalb spricht nichts für ein Bankenprivileg,[56] auch nicht der Einwand, daß Banken somit in ihrem Beteiligungserwerb eingeschränkt seien. Auch das Schrifttum spricht sich mehrheitlich gegen ein Bankenprivileg aus.[57] Ebensowenig wie es ein Bankenprivileg gibt, existiert ein Privileg für die öffentliche Hand als Gesellschafter. Auch hier greifen die Eigenkapitalersatzregeln unabhängig vom Zweck, der mit der Beteiligung verfolgt wurde (z.B. Ansiedlungspolitik).[58]

---

[53] Vgl. SCHOLZ/SCHMIDT, Kommentar, a.a.O., § 32a GmbHG, Anm. 31, LUTTER/HOMMELHOFF, Kommentar, a.a.O., § 32a GmbHG, Rn. 51.

[54] Vgl. BAUMBACH/HUECK, Kommentar, a.a.O., § 32a GmbHG, Rn. 17.

[55] Vgl. CLAUSSEN, Carsten P.: Kapitalersetzende Darlehen und Sanierungen durch Kreditinstitute, in: ZHR 147 (1983), S. 218f.

[56] Vgl. BGH-U. v. 21.9.1981, II ZR 104/80, BB 1981, S. 2027.

[57] Vgl. die Nachweise bei SCHOLZ/SCHMIDT, Kommentar, a.a.O., § 32a GmbHG, Anm. 34.

[58] Vgl. BGH-U. v. 19.9.1988, II ZR 255/87, DB 1988, S. 2141.

3.3.2.1.2.2. Höhe der Beteiligung

Strittig ist in der Literatur noch immer, ob Kleingesellschafter mit einem Anteil unter 10% von der Vorschrift des § 32a GmbHG ausgenommen werden sollten. Vor allem LUTTER/HOMMELHOFF vertreten diese Auffassung und begründen sie mit dem Hinweis darauf, daß ein solcher Kleingesellschafter nur wenig Durchsetzungsmacht habe. Er könne daher keine Verantwortung für die Finanzierung der Gesellschaft tragen, sondern habe vielmehr das Recht, desinteressiert zu sein. Auch aus dem allgemeinen Informationsrecht des § 51a GmbHG sowie dem allgemeinen Mitspracherecht des § 47 Abs. 1 GmbHG ließe sich keine Rechtfertigung dafür ableiten, daß der Kleingesellschafter die nachteiligen Folgen einer Finanzierung aufgebürdet bekomme, die er nicht verhindern oder verändern könne. Dies betreffe insbesondere auch den Fall, daß ein Mehrheitsgesellschafter existiere, der jeden Beschluß durchsetzen könne.[59]

Diese Auffassung teilt inzwischen auch der Gesetzgeber, denn in § 32a Abs. 3 S. 2 GmbHG ist bestimmt, daß die Regelungen über den Eigenkapitalersatz nicht für nicht geschäftsführende Gesellschafter gelten, die einen Anteil von 10% oder weniger an der Gesellschaft halten.

Dem läßt sich entgegenhalten, daß § 32a GmbHG nicht auf die Höhe der Beteiligung abstellt oder darauf, welche Rechte und Einflußmöglichkeiten der einzelne Gesellschafter hat. Würde dies berücksichtigt, so könnten sich nicht nur Kleingesellschafter mit einer Beteiligung unter 10% von den für sie nachteiligen Wirkungen des Eigenkapitalersatzrechts befreien, sondern es müßte ebenfalls jedem Gesellschafter diese Möglichkeit eingeräumt werden, sofern er nachweisen kann, daß er konkret eine bestimmte Finanzierung nicht habe beeinflussen oder verhindern können. Es müßten jeweils auch die in den Gesellschaftsverträgen geregelten Abstimmungs- und Mitwirkungsmodalitäten mitberücksichtigt werden, und selbst ein mit 49% Beteiligter könnte nachweisen, daß er von dem mit 51% Beteiligten überstimmt wurde, somit also die Finanzierung nicht zu vertreten habe.
Es macht offensichtlich im Hinblick auf den Regelungszweck keinen Sinn, Gesellschafter je nach ihrer subjektiven Mitbestimmungsmöglichkeit von den Regelungen auszunehmen, denn damit wäre der Gläubigerschutz nicht mehr gewährleistet. Praktisch würde sonst nur noch auf Mehrheitsgesellschafter zurückgegriffen und sämtliche Darlehen von Minderheitsgesellschaftern wären von § 32a GmbHG ausgenommen. Abgesehen davon würde die Mitwirkung einzelner an den Beschlüssen nur schwer nachzuweisen sein.

[59] Vgl. LUTTER/HOMMELHOFF, Kommentar, a.a.O., § 32a GmbHG, Rn. 56, ebenso RÜMKER, Dietrich, ZGR 1988, S. 505.

Im übrigen werden Gesellschafterdarlehen nur dann erfaßt, wenn ein ordentlicher Kaufmann in diesem Falle Eigenkapital zugeführt hätte. Ist die Gesellschaft also bereits in der Krise, wird der Kleingesellschafter nur dann ein Darlehen geben bzw. stehenlassen, wenn er unternehmerisches Interesse hat. Ihn wegen der Größe seiner Beteiligung dann von den Rechtsfolgen auszunehmen, ist nicht sachgerecht. Selbst wenn alle Gesellschafter in einer gemeinsamen Aktion jeweils Darlehen geben, und sich der mit 10% beteiligte Kleingesellschafter dem nicht entziehen kann, ist seine Besserstellung durch Befreiung von den Rechtsfolgen gegenüber einem mit 15% Beteiligten nicht zu rechtfertigen.[60]
Es wäre allenfalls denkbar, eine Unterscheidung nach dem Informationsrecht des Gesellschafters vorzunehmen. Hat dieser ein uneingeschränktes Recht auf Einsichtnahme, greifen die Eigenkapitalersatzregeln zweifellos. Erhält der Gesellschafter jedoch seine Informationen nur aus der Jahresbilanz, kann er sein Darlehen nicht mit Kriseneintritt abziehen. Daher wäre es möglich, in seinem Fall die Regelungen nicht anzuwenden. Problematisch ist die Abgrenzung und der Nachweis.
Es läßt sich somit festhalten, daß nach geltender Rechtslage für die Rechtsfolgen des § 32a GmbHG zwar keine unternehmerische, aber doch eine Mindestbeteiligung des Gesellschafters in Höhe von 10% vorausgesetzt wird.[61] Damit sind Gesellschafter, die ihre Beteiligung nur zur Geldanlage halten, ausgenommen.[62]

3.3.2.1.2.3. Dem Gesellschafter gleichzustellende Dritte

Mit dem Ziel, Umgehungshandlungen zu vermeiden, werden durch die Generalklausel des § 32a Abs. 3 GmbHG fremde Dritte als Kreditgeber dem Gesellschafter gleichgestellt, wenn ihre Darlehensgewährung wirtschaftlich derjenigen durch den Gesellschafter entspricht.[63] Dabei ist es unerheblich, ob die Dritten in ihrem eigenen Interesse, in dem des Gesellschafters oder der Gesellschaft handeln.[64] Bei einem Treuhandverhältnis an einem Gesellschaftsanteil ist der Treuhänder Gesellschafter, darüberhinaus auch der Treugeber, wenn er wirtschaftlich Inhaber des Anteils ist.[65] Ein stiller Gesellschafter, der nicht gleichzeitig GmbH-Gesellschafter

---

[60] So auch BAUMBACH/HUECK, Kommentar, a.a.O., § 32a GmbHG, Rn. 19.

[61] Vgl. OLG München, U. v. 13.3.1992, 14 U 840/91, GmbHR 1993, S. 439, (rkr.), Hans. OLG Hamburg, U. v. 17.2.1989, 11 U 241/88, GmbHR 1990, S. 131, (rkr.), SCHOLZ/SCHMIDT, Kommentar, a.a.O., § 32a GmbHG, Anm. 30, VON GERKAN, GmbHR 1986, S. 221, ULLRICH, Hanns: Gesellschafterdarlehen der Banken in der Finanzkrise der GmbH, in: GmbHR 1983, S. 144.

[62] A.A. vor Inkrafttreten der InsO: BGH-U. v. 19.2.1990, II ZR 268/88, WM 1990, S. 554.

[63] Obwohl § 32a Abs. 3 GmbHG von "anderen Rechtshandlungen" spricht, fallen auch Darlehen unter diese Regelung. Vgl. DREHER, Meinrad: Kapitalersetzende Darlehen von mittelbar über eine AG an einer GmbH beteiligten Nichtgesellschaftern nach § 32a Abs. 3 GmbHG, in: ZIP 1990, S. 80. Vgl. dazu auch BÄCKER, Roland: Eigenkapitalersetzende Rechtshandlungen der GmbH-Gesellschafter und Dritter: zur Auslegung des § 32a III GmbHG, Bergisch-Gladbach u.a., 1990, zugl. Diss. Bochum, 1990, S. 170ff.

[64] Vgl. BAUMBACH/HUECK, Kommentar, a.a.O., § 32a GmbHG, Rn. 20.

[65] Vgl. LUTTER/HOMMELHOFF, Kommentar, a.a.O., § 32a GmbHG, Rn. 53, SCHOLZ/

ist, kann diesem gleichgestellt werden, wenn seine Rechtsstellung der eines Gesellschafters vergleichbar ist, z.B. wenn er in atypischer Weise am Gesellschaftsvermögen beteiligt ist.[66] Pfandgläubiger und Nießbraucher sind grundsätzlich nicht dem Gesellschafter gleichzustellen.[67]

Um insbesondere Umgehungsmöglichkeiten bei komplexen Konzernstrukturen zu verhindern, werden Forderungen eines mit dem Gesellschafter oder der Gesellschaft verbundenen Unternehmens i.S.d. §§ 15ff AktG, das nicht selbst Gesellschafter ist, den Forderungen des Gesellschafters gleichgestellt. Folglich unterliegt nach Ansicht des BGH[68] das Darlehen eines Nichtgesellschafters den Eigenkapitalersatzregeln, wenn dieser Kreditgeber über eine in Mehrheitsbesitz stehende oder über eine abhängige oder sonstige verbundene zwischengeschaltete Gesellschaft i.S.d. §§ 15ff AktG mit der kreditempfangenden Gesellschaft oder deren Gesellschafter verbunden ist. Dabei kommt es nicht darauf an, ob tatsächlich Einfluß auf die kreditempfangende Gesellschaft ausgeübt wurde, allein die rechtliche Möglichkeit der Einflußnahme genügt bereits, um das Darlehen in die Schutzvorschriften einzubeziehen.[69]
Strittig ist, ob jede Intensität verbundener Unternehmen bereits zur Einbeziehung des Darlehens führt. Nach der Auffassung von LUTTER/HOMMELHOFF geht die Ausweitung des Eigenkapitalersatzrechts auf Darlehen zu weit, wenn der Darlehensgeber nur über ein bloß in Mehrheitsbesitz stehendes (§ 16 AktG[70]) bzw. abhängiges Unternehmen (§ 17 AktG[71]) mit dem Gesellschafter oder der Gesellschaft verbunden ist,[72] weil somit rechtlich selbständige Unternehmen als Ein-

---

SCHMIDT, Kommentar, a.a.O., § 32a GmbHG, Anm. 30, BGH-U. v. 14.11.1988, II ZR 115/88, BB 1989, S. 242, BGH-U. v. 19.9.88, II ZR 255/87, DB 1988, S. 2141, BGH-U. v. 8.7.1985, II ZR 269/84, GmbHR 1986, S. 21.

[66] Ablehnend: SCHOLZ/SCHMIDT, Kommentar, a.a.O., § 32a GmbHG, Anm. 30, BAUMBACH/HUECK, Kommentar, a.a.O., § 32a GmbHG, Rn. 22. Der atypisch stille Gesellschafter unterliegt trotz § 236 Abs. 1 HGB den Eigenkapitalersatzregeln. Vgl. dazu auch BGH-U. v. 7.11.1988, II ZR 46/88, GmbHR 1989, S. 153.

[67] Vgl. LUTTER/HOMMELHOFF; Kommentar, a.a.O., § 32a GmbHG, Rn. 52. Vgl. dagegen BAUMBACH/HUECK, Kommentar, a.a.O., § 32a GmbHG, Rn. 21: für Prüfung im Einzelfall und ggf. Gleichstellung des Nießbrauchers. Für Einbeziehung: SCHOLZ/SCHMIDT, Kommentar, a.a.O., § 32a GmbHG, Anm. 30.

[68] Vgl. BGH-U. v. 16.12.1991, II ZR 294/90, GmbHR 1992, S. 166, BGH-U. v. 18.2.1991, II ZR 259/89, GmbHR 1991, S. 155, BGH-U. v. 22.10.1990, II ZR 238/89, ZIP 1990, S. 1595, BGH-U. v. 24.9.1990, II ZR 174/89, BB 1990, S. 2211f, BGH-U. v. 19.9.1988, II ZR 255/87, DB 1988, S. 2141f, BGH-U. v. 14.10.1985, II ZR 276/84, ZIP 1986, S. 458, BGH-U. v. 10.10.1983, II ZR 233/82, GmbHR 1984, S. 18, BGH-U. v. 28.9.1981, II ZR 223/80, GmbHR 1982, S. 183, BGH- U. v. 21.9.1981, II ZR 104/80, BB 1981, S. 2027. So auch TIMM, Wolfram/GEUTING, Markus: Kapitalersatz im Unternehmensverbund und Disponibilität der Kapitalersatzregeln, in: ZIP 1992, S. 528.

[69] Vgl. BGH-U. v. 21.9.1981, II ZR 104/80, BB 1981, S. 2027.

[70] Die Gesellschaft ist rechtlich selbständig, aber die Mehrheit der Anteile oder Stimmrechte gehört einem anderen Unternehmen.

[71] Die Gesellschaft ist rechtlich selbständig, aber ein anderes Unternehmen hat die Möglichkeit, unmittelbar oder mittelbar beherrschenden Einfluß auszuüben.

heitsunternehmen behandelt würden.[73] Eine Unternehmensverbindung dieser Art sei nur im Einzelfall zu berücksichtigen, wenn der Darlehensgeber tatsächlich auch Finanzierungsverantwortung übernommen habe, denn sonst würde die Autonomie und das Eigeninteresse des Darlehensgebers vernachlässigt.[74]
Geht man mit LUTTER[75] davon aus, daß die Rechtsfolgen des Eigenkapitalersatzrechts nur gelten, wenn zwischen Gesellschafter bzw. Gesellschaft und dem darlehensgewährenden Nichtgesellschafter eine wirtschaftliche Einheit besteht,[76] dann spricht für den differenzierten Vorschlag von LUTTER/HOMMELHOFF, daß das AktG bei Mehrheitsbesitz und Abhängigkeit eine widerlegbare Abhängigkeitsvermutung aufstellt, also nicht zwingend von einer wirtschaftlichen Einheit ausgeht. Als Folgerung ergäbe sich, daß nur die Unternehmensverbindungen, bei denen die Abhängigkeit unwiderlegbar vermutet wird, eine Einbeziehung der Fremddarlehen rechtfertigen. Beim Aktienkonzern wäre dies erfüllt bei Konzernunternehmen i.S.v. § 18 AktG sowie beim Vertragskonzern, der Eingliederung und bei einseitig oder zweiseitig qualifizierten wechselseitig beteiligten Unternehmen i.S.v. § 19 AktG, für den GmbH-Konzern beim qualifiziert faktischen Konzern sowie dem Vertragskonzern.[77]
Auch K. SCHMIDT hält die Ausweitung auf alle verbundenen Unternehmen i.S.d. §§ 15ff AktG für zu weitgehend, erkennt aber die Gleichstellung von darlehensgewährenden Nichtgesellschaftern bei Konzernunternehmen i.S.v. § 18 AktG, bei in Mehrheitsbesitz stehenden Unternehmen sowie bei Kreditgewährung durch die Muttergesellschaft an ihre Tochter- oder Enkelgesellschaft an.[78]
Bei der Frage der Einbeziehung von Darlehen verbundener Unternehmen entspricht dem Normzweck des Gläubigerschutzes eine umfassende Auslegung des Begriffes der verbundenen Unternehmen. Da auch bei bloß in Mehrheitsbesitz stehenden oder abhängigen Unternehmen eine Einflußnahme rechtlich und wegen der Mehrheitsverhältnisse auch faktisch möglich ist, ist auch bei dieser Gestaltung eine Gläubigergefährdung durch Ausnutzung des Informationsvorsprungs möglich. Deshalb ist es m.E. sachgerecht, wenn auch bei diesen Unternehmensverbindungen die Rechtsfolgen des Kapitalersatzrechts greifen, und so-

---

[72] Auch das OLG München verlangt für eine Ausweitung, daß bei Beteiligungsketten die oberste Gesellschaft die unterste unternehmerisch beeinflussen kann. Vgl. OLG München, U. v. 27.5.1992, 15 U 5613/91, GmbHR 1992, S. 664.
[73] Vgl. LUTTER/HOMMELHOFF, Kommentar, a.a.O., § 32a GmbHG, Rn. 63.
[74] Vgl. ebenda, Rn. 64.
[75] Vgl. LUTTER, Marcus: Neues zum Gesellschafterdarlehen?, in: ZIP 1989, S. 480.
[76] So interpretiert LUTTER das BGH-U. v. 19.9.1988, II ZR 255/87, DB 1988, S. 2141, in dem der BGH feststellt, daß § 32a Abs. 3 GmbHG auf Rechtshandlungen Dritter zutrifft, "die mit dem Gesellschafter eine wirtschaftliche Einheit bilden". BGH-U. v. 19.9.1988, DB 1988, S. 2141. Daraus geht aber m.E. nicht hervor, daß Abs. 3 ausschließlich auf solche Fälle angewandt werden darf. Die wirtschaftliche Einheit ist m.E. keine Tatbestandsvoraussetzung der Gleichstellung. Ist sie aber gegeben, gilt das Darlehen des Nichtgesellschafters als dem des Gesellschafters wirtschaftlich entsprechend, und Abs. 3 ist anwendbar.
[77] Vgl. LUTTER/HOMMELHOFF, Kommentar, a.a.O., § 32a GmbHG, Rn. 64.
[78] Vgl. SCHOLZ/SCHMIDT, Kommentar, a.a.O., § 32a GmbHG, Anm. 120.

mit deren Umgehung innerhalb von Konzernen vermieden wird.[79] Außerdem wäre es unbillig, wenn die Regelungen des § 32a GmbHG durch Zwischenschaltung einer Gesellschaft umgangen werden könnten.

Gewähren nicht an der Gesellschaft beteiligte nahe Verwandte oder Angehörige des Gesellschafters der Gesellschaft ein Darlehen, ist zu prüfen, ob auch hier die Kreditgeber dem Gesellschafter gleichzustellen und diese Darlehen dem Eigenkapitalersatzrecht zu unterwerfen sind. Hierzu hat der BGH[80] entschieden, daß nahe Angehörige (z.B. Ehegatten, minderjährige Kinder) nicht generell dem Gesellschafter gleichzustellen sind, sofern sie das Darlehen aus eigenen Mitteln geben.[81] Stammen die Darlehen jedoch aus Mitteln des Gesellschafters, wurden sie dem Angehörigen vorher unentgeltlich zugewandt oder handeln diese auf Rechnung des Gesellschafters, unterliegt das Darlehen den Schutzvorschriften des §32a GmbHG.[82]
Maßgebender Zeitpunkt für das Vorliegen der Gleichstellungsvoraussetzungen ist der Zeitpunkt der Gewährung des Darlehens durch den Nichtgesellschafter.[83]

3.3.2.2. Eigenkapitalersatzfunktion des Darlehens

3.3.2.2.1. Finanzierungsverhalten des ordentlichen Kaufmanns

Gesellschafterdarlehen unterliegen nicht bereits per se den Regelungen des Eigenkapitalersatzrechts, sondern nur, wenn sie Eigenkapital ersetzen. Nach dem Wortlaut des § 32a Abs. 1 GmbHG ist dies der Fall, wenn sie zu einem Zeitpunkt gewährt (stehengelassen) werden, in dem ein ordentlicher Kaufmann Eigenkapital zugeführt hätte. Das Finanzierungsverhalten des ordentlichen Kaufmanns ist als Beurteilungsmaßstab jedoch nur schwer zu konkretisieren. Deshalb hat sich in Rechtsprechung und Schrifttum als leichter meßbares Kriterium das der Kreditunwürdigkeit herauskristallisiert. Ist die Gesellschaft gegenüber fremden Drit-

---

[79] Zustimmend: BAUMBACH/HUECK, Kommentar, a.a.O., § 32a GmbHG, Rn. 24.
[80] Vgl. BGH-B. v. 29.11.1993, II ZR 47/93, DStR 1994, S. 145, BGH-U. v. 18.2.1991, II ZR 259/89, GmbHR 1991, S. 155 BGH-U. v. 14.10.1985, II ZR 276/84, ZIP 1986, S. 458, BGH-U. v. 28.9.1981, II ZR 223/80, GmbHR 1982, S. 183, OLG München, U. v. 20.1.1992, 17 U 4066/91, dazu BGH-B. v. 1.3.1993, II ZR 197/92, beides in DStR 1993, S. 614, Hans. OLG Hamburg, U. v. 16.5.1986, 11 U 219/85, DB 1986, S. 1330.
[81] Vgl. SCHOLZ/SCHMIDT, Kommentar, a.a.O., § 32a GmbHG, Anm. 119, LUTTER/HOMMELHOFF, Kommentar, a.a.O., § 32a GmbHG, Rn. 62.
[82] Vgl. BAUMBACH/HUECK, Kommentar, a.a.O., § 32a GmbHG, Rn. 25f, SCHOLZ/SCHMIDT, Kommentar, a.a.O., § 32a GmbHG, Anm. 119, BGH-U. v. 18.2.1991, II ZR 259/89, GmbHR 1991, S. 155f. Kritisch dazu WEBER, der eine Gleichstellung naher Angehöriger nur bei Schenkung der Mittel während der Krise befürwortet. Nach seiner Ansicht ist die Herkunft der Mittel vom Gesellschafter nicht entscheidend, wenn volljährige Kinder selbst über den Mittelabzug entscheiden können. Vgl. WEBER, Klaus: Finanzierungsmittel naher Angehöriger sowie die Gebrauchsüberlassung durch nahe Angehörige als Eigenkapitalersatz, in: GmbHR 1992, S. 357.
[83] Vgl. BAUMBACH/HUECK, Kommentar, a.a.O., § 32a GmbHG, Rn. 27.

ten nicht mehr kreditwürdig, führt ein ordentlicher Kaufmann nur noch Eigenkapital zu.[84]
Für die Qualifikation des Gesellschafterdarlehens folgt daraus, daß das Darlehen dann Eigenkapital ersetzt, wenn es zu einem Zeitpunkt gewährt wurde, zu dem die Gesellschaft nicht mehr kreditwürdig war und ohne die Mittelzuführung hätte liquidiert werden müssen.[85]

3.3.2.2.2. Tatbestand der Kreditunwürdigkeit

Die Gesellschaft ist nach Ansicht des BGH[86] kreditunwürdig, wenn sie im Zeitpunkt der Darlehensgewährung von fremden Dritten keinen Kredit mehr zu marktüblichen Bedingungen erhalten hätte und deshalb ohne die Leistung des Gesellschafters hätte liquidiert werden müssen. Dahinter steht die Auffassung, daß bei einer Gesellschaft, die mit den vorhandenen Mitteln nicht existenzfähig ist und die auch nicht in der Lage ist, bei fremden Dritten Kapital aufzunehmen, entweder Eigenkapital zugeführt oder die Liquidation eingeleitet werden muß.[87]
Bei der Beurteilung der Kreditwürdigkeit kommt es darauf an, ob ein anderer, wirtschaftlich vernünftig handelnder Kreditgeber, der nicht an der Gesellschaft beteiligt ist und auch keine Beteiligungsabsicht hat, unter denselben Verhältnissen zu denselben Bedingungen ein Darlehen gewährt hätte.[88] Dies ist festzustellen aufgrund einer objektiven Würdigung sämtlicher Indizien und Umstände,[89] ohne Berücksichtigung der subjektiven Einschätzung und Beweggründe konkreter Kreditgeber.[90] Maßgebender Zeitpunkt für die Beurteilung ist derjenige der tatsächlichen Kreditvergabe.[91]

---

[84] Vgl. BAUMBACH/HUECK, Kommentar, a.a.O., § 32a GmbHG, Rn. 43, TILLMANN, Bert: Eigenkapital ersetzende Gesellschafterdarlehen und verdecktes Stammkapital, in: GmbHR 1981, S. 19.

[85] Vgl. SCHOLZ/SCHMIDT, Kommentar, a.a.O., § 32a GmbHG, Anm. 35, LUTTER/HOMMELHOFF, Kommentar, a.a.O., § 32a GmbHG, Rn. 20.

[86] Vgl. BGH-U. v. 21.2.1994, II ZR 60/93, GmbHR 1994, S. 396, BGH-U. v. 13.7.1992, II ZR 269/91, DB 1992, S. 2023, BGH-U. v. 18.11.1991, II ZR 258/90, DStR 1992, S. 402, BGH-U. v. 27.11.1989, II ZR 310/88, GmbHR 1990, S. 126, BGH-U. v. 7.11.1988, II ZR 46/88, GmbHR 1989, S. 153f, BGH-U. v. 28.9.1987, II ZR 28/87, DB 1988, S. 38, BGH-U. v. 9.10.1986, II ZR 58/86, GmbHR 1987, S. 56, BGH-U. v. 21.9.1981, II ZR 104/80, BB 1981, S. 2027, BGH-U. v. 24.3.1980, II ZR 213/77, BB 1980, 797f.

[87] Vgl. SCHAUB, Bernhard: Die GmbH in der Krise - Kriterien für die Feststellung von Zahlungsunfähigkeit, Überschuldung und Kreditunwürdigkeit, in: DStR 1993, S. 1487.

[88] Vgl. BGH-U. v. 18.11.1991, II ZR 258/90, DStR 1992, S. 402, BGH-U. v. 28.9.1987, II ZR 28/87, DB 1988, S. 38, BGH-U. v. 29.11.1971, II ZR 121/69, WM 1972, S. 75.

[89] Vgl. BGH-U. v. 13.7.1992, II ZR 269/91, DB 1992, S. 2023, Hans. OLG Hamburg, U. v. 13.10.1989, 11 U 108/89, ZIP 1990, S. 793f, (rkr.). In seinem Urteil v. 4.12.1995 zählt der BGH verschiedene Indizien für die Annahme der Kreditunwürdigkeit auf. Vgl. BGH-U., II ZR 281/94, DB 1996, S. 465f.

[90] Lehnt die Hausbank einen Kreditantrag der Gesellschaft ab, folgt daraus nicht zwingend die Kreditunwürdigkeit. Vgl. BGH-U. v. 27.11.1989, II ZR 310/88, GmbHR 1990, S. 126, BGH-U. v. 28.9.1987, II ZR 28/87, DB 1988, S. 38f, BGH-U. v. 9.10.1986, II ZR 58/86, GmbHR 1987, S. 56.

[91] Vgl. BGH-U. v. 13.7.1992, II ZR 269/91, DB 1992, S. 2024, BGH-U. v. 28.9.1987, II ZR 28/87, DB 1988, S. 39, BAUMBACH/HUECK, Kommentar, a.a.O., § 32a GmbHG, Rn. 50. Anstelle der tat-

Zur Feststellung der Kreditunwürdigkeit werden in der Literatur zahlreiche Kriterien aufgeführt, die als Indizien für oder gegen die Annahme der Kreditunwürdigkeit sprechen. Neben der finanziellen Lage der Gesellschaft, ihrer Marktposition und ihrer voraussichtlichen zukünftigen Entwicklung einschließlich Ertragsaussichten und der Situation auf den Beschaffungs- und Absatzmärkten kann auch der Anlaß und Verwendungszweck des Kredites einen Hinweis geben. Auch die Kreditbedingungen sind zu beachten, z.B. lange Laufzeit, niedrige oder fehlende Verzinsung. Darüber hinaus werden finanzwirtschaftliche Kennziffern wie z.B. die Veränderung der Umsatzerlöse gegenüber dem Vorjahr, Cash-flow oder Umsatzrendite in der Praxis als Kriterien verwandt.[92]
Auf eine weitere Möglichkeit, die Kreditunwürdigkeit festzustellen, macht BRAUN[93] aufmerksam. Er beruft sich dabei auf die Ausführungen des BGH,[94] wonach eine Gesellschaft dann kreditunwürdig ist, wenn ihre Einzahlungsüberschüsse nicht ausreichen, um betriebliche Reinvestitionen vorzunehmen und Verbindlichkeiten in angemessenem Umfang zu tilgen. Danach muß mindestens in Höhe der Abschreibungsgegenwerte reinvestiert werden. Reichen die erwirtschafteten Mittel entweder nur für die Reinvestition oder die Tilgung von Verbindlichkeiten, liegt Kreditunwürdigkeit vor. Daraus zieht BRAUN[95] die Folgerung, daß anhand des Standes der Verbindlichkeiten und der laufenden Tilgung sowie aus der Höhe des Abschreibungsvolumens und der Reinvestitionen, also aufgrund von Daten aus dem Jahresabschluß, eine Beurteilung der Kreditwürdigkeit der Gesellschaft möglich sei. Verbunden mit einer Cash-flow-Analyse würde somit die Einstufung der Gesellschaft leicht möglich und objektiv nachvollziehbar. BRAUN gelangt schließlich zu dem Ergebnis, die Gesellschaft sei immer dann kreditunwürdig, wenn der Cash-flow geringer als die Abschreibungen ist, selbst bei positivem Jahresüberschuß. Als Näherung genüge dies.[96]
M.E. ist eine Analyse, die sich nur auf Jahresabschlußdaten stützt, zu einseitig. Zwar hat der Vorschlag von BRAUN den Vorteil, intersubjektiv nachvollziehbar und relativ einfach ausführbar zu sein, doch hat der BGH zu Recht eine objektive Gesamtwürdigung gefordert. Mehr als ein erster Anhaltspunkt kann deshalb die Gegenüberstellung von Cash-flow und Abschreibungen nicht sein. Darüber hinaus sind bei der Einstufung der Gesellschaft immer auch weitere Faktoren, wie z.B. künftige Ertragsaussichten, zu berücksichtigen. Diese können auch bei ei-

---

sächlichen Gewährung kann auch die Kreditwürdigkeit zum Zeitpunkt einer verbindlichen Kreditzusage geprüft werden. Vgl. SCHAUB, Bernhard, DStR 1993, S. 1488.

[92] Vgl. LUTTER/HOMMELHOFF, Kommentar, a.a.O., § 32a GmbHG, Rn. 23, SCHAUB, Bernhard, DStR 1993, S. 1488f mit einer Aufzählung weiterer Indizien und Kriterien, HOCK, Burkhard: Gesellschafter-Fremdfinanzierung der GmbH, Wiesbaden, 1995, zugl. Diss. Bamberg, 1994, S. 26. Vgl. dazu auch: BGH-U. v. 4.12.1995, II ZR 281/94, DB 1996, S. 465f.

[93] Vgl. BRAUN, Eberhard: Die Ableitung der Kreditunwürdigkeit gem. § 32a GmbHG aus dem Jahresabschluß der Gesellschaft, in: WPg 1990, S. 556.

[94] Vgl. BGH-U. v. 19.9.1988, II ZR 255/87, DB 1988, S. 2142f.

[95] Vgl. BRAUN, Eberhard, WPg 1990, S. 559.

[96] Vgl. ebenda, S. 561.

nem Mißverhältnis von Cash-flow und Abschreibungen noch die Kreditwürdigkeit der Gesellschaft anzeigen.
Fraglich ist, ob ein Gutachten eines Wirtschaftsprüfers bei der Beurteilung weiterhilft. Auch dieses kann m.E. nicht viel mehr als einer von zahlreichen Anhaltspunkten sein. Dabei ist CLAUSSEN[97] zuzustimmen, der die Aussagefähigkeit eines solchen Gutachtens bezweifelt. Wenn es derart einfach wäre, die Kreditunwürdigkeit per Gutachter festzustellen, so argumentiert er, dürfte es bei den Banken keine Kreditausfälle geben.
Kreditunwürdigkeit kann selbst dann gegeben sein, wenn ein Gewinnabführungs- und Beherrschungsvertrag mit der Muttergesellschaft besteht.[98] Zwar wird der laufende Verlust jedes Geschäftsjahres stets gemäß Vertrag ausgeglichen, doch nach Ansicht des BGH[99] verhindert der Unternehmensvertrag nicht das Auftreten von Zahlungsunfähigkeit während des Geschäftsjahres. Da Zahlungsunfähigkeit aber ein Konkursgrund[100] ist und der Unternehmensvertrag davor nicht schützt, sondern im Gegenteil durch Konkurs sogar beendet wird,[101] kann auch trotz Verlustübernahmeverpflichtung der Muttergesellschaft Kreditunwürdigkeit auftreten, wenn mit Eintritt der Zahlungsunfähigkeit während des laufenden Jahres zu rechnen ist.

Kreditunwürdigkeit kann nicht angenommen werden für den Fall, daß der Gesellschaft zum gleichen Zeitpunkt oder später neben dem Gesellschafter noch fremde Dritte Darlehen gewähren.[102] Verfügt die Gesellschaft noch über genügend Kreditsicherheiten, um den Kredit aus eigener Kraft zu besichern, liegt i.d.R. keine Kreditunwürdigkeit vor.[103]

Aus einer Unterbilanz allein läßt sich Kreditunwürdigkeit noch nicht ablesen. Diese ist nur Indiz, aber noch kein qualifizierendes Merkmal, so daß weitere Kriterien erfüllt sein müssen, bevor Kreditunwürdigkeit vorliegt.[104] Eine Unterbilanz

---

[97] Vgl. CLAUSSEN, Carsten P.: Betriebswirtschaft und Kapitalersatzrecht, in: Rechnungslegung: Entwicklungen bei der Bilanzierung und Prüfung von Kapitalgesellschaften, Festschrift für Karl-Heinz Forster, hrsg. v. A. Moxter u.a., Düsseldorf, 1992, S. 146.
[98] Nach § 302 Abs. 1 AktG besteht eine Verpflichtung zum Verlustausgleich.
[99] Vgl. BGH-U. v. 19.9.1988, II ZR 255/87, DB 1988, S. 2142, sowie Vorinstanz: Hans. OLG Hamburg, U. v. 24.7.1987, 11 U 182/86, DB 1987, S. 1779. Ebenso: LUTTER, Marcus, ZIP 1989, S. 481.
[100] Vgl. § 63 Abs. 1 GmbHG, § 92 Abs. 2 AktG.
[101] Vgl. BGH-U. v. 14.12.1987, II ZR 170/87, NJW 1988, S. 1327, SCHMIDT, Karsten, Gesellschaftsrecht, a.a.O., S. 800f.
[102] Vgl. BGH-U. v. 13.7.1992, II ZR 269/91, DB 1992, S. 2023, OLG Hamm, U. v. 27.1.1993, 8 U 54 u. 124/92, GmbHR 1994, S. 54.
[103] Vgl. BGH-B. v. 14.12.1992, II ZR 185/92, DStR 1993, S. 252, BGH-U. v. 14.11.1988, II ZR 115/88, BB 1989, S. 243, BGH-U. v. 28.9.1987, II ZR 28/87, DB 1988, S. 38, BGH-U. v. 9.10.1986, II ZR 58/86, GmbHR 1987, S. 57, BGH-U. v. 6.5.1985, II ZR 132/84, BB 1985, S. 1813, BGH-U. v. 19.11.1984, II ZR 84/84, BB 1985, S. 425, LUTTER/HOMMELHOFF, Kommentar, a.a.O., § 32a GmbHG, Rn. 27, SCHOLZ/SCHMIDT, Kommentar, a.a.O., § 32a GmbHG, Anm. 37. Vgl. dazu auch ROTH, Günter: Unterkapitalisierung und persönliche Haftung, in: ZGR 1993, S. 186.

liegt vor, wenn der ausgewiesene Verlust den Gewinnvortrag und die offenen Rücklagen übersteigt, also das Stammkapital nicht mehr in seiner vollen Höhe erhalten ist.[105] Es ist dann auf der Aktivseite der Bilanz ein Posten "nicht durch Eigenkapital gedeckter Fehlbetrag" auszuweisen.[106]

3.3.2.2.3. Tatbestand der Zahlungsunfähigkeit und Überschuldung

Wird der Gesellschaft durch den Gesellschafter ein Darlehen gewährt, während sie zahlungsunfähig und überschuldet ist, gilt dieses regelmäßig als eigenkapitalersetzend.[107] Ein ordentlicher Kaufmann hätte hier Eigenkapital zugeführt, da es sich um Konkurstatbestände handelt, die Gesellschaft somit konkursreif ist.[108]
Zahlungsunfähigkeit liegt vor, wenn die Gesellschaft aufgrund mangelnder Zahlungsmittel voraussichtlich auf Dauer[109] ihre fälligen Geldschulden im wesentlichen[110] nicht begleichen kann.[111]
Überschuldung im konkursrechtlichen Sinne ist gegeben, wenn das Vermögen der Gesellschaft zu Liquidationswerten die Schulden nicht mehr deckt und zusätzlich mit hoher Wahrscheinlichkeit anzunehmen ist, daß die Finanzkraft des Unternehmens dauerhaft nicht für das Überleben der Gesellschaft ausreicht.[112] Zur Feststellung, ob die Schulden tatsächlich das Vermögen übersteigen, ist ein Überschuldungsstatus aufzustellen, in welchem das Vermögen unter Einschluß der stillen Reserven auszuweisen ist.[113] Auch eigenkapitalersetzende Darlehen sind nach überwiegender Meinung darin auszuweisen.[114] Laut RÖHRICHT prüft der BGH

---

[104]Vgl. BGH-U. v. 13.7.1992, II ZR 269/91, DB 1992, S. 2025. Ebenso: BAUMBACH/HUECK, Kommentar, a.a.O., § 32a GmbHG, Rn. 45.

[105]Vgl. EISELE, Wolfgang: Technik des betrieblichen Rechnungswesens, 5. Aufl., München, 1993, S. 866, 978, BAUMBACH/HUECK, Kommentar, a.a.O., § 30 GmbHG, Rn. 7.

[106]Vgl. § 268 Abs. 3 HGB.

[107]Vgl. BGH-U. v. 21.2.1994, II ZR 60/93, GmbHR 1994, S. 396, BGH-U. v. 16.10.1989, II ZR 307/88, DB 1989, S. 2470.

[108]Gem. § 63 Abs. 1 GmbHG, § 92 Abs. 2 AktG.

[109]Ein kurzfristiger, vorübergehender Liquiditätsengpaß reicht nicht aus. Die Gesellschaft muß über einen bestimmten Zeitraum hinweg ihre Schulden nicht erfüllen können. Das Bayer. ObLG schlägt dafür drei Monate vor. Vgl. Bayer. ObLG, B. v. 14.4.1987, RReg. 4 St 34/87, BB 1988, S. 1840.

[110]Gemäß Bayer. ObLG erfüllt, wenn 25% der fälligen Schulden nicht erfüllt werden können. Vgl. ebenda S. 1840.

[111]Vgl. BAUMBACH/HUECK, Kommentar, a.a.O., § 63 GmbHG, Rn. 3, OLG Düsseldorf, U. v. 17.10.1991, 6 U 13/91, (rkr.), dazu BGH-B. v. 7.12.1992, II ZR 125/90, beides in DStR 1993, S. 176.

[112]Vgl. BGH-U. v. 21.2.1994, II ZR 60/93, GmbHR 1994, S. 397, BGH-U. v. 13.7.1992, II ZR 269/91, DB 1992, S. 2025. Ebenso: SCHMIDT, Karsten: Vom Konkursrecht der Gesellschaften zum Insolvenzrecht der Unternehmen, in: ZIP 1980, S. 235f., BAUMBACH/HUECK, Kommentar, a.a.O., § 63 GmbHG, Rn. 8.

[113]Vgl. ZILIAS, Manfred: Unterbilanz und Überschuldung der Aktiengesellschaft, in: WPg 1977, S. 448, MERTENS, Hans-Joachim: Kapitalverlust und Überschuldung bei eigenkapitalersetzenden Darlehen, in: FS für K.-H. Forster, a.a.O., S. 420f.

[114]Deshalb kann eine Darlehensgewährung die Überschuldung nicht beseitigen. Vgl. MAYER, Dieter: Die Pflichten des GmbH-Gesellschafters/Geschäftsführers im Vorfeld der Insolvenz, (Teil II), in: WPg 1994, S. 169, ders., BB 1990, S. 1943, MEERMANN, Albert: Kapitalersetzende Darlehen und Bürgschaften des GmbH-Gesellschafters, in: StBp 1988, S. 111, SCHOLZ/SCHMIDT, Kommentar, a.a.O.,

jedoch die negative Fortbestehensprognose nicht, so daß bereits dann Überschuldung und folglich Eigenkapitalersatz vorliegt, wenn die Liquidationswerte des Vermögens geringer als die Schulden sind.[115]
Ergibt sich eine Überschuldung nur auf der Grundlage fortgeführter Buchwerte in der Handelsbilanz, spricht der BGH[116] nur von einem Indiz für Eigenkapitalersatz.[117] RÖHRICHT dagegen nimmt dem ersten Anschein nach bereits hier Eigenkapitalersatz an.[118]

Liegt nur allein Zahlungsunfähigkeit, aber keine Überschuldung vor, ist fraglich, ob das Darlehen Eigenkapital ersetzt, denn schließlich wird die Gesellschaft durch den Erhalt neuer Mittel wieder zahlungsfähig. Der BGH[119] hat auch solche Darlehen als eigenkapitalersetzend qualifiziert, und auch im Schrifttum wird Eigenkapitalersatz angenommen, weil die Gesellschaft bereits konkursreif gewesen sei, und der Kredit somit unmittelbar den Konkurs oder Vergleich abgewendet habe.[120] M.E. sollte jedoch das Darlehen nicht als Eigenkapitalersatz eingeordnet werden, sofern nicht andere Kriterien, z.B. Kreditunwürdigkeit, für diese Einstufung sprechen, denn durch die Kapitalüberlassung wird die Zahlungsunfähigkeit und somit der Konkursgrund wirksam beseitigt.

3.3.2.2.4. Vertraglicher Rangrücktritt

Ein vertraglicher Rangrücktritt liegt vor, wenn der Gesellschafter mit seiner Gesellschaft eine vertragliche Abrede trifft, die besagt, daß er mit seiner Forderung hinter die Ansprüche aller anderen Gläubiger zurücktritt. Er verpflichtet sich somit, seine Forderung nicht vor Befriedigung aller anderen Gläubiger geltend zu machen. Verzichtet er darüber hinaus für den Fall der Eröffnung eines Insolvenzverfahrens auf die Forderung, muß das Darlehen nach im Überschuldungs-

---

§ 63 GmbHG, Rn. 27, Hans. OLG Hamburg, U. v. 18.7.1986, 11 U 77/84, DB 1986, S. 2015. Gegenwärtig findet eine andere Auffassung zunehmend Anhänger. Danach sind im Überschuldungsstatus nur solche Verbindlichkeiten auszuweisen, die nach Eröffnung des Konkursverfahrens aus den Verwertungserlösen zu befriedigen sind. Wegen seiner Undurchsetzbarkeit sei das Gesellschafterdarlehen deshalb nicht auszuweisen. Vgl. HEMMELRATH, Alexander: Bilanzierungsprobleme bei kapitalersetzender Nutzungsüberlassung, in: DStR 1991, S. 629, LUTTER/HOMMELHOFF, Kommentar, a.a.O., § 63 GmbHG, Rn. 7, OLG München, B. v. 8.7.1994, 3 Ws 87/94, NJW 1994, S. 3114 m.w.N., LG Waldshut-Tiengen, U. v. 28.7.1995, 2 O 55/92, DB 1995, S. 2157, (rkr.).

[115] Vgl. RÖHRICHT, Volker, StbJb 1991/92, S. 322 mit Hinweis auf BGH-U. v. 26.11.1979, II ZR 104/77, DB 1980, S. 297f.

[116] Vgl. BGH-U. v. 24.9.1990, II ZR 174/89, BB 1990, S. 2211.

[117] Auch hier ergibt sich gem. § 268 Abs. 3 HGB in der Handelsbilanz ein Aktivposten "nicht durch Eigenkapital gedeckter Fehlbetrag".

[118] Vgl. RÖHRICHT, Volker, StbJb 1991/92, S. 323.

[119] Vgl. BGH-U. v. 21.2.1994, II ZR 60/93, GmbHR 1994, S. 396, BGH-U. v. 19.9.1988, II ZR 255/87, DB 1988, S. 2142, BGH-U. v. 27.9.1976, II ZR 162/75, GmbHR 1977, S. 106, BGH-U. v. 14.12.1959, II ZR 187/57, GmbHR 1960, S. 44, Hans. OLG Hamburg, U. v. 24.7.1987, 11 U 182/86, DB 1987, S. 1779.

[120] Vgl. SCHOLZ/SCHMIDT, Kommentar, a.a.O., § 32a GmbHG, Anm. 36.

status nicht mehr ausgewiesen werden, und eine konkursrechtliche Überschuldung wäre wirksam beseitigt.[121]
Durch die Vereinbarung eines Rangrücktritts stellt der Gesellschafter sein Darlehen freiwillig dem haftenden Kapital gleich.[122] Folglich übernimmt es eigenkapitalersetzende Funktion. Zu Recht wird das Darlehen daher unabhängig von der Kreditwürdigkeit der Gesellschaft als eigenkapitalersetzend qualifiziert.[123]

3.3.3. Rechtsfolgen eigenkapitalersetzender Gesellschafterdarlehen

3.3.3.1. Rechtsfolgen der Novellenregelung

3.3.3.1.1. Behandlung der Forderung im Insolvenzverfahren

Die Rechtsfolgen des § 32a GmbHG gelten nur bei Eröffnung des Konkurs- oder Vergleichsverfahrens. Dabei darf das nach § 32a Abs. 1 GmbHG als eigenkapitalersetzend qualifizierte Gesellschafterdarlehen ebenso wie die nach Abs. 3 gleichgestellten Mittel vom Kreditgeber nicht zurückgefordert werden, d.h. nicht zur Konkurstabelle angemeldet werden. Das Darlehen selbst bleibt bestehen und gilt nicht als Eigenkapital. Nach Beendigung[124] des Verfahrens darf es der Gesellschafter einfordern, falls noch Gesellschaftsvermögen vorhanden ist.[125]
Da nach dem Wortlaut des § 32a Abs. 1 GmbHG der Rückzahlungsanspruch des Gesellschafters nur im Insolvenzverfahren ausgeschlossen ist, greift die Regelung nicht, wenn die Gesellschaft still liquidiert wird oder wenn die Verfahrenseröffnung mangels Masse abgelehnt wird.[126]

---

[121] Vgl. SCHMIDT, Karsten: Eigenkapitalersatz und Überschuldungsfeststellung, in: GmbHR 1999, S. 10f., HOCK, Burkhard, a.a.O., S. 88 m.w.N., SCHOLZ/SCHMIDT, Kommentar, a.a.O., § 32a GmbHG, Anm. 60, SCHMIDT, Karsten, Gesellschaftsrecht, a.a.O., S. 968, SENDER, Lothar: Bilanzielle und körperschaftsteuerliche Behandlung der Verbindlichkeit mit Rangrücktrittsvereinbarung und des Forderungsverzichts gegen Besserungsklausel, in: GmbHR 1992, S. 158, GROH, Manfred: Eigenkapitalersatz in der Bilanz, in: BB 1993, S. 1883. Vgl. auch: BGH-U. v. 9.2.1987, II ZR 104/86, BB 1987, S. 728, Hans. OLG Hamburg, U. v. 18.7.1986, 11 U 77/84, DB 1986, S. 2015, BFH-U. v. 30.3.1993, IV R 57/91, BStBl. II 1993, S. 503.

[122] Vgl. SCHOLZ/SCHMIDT, Kommentar, a.a.O., § 32a GmbHG, Anm. 85.

[123] Vgl. LUTTER/HOMMELHOFF, Kommentar, a.a.O., § 32a GmbHG, Rn. 37, ebenso HOMMELHOFF, Peter/KLEINDIEK; Detlef: Flexible Finanzierungsinstrumente im GmbH-Recht, in: FS 100 Jahre GmbHG, hrsg. v. M. Lutter, P. Ulmer, W. Zöllner, Köln, 1992, S. 443. Vgl. auch BGH-U. v. 8.3.1982, II ZR 86/81, ZIP 1982, S. 565f.

[124] Nach Art. 48 EG InsO wird § 32a GmbHG dem neuen Insolvenzrecht angepaßt und dahingehend geändert, daß der Gesellschafter im Insolvenzverfahren nicht mehr auf die Geltendmachung seiner Forderung verzichten muß und erst nach Beendigung des Verfahrens die Rückzahlung verlangen kann, sondern bereits im Insolvenzverfahren den Anspruch auf Rückgewährung seines Darlehens als nachrangiger Insolvenzgläubiger geltend machen kann. Vgl. dazu: Die neuen Insolvenzgesetze, zusammengestellt und bearbeitet von Manfred BALZ und Hans-Georg LANDFERMANN, Düsseldorf, 1995, S. 572, 576.

[125] Vgl. BAUMBACH/HUECK, Kommentar, a.a.O., § 32a GmbHG, Rn. 53.

[126] Vgl. BGH-U. v. 26.3.1984, II ZR 14/84, DB 1984, S. 1338f, LUTTER/HOMMELHOFF, Kommentar, a.a.O., § 32a GmbHG, Rn. 67, ebenso: BAUMBACH/HUECK, Kommentar, a.a.O., § 32a

Ebensowenig verhindern die Regeln die Möglichkeit, das Darlehen vor Konkurseintritt zu tilgen. Eine entsprechende Auszahlungsanweisung des Gesellschafters an den Geschäftsführer durch Gesellschafterbeschluß ist nach § 37 Abs. 1 GmbHG möglich.[127] Erfolgt jedoch die Verfahrenseröffnung innerhalb eines Jahres nach Rückzahlung des Darlehens an den Gesellschafter, kann der Konkursverwalter gem. § 32a S. 2 KO die Tilgung anfechten und die Rückgewähr des Betrages in das Gesellschaftsvermögen verlangen. Ebenso kann ein Gläubiger, dessen Forderung in einer Einzelzwangsvollstreckung ausgefallen ist, außerhalb des Insolvenzverfahrens gemäß § 3b S. 2 AnfG die Tilgung anfechten und Rückgewähr verlangen, wenn die Tilgung innerhalb eines Jahres vor Anfechtung erfolgt.[128]

Kommt ein Zwangsvergleich im Konkursverfahren oder ein Vergleich im Vergleichsverfahren zustande, wirkt dieser gemäß § 32a Abs. 1 S. 2 GmbHG für und gegen den Gesellschafter, d.h., die Forderung des Gesellschafters wird entsprechend den übrigen Forderungen gekürzt. Diese Regelung ist notwendig, weil der Gesellschafter von der Teilnahme am Verfahren ausgeschlossen ist, und die Erlaßwirkung sein Darlehen folglich nicht berührt. Könnte er seinen Anspruch in voller Höhe geltend machen, würde er sich ansonsten nach Verfahrensbeendigung besser stellen als die übrigen Gläubiger.[129] Auch bei einem Vergleich darf der Gesellschafter erst nach Verfahrensbeendigung seine Quote geltend machen. Keinesfalls darf er am Vergleich selbst teilnehmen, denn die auf ihn entfallende Quote würde die den außenstehenden Gläubigern zustehende Quote verringern.[130]

Da nach Eröffnung des Insolvenzverfahrens das Darlehen nicht mehr getilgt werden darf, ist auch eine Aufrechnung des nicht mehr durchzusetzenden Rückzahlungsanspruchs mit einer Forderung der Gesellschaft an den Gesellschafter nicht möglich.[131]

GmbHG, Rn. 54. Hier werden die Gläubiger jedoch durch die analoge Anwendung der §§ 30, 31 GmbHG geschützt.

[127] Auch hier schützt die analoge Anwendung der §§ 30, 31 GmbHG die Gläubiger.

[128] Vgl. LUTTER/HOMMELHOFF, Kommentar, a.a.O., § 32a GmbHG, Rn. 67, BAUMBACH/HUECK, Kommentar, a.a.O., § 32a GmbHG, Rn. 61.

[129] Vgl. LUTTER/HOMMELHOFF, Kommentar, a.a.O., § 32a GmbHG, Rn. 74. Da nach der neuen InsO der Gesellschafter als Gläubiger mit nachrangiger Forderung am Verfahren teilnimmt, ist S. 2 nicht mehr notwendig und wird ab Inkrafttreten der InsO gestrichen. Vgl. Begründung RegE EG InsO, in: Die neuen Insolvenzgesetze, a.a.O., S. 576.

[130] Vgl. BGH-U. v. 6.4.1995, II ZR 108/94, DB 1995, S. 1168f. A.A.: OLG Düsseldorf, U. v. 22.4.1994, 16 U 168/93, ZIP 1994, S. 899.

[131] Vgl. BGH-U. v. 12.1.1987, II ZR 63/86, GmbHR 1987, S. 226, BGH-U. v. 26.3.1984, II ZR 14/84, DB 1984, S. 1338, BGH-U. v. 20.9.1982, II ZR 236/81, ZIP 1982, S. 1320.

3.3.3.1.2. Umfang der Kapitalersatzfunktion

Strittig ist, ob das gesamte Darlehen unter die Rechtsfolgen des § 32a GmbHG fällt. LUTTER[132] und BAUMBACH/HUECK[133] sind der Auffassung, daß es möglich sei, nur einen Teilbetrag des Darlehens als eigenkapitalersetzend zu erfassen, so z.B. wenn die Gesellschaft durch Kreditbesicherung für einen Teilbetrag noch kreditwürdig war. Danach dürfe der Restbetrag im Insolvenzverfahren getilgt werden. K. SCHMIDT dagegen ist der Ansicht, das Darlehen sei stets in voller Höhe Eigenkapitalersatz. Eine Aufteilung in einen echten Darlehensteil und einen Eigenkapitalersatzteil dürfe nicht stattfinden.[134]

Letztere Ansicht ist m.E. zutreffend. Im Interesse des Gläubigerschutzes sollte stets das gesamte Darlehen nicht mehr geltend gemacht werden dürfen. Ein Darlehen ist kapitalersetzend, wenn es einer kreditunwürdigen Gesellschaft überlassen wird. Sollte die Gesellschaft noch eine Kreditsicherheit anbieten können und würde nur der übersteigende Betrag Eigenkapital ersetzen, während der Betrag in Höhe der Kreditsicherheit im Konkurs zurückgezahlt werden dürfte, wäre es von der Bewertung der Sicherheit abhängig, wieviel zurückgezahlt werden dürfte. Somit hat der Gesellschafter einen Anreiz, Sicherheiten möglichst hoch zu bewerten. Es müßte im Insolvenzverfahren festgestellt werden, welchen Wert die Sicherheit zum Zeitpunkt der Darlehensgewährung hatte. Die damit verbundene Ermessensentscheidung, die oftmals erst viele Jahre später zu treffen ist, eröffnete einen breiten Manipulationsspielraum. Rechtsstreitigkeiten zwischen Konkursverwalter und Gesellschafter wären vorprogrammiert.

Auch die übrigen Umqualifizierungstatbestände, nämlich Zahlungsunfähigkeit, Überschuldung und Rangrücktritt geben keinen Anlaß, ein Darlehen aufzuteilen. Zwar könnte der Teilbetrag, welcher nicht unmittelbar zur Überwindung von Zahlungsunfähigkeit oder Überschuldung notwendig ist, als nicht eigenkapitalersetzend angesehen werden, doch setzt dies eine genaue Abgrenzung des Betrages voraus, welcher zu deren Überwindung notwendig ist. Diese Abgrenzung läßt sich im nachhinein im Insolvenzverfahren wohl kaum so genau durchführen, wie sie erforderlich wäre. Aus praktischen Erwägungen ist eine Teilung des Darlehens deshalb auch hier abzulehnen.

Die Rechtsfolgen können nicht dadurch umgangen werden, daß mehrere kleine Darlehen statt eines großen gewährt werden. Auch hier gilt die gesamte Darlehenssumme als eigenkapitalersetzend. Dies ist jedoch nicht der Fall, wenn verschiedene Darlehen des Gesellschafters materiell voneinander zu trennen sind, z.B. weil Anlaß, Zeitpunkt, Verwendungszweck oder Bedingungen unterschied-

---

[132] Vgl. LUTTER, Marcus, DB 1980, S. 1321.

[133] Vgl. BAUMBACH/HUECK, Kommentar, a.a.O., § 32a GmbHG, Rn. 48. Ähnlich: OLG Hamm, U. v. 28.9.1989, 27 U 81/88, ZIP 1989, S. 1399.

[134] Vgl. SCHOLZ/SCHMIDT, Kommentar, a.a.O., § 32a GmbHG, Anm. 49. Ebenso: LUTTER/HOMMELHOFF, Kommentar, a.a.O., § 32a GmbHG, Rn. 68.

lich sind. Hier kann ein Darlehen eigenkapitalersetzend sein, während andere nicht unter die Regelung fallen.[135]

3.3.3.1.3. Behandlung bei Gewährung von Kreditsicherheiten durch die Gesellschaft

Vor Konkurs- oder Vergleichseröffnung kann sich der Gesellschafter aus einer von der Gesellschaft gegebenen Sicherheit befriedigen. Nach Eröffnung muß allerdings differenziert werden. Akzessorische Sicherungsrechte sowie die besicherte Forderung kann er nicht geltend machen. Nicht akzessorische Sicherheiten werden von § 32a Abs. 1 GmbHG nicht erfaßt. Im Konkurs kann aber nach § 32a S. 1 KO die Leistung aufgrund der Sicherung angefochten werden oder aber die Leistung wird durch den Konkursverwalter einredeweise verweigert.[136]
Geben Dritte dem Gesellschafter Kreditsicherheiten, sind diese unabhängig von der Verfahrenseröffnung verwertbar.[137]

3.3.3.1.4. Darlehensgewährung durch Dritte

Gewährt ein Dritter der Gesellschaft ein eigenkapitalersetzendes Darlehen, für das der Gesellschafter eine Sicherheit stellt, muß sich der Dritte gem. § 32a Abs. 2 GmbHG zunächst aus der Sicherheit befriedigen. Deckt die Sicherheit nicht das volle Darlehen ab, kann er in Höhe des Restbetrages am Insolvenzverfahren teilnehmen. Im Konkurs oder Vergleichsverfahren kann der Kreditgeber also nur den Differenzbetrag von der Gesellschaft zurückverlangen und partizipiert mit diesem an der Quote.
Nimmt der Dritte die Sicherheit des Gesellschafters in Anspruch und erfüllt dieser somit die Forderung, erwirbt der Gesellschafter einen Rückgriffsanspruch gegenüber der Gesellschaft.[138] Diesen darf er nach den allgemeinen Regeln des §32a Abs. 1 GmbHG während des Verfahrens nicht geltend machen.[139]
Da die Rechtsfolgen des § 32a Abs. 2 GmbHG erst bei Verfahrenseröffnung greifen, kann der Dritte vor dessen Eröffnung uneingeschränkt die Rückzahlung von der Gesellschaft verlangen.[140] Wird nach der Rückzahlung durch die Gesellschaft binnen Jahresfrist der Konkurs eröffnet, muß gemäß § 32b S. 1 GmbHG der die Sicherheit stellende Gesellschafter den zurückgezahlten Betrag an die Gesellschaft erstatten, wenn er durch die Rückzahlung von seiner Leistungspflicht frei wurde.[141] Nach S. 2 ist die Rückzahlung der Höhe nach auf den Betrag der Si-

[135] Vgl. LUTTER/HOMMELHOFF, Kommentar, a.a.O., § 32a GmbHG, Rn. 68.
[136] Vgl. BAUMBACH/HUECK, Kommentar, a.a.O., § 32a GmbHG, Rn. 59, LUTTER/HOMMELHOFF, Kommentar, a.a.O., § 32a GmbHG, Rn. 77.
[137] Vgl. BAUMBACH/HUECK, Kommentar, a.a.O., § 32a GmbHG, Rn. 58.
[138] Vgl. z.B. § 774 Abs. 1 BGB für die Bürgschaft.
[139] Vgl. BAUMBACH/HUECK, Kommentar, a.a.O., § 32a GmbHG, Rn. 71.
[140] Vgl. ebenda, Rn. 68, SCHOLZ/SCHMIDT, Kommentar, a.a.O., § 32a GmbHG, Anm. 136.
[141] Vgl. BAUMBACH/HUECK, Kommentar, a.a.O., § 32b GmbHG, Rn. 2. Hierbei ist jedoch die ein-

cherheit begrenzt.[142] Alternativ kann der Gesellschafter nach S. 3 auch der Gesellschaft das Sicherungsgut zur Befriedigung überlassen.
Die Vorschrift des § 32b GmbHG stellt ausdrücklich nur auf den Konkurs der Gesellschaft ab. Wird dessen Eröffnung mangels Masse abgelehnt oder kommt ein Vergleichsverfahren zustande, hat die Gesellschaft folglich keinen Rückzahlungsanspruch gegenüber dem Gesellschafter.[143]
Stellen sowohl die Gesellschaft als auch der Gesellschafter dem Dritten Sicherheiten, kann dieser direkt auf die von der Gesellschaft gestellte Sicherheit zurückgreifen und muß nicht zuerst die Sicherheit des Gesellschafters in Anspruch nehmen.[144] Die Gesellschaft erhält dann aber gem. § 32b GmbHG einen Erstattungsanspruch gegen den Gesellschafter.

3.3.3.2. Rechtsfolgen bei analoger Anwendung der BGH-Regeln

3.3.3.2.1. Rückzahlungsverbot gemäß § 30 GmbHG

Der BGH[145] hat in ständiger Rechtsprechung entschieden, daß eigenkapitalersetzende Gesellschafterdarlehen den Kapitalerhaltungsregeln der §§ 30, 31 GmbHG unterliegen. Die vom BGH hierzu aufgestellten Rechtsprechungsregeln gelten auch nach Inkrafttreten der Gesetzesnovelle von 1980, so daß die Rechtsfolgen des § 30 GmbHG auf die entsprechenden Darlehen anzuwenden sind.[146]
Nach § 30 Abs. 1 GmbHG darf das zur Erhaltung des Stammkapitals erforderliche Vermögen nicht an die Gesellschafter ausgezahlt werden.[147] Das Kapitalerhaltungsgebot erstreckt sich nicht nur auf die Einlage selbst, sondern auch auf Gesellschafterleistungen, die ihrer Funktion nach verlorenes Eigenkapital ersetzen.[148] Die Vorschrift verbietet folglich der Gesellschaft die Rückzahlung eines

---

jährige Ausschlußfrist des § 41 Abs. 1 KO zu beachten. Vgl. BGH-B. v. 20.12.1993, II ZR 94/93, DStR 1994, S. 294, BGH-U. v. 20.9.1993, II ZR 151/92, GmbHR 1994, S. 51.

[142]Vgl. BGH-U. v. 2.4.1990, II ZR 149/89, GmbHR 1990, S. 259.

[143]Vgl. SCHOLZ/SCHMIDT, Kommentar, a.a.O., § 32b GmbHG, Anm. 151. Bei Vorliegen eines Rückzahlungsanspruchs wird im Regelfall das Verfahren eröffnet, da ausreichend Masse zur Deckung der Verfahrenskosten zur Verfügung steht.

[144]Vgl. BGH-U. v. 28.9.1987, II ZR 28/87, DB 1988, S. 39, BGH-U. v. 14.10.1985, II ZR 280/84, ZIP 1986, S. 31, BGH-U. v. 19.11.1984, II ZR 84/84, BB 1985, S. 425. A.A. LUTTER/HOMMELHOFF, Kommentar, a.a.O., § 32a GmbHG, Rn. 94.

[145]Vgl. BGH-U. v. 26.3.1984, II ZR 14/84, DB 1984, S. 1338f, BGH-U. v. 21.9.1981, II ZR 104/80, BB 1981, S. 2027, BGH-U. v. 13.7.1981, II ZR 256/79, BB 1981, S. 1665, BGH-U. v. 24.3.1980, II ZR 213/77, BB 1980, S. 798f, BGH-U. v. 26.11.1979, II ZR 104/77, DB 1980, S. 297.

[146]Vgl. BGH-U. v. 12.1.1987, II ZR 63/86, GmbHR 1987, S. 226, BGH-U. v. 8.7.1985, II ZR 269/84, GmbHR 1986, S. 22, BGH-U. v. 26.3.1984, II ZR 14/84, DB 1984, S. 1339f.

[147]Diese Regelung schützt somit nicht das Stammkapital, sondern Gesellschaftsvermögen in Höhe des Rechnungspostens "Stammkapital", wobei nicht ein bestimmtes Sach- oder Geldvermögen, sondern ein bilanziell festzustellender Vermögensstand geschützt wird. Vgl. SCHMIDT, Karsten, Gesellschaftsrecht, a.a.O., S. 941, ebenso: DÖLLERER, Georg: Handelsrecht und Steuerrecht - Einheit der Rechtsordnung, in: StuW 1988, S. 208.

[148]Vgl. BGH-B. v. 29.11.1993, II ZR 47/93, DStR 1994, S. 144.

eigenkapitalersetzenden Gesellschafterdarlehens insoweit, als dieses eine Unterbilanz oder eine darüber hinausgehende Überschuldung abdeckt,[149] d.h., die Rückzahlung ist ausgeschlossen, soweit und solange das Vermögen dazu benötigt wird, eine Unterdeckung des Stammkapitals in Form einer Unterbilanz oder Überschuldung auszugleichen.[150]
Nach § 30 Abs. 1 GmbHG unterliegt das Gesellschaftsvermögen, das zur Erhaltung des Stammkapitals erforderlich ist, einem Auszahlungsverbot, wobei das Gesellschaftsvermögen als Nettovermögen, d.h. Vermögen abzüglich Schulden, aufzufassen ist.[151] Tilgt die Gesellschaft das Darlehen, ändert sich ihr Nettovermögen nicht, weil sowohl das Vermögen als auch die Schulden um den gleichen Betrag abnehmen.[152] Deshalb ist es irreführend, wenn HOCK[153] feststellt, die Darlehensrückzahlung sei dann zulässig, wenn nach der Auszahlung noch Nettovermögen in Höhe des Stammkapitals vorhanden ist. Da die Darlehensrückzahlung erfolgsneutral Vermögen und Schulden der Gesellschaft verringert, ist ihr Nettovermögen vor und nach der Rückzahlung identisch und kann dadurch nicht unter die Stammkapitalziffer sinken.[154] Der Ansatz von HOCK hilft hier also nicht weiter.
Die Darlehensrückzahlung stellt sich in der Bilanz nur als Aktiv-Passiv-Minderung dar und schmälert das Gesellschaftsvermögen nicht. Die Regelung des § 30 Abs. 1 GmbHG, die primär als Verbot der Einlagenrückgewähr[155] konzipiert ist, läßt sich folglich nicht unmittelbar anwenden, sondern nur analog übertragen.[156]
Werden die Kapitalerhaltungsgrundsätze auf die Tilgung von Gesellschafterdarlehen übertragen, folgt daraus ein Rückzahlungsverbot soweit und solange in der Handelsbilanz auf der Grundlage fortgeführter Buchwerte[157] eine Unterbilanz oder Überschuldung ausgewiesen wird.[158] Diese wird gem. § 268 Abs. 3 HGB als

[149] Vgl. BGH-U. v. 3.12.1990, II ZR 215/89, DB 1991, S. 692, BGH-U. v. 24.3.1980, II ZR 213/77, BB 1980, S. 799.
[150] Vgl. LUTTER/HOMMELHOFF, Kommentar, a.a.O., § 32a GmbHG, Rn. 78, § 30 GmbHG, Rn. 2. BAUMBACH/HUECK, Kommentar, a.a.O., § 32a GmbHG, Rn. 77. Vgl. dazu auch das Beispiel in Anhang 5.
[151] Vgl. BAUMBACH/HUECK, Kommentar, a.a.O., § 30 GmbHG, Rn. 5, LUTTER/HOMMELHOFF, Kommentar, a.a.O., § 30 GmbHG, Rn. 2.
[152] Das eigenkapitalersetzende Darlehen ist bei der Bestimmung des Nettovermögens als Schuldposten anzusetzen. Vgl. BGH-U. v. 6.12.1993, II ZR 102/93, ZIP 1994, 295.
[153] Vgl. HOCK, Burkhard, a.a.O., S. 33, so auch RÖHRICHT, Volker, StbJb 1991/92, S. 337.
[154] Durch die Darlehenstilgung kann weder eine Unterbilanz entstehen noch vertieft werden, bei einer Entnahme oder Gewinnausschüttung wäre dies jedoch möglich, z.B. wenn die Ausschüttung den Jahresüberschuß und die offenen Rücklagen übersteigt.
[155] Vgl. RAISER, Thomas: Recht der Kapitalgesellschaften: Ein Handbuch für Praxis und Wissenschaft, 2. Aufl., München, 1992, § 37 Rdn. 4, (S. 438), BGH-U. v. 11.5.1987, II ZR 226/86, DB 1987, S. 1782, BGH-U. v. 24.3.1980, II ZR 213/77, BB 1980, S. 798.
[156] Vgl. RAISER, Thomas, a.a.O., § 38 Rdn. 30, (S. 461). SCHMIDT dagegen hält die Norm für unmittelbar einschlägig. Vgl. SCHMIDT, Karsten, Gesellschaftsrecht, a.a.O., S. 944, mit Hinweis auf BGH-U. v. 5.2.1990, II ZR 114/89, GmbHR 1990, S. 249.
[157] Vgl. BGH-U. v. 11.12.1989. II ZR 78/89 GmbHR 1990, S. 209, BGH-U. v. 7.11.1988, II ZR 46/88, GmbHR 1989, S. 154, BGH-U. v. 11.5.1987, II ZR 226/86, DB 1987, S. 1782.
[158] Bei Unterbilanz oder Überschuldung erreicht das handelsbilanzielle Nettovermögen nicht mehr die

"nicht durch Eigenkapital gedeckter Fehlbetrag" (Aktivposten) dargestellt. Wird ein solcher Fehlbetrag ausgewiesen, wird in dessen Höhe das Darlehen vom Rückzahlungsverbot erfaßt.[159]
Der darüber hinausgehende Betrag kann nicht unter Berufung auf § 30 Abs. 1 GmbHG zurückbehalten werden, sondern muß bei Darlehensfälligkeit an den Gesellschafter ausgezahlt werden.[160] Demgegenüber will FLECK unter Hinweis auf den Gläubigerschutz das Auszahlungsverbot auf Beträge oberhalb der Stammkapitalziffer ausdehnen, soweit es sich dabei um betriebsnotwendiges Kapital handelt, d.h., wenn infolge der Auszahlung in naher Zukunft mit hoher Wahrscheinlichkeit eine Insolvenz einträte.[161] Dieser Auffassung ist m.E. nicht zu folgen. Abgesehen von der Tatsache, daß dieser Vorschlag nicht handhabbar ist, weil Begriffe wie die "nahe Zukunft" sowie die "hohe Wahrscheinlichkeit" zu unbestimmt sind und daher weite Ermessensspielräume für Manipulationen gewähren, ist der Vorschlag auch durch den Gesetzeswortlaut nicht gedeckt. Die Kapitalerhaltungsvorschriften im GmbH-Gesetz zielen unzweifelhaft nur auf die Erhaltung des Stammkapitals. Wird der Gläubigerschutz derart in den Vordergrund gestellt und das Entnahme- oder Rückzahlungsrecht der Gesellschafter so weit eingeschränkt, hemmt dies nicht nur von vornherein die wirtschaftliche Betätigung der Gesellschafter, sondern führt darüber hinaus zu ständigen Auseinandersetzungen über die Rechtmäßigkeit der erfolgten Zahlungen. Die Gläubiger sind durch die gesetzlichen Regelungen geschützt, eine Ausdehnung ihres Schutzes zu Lasten der Gesellschafter, wie FLECK sie vorschlägt, erscheint mir nicht sachgerecht.
Ist die Unterbilanz bzw. Überschuldung wieder beseitgt, d.h. erreicht das Nettovermögen wieder die Höhe der Stammkapitalziffer, entfällt das Rückzahlungsverbot des § 30 Abs. 1 GmbHG unabhängig davon, ob die Gesellschaft wieder kreditwürdig ist oder nicht.[162]
Im Gegensatz zu der Novellenregelung gilt das Rückzahlungsverbot des § 30 Abs. 1 GmbHG unabhängig von der Eröffnung eines Insolvenzverfahrens und schützt somit die Gläubiger vor einer Vermögensverlagerung aus dem Gesellschaftsvermögen in das Gesellschaftervermögen auch bei stiller Liquidation oder Ablehnung der Konkurseröffnung mangels Masse.

Höhe der Stammkapitalziffer. Vgl. STIMPEL, Walter: Zum Auszahlungsverbot des § 30 Abs. 1 GmbHG, in: FS 100 Jahre GmbHG, a.a.O., S. 337.

[159]Vgl. DÖLLERER, Georg: Bilanzrechtliche Fragen des kapitalersetzenden Darlehens und der kapitalersetzenden Miete, in: FS für K.-H. Forster, a.a.O., S. 206f.

[160]Vgl. BGH-U. v. 26.3.1984, II ZR 14/84, DB 1984, S. 1339, BGH-U. v. 24.3.1980, II ZR 213/77, BB 1980, S. 798.

[161]Vgl. FLECK, Hans-Joachim: Der Grundsatz der Kapitalerhaltung - seine Ausweitung und seine Grenzen, in: FS 100 Jahre GmbH-Gesetz, a.a.O., S. 398f.

[162]Vgl. KLAUS, Hans: Eigenkapitalersetzende Gesellschafterdarlehen in der Handelsbilanz der verpflichteten GmbH, in: BB 1994, S. 682. Vgl. auch: BGH-U. v. 21.9.1981, II ZR 104/80, BB 1981, S. 2028, BGH-U. v. 13.7.1981, II ZR 256/79, BB 1981, S. 1665.

3.3.3.2.2. Erstattungsanspruch gemäß § 31 GmbHG

Zahlt der Geschäftsführer das Darlehen trotz des Verbotes in § 30 Abs. 1 GmbHG zurück, ist das dingliche Erfüllungsgeschäft grundsätzlich wirksam.[163] Mit der Rückzahlung erwirbt die Gesellschaft nach § 31 Abs. 1 GmbHG einen Erstattungsanspruch gegenüber dem Empfänger, der nach § 31 Abs. 5 GmbHG in fünf Jahren, beginnend mit der Auszahlung, verjährt.[164] Übersteigt die Rückzahlung den nach § 30 Abs. 1 gebundenen Betrag, richtet sich die Höhe des Anspruchs nicht nach der Rückzahlung, sondern besteht in der Höhe, in der das Darlehen nach § 30 Abs. 1 GmbHG gebunden war.[165]
Erstattet der Gesellschafter den empfangenen Betrag nicht zurück, haften die Mitgesellschafter nach § 31 Abs. 3 GmbHG solidarisch für die Rückzahlung, wobei jeder nur maximal die Höhe des Stammkapitals aufbringen muß.[166]
Zahlt die Gesellschaft verbotswidrig an einen Dritten, haftet sowohl der Gesellschafter als auch der Dritte, wenn dieser dem Gesellschafter nach § 32a Abs. 3 GmbHG gleichzustellen ist, für die Erstattung.[167]
Der Erstattungsanspruch der Gesellschaft entfällt, wenn nach der Tilgung das Stammkapital wieder nachhaltig in voller Höhe hergestellt ist.[168]
Bei gesellschafterbesicherten Drittdarlehen gelten die Rechtsfolgen der BGH-Regeln ebenfalls. Führt die Tilgung durch die Gesellschaft zu einer Verletzung der Kapitalerhaltungsvorschriften, entsteht nach der analogen Anwendung der §§ 30, 31 GmbHG ein Erstattungsanspruch gegenüber dem Gesellschafter. Dieser muß den verbotswidrig ausgezahlten Betrag zurückerstatten. Die Erstattungs-

---

[163] Vgl. BGH-U. v. 11.5.1987, II ZR 226/86, DB 1987, S. 1782. Vgl. LUTTER/HOMMELHOFF, Kommentar, a.a.O., § 30 GmbHG, Rn. 37. Nach § 43 Abs. 3 GmbHG haftet der Geschäftsführer bei einer verbotswidrigen Rückzahlung. Kritisch dazu: WASSERMEYER, Franz: Eigenkapitalersetzende Leistungen im Steuerrecht, in: StbJb 1991/92, S. 361f. WASSERMEYER sieht in einer verbotswidrigen Rückzahlung eine verdeckte Gewinnausschüttung. Vgl. WASSERMEYER, Franz: Eigenkapitalersetzende Leistungen aus der Sicht des Steuerrechts, in: ZGR 1992, S. 657ff. A.A.: WIDMANN, Siegfried: Besteuerung kapitalersetzender Darlehen bei GmbH und Gesellschafter, in: StbJb 1993/94, S. 318f.

[164] Vgl. GEISSLER, Markus: Fallstudien zum Gläubigerschutz beim eigenkapitalersetzenden Gesellschafterdarlehen, in: BB 1995, S. 1149.

[165] Vgl. SCHOLZ/SCHMIDT, Kommentar, a.a.O., § 32a GmbHG, Anm. 80, BAUMBACH/HUECK, Kommentar, a.a.O., § 31 GmbHG, Rn. 13. Gebunden ist die Höhe des Nennkapitals zzgl. einer weitergehenden Überschuldung. Vgl. BGH-U. v. 5.2.1990, II ZR 114/89, GmbHR 1990, S. 249f. Vgl. dazu auch das Beispiel in Anhang 5.

[166] Vgl. LUTTER/HOMMELHOFF, Kommentar, a.a.O., § 32a GmbHG, Rn. 82, ULMER, Peter: Gesellschafterhaftung gegenüber der GmbH bei Vorteilsgewährung unter Verstoß gegen § 30 Abs. 1 GmbHG, in: FS 100 Jahre GmbHG, a.a.O., S. 370ff m.w.N. Offengelassen in: BGH-U. v. 5.2.1990, II ZR 114/89, GmbHR 1990, S. 250f. A.A. SCHMIDT, Karsten, Gesellschaftsrecht, a.a.O., S. 950. SCHMIDT befürwortet eine Begrenzung auf die Stammeinlage des Empfängers.

[167] Vgl. SCHOLZ/SCHMIDT, Kommentar, a.a.O., § 32a GmbHG, Anm. 83 m.w.N., LUTTER/HOMMELHOFF, Kommentar, a.a.O., § 32a GmbHG, Rn. 83.

[168] Vgl. BGH-U. v. 11.5.1987, II ZR 226/86, DB 1987, S. 1782, SCHOLZ/SCHMIDT, Kommentar, a.a.O., § 32a GmbHG, Anm. 84.

pflicht ist begrenzt durch die Höhe des Wertes der von ihm gestellten Sicherheit.[169]

3.3.3.3. Verzinsung eigenkapitalersetzender Gesellschafterdarlehen

Es ist fraglich, ob für die Kapitalüberlassung in der Zeit, in welcher das Darlehen Eigenkapital ersetzt, Zinsen anfallen können.
LUTTER/HOMMELHOFF verweisen auf den kapitalersetzenden Charakter der Mittel, die nach Gesetz dem Eigenkapital gleichgestellt sind und schließen somit eine Verzinsung aus.[170] Die Gegenposition vertritt K. SCHMIDT, nach dessen Ansicht nicht der Zinslauf, sondern nur die Auszahlung durch § 30 Abs. 1 GmbHG verhindert wird. Die Zinsforderung unterliege dem Auszahlungsverbot, könne aber geltend gemacht werden, sobald die Unterbilanz wieder beseitigt sei.[171]
Bei der Beurteilung der Zulässigkeit von Zinszahlungen ist zu unterscheiden zwischen der erfolgswirksamen Passivierung des Zinsbetrages, die das Nettovermögen der Gesellschaft mindert und der erfolgsneutralen Auszahlung dieses Betrages durch Auflösung des Passivpostens.
Zunächst ist zu prüfen, ob die Passivierung fälliger Zinsen als Verbindlichkeit zulässig ist. Folgt man der Auffassung von LUTTER/HOMMELHOFF, müßte das Darlehen, solange es Eigenkapital ersetzt und haftendes Kapital darstellt, ebenso wie auch das Eigenkapital selbst unverzinst bleiben. Gegen eine Verzinsung spricht weiterhin, daß die erfolgswirksame Verbuchung des Zinsaufwandes die Unterbilanz bzw. Überschuldung noch erhöht.
Verbietet § 30 Abs. 1 GmbHG die Verfügung über Gesellschaftsvermögen zugunsten der Gesellschafter, sofern eine Unterbilanz entsteht oder weiter vertieft wird, könnte dieses Verbot bereits bei der Aufwandsbuchung greifen und diese unzulässig werden lassen. So will SIEKER[172] bereits bei der Verbuchung des Zinsaufwandes prüfen, ob zu dem jeweiligen Fälligkeitszeitpunkt dadurch eine Unterbilanz entsteht. Führt der Zinsaufwand mit Passivierung der Zinsverbindlichkeit zu einer Unterbilanz oder vertieft er eine bestehende, so verhindert ihrer Meinung nach das Verbot des § 30 Abs. 1 GmbHG die Entstehung eines Zinsanspruchs. Eine Passivierung muß dann unterbleiben.
Unter Hinweis auf den Gläubigerschutz dehnt SIEKER den Anwendungsbereich der Regelung bereits auf die Begründung des Zinsanspruchs aus, denn würde §30 Abs. 1 GmbHG nur die Auszahlung, verstanden als Mittelabfluß, verhindern, wäre der Gläubigerschutz eingeschränkt, da die Gläubigerinteressen nicht erst

---

[169]Vgl. BGH-U. v. 14.10.1985, II ZR 280/84, ZIP 1986, S. 31f, LUTTER/HOMMELHOFF, Kommentar, a.a.O., § 32a GmbHG, Rn. 104.
[170]Vgl. LUTTER/HOMMELHOFF, Kommentar, a.a.O., § 32a GmbHG, Rn. 80. So auch OLG Hamm, U. v. 1.6.1992, 8 U 252/91, GmbHR 1992, 756.
[171]Vgl. SCHOLZ/SCHMIDT, Kommentar, a.a.O., § 32a GmbHG, Anm. 77, 96.
[172]Vgl. SIEKER, Susanne: Die Verzinsung eigenkapitalersetzender Darlehen, in: ZGR 1995, S. 274.

durch den Mittelabfluß, sondern schon durch die Entstehung einer unterbilanzbegründenden Zinsverbindlichkeit berührt würden. Deshalb müsse das Auszahlungsverbot bereits im Zeitpunkt der tatsächlichen Minderung des Gesellschaftsvermögens, also bei Verbuchung des Zinsaufwandes, berücksichtigt werden.[173]
Dem folgt die Rechtsprechung nicht. Nach Ansicht des BGH[174] verhindert der Eigenkapitalersatzcharakter des Darlehens nicht den Zinslauf, sondern nur die Geltendmachung der Zinsen. Auch nach Auffassung des BFH[175] bleibt ein eigenkapitalersetzendes Darlehen Fremdkapital, weshalb Zinsen fällig werden, die als Aufwand zu Lasten des Jahresergebnisses zu verbuchen sind. Die herrschende Meinung[176] im Schrifttum stimmt dem zu. Auch wenn eine Unterbilanz durch den Zinsaufwand vertieft werden sollte, sind Zinsen bei Fälligkeit als Verbindlichkeit zu passivieren.

Dieses Ergebnis ist m.E. sachgerecht. Wenn das Darlehen Fremdkapital bleibt, folgt daraus unmittelbar eine Verzinsungspflicht. Allein die Passivierung einer Zinsverbindlichkeit gefährdet die Gläubiger nicht, denn deren Begleichung unterliegt den allgemeinen Schutzregeln des GmbH-Gesetzes.

Da die Kapitalerhaltungsvorschriften der §§ 30f, 32a GmbHG nicht den Zinslauf, sondern nur die Auszahlung der Zinsen an den Gesellschafter eingeschränken, muß hinsichtlich der Geltendmachung der Zinsverbindlichkeit zwischen den Rechtsfolgen der BGH- Regeln und § 32a GmbHG differenziert werden.

Die BGH-Regeln greifen unabhängig von der Eröffnung eines Insolvenzverfahrens und verhindern die Auszahlung der Zinsen ebenso wie die Rückzahlung des Darlehens selbst nach den allgemeinen Regeln, d.h. solange und soweit eine Unterbilanz oder Überschuldung besteht.[177] Ist die Unterbilanz beseitigt, kann die Forderung auf Zinszahlung auch für die Zeit geltend gemacht werden, in der das Darlehen Eigenkapital ersetzte.

---

[173] Vgl. ebenda, S. 263f, 275f.

[174] Vgl. BGH-U. v. 15.2.1996, IX ZR 245/94, DB 1996, S. 1031f.

[175] Vgl. BFH-U. v. 5.2.1992, I R 127/90, BStBl. II 1992, S. 534 mit Verweis auf BGH-U. v. 11.5.1987, II ZR 226/86, DB 1987, S. 1781. Siehe auch: BFH-B. v. 14.8.1991, I B 240/90, BStBl. II 1991, S. 936, BGH-U. v. 6.12.1993, II ZR 102/93, ZIP 1994, S. 296.

[176] Vgl. SCHOLZ/SCHMIDT, Kommentar, a.a.O., § 32a GmbHG, Anm. 96, PRIESTER, Hans-Joachim, DB 1991, S. 1922, DÖLLERER, Georg, in: FS für K.-H. Forster, a.a.O., S. 210, THIEL, Jochen: Im Grenzbereich zwischen Eigen- und Fremdkapital - Ein Streifzug durch die ertragsteuerrechtlichen Probleme der Gesellschafter-Fremdfinanzierung, in: GmbHR 1992, S. 24, JOOST, Detlev: Grundlagen und Rechtsfolgen der Kapitalerhaltungsregeln in der GmbH, in: ZHR 148 (1984), S. 31, NIEMANN, Walter/ MERTZBACH, Markus: Eigenkapitalersetzende Darlehen in der Handels- und Steuerbilanz von Gesellschaften mit beschränkter Haftung, in: DStR 1992, S. 930.

[177] Dabei werden die Zinsen in sachlicher und zeitlicher Hinsicht aufgeteilt: Zinsen unterliegen nur dem Auszahlungsverbot, soweit sie auf den kapitalersetzenden Teil des Darlehens entfallen, und soweit sie auf den Zeitraum des Kapitalersatzes entfallen. Vgl. DÖLLERER, Georg: Bilanzrechtliche Fragen..., in: FS f. K.-H. Forster, a.a.O., S. 208. Gegen die Aufteilung der Zinsen spricht, daß auch das Darlehen selbst nicht aufgeteilt wird, sondern insgesamt kapitalersetzend wird. Vgl. GROH, Manfred, BB 1993, S. 1888. Gegen eine Aufteilung ebenso: SIEKER, Susanne, ZGR 1995, S. 256. Dem ist entgegenzuhalten, daß die Rückzahlungssperre des § 30 Abs. 1 GmbHG nur für einen Teilbetrag gilt.

Die Regeln des § 32a GmbHG greifen nur im Konkurs- oder Vergleichsverfahren und verhindern, daß der Gesellschafter seine Zinsforderung nach Verfahrenseröffnung geltend machen, d.h. zur Konkurstabelle anmelden kann.
M.E. sind die Gläubiger durch diese Regelungen ausreichend geschützt. Ist nur die Geltendmachung, nicht aber die Entstehung der Verbindlichkeit gehemmt, ist für die Zinsverbindlichkeit der Schutz nicht weitergehend als für das Darlehen selbst. Das ist eine sachgerechte Lösung. Der Gläubigerschutz ist gewahrt, da, ebenso wie beim Darlehen, eine Auszahlung der Zinsen im Konkurs bzw. beim Vorhandensein einer Unterbilanz oder Überschuldung unterbleiben muß. Ist die Unterbilanz wieder beseitigt, widerspricht es dem Gläubigerschutz nicht, daß der Gesellschafter Zinsen auch für die Zeit der Krise verlangen darf, denn das Mindesthaftkapital in Höhe des Stammkapitals ist wiederhergestellt. Eine darüber hinausgehende Bindung von Kapital in der GmbH ist vom Gesetzgeber nicht vorgesehen und daher auch nicht einzufordern.

3.3.4. Bilanzierung eigenkapitalersetzender Gesellschafterdarlehen

In diesem Abschnitt werden Ansatz, Ausweis und Bewertung des Darlehens aus Sicht der Gesellschaft dargestellt.

3.3.4.1. Ansatz und Ausweis

Teilweise wurde im Schrifttum mit Hinweis auf den eigenkapitalersetzenden Charakter des Darlehens gefordert, das Darlehen in das Eigenkapital der Gesellschaft einzustellen.[178]
Wäre dieser Auffassung zuzustimmen, müßte überprüft werden, welche Position im Gliederungsschema des § 266 Abs. 3 HGB dafür in Frage kommt. Unter Anwendung der Erläuterungen zu den einzelnen Eigenkapitalpositionen in § 272 HGB läßt sich jedoch keine passende Position finden. Zwar könnte man nach §265 Abs. 5 HGB einen neuen Posten innerhalb des Eigenkapitals hinzufügen, jedoch nur, wenn das Darlehen in seinen wesentlichen Eigenschaften mit dem Eigenkapital übereinstimmt.
Da aber der Anspruch auf Rückzahlung, der bereits bei Gewährung des Darlehens begründet wird, trotz der Eigenkapitalersatzfunktion bestehen bleibt und nur dessen Geltendmachung gehemmt wird, ist eine Ähnlichkeit mit dem Eigenkapital nicht gegeben.[179] Eine andere Zuzahlung in das Eigenkapital nach § 272 Abs. 2

[178] Vgl. LUTTER, Marcus/HOMMELHOFF, Peter: Nachrangiges Haftkapital und Unterkapitalisierung in der GmbH, in: ZGR 1979, S. 53, HOMMELHOFF, Peter: Rechtliche Überlegungen zur Vorbereitung der GmbH auf das Bilanzrichtlinie-Gesetz, in: WPg 1984, S. 632. SCHRÖDER möchte in diesem Fall das Darlehen zumindest steuerlich als (verdecktes) Eigenkapital qualifizieren. Vgl. SCHRÖDER, Siegfried, StBp 1991, S. 180.
[179] Das Darlehen wird nur im Verhältnis zu konkurrierenden Ansprüchen anderer Gläubiger als haftendes Kapital qualifiziert, nicht aber im Innenverhältnis gegenüber anderen Gesellschaftern. Vgl. dazu BFH-U. v. 10.12.1975, I R 135/74, BStBl. II 1976, S. 227f. Vgl. auch: BORSTELL, Thomas: Ausset-

Nr. 4 HGB kann nicht vorliegen, weil hier eine Leistung in das Eigenkapital gewollt sein muß,[180] ebensowenig kann es sich um eine steuerliche Einlage handeln, da das gesellschaftliche Vermögen nicht vermehrt wird.[181] Ein Ausweis im Eigenkapital würde die übrigen Gläubiger außerdem über die wahre Vermögens- und Finanzlage täuschen, da in Anbetracht der Tilgungspflicht des Darlehens nach Beendigung der Krisensituation das Eigenkapital zu hoch und die Verbindlichkeiten zu niedrig ausgewiesen wären.[182] Ein Ausweis im Eigenkapital ist folglich abzulehnen.[183]

KNOBBE-KEUK dagegen plädiert für den Ausweis des Gesellschafterdarlehens in einem Sonderposten zwischen Eigen- und Fremdkapital.[184]

Auch diese Ansicht hat sich nicht durchgesetzt, denn sowohl die h.M. im Schrifttum[185] als auch die höchstrichterliche Rechtsprechung[186] haben sich dafür ausgesprochen, das Darlehen trotz seines Eigenkapitalersatzcharakters als Verbindlichkeit in der Handelsbilanz auszuweisen. Dies entspricht dem Vollständigkeitsgebot

---

zungsbeschluß des BFH zur Gesellschafter-Fremdfinanzierung, in: DB 1991, S. 2307, BGH-U. v. 6.12.1993, II ZR 102/93, ZIP 1994, S. 296.

[180]Vgl. FÖRSCHLE, Gerhardt/KOFAHL, Günther, in: Beck'scher Bilanz-Kommentar: Der Jahresabschluß nach Handels- und Steuerrecht, bearb. v. W. D. BUDDE u.a., 3. Aufl., München, 1995, § 272 HGB, Anm. 67, ADLER/DÜRING/SCHMALTZ: Rechnungslegung und Prüfung der Unternehmen, Kommentar zum HGB, AktG, GmbHG, PublG nach den Vorschriften des Bilanzrichtlinien-Gesetzes, 5. Aufl., Stuttgart, 1987, Bd. II, § 272 HGB Rn. 107. Ebenso: NIEMANN, Walter/MERTZBACH, Markus, DStR 1992, S. 931.

[181]Vgl. THIEL, Jochen, GmbHR 1992, S. 22, ders. in: Diskussionsbeitrag, in: StbJb 1991/92, S. 371.

[182]Vgl. KLAUS, Hans, BB 1994, S. 685.

[183]Vgl. FLECK, Hans-Joachim: Das kapitalersetzende Gesellschafterdarlehen in der GmbH-Bilanz - Verbindlichkeit oder Eigenkapital?, in: GmbHR 1989, S. 315.

[184]Vgl. KNOBBE-KEUK, Brigitte: Stille Beteiligung und Verbindlichkeiten mit Rangrücktrittsvereinbarung im Überschuldungsstatus und in der Handelsbilanz des Geschäftsinhabers, in: ZIP 1983, S. 131, dies., StbJb 1991/92, 375f. Ähnlich: PETERS, Klaus: Der vertragliche Rangrücktritt von Forderungen, in: WM 1988, S. 692, HERRMANN, Harald: Der ungedeckte Fehlbetrag nach § 268 Abs. 3 HGB und die Folgepflichten für Abschlußprüfer und Gesellschaftsorgane in AG und GmbH, in: ZGR 1989, S. 276.

[185]Vgl. KÜFFNER, Peter: Rechnungslegung beim Eigenkapitalersatz, in: DStR 1993, S. 181, WATERMEYER, H.-J.: § 17 Abs. 4 EStG - Veräußerungsverlust durch eigenkapitalersetzende Gesellschafterdarlehen, in: BB 1993, S. 404, WEBER, Klaus: Eigenkapitalersetzende Darlehen des GmbH-Gesellschafters, in: BB 1992, S. 526, HEMMELRATH, Alexander, DStR 1991, S. 628, PRIESTER, Hans-Joachim, DB 1991, S. 1923, MAYER Dieter, BB 1990, S. 1943, DÖLLERER, Georg: Bilanzrechtliche Fragen..., in: FS f. K.-H. Forster, a.a.O., S. 202 m.w.N., KAMPRAD, Balduin: Gesellschaftsteuer auf verdecktes Nennkapital und auf haftende Gesellschafterdarlehen i.S. der §§ 32a und 32b GmbHG?, in: GmbHR 1989, S. 131, ders.: Bilanz- und steuerrechtliche Folgen aus der Anwendung der §§ 32a und 32b GmbHG auf kapitalersetzende Gesellschafterkredite?, in: GmbHR 1985, S. 353f, BAUMBACH, Adolf/HOPT, Klaus J.: Handelsgesetzbuch, Kommentar, 29. Aufl., München, 1995, § 266 HGB, Rn. 17.

[186]Vgl. BFH-U. v. 19.5.1992, VIII R 16/88, BStBl. II 1992, S. 903, BFH-U. v. 5.2.1992, I R 127/90, BStBl. II 1992, S. 534, BFH-U. v. 5.2.1992, I R 79/89, NV 1992, S. 630, BFH-B. v. 14.8.1991, I B 240/90, BStBl. II 1991, S. 936, BFH-U. v. 1.2.1989, I R 215/84, NV 1989, S. 809, BFH-U. v. 10.12.1975, I R 135/74, BStBl. II 1976, S. 227f, BGH-U. v. 6.12.1993, II ZR 102/93, ZIP 1994, S. 295, BGH-U. v. 11.5.1987, II ZR 226/86, DB 1987, S. 1782.

des § 246 Abs. 1 HGB. Infolge des Maßgeblichkeitsprinzips des § 5 Abs. 1 S. 1 EStG gilt dies auch für die Steuerbilanz.
Im übrigen erfüllt das Darlehen sämtliche Tatbestandsmerkmale, die eine passivierungspflichtige Verbindlichkeit auszeichnen. Es ist eine Verpflichtung zur Leistung gegenüber Dritten, welche am Abschlußstichtag dem Grunde und der Höhe nach entstanden und eindeutig quantifizierbar ist und eine wirtschaftliche Belastung des Vermögens darstellt.[187]

Nach § 42 Abs. 3 GmbHG ist für Gesellschafterdarlehen ein gesonderter Ausweis oder eine Angabe im Anhang notwendig. Beim Ausweis in der Bilanz ist bei den passivierten Verbindlichkeiten ein Vermerk "davon gegenüber Gesellschaftern" vorzunehmen.
Zu prüfen bleibt noch, ob eine weitere Untergliederung, ausgedrückt durch den Vermerk "davon eigenkapitalersetzend", notwendig ist und den Gläubigerschutz sinnvoll ergänzt. Im Schrifttum wird gefordert, diesen gesonderten Ausweis in der Bilanz[188] vorzunehmen oder zumindest nähere Erläuterungen im Anhang zu geben.[189] Begründet wird dies mit der verbesserten Darstellung der Vermögens- und Finanzlage nach § 264 Abs. 2 HGB und dem somit erhöhten Gläubigerschutz. Dem ist entgegenzuhalten, daß die Qualifikation des Darlehens als kapitalersetzend oft nur im nachhinein mit ausreichender Sicherheit möglich ist.[190] Meist wird erst später beim Insolvenzverfahren durch Gerichte über den Charakter entschieden, und in der Bilanz sollte dieser nicht präjudiziert werden.[191] Bei der Bilanzaufstellung kann der Geschäftsführer bei der Beurteilung des Charakters seinen Ermessensspielraum zu gläubigergefährdenden Manipulationen ausnutzen, indem er ein Darlehen nicht rechtzeitig als kapitalersetzend qualifiziert.[192] Umgekehrt würde es die Gläubiger ebenso gefährden, wenn in der Bilanz Darlehen als Eigenkapitalersatz ausgewiesen werden, die aber mittlerweile nicht mehr eigenkapitalersetzend sind. Den Gläubigern würde dadurch eine überhöhte Haftungsmasse vorgetäuscht. Auch aus dem Gesetzestext des § 42 Abs. 3 GmbHG läßt sich kein Anhaltspunkt für eine weitere Untergliederung gewinnen.

---

[187] Vgl. STREIM, Hannes, Grundzüge..., a.a.O., S. 59.
[188] Vgl. BACHEM, Wilfried: Bilanzierung und Besteuerung eigenkapitalersetzender Maßnahmen, in: DB 1994, S. 1056, PRIESTER, Hans-Joachim, DB 1991, S. 1923, FLECK, Hans-Joachim, GmbHR 1989, S. 317ff, CARL, Dieter: Verdeckte Einlagen im Handels- und Steuerrecht, in: Inf 1993, S. 58f, BAUMBACH/HOPT, a.a.O., § 266 HGB, Rn. 13.
[189] Auch SCHMIDT fordert eine Vermerkpflicht für eigenkapitalersetzende Darlehen, läßt aber offen, wo dies vorgenommen werden soll. Vgl. SCHMIDT, Karsten: Gesellschaftsrecht, a.a.O., S. 968, SCHOLZ/SCHMIDT, Kommentar, a.a.O., § 32a GmbHG, Anm. 94.
[190] Vgl. MEILICKE, Wienand, in: Diskussionsbeitrag, in: StbJb 1991/92, S. 365, RÖHRICHT, Volker, ebenda, S. 368. So auch Hans. OLG Hamburg, U. v. 18.7.1986, 11 U 77/84, DB 1986, S. 2015.
[191] Vgl. SCHOLZ/CREZELIUS, Kommentar, a.a.O., Anh. § 42a GmbHG, Rn. 181, 221. Wegen des unsicheren Charakters des Darlehens lehnen auch ADLER/DÜRING/SCHMALTZ eine Kennzeichnung ab, um beim Gläubiger nicht Vertrauen auf zu hohes Haftkapital zu erwecken. Vgl. ADS, Kommentar, 6. Aufl., a.a.O., Bd. IV (1997), § 42 GmbHG, Tz. 35.
[192] Vgl. DUSKE, Wilfried: Rechnungslegung beim Eigenkapitalersatz, in: DStR 1993, S. 926.

KLAUS[193] lehnt eine weitere Untergliederung ab und verweist darauf, daß die Handelsbilanz nur einen Stichtagsstatus wiedergibt. Sie wird nur einmal jährlich aufgestellt, außerdem muß der große Zeitraum zwischen Stichtag und Veröffentlichung berücksichtigt werden. Der Informationswert der Bilanz ist in Anbetracht des Ermessensspielraums des Aufstellers bei den Ansatz- und Bewertungsvorschriften der §§ 238ff HGB sowie bei der Beurteilung des Eigenkapitalersatzcharakters des Darlehens folglich relativ gering. Die Information für den Gläubiger ist außerdem nicht eindeutig, denn gleichzeitig werden ein erhöhtes Risiko infolge fehlender Kreditwürdigkeit der Gesellschaft und ein erhöhtes Haftkapital signalisiert.

Ferner weist KLAUS darauf hin, daß aufgrund eines besonderen Vemerks in der Bilanz mächtige Großgläubiger darauf drängen könnten, sich ihren Kredit zusätzlich besichern zu lassen, während schwache Kleingläubiger dazu nicht in der Lage seien. Mächtige Gläubiger und neu hinzutretende Gläubiger gewinnen folglich durch einen gesonderten Ausweis, kleine, schwache Gläubiger hingegen verlieren.

Auch für die Gesellschafter wäre ein Ausweis nachteilig. Durch die gesetzlichen Regelungen wird ihr Darlehen zu Haftkapital umqualifiziert, und zusätzlich werden sie durch den Ausweis belastet, weil sie den Großgläubigern ggf. weitere Sicherheiten zur Verfügung stellen müssen.[194] KLAUS gelangt schließlich zu dem Ergebnis, daß die nachteiligen Folgen des Ausweises überwiegen. Dem ist m.E. zuzustimmen. Die Gläubiger sind durch die gesetzliche Regelung genügend geschützt.

Vor allem mächtige Großgläubiger, die davon profitieren könnten, werden sich i.d.R. auch auf andere Weise über die wirtschaftliche Situation der Gesellschaft informieren können. Ein gesonderter Vermerk "davon eigenkapitalersetzend" ist folglich nicht notwendig. Es ist für diese Gläubiger ausreichend, zu wissen, in welcher Höhe Gesellschafterdarlehen gewährt wurden. Für die schwachen Kleingläubiger ist der Jahresabschluß zwar oft die einzige Informationsquelle, aber dieser ist wegen der Ermessensspielräume und der langen Fristen bis zur Veröffentlichung nicht dazu geeignet, über die Kreditunwürdigkeit einer Gesellschaft zu informieren. Selbst bei korrektem Ausweis in der Bilanz ist es für die Kleingläubiger bei Bilanzveröffentlichung für Anpassungsmaßnahmen wohl bereits viel zu spät. Im Grunde sind sie auch bei bestehender Vermerkpflicht nur durch die gesetzlichen Regelungen geschützt.

Aufgrund seiner identischen Wirkung ist auch eine Angabe im Anhang oder Lagebericht abzulehnen.

---

[193]Vgl. KLAUS, Hans, BB 1994, S. 686.

[194]Vgl. ebenda, S. 687.

3.3.4.2. Bewertung

Nach § 253 Abs. 1 S. 2 HGB sind Verbindlichkeiten in der Handelsbilanz mit ihrem Rückzahlungsbetrag anzusetzen. Für die Steuerbilanz sieht § 6 Abs. 1 Nr. 3 EStG ebenso einen Ansatz zum Nennbetrag vor.
Auch während der Rückzahlungssperre muß das Darlehen in voller Höhe als Verbindlichkeit ausgewiesen werden. Zum einen muß dem Vorsichtsprinzip in § 252 Abs. 1 Nr. 4 HGB Rechnung getragen werden. Solange die Rückzahlungspflicht rechtlich besteht, liegt eine echte Schuld der Gesellschaft vor, auch wenn deren Geltendmachung gehemmt ist, da nach der Krise eine Tilgung erfolgen muß. Zum anderen würde durch einen niedrigeren oder fehlenden Ansatz ein nicht realisierter Gewinn ausgewiesen. Dies widerspräche dem Realisationsprinzip des § 252 Abs. 1 Nr. 4 HGB.[195]

3.4. Besonderheiten bei Aktiengesellschaften

Die vom BGH entworfenen oder durch die Novelle in das GmbH-Gesetz eingefügten Gläubigerschutzregeln sowie die Kapitalerhaltungsregeln sind speziell für die GmbH entwickelt worden, denn sie berücksichtigen die besondere Beziehung zwischen GmbH und Gesellschafter.[196] Deshalb ist ihr Wirkungsbereich grundsätzlich hierauf beschränkt, eine unmittelbare oder analoge Anwendung der §§ 32a, b GmbHG auf Darlehen, die ein Aktionär seiner Aktiengesellschaft gewährt, ist nicht möglich.
Die Rechtsprechung hat jedoch für Aktionärsdarlehen ähnliche Regeln entwickelt, wodurch diese Darlehen unter bestimmten Voraussetzungen einer vergleichbaren Kapitalbindung unterworfen werden. Dabei sind jedoch die grundsätzlichen Unterschiede in der Finanzverfassung der AG bzw. GmbH sowie in der Beziehung zwischen GmbH und Gesellschafter einerseits und AG und Aktionär andererseits zu berücksichtigen.[197]
Im AktG existieren wesentlich striktere Kapitalerhaltungsnormen. Die §§ 57, 58 Abs. 5 AktG binden das gesamte Vermögen der AG mit Ausnahme des Bilanzgewinnes. Nur dieser ist ausschüttbar. Dagegen bindet § 30 GmbHG nur Gesellschaftsvermögen in Höhe des Stammkapitals. Daneben schreibt § 150 AktG die Bildung einer gesetzlichen Rücklage vor; eine vergleichbare Regelung existiert im GmbHG nicht.

---

[195] Zur Bewertung von Verbindlichkeiten vgl. ADS, Kommentar, 6. Aufl., a.a.O., Bd. I (1995), § 253 HGB, Tz. 62, 70f, 162.
[196] Vgl. z.B. zur Treuepflicht: SCHMIDT, Karsten, Gesellschaftsrecht, a.a.O., S. 862ff.
[197] An dieser Stelle sollen nur einige wichtige Unterschiede genannt werden. Eine erschöpfende Gegenüberstellung kann aus Platzgründen im Rahmen dieser Arbeit nicht vorgenommen werden. Zu weiteren Einzelheiten vgl. KETZER, Axel: Eigenkapitalersetzende Aktionärsdarlehen, Köln u.a., 1989, zugl. Diss. Bonn, 1987, S. 49ff, ULMER, Peter, ZIP 1984, S. 1166f.

Auch in der Rechtsstellung der Gesellschafter gibt es entscheidende Unterschiede. Im Gegensatz zum GmbH-Gesellschafter ist der Aktionär gegenüber der Geschäftsleitung nicht weisungsbefugt,[198] er hat außerhalb der Hauptversammlung kein laufendes Informationsrecht.[199]

In seinem Urteil vom 26.3.1984 hat der BGH[200] erstmals die GmbH-Regeln auf eine AG übertragen. Dabei stellt er die o.g. Unterschiede der Rechtsformen in Rechnung und postuliert die Notwendigkeit strengerer Anforderungen für die Umqualifizierung von Aktionärsdarlehen in haftendes Kapital als bei der GmbH. Der BGH geht davon aus, daß bei einem Aktionär gewöhnlich eher das Interesse an einer Kapitalanlage als an einer unternehmerischen Betätigung im Vordergrund steht, und daß folglich die Bindung des Aktionärs an seine AG und die Verantwortlichkeit für deren Schicksal geringer ist als bei der GmbH. Daraus folgert der BGH, daß der Aktionär erst dann die Stellung eines Unternehmers einnimmt und für die Finanzierung der AG mitverantwortlich wird, wenn ein größeres Aktienpaket ihm ein Mindestmaß an Einfluß gewährt. Dies wäre anzunehmen, wenn der Aktionär eine wesentliche Beteiligung hält, die ihm eine Sperrminorität sichert.[201] Bei einem Stimmrechtsanteil von mehr als 25%[202] ist laut BGH die Beteiligung des Aktionärs mit der des GmbH-Gesellschafters vergleichbar, und somit sind die Eigenkapitalersatzregeln auch bei der AG anwendbar.[203]
JUNKER ist der Ansicht, bei der 25%-Grenze handele es sich nur um eine widerlegbare Vermutung. Sprechen sonstige Umstände gegen eine unternehmerische Beteiligung, sollen trotz dieser Beteiligungshöhe die Regeln nicht angewandt werden.[204] KETZER lehnt diese Auffassung mit dem Hinweis ab, ein mit mehr als 25% beteiligter Aktionär habe unabhängig von seinem Willen zur Einflußnahme die Möglichkeit, unternehmerischen Einfluß auf die Geschäftsleitung auszuüben. Analog zu § 17 AktG genüge hier die bloße Möglichkeit einer beherrschenden Einflußnahme, um den Aktionär als Unternehmer zu qualifizieren. Es dürfe nicht darauf ankommen, ob er mit höherer oder niedrigerer Wahrscheinlichkeit von sei-

---

[198] Vgl. § 76 Abs. 1 i.V.m. § 82 AktG und § 37 Abs. 1 GmbHG.
[199] Vgl. § 131f AktG und § 51a, b GmbHG.
[200] Vgl. BGH-U. v. 26.3.1984, II ZR 171/83, ZIP 1984, S. 575.
[201] Vgl. ebenda, S. 574f.
[202] Das OLG Hamburg läßt unter Hinweis auf § 271 Abs. 1 HGB offen, ob eine Grenze von 20% ausreichen könnte. Vgl. Hans. OLG Hamburg, U. v. 17.2.1989, 11 U 241/88, GmbHR 1990, S. 131 (rkr.).
[203] Zustimmend: CLAUSSEN, Carsten P.: Kapitalersatzrecht und Aktiengesellschaft, in: AG 1985, S. 176, FASSNACHT, Jürgen: Die Fremdfinanzierung von Kapitalgesellschaften durch deren Gesellschafter unter besonderer Berücksichtigung des Entwurfs eines § 8a KStG, Köln, 1984, zugl. Diss. Bonn 1983, S. 145, SCHMIDT, Karsten: Kapitalersetzende Bankenkredite?, in: ZHR 147 (1983), S. 171ff. Einschränkend: KAMPRAD, Balduin: Die Rechtsentwicklung kapitalersetzender Gesellschafterdarlehen seit dem Inkrafttreten der GmbH-Novelle am 1.1.1981, in: GmbHR 1984, S. 342f. Ablehnend: WESTERMANN, Harm Peter: Zur Rückführung eines Überziehungskredits eines am Schuldnerunternehmen als Aktionär beteiligten Kreditinstituts, in: ZIP 1983, S. 1282f, OBERMÜLLER, Manfred: Patronatserklärungen und kapitalersetzende Darlehen, in: ZIP 1982, S. 920.
[204] Vgl. JUNKER, Abbo: Das eigenkapitalersetzende Aktionärsdarlehen, in: ZHR 156 (1992), S. 398. So auch KAMPRAD, Balduin, GmbHR 1984, S. 343.

nem Einflußrecht Gebrauch mache.[205] Dem ist m.E. zuzustimmen. Eine wesentliche Beteiligung sollte stets zu einer Unternehmerstellung führen, da der Aktionär wichtige Entscheidungen blockieren kann. Dadurch werden auch Abgrenzungsprobleme vermieden, zwischen Beteiligungen, welche noch Anlagezwecken dienen und solchen, welche bereits unternehmerischen Charakter haben.
Der BGH hat sich hierzu nicht geäußert, sondern nur folgendes festgestellt: Besitzt der Aktionär einen Anteil von weniger als 25%, kann eine unternehmerische Beteiligung anzunehmen sein, wenn er aus anderen Gründen Einfluß auf die Geschäftsleitung hat und dementsprechend ein unternehmerisches Interesse bekundet.[206]

Als Ergebnis läßt sich festhalten, daß zusätzlich zur Kapitalersatzfunktion des Darlehens bei der AG ein weiteres Tatbestandsmerkmal für die Umqualifizierung in haftendes Kapital gegeben ist, nämlich die unternehmerische Beteiligung, die i.d.R. durch einen Anteil von mehr als 25% sichtbar wird.[207] Bei der GmbH hingegen wird nach dem Gesetzeswortlaut diese bereits bei einem minimalen Gesellschaftsanteil unterstellt.

3.5. Finanzierungsverantwortung des Gesellschafters

3.5.1. Sinn und Zweck der Eigenkapitalersatzregeln

Gewährt ein Gesellschafter seiner Gesellschaft in einer Krisensituation ein Darlehen, wird dies nach den Gläubigerschutzregeln des BGH und/oder nach den Novellenregeln des GmbHG als haftendes Kapital behandelt, wenn die entsprechenden Tatbestandsmerkmale erfüllt sind. Der Grund dieser Umqualifizierung liegt in der Finanzierungsverantwortung, welche dem Gesellschafter aus seiner Gesellschafterstellung erwächst. Aus dieser Verantwortung heraus muß er auch das Finanzierungsrisiko selbst tragen und darf dieses nicht auf die Gläubiger abwälzen.[208]
Bestünden keine Kapitalbindungsregeln, könnte der darlehensgewährende Gesellschafter aufgrund seiner gegenüber den übrigen Gläubigern überlegenen Information sein Darlehen noch rechtzeitig vor dem Zusammenbruch aus der Gesellschaft abziehen, seinen Verlust somit vermeiden und durch den Entzug von Haftungsmasse die übrigen Gläubiger schädigen. Kann er sein Darlehen nicht mehr rechtzeitig abziehen, und kommt es zum Konkurs, verhindert die Umqualifizierung des Gesellschafterdarlehens in Haftkapital, daß der Gesellschafter mit der Gewährung eines Darlehens anstelle von Eigenkapital an der Konkurs- oder Ver-

---

[205] Vgl. KETZER, Axel, a.a.O., S. 77f.
[206] Vgl. BGH-U. v. 26.3.1984, II ZR 171/83, ZIP 1984, S. 576.
[207] Zu Kriterien, die eine Stellung als Unternehmer begründen, vgl. KETZER, Axel, a.a.O., S. 72ff.
[208] Vgl. RÖHRICHT, Volker, StbJb 1991/92, S. 318.

gleichsquote teilnehmen und dadurch die Quote für die verbleibenden Gläubiger schmälern kann.
Die Eigenkapitalersatzregeln sollen also verhindern, daß die Gesellschafter ihren Informationsvorsprung ausnutzen und durch die Hingabe von Fremd- statt Eigenkapital Risiko auf die Gläubiger abwälzen,[209] indem sie sich vorrangig Befriedigung verschaffen oder die Krise der Gesellschaft verschleppen.
CLAUSSEN weist in diesem Zusammenhang darauf hin, daß die Rechtsentwicklung noch nicht abgeschlossen ist und daß mit einer weiteren Ausdehnung des Anwendungsbereiches des Kapitalersatzrechts zu rechnen ist.[210] Durch die stetige Ausdehnung auf andere Finanzierungsformen (Gebrauchsüberlassung) entsteht der Eindruck, jeder Finanzierungsverkehr zwischen Gesellschaft und Gesellschafter außerhalb des Eigenkapitalbereiches sei unerwünscht. Denkbar wäre eine Situation, in welcher der Gesellschafter nicht nur als Darlehensgeber, sondern auch als Dienstleister oder Geschäftsführer den Kapitalersatzregeln unterliegt. Dies hingegen wäre eine nicht mehr mit dem Normzweck des § 32a GmbHG zu vereinbarende Entwicklung, welche die Finanzierungsfreiheit in unzulässiger Weise einschränkte und die Typologie der GmbH veränderte.

3.5.2. Finanzierungsverantwortung und Finanzierungsfreiheit

Der Gesellschafter unterliegt dem Gebot ordnungsmäßiger Unternehmensfinanzierung.[211] Dieses Gebot konkretisiert sich in einer Verantwortung des Gesellschafters für die Finanzierung seiner Gesellschaft.
In Rechtsprechung[212] und Schrifttum[213] besteht Einigkeit darüber, daß diese Verantwortung weder eine bestimmte Höhe der Finanzierung mit Eigenkapital verlangt, d.h. eine angemessene Eigenkapitalausstattung erzwingt, noch eine Pflicht begründet, der Gesellschaft über den gesetzlichen Mindestbetrag hinaus Eigenkapital zu überlassen oder in der Krise einen Nachschuß zu leisten, es sei denn der Gesellschaftsvertrag sieht Entsprechendes vor.

Die Finanzierungsverantwortung läßt dem Gesellschafter bei Eintritt der Krise die Freiheit, darüber zu entscheiden, ob er seine Gesellschaft liquidiert oder unter Hingabe zusätzlichen Kapitals fortführt. Entschließt er sich für die Fortführung,

---

[209] Vgl. BGH-U. v. 24.3.1980, II ZR 213/77, BB 1980, S. 797.
[210] Vgl. CLAUSSEN, Carsten P.: Zeitwende im Kapitalersatzrecht?, in: GmbHR 1994, S. 9f, ders.: Betriebswirtschaft..., a.a.O., S. 147f.
[211] Vgl. BGH-U. v. 26.3.1984, II ZR 171/83, ZIP 1984, S. 575.
[212] Vgl. BGH-U. v. 19.9.1988, II ZR 255/87, DB 1988, S. 2141.
[213] Vgl. RÖHRICHT, Volker, StbJb 1991/92, S. 316, LUTTER, Marcus, ZIP 1989, S. 478, RÜMKER, Dietrich, ZGR 1988, S. 498, HOMMELHOFF, Peter, ZGR 1988, S. 475, HOMMELHOFF/KLEINDIEK, a.a.O., S. 430, MERTENS, Hans-Joachim, a.a.O., S. 417, TILLMANN, Bert, GmbHR 1987, S. 329, ULMER, Peter, ZIP 1984, S. 1166f, GESSLER, Ernst: Zur Problematik bei kapitalersetzenden Gesellschafterdarlehen, in: ZIP 1981, S. 228, LUTTER, Marcus/HOMMELHOFF, Peter, ZGR 1979, S. 58.

und gewährt er der auf das zusätzliche Kapital angewiesenen Gesellschaft ein Darlehen statt Eigenkapital, werden diese Mittel als Eigenkapitalersatz qualifiziert. Dabei ist der Gesellschafter in der Wahl der Mittel frei. Er kann Eigen- oder Fremdkapital hingeben.[214] Entschließt er sich für Fremdkapital, verbietet ihm die Verantwortung für die Gesellschaftsfinanzierung, sich einen Vorteil zu Lasten der Gläubiger zu verschaffen, indem er Risiko auf diese abwälzt.[215]
In dieser Bindung der Mittel, die eine vorrangige Befriedigung der Gesellschafter verhindern soll, drückt sich die Finanzierungsverantwortung aus.
Da der Gesellschafter in der Krise nicht dazu verpflichtet ist, Kapital nachzuschießen, sondern nur daran gehindert wird, ein gewährtes oder stehengelassenes Darlehen abzuziehen, präzisiert der BGH[216] die Finanzierungsverantwortung des Gesellschafters als Finanzierungsfolgenverantwortung.
Existiert weder eine gesellschaftsrechtliche Pflicht zu einer angemessenen Kapitalausstattung noch eine allgemeine Nachschußpflicht in Krisensituationen, haben die Gesellschafter die Freiheit, über Fortbestehen oder Liquidation der Gesellschaft zu entscheiden, d.h. über das "Ob" der Finanzierung zu befinden. Nur beim "Wie" greift ihre Verantwortung gegenüber den Gläubigern, welche eine Rücksichtnahme auf deren Interessen erzwingt.[217]
Die Eigenkapitalersatzregeln verbieten weder eine Darlehensgewährung an die Gesellschaft noch unterwerfen sie diese einem Unwerturteil; sie beschränken lediglich in der Situation der Kreditunwürdigkeit die Ausnutzung der Finanzierungsfreiheit zu Lasten der Gläubiger.[218]

3.5.3. Folgerungen aus der Finanzierungsfreiheit

Die Eigenkapitalersatzregeln sollen dem Schutz der Gläubiger dienen, indem sie Vermögensverschiebungen aus dem Gesellschaftsvermögen in das Gesellschaftervermögen verhindern. Dabei bekennt sich der BGH[219] ausdrücklich dazu, daß eine Pflicht zu einer angemessenen Eigenkapitalausstattung nicht besteht, und daß der Gesellschafter nicht verpflichtet ist, in der Krise überhaupt Kapital zuzuführen. Wenn er sich für eine Zuführung entscheidet, kann er zwischen Eigen- und Fremdkapital wählen.
Nach Auffassung des BGH werden die Gläubiger dann am besten geschützt, wenn bei Eintritt der Krise, d.h. bei dringendem Kapitalbedarf und gleichzeitiger Kreditunwürdigkeit, der Gesellschafter entweder die Gesellschaft liquidiert, oder

[214]Vgl. MERTENS, Hans-Joachim, a.a.O., S. 417.
[215]Vgl. LUTTER, Marcus, ZIP 1989, S. 478. Vgl. auch BGH-U. v. 26.3.1984, II ZR 171/83, ZIP 1984, S. 575, BGH-U. v. 24.3.1980, II ZR 213/77, BB 1980, S. 797, BGH-U. v. 26.11.1979, II ZR 104/77, DB 1980, S. 297.
[216]Vgl. BGH-U. v. 7.11.1994, II ZR 270/93, BB 1995, S. 59.
[217]LUTTER, Marcus, ZIP 1989, S. 478, ULMER, Peter, ZIP 1984, S. 1166, SCHMIDT, Karsten, ZHR 147 (1983), S. 176.
[218]Vgl. RÜMKER, Dietrich, ZGR 1988, S. 498, ULMER, Peter, ZIP 1984, S. 1166.
[219]Vgl. die unter Pkt. 3.5.2. genannten Urteile.

wenn zugeführtes Kapital unabhängig von seiner rechtlichen Ausgestaltung zu Haftkapital umqualifiziert wird und den Eigenkapitalersatzregeln unterliegt.

Im folgenden ist näher zu betrachten, welche Auswirkungen und Anreize diese Rechtslage auf das Verhalten der Gläubiger und Gesellschafter mit sich bringt.
Innerhalb der Gläubiger muß man zwischen Großgläubigern, die über eine hohe Verhandlungsmacht verfügen, und kleinen, schwachen Gläubigern differenzieren. Die Großgläubiger werden in aller Regel des gesetzlichen Schutzes nicht bedürfen, da sie sich Kreditsicherheiten einräumen lassen können und auch über genügend Macht verfügen, um sich Einblick in die wirtschaftlichen Verhältnisse der Gesellschaft zu verschaffen. Sie können zwar einen Abzug der Gesellschaftermittel aus der Gesellschaft und somit die Reduzierung der Haftungsgrundlage nicht verhindern, erleiden aber bei ausreichenden Kreditsicherheiten dadurch keinen Verlust.
Anders verhält es sich dagegen bei Kleingläubigern. Sie haben nicht die wirtschaftliche Macht, ihre Kredite besichern zu lassen und erlangen oft nur wenig Information über die Gesellschaftsverhältnisse. Sie würden bei einem Abzug der Gesellschaftermittel durch die vorrangige Befriedigung der Gesellschafter eine Vermögenseinbuße erleiden. Ihr Schutzbedürfnis wurde anerkannt, und folgerichtig haben Rechtsprechung und Gesetzgeber Schutznormen implementiert, welche diese Situation verhindern sollen.

Die Eigenkapitalersatzregeln stellen den Gesellschafter bei Kriseneintritt nun vor die Wahl, die Gesellschaft zu liquidieren oder seine zugeführten Mittel als Haftkapital behandeln zu lassen. Die Alternative der sofortigen Liquidation verhindert, daß in der Zukunft eine Vermögensverlagerung aus der Gesellschaft hin zum Gesellschafter stattfinden kann. Wird sofort liquidiert, ist das Gesellschaftsvermögen noch relativ hoch. Bei einer Verschleppung der Auflösung hingegen würde es sinken, wodurch am Ende weniger Verteilungsmasse für die Gläubiger übrig bliebe. Falls der Gesellschafter neue Mittel zuführt, erhöht sich für die Gläubiger die Haftungsmasse, weil diese Mittel als Haftkapital behandelt werden, solange, bis die neuen Mittel auch verbraucht sind.
Wird gleich nach Zuführung der neuen Mittel liquidiert, verbessern sich die Gläubiger gegenüber der Sofortliquidation, weil das Gesellschaftsvermögen gestiegen ist. Kommt es zur Liquidation oder zum Konkurs erst, wenn die frischen Mittel wieder verbraucht sind, verschlechtern sich die Gläubiger gegenüber der sofortigen Liquidation nur geringfügig, denn das Gesellschaftsvermögen ist wieder auf dem ursprünglichen Stand, während bei den Gläubigern seit dem Zeitpunkt der Zuführung neuer Mittel noch höhere Zinsforderungen aufgelaufen sind. Sinkt das Gesellschaftsvermögen durch die Weiterführung der Geschäfte unter den Stand bei Kriseneintritt, verlieren die Gläubiger durch die aus ihrer Sicht verspätete Liquidation.

Es läßt sich feststellen, daß die Gläubiger gegenüber einer sofortigen Liquidation immer dann verlieren, wenn nicht innerhalb der Phase liquidiert wird, in der das neu zugeführte Gesellschaftsvermögen noch nicht verbraucht ist.

Ob der Gesellschafter nun tatsächlich Kapital zuführt, liegt in seinem Ermessen und ist von seiner Einschätzung der zukünftigen Chancen und Entwicklungen abhängig. Für den Fall einer sofortigen Liquidation kann er anhand des Vermögens und der Schulden seiner Gesellschaft den Wert seines Residuums abschätzen.
Führt er Kapital zu, weiß er, daß er dieses als Haftkapital im Konkurs zunächst den Gläubigern zu deren Befriedigung überlassen muß bzw. daß er es nicht aus der Gesellschaft abziehen kann, bevor nicht das Reinvermögen die Stammkapitalhöhe erreicht. Folglich wird er nur dann neue Mittel zuführen, wenn eine genügend hohe Wahrscheinlichkeit dafür spricht, daß die Gesellschaft überlebt. Ob er sich für oder gegen eine Mittelzuführung entschließt, hängt grundsätzlich von seiner persönlichen Risikoeinstellung ab. Hier soll davon ausgegangen werden, daß der Gesellschafter nur dann Mittel zuführt, wenn das Überleben wahrscheinlicher ist als das Scheitern, wenn also mehr Gründe für eine Fortführung sprechen als dagegen. Daneben kommt es auch darauf an, welche zukünftigen Erträge der Gesellschafter bei Überleben der Gesellschaft erwartet und welche Alternativanlagen er hat.
Überlebt die Gesellschaft nach erfolgter Kapitalüberlassung, partizipieren alle Parteien am Erfolg. Die Gläubiger erhalten anstelle einer Quote ihre Darlehen voll zurückgezahlt, der Gesellschafter kann nach Beendigung der Krise seine Mittel wieder abziehen. Die Gläubiger verschlechtern sich nicht, der Gesellschafter ebensowenig, wenn er mindestens die Rendite erzielt, die er in einem Alternativprojekt erzielt hätte.
Gerät die Gesellschaft jedoch trotz Kapitalüberlassung in Konkurs, verschlechtert sich der Gesellschafter gegenüber der Sofortliquidation, da er die frischen Mittel nun ebenfalls verliert. Er nimmt nicht einmal an der Konkursquote teil. Die Gläubiger können sich je nach Höhe des Gesellschaftsvermögens im Zeitpunkt des Konkurses verbessern, verschlechtern oder unbeeinträchtigt bleiben.

Ist die Wahrscheinlichkeit für das Überleben kleiner als für das Scheitern, wird der Gesellschafter keine neuen Mittel zuführen, da er diese voraussichtlich verlieren wird. Folglich lohnt es sich für ihn nicht, dieses Risiko einzugehen, und er wird es vorziehen, gleich zu liquidieren. Ist das Gesellschaftsvermögen dabei ausreichend, um die Gläubiger voll zu befriedigen, erhält der Gesellschafter das Residuum und verliert ggf. einen Teil seiner Einlage. Reicht das Gesellschaftsvermögen schon nicht mehr aus, um alle Gläubiger voll zu befriedigen, verliert nicht nur der Gesellschafter, sondern auch die Gläubiger.
Sicherlich wäre in einigen Fällen trotz negativer Überlebensprognose die Gesellschaft durch Zuführung neuer Mittel zu retten gewesen. Dadurch wären sowohl

Verluste für die Gläubiger als auch für den Gesellschafter vermeidbar gewesen. Aufgrund des bestehenden Eigenkapitalersatzrechts wird aber dieser Fall nicht eintreten, da der Gesellschafter von vornherein auf die Zuführung von Mitteln verzichtet. Bei Mittelzuführung trägt er die Kosten bzw. das Risiko des Kapitaleinsatzes voll, während an den Erlösen seines Verhaltens in erster Linie die Gläubiger teilhaben. Dieses Verhalten lohnt sich für ihn nicht. Das bestehende Eigenkapitalersatzrecht hindert also den Gesellschafter daran, bei ungünstiger Prognose neue Mittel nachzuschießen und zu versuchen, die Gesellschaft doch noch zu retten. Diese Chance entgeht sowohl den Gläubigern als auch dem Gesellschafter. Hier werden falsche Anreize gesetzt.
Lediglich in den Fällen, in denen auch eine Mittelzuführung die Gesellschaft nicht mehr hätte retten können, verzichtet der Gesellschafter bei negativer Überlebensprognose zu Recht auf die Überlassung frischen Kapitals und liquidiert sofort. Hier verschlechtert sich keine Partei.

Im Hinblick auf das Schutzbedürfnis kleiner, schwacher Gläubiger muß verhindert werden, daß sich der Gesellschafter durch Mittelabzug in der Krise vorrangig befriedigt. Damit der Gesellschafter auch bei negativer Prognose noch einen Rettungsversuch wagt, von dem schließlich in erster Linie die Gläubiger profitieren, müssen Kosten und Erlöse dieses Verhaltens anders aufgeteilt werden. Der Gesellschafter sollte nicht das volle Risiko allein tragen, sondern die Gläubiger, die durch die Chance auf volle Befriedigung von dem Erfolg profitieren würden, sollten einen Teil übernehmen. Da der Gesellschafter die Mittel nicht nur für sich riskiert, sondern auch für die Gläubiger, ist in diesem Falle auch der Gesellschafter schutzbedürftig.
Deshalb wäre es m.E. eine sachgerechte Lösung, den Gesellschafter am Konkursverfahren teilnehmen zu lassen und ihn an der Konkursquote zu beteiligen.
Der Gläubigerschutz würde dadurch nicht wesentlich verringert, denn allein aufgrund der Teilnahme am Konkursverfahren hätte der Gesellschafter nicht die Möglichkeit, sich zu Lasten der Gläubiger ungerechtfertigt zu bereichern. Insgesamt wäre durch die Wahrung der Chance auf Sanierung nicht nur dem Gesellschafter, sondern auch den Interessen der Gläubiger mehr gedient, als wenn der Gesellschafter von vornherein den Sanierungsversuch unterließe.[220]
Durch eine Teilnahme am Konkurs würde der Gesellschafter auch nicht das Finanzierungsrisiko in ungebührlicher Weise auf die Gläubiger abwälzen.[221]
M.E. müßte dafür jedoch eine entscheidende Voraussetzung erfüllt sein: Der Gesellschafter müßte mit seinem Sanierungsdarlehen ein vernünftiges Konzept zur Umstrukturierung, Kostensenkung oder Effizienzsteigerung vorlegen, so daß tat-

---

[220] Vgl. WEBER, Hans-Jörg/LEPPER, Martin: Das eigenkapitalersetzende Darlehen des GmbH-Gesellschafters, in: DStR 1991, S. 985.

[221] Da es aber in mehr als 75% der Fälle mangels Masse erst gar nicht zur Konkurseröffnung kommt, und in den schließlich eröffneten Konkursen i.d.R. eine Quote von 2-3% erzielt wird, ist fraglich, ob die Konkursteilnahme dem Gesellschafter einen Anreiz zur Sanierung setzt.

sächlich auch eine Chance auf ein Überleben besteht. Die Hingabe des Darlehens seitens des Gesellschafters und die Privilegierung dieses Darlehens im Konkurs wäre unsinnig, wenn weitergewirtschaftet würde wie bisher, da es dann im Regelfall nur eine Frage der Zeit wäre, bis die neuen Mittel ebenfalls verbraucht wären. Eine Besserstellung des Darlehens durch Eingang in die Konkurstabelle wäre dann nicht sachgerecht, sondern eine sofortige Liquidation wäre vorzuziehen.

Im Schrifttum wird wegen der ungleichen Lastenverteilung ein allgemeines Sanierungsprivileg gefordert, nach welchem ein Sanierungsdarlehen nicht unter die Eigenkapitalersatzregeln fallen soll.[222] Diese Auffassung wird jedoch mehrheitlich abgelehnt,[223] vor allem mit dem Hinweis, daß sowohl der Gesetzeswortlaut als auch der Normzweck der §§ 32a, b GmbHG keine entsprechende Differenzierung erlauben und ansonsten die Gefahr bestehe, daß der Gesellschafter sein Sanierungsdarlehen vor dem Ende der Krise zu Lasten der Gläubiger abziehe.

M.E. ist dieser Ablehnung nicht uneingeschränkt zu folgen. Vielmehr ist zwischen den BGH- und den Novellenregeln zu differenzieren. Würde das Sanierungsdarlehen nicht unter die Eigenkapitalersatzregeln fallen, bedeutete dies nichts anderes, als daß der Gesellschafter vor Konkurseröffnung trotz Unterbilanz das Darlehen abziehen dürfte bzw. daß er bei Konkurseröffnung das Darlehen zur Konkurstabelle anmelden dürfte. Im letzten Fall besteht keine Manipulationsgefahr im Hinblick auf Vermögensverschiebungen. Der Anreiz für den Gesellschafter, sich um die Sanierung zu bemühen, würde erhöht, weil die Lasten zu Recht teilweise auch von den Gläubigern übernommen würden. Da die Gläubiger von den Sanierungsbemühungen profitieren können, steht der Gläubigerschutzzweck des § 32a GmbHG einer Teilnahme des Gesellschafters mit seinem Sanierungsdarlehen am Konkursverfahren m.E. nicht entgegen.

Etwas anderes gilt für die Regelung der §§ 30, 31 GmbHG. Diese dürfen für Sanierungsdarlehen nicht außer Kraft gesetzt werden, denn gerade sie verhindern, daß das Darlehen vor Erreichung seines Zweckes gläubigerschädigend abgezogen wird.

Zusammenfassend läßt sich festhalten, daß m.E. die §§ 30, 31 GmbHG auf Sanierungsdarlehen angewandt werden sollen, nicht aber § 32a GmbHG, um dem Gesellschafter als Anreiz eine Teilnahme an der Konkursquote zu ermöglichen.[224]

---

[222]Vgl. HOMMELHOFF, Peter, ZGR 1988, S. 474, CLAUSSEN, Carsten P., ZHR 147 (1983), S. 215ff, RÜMKER, Dietrich: Bankkredite als kapitalersetzende Gesellschafterdarlehen unter besonderer Berücksichtigung der Sanierungssituation, in: ZIP 1982, S. 1394, WESTERMANN, Harm Peter: Banken als Kreditgeber und Gesellschafter, in: ZIP 1982, S. 391.

[223]Vgl. SCHOLZ/SCHMIDT, Kommentar, a.a.O., § 32a GmbHG, Anm. 35, VON GERKAN, Hartwin, GmbHR 1986, S. 221, ULLRICH, Hanns, GmbHR 1983, S. 143f. Für die große AG einschränkend: JUNKER, Abbo, ZHR 156 (1992), S. 410.

[224]Noch weiter geht CLAUSSEN, der das gesamte Kapitalersatzrecht als Bremse für Beteiligungen an einer GmbH ansieht. Er möchte deshalb § 32a GmbHG in bestimmten Fällen nicht angewandt sehen. Vgl. CLAUSSEN, Carsten P., GmbHR 1994, S. 14f. Ähnlich auch MOSER, Ulrich, der darauf hinweist, daß die gesetzlichen Regelungen eine zusätzliche Darlehensgewährung eher verhindern. Vgl. MOSER, Ulrich: Kapitalersetzende Gesellschafterdarlehen bei der GmbH, Frankfurt u.a., 1989, zugl. Diss. Stuttgart, 1989, S. 181ff.

Der Gesetzgeber hat im Rahmen der Insolvenzordnung ein anderes Sanierungsprivileg eingeführt: Bestehende oder neu gewährte Kredite fallen nach § 32a Abs. 3 S. 3 GmbHG nicht unter die Rechtsfolgen des Eigenkapitalersatzes, wenn der Darlehensgeber in der Krise der Gesellschaft Anteile zum Zwecke der Sanierung erwirbt (und damit zum Gesellschafter wird).

3.5.4. Konsequenzen der Finanzierungsfreiheit

Da dem Gesellschafter trotz seiner Verantwortlichkeit für die Unternehmensfinanzierung die Wahl zwischen Hingabe von Eigen- oder Fremdkapital nicht genommen ist, stellt sich die Frage, ob er für die Folgen der Finanzierung persönlich haftbar gemacht werden kann.
Eine Haftung des Gesellschafters[225] wegen nomineller Unterkapitalisierung[226] wird von Rechtsprechung und Schrifttum grundsätzlich abgelehnt: Da eine Unterkapitalisierung nicht zweifelsfrei zu erfassen ist oder in Bilanzgrößen gemessen werden kann, ist mangels klarer, sanktionsfähiger Tatbestände ein Durchgriff nicht möglich. Im übrigen vermeiden die Regelungen des Eigenkapitalersatzrechts gläubigerschädigende Folgen der nominellen Unterkapitalisierung.[227]
Anders ist dies jedoch bei materieller Unterkapitalisierung.[228] Hier befürworten zahlreiche Autoren eine Haftung der Gesellschafter, die sich als Durchgriffshaftung im Insolvenzfall konkretisiert.[229] Der BGH hat in neueren Urteilen hierzu noch nicht Stellung genommen,[230] so daß davon auszugehen ist, daß ein allgemeiner Haftungstatbestand[231] der Unterkapitalisierung mangels präziser Erfassung der Tatbestandsvoraussetzungen und Rechtsfolgen bisher noch nicht existiert.[232]

---

[225]Nach § 43 Abs. 3 GmbHG ist der Geschäftsführer schadensersatzpflichtig, wenn er eine gegen § 30 GmbHG verstoßende Rückzahlung vornimmt.

[226]Bei nomineller Unterkapitalisierung wird Eigenkapitalbedarf durch Fremdkapitalhingabe befriedigt. Vgl. SCHMIDT, Karsten: Die Eigenkapitalausstattung der Unternehmen als rechtspolitisches Problem, in: JZ 1984, S. 777, ders., Gesellschaftsrecht, a.a.O., S. 206.

[227]Vgl. BGH-U. v. 4.5.1977, VIII ZR 298/75, GmbHR 1977, S. 200, BGH-U. v. 29.11.1971, II ZR 121/69, WM 1972, S. 75. Ebenso: SCHMIDT, Karsten, JZ 1984, S. 777, BAUMBACH/ HUECK, Kommentar, a.a.O., § 5 GmbHG Rn. 6.

[228]Materielle Unterkapitalisierung liegt dann vor, wenn der Gesellschafter notwendiges Kapital nicht zur Verfügung stellt, also wenn das Eigenkapital offensichtlich völlig unzureichend für den Geschäftsumfang bzw. das aufgenommene Risiko ist, und diese Situation klar und eindeutig zu erkennen ist. Vgl. SCHMIDT, Karsten, JZ 1984, S. 777, KETZER, Axel, a.a.O., S. 11ff, GOERTZEN, Reiner, DB 1988, S. 2445.

[229]Vgl. WÜST, Günther: Wege des Gläubigerschutzes bei materieller Unterkapitalisierung einer GmbH, in: DStR 1991, S. 1388, BAUMBACH/HUECK, Kommentar, a.a.O., § 5 GmbHG, Rn. 6 m.w.N. KETZER, Axel, a.a.O., S. 11ff m.w.N. Differenzierend: TILLMANN, Bert, GmbHR 1987, S. 330f, SCHMIDT, Karsten, Gesellschaftsrecht, a.a.O., S. 426, 955, ablehnend: ALTHEIM, Michael: Unterkapitalisierung von Kapitalgesellschaften - Vermeidungsstrategien des Steuerberaters, in: StBKonRep. 1988, S. 307.

[230]Auch in einigen älteren Urteilen blieb diese Frage offen: Vgl. BGH-U. v. 16.3.1981, II ZR 59/80, BB 1981, S. 751, BGH-U. v. 3.11.1976, I ZR 156/74, WM 1977, S. 75.

[231]BAUMBACH/HUECK weisen darauf hin, daß oftmals zusätzlich zur materiellen Unterkapitalisierung der Tatbestand des § 826 BGB erfüllt ist, so daß auf diese Weise eine Durchgriffshaftung erreicht

3.5.5. Ergebnis

Aus den bisher dargestellten Grundsätzen des Gesellschaftsrechts folgt, daß das Gesellschaftsrecht keine Regeln kennt, wie ein Unternehmen ordnungsgemäß zu finanzieren ist. Die BGH-Rechtsprechung bestätigt vielmehr die herrschende Meinung im Schrifttum in der Auffassung, daß es dem Gesellschafter überlassen bleibt, mit welcher Kapitalstruktur er sein Unternehmen ausstattet. Der BGH erkennt sogar an, daß es wirtschaftlich vernünftige Gründe für die Überlassung von Gesellschafterdarlehen gibt.

Lediglich für den Fall der Unterbilanz bzw. Überschuldung oder des Konkurses bestehen Gläubigerschutzregeln, die eine Verfügung über Gesellschaftsvermögen einschränken. Daraus lassen sich jedoch keine Normen oder Grundsätze ableiten, wie eine angemessene Finanzierung auszusehen habe. Regeln über ein Soll-Finanzierungsverhalten sind im Zivilrecht ebensowenig vorgesehen wie eine bestimmte Fremdkapitalhöchstgrenze oder eine bestimmte Relation zwischen Eigen- und Fremdkapital. Nur in den unternehmerischen Extremsituationen des Konkurses oder bei Überschuldung bzw. Unterbilanz kann eine Umqualifizierung von Fremd- in Eigenkapital stattfinden. In allen anderen Fällen, insbesondere bei gutgehenden Unternehmen, ergibt sich kein Anhaltspunkt dafür, wann eine Finanzierung mißbräuchlich ist.

Die bestehenden Gläubigerschutzregeln des §§ 32a, b GmbHG wurden in der Gesetzesnovelle gerade deshalb eingeführt, weil der Gesetzgeber die Finanzierungsfreiheit nicht einschränken wollte. Statt der Schutzregeln hätte er auch eine Mindestkapitalausstattung oder Relation zwischen Eigen- und Fremdkapital festlegen können. In diesem Fall wären Gläubigerschutzvorschriften nicht mehr notwendig gewesen. Die Tatsache, daß er sich für die Einführung von Gläubigerschutznormen und gegen allgemeine Kapitalrelationen entschied, spricht für den Grundsatz der Finanzierungsfreiheit des Gesellschafters.

In verschiedenen Gesetzen sind zwar Vorschriften darüber vorgesehen, welche (Mindest-)Eigenkapitalquote eine bestimmte Gesellschaft aufweisen muß,[233] diese Normen sind jedoch zu speziell und zu branchenbezogen, um daraus allgemeine Regeln abzuleiten.

---

wird. Vgl. BAUMBACH/HUECK, Kommentar, a.a.O., § 5 GmbHG, Rn. 6.

[232] Vgl. auch SCHIESSL, Maximilian, in: Münchener Handbuch des Gesellschaftsrechts, Bd. 3, GmbH, hrsg. v. H.-J. Priester und D. Mayer, München, 1996, § 35 Rdnr. 16f (S. 470f). Auch der Gesetzgeber hat es im Rahmen der Novelle zum GmbH-Gesetz damit bewenden lassen, eine Mindestkapitalhöhe zu bestimmen und hat eine Haftungsklausel nicht aufgegriffen.

[233] § 10 Abs. 1 KWG fordert ein angemessenes haftendes Eigenkapital, wobei dieses nicht mit dem bilanziellen Eigenkapital übereinstimmt. Konkretisiert wird diese Vorschrift durch den Grundsatz I des Bundesaufsichtsamtes für das Kreditwesen, nach dem die gewichteten Risikoaktiva mit mindestens 8% haftendem Eigenkapital unterlegt sein müssen. Daneben gibt es weitere Vorschriften in den §§ 5 Abs. 4, 53c VAG. § 2 Abs. 2 Buchst. a KAGG fordert ein Nennkapital von mindestens 5 Mio. DM.

Auch nach der Untersuchung der Gesellschafter-Fremdfinanzierungsregeln des Zivilrechts bleibt festzustellen, daß allgemeine Regeln, die Aufschluß darüber geben, welche Kapitalrelationen noch angemessen oder schon mißbräuchlich sind, nicht existieren. Es bleibt somit bei der Anerkennung der Finanzierungsfreiheit des Gesellschafters.

4. Steuerliche Behandlung der Unternehmensfinanzierung

4.1. Untersuchungsgegenstand

Dieses Kapitel beschäftigt sich mit den steuerlichen Folgen der Unternehmensfinanzierung. Zunächst werden hierbei die steuerlichen Wirkungen untersucht, die aus der Überlassung von Eigen- oder Fremdkapital des Gesellschafters an seine Gesellschaft resultieren. Dabei wird von einer in Deutschland ansässigen Kapitalgesellschaft ausgegangen. Es wird aufgezeigt, welche Anreize das Steuerrecht setzt und welche Finanzierungsform begünstigt wird. Im Mittelpunkt der Betrachtung stehen die steuerlichen Regelungen des § 8a KStG, welche bei nicht zur Anrechnung von Körperschaftsteuer berechtigten Gesellschaftern die steuerliche Anerkennung der Unternehmensfremdfinanzierung unter bestimmten Bedingungen verweigern. Dabei werden nicht nur Tatbestand und Rechtsfolgen dieser Regelungen erläutert, sondern auch einzelne Problemfelder diskutiert sowie der gesamte Regelungsgehalt beurteilt. Insbesondere wird untersucht, ob man aus steuerlicher Sicht bei einer bestimmten Relation zwischen Eigen- und Fremdkapital von Mißbrauch sprechen kann, so daß die Einführung des § 8a KStG innerhalb des Standortsicherungsgesetzes gerechtfertigt ist.

4.2. Grundlagen der Besteuerung der Kapitalüberlassung

Zunächst sollen die grundsätzlichen steuerlichen Folgen erläutert werden, die aus der Überlassung von Eigen- bzw. Fremdkapital an die Gesellschaft resultieren. Die Einschränkungen durch § 8a KStG werden hier noch nicht berücksichtigt, sondern erst im Anschluß daran behandelt.[1] Um die steuerlichen Folgen des § 8a KStG besser beurteilen zu können, wird zunächst zur Gegenüberstellung die frühere Rechtslage vor Einführung der Spezialregelung zur Gesellschafterfremdfinanzierung dargestellt.

4.2.1. Besteuerung der inländischen Kapitalgesellschaft

Gemäß § 1 Abs. 1 Nr. 1 KStG sind Kapitalgesellschaften, die ihren Sitz oder ihre Geschäftsleitung[2] im Inland haben, unbeschränkt körperschaftsteuerpflichtig. Dabei ist die Kapitalgesellschaft ein selbständig körperschaftsteuerpflichtiges Subjekt,[3] da an die gewählte Rechtsform anzuknüpfen ist.[4] Sowohl im Körperschaft-

---

[1] Siehe dazu Pkt. 4.3.

[2] Sitz und Geschäftsleitung sind in den §§ 10, 11 AO inhaltlich konkretisiert.

[3] Vgl. BFH-U. v. 5.5.1959, I 11/58 S, BStBl. III 1959, S. 371.

[4] Vgl. BFH-B. v. 25.6.1984, GrS 4/82, BStBl. II 1984, S. 757f mit Hinweis auf RFH-U. v. 21.3.1944, I 216/43, RStBl. 1944, S. 396. Vgl. weiterhin BFH-U. v. 17.7.1968, I 121/64, BStBl. II 1968, S. 696, BFH-U. v. 14.3.1961, I 224/60 U, BStBl. III 1961, S. 364, BFH-U. v. 4.11.1958, I 141/57 U, BStBl. III 1959, S. 50, BFH-U. v. 16.9.1958, I 351/56 U, BStBl. III 1958, S. 463, RFH-U. v. 19.9.1933, I A

steuerrecht als auch im Zivilrecht wird sie als juristische Person als eigenständiger Rechtsträger mit eigener Willensbildung anerkannt,[5] wobei auch in Grenzfällen auf die formale Rechtsgestaltung abzustellen ist.[6]
Da Zivil- und Steuerrecht die Kapitalgesellschaft somit als eigenständige Rechtsperson anerkennen, ist die Gesellschaft rechtlich völlig unabhängig von ihren Gesellschaftern zu betrachten.[7]

Nach § 1 Abs. 2 KStG umfaßt die sachliche Steuerpflicht der Kapitalgesellschaft sämtliche Einkünfte i.S.d. § 2 Abs. 1 EStG, soweit es sich nicht um steuerbefreite Einkünfte handelt.[8] Folglich sind sämtliche in- und ausländischen Einkünfte, also das gesamte Welteinkommen, der unbeschränkten Steuerpflicht unterworfen, es sei denn, in Abkommen zur Vermeidung der Doppelbesteuerung (DBA) oder in sonstigen zwischenstaatlichen Vereinbarungen ist ein Verzicht der deutschen Finanzbehörden auf die Besteuerung bestimmter Einkommensteile vereinbart.[9]

Die sachliche Steuerpflicht der Kapitalgesellschaft ist in den §§ 7 - 22 KStG geregelt, wobei in § 7 KStG die Grundlagen der Besteuerung aufgeführt sind.
Nach § 7 Abs. 1 KStG bemißt sich die Körperschaftsteuer nach dem zu versteuernden Einkommen. Dieses ist gemäß § 7 Abs. 2 KStG das Einkommen i.S.d. § 8 Abs. 1 KStG, vermindert um die Freibeträge der §§ 24, 25 KStG, die jedoch von Kapitalgesellschaften nicht in Anspruch genommen werden können.
Die AG, GmbH und KGaA sind als Kapitalgesellschaften nach § 6 Abs. 1 HGB Kaufmann kraft Rechtsform.[10] Sie unterliegen als Formkaufleute somit der Buchführungspflicht nach den §§ 238 ff HGB und erzielen gemäß § 8 Abs. 2 KStG unabhängig von der Art ihrer Tätigkeit ausschließlich Einkünfte aus Gewerbebetrieb. Nach § 140 AO gilt die handelsrechtliche Buchführungspflicht auch für steuerliche Zwecke.
Das Einkommen ermittelt sich gemäß § 8 Abs. 1 KStG nach den Vorschriften des EStG und des KStG, d. h. Grundlage der Ermittlung sind die einkommensteuerlichen Vorschriften und Grundsätze unter Hinzuziehung körperschaftsteuerlicher Spezialregelungen (z.B. §§ 9, 10 KStG).
Da die Kapitalgesellschaft nur Einkünfte aus Gewerbebetrieb i.S.v. § 15 EStG erzielt, ermittelt sie ihr Einkommen als Gewinn, welcher nach § 5 Abs. 1 S. 1 EStG i.V.m. § 4 Abs. 1 S. 1 EStG durch Betriebsvermögensvergleich festzustellen ist.

272/31, RStBl. 1933, S. 1221.
5 Im Zivilrecht: § 1 Abs. 1 AktG, § 13 Abs. 1 GmbHG.
6 Vgl. BFH-U. v. 4.11.1958, I 141/57 U, BStBl. III 1959, S. 50f.
7 So bereits der RFH in RFH-U. v. 8.9.1931, I A 18/31, RStBl. 1931, S. 741.
8 Vgl. DÖTSCH, Ewald/CATTELAENS, Heiner/GOTTSTEIN, Siegfried/STEGMÜLLER, Hubert/ ZENTHÖFER, Wolfgang: Körperschaftsteuer, 11. Aufl., Stuttgart, 1995, Rz 99.
9 Vgl. dazu die Anlage zum BMF-Schreiben v. 13.6.1991, IV C 6 - S 1311 - 69/91, BStBl. I 1991, S. 746.
10 Vgl. dazu § 3 AktG für die AG, § 13 Abs. 3 GmbHG für die GmbH, § 278 Abs. 3 i.V.m. § 3 AktG für die KGaA.

Es gilt das Maßgeblichkeitsprinzip des § 5 Abs. 1 S. 1 EStG, wonach die handelsrechtlichen Grundsätze ordnungsmäßiger Buchführung zu berücksichtigen sind sowie dessen Umkehrung durch § 5 Abs. 1 S. 2 EStG.[11]
Um das körperschaftsteuerliche Einkommen der Kapitalgesellschaft zu ermitteln, muß der Steuerbilanzgewinn außerhalb der Bilanz um steuerfreie Einnahmen gekürzt und um nichtabziehbare Aufwendungen erhöht werden. Einlagen dürfen den Gewinn nicht erhöhen und Gewinnausschüttungen diesen nicht mindern.[12]

Nach § 7 Abs. 3 KStG ist die Körperschaftsteuer eine Jahressteuer. Veranlagungszeitraum ist das Kalenderjahr. Buchführungspflichtige Kapitalgesellschaften ermitteln ihren Gewinn gem. § 7 Abs. 4 S. 1 KStG nach dem Wirtschaftsjahr, für das sie regelmäßig Abschlüsse machen. Fallen Wirtschafts- und Kalenderjahr auseinander, gilt nach S. 2 der Gewinn als in dem Kalenderjahr bezogen, in dem das Wirtschaftsjahr endet.

4.2.2. Steuerliche Folgen auf der Gesellschaftsebene

4.2.2.1. Finanzierung mit Gesellschaftereigenkapital

Finanziert ein Gesellschafter seine Gesellschaft durch Überlassung von Eigenkapital, so ist hinsichtlich der steuerlichen Folgen auf der Gesellschaftsebene nach Wegfall der Substanzsteuern nur noch die Ertragsbesteuerung maßgebend. Hierbei sind die Vergütungen auf die Kapitalüberlassung relevant.
Als Steuern vom Ertrag werden die Körperschaftsteuer sowie die Gewerbeertragsteuer erhoben. Die Gewerbekapitalsteuer wird seit 1.1.1998, die Vermögensteuer seit 1.1.1997 nicht mehr erhoben.[13]

Bei der Ermittlung der körperschaftsteuerlichen Bemessungsgrundlage sind Vergütungen, die für die Eigenkapitalüberlassung geleistet werden, nicht als Betriebsausgabe i.S.v. § 4 Abs. 4 EStG i.V.m. § 8 Abs. 1 KStG abziehbar. Die Zahlung einer Vergütung in Form einer Dividende bzw. Gewinnausschüttung mindert den körperschaftsteuerlichen Gewinn und damit die Steuerbelastung nicht, weil es sich hierbei gemäß § 8 Abs. 3 S. 1 KStG um Gewinnverwendung handelt.[14] Bei Auszahlung der Dividende an den Gesellschafter ist gemäß § 43 Abs.

---

[11] Zum Maßgeblichkeitsprinzip vgl. SCHILDBACH, Thomas: Der handelsrechtliche Jahresabschluß, 4. Aufl., Herne/Berlin, 1995, S. 128ff, KÜTING/WEBER: Handbuch der Rechnungslegung: Kommentar zur Bilanzierung und Prüfung, hrsg. v. K. Küting und C. Weber, 3. Aufl., Stuttgart, 1990, S. 175ff.
[12] Zum exakten Schema der Ermittlung des zu versteuernden Einkommens unter Berücksichtigung des Spendenabzugs nach § 9 KStG, ausländischer Verluste nach § 2a EStG, Organschaftsverhältnissen nach § 14 KStG und des Verlustabzugs nach § 10d EStG vgl. Abschn. 24 KStR.
[13] Vgl. dazu den Beschluß des BVerfG v. 22.6.1995, 2 BvL 37/91, BStBl. II 1995, S. 655.
[14] Über die Höhe der Gewinnausschüttung beschließt gem. § 119 Abs. 1 Nr. 2 AktG die Hauptversammlung. Zu beachten ist jedoch die Regelung des § 58 Abs. 2 AktG, wonach die Verwaltung der AG bis zu 50% des Jahresüberschusses in die anderen Gewinnrücklagen einstellen darf, sofern Vorstand und

1 S. 1 Nr. 1 EStG i.V.m. § 44 EStG Kapitalertragsteuer einzubehalten. Nach §43a Abs. 1 Nr. 1 EStG beträgt diese 25% der Bruttodividende, wenn der Gläubiger sie trägt, jedoch ist in DBA häufig eine Freistellung oder Verminderung auf 5%, 10% oder 15% vereinbart.[15]
Nach § 3 Abs. 1 Nr. 5 des Solidaritätszuschlaggesetzes 1995[16] muß, wenn Kapitalertragsteuer abzuführen ist, grundsätzlich ein Zuschlag von 5,5% der Kapitalertragsteuer erhoben werden. Bei einem Kapitalertragsteuersatz von 25% der Bruttodividende ergibt sich bezogen auf die Bruttodividende ein Solidaritätszuschlagsatz von 1,375%. Da sich die DBA nicht auf bestimmte Steuerarten, sondern auf die Steuerbelastung insgesamt beziehen, kann jedoch auf eine reduzierte Kapitalertragsteuer kein Solidaritätszuschlag mehr erhoben werden.
Bei Ausschüttungen an ausländische Muttergesellschaften mit Sitz in der Europäischen Union wird nach § 44d Abs. 1 S. 3 EStG unter den dort genannten Voraussetzungen seit 1.7.1996 völlig auf die Erhebung der Kapitalertragsteuer verzichtet.

Ausgangspunkt für die Gewerbeertragsteuer ist der Gewerbeertrag. Dieser knüpft nach § 7 GewStG an den Gewinn aus Gewerbebetrieb an, welcher nach den Vorschriften des Einkommen- und Körperschaftsteuergesetzes zu ermitteln ist und durch die Hinzurechnungen und Kürzungen der §§ 8, 9 GewStG korrigiert wird. Da Vergütungen für die Überlassung von Eigenkapital den körperschaftsteuerlichen Gewinn nicht mindern, schmälern sie folglich nicht den Gewerbeertrag und bewirken somit keine Verringerung der Gewerbeertragsteuerbelastung.[17]

4.2.2.2. Finanzierung mit Gesellschafterfremdkapital

Die Überlassung von Fremdkapital als Darlehen des Gesellschafters an seine Gesellschaft weist gegenüber der Eigenkapitalausstattung auf Gesellschaftsebene steuerlich fundamentale Unterschiede auf.
Bei der Ermittlung der Körperschaftsteuerbemessungsgrundlage sind die Vergütungen für Fremdkapital grundsätzlich als Betriebsausgaben i.S.v. § 4 Abs. 4 EStG i.V.m. § 8 Abs. 1 KStG abziehbar, mindern folglich den körperschaftsteuerlichen Gewinn und damit die Steuerbelastung. Eine Ausnahme hiervon liegt vor, wenn die Vergütung als verdeckte Gewinnausschüttung angesehen wird, denn nach § 8 Abs. 3 S. 2 KStG darf die verdeckte Gewinnausschüttung den Gewinn nicht mindern. In diesem Falle ist der als Ausschüttung betrachtete

Aufsichtsrat den Jahresabschluß festgestellt haben. Bei der GmbH beschließt die Gesellschafterversammlung über die Gewinnverwendung. Vgl. dazu § 29 GmbHG.
15 Weitere Einzelheiten zu den DBA unter 4.2.3.3.2.5.
16 Vgl. Gesetz v. 23.6.1993, BGBl. I 1993, S. 944/975.
17 Zu Einzelheiten der Errechnung der Gewerbeertragsteuerbelastung siehe SPANGEMACHER, Gerd: Gewerbesteuer, 9. Aufl., Achim, 1989, S. 227ff.

Betrag außerhalb der Bilanz[18] wieder hinzuzurechnen und mindert somit den körperschaftsteuerlichen Gewinn letztendlich nicht.
Eine verdeckte Gewinnausschüttung[19] ist nach der Rechtsprechung des BFH eine Vermögensminderung oder verhinderte Vermögensmehrung bei der Gesellschaft, die durch das Gesellschaftsverhältnis veranlaßt ist, sich auf die Höhe des Einkommens auswirkt und nicht auf einem den gesellschaftsrechtlichen Vorschriften entsprechenden Gewinnverteilungsbeschluß beruht.[20] Um festzustellen, ob das Kriterium der Veranlassung durch das Gesellschaftsverhältnis erfüllt ist, ist zu prüfen, ob ein ordentlicher und gewissenhafter Geschäftsleiter[21] die Vermögensminderung oder verhinderte Vermögensmehrung unter sonst gleichen Umständen auch gegenüber einem Nichtgesellschafter hingenommen hätte.[22] Aus Sicht der Kapitalgesellschaft ist ein Vorteilszufluß beim Gesellschafter nicht erforderlich; für die Annahme einer verdeckten Gewinnausschüttung genügt eine Vermögensminderung bei der Gesellschaft.[23] Bei einem beherrschenden Gesellschafter[24] sind wegen des fehlenden Interessengegensatzes zwischen Gesellschaft und Gesell-

---

[18] So die h.M., vgl. SCHMIDT, Ludwig/HEINICKE, Wolfgang: Kommentar zum Einkommensteuergesetz, hrsg. v. L. Schmidt, 15. Aufl., Müchen, 1996, § 20 EStG, Anm. 18d, cc (Rz. 75), BRENNER, Dieter: Verdeckte Gewinnausschüttung und Bilanzenzusammenhang, in: NWB, F. 4, S. 4042. Vgl. auch BFH-U. v. 29.6.1994, I R 137/93, BFHE Bd. 175, S. 350. A.A.: WASSERMEYER, Franz: Einige grundsätzliche Überlegungen zur verdeckten Gewinnausschüttung, in: DB 1987, S. 1117. Differenzierend: WINTER, Willi: Korrektur einer verdeckten Gewinnausschüttung innerhalb oder außerhalb der Steuerbilanz, in: DStZ 1987, S. 270.

[19] Die steuerliche Problematik der verdeckten Gewinnausschüttung soll an dieser Stelle nicht weiter vertieft, sondern nur im Grundsatz erläutert werden. Zu den Rechtsfolgen der verdeckten Gewinnausschüttung bei Anwendung des § 8a KStG siehe Pkt. 4.3.4. Zur vGA allgemein vgl. DÖTSCH, Ewald/CATTELAENS, Heiner, u.a.: Körperschaftsteuer, a.a.O., Rz. 421ff, PEZZER, Heinz-Jürgen: Die verdeckte Gewinnausschüttung im Körperschaftsteuerrecht, Köln, 1986, LANGE, Joachim: Verdeckte Gewinnausschüttungen, 6. Aufl., Herne/Berlin, 1993, DÖLLERER, Georg: Verdeckte Gewinnausschüttungen und verdeckte Einlagen bei Kapitalgesellschaften, 2. Aufl., Heidelberg, 1990, TRIES, Hermann-Josef: Verdeckte Gewinnausschüttungen im GmbH-Recht, Köln, 1991, zugl. Diss. Heidelberg, 1989/90.

[20] Vgl. BFH-U. v. 11.10.1989, I R 12/87, BStBl. II 1990, S. 89f, BFH-U. v. 22.2.1989, I R 44/85, BStBl. II 1989, S. 476.

[21] Vgl. § 93 Abs. 1 S. 1 AktG und § 43 Abs. 1 GmbHG.

[22] Vgl. BFH-U. v. 24.7.1990, VIII R 290/84, NV 1991, S. 193, BFH-U. v. 28.6.1989, I R 89/85, BStBl. II 1989, S. 855, BFH-U. v. 7.12.1988, I R 25/82, BStBl. II 1989, S. 249, BFH-U. v. 27.7.1988, I R 68/84, BStBl. II 1989, S. 58, BFH-U. v. 28.10.1987, I R 110/83, BStBl. II 1988, S. 302, BFH-U. v. 10.6.1987, I R 149/83, BStBl. II 1988, S. 26, BFH-U. v. 11.2.1987, I R 177/83, BStBl. II 1987, S. 462, BFH-U. v. 23.5.1984, I R 294/81, BStBl. II 1984, S. 675.

[23] Vgl. BFH-U. v. 22.2.1989, I R 44/85, BStBl. II 1989, S. 476, BFH-U. v. 22.2.1989, I R 9/85, BStBl. II 1989, S. 633, BFH-U. v. 29.4.1987, I R 176/83, BStBl. II 1987, S. 734.

[24] Ein Gesellschafter ist dann beherrschend, wenn er den Abschluß des betreffenden Rechtsgeschäfts erzwingen kann. Grundsätzlich ist dazu die Mehrheit der Stimmrechte erforderlich, wenn nicht andere Umstände eine Beherrschung begründen. Vgl. SCHMIDT/HEINICKE, Kommentar, a.a.O., § 20 EStG, Anm. 18c, bb (Rz. 69). Eine Zusammenrechnung von Anteilen bei Angehörigen ist nur bei gleichgerichteten Interessen möglich. Vgl. dazu BFH-U. v. 1.2.1989, I R 73/85, BStBl. II 1989, S. 523 mit Verweis auf Beschluß des BVerfG v. 12.3.1985, 1 BvR 571/81 u.a., BStBl. II 1985, S. 480f. und BFH-U. v. 23.10.1985, I R 230/82, NV 1986, S. 492. Vgl. auch: BFH-U. v. 13.12.1989, I R 99/87, BStBl. II 1990, S. 455.

schafter besondere Maßnahmen zur Einschränkung der Manipulationsgefahr notwendig. Deshalb ist hier eine Veranlassung durch das Gesellschaftsverhältnis bereits dann anzunehmen, wenn eine zivilrechtlich wirksame, klare und im vorhinein abgeschlossene, eindeutige Vereinbarung über das Entgelt fehlt,[25] oder wenn das Vereinbarte nicht tatsächlich durchgeführt wird.[26]
Bei der Überlassung von Fremdkapital liegt z.B. dann eine verdeckte Gewinnausschüttung vor, wenn die Gesellschaft an ihren Gesellschafter eine überhöhte Vergütung zahlt, die nicht dem Marktpreis entspricht und die sie an einen Nichtgesellschafter folglich so nicht gezahlt hätte.[27] Ist die geleistete Vergütung auf das Fremdkapital dagegen angemessen, weil ein ordentlicher und gewissenhafter Geschäftsleiter gegenüber einem Nichtgesellschafter ebenso gehandelt hätte, mindert diese den körperschaftsteuerlichen Gewinn und damit auch die Steuerbelastung, da keine verdeckte Gewinnausschüttung vorliegt.
Bei Auszahlung der Zinsen als Vergütung für die Fremdkapitalüberlassung wird eine Kapitalertragsteuer nicht fällig, da § 43 Abs. 1 S. 1 Nr. 7 EStG nicht einschlägig ist. Für Wandelschuldverschreibungen, Gewinnobligationen und Genußrechte, mit denen nicht das Recht am Gewinn und Liquidationserlös verbunden ist, wird hingegen nach § 43 Abs. 1 S. 1 Nr. 2 EStG Kapitalertragsteuer einbehalten.
Ein Gesellschafter kann anstelle eines Darlehens seiner Gesellschaft Fremdkapital überlassen, indem er im Rahmen einer typischen[28] stillen Gesellschaft i.S.v. § 230 HGB eine Einlage leistet, die in das Vermögen des Inhabers des Handels-

---

[25] Vgl. BFH-U. v. 2.2.1994, I R 78/92, BStBl. II 1994, S. 480, BFH-U. v. 24.7.1990, VIII R 304/84, NV 1991, S. 91, BFH-U. v. 14.3.1990, I R 6/89, BStBl. II 1990, S. 796, BFH-U. v. 8.11.1989, I R 16/86, BStBl. II 1990, S. 245, BFH-U. v. 26.4.1989, I R 172/87, BStBl. II 1989, S. 674, BFH-U. v. 22.2.1989, I R 44/85, BStBl. II 1989, S. 476.

[26] Vgl. SCHMIDT/HEINICKE, Kommentar, a.a.O., § 20 EStG, Anm. 18c, cc (2), (Rz. 70), ebenso: BFH-U. v. 30.7.1975, I R 110/72, BStBl. II 1976, S. 75, BFH-U. v. 2.5.1974, I R 194/72, BStBl. II 1974, S. 586.

[27] Vgl. BFH-U. v. 28.10.1964, I 198/62 U, BStBl. III 1965, S. 121. Zum umgekehrten Fall eines Darlehens von der Gesellschaft an den Gesellschafter vgl. BFH-U. v. 25.11.1964, I 116/63 U, BStBl. III 1965, S. 176.

[28] Von einer typischen stillen Gesellschaft ist auszugehen, wenn dem Stillen die Rechte und Pflichten nach §§ 230 ff HGB zustehen. Wesentlich für die Abgrenzung zur atypisch stillen Gesellschaft sind: Beteiligung an den stillen Reserven, Verteilung des Risikos und der Initiative, der Kontroll- und Mitwirkungsrechte. Vgl. dazu SCHMIDT, Kommentar, a.a.O., § 15 EStG, Anm. 58, (Rz. 340ff), WEBER, Klaus: Ende der typisch stillen Beteiligung bei beherrschendem Einfluß?, in: DB 1992, S. 546. Weichen die im Gesellschaftsvertrag vereinbarten Rechte und Pflichten des Stillen davon wesentlich ab, ist eine atypische stille Gesellschaft anzunehmen. Vgl. dazu ZACHARIAS, Erwin/SUTTMEYER, Johannes/ RINNEWITZ, Jürgen: Zur gewerbesteuerrechtlichen Organschaft unter Beteiligung einer GmbH & atypisch Still, in: DStR 1988, S. 128ff. Der Gesellschafter ist in diesem Fall Mitunternehmer und erzielt Einkünfte i.S.v. § 15 Abs. 1 Nr. 2 EStG. Die Vergütungen der Kapitalgesellschaft werden dann nach den Grundsätzen der Besteuerung von Mitunternehmerschaften behandelt. Zinszahlungen sind folglich nicht als Betriebsausgabe abziehbar, weil die steuerliche Trennung von Gesellschaft und Gesellschafter fehlt. Da die Kapitalgesellschaft bei einer atypischen stillen Beteiligung ihre Steuersubjektfähigkeit verliert, soll für die Untersuchung in dieser Arbeit dieser Fall ausgeschlossen sein. Es ist vom Vorliegen einer typischen stillen Gesellschaft auszugehen.

gewerbes, d.h. in das Vermögen der Gesellschaft, übergeht.[29] Der Gesellschafter beteiligt sich dabei kapitalmäßig am Handelsgewerbe der Kapitalgesellschaft, tritt aber nach außen nicht in Erscheinung.[30] Als weitere Möglichkeit kommt auch die Überlassung eines partiarischen Darlehens in Betracht. Das wesentliche Element beider Gestaltungen ist die Tatsache, daß die Vergütungen, die die Gesellschaft an den Stillen bzw. Darlehensgeber zahlt, gewinnabhängig sind.[31] Das partiarische Darlehen und die Einlage des typisch Stillen sind aus Sicht der Gesellschaft Fremdkapital.[32] Folglich zählt die Vergütung zu den Betriebsausgaben und mindert die körperschaftsteuerliche Bemessungsgrundlage.[33] Bei Zahlung der Vergütung ist gemäß § 43 Abs. 1 S. 1 Nr. 3 EStG Kapitalertragsteuer zu erheben.[34]
Bei der Ermittlung des Gewerbeertrags als Anknüpfungspunkt für die Gewerbeertragsteuer führt das Fremdkapital zu einem günstigeren steuerlichen Ergebnis als die Eigenkapitalüberlassung. Die Fremdkapitalvergütungen haben bereits als Betriebsausgabe den Gewinn aus Gewerbebetrieb gemindert. Bei der Berechnung des Gewerbeertrags ist nach § 8 Nr. 1 GewStG dem gewerblichen Gewinn nur die Hälfte der bei seiner Ermittlung abgezogenen Entgelte für die langfristige Fremdkapitalüberlassung wieder hinzuzurechnen. Übersteigt die Laufzeit ein Jahr, ist in der Regel eine Dauerschuld anzunehmen.
Ein Gesellschafterdarlehen muß nicht zwingend Dauerschuldcharakter haben. Stundet der Gesellschafter seiner Gesellschaft eine Forderung aus einem mit ihr abgeschlossenen laufenden Geschäft für eine branchenübliche Frist, liegt keine Dauerschuld der Gesellschaft vor.[35] Da im Rahmen dieser Arbeit die Vorteil-

[29] Vgl. SCHMIDT/HEINICKE, Kommentar, a.a.O., § 20 EStG, Anm. 33, (Rz. 140), BLAUROCK, Uwe: Die GmbH & Still im Steuerrecht, in: BB 1992, S. 1971, BFH-U. v. 21.6.1983, VIII R 237/80, BStBl. II 1983, S. 565. Zum Fall einer Einmann-GmbH vgl. BFH-U. v. 26.4.1989, I R 96/85, NV 1990, S. 64. Zur Angemessenheit der Gewinnbeteiligung vgl. BFH-U. v. 12.12.1990, I R 85/88, NV 1992, S. 60, bei Familienangehörigen vgl. BFH-U. v. 21.9.1989, IV R 126/88, NV 1990, S. 693. Allgemein dazu: VESELY, Heinz/KUMPF, Wolfgang: Stille Beteiligung ausländischer Gesellschafter an der "eigenen" GmbH, in: RIW/AWD 1977, S. 310ff.

[30] Diese Gesellschaftsform wird folglich als Innengesellschaft bezeichnet. Vgl. dazu auch BGH-U. v. 22.6.1981, II ZR 94/80, NJW 1982, S. 99.

[31] Bei der stillen Gesellschaft ist eine Zuweisung von Verlustanteilen möglich. Die Informations- und Mitspracherechte des Geldgebers sind grundsätzlich höher als beim partiarischen Darlehen. Zu Gemeinsamkeiten und Unterschieden vgl. LIENAU, Alexander/LOTZ, Thomas: Die Abgrenzung zwischen stiller Gesellschaft und partiarischem Darlehen und die steuerlichen Konsequenzen, in: DStR 1991, S. 619ff, THEISEN, Manuel: Partiarisches Darlehen als Finanzierungsalternative zur stillen Gesellschaft, in: GmbHR 1987, S. 66.

[32] Vgl. SCHMIDT/HEINICKE, Kommentar, a.a.O., § 20 EStG, Anm. 34, (Rz. 141), KNOBBE-KEUK, Brigitte, ZIP 1983, S. 127f.

[33] Vgl. HINTZEN, Lothar: Problematische stille Beteiligung einer ausländischen Muttergesellschaft an der "eigenen" GmbH, in: RIW/AWD 1978, S. 788. Entspricht die vereinbarte Zinshöhe nicht den Bedingungen, wie sie unter fremden Dritten vereinbart worden wären, gelten die Zahlungen als verdeckte Gewinnausschüttung. Vgl. LIENAU/LOTZ, DStR 1991, S. 620.

[34] Dabei ist die Zuflußfiktion des § 44 Abs. 3 EStG zu beachten.

[35] Zum laufenden Geschäftsverkehr gehörende Schulden werden nicht hinzugerechnet. Dazu zählen z.B. Warenschulden, Wechselschulden, Bankschulden aus der Bezahlung von Löhnen. Vgl. dazu Abschn. 47 Abs. 5 GewStR m.w.N. und GLANEGGER, Peter/GÜROFF, Georg: Kommentar zum Gewerbesteuergesetz, 3. Aufl., München, 1994, § 8 Nr. 1 GewStG, Rz. 24 m.w.N.

haftigkeit der Fremdfinanzierung gegenüber der Eigenkapitalüberlassung betrachtet werden soll, ist als Alternative zur Eigenfinanzierung die ebenso langfristige Fremdfinanzierung, d.h. die gewerbesteuerliche Dauerschuld, zu untersuchen. Während die Vergütung für Eigenkapital mangels Betriebsausgabencharakters den Gewerbeertrag nicht mindert, schmälert die Zinszahlung für Fremdkapital infolge der nur hälftigen Hinzurechnung immerhin noch in Höhe der halben Zahlung den Gewerbeertrag und verringert somit die Gewerbeertragsteuerbelastung. Auch bei partiarischen Darlehen erfolgt eine hälftige Hinzurechnung gemäß § 8 Nr. 1 GewStG.[36] Dagegen sieht § 8 Nr. 3 GewStG für die stille Gesellschaft eine Hinzurechnung der an den typisch Stillen gezahlten Vergütung in voller Höhe vor, sofern die Beteiligung nicht in einem inländischen Betriebsvermögen gehalten wird und somit die Vergütungen beim Empfänger nicht der Gewerbeertragsteuer unterliegen.[37]

4.2.2.3. Ergebnis

Werden die steuerlichen Konsequenzen für die Gesellschaftsebene isoliert betrachtet, ist festzustellen, daß eine Finanzierung mit Eigenkapital steuerlich diskriminiert wird. Eine Finanzierung durch Fremdkapital löst bei der Kapitalgesellschaft eine wesentlich geringere Steuerbelastung aus. Dies wird vor allem durch den körperschaftsteuermindernden Betriebsausgabenabzug der Vergütungen verursacht. Auch hinsichtlich der Gewerbesteuerbelastung wirkt sich Fremdkapital gegenüber Eigenkapital günstiger aus, da die Vergütungen infolge der nur hälftigen Hinzurechnung im Ergebnis nur zur Hälfte der Gewerbesteuer unterliegen.

4.2.3. Steuerliche Folgen auf der Gesellschafterebene

Macht der Gesellschafter die Entscheidung, seiner Gesellschaft Eigen- oder Fremdkapital zu überlassen, von der steuerlichen Vorteilhaftigkeit abhängig, genügt es nicht, nur die steuerlichen Folgen bei der Kapitalgesellschaft zu betrachten, sondern es sind auch die steuerlichen Konsequenzen beim Gesellschafter zu berücksichtigen. Erst anschließend kann beurteilt werden, welches die günstigste Alternative für ihn ist.
Überläßt ein Gesellschafter seiner Gesellschaft Kapital, ist für seine Besteuerung entscheidend, ob er zur Anrechnung von Körperschaftsteuer berechtigt ist.

---

[36] Die Rechtsprechung des BFH (BFH-U. v. 8.3.1984, I R 31/80, BStBl. II 1984, S. 625) ist mittlerweile überholt. Vgl. GLANEGGER/GÜROFF, Kommentar, a.a.O., § 8 Nr. 1 GewStG, Rz. 33.

[37] Daurch soll eine doppelte gewerbesteuerliche Erfassung vermieden werden.

4.2.3.1. Grundlagen des körperschaftsteuerlichen Anrechnungsverfahrens[38]

Bis zur Körperschaftsteuerreform zum 1.1.1977 unterlagen ausgeschüttete Gewinne einer Doppelbelastung, die dadurch entstand, daß die Ausschüttung sowohl auf der Ebene der Kapitalgesellschaft als auch auf der Ebene des Gesellschafters einer Steuer vom Einkommen unterlagen. Durch das körperschaftsteuerliche Anrechnungsverfahren wurde diese Doppelbelastung für inländische Steuern vom Einkommen beseitigt. Voraussetzung dafür ist jedoch, daß der Gesellschafter in das Anrechnungsverfahren einbezogen wird, d.h. zur Anrechnung von Körperschaftsteuer berechtigt ist.
Nach § 23 Abs. 1 KStG beträgt die Körperschaftsteuer-Tarifbelastung 40% des zu versteuernden Einkommens. Schüttet die Kapitalgesellschaft Gewinne aus, vermindert sich nach § 27 Abs. 1 KStG die auf dem Ausschüttungsbetrag lastende Körperschaftsteuer auf 30%. Die von der Gesellschaft entrichtete Körperschaftsteuer, die auf den Ausschüttungsbetrag entfällt, wird nach § 36 Abs. 2 Nr. 3 EStG vom anrechnungsberechtigten Gesellschafter auf seine persönliche Steuer vom Einkommen angerechnet.
Die Gesellschaft muß bei jeder Ausschüttung grundsätzlich die Ausschüttungsbelastung herstellen.[39] Diese beträgt 30% des Gewinns vor Körperschaftsteuer. Der Gesellschafter muß das Körperschaftsteuerguthaben, das nach § 36 Abs. 2 Nr. 3 EStG 3/7 der Bruttodividende beträgt, zwar als Einkünfte aus Kapitalvermögen i.S.v. § 20 Abs. 1 Nr. 3 EStG versteuern,[40] aber gleichzeitig rechnet er die Ausschüttungsbelastung auf seine persönliche Steuerschuld an, so daß die Ausschüttung letztlich nur mit seinem persönlichen Steuersatz belastet wird. Die Doppelbelastung der Dividenden ist somit beseitigt.

4.2.3.2. Finanzierung durch Anrechnungsberechtigte

4.2.3.2.1. Personenkreis

Die Anrechnung von Körperschaftsteuer setzt nach § 36 Abs. 2 Nr. 3 S. 4 Buchst. f EStG voraus, daß die zugrunde liegenden Einnahmen bei der Veranlagung erfaßt werden.[41] Folglich sind grundsätzlich nur unbeschränkt steuerpflichtige Anteilseigner anrechnungsberechtigt.[42] Weitere Voraussetzung ist, daß sie ma-

---

[38] Zu Einzelheiten siehe DÖTSCH/CATTELAENS u.a.: Körperschaftsteuer, a.a.O., Rz. 1017, 1019, MAENNER, Günter: Grundfragen des körperschaftsteuerlichen Anrechnungsverfahrens, Gelsenkirchen, 1982. Siehe auch: FREERICKS, Wolfgang: Zur Reform der Körperschaftsteuer: Grundzüge des Anrechnungsverfahrens, in: AG 1976, S. 253ff, WÖHE, Günter: Betriebswirtschaftliche Steuerlehre, Bd. 1, 1. Halbbd., 6. Aufl., München, 1988, S. 224ff. Vgl. auch Anhang 6.

[39] Ausnahmen sind nach § 40 S. 1 Nr. 1 und 2 KStG Ausschüttungen aus dem EK_{01} und dem EK_{04} (Rückzahlung von Einlagen).

[40] Nach der Subsidiaritätsklausel des § 20 Abs. 3 EStG werden die Einkünfte einer anderen Einkunftsart zugerechnet, wenn sie mit dieser in Zusammenhang stehen.

[41] Siehe dazu auch R 213g Abs. 1 EStR.

teriell-rechtlich Beteiligungserträge i.S.v. § 20 Abs. 1 Nr. 1 oder 2 EStG erzielen.[43] Beschränkt Steuerpflichtige sind nach § 50 Abs. 5 S. 2 und 3 EStG bzw. § 50 Abs. 1 Nr. 2 KStG dann ausnahmsweise anrechnungsberechtigt, wenn die Dividendeneinkünfte Betriebseinnahmen eines inländischen Betriebes sind. Dies ist z.B. der Fall, wenn die zugrunde liegende Beteiligung dem Betriebsvermögen einer inländischen Betriebsstätte zuzuordnen ist.[44]
Trotz unbeschränkter Steuerpflicht ist die Anrechnung in Anwendung des § 36 Abs. 2 Nr. 3 S. 4 EStG in den dort aufgeführten Fällen zu versagen, wenn z.B. die erforderliche Steuerbescheinigung i.S.d. §§ 44, 45 KStG nicht vorliegt,[45] wenn eine Vergütung nach § 36b, c oder d EStG beantragt wurde oder in den Fällen des § 36a EStG.

4.2.3.2.2. Finanzierung mit Gesellschaftereigenkapital

Überläßt der anrechnungsberechtigte Gesellschafter seiner Gesellschaft Eigenkapital, unterliegt er mit den empfangenen Vergütungen (Bruttodividenden) einschließlich einbehaltener Kapitalertragsteuer[46] der unbeschränkten Steuerpflicht. Über die Bruttodividende hinaus zählt gemäß § 20 Abs. 1 Nr. 3 EStG i.V.m. § 36 Abs. 2 Nr. 3 EStG das Körperschaftsteuerguthaben in Höhe von 3/7 der Bruttodividende zu den steuerpflichtigen Einkünften aus Kapitalvermögen. Nach § 20 Abs. 1 Nr. 3 S. 2 EStG ist die anrechenbare Körperschaftsteuer in demselben Veranlagungszeitraum und in derselben Einkunftsart wie die Ausschüttung zu erfassen.[47]
Der Gesellschafter kann aufgrund des Anrechnungsverfahrens nach § 36 Abs. 2 Nr. 2 und 3 EStG sowohl die Kapitalertragsteuer als auch die Körperschaftsteuer auf seine persönliche Steuerschuld anrechnen.[48] Im Ergebnis ist die Dividende dann nur mit der persönlichen Steuer vom Einkommen des Gesellschafters belastet. Die Anrechnung von Körperschaftsteuer bleibt bei einer Zuordnung zu einer anderen Einkunftsart aufgrund von § 20 Abs. 3 EStG unberührt.[49] Auch Kör-

[42] Vgl. DÖTSCH, Ewald/CATTELAENS, Heiner, u.a.: Körperschaftsteuer, a.a.O., Rz. 1990. Zu Billigkeitsmaßnahmen i.S.v. § 163 AO vgl. BFH-U. v. 4.2.1987, I R 252/83, BStBl. II 1987, S. 683. Einschränkend dazu: BMF-Schreiben v. 4.9.1987, IV B 7 - S 2299a - 14/87, IV A 7 - S 0336 - 25/87, BStBl. I 1987, S. 721.

[43] Vgl. BFH-U. v. 28.4.1993, I R 100/92, BStBl. II 1993, S. 837.

[44] Siehe unten Pkt. 4.2.3.3.2.4.1.

[45] Vgl. BFH-B. v. 26.9.1991, VIII B 41/91, BStBl. II 1991, S. 925f.

[46] Nach § 43 Abs. 1 S. 1 Nr. 1 EStG i.V.m. § 43a Abs. 1 Nr. 1 EStG beträgt diese 25% der Bruttodividende.

[47] Vgl. BFH-U. v. 26.6.1991, XI R 24/89, BStBl. II 1991, S. 878, ebenso: RAUPACH, Arndt: Die Systematik der Grundvorschriften des Körperschaftsteuerlichen Anrechnungsverfahrens (§§ 20, 36 EStG, §§ 27, 41, 43 KStG), in: FR 1978, S. 578f. Vgl. auch Vfg. der OFD Frankfurt v. 21.8.1996, S 2299 A-2-St II 2a, BB 1996, S. 2035.

[48] Die Anrechnung erfolgt im Jahr der Besteuerung der Einnahmen. Vgl. SCHMIDT/HEINICKE, Kommentar, a.a.O., § 36 EStG, Anm. 12, (Rz. 53). So auch Rdvfg. der OFD Frankfurt v. 16.7.1992, S 2299 A-2-St II 20, DStR 1993, S. 204.

[49] Auch bei einer Zuordnung zu einer anderen Einkunftsart nach § 20 Abs. 3 EStG bleiben die Beteili-

perschaften als Anteilseigner können gemäß § 49 Abs. 1 KStG die auf die Ausschüttung entfallende Körperschaftsteuer auf ihre eigene Steuer anrechnen.
Die Anrechnung erfolgt grundsätzlich bei der Veranlagung des Anteilseigners. Wird dieser nicht veranlagt, ist eine Vergütung des Körperschaftsteuerguthabens möglich.[50]

Hält der Anteilseigner die Beteiligung der ausschüttenden Kapitalgesellschaft im Betriebsvermögen und ermittelt er seinen Gewinn nicht nach § 4 Abs. 3 EStG durch Einnahmen-Überschuß-Rechnung, gelten für die Bilanzierung des Dividendenanspruchs die allgemeinen Regeln. Eine erfolgswirksame Bilanzierung und damit die Gewinnrealisierung ist vorzunehmen, wenn der Gewinnverwendungsbeschluß der ausschüttenden Gesellschaft vorliegt und somit ein verfügbarer Rechtsanspruch in bestimmter Höhe begründet wurde.[51] Dem schließt sich die steuerliche Rechtsprechung an.[52] I.d.R. wird die Gewinnausschüttung somit erst in der Folgeperiode vom Anteilseigner erfaßt.
Eine andere Auffassung vertreten Rechtsprechung und Finanzverwaltung bei Vorliegen einer Mehrheitsbeteiligung. Nach einem Urteil des BGH[53] kann eine Gewinnausschüttung der Tochtergesellschaft bereits im gleichen Jahr in der Bilanz der Mutter aktiviert und somit gewinnerhöhend vereinnahmt werden.[54] Voraussetzung dafür ist, daß beide Gesellschaften ein identisches Wirtschaftsjahr haben bzw. daß das Wirtschaftsjahr der Tochter vor dem der Mutter endet, daß der Jahresabschluß der Tochter bereits vor Beendigung der Jahresabschlußprüfung der Mutter festgestellt wurde und daß ein Gewinnverwendungsvorschlag vorliegt.[55]

---

gungserträge ihrer Art nach und somit materiell-rechtlich Kapitaleinkünfte i.S.v. § 20 Abs. 1 Nr. 1 EStG, so daß einer Anrechnung nichts im Wege steht. Vgl. DÖTSCH, Ewald/CATTELAENS, Heiner, u.a.: Körperschaftsteuer, a.a.O., Rz. 1944.

[50] Zur Vergütung der Körperschaftsteuer siehe DÖTSCH, Ewald/CATTELAENS, Heiner, u.a.: Körperschaftsteuer, a.a.O., Rz. 1992ff.

[51] So die h.M. Vgl. SCHMIDT/HEINICKE, Kommentar, a.a.O., § 20 EStG, Anm. 6b, (Rz. 31), NEU, Norbert: Die Aktivierung von Dividendenforderungen in Handels- und Steuerbilanz, in: BB 1995, S. 400, MÄRKLE, Rudi: Gestaltungen zur Vermeidung oder Minderung der Gewerbesteuer, in: DStR 1995, S. 1003.

[52] Vgl. BFH-U. v. 30.10.1973, I R 67/72, BStBl. II 1974, S. 236.

[53] Vgl. BGH-U. v. 3.11.1975, II ZR 67/73, BGHZ 65, 230, 235.

[54] Diese Auffassung des BGH zur phasengleichen Vereinnahmung von Dividenden verstößt nach Ansicht des EuGH nicht gegen die vierte EG-Richtlinie (Bilanzrichtlinie 78/660/EWG v. 25.7.1978, ABl. L 222, S. 11). Vgl. dazu EuGH-Urteil v. 27.6.1996, Rs. C-234/94, (Tomberger), in: BB 1996, S. 1492. Unklar bleibt nach diesem Urteil, ob ein Gewinnverwendungsbeschluß vorliegen muß, oder ob ein entsprechender Vorschlag ausreicht. Außerdem verlangt der EuGH, daß das nationale Gericht sich vergewissert hat, daß der Jahresabschluß der Tochtergesellschaft ein den tatsächlichen Verhältnissen entsprechendes Bild der Vermögens-, Finanz- und Ertragslage vermittelt. THÖMMES bemerkt zu dieser Forderung, daß dies Aufgabe des Abschlußprüfers sei. Ein Gericht sei nur dann der richtige Adressat, wenn ein Verfahren über die Rechtmäßigkeit des Jahresabschlusses bereits bei Gericht anhängig ist. Vgl. THÖMMES, Otmar: Anmerkung zum EuGH-Urteil, in: IWB, F. 11a, S. 114. Vgl. auch den Vorlagebeschluß: BGH- B. v. 21.7.1994, II ZR 82/93, BB 1994, S. 1673.

[55] Zustimmend: ADLER/DÜRING/SCHMALTZ, Rechnungslegung..., a.a.O., § 252 HGB, Tz. 82,

Davon ausgehend fordert die Finanzverwaltung[56] eine zeitgleiche Aktivierung, wenn ein Gewinnverwendungsbeschluß vorliegt oder bereits dann, wenn ein Gewinnverwendungsvorschlag vorliegt und die Mutter diesen aufgrund der Stimmrechtsmehrheit oder auf eine andere Weise durchsetzen kann. Der BFH bestätigt diese Ansicht und fordert über den Fall einer Mehrheitsbeteiligung[57] hinaus auch dann eine Aktivierung in derselben Periode, wenn eine rechtliche oder tatsächliche Möglichkeit der Durchsetzung des Gewinnverwendungsvorschlags, z.B. aufgrund eines Abhängigkeitsverhältnisses i.S.v. § 17 Abs.1 AktG, besteht.[58]
In drei weiteren Urteilen macht der BFH[59] die zeitgleiche Aktivierung von der zusätzlichen Bedingung abhängig, daß die Beteiligung während des gesamten Wirtschaftsjahres bestand, und schließlich dehnt er diese Rechtsprechungsgrundsätze auch auf Einzelunternehmer als Obergesellschaft aus.[60]
Begründet wird die zeitgleiche Aktivierung vor allen mit dem Argument, der rechtlich entstandene Gewinnausschüttungsanspruch sei wirtschaftlich bereits am Bilanzstichtag vorhanden gewesen und werde durch den nachfolgenden Ausschüttungsbeschluß nur erhellt. Eine periodenversetzte Aktivierung verzerre das Bilanzbild und erschwere einen zeitgerechten Einblick in die Vermögens- und Ertragslage.[61]
Dagegen nimmt KAUFMANN an, daß ein Wirtschaftsgut "Dividendenanspruch" erst mit dem Gewinnverwendungsbeschluß entstehe. Selbst wenn der Dividendenanspruch bereits mit dem Gewinnverwendungsvorschlag wirtschaftlich entstünde, läge dieser Vorgang dennoch nach dem Bilanzstichtag, weshalb nach dem Realisationsprinzip in § 252 Abs. 1 Nr. 4 HGB eine Bilanzierung nicht möglich sei. Da am Abschlußstichtag noch kein Wirtschaftsgut vorliege, komme eine Bilanzierung nicht in Frage.[62] Dieser Auffassung ist m.E. zuzustimmen. Im übri-

---

SARX/PANKOW, in: Beck'scher Bilanzkommentar, a.a.O., § 266, Rz. 120.

[56] Vgl. BMF-Schreiben v. 3.12.1976, IV B 8-S 2600 R-225/76, BStBl. I 1976, S. 679f. Dieses Schreiben stützt sich auf einen Beschluß des Großen Senats des BFH, wonach ein handelsrechtliches Aktivierungswahlrecht zu einem steuerrechtlichen Aktivierungsgebot führt. Vgl. dazu: BFH-B. v. 3.2.1969, GrS 2/68, BStBl. II 1969, S. 293f. Vgl. auch Rdvfg. der OFD Frankfurt v. 15.7.1992, S 2143 A-43-St II 2a, DStR 1993, S. 203f, Vfg. der OFD Düsseldorf v. 12.2.1992, S 2143 A-St 11 H, FR 1992, S. 181.

[57] Das Vorliegen einer Mehrheitsbeteiligung ist eine wesentliche Voraussetzung für die phasengleiche Aktiverung. Vgl. BFH-U. v. 11.4.1990, I R 80/89, NV 1991, S. 441.

[58] Vgl. BFH-U. v. 3.12.1980, I R 125/77, BStBl. II 1981, S. 185f, BFH-U. v. 2.4.1980, I R 75/76, BStBl. II 1980, S. 703.

[59] Vgl. BFH-U. v. 21.5.1986, I R 199/84, BStBl. II 1986, S. 798, BFH-U. v. 21.5.1986, I R 362/83, BFHE Bd. 147, S. 43, BFH-U. v. 21.5.1986, I R 190/81, BStBl. II 1986, S. 820.

[60] Vgl. BFH-U. v. 28.7.1993, I R 1/93, NV 1994, S. 231, BFH-U. v. 8.3.1989, X R 9/86, BStBl. II 1989, S. 717. Zur phasengleichen Bilanzierung bei einer stillen Gesellschaft, wenn diese vom gleichen Gesellschafter beherrscht wird wie die Kapitalgesellschaft, siehe BFH-U. v. 19.2.1991, VIII R 106/87, BStBl. II 1991, S. 570. Die phasengleiche Bilanzierung einschränkend für den Fall einer Satzungsklausel, die Ausschüttungen verbietet: BFH-U. v. 19.2.1991, VIII R 97/87, NV 1991, S. 808.

[61] Vgl. BGH-U. v. 3.11.1975, II ZR 67/73, BGHZ 65, 235, BFH-U. v. 8.3.1989, X R 9/86, BStBl. II 1989, S. 717.

[62] Vgl. KAUFMANN, Jürgen: Der Zeitpunkt der Aktivierung von Gewinnansprüchen aus der Beteiligung an Kapitalgesellschaften, in: DStR 1992, S. 1679. Ebenfalls ablehnend: HOFFMANN, Wolf-Die-

gen würde durch die Anwendung der Grundsätze des BGH-Urteils vom 3.11.1975 den betroffenen Gesellschaften ein Manipulationsspielraum eröffnet. Diese könnten durch die Verlagerung der Feststellung des Jahresabschlusses der Tochter auf einen Zeitpunkt nach Beendigung der Jahresabschlußprüfung der Mutter die Aktivierungspflicht leicht umgehen.[63]
Da durch eine zeitkongruente Bilanzierung von Dividendenansprüchen unter o.g. Voraussetzungen eine Verbesserung des Bilanzausweises nicht erreicht werden kann, ist dieses Bilanzierungsvorgehen aufgrund der damit verbundenen Manipulationsmöglichkeiten abzulehnen. M.E. sollte eine Aktivierung generell erst mit dem Ausschüttungsbeschluß vorgenommen werden.
Hält eine Personengesellschaft als Obergesellschaft die Beteiligung an einer Kapitalgesellschaft, zählt das Körperschaftsteuerguthaben, das auf die ausgeschütteten Dividenden entfällt, nicht zum Beteiligungsertrag der Personengesellschaft, sondern ist den einzelnen Gesellschaftern unmittelbar zuzurechnen und entsteht daher originär bei diesen.[64] Damit kommt eine Entnahme des Steuerguthabens aus dem Betriebsvermögen nicht in Frage.[65] Ist eine Kapitalgesellschaft Anteilseigner, entsteht eine betriebliche Forderung.[66] Hier wird das Steuerguthaben mit der Steuerschuld der Körperschaft verrechnet.

Hält der Anteilseigner die Beteiligung der ausschüttenden Kapitalgesellschaft in seinem Privatvermögen, gilt für die Erfassung der Dividenden das Zuflußprinzip des § 11 Abs. 1 S. 1 EStG, d.h., die Dividende und das Anrechnungsguthaben sind in dem Jahr zu versteuern, in dem der Anteilseigner wirtschaftlich darüber verfügen kann.[67] In demselben Veranlagungszeitraum erfolgt auch die Anrechnung der Körperschaft- und Kapitalertragsteuer.[68]

---

ter: Zur phasenkongruenten Vereinnahmung von Dividenden, in: BB 1995, S. 1077f, MEILICKE, Wienand: Zum Zeitpunkt der Aktivierung von Dividendenansprüchen, in: FR 1990, S. 9. Gegen eine Ausweitung der vom BGH geforderten engen Voraussetzungen: FG Köln, U. v. 10.8.1994, 11 K 3664/92, EFG 1995, S. 109f. Rev. eingelegt, Az. VIII R 85/94. Daneben ist ein weiteres Verfahren beim BFH anhängig: Az. VIII R 19/94. Darüber hinaus liegt ein Vorlagebeschluß des FG Köln an den EuGH vor: B. v. 8.2.1995, 13 K 4812/94, EFG 1995, S. 470.

[63] Vgl. PASDIKA, Helmut: Zur zeitkongruenten Gewinnvereinnahmung der Dividenden von Tochtergesellschaften, in: AG 1977, S. 160.

[64] Vgl. BGH-U. v. 30.1.1995, II ZR 42/94, DStR 1995, S. 574f, BFH-U. v. 22.11.1995, I R 114/94, DStR 1996, S. 460f. Ebenso BMF-Schr. v. 23.9.1996, IV B 7-S 2252-3/96, WPg 1996, S. 772.

[65] Vgl. BGH-U. v. 30.1.1995, II ZR 42/94, DStR 1995, S. 574. A.A.: DÖTSCH, Ewald/CATTELAENS, Heiner, u.a.: Körperschaftsteuer, a.a.O., Rz. 1975f, HFA-Stellungnahme 2/93 des IDW: Zur Bilanzierung bei Personengesellschaften, in: WPg 1994, S. 23.

[66] Vgl. HFA-Stellungnahme 2/77 des IDW, in: WPg 1977, S. 463.

[67] Vgl. BFH-U. v. 8.10.1991, VIII R 48/88, BStBl. II 1992, S. 175. Ebenso SCHMIDT/HEINICKE, Kommentar, a.a.O., § 20 EStG, Anm. 6a, (Rz. 30). Bei einem beherrschenden oder sonst verfügungsberechtigten Anteilseigner gilt die Dividende als zugeflossen, wenn sie fällig wurde und der Schuldner leistungsfähig ist bzw. wenn der Anteilseigner seinen Gewinnanteil aus eigenem Interesse in der Gesellschaft stehenläßt. Vgl. dazu BFH-U. v. 14.2.1984, VIII R 221/80, BStBl. II 1984, S. 482. Dies gilt nicht, solange die Gesellschaft ein Leistungsverweigerungsrecht hat. Vgl. BFH-U. v. 16.11.1993, VIII R 33/92, BStBl. II 1994, S. 632.

[68] Vgl. DÖTSCH, Ewald/CATTELAENS, Heiner, u.a.: Körperschaftsteuer, a.a.O., Rz. 1971.

Um eine willkürliche zeitliche Verschiebung der Besteuerung von Dividendeneinkünften zu verhindern, sieht die Finanzverwaltung die Dividende bei Alleingesellschaftern einer Kapitalgesellschaft bereits im Zeitpunkt der Beschlußfassung über die Gewinnverwendung als zugeflossen an.[69]

Schüttet die Kapitalgesellschaft aus dem Teilbetrag des § 30 Abs. 2 Nr. 1 KStG (EK_{01}) aus, wird bei Ausschüttungen, die in Wirtschaftsjahren erfolgen, welche nach dem 31.12.1993 enden,[70] nach § 40 S. 1 Nr. 1 KStG auf Ebene der Gesellschaft die Ausschüttungsbelastung nicht mehr hergestellt. Daraus ergibt sich folglich für den Anteilseigner, daß auch keine Anrechnung von Körperschaftsteuer erfolgt. Lediglich die einbehaltene Kapitalertragsteuer ist anrechenbar. Ist der Anteilseigner eine unbeschränkt steuerpflichtige Körperschaft i.S.v. § 1 Abs. 1 Nr. 1, 2, 3 oder 6 KStG, bleibt nach § 8b Abs. 1 KStG eine Ausschüttung von EK_{01} bei der Ermittlung seines Einkommens außer Ansatz, wenn eine Bescheinigung nach § 44 oder § 45 KStG vorliegt. Der Empfänger muß nach § 30 Abs. 2 Nr. 1 KStG den erhaltenen Betrag gleichfalls in das EK_{01} einstellen. Ist der Anteilseigner eine natürliche Person oder fällt er nicht unter o.g. Körperschaften, liegen für ihn steuerpflichtige Einkünfte vor. Die steuerfreie Weiterleitung bzw. Ausschüttung von Beträgen aus dem EK_{01} ist bei diesem Personenkreis nicht möglich.
Verwendet die Kapitalgesellschaft für eine Ausschüttung EK_{04}, ist nach § 40 S. 1 Nr. 2 KStG die Ausschüttungsbelastung nicht herzustellen. Auch Kapitalertragsteuer ist nicht einzubehalten. Nach § 20 Abs. 1 Nr. 1 S. 3 EStG gehören diese Bezüge nicht zu den steuerpflichtigen Einnahmen, da es sich um eine Kapitalrückzahlung handelt. Eine Körperschaftsteueranrechnung beim Anteilseigner ist folglich nicht möglich. Wird die Beteiligung in einem Betriebsvermögen gehalten, muß der Anteilseigner den Buchwert der Beteiligung um die erhaltene Ausschüttung kürzen. Der übersteigende Betrag ist nach Auffassung von Finanzverwaltung[71] und Rechtsprechung[72] als Betriebseinnahme anzusetzen. Gemäß R 140 Abs. 8 EStR sind auch bei einer Beteiligung im Privatvermögen die Anschaffungskosten nachträglich um die Ausschüttungen mindern. Bei einer wesentlichen Beteiligung i.S.v. § 17 EStG erhöht sich dadurch später der Ver-

---

[69] Vgl. H 154 EStR "Zuflußzeitpunkt bei Gewinnausschüttungen". Die Finanzverwaltung beruft sich hierbei auf den BFH. Vgl. BFH-U. v. 6.3.1979, VIII R 26/78, BStBl. II 1979, S. 511, BFH-U. v. 30.4.1974, VIII R 123/73, BStBl. II 1974, S. 542. Der BFH dehnt diese Zuflußfiktion m.E. folgerichtig auf beherrschende Gesellschafter aus. Vgl. dazu BFH-U. v. 11.2.1965, IV 213/64 U, BStBl. III 1965, S. 408, BFH-U. v. 12.7.1957, VI 3/56 U, BStBl. III 1957, S. 290. Diese beiden Urteile betreffen allerdings nicht Dividendenzahlungen.

[70] Vgl. § 52 Abs. 27 EStG.

[71] Vgl. BMF-Schreiben v. 9.1.1987, IV B 2-S 2143-24/86, BStBl. I 1987, S. 171. Vgl. auch: DÖTSCH, Ewald/CATTELAENS, Heiner, u.a.: Körperschaftsteuer, a.a.O., Rz. 1865ff m.w.N., Rz.1984.

[72] Vgl. BFH-U. v. 16.3.1994, I R 70/92, BStBl. II 1994, S. 529, BFH-U. v. 7.11.1990, I R 68/88, BStBl. II 1991, S. 179.

äußerungsgewinn. Ist die Beteiligung im Privatvermögen nicht wesentlich i.S.v. §17 Abs. 1 S. 4 EStG, hat die Kürzung der Anschaffungskosten keine steuerliche Konsequenz.

4.2.3.2.3. Finanzierung mit Gesellschafterfremdkapital

Überläßt der Gesellschafter seiner Gesellschaft Fremdkapital, unterliegt er mit den hierfür als Vergütung empfangenen Zinszahlungen, die als Einkünfte aus Kapitalvermögen grundsätzlich unter § 20 Abs. 1 Nr. 7 EStG fallen, der inländischen unbeschränkten Steuerpflicht. Entgelte für partiarische Darlehen oder bei einer typisch stillen Gesellschaft sind Einkünfte i.S.v § 20 Abs. 1 Nr. 4 EStG.[73] Für die Fremdkapitalüberlassung erhaltene Vergütungen unterliegen der Zuordnungsvorschrift des § 20 Abs. 3 EStG, so daß Einkünfte aus Gewerbebetrieb vorliegen, wenn die Forderung im Betriebsvermögen eines inländischen gewerblichen Betriebs gehalten wird.
Während die Vergütung auf Gesellschaftsebene den körperschaftsteuerpflichtigen Gewinn mindert, zählt sie beim Gesellschafter zu seinen steuerpflichtigen Einkünften und unterliegt seinem persönlichen Steuersatz.[74] Mit der Forderung in Zusammenhang stehende Betriebsausgaben bzw. Werbungskosten sind abzugsfähig. Empfänger von Einnahmen aus einer stillen Gesellschaft und von Zinsen aus partiarischen Darlehen können nach § 36 Abs. 2 Nr. 2 EStG die einbehaltene Kapitalertragsteuer von 25% anrechnen.

4.2.3.2.4. Zwischenergebnis

Bezogen auf die Einkommen- bzw. Körperschaftsteuer des Gesellschafters bleibt es für den Anrechnungsberechtigten gleich, ob er seiner Gesellschaft Eigen- oder Fremdkapital überläßt. Die Vergütungen unterliegen jeweils nur seinem persönlichen Steuersatz.
Bei Hingabe von Eigenkapital entspricht die vom Gesellschafter zu versteuernde Kapitaleinnahme dem auf ihn entfallenden Ausschüttungsbetrag vor Abzug der Körperschaftsteuer. Zwar mindert die Ausschüttung den körperschaftsteuerlichen Gewinn und somit die Körperschaftsteuerbelastung der Gesellschaft nicht, doch kann der Gesellschafter die auf den Ausschüttungsbetrag entfallende Steuer anrechnen. Beim Fremdkapital mindert sich zwar der Gewinn der Gesellschaft und damit auch die Körperschaftsteuerbelastung, aber der Gesellschafter muß die empfangene Vergütung ohne Steuerguthaben versteuern.
Hinsichtlich der Gewerbesteuerbelastung der Gesellschaft wirkt sich die Hingabe von Fremdkapital günstiger aus. Bei einer Gesamtbetrachtung der Steuerbela-

[73] Die dem stillen Gesellschafter zugewiesenen Verlustanteile sind als Betriebsausgaben bzw. Werbungskosten bis zur Höhe der Einlage abzugsfähig. § 15a EStG gilt entsprechend.
[74] Wird eine (teilweise) überhöhte Vergütung gezahlt, liegt eine verdeckte Gewinnausschüttung vor und es treten die genannten Rechtsfolgen der vGA ein.

stung von Gesellschaft und gewerbesteuerpflichtigem Gesellschafter kann jedoch keine eindeutige Aussage über die Vorteilhaftigkeit getroffen werden, da Zinserträge beim Gesellschafter nicht gekürzt werden, während Beteiligungserträge ggf. der Kürzungsvorschrift des § 9 Nr. 2a GewStG unterliegen. Die Eigenkapitalüberlassung kann daher u.U. günstiger sein. Werden die Voraussetzungen der gewerbesteuerlichen Kürzung nicht erfüllt, bleibt es bei der steuerlichen Diskriminierung der Eigenkapitalüberlassung, weshalb dann auch Anrechnungsberechtigte einen Anreiz haben, ihrer Gesellschaft Fremd- statt Eigenkapital zu überlassen.

4.2.3.3. Finanzierung durch Nichtanrechnungsberechtigte

4.2.3.3.1. Personenkreis

Zu den nichtanrechnungsberechtigten Anteilseignern gehören:[75]

- inländische juristische Personen des öffentlichen Rechts
- inländische steuerbefreite Körperschaften
- ausländische Anteilseigner

Erzielen inländische juristische Personen des öffentlichen Rechts ihre Dividendeneinkünfte im Rahmen eines Betriebes gewerblicher Art, ist eine Körperschaftsteueranrechnung möglich, da die juristische Person hinsichtlich ihres Betriebs gewerblicher Art nach § 1 Abs. 1 Nr. 6 KStG unbeschränkt körperschaftsteuerpflichtig ist. Fallen die Dividendeneinkünfte außerhalb des Betriebs gewerblicher Art an, unterliegen sie zwar nach § 2 Nr. 2 KStG der beschränkten Steuerpflicht, jedoch ist die Körperschaftsteuer nach § 50 Abs. 1 Nr. 2 KStG durch den Abzug von Kapitalertragsteuer (§ 43 Abs. 1 S. 1 Nr. 1 EStG) abgegolten. Somit werden die Einkünfte nicht mehr bei der Veranlagung erfaßt, weshalb § 36 Abs. 2 Nr. 3 S. 4 Buchst. f EStG die Anrechnung verbietet.
Bei den inländischen steuerbefreiten Körperschaften handelt es sich um unbeschränkt steuerpflichtige, aber nach § 5 Abs. 1 KStG von der Körperschaftsteuer befreite Körperschaften, insbesondere steuerbefreite juristische Personen des Privatrechts, wie z.B. gemeinnützige Körperschaften, Personenvereinigungen, Vermögensmassen und Stiftungen. Zwar bestimmt § 5 Abs. 2 Nr. 1 KStG, daß die Steuerbefreiung für Dividendeneinkünfte nicht gilt, doch nach § 50 Abs. 1 Nr. 1 KStG ist die Steuer mit dem Abzug von Kapitalertragsteuer abgegolten. Unterhält die steuerbefreite Körperschaft einen wirtschaftlichen Geschäftsbetrieb, wird die Körperschaftsteuer durch Veranlagung erhoben.
Der Begriff "ausländische Anteilseigner" umfaßt die nach § 2 Nr. 1 KStG beschränkt körperschaftsteuerpflichtigen Körperschaften sowie die nach § 1 Abs.

[75] Vgl. DÖTSCH, Ewald/CATTELAENS, Heiner, u.a.: Körperschaftsteuer, a.a.O., Rz. 1020, TÄSKE, in: BLÜMICH: Einkommensteuer, Körperschaftsteuer, Gewerbesteuer, Kommentar, hrsg. v. K. Ebling u.a., München 1988, § 51 KStG, Rz. 3.

4 EStG beschränkt steuerpflichtigen natürlichen Personen. Fallen die Dividendeneinkünfte im Rahmen eines inländischen gewerblichen oder land- und forstwirtschaftlichen Betriebs an, ist der beschränkt Steuerpflichtige nach § 50 Abs. 5 S. 3 EStG zur Anrechnung von Körperschaftsteuer berechtigt, weil er nach § 2 Nr. 1 KStG i.V.m. § 49 Abs. 1 Nr. 1 und 2 Buchst. a EStG mit diesen Einkünften der inländischen Besteuerung unterliegt und diese somit in der Veranlagung erfaßt werden. Fallen die Dividendeneinkünfte außerhalb eines inländischen Betriebs an, ist die Körperschaftsteuer nach § 50 Abs. 1 Nr. 2 KStG durch den Abzug von Kapitalertragsteuer abgegolten.[76]
§ 51 KStG bezieht sich auf diese Zusammenhänge und bestimmt, daß die Anrechnung und Vergütung der nach § 36 Abs. 2 Nr. 3 EStG anrechenbaren Körperschaftsteuer ausgeschlossen ist, wenn die Dividendeneinkünfte bei dem Anteilseigner entweder nicht steuerpflichtig sind oder wenn sie nach § 50 Abs. 1 Nr. 1 oder 2 KStG bei der Veranlagung nicht erfaßt werden, weil die Steuer bereits durch den Abzug von Kapitalertragsteuer abgegolten ist. Das ist systemgerecht, weil die Anrechnung bzw. Vergütung nur die Doppelbelastung im Inland durch Belastung mit Körperschaftsteuer sowohl bei der ausschüttenden Gesellschaft als auch bei dem Empfänger beseitigen soll.[77]
Für beschränkt Steuerpflichtige erhält die Kapitalertragsteuer infolge ihrer Anknüpfung an die Quelle, aus der die Einkünfte fließen, den Charakter einer Objektsteuer.[78]

Weil die Dividendeneinkünfte infolge der Abgeltungswirkung der Kapitalertragsteuer bei der inländischen Veranlagung nicht erfaßt werden, würde eine Anrechnung der auf die Ausschüttungen entfallenden Körperschaftsteuer durch die o.g. Anteilseigner dazu führen, daß der ausgeschüttete Gewinn im Ergebnis nur mit Kapitalertragsteuer belastet ist.
Aus diesem Grund sieht § 51 KStG[79] vor, daß die entsprechenden Gesellschafter die Körperschaftsteuer nicht anrechnen dürfen. Dadurch wird die Körperschaftsteuer-Ausschüttungsbelastung von 30%, die auf den ausgeschütteten Gewinn entfällt, definitiv. Eine Ausnahme hiervon sieht § 52 Abs. 1 KStG i.V.m. § 36e EStG vor, wonach bei der Ausschüttung von EK_{03} der Körperschaftsteuererhöhungsbetrag auf Antrag an den Nichtanrechnungsberechtigten vergütet wird.
Im Ergebnis sind die Dividendeneinkünfte Nichtanrechnungsberechtigter nicht nur mit der Ausschüttungsbelastung von 30% belastet, sondern noch zusätzlich mit der Kapitalertragsteuer, deren Höhe aber aufgrund besonderer Vorschriften ermäßigt werden kann.[80]

---

[76] Vgl. DÖTSCH, Ewald/CATTELAENS, Heiner, u.a.: Körperschaftsteuer, a.a.O., Rz. 1991.
[77] Vgl. Begründung des Gesetzgebers in BT-DrS 7/1470, S. 332, 380.
[78] Vgl. SCHMIDT/HEINICKE, Kommentar, a.a.O., § 49 EStG, Anm. 2, (Rz. 2), BIERGANS, Enno: Einkommensteuer, 6. Aufl., München, 1992, S. 1703.
[79] Die entsprechende Regelung für das EStG befindet sich in § 50 Abs. 5 S. 2 EStG.
[80] Häufigster Regelungsbereich sind die Abkommen zur Vermeidung der Doppelbesteuerung. Darüber

Die Untersuchung beschränkt sich im folgenden auf ausländische Anteilseigner.

4.2.3.3.2. Ausländische Anteilseigner

4.2.3.3.2.1. Zur Steuerpflicht ausländischer Anteilseigner

Nach § 2 Nr. 1 KStG unterliegen Körperschaften, Personenvereinigungen und Vermögensmassen, die weder ihre Geschäftsleitung noch ihren Sitz im Inland haben,[81] mit ihren inländischen Einkünften i.S.v. § 49 EStG der beschränkten Körperschaftsteuerpflicht. Nur wenn inländische Einkünfte i.S.v. § 49 EStG vorliegen, unterliegen diese der Besteuerung. Dabei besteht die Steuerpflicht nur für die in § 49 EStG abschließend aufgezählten Einkünfte. Die persönliche Steuerbefreiung des § 5 Abs. 1 KStG gilt gemäß § 5 Abs. 2 Nr. 3 KStG nicht für nach §2 Nr. 1 KStG beschränkt Steuerpflichtige.

Der Begriff der Körperschaften, Personenvereinigungen und Vermögensmassen in § 2 Nr. 1 KStG ist umfassend zu verstehen. Da diese Vorschrift im Gegensatz zu § 1 Abs. 1 KStG keine Aufzählung enthält, fallen grundsätzlich alle Gebilde privaten oder öffentlichen Rechts sowie Rechtsfähige und Nichtrechtsfähige darunter, wenn sie ihre Geschäftsleitung oder ihren Sitz im Ausland haben und Einkünfte i.S.v. § 49 EStG erzielen.[82]

Es gilt jedoch auch gegenüber beschränkt Steuerpflichtigen die Abgrenzungsregel des § 3 Abs. 1 KStG. Danach unterliegen nach deutschem Recht nichtrechtsfähige Personenvereinigungen, Anstalten, Stiftungen und andere Zweckvermögen nur dann subsidiär der (beschränkten) Körperschaftsteuerpflicht, wenn ihr Einkommen nicht nach den Vorschriften des EStG oder KStG unmittelbar bei einem anderen Steuerpflichtigen zu versteuern ist. Obwohl das deutsche internationale Privatrecht gemäß der Sitztheorie[83] das Recht des ausländischen Sitzlandes für die zivilrechtliche Qualifikation des ausländischen Gebildes anerkennt,[84] so daß die im Ausland rechtsfähigen Gebilde auch im Inland zivilrechtliche Rechtsfähigkeit erlangen, knüpft das Steuerrecht nicht an die zivilrechtliche Rechtsfähigkeit an,[85] sondern führt einen eigenen, zweistufigen Typenvergleich durch. In

hinaus ist der innerstaatliche Steueranspruch z.B. auch durch die Wiener Konvention über diplomatische und konsularische Beziehungen (BGBl. II 1964, S. 957, II 1969, S. 1585) eingeschränkt.

[81] Vgl. dazu die §§ 10, 11 AO.

[82] Vgl. BFH-U. v. 5.11.1992, I R 39/92, BStBl. II 1993, S. 390.

[83] Zur Sitztheorie vgl. KNOBBE-KEUK, Brigitte: Umzug von Gesellschaften in Europa, in: ZHR 154 (1990), S. 326ff. Nach der Sitztheorie ist die Gesellschaft dem Gesellschaftsrecht des Staates unterworfen, auf dessen Gebiet sie ihren Verwaltungssitz hat, nach der Gründungstheorie unterliegt sie dem Gesellschaftsrecht des Staates ihrer Gründung.

[84] Vgl. BGH-U. v. 30.1.1970, V ZR 139/68, BGHZ 53, S. 183.

[85] Vgl. EBLING, Klaus: Anerkennung der steuerlichen Rechtsfähigkeit ausländischer Unternehmungen, in: IWB, F. 10, Gr. 2, S. 651f, KRABBE, Helmut: Steuerliche Behandlung der griechischen GmbH, in: RIW 1976, S. 193, KLUGE, Volker: Die Anerkennung ausländischer Gesellschaften im deutschen Steuerrecht, in: DStR 1976, S. 365ff, DEBATIN, Helmut: Subjektfähigkeit ausländischer Wirtschaftsgebilde im deutschen Steuerrecht, in: BB 1988, S. 1157f.

diesem werden zunächst die gesellschaftsrechtlichen Merkmale und die wirtschaftliche Funktion des ausländischen Gebildes (z.B. Haftungsbeschränkung, Übertragbarkeit der Anteile etc.) ermittelt, und anschließend wird überprüft, ob es einem inländischen Musterbild ähnlich ist, d.h., es wird festgestellt, welcher inländischen Form es am ehesten entspricht.[86]
Für die ausländischen Gebilde ist folglich nach deutschem Steuerrecht[87] für Zwecke der Besteuerung zu prüfen, ob sie wirtschaftlich eher einer Personen- oder Kapitalgesellschaft entsprechen bzw. ob es sich um eine nichtrechtsfähige oder rechtsfähige Personenvereinigung handelt. Letztlich ist also zu klären, ob eine Steuerpflicht für die Gesellschaft selbst oder für die Gesellschafter besteht.
Gleicht z.B. die nach deutschem Recht nichtrechtsfähige Personenvereinigung wirtschaftlich eher einer Mitunternehmerschaft i.S.v. § 15 Abs. 1 Nr. 2 EStG, fällt sie gemäß § 3 Abs. 1 KStG nicht unter die beschränkte Körperschaftsteuerpflicht, sondern ihre Gesellschafter sind dann mit ihren Einkünften i.S.v. § 49 EStG nach § 1 Abs. 4 EStG beschränkt einkommensteuerpflichtig, auch wenn das ausländische Gebilde nach ausländischem Recht rechtsfähig ist.[88] Gleicht das ausländische Gebilde wirtschaftlich einer in § 1 Abs. 1 KStG aufgezählten Körperschaft, ist es nach deutschem Recht selbst Steuersubjekt. Die Abgrenzungsnorm des § 3 Abs. 1 KStG ist dann nicht einschlägig und das Gebilde unterliegt der beschränkten Körperschaftsteuerpflicht nach § 2 Nr. 1 KStG.[89]

Ist der ausländische Anteilseigner keine Körperschaft etc., sondern eine natürliche Person, die weder Wohnsitz noch gewöhnlichen Aufenthalt im Inland hat,[90] ist er nach § 1 Abs. 4 EStG mit seinen inländischen Einkünften i.S.v. § 49 EStG beschränkt einkommensteuerpflichtig.[91]

4.2.3.3.2.2. Begriff und Ursache der Doppelbesteuerung

Von einer Doppelbesteuerung im eigentlichen Sinne ist dann zu sprechen, wenn von unterschiedlichen Hoheitsträgern "derselbe Steuerpflichtige aufgrund dessel-

[86] Der Typenvergleich geht auf ein Urteil des RFH zurück. Vgl. RFH-U. v. 12.2.1930, VI A 899/27, RFHE Bd. 27, S. 80. Ebenso: BFH-U. v. 17.7.1968, I 121/64, BStBl. II 1968, S. 696. Zum Typenvergleich siehe weiterhin: PILTZ, Detlev J.: Die Personengesellschaft im internationalen Steuerrecht der Bundesrepublik Deutschland, Diss. Mannheim, 1981, S. 67ff, SCHLÜTTER, Egon: Personengesellschaft oder Körperschaft?, in: DStJG 1985, S. 222f, WURSTER, Hans-Jürgen: Die Anerkennung ausländischer Körperschaften im deutschen Ertragsteuerrecht, in: FR 1980, S. 588ff. Vgl. auch: BMF-Schr. v. 1.12.1980, IV B 7-S 2741-20/80, DB 1981, S. 139.
[87] Vgl. BFH-U. v. 3.2.1988, I R 134/84, BStBl. II 1988, S. 590.
[88] Dies trifft vor allem auf französische, spanische, italienische und portugiesische Personengesellschaften zu, die nach ausländischem Zivilrecht zwar eine eigene Rechtsperson, aber nach deutschem Recht nicht rechtsfähig sind, da sie eher einer OHG oder KG gleichen.
[89] Vgl. DÖTSCH, Ewald/CATTELAENS, Heiner, u.a.: Körperschaftsteuer, a.a.O., Rz. 106.
[90] Vgl. dazu die §§ 8, 9 AO.
[91] Sonderregelungen gelten nach § 1 Abs. 2 EStG für deutsche Staatsangehörige im öffentlichen Dienst sowie nach § 1 Abs. 3 EStG für Personen mit fast ausschließlich inländischen Einkünften.

ben Tatbestandes für denselben Zeitraum zu gleichen oder gleichartigen Steuern herangezogen wird."[92] Wesensmerkmal dieser juristischen Doppelbesteuerung ist die Identität des Steuersubjektes.[93] Daneben muß auch die Identität des Steuerobjektes gegeben sein, was bedeutet, daß die Besteuerung an die Verwirklichung desselben Tatbestandes anknüpft.
Die Doppelbesteuerung hat ihre Ursache darin, daß ein Tatbestand oder Vorgang gleichzeitig mehrere Staaten betrifft, und jeder der betroffenen Staaten einen Steueranspruch nach seinem innerstaatlichen Recht an diesen Tatbestand knüpft. Ist der ausländische Anteilseigner eine Körperschaft, ist er i.d.R. in seinem Sitz-, ggf. auch in seinem Gründungsstaat unbeschränkt steuerpflichtig. Das gleiche gilt für natürliche Personen, die aufgrund ihres Wohnsitzes, ihres gewöhnlichen Aufenthaltes oder ihrer Staatsangehörigkeit[94] in ihrem Heimatstaat der unbeschränkten Steuerpflicht unterliegen. Allgemeiner formuliert es DEBATIN: Das innerstaatliche Steuerrecht erlegt eine unbeschränkte Steuerpflicht auf, wenn eine Bindung des Steuerpflichtigen an den jeweiligen Staat vorliegt, die durch dessen persönliche Umstände begründet ist.[95] Im Regelfall umfaßt die unbeschränkte Steuerpflicht das gesamte Welteinkommen, d.h., das in- und ausländische Einkommen wird für Besteuerungszwecke des Wohnsitzstaates erfaßt.
Erzielen diese Steuerpflichtigen ausländische Einkünfte, werden sie mit diesen im Quellenstaat steuerpflichtig, wenn das innerstaatliche Steuerrecht des Quellenstaates für solche Einkünfte eine beschränkte Steuerpflicht vorsieht. Besteuert der Quellenstaat diese Einkünfte im Rahmen der beschränkten Steuerpflicht, folgt er durch die Erfassung an der Quelle dem Prinzip der Territorialität.[96]
Die Ursache der Doppelbesteuerung liegt somit in dem gleichzeitigen Bestehen von unbeschränkter Steuerpflicht im Wohnsitzstaat mit Erfassung des Welteinkommens und der beschränkten Steuerpflicht im Quellenstaat durch Erfassung des im Quellenstaat erzielten Einkommens.[97] Doppelbesteuerung entsteht jedoch nicht nur infolge der Konkurrenz zwischen Wohnsitz- und Quellenstaat, sondern

---

[92] TIPKE-KRUSE: Kommentar zur AO und FGO, hrsg. v. K. Tipke u. H.-W. Kruse, 14. Aufl., Köln, 1991, § 2 AO, Tz. 9. So auch WEBER-FAS, Rudolf: Völkerrecht und Steuerhoheit, in: RIW/AWD 1979, S. 586.

[93] Von der juristischen ist die wirtschaftliche Doppelbesteuerung zu trennen. Letztere ist dann gegeben, wenn dieselben Einkünfte bei zwei verschiedenen Personen besteuert werden. Vgl. OECD-Kommentar zum OECD-MA, abgedruckt bei VOGEL, Klaus: Doppelbesteuerungsabkommen der Bundesrepublik Deutschland auf dem Gebiet der Steuern vom Einkommen und Vermögen, Kommentar, 3. Aufl., München, 1996, Art. 23, Ziff. 1f, Rz. 1f.

[94] Die USA knüpfen hinsichtlich der Steuerpflicht an die Staatsangehörigkeit an. Vgl. KAUFMANN, Jürgen: Die Körperschaftsteuerbelastung von Gewinnanteilen und Verlustübernahmen inländischer Kapitalgesellschaften aus der Beteiligung an ausländischen Gesellschaften, Frankfurt, 1992, Diss. Würzburg 1991, S. 7.

[95] Vgl. KORN-DEBATIN: Doppelbesteuerung, Kommentar, 1. Aufl., Bd. I, Systematik I, Rz. 22.

[96] Vgl. ebenda, Rz. 23.

[97] Vgl. SCHAUMBURG, Harald: Internationales Steuerrecht: Außensteuerrecht, Doppelbesteuerungsrecht, Köln, 1993, S. 429f.

auch durch das Nebeneinander von unbeschränkter oder beschränkter Steuerpflicht in mehreren Staaten gleichzeitig.[98]

4.2.3.3.2.3. Lösungsansätze zur Vermeidung der Doppelbesteuerung

Die Doppelbesteuerung kann wirksam vermieden werden, wenn ein Staat auf zumindest einen Teil seiner nationalen Steueransprüche verzichtet. Dieser Verzicht muß nicht notwendig mit Hilfe von Verträgen erreicht werden, vielmehr gibt es eine Reihe von Möglichkeiten, die internationale Doppelbesteuerung zu vermeiden.[99] Bei einseitigen (unilateralen) Maßnahmen vermeidet oder mildert ein Staat die Doppelbesteuerung durch Bestimmungen in seinen nationalen Steuergesetzen.[100] Bei zweiseitigen (bilateralen) Maßnahmen wird die Besteuerung zwischen beiden Staaten durch den Abschluß eines Doppelbesteuerungsabkommens geregelt. Mehrseitige (multilaterale) Maßnahmen haben nur geringe Bedeutung, weil beim Abschluß multilateraler Verträge zu vielen Interessen gleichzeitig Rechnung getragen werden müßte.[101] Als supranationale Maßnahme ist die mit vielen Schwierigkeiten verbundene Steuerharmonisierung innerhalb der EU zu erwähnen. In der Praxis hat sich der Abschluß von zweiseitigen Verträgen durchgesetzt, weil in diesen die speziellen Wünsche und Erfordernisse der beiden beteiligten Länder am einfachsten zu berücksichtigen sind.
Die derzeit abgeschlossenen Abkommen zur Vermeidung der Doppelbesteuerung (DBA) haben zwei Abkommensmuster als Grundlage: Die OECD entwarf 1963 ein Musterabkommen, welches 1977 neugefaßt wurde. Einzelne Teilrevisionen wurden in den Jahren 1992,[102] 1994[103] und 1995[104] vom Rat der OECD verabschiedet. Dieses OECD-Musterabkommen dient als Ausgangspunkt beim Abschluß von DBA zwischen Industrieländern. Das UN-Musterabkommen von 1967, welches in der Regel den DBA zwischen Industriestaaten und Entwicklungsländern als Grundlage dient, nimmt mehr Rücksicht auf die Interessen der Entwicklungsländer, weil eine höhere Quellenbesteuerung als beim OECD-Muster beibehalten wird.[105]

---

[98] Z.B. durch doppelten Wohnsitz oder weil sich mehrere Staaten als Quellenstaaten betrachten.
[99] Vgl. WILKE, Kay-Michael: Lehrbuch des internationalen Steuerrechts, 5. Aufl., Herne/Berlin, 1994, S. 33f, Rz. 26.
[100] Für Deutschland: §§ 34 c EStG, 26 KStG.
[101] Z.B. Wiener Übereinkommen über diplomatische und konsularische Beziehungen. Vgl. auch BMF-Schr. v. 13.6.1991, IV C 6-S 1311-69/91, BStBl. I 1991, S. 746ff mit einer Zusammenfassung sämtlicher multilateraler Vereinbarungen, die eine Befreiung von der deutscher Besteuerung gewähren.
[102] Vgl. FÖRSTER, Jutta, in: IStR 1992, Beihefter 3, S. 1, LÜTHI, Daniel/KOLB, Andreas: Überblick über die erste Teilrevision des OECD-Abkommens 1977, in: IWB, F. 10, Gr. 2, S. 875ff, MENCK, Thomas: Das OECD-Musterabkommen in der Revision 1992 - Eine Übersicht, in: IStR 1993, S. 249ff.
[103] Vgl. KOLB, Andreas/LÜTHI, Daniel: Überblick über die Teilrevision 1994 des OECD-Musterabkommens, in: IWB, F. 10, Gr. 2, S. 1059ff.
[104] Vgl. KOLB, Andreas/LÜTHI, Daniel: Überblick über die Teilrevision 1995 des OECD-Musterabkommens, in: IWB, F. 10, Gr. 2, S. 1073ff.
[105] Vgl. DEBATIN, Helmut: Handbuch der Vereinten Nationen für Verhandlungen über Doppelbesteue-

Die USA haben 1981 ein eigenes Abkommensmodell[106] entworfen, in dem besonderer Wert auf die Abwehr gegen unangemessene Inanspruchnahme von Abkommensvergünstigungen (Treaty Shopping) gelegt worden ist.[107]

4.2.3.3.2.4. Besteuerung ohne DBA

4.2.3.3.2.4.1. Finanzierung mit Gesellschaftereigenkapital

Überläßt der ausländische Anteilseigner seiner inländischen Kapitalgesellschaft Eigenkapital, und erhält er hierfür Dividendenzahlungen, unterliegt er mit diesen Einkünften der beschränkten Steuerpflicht nach § 2 Nr. 1 KStG bzw. § 1 Abs. 4 EStG, wenn die Dividende unter die Einkünfte des § 49 EStG fällt.
Dividendeneinkünfte des Anteilseigners sind grundsätzlich Einkünfte aus Kapitalvermögen i.S.v. § 20 Abs. 1 Nr. 1 EStG. Fallen diese Einkünfte nicht in einem inländischen Betrieb der Land- und Forstwirtschaft oder einer inländischen gewerblichen Betriebsstätte an, greift die isolierende Betrachtungsweise[108] des § 49 Abs. 2 EStG, und es liegen Einkünfte aus Kapitalvermögen i.S.v. § 49 Abs. 1 Nr. 5 Buchst. a EStG vor, wenn der Schuldner eine inländische Gesellschaft ist. Der ausländische Anteilseigner unterliegt folglich nach § 2 Nr. 1 KStG bzw. nach § 1 Abs. 4 EStG mit den Dividendeneinkünften der beschränkten Körperschaft- bzw. Einkommensteuerpflicht. Nach § 43 Abs. 1 S. 1 Nr. 1 EStG ist bei Auszahlung der Dividende Kapitalertragsteuer in Höhe von 25% einzubehalten.[109] Nach § 50 Abs. 1 Nr. 2 KStG bzw. § 50 Abs. 5 S. 1 EStG ist die Körperschaft- bzw. Einkommensteuer durch den Abzug von Kapitalertragsteuer abgegolten.[110]
Wäre in diesem Falle eine Anrechnung von Körperschaftsteuer möglich, würden die ausgeschütteten Gewinne von jeder Körperschaftsteuerbelastung befreit.[111] Deshalb verbietet § 51 KStG bzw. § 50 Abs. 5 S. 2 EStG die Anrechnung der auf

---

rungsabkommen zwischen Industriestaaten und Entwicklungsländern, in: DB 1980, Beilage 15, S. 4ff.

[106]Zu den einzelnen Unterschieden zwischen US-Muster und OECD-Muster: vgl. SHANNON, Harry: Das OECD-Musterabkommen zur Vermeidung der Doppelbesteuerung im Vergleich mit dem US-Musterabkommen, in: RIW 1986, S. 271ff.

[107]Vgl. DEBATIN, Helmut: Das neue Doppelbesteuerungsabkommen mit den USA, in: DB 1990, S. 598.

[108]Nach der isolierenden Betrachtungsweise (§ 49 Abs. 2 EStG) werden ausländische Besteuerungsmerkmale bei der inländischen Besteuerung nicht berücksichtigt, wenn es dadurch zu einer Besteuerungslücke käme. Da eine ausländische Kapitalgesellschaft gemäß § 8 Abs. 2 KStG stets Einkünfte aus Gewerbebetrieb erzielt, welche im Inland nur besteuert werden können, wenn sie in einer Betriebsstätte anfallen, würden die Dividendeneinkünfte mangels Betriebsstätte im Inland nicht besteuert. Die isolierende Betrachtungsweise sorgt dafür, daß die Dividenden als Einkünfte aus Kapitalvermögen i.S.v. § 49 Abs. 1 Nr. 5 EStG der deutschen Besteuerung unterliegen. Zur isolierenden Betrachtungsweise vgl. JACOBS, Otto H.: Internationale Unternehmensbesteuerung, 3. Aufl., München, 1995, S. 149ff.

[109]Nach § 3 Abs. 1 Nr. 5 SolZG muß der Solidaritätszuschlag erhoben werden.

[110]Eine Veranlagung mit diesen Einkünften findet nicht statt, selbst wenn der Steuerabzug unterlassen wurde. Vgl. BFH-U. v. 5.12.1990, I R 19/89, NV 1991, S. 805f, BFH-U. v. 26.4.1978, I R 97/76, BStBl. II 1978, S. 630.

[111]Vgl. BLÜMICH/TÄSKE, Kommentar, a.a.O., § 51 KStG, Rz. 1.

die Ausschüttung entfallenden Körperschaftsteuer durch den ausländischen Anteilseigner.[112]
Lediglich wenn EK_{03} an beschränkt Körperschaftsteuerpflichtige i.S.d. § 2 Nr. 1 KStG ausgeschüttet wird, sieht § 52 Abs. 1 KStG die Vergütung des Körperschaftsteuererhöhungsbetrages vor. Nach § 36e EStG ist eine entsprechende Vergütung auch bei einer Ausschüttung von EK_{03} an beschränkt Einkommensteuerpflichtige möglich. Gemäß § 43 Abs. 1 S. 1 Nr. 6 EStG ist vom Vergütungsbetrag Kapitalertragsteuer einzubehalten. Da der Anteilseigner infolge der Vergütung Einkünfte i.S.v. § 20 Abs. 1 Nr. 3 EStG erzielt, unterliegt er gemäß §49 Abs. 1 Nr. 5 Buchst. b EStG mit diesen Einkünften der beschränkten Steuerpflicht. Auch hier hat der Abzug von Kapitalertragsteuer Abgeltungswirkung.

Wird die Beteiligung mit betrieblichen Mitteln erworben und im Vermögen eines inländischen Betriebs bzw. Betriebs der Land- oder Forstwirtschaft gehalten, liegen nach § 20 Abs. 3 EStG[113] gewerbliche bzw. land- und forstwirtschaftliche Einkünfte vor, da der Ausländer mit einem inländischen Betrieb Einkünfte aus Gewerbebetrieb i.S.d. §§ 15 oder 16 EStG erzielt. Diese unterliegen nach § 49 Abs. 1 Nr. 2 EStG i.V.m. §§ 15 oder 16 EStG der deutschen Steuerpflicht, wenn dafür eine Betriebsstätte i.S.v. § 12 AO unterhalten wird.[114] Auch die Einkünfte aus Land- und Forstwirtschaft unterliegen nach § 49 Abs. 1 Nr. 1 EStG der inländischen Besteuerung. In diesem Fall ist eine Anrechnung der Körperschaftsteuer sowie der Kapitalertragsteuer nach § 36 Abs. 2 Nr. 2 und 3 EStG möglich, weil die einbehaltene Kapitalertragsteuer keine Abgeltungswirkung mehr entfaltet.[115] Wäre eine Körperschaftsteueranrechnung nicht möglich, käme es zu einer doppelten Belastung mit Körperschaftsteuer, weil zusätzlich zur ausschüttenden Gesellschaft auch der inländische Betrieb des Ausländers der deutschen Steuer unterliegt.
Die isolierende Betrachtungsweise des § 49 Abs. 2 EStG findet bei der Zurechnung der Dividendeneinkünfte zu einer inländischen Betriebsstätte keine Anwendung, da bereits im Inland steuerpflichtige Einkünfte vorliegen.

Fallen die Dividendeneinkünfte nicht im Rahmen inländischer Gewinneinkünfte an, ist die Körperschaftsteueranrechnung nicht möglich, und somit wird die Ausschüttungsbelastung von 30% definitiv. Darüber hinaus ist Kapitalertragsteuer

---

[112] Die Ungleichbehandlung ausländischer Anteilseigner durch Versagung der Körperschaftsteueranrechnung ist gemäß BFH verfassungsgemäß. Vgl. dazu BFH-U. v. 4.2.1987, I R 252/83, BStBl. II 1987, S. 684. Kritisch: VON METTENHEIM, Heinrich: Zur Verfassungsmäßigkeit der Behandlung von beschränkt Steuerpflichtigen nach der Körperschaftsteuerreform, in: RIW/AWD 1978, S. 514.
[113] Die Subsidiaritätsklausel gilt auch hier. Vgl. SCHMIDT/HEINICKE, Kommentar, a.a.O., § 49 EStG, Anm. 3, (Rz. 3).
[114] Ein Ausländer erzielt nur dann inländische Einkünfte aus Gewerbebetrieb, wenn ein Tatbestand des §49 Abs. 1 Nr. 2 EStG erfüllt ist. Bei Einkünften aus Kapitalvermögen kommt hierfür nur die inländische Betriebsstätte in Frage. Vgl. auch BFH-U. v. 13.11.1990, VIII R 152/86, BStBl. II 1991, S. 96.
[115] Siehe § 50 Abs. 1 Nr. 2 KStG bzw. § 50 Abs. 5 S. 3 EStG.

abzuführen. Die im Zusammenhang mit den Dividenden stehenden Betriebsausgaben dürfen nach § 8 Abs. 7 KStG bzw. § 43a Abs. 2 S. 1 EStG nicht abgezogen werden. Die Kapitalertragsteuer ist folglich vom Bruttobetrag einzubehalten.

Ist der ausländische Anteilseigner der inländischen Kapitalgesellschaft eine Kapitalgesellschaft[116] mit Sitz und Steuerpflicht in einem EU-Staat, die seit mindestens 12 Monaten ununterbrochen zu mindestens 25% unmittelbar am Nennkapital beteiligt ist, wird für die ihr nach dem 30.6.1996 zufließenden Dividenden und Körperschaftsteuervergütungen nach § 52 KStG auf Antrag[117] eine Kapitalertragsteuer nicht mehr erhoben.[118] Durch die Regelung des § 44d EStG ist Art. 5 der Mutter-Tochter-Richtlinie des Europäischen Rates[119] in deutsches Recht umgesetzt worden.
Liegt eine Beteiligung von mindestens 10% vor und gewährt der Sitzstaat der EU-Muttergesellschaft für Gewinnausschüttungen der deutschen Tochtergesellschaft eine Schachtelvergünstigung (z.B. Schachtelprivileg oder indirekte Anrechnung analog § 26 Abs. 2a KStG), dehnt § 44d Abs. 3 EStG die Vergünstigung des § 44d Abs. 1 EStG auch auf Fälle einer Beteiligung unter 25% aus, wenn Gegenseitigkeit besteht, d.h., wenn das Ausland eine Ausschüttung aus dem Ausland in das Inland ab der gleichen Beteiligungshöhe begünstigt.[120]
Gemäß § 50d Abs. 1 EStG ist grundsätzlich die Kapitalertragsteuer zunächst einzubehalten, auch wenn sie nicht mehr zu erheben wäre. Der Anteilseigner muß sie sich dann nachträglich erstatten lassen. Nach § 50d Abs. 3 S. 1 EStG kann die inländische Tochtergesellschaft den Abzug von Kapitalertragsteuer schon direkt bei Auszahlung unterlassen, wenn das Bundesamt für Finanzen in einer Freistellungsbescheinigung bestätigt, daß die Voraussetzungen des § 44d EStG vorliegen. Nur wenn diese Bescheinigung vorliegt, darf die Tochter darauf verzichten, von der Dividendenzahlung Kapitalertragsteuer einzubehalten[121] und wird von der Haftung für deren Abführung nach § 44 Abs. 5 EStG frei. Liegen die Voraussetzungen des § 44d EStG nicht vor, wird grundsätzlich auch die Kapitalertragsteuer neben der Körperschaftsteuer zu einer Definitivsteuer, weil die

---

[116]Eine genaue Auflistung aller in Frage kommenden ausländischen Gesellschaften mit weiteren Kriterien, die sie erfüllen müssen, findet sich in Anlage 7 zum EStG.

[117]Der Antrag ist von der Muttergesellschaft beim Bundesamt für Finanzen zu stellen. Vgl. SCHMIDT/HEINICKE, Kommentar, a.a.O., § 44d EStG, Anm. 2a, (Rz. 2). Vgl. ebenso: Merkblatt des BMF v. 1.3.1994, IV C 5-S 1300-49/94, BStBl. I 1994, S. 203ff.

[118]Erfüllt die Muttergesellschaft die Bedingungen nicht, ist u.U. eine Entlastung von Kapitalertragsteuer auf Grundlage der DBA möglich.

[119]Vgl. Richtlinie Nr. 90/435/EWG des Rates v. 23.7.1990 (ABl. EG Nr. L 225 S. 6). Kritisch zur Umsetzung ins deutsche Recht: SASS, Gert: Außensteuerrechtliche Aspekte des Umwandlungssteuergesetzes 1995 und EU-Steuerprobleme in einigen Mitgliedstaaten, in: BB 1995, S. 1441f.

[120]Vgl. BLÜMICH/KRABBE, Kommentar, a.a.O., § 44d EStG, Rz. 17. Diese Bedingungen sind z.Zt. in Griechenland, Großbritannien und den Niederlanden erfüllt.

[121]Vgl. SCHMIDT/HEINICKE, Kommentar, a.a.O., § 50d EStG, Anm. 9c, (Rz. 25), BLÜMICH/KRABBE, Kommentar, a.a.O., § 44d EStG, Rz. 4.

ihr unterliegenden Einkünfte nicht in eine Veranlagung in Deutschland einbezogen werden.[122]
In Doppelbesteuerungsabkommen wird i.d.R. eine Vereinbarung über eine Ermäßigung der Kapitalertragsteuer getroffen, die unbeschadet einer inländischen Umqualifizierung der Einkünfte (§ 20 Abs. 3 EStG, § 8 Abs. 2 KStG) gilt.[123]

4.2.3.3.2.4.2. Finanzierung mit Gesellschafterfremdkapital

Stattet der ausländische Gesellschafter seine inländische Kapitalgesellschaft mit Fremdkapital aus, und hält er die Forderung in seinem ausländischen Betriebsvermögen, unterliegt er der beschränkten Steuerpflicht, wenn die Zinszahlungen inländische Einkünfte i.S.v. § 49 EStG sind. Dies ist der Fall, wenn
(1) die Zinsen in einem inländischen gewerblichen oder land- und forstwirtschaftlichen Betrieb anfallen[124] oder
(2) die Voraussetzungen des § 49 Abs. 1 Nr. 5 EStG erfüllt sind, nämlich
 (a) das Kapitalvermögen durch inländischen Grundbesitz mittelbar oder unmittelbar besichert ist,
 (b) das Fremdkapital als Genußrecht ausgestaltet ist, mit dem nicht das Recht am Gewinn und Liquidationserlös der inländischen Kapitalgesellschaft verbunden ist[125] oder
 (c) wenn es sich bei dem Fremdkapital um eine Anleihe oder Forderung handelt, die in ein öffentliches Schuldbuch oder ausländisches Register eingetragen ist oder über die Sammelurkunden i.S.d. § 9a DepG oder Teilschuldverschreibungen ausgegeben sind.

Ist eine dieser Bedingungen erfüllt, unterliegt der ausländische Anteilseigner als Empfänger der Zinszahlungen mit diesen Einkünften aus Kapitalvermögen der inländischen beschränkten Steuerpflicht.
Im Fall (c) sieht § 43 Abs. 1 S. 1 Nr. 7 Buchst. a EStG i.V.m. § 43a Abs. 1 Nr. 4 EStG einen Abzug von Kapitalertragsteuer in Höhe von 30% vor, bei Fall (b) ist gemäß § 43 Abs. 1 S. 1 Nr. 2 EStG i.V.m. § 43a Abs. 1 Nr. 1 EStG Kapitalertragsteuer in Höhe von 25% abzuführen. Durch den Abzug von Kapitalertragsteuer ist für den beschränkt Steuerpflichtigen nach § 50 Abs. 5 S. 1 EStG die Einkommensteuer bzw. nach § 50 Abs. 1 Nr. 2 KStG die Körperschaftsteuer abgegolten. Der Abzug von Kapitalertragsteuer wird in der Regel in Doppelbesteuerungsabkommen eingeschränkt, so daß nur eine ermäßigte oder keine Steuer abgeführt werden muß.[126] Nach § 43a Abs. 2 S. 1 EStG bzw. § 8 Abs. 7 KStG

[122] Vgl. BIERGANS, Enno, Einkommensteuer, a.a.O., S. 1703.
[123] Zu den Regelungen in der DBA siehe Pkt. 4.2.3.3.2.5.
[124] In diesem Fall zählen die Zinsen zu den Einkünften aus Gewerbebetrieb i.S.v. § 49 Abs. 1 Nr. 2 Buchst. a EStG, sofern eine Betriebsstätte nach § 12 AO unterhalten wird bzw. aus Land- und Forstwirtschaft i.S.v. § 49 Abs. 1 Nr. 1 EStG.
[125] Wäre das Recht am Gewinn und Liquidationserlös damit verbunden, lägen Einkünfte i.S.v. § 20 Abs. 1 Nr. 1 EStG vor.
[126] Zu Einzelheiten bzgl. der DBA-Regelungen siehe Pkt. 4.2.3.3.2.5.

dürfen infolge der Abgeltungswirkung mit den Einnahmen zusammenhängende Betriebsausgaben oder Werbungskosten nicht abgezogen werden. Die Einkünfte dürfen auch nicht dazu verwendet werden, Verluste aus anderen Einkunftsarten auszugleichen. Ebensowenig dürfen sie selbst durch einen Verlustabzug i.S.d. §10d EStG geschmälert werden (§ 50 Abs. 2 EStG[127]).
Für den Fall (a) ist ein die Einkommen- bzw. Körperschaftsteuer abgeltender Abzug von Kapitalertragsteuer in § 43 EStG nicht vorgesehen. Folglich dürfen nach § 50 Abs. 1 S. 1 EStG Betriebsausgaben oder Werbungskosten abgezogen werden, soweit sie mit den Einnahmen in wirtschaftlichem Zusammenhang stehen. Die Einkünfte dürfen nach § 50 Abs. 2 EStG jedoch nicht für einen Verlustausgleich oder -abzug verwendet werden. Mit diesen Einkünften unterliegt der ausländische Anteilseigner dann der Einkommen- bzw. Körperschaftsteuer. Gemäß §50 Abs. 3 EStG bemißt sich die Einkommensteuer nach § 32a Abs. 1 EStG, beträgt aber mindestens 25% des Einkommens. Ist der Empfänger nach § 2 Nr. 1 KStG beschränkt körperschaftsteuerpflichtig, beträgt die Körperschaftsteuer nach § 23 Abs. 3 i.V.m. Abs. 2 S. 1 KStG 42% des zu versteuernden Einkommens.[128]
Überläßt der Ausländer seiner Gesellschaft Fremdkapital in Form einer typisch stillen Beteiligung oder als partiarisches Darlehen, erzielt er Einkünfte i.S.d. § 20 Abs. 1 Nr. 4 EStG. Mit diesen unterliegt er der beschränkten Steuerpflicht gemäß § 49 Abs. 1 Nr. 5 Buchst. a EStG. Gemäß § 43 Abs. 1 S. 1 Nr. 3 EStG i.V.m. §43a Abs. 1 Nr. 1 EStG ist Kapitalertragsteuer in Höhe von 25% abzuführen, wodurch die Steuer abgegolten ist.
Erhält der Anteilseigner Vergütungen für Wandelschuldverschreibungen und Gewinnobligationen, unterliegt er gemäß § 49 Abs. 1 Nr. 5 Buchst. a EStG ebenfalls der beschränkten Steuerpflicht, die durch den Abzug von Kapitalertragsteuer nach § 43 Abs. 1 S. 1 Nr. 2 EStG abgegolten ist. Nach § 43a Abs. 1 Nr. 1 EStG beträgt diese 25%.

Hält der Anteilseigner die Forderung (bzw. die stille Beteiligung) in einem inländischen Betriebsvermögen, so daß die Zinsen (bzw. der Gewinnanteil) Betriebseinnahmen eines inländischen gewerblichen oder land- oder forstwirtschaftlichen Betriebs sind, entfällt für die Zinseinkünfte, bei deren Zahlung Kapitalertragsteuer nach § 43 Abs. 1 S. 1 Nr. 2, 3 oder 7 EStG Kapitalertragsteuer einbehalten wurde, die Abgeltungswirkung. Der beschränkt Steuerpflichtige wird veranlagt, kann mit den Einnahmen zusammenhängende Betriebsausgaben abziehen und die Kapitalertragsteuer nach § 36 Abs. 2 Nr. 2 EStG auf seine inländische Steuer anrechnen.
Eine Besteuerung nach § 49 EStG ist nur möglich, wenn die in der entsprechenden Einkunftsart des § 49 Abs. 1 EStG aufgeführten Tatbestandsvoraus-

[127] Das Verlustausgleichsverbot erstreckt sich gemäß § 50 Abs. 2 S. 1 EStG sowohl auf sämtliche Einkünfte, von denen ein Steuerabzug vorzunehmen ist als auch auf Einkünfte i.S.v. § 20 Abs. 1 Nr. 5 und 7 EStG.

[128] Die Freibeträge der §§ 24, 25 KStG gelten nicht für beschränkt Steuerpflichtige.

setzungen in der Person des Steuerpflichtigen erfüllt sind.[129] Hält der ausländische Anteilseigner die Forderung in einem ausländischen Betriebsvermögen, und fällt das überlassene Fremdkapital nicht unter die Voraussetzungen des § 49 Abs. 1 Nr. 5 Buchst. c EStG oder unter Buchst. a, unterliegt der Ausländer nicht der beschränkten Steuerpflicht, weil er keine Einkünfte i.S.v. § 49 EStG erzielt. Seine Zinseinkünfte werden dann in Deutschland nicht besteuert.

4.2.3.3.2.5. Besteuerung bei Vorliegen eines DBA

4.2.3.3.2.5.1. Wirkungsweise der Doppelbesteuerungsabkommen

Aus der Überschneidung von Wohnsitzstaats- bzw. Sitzstaats- und Quellenstaatsbesteuerung entsteht eine Besteuerungskollision durch doppelte Erfassung desselben Tatbestandes.[130] Diese wird mit Hilfe eines DBA durch einen Interessenausgleich beider Staaten gelöst. Im DBA verzichten beide Staaten darauf, ihre nationale Besteuerungskompetenz voll auszuschöpfen, und zwischen beiden beteiligten Staaten erfolgt für jeden steuerlich relevanten Vorgang eine Aufteilung des Rechtes auf Besteuerung dieses Vorganges. Verzichtet ein Staat im DBA auf seine Besteuerungskompetenz bezüglich eines bestimmten Vorgangs, schränkt er damit seinen innerstaatlichen Steueranspruch ein oder hebt ihn auf. Deshalb werden DBA im Schrifttum auch als Schrankennorm[131] oder als Verteilungsnorm, innerhalb derer ein Steuergut bzw. eine Steuerquelle zwischen zwei Staaten aufgeteilt wird,[132] bezeichnet.

Die Abkommen legen fest, ob und in welcher Höhe eine Quellenbesteuerung für die einzelnen Einkünfte bestehen bleibt. Das Besteuerungsrecht richtet sich in dem Staat, der das Besteuerungsrecht nach DBA hat, nach seinem innerstaatlichen Recht.[133] Sieht dieses keine Besteuerung vor, wird keine Steuer erhoben.[134] [135]

Bleibt die Steuerberechtigung des Quellenstaates aufrechterhalten, muß der Wohnsitz- bzw. Sitzstaat gewährleisten, daß eine Doppelbesteuerung vermieden wird.[136] Der unbeschränkten Steuerpflicht des Wohnsitz- bzw. Sitzstaates sind

---

[129] Vgl. SCHMIDT/HEINICKE, Kommentar, a.a.O., § 49 EStG, Anm. 3, (Rz. 3).

[130] Vgl. TIPKE-KRUSE, Kommentar, a.a.O., § 2 AO, Tz. 10.

[131] Vgl. DEBATIN, Helmut: Subjektiver Schutz unter Doppelbesteuerungsabkommen, in: BB 1989, Beilage 2, S. 2.

[132] Vgl. VOGEL, Klaus, DBA-Kommentar, a.a.O., Einl. Rz. 45c, ders.: Doppelbesteuerungsabkommen und ihre Auslegung, in: StuW 1982, S. 117.

[133] Vgl. TIPKE-KRUSE, Kommentar, a.a.O., § 2 AO, Tz. 10.

[134] Vgl. UHRMANN, Karl: Die Bedeutung von Doppelbesteuerungsabkommen für die Anrechnung von ausländischen Steuern, in: StBp 1987, S. 178.

[135] DBA-Regelungen vermeiden folglich nicht nur die effektive Doppelbesteuerung, sondern auch die virtuelle, denn für die DBA-Regelung ist es unerheblich, ob die Besteuerungskompetenz nach innerstaatlichem Recht tatsächlich ausgeschöpft wird. Vgl. SCHAUMBURG, Harald, a.a.O., S. 427, VOGEL, Klaus, StuW 1982, S. 117.

[136] Vgl. DEBATIN, Helmut: System und Auslegung der Doppelbesteuerungsabkommen, in: DB 1985,

damit Schranken gesetzt. Diese Schranken vermitteln dem Steuerpflichtigen Schutzansprüche, die konkretisiert werden können durch:[137]

- Steuerbefreiung,
- Steuerbefreiung unter Progressionsvorbehalt,
- Begrenzung der Steuer im Quellenstaat der Höhe nach,
- Ermäßigung der Steuer aufgrund von Anrechnung tatsächlich angefallener oder fiktiver ausländischer Steuer.

Die Anwendung der Anrechnungsmethode führt dazu, daß inländische und ausländische Einkunftsteile mit der Steuer des Wohnsitz- bzw. Sitzstaates belastet werden. Dies entspricht dem Welteinkommensprinzip[138] und führt nicht zu Wettbewerbsverzerrungen gegenüber anderen Unternehmen im Sitzstaat, weil es für den Unternehmer ohne Unterschied bleibt, ob er in- oder ausländische Einkünfte bezieht. M.E. muß der Unternehmer aber bei einer Tätigkeit im Ausland von einer dort niedrigeren Steuer profitieren dürfen, denn er muß im jeweiligen Land mit anderen Unternehmen konkurrieren, die nur der dortigen niedrigeren Besteuerung unterliegen. Eine sinnvollere Lösung für das Unternehmen bietet deshalb die Freistellungsmethode, die ausländische Einkünfte von der Besteuerung im Wohnsitz- bzw. Sitzstaat ausnimmt, so daß diese nur der ausländischen Besteuerung unterliegen. Dies sichert die Wettbewerbsneutralität im Ausland gegenüber ausländischen Unternehmen.

4.2.3.3.2.5.2. Verhältnis der Abkommensregelungen zu nationalem Recht

DBA sind dem Völkerrecht unterliegende Verträge.[139] Die innerstaatliche Anwendbarkeit dieser Verträge wird durch ein Zustimmungsgesetz gemäß Art. 59 Abs. 2 GG beschlossen. Nach der Überführung in innerstaatliches Recht haben die Abkommen nach deutschem Verständnis Vorrang vor den Regeln des nationalen Rechts.[140] Sie sind unmittelbar anwendbar und binden Verwaltung und Gerichte.[141] DBA bilden gegenüber dem innerstaatlichen Recht eine lex specialis[142] und gehen gemäß § 2 AO grundsätzlich als spezielleres dem rein nationalen Steuerrecht als allgemeinem Recht vor.
Die Abkommen verwirklichen eine eigene Begriffsebene[143] gegenüber dem nationalen Recht. Auch wenn die gleichen Begriffe wie im nationalen Recht verwendet werden, haben sie einen vom innerstaatlichen Recht zu trennenden Ge-

---

Beilage 23, S. 1.
[137]Vgl. DEBATIN, Helmut, BB 1989, Beilage 2, S. 2.
[138]Vgl. SCHAUMBURG, Harald, a.a.O., S. 439.
[139]Vgl. TIPKE-KRUSE, Kommentar, a.a.O., § 2 AO, Tz. 1.
[140]Vgl. BFH-U. v. 22.10.1986, I R 261/82, BStBl. II 1987, S. 172.
[141]Vgl. RITTER, Wolfgang: Die deutsche Vertragspolitik zur Vermeidung der Doppelbesteuerung, in: BB 1991, S. 357.
[142]Vgl. DEBATIN, Helmut, DB 1985, Beilage 23, S. 2.
[143]Vgl. ebenda, S. 3.

halt.[144] In Art.3 des jeweiligen DBA sind i.d.R. manche der vom Abkommen verwendeten Begriffe definiert; zur Auslegung der dort nicht beschriebenen Begriffe ist das nationale Recht heranzuziehen.

Gemäß der deutschen Abkommensbetrachtung verwirklichen die DBA einen eigenen Regelungskreis, den grundsätzlich zeitlich nachfolgende Regelungen des innerstaatlichen Rechts nicht berühren.[145] Dieser Vorrang kann jedoch ausgehöhlt werden, weil spätere speziellere nationale Regelungen dem DBA vorgehen, wenn ein "gesetzgeberischer Wille zur Abkommensverdrängung"[146] gegeben ist. Davor schützt auch § 2 AO nicht, denn diese Vorschrift hat keinen höheren Rang, sondern ist einfaches Bundesrecht, in das spätere Gesetze eingreifen können, wenn der entsprechende Wille dazu zum Ausdruck kommt. Das DBA geht im Konfliktfall dem nationalen Recht vor.[147] Verdrängt die nationale Gesetzgebung völkerrechtlich verbindlich gewordene Abkommen und setzt sie sich über diese hinweg, liegt Treaty-Overriding vor. Dadurch werden die Schrankenwirkungen des DBA aufgehoben, und dem Sinn des DBA, als Grundlage verläßlicher Rahmenbedingungen zu dienen, wird der Boden entzogen. Während der deutsche Gesetzgeber nur sehr beschränkt Gebrauch von der Möglichkeit des Treaty-Overridings macht,[148] empfinden z.B. die USA dies als ihr verfassungsmäßiges Recht. Sie behandeln Abkommensregelungen als den nationalen Normen gleichrangig.[149] Weil das spätere Gesetz dem früheren und das speziellere dem allgemeinen vorgeht, kann somit der US-Gesetzgeber in die DBA-Vorschriften eingreifen, wenn sein Wille dazu klar und deutlich erkennbar ist.[150] Bei Konflikten zwischen nationalem und DBA-Recht, hat damit stets das US-Recht Vorrang.[151]

[144]So kennt das deutsche Steuerrecht sieben Einkunftsarten, während das DBA sechzehn Einkunftskategorien verwendet, darunter auch manche, die im deutschen Steuerrecht nicht als eigene Einkunftsart existieren, wie z.B. Lizenzgebühren. Vgl. DEBATIN, Helmut: DB 1985, Beil. 23, S. 3. Zur Auslegung der DBA vgl. WILKE, Kay-Michael, a.a.O., S. 114, Rz. 229.

[145]Vgl. DEBATIN, Helmut, DB 1990, S. 600, ders. DB 1985, Beil. 23, S. 3.

[146]SCHAUMBURG, Harald, a.a.O., S. 566, LANGBEIN, Volker: "Treaty-Overriding" durch nationales Recht, in: RIW 1988, S. 878, vgl. auch BFH-U. v. 13.7.1994, I R 120/93, BStBl. II 1995, S. 130 m.w.N. A.A.: WOHLSCHLEGEL, Hanspeter: Doppelbesteuerungsabkommen: Treaty-Override und Grundgesetz, in: FR 1993, S. 49. Nach WOHLSCHLEGEL ist Treaty-Overriding verfassungswidrig.

[147]Vgl. MÖSSNER, Jörg Manfred: Rechtsschutz bei Treaty Overriding, in: Besteuerung internationaler Konzerne, hrsg. v. L. Fischer, Köln, 1993, S. 124f.

[148]Die §§ 50 d EStG, 20 Abs. 1 u. 2 AStG ermöglichen ein Treaty-Overriding: § 20 Abs. 2 AStG weicht für bestimmte Betriebsstätten von dem in den Abkommen verankerten Betriebsstättenprinzip ab und gewährt anstelle der Freistellung der Einkünfte dieser Betriebsstätten in Deutschland nur die Steueranrechnung. Das ist ein Verstoß gegen den materiellen Inhalt der DBA, weil eine Betriebstätte nur im Belegenheitsstaat besteuert werden darf.

[149]Nach Art. 6 der US-Verfassung haben Staatsverträge dieselbe Kraft wie Bundesgesetze. Dies ist in Sec. 7852 (d) IRC kodifiziert. Vgl. PALMIERI, Nicola: Aktuelle Herausforderungen der Steuerpolitik in den USA, in: RIW 1990, S. 1007.

[150]Vgl. LANGBEIN, Volker: Treaty-Overriding nach US-Recht, in: RIW 1989, S. 245.

[151]Vgl. HABERT, Ulrike/SMALL, David: Das US-Steueränderungsgesetz 1988, in IWB, F. 8, Gr. 2, S. 560.

4.2.3.3.2.5.3. Abkommensregelungen bei Gewinnausschüttungen

Bezieht der ausländische Anteilseigner von der inländischen Kapitalgesellschaft Dividenden, und ist er in einem Staat ansässig, mit dem Deutschland ein DBA abgeschlossen hat, bestimmt Art. 10 des jeweiligen DBA, inwieweit die betroffenen Staaten ihr Besteuerungsrecht an den Dividenden wahrnehmen dürfen. Der ausländische Anteilseigner fällt mit den Dividendeneinkünften gemäß § 49 Abs. 1 Nr. 5 Buchst. a EStG in Deutschland unter die beschränkte Steuerpflicht, während er gleichzeitig in seinem Sitzstaat mit seinem Welteinkommen der unbeschränkten Steuerpflicht unterliegt. Art. 10 Abs. 2 OECD-MA teilt das Besteuerungsrecht zwischen dem Quellenstaat Deutschland und dem ausländischen Sitzstaat auf,[152] und vermeidet damit, daß der Gesellschafter mit denselben Einkünften sowohl im Quellenstaat als auch im Sitzstaat besteuert wird.
In Art. 10 Abs. 2 OECD-MA ist bestimmt, daß der Quellenstaat sein innerstaatliches Besteuerungsrecht einschränken muß. Statt einem Kapitalertragsteuerabzug in Höhe von 25% der Bruttodividende, wie in § 43 Abs. 1 S. 1 Nr. 1 i.V.m. §43a Abs. 1 Nr. 1 EStG vorgesehen, darf Deutschland höchstens eine Kapitalertragsteuer in Höhe von 5% erheben, wenn der Anteilseigner als Nutzungsberechtigter[153] eine Gesellschaft[154] ist, die mit mindestens 25% unmittelbar am Kapital der inländischen Gesellschaft beteiligt ist. Neben dieser Vorschrift für Schachteldividenden an ausländische Muttergesellschaften sieht Art. 10 Abs. 2 Buchst. b OECD-MA für alle anderen Fälle eine Beschränkung der Kapitalertragsteuer auf 15% vor. Dies trifft vor allem für Streubesitz zu, wenn die ausländische Gesellschaft die vorgegebene Beteiligungshöhe nicht erreicht, oder wenn der Anteilseigner keine Gesellschaft i.S.d. DBA ist.[155] Da die DBA für die Erhebung der Kapitalertragsteuer Höchstsätze vorschreiben, die bereits durch den ungeminderten Kapitalertragsteuerabzug überschritten wären, darf ein Solidaritätszuschlag nicht noch zusätzlich erhoben werden.[156]
In zahlreichen deutschen Abkommen sind vom Musterabkommen abweichende Regelungen vereinbart. So ist teilweise der Kapitalertragsteuersatz bei Schachteldividenden[157] nicht auf 5%, sondern nur auf 10% ermäßigt,[158] oder er wurde

---

[152] Vgl. VOGEL, Klaus: DBA-Kommentar, a.a.O., Art. 10, Rz. 5.

[153] Die Anwendung der Abkommensvergünstigung durch Reduzierung der Kapitalertragsteuer und Freistellung bzw. Anrechnung im Sitzstaat erfolgt nur, wenn der Empfänger der Dividenden der Nutzungsberechtigte ist. Diese Klausel wurde eingefügt, um einer mißbräuchlichen Ausnutzung des Abkommens vorzubeugen. Vgl. VOGEL, Klaus, DBA-Kommentar, a.a.O., Vor Art. 10, Rz. 6. Nutzungsberechtigt ist derjenige, welcher über die Hingabe des Kapitals oder über die Verwendung der Nutzungen entscheiden kann. Vgl. ebenda, Rz. 9.

[154] Nach dem OECD-MA sind Personengesellschaften ausgenommen.

[155] Der Begriff der Gesellschaft ist in Art. 3 Abs. 1 Buchst. b OECD-MA definiert.

[156] Dies regelt § 5 SolZG. Vgl. dazu: DÖTSCH, Ewald: Solidaritätszuschlag zur Körperschaftsteuer ab 1995, in: GmbHR 1994, S. 595.

[157] Die Voraussetzungen für das Vorliegen von Schachteldividenden ergeben sich aus dem jeweiligen DBA. In der Regel sind 25% der stimmberechtigten Anteile erforderlich.

[158] Z.B. DBA mit Bolivien, China, Finnland, Indonesien, Jamaika, Liberia, Luxemburg, Pakistan, Philip-

wie auch für den Streubesitz bei 15% belassen.[159] Teilweise wurde aber auch ein höherer Steuersatz vereinbart.[160] Während in mehreren DBA die Beteiligungsgrenze gegenüber dem Musterabkommen gesenkt wurde, so daß bereits ab einer Beteiligung von 10% die Abkommensvergünstigungen in Anspruch genommen werden können,[161] wurde sie im DBA-Schweiz nur auf 20% herabgesetzt und wäre gemäß DBA-Pakistan sogar in Höhe von bis zu 33,33% zulässig. Einige DBA sehen keine Mindestbeteiligungshöhe vor, weshalb es keine Vergünstigung für Schachteldividenden gegenüber dem Streubesitz gibt, sondern beide mit dem einheitlichen Satz von 15%[162] bzw. 10%[163] besteuert werden.

Für Muttergesellschaften, deren Sitzstaat sich im EU-Ausland befindet, ist die jeweilige Vereinbarung im DBA irrelevant geworden, da bereits nach innerstaatlichem Recht (§ 44d EStG) keine Kapitalertragsteuer mehr einbehalten wird.[164] Ist der Anteilseigner keine Muttergesellschaft i.S.d. § 44d EStG, weil er nicht über mindestens ein Jahr eine Beteiligung von 25% gehalten hat oder weil er als natürliche Person die Anteile im Privatvermögen hält, richtet sich der Abzug von Kapitalertragsteuer nach dem jeweiligen DBA.

Während in den DBA im Regelfall vereinbart ist, daß die Beteiligung an der inländischen Gesellschaft unmittelbar gehalten werden muß, wird im DBA-Spanien auch eine mittelbare anerkannt. Ist im DBA diesbezüglich nichts vereinbart, gelten die Vorschriften über den Kapitalertragsteuerabzug des Quellenstaates.

Gemäß § 50d Abs. 1 EStG ist grundsätzlich die volle Kapitalertragsteuer abzuführen und ggf. später an den Ausländer zu erstatten. Dies gilt nach § 50d Abs. 3 EStG nicht, wenn eine Freistellungsbescheinigung vorliegt und der Anteilseigner die sonstigen Bedingungen des Abs. 3 erfüllt.

Die Regelungen des Art. 10 OECD-MA werden durch Art. 23 OECD-MA vervollständigt.[165] Die Vertragsstaaten vereinbaren hierin, ob der Wohnsitz- bzw. Sitzstaat die Doppelbesteuerung durch Anwendung der Anrechnungs- oder der Freistellungsmethode vermeidet.

Bei der von Deutschland in der Regel angewandten Freistellungsmethode nach Art. 23 A Abs. 1 OECD-MA nimmt der Wohnsitz- bzw. Sitzstaat die Einkünfte, für die der Quellenstaat das Besteuerungsrecht hat, von der eigenen Besteuerung aus, stellt diese also von der Steuer frei.[166] Im Regelfall erfolgt die Freistellung

---

pinen, Rumänien, Korea, Singapur, Tunesien, wobei teilweise Suspensionsklauseln vereinbart sind.

[159] Z.B. im DBA mit dem Iran, Niederlande, Spanien, Türkei.

[160] Z.B. im DBA-Israel für Schachtel- und Streubesitzdividenden 25%, DBA-Iran bei Streubesitz 20%, DBA-Simbabwe und Thailand bei Streubesitz 20%.

[161] Im DBA mit Frankreich, Mexiko, Österreich, Schweden, Türkei, USA.

[162] Z.B. im DBA mit Argentinien, Australien, Belgien, Brasilien, Großbritannien, Irland, Italien, Japan, Kanada, Kuwait.

[163] Z.B. im DBA mit China.

[164] Vgl. BLÜMICH/KRABBE, Kommentar, a.a.O., § 44d EStG, Rz. 5.

[165] Vgl. VOGEL, Klaus, DBA-Kommentar, a.a.O., Art. 23, Rz. 36.

[166] Die Freistellung kann mit einem Progressionsvorbehalt verbunden sein. Dabei wird das freigestellte

unabhängig davon, ob im Quellenstaat tatsächlich eine Steuer entrichtet wurde.[167] Obwohl meist für Schachteldividenden die Freistellung vereinbart wird, sieht Art. 23 A Abs. 2 OECD-MA für Dividenden eine abweichende Regelung vor. Danach hat der Wohnsitz- bzw. Sitzstaat das Recht, die Dividendeneinkünfte zu besteuern, muß aber auf seine Steuer, die auf diese Dividenden entfällt, die Steuer anrechnen, die vom Quellenstaat auf diese Dividenden erhoben wurde.[168] Somit werden die Dividendeneinkünfte, die im Quellenstaat bereits mit dem in Art. 10 Abs. 2 OECD-MA vereinbarten Quellensteuersatz belastet wurden, nicht freigestellt, sondern der Wohnsitz- bzw. Sitzstaat rechnet die im Quellenstaat gezahlte Steuer auf die Steuer vom Einkommen des Anteilseigners im Wohnsitz- bzw. Sitzstaat an. Dasselbe Ergebnis wird erreicht, wenn generell die Anrechnungsmethode des Art. 23 B Abs. 1 OECD-MA vereinbart wurde.

Die Höhe der anzurechnenden Steuer ist grundsätzlich begrenzt. Der Anteilseigner darf gemäß Art. 23 A Abs. 2 S. 2 bzw. Art. 23 B Abs. 1 S. 2 OECD-MA in seinem Wohnsitz- bzw. Sitzstaat höchstens den Betrag anrechnen, der von der Steuer seines Heimatlandes auf die ausländischen Dividendeneinkünfte entfällt.[169] Dadurch werden die Dividendeneinkünfte mindestens mit dem Steuerniveau des Wohnsitz- bzw. Sitzstaates belastet. Die Begrenzung der Anrechnung entfaltet nur Wirkung, wenn die Steuer im Quellenstaat höher ist als die im Wohnsitz- bzw. Sitzstaat, denn nur dann verbleibt ein nicht anrechenbarer Steuerüberhang, der zwar nicht nach Abkommensrecht, aber ggf. nach nationalem Recht vor- oder rücktragbar ist.[170] Das Gesamtergebnis ist bei einem nicht anrechenbaren Steuerüberhang für den Anteilseigner ungünstiger als wenn er nur Einkünfte aus seinem Wohnsitzstaat bezogen hätte.

Der Anteilseigner unterliegt mit den Dividendeneinkünften nach § 49 Abs. 1 Nr. 5 Buchst. a EStG in Deutschland der beschränkten Steuerpflicht. Die von ihm zu entrichtende Einkommen- bzw. Körperschaftsteuer ist durch den Abzug von Ka-

---

Einkommen zwar nicht in die Steuerbemessungsgrundlage einbezogen, aber dafür bei der Ermittlung des Steuersatzes berücksichtigt. Der Progressionsvorbehalt wirkt sich nur aus, wenn der Steuertarif progressiv gestaltet ist, nicht hingegen bei einem linearen Tarif. Zu Einzelheiten vgl. SCHAUMBURG, Harald, a.a.O., S. 749ff, STOBBE, Ludwig: Der Progressionsvorbehalt des EStG bei ausländischen Einkünften, in: DStZ 1989, S. 81ff, APITZ, Wilfried: Aktuelle Fragen zum Progressionsvorbehalt, in: DStZ 1993, S. 365ff, BERTRAM, Frank: Der Progressionsvorbehalt bei ausländischen, durch ein DBA steuerbefreiten Einkünften, in: IWB, F. 2, S. 557ff.

[167] Vgl. VOGEL, Klaus, DBA-Kommentar, a.a.O., Art. 23, Rz. 68. Eine Ausnahme bildet die Subject-to-tax-Klausel: Um eine zweifache Nichtbesteuerung zu vermeiden, macht der Wohnsitz- bzw. Sitzstaat die Freistellung davon abhängig, daß im Quellenstaat tatsächlich eine Steuer erhoben wurde. Diese Klausel findet sich z.B. im DBA-USA: Hier gewährt Deutschland in Art. 23 Abs. 2 Buchst. a DBA-USA als Wohnsitz- bzw. Sitzstaat für Schachteldividenden nur dann eine Freistellung, wenn die Gewinnausschüttung in den USA steuerpflichtig ist. Vgl. dazu: DEBATIN, Helmut/ENDRES, Dieter: Das neue Doppelbesteuerungsabkommen USA-Bundesrepublik Deutschland, hrsg. v. Price Waterhouse, München, 1990, Art. 23 DBA-USA, Rz. 17.

[168] Vgl. OECD-Kommentar zum OECD-MA, a.a.O., Art. 23, Ziff. 49, Rz. 121.

[169] Vgl. OECD-Kommentar zum OECD-MA, a.a.O., Art. 23, Ziff. 16, Rz. 16, Ziff. 23, Rz. 23, Ziff. 29, Rz. 30, VOGEL, Klaus, DBA-Kommentar, a.a.O., Art. 23, Rz. 150f.

[170] Vgl. VOGEL, Klaus, DBA-Kommentar, a.a.O., Art. 23, Rz. 169.

pitalertragsteuer abgegolten (§ 50 Abs. 5 S. 1 EStG, § 50 Abs. 1 Nr. 2 KStG). Der Dividendenempfänger kann dann im Wohnsitz- bzw. Sitzstaat die in Deutschland einbehaltene Kapitalertragsteuer im Rahmen der vorgesehenen Höchstgrenze auf seine Steuerschuld anrechnen.
Durch die Anrechnung der deutschen Kapitalertragsteuer im Ausland ist die juristische Doppelbesteuerung wirksam beseitigt, denn nur durch Erhebung der Kapitalertragsteuer wird derselbe Steuerpflichtige doppelt belastet. Für die ausgeschütteten Gewinne bleibt es bei einer wirtschaftlichen Doppelbelastung durch die Körperschaftsteuer-Ausschüttungsbelastung in Deutschland und die Erhebung von Ertragsteuer im Wohnsitz- bzw. Sitzstaat des Anteilseigners. Weil aber Kapitalgesellschaft und Anteilseigner zwei verschiedene Steuersubjekte sind, ist die wirtschaftliche Doppelbelastung nicht Gegenstand des OECD-MA. Diese ist jedoch ein wesentliches Hemmnis der internationalen Investitionstätigkeit. Zu ihrer Vermeidung gibt es mehrere Lösungsmöglichkeiten.[171] So könnte der Wohnsitz- oder Sitzstaat die Freistellungsmethode (ggf. mit Progressionsvorbehalt) anwenden und die Dividendeneinkünfte beim Anteilseigner von der Besteuerung ausnehmen.[172] Weil auf die Dividenden dann im Wohnsitz- bzw. Sitzstaat keine Steuer mehr erhoben wird, ist eine Anrechnung der Kapitalertragsteuer nicht möglich. Diese Methode wird als Schachtelprivileg bezeichnet und häufig auf Schachteldividenden[173] angewandt.[174] Für den ausländischen Anteilseigner wären die empfangenen Dividenden dann nur mit der deutschen Körperschaftsteuer-Ausschüttungsbelastung von 30% des Gewinnes vor Steuern und der ermäßigten deutschen Kapitalertragsteuer von 15%, 10% oder 5% der Bruttodividende belastet.
Der Wohnsitz- bzw. Sitzstaat könnte zusätzlich zur Kapitalertragsteuer die auf die Gewinnausschüttung entfallende, von der deutschen Kapitalgesellschaft entrichtete Körperschaftsteuer auf die eigene Ertragsteuer anrechnen.[175] Damit unterläge die Dividende im Ergebnis nur einer Steuerbelastung in Höhe des auslän-

---

[171] Vgl. OECD-Kommentar zum OECD-MA, a.a.O., Art. 23, Ziff. 52, Rz. 123.
[172] Deutschland gewährt die Freistellung bei Schachteldividenden unabhängig von den Vereinbarungen im jeweiligen DBA bereits ab einer Beteiligungshöhe von 10% (§ 8b Abs. 5 KStG).
[173] Die Voraussetzungen für das Vorliegen einer Schachtelbeteiligung bestimmt das jeweilige DBA. Im allgemeinen muß eine Mindesthöhe an stimmberechtigten Anteilen vorliegen, die über eine bestimmte Mindestdauer meist unmittelbar gehalten werden. Im Regelfall sind nur Kapitalgesellschaften begünstigt. Vgl. VOGEL, Klaus, DBA-Kommentar, a.a.O., Art. 23, Rz. 102ff.
[174] Vgl. dazu die Übersicht bei VOGEL, Klaus, DBA-Kommentar, a.a.O., Art. 23, Rz. 98. Als Wohnsitz- bzw. Sitzstaat nutzen die DBA-Freistellungsmethode im Rahmen des Schachtelprivilegs Ecuador, Italien, Luxemburg, Österreich, Polen, Türkei, Uruguay. Zusätzliche Voraussetzung für die Gewährung der Freistellung ist dabei meist, daß die Tochtergesellschaft, welche die Dividende zahlt, ausschließlich oder fast ausschließlich eine aktive bzw. produktive Tätigkeit ausübt. Kritisch zum Aktivitätsvorbehalt: VOGEL, Klaus: Verbot des Verlustausgleichs für bestimmte ausländische Verluste, in: BB 1983, S. 183.
[175] Dieses Verfahren der indirekten Anrechnung ist im DBA mit China, Großbritannien, Jamaika, Malaysia, Mexiko, Singapur und den USA vereinbart. Eine Aktivitätsklausel sieht nur das DBA-Malaysia vor.

dischen Steuersatzes,[176] wenn die deutsche Körperschaft- und Kapitalertragsteuer voll angerechnet werden kann.[177]
Als weitere Möglichkeit empfiehlt der OECD-Kommentar,[178] daß der Wohnsitz- bzw. Sitzstaat die ausländischen Dividenden inländischen gleichstellt. Somit könnte ein ggf. bestehendes innerstaatliches Schachtelprivileg auf die ausländischen Einkünfte ausgedehnt werden.

Gemäß Art. 10 Abs. 4 OECD-MA ist Art. 10 Abs. 2 OECD-MA nicht anzuwenden, wenn die Dividenden nicht in das Ausland fließen, sondern infolge der wirtschaftlichen Zugehörigkeit der Beteiligung zu einem inländischen gewerblichen Betriebsvermögen in einer deutschen Betriebsstätte des ausländischen Anteilseigners vereinnahmt werden. Liegt eine Betriebsstätte i.S.d. DBA vor, weist Art. 7 Abs. 1 OECD-MA dem Betriebsstättenstaat das Besteuerungsrecht an den Betriebsstätteneinkünften zu. Nach § 49 Abs. 1 Nr. 2 Buchst. a EStG erzielt der Ausländer durch seine Betriebsstätte i.S.d. § 12 AO Einkünfte aus Gewerbebetrieb und ist somit beschränkt steuerpflichtig. Er hat den Gewinn der Betriebsstätte zu ermitteln, wird zur deutschen Steuer veranlagt (§ 50 Abs. 3 EStG, § 49 Abs. 1 KStG) und ist insoweit anrechnungsberechtigt. Deutschland hat als Folge der Betriebsstättenbesteuerung somit das volle Besteuerungsrecht an den Dividenden. Im Rahmen der Gewinnermittlung der Betriebsstätte darf der ausländische Steuerpflichtige die mit den Einnahmen zusammenhängenden Betriebsausgaben abziehen.
Der unbeschränkten Steuerpflicht im Wohnsitz- bzw. Sitzstaat des Ausländers unterliegen grundsätzlich auch die Einkünfte aus Betriebsstätten, die nicht im Heimatland unterhalten werden. Da das DBA aber ein Besteuerungsrecht an Betriebsstätteneinkünften ausschließlich dem Betriebsstättenstaat zuweist, darf der Wohnsitz- bzw. Sitzstaat diese Einkünfte nicht mehr besteuern. Deshalb muß er gemäß Art. 23 A oder B OECD-MA das Betriebsstättenergebnis von seiner Besteuerung freistellen oder für die in Deutschland auf das Betriebsstättenergebnis entrichtete Steuer Anrechnung gewähren.
Liegt eine Betriebsstätte nach § 12 AO, aber nicht i.S.d. Art. 5 OECD-MA vor, kommt der Betriebsstättenvorbehalt des Art. 10 Abs. 4 OECD-MA mangels DBA-Betriebsstätte nicht zur Anwendung, und die Verteilungsnorm des Art. 10 Abs. 2 OECD-MA bleibt anwendbar.[179] Erfüllt die Betriebsstätte weder die Anforderungen des § 12 AO, noch die des Art. 5 OECD-MA, ist sie steuerlich nicht

[176]Für den umgekehrten Fall einer deutschen Muttergesellschaft mit ausländischer Tochter sieht § 26 Abs. 2 KStG die indirekte Anrechnung vor. Vgl. dazu KAUFMANN, Jürgen: Die Körperschaftsteuerbelastung..., a.a.O., S. 106ff.
[177]Zur Anrechnung der Kapitalertragsteuer siehe Anhang 7. Zur Ermittlung des Anrechnungshöchstbetrages vgl. VOGEL, Klaus, DBA-Kommentar, a.a.O., Art. 23, Rz. 154f, 162ff.
[178]Vgl. OECD-Kommentar zum OECD-MA, a.a.O., Art. 23, Ziff. 52, Rz. 123.
[179]Vgl. VOGEL, Klaus, DBA-Kommentar, a.a.O., Vor Art. 10-12, Rz. 15, 18, Art. 7, Rz. 150, OECD-Kommentar zum OECD-MA, a.a.O., Art. 7, Ziff. 35, Rz. 145, DEBATIN/ENDRES, Kommentar, a.a.O., Art. 7 DBA-USA, Rz. 17.

relevant, und es gelten die in Art. 10 Abs. 2 OECD-MA genannten allgemeinen Regeln zur Aufteilung des Besteuerungsrechts.

Im Ergebnis führt die Anwendung eines DBA zu einer geringeren Steuerbelastung des Anteilseigners. Gewährt der ausländische Staat ein Schachtelprivileg im Rahmen der Freistellungsmethode, bleiben die Dividenden im Ausland unbesteuert. Darüber hinaus wird die deutsche Kapitalertragsteuer ermäßigt. Ein ähnlich günstiges Ergebnis erreicht der Anteilseigner, wenn sein Wohnsitzstaat die indirekte Anrechnung ermöglicht, da nach vollständiger Anrechnung die Dividenden nur mit der Steuer des Auslandes belastet sind. In allen anderen Fällen sind die Dividendeneinkünfte im Ausland steuerpflichtig und es wird lediglich die Kapitalertragsteuer auf die ausländische Steuer angerechnet.

4.2.3.3.2.5.4. Abkommensregelungen bei Zinszahlungen

Überläßt der ausländische Anteilseigner seiner inländischen Kapitalgesellschaft Fremdkapital und erhält er dafür Zinszahlungen, unterliegt er mit diesen Einkünften aus Kapitalvermögen nur der beschränkten Steuerpflicht, wenn diese unter die Bestimmung des § 49 Abs. 1 Nr. 5 Buchst. a oder c EStG fallen. Gleichzeitig unterliegt er mit seinem Welteinkommen der unbeschränkten Steuerpflicht in seinem Wohnsitz- bzw. Sitzstaat.
Die Vermeidung der daraus entstehenden Doppelbesteuerung regelt Art. 11 Abs. 2 i.V.m. Art. 23 OECD-MA. Danach darf der Quellenstaat die Zinsen zwar besteuern, aber höchstens eine Quellensteuer von 10% des Bruttobetrages der Zinsen erheben. Um einen Abkommensmißbrauch zu vermeiden, ist Voraussetzung für die Anwendung dieser Vergünstigung, daß der Empfänger zugleich der Nutzungsberechtigte der Zahlungen ist.[180] Der Reduzierung der Quellensteuer steht im Wohnsitz- bzw. Sitzstaat eine Entlastung gegenüber, die als Ausgleich für die Quellensteuer dann nach Art. 23 A Abs. 2 oder B Abs. 1 OECD-MA die Doppelbesteuerung der Zinsen verhindert.[181] Der Wohnsitz- bzw. Sitzstaat rechnet grundsätzlich die in Deutschland gezahlte Quellensteuer auf die im Wohnsitz- bzw. Sitzstaat auf die Zinsen entfallende Steuer an.[182]
Werden die Zinsen von § 49 Abs. 1 Nr. 5 Buchst. a oder c EStG erfaßt, erhebt Deutschland als Quellenstaat nach nationalem Recht eine Kapitalertragsteuer von 25% oder 30% des Bruttobetrages der Zinsen oder führt eine Veranlagung durch. Durch eine Vereinbarung entsprechend Art. 11 Abs. 2 OECD-MA im jeweiligen DBA muß die Kapitalertragsteuer auf 10% reduziert werden. Auch wenn eine Veranlagung durchgeführt wird, darf die erhobene Steuer 10% des Bruttobetrages nicht übersteigen.

[180] Vgl. VOGEL, Klaus, DBA-Kommentar, a.a.O., Art. 11, Rz. 42f.
[181] Vgl. OECD-Kommentar zum OECD-MA, a.a.O., Art. 11, Ziff. 3, Rz. 4.
[182] Vgl. SCHAUMBURG, Harald, a.a.O., S. 760.

Die Anwendung des Anrechnungsverfahrens durch den Wohnsitz- bzw. Sitzstaat kann dazu führen, daß die Doppelbesteuerung nicht immer vollständig beseitigt wird. Hat der Darlehensgeber Refinanzierungskosten in Höhe der Zinseinnahmen, verbleibt ihm infolge des Betriebsausgabenabzugs kein steuerpflichtiger Ertrag im Wohnsitzstaat. Wenn nach Saldierung mit den Refinanzierungskosten im Wohnsitz- bzw. Sitzstaat kein Gewinn mehr verbleibt, kann jedoch die Quellensteuer nicht angerechnet werden.[183] Diese Folge ist der Anrechnungsmethode immanent und ergibt sich daraus, daß der Anrechnungsbetrag begrenzt ist. Die Vertragsstaaten können dies jedoch umgehen, indem sie vereinbaren, daß die Zinsen ausschließlich im Wohnsitz- bzw. Sitzstaat besteuert werden.
Daher hat Deutschland in zahlreichen DBA eine vom OECD-Muster abweichende Regelung vereinbart, wonach im Quellenstaat keine Quellensteuer erhoben werden darf. Der Wohnsitz- bzw. Sitzstaat des Zinsempfängers hat das ausschließliche Besteuerungsrecht an den Zinsen.[184] Der Quellenstaat verzichtet auf seine Besteuerungskompetenz; eine Doppelbesteuerung kann nicht mehr auftreten. Der Wohnsitz- bzw. Sitzstaat besteuert dann die Zinseinnahmen im Rahmen der unbeschränkten Steuerpflicht des Empfängers. Eine Steueranrechnung kommt mangels gezahlter Quellensteuer nicht in Frage, auch eine Freistellung der Zinsen ist nicht möglich, da diese sonst völlig unbesteuert blieben.[185]
Auch für Zinszahlungen gilt, daß nach § 50d Abs. 1 EStG zunächst Kapitalertragsteuer in voller Höhe abgeführt werden muß, die dann später an den Anteilseigner erstattet wird, es sei denn, die Voraussetzungen des § 50d Abs. 3 EStG liegen vor.

Fallen die an den ausländischen Anteilseigner gezahlten Zinsen nicht unter § 49 Abs. 1 Nr. 5 Buchst. a oder c EStG, wird der Zahlungsempfänger nicht beschränkt steuerpflichtig. Auch wenn im DBA ein Besteuerungsrecht für Deutschland als Quellenstaat vorgesehen ist, unterbleibt eine Besteuerung, da bereits nach innerstaatlichem Recht keine Steuerpflicht besteht.

Grundsätzlich können die Vertragsstaaten im DBA definieren, welche Formen der Kapitalüberlassung als Dividenden i.S.d. Art. 10 bzw. als Zinsen i.S.d. Art. 11 zu behandeln sind. So ist insbesondere in den neueren deutschen Abkommen vereinbart, daß auf die Finanzierungsform der typisch stillen Beteiligung und ausnahmsweise auch auf das partiarische Darlehen die Bestimmungen über Dividenden anzuwenden sind.[186] Somit wäre die Erhebung einer Quellensteuer von im

[183]Vgl. dazu auch OECD-Kommentar zum OECD-MA, a.a.O., Art. 11, Ziff. 13, Rz. 29.
[184]Vgl. die Übersicht bei VOGEL, Klaus, DBA-Kommentar, Art. 11, Rz. 46. Z.B. DBA mit Bulgarien, Dänemark, Finnland, Frankreich, Großbritannien, Irland, Island, Kuwait, Luxemburg, Niederlande, Norwegen, Österreich, Polen, Schweden, Schweiz, Ungarn und den USA,
[185]Daneben wurden auch DBA abgeschlossen, in denen dem Quellenstaat die Erhebung einer höheren Quellensteuer zugebilligt wird. So lassen z.B. die DBA mit Ägypten, Argentinien, Belgien, Brasilien, Ecuador, Iran, Israel, Kanada, Kenia, Malaysia, Portugal, Uruguay einen Steuersatz von 15% zu, 20% dürfen Liberia und Pakistan erheben.

Regelfall höchstens 15% zulässig. In manchen DBA dagegen wird das Besteuerungsrecht des Quellenstaates hinsichtlich dieser beiden Formen nicht eingeschränkt.[187] Unter der Voraussetzung, daß die gezahlten Vergütungen bei der Gewinnermittlung der zinszahlenden Gesellschaft im Quellenstaat als Betriebsausgaben abziehbar sind, darf der Quellenstaat die Vergütungen unbeschränkt nach seinem innerstaatlichen Recht besteuern.

Da bei deutschen Kapitalgesellschaften diese Bedingung des Betriebsausgabenabzugs erfüllt wäre,[188] würde Deutschland in diesem Fall als Quellenstaat eine Kapitalertragsteuer von 25% erheben dürfen. Es wäre dann Aufgabe des anderen Vertragsstaats, die Doppelbesteuerung durch Anwendung der Freistellungs- oder Anrechnungsmethode zu beseitigen. VOGEL[189] weist in diesem Zusammenhang darauf hin, daß in Deutschland Vergütungen auf stille Beteiligungen und partiarische Darlehen nicht in allen Steuerarten als Betriebsausgaben abzugsfähig sind. So sieht das Gewerbesteuergesetz eine volle bzw. hälftige Hinzurechnung vor. VOGEL folgert daraus, daß diese Regelung somit nicht zur Anwendung kommen kann, weil die Bedingung eines Abzugs als Betriebsausgabe nicht für alle Ertragsteuern gegeben ist.

M.E. geht diese Auslegung zu weit. Die DBA-Regel stellt auf den Betriebsausgabenabzug bei der Gewinnermittlung ab. Mindern die Vergütungen als Betriebsausgaben den Gewinn der Gesellschaft, unterliegen sie nicht der deutschen Einkommensbesteuerung, und folglich steht einem Kapitalertragsteuerabzug nichts im Wege. Mindern die Vergütungen den Gewinn nicht, sind sie bereits mit deutscher Steuer vom Einkommen belastet, weshalb auf eine Kapitalertragsteuer verzichtet werden kann. Diese Auslegung wird auch durch den Abkommenstext bestätigt, denn dieser fordert nur, daß die Vergütungen bei der Ermittlung des Gewinnes abzugsfähig sein müssen. Unter Gewinn ist hier der Steuerbilanzgewinn zu verstehen. Keinesfalls ist darauf abzustellen, ob die Vergütungen bei anderen deutschen Steuerarten, die in irgendeiner Form an den Gewinn anknüpfen, ebenso als Betriebsausgabe abzugsfähig sind.

Vereinbaren die Parteien nichts besonderes, und übernehmen sie die Regelung des OECD-MA, fallen Vergütungen, die auf partiarische Darlehen und stille Beteiligungen geleistet werden, unter die Bestimmungen für Zinsen.[190]

Hält der Ausländer die Forderung im Betriebsvermögen einer deutschen gewerblichen Betriebsstätte, die die Kriterien des DBA und von § 12 AO erfüllt, sind die

---

[186] So z.B. Art. 10 Abs. 4 DBA-USA.

[187] Z.B. in den DBA mit Ägypten, Argentinien, Bulgarien, China, Italien, Kuwait, Philippinen, Polen, Portugal, Uruguay, USA. Vgl. auch VOGEL, Klaus, DBA-Kommentar, a.a.O., Art. 11, Rz. 46.

[188] Siehe dazu Pkt. 4.2.2.2.

[189] Vgl. VOGEL, Klaus, DBA-Kommentar, a.a.O., Art. 11, Rz. 49.

[190] Vgl. VOGEL, Klaus, DBA-Kommentar, a.a.O., Art. 11, Rz. 61f. VOGEL begründet dies damit, daß bei diesen Finanzierungsformen der Kapitalgeber nicht das Risiko eines Gesellschafters trägt. Insofern stehen diese Formen dem Fremdkapital näher als dem Eigenkapital, und die Vergütungen fallen unter die Vorschriften für Zinsen.

Zinsen Betriebseinnahmen eines inländischen Betriebes. Der Betriebsstättenvorbehalt des Art. 11 Abs. 4 OECD-MA bestimmt für diesen Fall, daß nicht die Zuweisungsregel des Art. 11 Abs. 2 OECD-MA, sondern die Vorschriften über die Betriebsstättenbesteuerung in Art. 7 OECD-MA zur Geltung kommen. Analog zum Dividendenbezug hat Deutschland als Betriebsstättenstaat das Besteuerungsrecht auf den Betriebsstättengewinn, der die Zinseinnahmen einschließt und um Betriebsausgaben gemindert ist. Zu beachten ist in diesem Fall, daß nicht nur die in § 49 Abs. 1 Nr. 5 Buchst. a oder c EStG aufgeführten Zinsen, sondern sämtliche Zinsen den Betriebsstättengewinn erhöhen, sofern die zugrunde liegende Forderung dem Betriebsstättenvermögen zuzurechnen ist. Die Steuerpflicht umfaßt somit einen weiteren Bereich als wenn die Forderung in einem ausländischen Betriebsvermögen gehalten wird und die Zinsen direkt in das Ausland fließen.
Der ausländische Wohnsitz- bzw. Sitzstaat muß dann hinsichtlich des Betriebsstättengewinnes gemäß Art. 23 A oder B OECD-MA die Doppelbesteuerung durch Anwendung der Freistellungs- oder Anrechnungsmethode vermeiden. Beim Verfahren nach Art. 23 B OECD-MA rechnet der ausländische Vertragsstaat nicht mehr die in Deutschland auf Zinsen einbehaltene Kapitalertragsteuer an, sondern besteuert das Betriebsstättenergebnis und rechnet dabei die in Deutschland auf den Betriebsstättengewinn gezahlte Steuer an.
Zinszahlungen unterliegen nicht der wirtschaftlichen Doppelbesteuerung, da sie als Betriebsausgabe abzugsfähig und somit nicht mit Steuern belastet sind. Folglich kommt eine indirekte Anrechnung hierfür nicht in Frage.

4.2.3.3.3. Zwischenergebnis

Ausländische Anteilseigner unterliegen nur mit Einkünften i.S.v. § 49 EStG der beschränkten Steuerpflicht. Bei einer Gewinnausschüttung als Vergütung für die Hingabe von Eigenkapital wird für sie die Körperschaftsteuer-Ausschüttungsbelastung definitiv. Diese belastet den Anteilseigner nur dann nicht, wenn das Ausland eine indirekte Anrechnung ermöglicht. Darüber hinaus sind die Ausschüttungen noch mit Kapitalertragsteuer belastet, durch deren Abzug die beschränkte Steuerpflicht abgegolten ist. Lediglich in den Fällen der Mutter-Tochter-Richtlinie oder bei einer entsprechenden Vereinbarung in einem DBA wird die Kapitalertragsteuer ermäßigt.
Überlassen die Ausländer dagegen Fremdkapital, besteht in Deutschland nur eine beschränkte Steuerpflicht bei Vergütungen für stille Beteiligungen, partiarische Darlehen, Wandelschuldverschreibungen, Gewinnobligationen, Genußrechte, mit denen nicht das Recht am Gewinn und Liquidationserlös verbunden ist, sowie bei Verbriefung als Sammelurkunde oder Teilschuldverschreibung oder bei Eintragung in ein öffentliches Schuldbuch oder ausländisches Register. In diesen Fällen ist die inländische Steuerpflicht durch die Kapitalertragsteuer abgegolten, wobei

diese in DBA verringert oder ganz abgeschafft werden kann. Nur bei Besicherung durch inländische Grundstücke ist eine Veranlagung vorgesehen. Wählt der Ausländer eine andere Gestaltung, unterliegt er mit den Vergütungen nicht der inländischen Steuerpflicht und erhält diese somit frei von jeglichem Abzugsbetrag ausgezahlt.
Es wird deutlich, daß ausländische Kapitalgeber einen massiven steuerlichen Anreiz haben, ihre Gesellschaft mit Fremdkapital auszustatten, da sie bei Überlassung von Eigenkapital einer wesentlich höheren Steuerbelastung in Deutschland ausgesetzt sind. Weil sie nicht in das Anrechnungsverfahren einbezogen sind, verlieren sie bei Eigenkapitalüberlassung das Körperschaftsteuerguthaben und sind somit gegenüber den Anrechnungsberechtigten benachteiligt.[191]
Lediglich wenn sie ihre Beteiligung bzw. Forderung in einem inländischen Betriebsvermögen halten, können sie die Körperschaftsteuer und Kapitalertragsteuer anrechnen.

4.3. Besteuerung der Kapitalüberlassung unter Geltung des § 8a KStG

4.3.1. Zielsetzung und Konzeption der Regelung

4.3.1.1. § 8a KStG als Mißbrauchsvorschrift

Die durch das Standortsicherungsgesetz vom 13.9.1993[192] eingeführte Norm des §8a KStG regelt, daß Vergütungen für Fremdkapital, die von einer inländischen, unbeschränkt steuerpflichtigen Kapitalgesellschaft an wesentlich beteiligte, nicht anrechnungsberechtigte Anteilseigner oder ihnen Nahestehende gezahlt werden, nicht als Betriebsausgabe, sondern als verdeckte Gewinnausschüttung behandelt werden, wenn eine bestimmte Relation zwischen Fremd- und Eigenkapital überschritten ist.
Aus der Gesetzesbegründung zur Einführung des § 8a KStG wird deutlich, daß die Neuregelung eingeführt wurde, um Fällen "überzogener Fremdfinanzierung"[193] die steuerliche Anerkennung zu verweigern. Die Gesetzesbegründung[194] weist darauf hin, daß der Gesellschafter auch weiterhin in seiner Entscheidung frei ist, wie er seine Gesellschaft mit Kapital ausstattet, denn es existiert noch immer keine explizite Höchstgrenze für Fremdkapital. Somit bleibt die Finanzierungsfreiheit de jure gewahrt. De facto ist sie aber aufgehoben, wenn die Folgen der gewählten Finanzierung steuerlich nicht mehr anerkannt werden.

---

[191] Ein Steuerbelastungsvergleich bzgl. der Überlassung von Eigen- und Fremdkapital ist in Anhang 8 und 9 dargestellt.
[192] Vgl. BGBl. I 1993, S. 1569.
[193] BT-DrS 12/4158, S. 36 (Regierungsentwurf), BT-DrS 12/4487, S. 36.
[194] ebenda, S. 36.

Mit Schreiben vom 16.3.1987[195] nahm die Finanzverwaltung einen Mißbrauch rechtlicher Gestaltungsmöglichkeiten an, wenn ein nichtanrechnungsberechtigter Anteilseigner oder eine ihm nahestehende Person seiner Gesellschaft ohne hinreichenden wirtschaftlichen Grund und in zeitlichem Zusammenhang mit einer Kapitalherabsetzung Fremdkapital zuführt.[196] Als weiteren Fall eines offensichtlichen Mißbrauchs wertete es die Finanzverwaltung, wenn Fremdkapital zugeführt oder belassen wird, obwohl das Eigenkapital in auffallendem Mißverhältnis zum Aktivvermögen steht. Ein solches Mißverhältnis sollte vorliegen, wenn die Eigenkapitalausstattung wesentlich geringer ist, als es der Branche entspricht. Als Grundsatz formulierte die Finanzverwaltung, daß ein Mißverhältnis vorliegt, wenn das Eigenkapital geringer als 10% des Aktivvermögens ist.
Dieser Ansicht widersprach der BFH[197] mit seinem Urteil vom 5.2.1992. Danach fehlt der Verwaltungsanweisung die Rechtsgrundlage. Mit Schreiben vom 16.9.1992[198] reagierte die Finanzverwaltung und hob die Anweisung vom 16.3.1987 ersatzlos auf.
Daraufhin führte der Gesetzgeber die Neuregelung des § 8a KStG ein.
Durch die unmittelbare Reaktion des Gesetzgebers auf die BFH-Rechtsprechung und den Hinweis in der Gesetzesbegründung auf die oben genannte, der Gesetzesänderung vorangegangene Auseinandersetzung zwischen BMF und BFH wird deutlich, daß die Neuregelung inhaltlich an den Schutz vor angeblich mißbräuchlichen Gestaltungsformen anknüpft. Auch die Finanzverwaltung weist in ihrem Schreiben vom 16.9.1992[199] darauf hin, daß sie nach der Aufhebung der Verwaltungsanweisung vom 16.3.1987 erwägt, dem Gesetzgeber eine gesetzliche Regelung vorzuschlagen. Auch Vertreter der Finanzverwaltung weisen darauf hin, daß § 8a KStG hauptsächlich zur Bekämpfung des Mißbrauchs bei angeblich überzogener Fremdfinanzierung dienen soll. So stellt MÜLLER-GATERMANN[200] fest, daß durch die Neuregelung gezielte Gestaltungen zur Steuervermeidung verhindert werden sollen.
Der Mißbrauch liegt nach Auffassung der Finanzverwaltung[201] vor allem darin, daß durch die Fremdkapitalüberlassung Vergütungen in das Ausland fließen, die

---

[195]Vgl. BMF-Schr. v. 16.3.1987, IV B 7-S 2742-3/87, BStBl. I 1987, S. 373f.
[196]Die Finanzverwaltung beruft sich dabei auf zwei Urteile des RFH: RFH-U. v. 27.9.1938, I 135/38, RStBl. 1939, S. 173 und RFH-U. v. 31.10.1939, I 77/37, RStBl. 1940, S. 35. SCHRÖDER jedoch stellt fest, daß diese Urteile einen spezifisch einmaligen Sachverhalt betreffen, und folglich daraus keine allgemeinen Schlüsse ableitbar sind. Vgl. SCHRÖDER, Siegfried, StBp 1991, S. 178f.
[197]Vgl. BFH-U. v. 5.2.1992, I R 127/90, BStBl. II 1992, S. 536.
[198]Vgl. BMF-Schr. v. 16.9.1992, IV B 7-S 2742-61/92, BStBl. I 1992, S. 653f.
[199]ebenda, S. 654.
[200]Vgl. MÜLLER-GATERMANN, Gert: Gesellschafter-Fremdfinanzierung nach § 8a KStG, Gesetzliche Regelung und praktische Anwendung aus der Sicht der Finanzverwaltung, in: Die Unternehmensbesteuerung im Standortsicherungsgesetz, hrsg. v. N. Herzig, Köln, 1994, S. 59.
[201]Vgl. MÜLLER-GATERMANN, Gert: Die internationalen steuerlichen Auswirkungen des Standortsicherungsgesetzes, in: FR 1993, S. 386, SARRAZIN, Viktor: Bekämpfung unerwünschter Steuergestaltungen, in: DStZ 1994, S. 291, THIEL, Jochen: Einlagen in Kapitalgesellschaften - Aktuelle Steuerfragen bei der Gesellschaft und beim Gesellschafter, in: DStR 1992, S. 3, PAUKA, Dietmar: Änderungen

nicht der deutschen Besteuerung unterliegen, da Zinszahlungen grundsätzlich die körperschaftsteuerliche Bemessungsgrundlage mindern und der ausländische Anteilseigner mit seinen Zinseinkünften im Inland nicht beschränkt steuerpflichtig wird, wenn die Zinsen nicht unter die engen Voraussetzungen des § 49 Abs. 1 Nr. 5 EStG fallen. Durch hohe Zinszahlungen werde der im Inland steuerpflichtige Gewinn künstlich gemindert bzw. abgesaugt.[202] Statt Dividenden würden Zinsen an die ausländischen Anteilseigner gezahlt,[203] wodurch diese sich die Belastung ausgeschütteter Gewinne mit nicht anrechenbarer Körperschaftsteuer ersparten. Zusätzlich ließe sich ggf. die Abführung von Kapitalertragsteuer vermeiden.[204] Die auf diese Weise ersparte Körperschaft- und Kapitalertragsteuer stärke die Eigenfinanzierung der Gesellschaft und vermittele somit einen Wettbewerbsvorteil gegenüber Kapitalgesellschaften mit anrechnungsberechtigten Anteilseignern.[205] Von Seiten der Finanzverwaltung wird den Ausländern somit vorgeworfen, sie umgingen den Grundsatz der Einmalbelastung im Inland erzielter Gewinne mit deutscher Ertragsteuer.[206]
FLOCKERMANN[207] kritisiert nicht nur den Steuerausfall für den deutschen Fiskus, sondern auch einen Wettbewerbsvorteil für ausländisch beherrschte Kapitalgesellschaften: Da Ausländer die Zinsen unbelastet von deutscher Steuer erhalten, unterliege das der inländischen Gesellschaft überlassene Kapital bei Reinvestition im Inland einer wesentlich geringeren Steuerbelastung als bei einer vergleichbaren inländisch beherrschten Kapitalgesellschaft, die bei Thesaurierung 45% Körperschaftsteuer zahlen muß.

4.3.1.2. Grundsatz der Einmalbelastung

Die Körperschaftsteuerreform 1977 sollte für ausgeschüttete Gewinne eine doppelte Belastung (beim Gesellschafter und bei der Gesellschaft) mit deutscher

---

des Körperschaftsteuergesetzes durch das Standortsicherungsgesetz, in: NWB, F. 4, S. 3959.

[202]THIEL, Jochen, GmbHR 1992, S. 20, ders.: Rechtsunsicheres Körperschaftsteuerrecht, in: StbJb 1989/90, S. 78, SINGBARTL, Hans: Einschränkung der Fremdfinanzierung von Kapitalgesellschaften, in: DStR 1980, S. 220f.

[203]Vgl. ZEITLER, Franz-Christoph: Auswirkungen des Standortsicherungsgesetzes auf die steuerliche Praxis, in: BB 1993, S. 1709. Ähnlich: SINGBARTL, Hans, DStR 1980, S. 220f.

[204]Kapitalertragsteuer wird einbehalten, sofern Kapitalerträge i.S.v. § 43 Abs. 1 S. 1 EStG vorliegen. Evtl. ist die Erhebung durch Vereinbarungen in DBA eingeschränkt.

[205]Vgl. KRAUSHAAR, Rolf: Gesellschafter-Fremdfinanzierung (§ 8a KStG), in: Generalthema Steuergestaltung bei verbundenen Unternehmen in Europa, Bericht über die Steuerfachtagung des IDW 1993, Düsseldorf, 1993, S. 253.

[206]Vgl. MÜLLER-GATERMANN, Gert: Gesellschafter-Fremdfinanzierung..., a.a.O., S. 58, FLOCKERMANN, Paul: Die Fremdfinanzierung von Kapitalgesellschaften durch ihre nichtanrechnungsberechtigten Anteilseigner nach dem geplanten § 8a KStG, in: DStR 1982, S. 340. Ähnlich: UELNER, Adalbert: Steuerliche Probleme der Fremdfinanzierung von Kapitalgesellschaften, in: IFSt, Brief 198, S. 6f. Vgl. dazu auch BT-DrS 12/5016, S. 83.

[207]Vgl. FLOCKERMANN, Paul: Unmittelbare und mittelbare Fremdfinanzierung durch nichtanrechnungsberechtigte Gesellschafter einer Kapitalgesellschaft, in: JbFSt 1981/82, S. 43. Zustimmend: UELNER, Adalbert, in: IFSt, Brief 198, S. 12.

Steuer vermeiden. Da aber Gewinnausschüttungen weiterhin der deutschen Steuer unterliegen sollen, wurde die Anrechnung von Körperschaftsteuer auf die Anteilseigner beschränkt, die mit ihren Dividendeneinkünften in Deutschland steuerpflichtig sind. Im Ergebnis bleibt somit jede Gewinnausschüttung einmal endgültig mit inländischer Steuer belastet.[208] Beim Inländer verbleibt infolge der Anrechnung eine Belastung mit dessen persönlicher Einkommen- bzw. Körperschaftsteuer, während beim Ausländer die Ausschüttungsbelastung von 30% (§27 Abs. 1 KStG) definitiv wird.
FLOCKERMANN vertritt die These, daß die Zinszahlungen wirtschaftlich betrachtet Gewinnausschüttungen seien, "die nur aus steuerlichen Gründen in das Gewand von Fremdkapitalvergütungen gekleidet worden sind."[209] Er folgert daraus, daß sich durch die Umqualifizierung von Zinszahlungen in verdeckte Gewinnausschüttungen eine steuerliche Belastung erreichen läßt, die den zugrunde liegenden wirtschaftlichen Verhältnissen entspricht. Nur durch eine entsprechende Umqualifizierung werden die Zinsen als das besteuert, was sie seiner Ansicht nach sind, nämlich als Gewinnausschüttungen.
Der Grundsatz der Einmalbelastung gelte auch bei der Steueraufteilung im internationalen Steuerrecht, denn die in einem Staat erwirtschafteten Gewinne sollen einmal im Quellenstaat der Besteuerung unterliegen. Außerdem gewährleiste die Einmalbelastung die Gleichmäßigkeit der Besteuerung und vermeide Wettbewerbsverzerrungen.[210]

4.3.1.3. Beurteilung der Argumentation der Finanzverwaltung

In der Begründung der Einführung des § 8a KStG wird immer wieder von einer "überzogenen Fremdfinanzierung" bzw. einem "Übermaß an Fremdkapital" gesprochen. Bemerkenswert ist die Wortwahl, wodurch eine bestimmte Relation von Eigen- zu Fremdkapital als offensichtlich nicht vertretbar eingestuft wird. Obwohl oben gezeigt wurde, daß weder die betriebswirtschaftliche Finanzierungstheorie noch das Zivilrecht ein Höchstmaß an zulässigem Fremdkapital bestimmen können, soll für Zwecke der Besteuerung die Finanzierungsfreiheit eingeschränkt werden, indem eine bestimmte Fremdkapitalhöhe als "überzogen" angesehen und steuerlich nicht anerkannt wird.[211] Da sich eine Höchstgrenze für

---

[208] Vgl. KREBS, Hans-Joachim: Auswirkungen der Steuerreform auf das Körperschaftsteuerrecht aus nationaler und internationaler Sicht, in: GmbHR 1988, S. 233, MANKE, Klaus: Auswirkungen der Körperschaftsteuerreform auf das Außensteuerrecht, in: StbJb 1977/78, S. 271f, HORLEMANN, Heinz-Gerd: Gesellschafter-Fremdfinanzierung, in: DStZ 1992, S. 138.

[209] FLOCKERMANN, Paul, DStR 1982, S. 340.

[210] Vgl. FLOCKERMANN, Paul, JbFSt 1981/82, S. 44, ders.: Neuer § 8a und Änderungen der §§ 27 bis 29 KStG, in: JbFSt 1982/83, S. 288, THIEL, Jochen, GmbHR 1992, S. 20.

[211] Kritisch dazu auch SCHNEIDER, Dieter: Lücken bei der Begründung einer "Eigenkapitallücke", in: DB 1986, S. 2293ff. Zu einer empirischen Studie über die Kapitalstrukturen von Industrieunternehmen in Deutschland und den USA siehe FRANCFORT, Alfred/RUDOLPH, Bernd: Zur Entwicklung der Kapitalstrukturen in Deutschland und in den Vereinigten Staaten von Amerika, in: zfbf 1992, S. 1059ff.

den Verschuldungsgrad ökonomisch und gesellschaftsrechtlich nicht belegen läßt, führt das Steuerrecht durch die Setzung einer solchen Höchstgrenze eigene Wertungen ein, die sich ökonomisch nicht begründen lassen und sich somit als reine Fiskalzwecknormen zur Sicherung des Steueraufkommens darstellen.[212] Die Behauptung, eine bestimmte Fremdkapitalhöhe sei überzogen und somit mißbräuchlich, ist m.E. abzulehnen, da sich kein objektiver Maßstab einer angemessenen Fremdkapitalausstattung feststellen läßt.[213]

Den ausländischen Anteilseignern wird vorgeworfen, durch die Umwandlung von Dividenden in Zinszahlungen die Besteuerung in Deutschland zu vermeiden und sich somit Wettbewerbsvorteile gegenüber ihrer inländischen Konkurrenz zu verschaffen. Dies ist jedoch nur bei inländischen Nichtanrechnungsberechtigten möglich, da bei diesen die Zinsen endgültig ohne inländische Steuerbelastung verbleiben. Die Erhebung einer Steuer wäre hier aus Wettbewerbsgründen denkbar. Hinsichtlich ausländischer Anteilseigner ist zwar richtig, daß Zinszahlungen die Steuerbemessungsgrundlage der inländischen Kapitalgesellschaft grundsätzlich vermindern und daß bei entsprechender Gestaltung[214] die Zinsen frei von Kapitalertragsteuer in das Ausland fließen, jedoch unterliegen die Zinszahlungen der Besteuerung im ausländischen Wohnsitzstaat des Anteilseigners.[215] Eine Reinvestition der Zinszahlungen völlig ohne Steuerbelastung ist daher im Regelfall nicht möglich. Ersparen sich ausländische Anteilseigner die deutsche Besteuerung, verbleiben für sie im Heimatland steuerpflichtige Zinseinnahmen. M.E. verschaffen sich die Ausländer durch die Gesellschafter-Fremdfinanzierung folglich keinen unangemessenen Wettbewerbsvorteil,[216] sondern erreichen durch eine einmalige Belastung der Vergütungen (im Heimatstaat) erst eine Gleichstellung mit ihren inländischen Wettbewerbern, denen infolge des Anrechnungsverfahrens eine einmalige Steuerbelastung garantiert ist.[217] Gerade zu

---

[212]Vgl. HERZIG, Norbert: Spannungsverhältnis zwischen Finanzierungsfreiheit und fehlender Finanzierungsneutralität der Besteuerung, in: FR 1994, S. 600.

[213]Eine expilzite Bestimmung über die steuerlich erforderliche Eigenkapitalhöhe gibt es nur für Betriebe gewerblicher Art von juristischen Personen des öffentlichen Rechts. Bei diesen wird eine Eigenkapitalquote von 30% verlangt. Vgl. Abschn. 28 Abs. 3 KStR. Der BFH forderte noch 40%. Vgl. BFH-U. v. 1.9.1982, I R 52/78, BStBl. II 1983, S. 148.

[214]Eine Kapitalertragsteuer wird nicht erhoben, wenn im DBA Deutschland auf einen Quellensteuerabzug verzichtet oder wenn die Zinsen nicht unter § 49 Abs. 1 Nr. 5 EStG fallen.

[215]Auch KNOBBE-KEUK spricht sich gegen eine auf das Inland beschränkte Betrachtung aus und will die ausländische Steuerbelastung der Vergütungen berücksichtigen. Vgl. KNOBBE-KEUK, Brigitte: Bilanz- und Unternehmenssteuerrecht, 9. Aufl., Köln, 1993, S. 589. Kritisch auch: BÖCKLI, Peter: Die Verweigerung der Steuergutschrift gegenüber Steuerausländern nach der deutschen Körperschaftsteuerreform 1977 aus der Sicht eines Vertragsstaates, in: StuW 1979, S. 10.

[216]Ein Vorteil verbleibt für die Ausländer, wenn die Zinseinnahmen in ein Niedrigsteuerland fließen, wo sie nur einer geringen Steuer unterliegen. Allerdings finden sich sowohl in den DBA als auch in § 50d Abs. 1a EStG Schutzregelungen, die eine willkürliche Verschiebung der Einkünfte über Zwischengesellschaften verhindern sollen.

[217]Zustimmend: LOOS, Gerold: Neuregelung der Gesellschafter-Fremdfinanzierung bei Kapitalgesellschaften, in: StbJb 1988/89, S. 301, HAASE, Klaus Dittmar/SCHNEELOCH, Dieter/SIEGEL, Theodor: Besteuerung der Gesellschafterfremdfinanzierung, Stuttgart, 1983, S. 16, 50. Auch diese Au-

dem Argument der Wettbewerbsneutralität ist außerdem anzumerken, daß das deutsche Körperschaftsteuersystem durch die Versagung der Anrechnungsberechtigung die Ausländer im Vergleich zu inländischen Anteilseignern diskriminiert.[218]
Werden die Zinsen als verdeckte Gewinnausschüttungen behandelt, tritt zu der deutschen Ausschüttungsbelastung noch die Steuerpflicht für Zinseinnahmen im Heimatland, und aus der vermeintlichen Gleichstellung von In- und Ausländern wird eine Doppelbelastung, also Schlechterstellung der Ausländer, wenn der ausländische Staat die Umqualifizierung nicht nachvollzieht.[219] Im übrigen sind die Inländer nicht darauf angewiesen, Kapital in der Gesellschaft zu thesaurieren und den Gewinn somit einer Tarifbelastung von 45% zu unterwerfen, denn sie können durch das Schütt-aus-Hol-zurück-Verfahren die Steuerbelastung reinvestierter Gewinne senken.[220]
Auch der Grundsatz der Einmalbelastung kann m.E. nicht dazu dienen, Zinszahlungen in verdeckte Gewinnausschüttungen umzuqualifizieren. Erhalten Ausländer Zinszahlungen, unterliegen sie im Heimatland mit diesen der Besteuerung und können nur den Restbetrag reinvestieren. Im Ergebnis sind die Vergütungen, selbst wenn es sich eigentlich um Dividenden handelte, einmal mit Steuer belastet. Sollen Wettbewerbsvorteile der Ausländer vermieden werden, ist es unerheblich, ob die Steuerbelastung im Inland oder im Heimatstaat erhoben wird, denn es kommt hinsichtlich er Wettberwerbsbedingungen nur darauf an, daß die Vergütungen überhaupt der Besteuerung unterliegen.
Im übrigen sind bei anrechnungsberechtigten Anteilseignern reinvestierte Gewinne nicht immer einmal mit Steuern belastet, folglich ist hier der Grundsatz der Einmalbelastung nicht immer erfüllt. Möglich wäre, daß die Dividendeneinkünfte bei den Inländern aufgrund eines Verlustausgleichs oder -abzugs nicht mit Steuer belastet werden. Dadurch würden zwar Verluste verbraucht und stünden nicht mehr für einen Ausgleich mit künftigen Gewinnen zur Verfügung, aber die Dividenden könnten somit ungeschmälert reinvestiert werden.
Nach FASSNACHT[221] ist der Grundsatz der Einmalbelastung nicht geeignet, die Einführung des § 8a KStG zu begründen. Dieser Grundsatz beinhalte nur die

---

toren weisen darauf hin, daß zur Beurteilung der Wettbewerbsneutralität die ausländische Besteuerung zu berücksichtigen ist.

[218] Vgl. dazu auch SCHMIDT, Peter Jürgen: Grenzen zulässiger Gesellschafter-Fremdfinanzierung, in: Generalthema Unternehmensbesteuerung und Steuerreform, Bericht über die Steuerfachtagung des IDW 1988, Düsseldorf, 1988, S. 34.

[219] KUHN weist darauf hin, daß sich die Wettbewerbsposition der deutschen Kapitalgesellschaft eher verschlechtert, da sie sich nicht mehr so einfach über die ausländische Muttergesellschaft refinanzieren kann. Die Tochter kann somit nicht über die Mutter Zugang zu den internationalen Kreditmärkten erlangen und profitiert nicht von den größeren Kreditspielräumen der Mutter. Vgl. KUHN, Klaus: Probleme der Besteuerung von Kapitalgesellschaften und Konzernen, in: StbJb 1980/81, S. 194.

[220] Die Höhe des nach Steuern verbleibenden Reinvestitionsbetrags hängt vom persönlichen Steuersatz des Anteilseigners ab.

[221] Vgl. FASSNACHT, Jürgen: Die Fremdfinanzierung von Kapitalgesellschaften durch deren Gesellschafter unter besonderer Berücksichtigung des Entwurfs eines § 8a KStG, Köln, 1984, zugl. Diss.

schlichte Aussage, daß jede Kapitalgesellschaft bei einer Gewinnausschüttung die Ausschüttungsbelastung herzustellen hat. Da die Zahlung von Zinsen an ihre Anteilseigner die Kapitalgesellschaft nicht davon abhalte, bei Gewinnausschüttungen die Ausschüttungsbelastung herzustellen, verstoße die Gesellschafter-Fremdfinanzierung folglich nicht gegen den o.g. Grundsatz. Bei der Beurteilung, ob es sich bei den Vergütungen für Fremdkapital tatsächlich um Gewinne handelt, helfe der Grundsatz der Einmalbelastung nicht weiter und sei somit nicht als Begründung geeignet.[222]
Anders argumentiert dagegen die Finanzverwaltung. Diese ist der Ansicht, daß die Zinszahlungen im Grunde Dividenden seien und nur in Gestalt von Zinsen gekleidet werden. Diese Aussage ist der kritische Punkt in ihrer Argumentation. M.E. liegt hier nur eine Behauptung vor, die nicht beweisbar ist. Das deutsche Steuerrecht knüpft grundsätzlich an zivilrechtliche Wertungen an,[223] folglich ist die zivilrechtliche Vereinbarung der Kapitalüberlassung maßgebend. Liegt eine gesellschaftsrechtliche Einlage vor, sind die Vergütungen Dividenden, bei der Überlassung eines Darlehens sind die Vergütungen als Zinszahlungen zu qualifizieren. Daß die inländische Kapitalgesellschaft ab einer bestimmten Fremdkapitalhöhe kaum noch steuerpflichtigen Gewinn ausweisen kann, ist keine Steuerumgehung der Anteilseigner, sondern eine logische Folge der deutschen Gewinnermittlungsvorschriften. Zinsen für betrieblich veranlaßte Darlehen sind als Betriebsausgaben abzugsfähig und mindern den Gewinn. Daraus läßt sich keine Begründung für die Einführung des § 8a KStG ableiten.
Es steht dem Gesetzgeber frei, die Gewinnermittlungsvorschriften zu ändern und den Betriebsausgabenabzug einzuschränken. Dies ist durch § 8a KStG geschehen. Zu bemängeln ist jedoch, daß dies nicht für sämtliche unbeschränkt steuerpflichtige Kapitalgesellschaften gilt, sondern davon abhängig ist, ob die Gesellschaft anrechnungsberechtigte Anteilseigner hat oder nicht.[224] Diese Lösung ist höchst unbefriedigend, da im deutschen Steuerrecht Gesellschaft und Gesellschafter zwei verschiedene Steuersubjekte sind und unabhängig voneinander zu besteuern sind.[225] Wenn der Gesetzgeber den Betriebsausgabenabzug ein-

---

Bonn, 1983, S. 18. Zustimmend: BAUMGÄRTEL, Martina: Steuerliche Probleme der Fremdfinanzierung von Kapitalgesellschaften durch ausländische Anteilseigner, Neuried, 1986, zugl. Diss. München, 1985, S. 87.

[222] Kritisch zu dem Grundsatz der Einmalbelastung: LEISNER, Walter: Kein Anrechnungsverfahren für Steuerbefreite?, in: StuW 1984, S. 247.

[223] Mit der wirtschaftlichen Betrachtungsweise weicht das Steuerrecht zwar von der zivilrechtlichen Gestaltung ab und stellt eigene Wertungen auf, doch läßt sich diese m.E. hier nicht heranziehen, weil objektive Finanzierungsregeln und -maßstäbe nicht existieren. UELNER hingegen betont, daß das Zivilrecht dem Steuerrecht nicht übergeordnet sei. Vgl. UELNER, Adalbert: Fremdfinanzierung durch Gesellschafter aus steuerrechtlicher Sicht, in: Bericht über die Steuerfachtagung des IDW 1981, Düsseldorf, 1981, S. 212.

[224] Eine Beschränkung auf Nichtanrechnungsberechtigte rügt auch WESTERFELHAUS, Herwarth: Die Definition der verdeckten Gewinnausschüttung - eine steuerrechtliche Studie mit Blick auf das Gesellschaftsrecht, in: GmbHR 1994, S. 231. Vgl dazu auch STRECK, Michael: Verdeckte Gewinnausschüttungen und verdeckte Einlagen in der Steuerpraxis, in: GmbHR 1987, S. 109.

schränkt, muß dies für alle deutschen Kapitalgesellschaften in gleicher Weise gelten. Betrifft die Regelung nur ausländisch beherrschte Gesellschaften, entsteht der Eindruck, daß zwar offiziell in den DBA auf eine Quellenbesteuerung für Zinsen von deutscher Seite verzichtet wird, daß sich aber der Gesetzgeber eine Hintertüre offengelassen hat, um die Zinszahlungen auf dem Umweg der Umqualifizierung doch noch besteuern zu können.
Der BFH[226] nimmt unter Bezugnahme auf § 42 AO einen Mißbrauch an, wenn ausschließlich in der Absicht der Steuerumgehung Gestaltungen gewählt werden, die nicht den wirtschaftlichen Vorgängen, Tatsachen und Verhältnissen angemessen sind.[227] Um also bei einem Gesellschafterdarlehen von einem Mißbrauch ausgehen zu können, muß zunächst bewiesen werden, daß diese Tatbestände bei der Gesellschafter-Fremdfinanzierung vorliegen. Bereits in Kapitel 2 wurde aufgezeigt, welche betriebswirtschaftliche Funktion ein Darlehen haben kann und welche nichtsteuerlichen Vorteile die Darlehensfinanzierung für Gesellschafter und Gesellschaft bietet. Vor diesem Hintergrund läßt sich kaum annehmen, daß ein Gesellschafterdarlehen ausschließlich zur Steuerumgehung gewährt wird. Bei der Darlehensgewährung handelt es sich um eine zweckmäßige, effektive, sinnvolle und zivilrechtlich zulässige Gestaltung. Das Körperschaftsteuerrecht knüpft die subjektive Steuerpflicht ausschließlich an die Rechtsform. Somit sind Gesellschaft und Gesellschafter zwei selbständige Rechtssubjekte, deren schuldrechtliche Beziehungen dem Grunde nach anerkannt werden. Es ist folglich nicht zu erkennen, wieso ein Gesellschafterdarlehen nicht den wirtschaftlichen Verhältnissen angemessen sein soll. Dem Anteilseigner darf die Nutzung dieses Instrumentes nicht verwehrt werden, indem die Kapitalüberlassung steuerlich nicht in dieser Form anerkannt wird. Der steuerliche Anreiz der Gesellschafterfremdfinanzierung hat nach der Reduzierung der Ausschüttungsbelastung auf 30% und dem Wegfall der Kapitalertragsteuer für bestimmte Anteilseigner (§ 44d EStG) ohnehin an Bedeutung verloren. Da § 42 AO bei Gesellschafterdarlehen nicht anwendbar ist, mußte die Sonderregelung des § 8a KStG eingeführt werden.
Die Steueraufteilung im internationalen Steuerrecht kann ebenfalls nicht herangezogen werden, um den sogenannten Grundsatz der Einmalbelastung zu legitimieren. Gerade im internationalen Steuerrecht ist es das Ziel der DBA, eine doppelte oder mehrfache Steuerbelastung durch die Einführung einer weltweiten Einmalbelastung zu vermeiden und somit eine steuerliche Wettbewerbsneutralität zu erreichen. Das Besteuerungsrecht wird dabei so aufgeteilt, daß eben nicht immer der Quellenstaat das Besteuerungsrecht an den dort erwirtschafteten Ein-

---

[225]Vgl. SARRAZIN, Viktor: Genußscheine und Gesellschafterdarlehen - steuerlich günstige Finanzierungen?, in: StbJb 1985/86, S. 137, LOTZ, Dieter: Die Grenzen der Fremdfinanzierung der Kapitalgesellschaft unter Beteiligung von Ausländern, in: JbFSt 1979/80, S. 440.
[226]Vgl. BFH-U. v. 28.4.1987, IX R 7/83, BStBl. II 1987, S. 815, BFH-U. v. 5.3.1986, I R 201/82, BStBl. II 1986, S. 497, BFH-U. v. 13.8.1985, VII R 172/83, BStBl. II 1985, S. 641.
[227]Vgl. auch WEBER-GRELLET, Heinrich: Tendenzen der BFH-Rechtsprechung, in: StuW 1993, S. 211 m.w.N., SCHNEELOCH, Dieter: Verdecktes Nennkapital, in: DStR 1987, S. 459.

künften hat. Gerade bei Zinszahlungen beschränkt der Quellenstaat regelmäßig sein innerstaatliches Besteuerungsrecht durch Verzicht auf die Erhebung einer Quellensteuer (Art. 11 OECD-MA), da die Zinsen im Gläubigerstaat besteuert werden. Die DBA-Regelungen sind somit Ausdruck des Grundsatzes einer weltweiten Einmalbelastung. Dieser wird aber durch die Regelung des § 8a KStG durch den bislang unbekannten Grundsatz der deutschen Einmalbelastung ersetzt.[228] Folgt der ausländische Fiskus nicht der deutschen Regelung, wird die aufgrund der DBA weitgehend gewährleistete Einmalbelastung wieder aufgegeben und es drohen erneut Doppelbelastungen. Zu Recht führt HAASE deshalb an, daß für eine deutsche Zusatzbelastung zur Erreichung einer Wettbewerbsneutralität nur Platz ist, wenn die Zinsen in ein Niedrigsteuerland fließen.[229]

Die Frage, ob es sich bei den Zinszahlungen in Wirklichkeit um Gewinnausschüttungen handelt, bzw. ob das Darlehen dem Grunde nach als solches anerkannt wird, wollen PEZZER[230] und WESTERFELHAUS[231] durch einen Fremdvergleich lösen. Sie erkennen das Darlehen als echtes Fremdkapital an, wenn der Gesellschafter gegenüber der Gesellschaft wie ein fremder Dritter auftritt. Hätte ein fremder Dritter der Gesellschaft zu diesem Zeitpunkt ein Darlehen unter diesen Bedingungen gewährt, liegen echte Zinszahlungen vor, die als Betriebsausgabe abzugsfähig sind. Ist das Darlehen gesellschaftsrechtlich verursacht, also aufgrund der Gesellschafterstellung überlassen worden, weil ein fremder Dritter es so nicht gewährt hätte, ist die Vergütung als Dividende anzusehen.[232] Die Autoren stellen Indizien auf, die eine Abgrenzung erleichtern sollen. So ist eine Dividende dann anzunehmen, wenn das Darlehen ungesichert überlassen wird, der Darlehensgeber auf seine Gläubigerrechte verzichtet, eine Rangrücktrittserklärung abgibt oder wenn Darlehen von den Anteilseignern proportional zu ihren Gesellschaftsanteilen gegeben werden. Außerdem in den Fällen einer Koppelung der Darlehenslaufzeit mit der Mitgliedschaft,[233] bei zinslosen Darlehen oder bei Unkündbarkeit.

Richtet sich die steuerliche Anerkennung der Zinszahlung als Betriebsausgabe nach diesen Indizien, wird der Gesellschafter gezwungen, seiner Kapitalgesellschaft nur solange Darlehen zu gewähren, wie dies auch von einem fremden Dritten zu erwarten ist. Im Ergebnis darf der Gesellschafter nur noch dann Dar-

---

[228] Vgl. HAASE, Klaus Dittmar: Die Finanzierung internationaler Unternehmen im Lichte der Besteuerung, in: StbJb 1982/83, S. 104.

[229] Vgl. ebenda, S. 104f.

[230] Vgl. PEZZER, Heinz-Jürgen: Die gesetzliche Erweiterung der verdeckten Gewinnausschüttung, in: StuW 1980, S. 15.

[231] Vgl. WESTERFELHAUS, Herwarth: Verdecktes Stammkapital wieder aktuell, in: DB 1986, S. 718.

[232] Einige Kriterien, bei denen eine gesellschaftsrechtliche Veranlassung angenommen werden kann, sind bei SCHNEIDER zu finden. Vgl. SCHNEIDER, Uwe: Ist die Annahme von Gesellschafterdarlehen ein "erlaubnisbedürftiges Bankgeschäft"?, in: DB 1991, S. 1868.

[233] Vgl. dazu RFH-U. v. 29.9.1942, I 129/42, RStBl. 1942, S. 1075, RFH-U. v. 7.12.1932, III A 159/32, StuW 1933, Nr. 152, S. 286.

lehen geben, wenn die Gesellschaft kreditwürdig ist, in allen anderen Fällen wird steuerlich von einer Eigenkapitalzuführung ausgegangen. Dieses Resultat ist m.E. nicht sachgerecht. Eine Ausrichtung des Verhaltens am Fremdvergleich schließt gerade die Möglichkeit aus, daß der Gesellschafter auch in einer Situation Darlehen gewähren würde, in der ein fremder Dritter ein solches nicht mehr gibt, z.B. bei Kreditunwürdigkeit. Muß sich der Gesellschafter wie ein Fremder verhalten, geht somit viel von den Vorteilen verloren, die er aufgrund seiner Gesellschafterstellung nutzen könnte.
Auch aus einem weiteren Grund führt der Vorschlag von PEZZER und WESTERFELHAUS nicht weiter. Eine Gewinnabsaugung durch Darlehensgewährung macht nur dann Sinn, wenn die Gesellschaft in Deutschland hohe Gewinne erzielt. Ist dies der Fall, hilft der Fremdvergleich wohl kaum weiter, denn die Gesellschaft wird kreditwürdig sein, und ein fremder Dritter hätte ebenso ein Darlehen gewährt. Das Darlehen wäre folglich anzuerkennen, obwohl gerade hier die Finanzverwaltung einen Mißbrauch vermutet. Ist die Gesellschaft aber nicht kreditwürdig, ist davon auszugehen, daß sie kaum nennenswerte Gewinne erwirtschaftet. Dann braucht der deutsche Fiskus eine mißbräuchliche Gewinnminderung durch hohe Fremdfinanzierung kaum fürchten, und auch die Tatsache, daß ein Dritter keinen Kredit gegeben hätte, bringt keine weitere Erkenntnis. Hier wird deutlich, daß ein Abstellen auf den Fremdvergleich bei der Anerkennung des Darlehens dem Grunde nach nicht zu dem Ziel führt, einen Mißbrauch aufzudecken.

M.E. kann deshalb ein anderer Ansatz gewählt werden, um einen Mißbrauch festzustellen. Die Anwendung dieses Ansatzes läßt dem Gesellschafter die Möglichkeit, unabhängig vom Verhalten Dritter mit seiner Gesellschaft so in Verbindung zu treten, wie es seinen Informationen und Präferenzen entspricht. Dabei ist aufgrund der ökonomischen Vorteile der Darlehensgewährung zunächst davon auszugehen, daß die Darlehensvergabe nicht ausschließlich steuerlich motiviert ist. Es ist dann zu untersuchen, ob sich der Gesellschafter insgesamt durch die Darlehensgewährung steuerlich besser stellt als bei Eigenkapitalüberlassung. Hier ist jedoch auf die gesamte Steuerbelastung im In- und Ausland abzustellen. Ist für ihn die steuerliche Belastung bei einer Fremdfinanzierung durch Gesellschafterdarlehen nicht geringer als bei der Eigenfinanzierung, muß davon ausgegangen werden, daß die Darlehensgewährung aus nichtsteuerlichen Motiven erfolgte. In diesem Fall kann m.E. ein Mißbrauch nicht mehr angenommen werden.

Unberührt hiervon bleibt die Frage der Anerkennung des Darlehens der Höhe nach. Es ist unbestritten, daß die Darlehensverzinsung der Höhe nach steuerlich nur anerkannt werden darf, wenn der Zinssatz einem Fremdvergleich entspricht. Nur so können willkürliche Gewinnverschiebungen vermieden werden.

Auch die allgemeinen Regeln für beherrschende Gesellschafter bleiben unberührt. Danach muß eine zivilrechtlich wirksame, klare, eindeutige, im voraus abgeschlossene Vereinbarung über die Höhe und das Entgelt der Leistungen vorliegen, nach der verfahren wird.[234]

4.3.1.4. Historie des § 8a KStG und Entwicklung der Rechtsprechung

Die gesetzliche Regelung zur Gesellschafter-Fremdfinanzierung hat eine lange Vorgeschichte.
(1) Regierungsentwurf 1979[235] und Bundesratsentwurf 1979[236]: Ausweitung des Tatbestandes der verdeckten Gewinnausschüttung (§ 8 Abs. 3 KStG) durch Einbeziehung gewinnabhängiger Vergütungen an Nichtanrechnungsberechtigte und Nahestehende.
(2) Referentenentwurf 1982[237]: Einbeziehung auch gewinnunabhängiger Vergütungen von wesentlich Beteiligten. Annahme einer verdeckten Gewinnausschüttung (vGA), wenn Gesellschafterdarlehen den Eigenkapitalanteil des Gesellschafters übersteigt oder fremder Dritter keinen Kredit gewährt.
(3) Referentenentwurf 1986[238]: Einheitliche Behandlung von Kapital und Ertrag. Das Gesellschafterdarlehen wurde als verdecktes Nennkapital bezeichnet. Bei gewinnunabhängiger Vergütung Annahme einer vGA, wenn die Eigenkapitalausstattung der Gesellschaft geringer als in der Branche üblich ist, bei gewinnabhängiger Vergütung stets Annahme einer vGA. Erfassung auch von Anrechnungsberechtigten.
(4) BMF-Schr. v. 16.3.1987[239]: Konkretisierung der Annahme eines Mißbrauchs rechtlicher Gestaltungsmöglichkeiten.[240]
(5) Regierungsentwurf 1988[241] und Steuerreformgesetz-Entwurf 1990[242]: Erneute Beschränkung auf gewinnabhängige Vergütungen.

In der Folge ergingen mehrere Urteile von Finanzgerichten[243] mit Kritik gegenüber dem BMF-Schreiben. Die Revision zweier Urteile führte schließlich zu zwei höchstrichterlichen Urteilen,[244] die der Verwaltungsanweisung die Rechtsgrund-

---

[234] Weitere Einzelheiten dazu in Abschn. 31 Abs. 5 und 6 KStR.
[235] Vgl. BT-DrS 8/3648, S. 9.
[236] Vgl. BT-DrS 8/3648, S. 33.
[237] Weitere Einzelheiten bei SCHWEBEL, in: DEJW, Kommentar, a.a.O., Anh. 4 zu § 8 KStG, Tz. 13.
[238] Weitere Einzelheiten ebenda, Tz. 14.
[239] Vgl. BMF-Schr. v. 16.3.1987, IV B 7-S 2742-3/87, BStBl. I 1987, S. 373.
[240] Zu Einzelheiten siehe Pkt. 4.3.1.1. Zur Anwendung vgl. BFH-B. v. 30.8.1989, I B 39/89, NV 1990, S. 161ff.
[241] Vgl. BT-DrS 11/2157, S. 25, 35.
[242] Vgl. BT-DrS 11/2157, S. 119. Zu Einzelheiten vgl. SINGBARTL, Hans/DÖTSCH, Ewald/HUNDT, Florenz: Die Änderungen des KStG durch das Steuerreformgesetz 1990, in: DB 1988, S. 1873.
[243] Vgl. FG Düsseldorf, U. v. 9.5.1990, 6 K 15/88 K, H, EFG 1991, S. 148, FG Baden-Württemberg, B. v. 22.3.1990, III V 35/89, EFG 1990, S. 410 (rkr.), FG Rheinland-Pfalz, U. v. 10.7.1989, 5 K 286/88, EFG 1990, S. 198f, FG Düsseldorf, U. v. 10.8.1988. 6 K 168/88 KA, EFG 1989, S. 80 (rkr.).

lage absprachen. In diesen Urteilen stellt der BFH zunächst die bilanzrechtliche Behandlung von Gesellschafterdarlehen dar. Diese seien, auch wenn sie nach den Regelungen des Zivilrechts Eigenkapital ersetzen, grundsätzlich Fremdkapital der Gesellschaft.[245] Damit folgt der BFH der BGH-Rechtsprechung[246] und macht deutlich, daß in der Handelsbilanz der Gesellschaft selbst dann noch Fremdkapital anzunehmen ist, wenn das Darlehen zu einem Zeitpunkt gewährt wird, in dem ein ordentlicher Kaufmann der Gesellschaft Eigenkapital zugeführt hätte.
Nach Auffassung des BFH schlägt die handelsrechtliche Behandlung aufgrund des Maßgeblichkeitsprinzips auf die steuerliche Beurteilung durch. Das Darlehen bleibt selbst dann Fremdkapital, "wenn die Darlehensgewährung als solche nur durch das Gesellschaftsverhältnis veranlaßt sein sollte".[247] Damit ist der Vorschlag von PEZZER und WESTERFELHAUS[248] hinfällig.
Auch zum Mißbrauchstatbestand des § 42 AO nimmt der BFH Stellung.[249] Danach liegt ein Mißbrauch bei einer zweckgerichteten Handlung zur Umgehung eines Steuergesetzes vor. Eine Umgehungsabsicht in dem Sinne, daß die unangemessene rechtliche Gestaltung gewählt wurde, um die Folgen eines Steuergesetzes zu vermeiden, muß ggf. im Einzelfall festgestellt werden.
Bezugnehmend auf die von der Finanzverwaltung angeführte Verletzung des Grundsatzes der Einmalbelastung führt der BFH aus, daß im deutschen Steuerrecht kein Grundsatz besteht, nach dem Vergütungen, die eine inländische Kapitalgesellschaft an ihren ausländischen Anteilseigner zahlt, einer bestimmten inländischen Mindeststeuer unterliegen müssen. Ein solcher Grundsatz besteht nur für Dividenden i.S.d. § 20 Abs. 1 Nr. 1 EStG, aber nicht für Zinsen i.S.d § 20 Abs. 1 Nr. 7 EStG. Ob Dividenden oder Zinsen vorliegen, richtet sich nach der zivilrechtlichen Gestaltung.
Im übrigen schreibt das KStG keine Mindesteigenkapitalquote vor, so daß der Gesellschafter auch weiterhin die Freiheit habe, seine Gesellschaft mit Eigen- oder Fremdkapital auszustatten. Deshalb sei die Entscheidung eines Gesellschafters, "nur Fremdkapital zur Verfügung stellen zu wollen",[250] im Hinblick auf die Mißbrauchsvorschrift des § 42 AO hinzunehmen. Da es für die Fremdkapitalüberlassung wirtschaftliche Gründe gibt,[251] könne nicht angenommen werden,

---

[244]Vgl. BFH-U. v. 5.2.1992, I R 127/90, BStBl. II 1992, S. 532 zu Vorinstanz FG Düsseldorf, U. v. 9.5.1990, BFH-U. v. 5.2.1992, I R 79/89, NV 1992, S. 629 zu FG Rheinland-Pfalz, U. v. 10.7.1989. Vgl. auch BFH-B. v. 14.8.1991, I B 240/90, BStBl. II 1991, S. 935ff.

[245]Vgl. BFH-U. v. 5.2.1992, I R 127/90, BStBl. II 1992, S. 534, sowie das weitgehend inhaltsgleiche Urteil v. 5.2.1992, I R 79/89, NV 1992, S. 630.

[246]Vgl. BGH-U. v. 11.5.1987, II ZR 226/86, DB 1987, S. 1781, vgl. auch Pkt. 3.3.4.1. m.w.N.

[247]BFH-U. v. 5.2.1992, I R 127/90, BStBl. II 1992, S. 535.

[248]Siehe oben Pkt. 4.3.1.3.

[249]Einen Überblick über die Rechtsprechung des BFH zu § 42 AO bietet ROSE, Gerd/GLORIUS, Cornelia: Beratungsrelevante Erkenntnisse aus der jüngsten Rechtsprechung zu § 42 AO, in: DB 1992, S. 2207ff. Vgl. auch KOTTKE, Klaus: Strategien des Steuerzahlers zur Verhinderung der unberechtigten Anwendung des Mißbrauchsparagraphen, in: DB 1995, S. 1837.

[250]BFH-U. v. 5.2.1992, I R 127/90, BStBl. II 1992, S. 536.

[251]Zu diesen vgl. auch SCHMIDT, Peter Jürgen, a.a.O., S. 33.

diese diene nur der Steuerumgehung. Eine Umgehungsabsicht müsse für jeden Einzelfall konkret vom Finanzamt festgestellt werden.
Unabhängig davon kann bei einem beherrschenden Gesellschafter die Vergütung nach den allgemeinen Regeln als verdeckte Gewinnausschüttung behandelt werden, wenn eine klare, von vornherein abgeschlossene, eindeutige und tatsächlich durchgeführte Vereinbarung fehlt.[252]
Nach diesem Urteil war eine Umqualifizierung von Fremdkapital in verdecktes Nennkapital auf dem Erlaßwege nicht mehr möglich und der Gesetzgeber entschloß sich, eine gesetzliche Regelung zu schaffen. Als Resultat wurde § 8a KStG geschaffen.

Mit seinem Urteil schließt der erste Senat des BFH an eine Reihe von Urteilen an, welche die Umqualifizierung von Zinszahlungen in verdeckte Gewinnausschüttungen bzw. die Behandlung von Fremdkapital als verdecktes Eigenkapital sehr restriktiv behandeln.
Bereits der RFH mußte beurteilen, ob die Fremdfinanzierung durch Gesellschafterdarlehen ein Mißbrauch von Gestaltungsmöglichkeiten sei.[253] Er entschied im Jahre 1928, daß Darlehenszinsen keine verdeckten Dividenden seien, wenn die Gesellschaft aus berechtigten wirtschaftlichen Gründen frei von Steuerumgehungsabsichten nur mit geringem Stammkapital ausgestattet sei und ansonsten mit Gesellschafterdarlehen finanziert werde. Die Tatsache, daß der Steuerpflichtige rechtlich zulässig Formen wähle, die eine Einsparung von Steuern bewirken, führe noch nicht zur Anwendung der Mißbrauchsvorschrift.[254] Daran anknüpfend stellte der RFH 1933 fest, daß der Gesellschafter grundsätzlich in der Wahl, mit welchen Mitteln er seinen Betrieb ausstatten wolle, nicht beschränkt sei. Weil die subjektive Steuerpflicht im Körperschaftsteuerrecht ausschließlich an die Rechtsform anknüpfe, sei unter Zugrundelegung besonders strenger Anforderungen von der Steuerbehörde nachzuweisen, daß eine andere Rechtsform zwingend gewesen sei. Zur Umqualifizierung genüge nicht, daß bei wirtschaftlicher Betrachtungsweise die gewählte Rechtsform unzweckmäßig sei, oder daß den Finanzbehörden nicht erfindlich sei, warum der Steuerpflichtige diese Form gewählt habe.[255] Dem schloß sich der dritte Senat des RFH[256] an und entschied, daß ein Gesellschafterdarlehen nur dann als Einlage behandelt werden dürfe, wenn es rein objektiv in einem Fall Eigenkapital ersetze, in dem eine Kapitalerhöhung das wirtschaftlich Gebotene und allein Mögliche gewesen wäre.

---

[252]Vgl. BFH-U. v. 5.2.1992, I R 127/90, BStBl. II 1992, S. 537.
[253]Die gesetzliche Normierung der Rechtsfolgen bei Mißbrauch war zunächst in § 5 RAO geregelt, später in § 6 StAnpG, dann in § 42 AO 1977.
[254]Vgl. RFH-U. v. 20.11.1928, I A 153/28, RStBl. 1929, S. 41.
[255]Vgl. RFH-U. v. 19.9.1933, I A 272/31, RStBl. 1933, S. 1221.
[256]Vgl. RFH-U. v. 21.11.1940, III 34/40, RStBl. 1941, S. 269. Ebenso auch: RFH-U. v. 24.6.1943, III 34/43, RStBl. 1943, S. 766.

Der erste Senat des BFH führte die RFH-Rechtsprechung weiter[257] und nahm einen Gestaltungsmißbrauch nur an, wenn eine Eigenkapitalzuführung allein möglich, also zwingend war.[258]

Der dritte Senat wählte einen anderen Ansatz. Er sieht ein Gesellschafterdarlehen infolge eines offensichtlichen Mißbrauchs dann als verdecktes Eigenkapital an, wenn die Kapitalgrundlage für die Aufgaben der Gesellschaft von vornherein unzureichend war, wenn sich der Gesellschafter dessen bewußt war und die Darlehensgewährung nur gewählt hat, um bei Mißlingen seinen Verlust möglichst gering zu halten. Darüber hinaus ist nur dann verdecktes Eigenkapital anzunehmen, wenn die Mittelzuführung objektiv notwendig war, und der Gesellschafter nur deshalb ein Darlehen eingeräumt hat, weil ein fremder Dritter dieses zu den gleichen Bedingungen nicht mehr gewährt hätte.[259] Somit widersprach der dritte Senat der Rechtsprechung des ersten Senats, welcher kein verdecktes Eigenkapital annahm, wenn ein fremder Dritter das Darlehen zu gleichen Bedingungen nicht eingeräumt hätte.[260] Mit seinem Urteil vom 10.3.1972 gab der dritte Senat seine abweichende Auffassung auf und folgte dem ersten und vierten Senat.[261]

Auch im folgenden Urteil betont der BFH aufs neue, daß es dem Gesellschafter freigestellt sei, die Art der Mittelzuführung zu bestimmen. Eine Behandlung von Darlehen als verdecktes Eigenkapital komme nur dann ausnahmsweise in Betracht, wenn eine Zuführung von Eigenkapital zwingend gewesen sei. Ist dies nicht der Fall, bleibt das Darlehen selbst dann Fremdkapital, wenn die Gesellschaft überschuldet ist.[262] Auch das Verhältnis von Stammkapital und Gesellschafterdarlehen kann nicht als Begründung für eine Umqualifizierung herangezogen werden, denn es "nimmt der Kapitalzuführung grundsätzlich nicht ihren obligatorischen Charakter".[263]

---

[257] Vgl. hierzu das BFH-U. v. 28.10.1964, I 198/62 U, BStBl. III 1965, S. 121. Der BFH hat hier bei einer Relation von Eigen- zu Fremdkapital von 1:6 trotz gewinnabhängiger Vergütung kein verdecktes Eigenkapital angenommen.

[258] Vgl. BFH-U. v. 7.11.1950, I 20/50 U, BStBl. III 1951, S. 14, BFH-U. v. 20.8.1954, I 130/53 U, BStBl. III 1954, S. 338, BFH-U. v. 11.10.1955, I 117/54 U, BStBl. III 1956, S. 12, BFH-U. v. 20.3.1956, I 178/55 U, BStBl. III 1956, S. 179, BFH-U. v. 13.1.1959, I 44/57 U, BStBl. III 1959, S. 199, BFH-U. v. 6.10.1959, I 136/59 U, BStBl. III 1960, S. 11. Dem schloß sich der zweite Senat in einer Entscheidung zu § 3 KapVStG an. Vgl. dazu BFH-U. v. 7.5.1952, II 56/52 U, BStBl. III 1952, S. 182. Auch der vierte Senat bestätigte dies, selbst wenn das Stammkapital nicht voll eingezahlt ist. Vgl. BFH-U. v. 18.3.1966, IV 218/65, BStBl. III 1966, S. 197f.

[259] Vgl. BFH-U. v. 15.5.1953, III 103/52 S, BStBl. III 1953, S. 210, BFH-U. v. 18.9.1953, III 64/53 U, BStBl. III 1953, S. 329, BFH-U. v. 15.7.1960, III 114/57 U, BStBl. III 1960, S. 401, BFH-U. v. 21.3.1969, III R 18/68, BStBl. II 1969, S. 431.

[260] Vgl. BFH-U. v. 20.3.1956, I 178/55 U, BStBl. III 1956, S. 180, BFH-U. v. 13.1.1959. I 44/57 U, BStBl. III 1959, S. 199.

[261] Vgl. BFH-U. v. 10.3.1972, III R 52/69, BStBl. II 1972, S. 519, bestätigt durch BFH-U. v. 22.2.1974, III R 5/73, BStBl. II 1974, S. 331. Der BFH erkannte nun Gesellschafterdarlehen bei der Ermittlung des Einheitswertes als Schuldposten an.

[262] Vgl. BFH-U. v. 10.12.1975, I R 135/74, BStBl. II 1976, S. 227.

[263] BFH-U. v. 10.12.1975, I R 135/74, BStBl. II 1976, S. 228.

Der BFH[264] hat in einem späteren Urteil entschieden, daß die Zahlung eines Gesellschafters für die Freistellung von einer Bürgschaft, die er für Verbindlichkeiten seiner Gesellschaft übernommen hatte, zu den Anschaffungskosten der Beteiligung gehört. Nach Ansicht des BFH sind Gesellschafterdarlehen unter den übrigen Voraussetzungen einer verdeckten Einlage regelmäßig eigenkapitalersetzende Darlehen i.S. der Rechtsprechung des BGH. Die von der Gesellschaft auszuweisende Verbindlichkeit gegenüber dem Gesellschafter stehe folglich dem Eigenkapital nahe, weshalb es gerechtfertigt sei, sie in der Frage der Anschaffungskosten der Beteiligung den gesellschaftsrechtlichen Einlagen gleichzustellen. Während EPPLER[265] hierin einen Widerspruch zur Rechtsprechung des ersten Senats sieht, bestreitet dies das FG Düsseldorf.[266] Das FG ist der Ansicht, daß das BFH-Urteil nur die Frage der Anschaffungskosten betreffe. Für die Behandlung des Kapitals und der Vergütungen bei der Gesellschaft lasse sich daraus nichts ableiten.[267] Dieser Auffassung ist m.E. zuzustimmen, zumal der BFH betont, daß zusätzlich die übrigen Voraussetzungen einer verdeckten Einlage[268] vorliegen müssen. Der Gesellschafter müßte also eine Leistung an die Gesellschaft erbringen, die ihre Ursache im Gesellschaftsverhältnis hat und seiner Gesellschaft einen einlagefähigen Vermögensvorteil zuwenden. MÜLLER-GATERMANN[269] geht davon aus, daß ein eigenkapitalersetzendes Darlehen diese Voraussetzungen erfüllt und folglich stets als verdeckte Einlage zu behandeln ist. Dies ist jedoch nicht der Fall, da sowohl BFH[270] als auch BGH[271] entschieden haben, daß bei eigenkapitalersetzenden Darlehen die Rückzahlungsverpflichtung der Gesellschaft bestehen bleibt, und nur die Geltendmachung der Forderung durch den Gesellschafter verhindert wird. Es liegt somit kein Vermögensvorteil der Gesellschaft durch Vermehrung von Aktiva oder Minderung von Schulden vor.

---

[264]Vgl. BFH-U. v. 2.10.1984, VIII R 36/83, BStBl. II 1985, S. 322. Dazu: MATHIAK, Walter: Zum Bilanzsteuerrecht, in: StuW 1985, S. 273. Vgl. dazu auch BFH-U. v. 3.10.1989, VIII R 328/84, NV 1990, S. 362.

[265]Vgl. EPPLER, Gerold: Neue Tendenzen beim verdeckten Stammkapital?, in: DStR 1986, S. 742.

[266]Vgl. FG Düsseldorf, U. v. 9.5.1990, 6 K 15/88 K, H, EFG 1991, S. 148.

[267]Zustimmend: KAMPRAD, Balduin, GmbHR 1989, S. 128. A.A.: WASSERMEYER, Franz: Eigenkapitalersetzende Leistungen aus der Sicht des Steuerrechts, in: ZGR 1992, S. 656, MÜLLER-GATERMANN, Gert: Besteuerung bei Gesellschafter-Fremdfinanzierung - ein Zwischenergebnis, in: FR 1992, S. 500. Beide Autoren gehen davon aus, daß die Behandlung einer Leistung als Anschaffungskosten auf die Beteiligung zwingend eine Einlage bei der Gesellschaft voraussetzt.

[268]Vgl. dazu Abschn. 36a KStR.

[269]Vgl. MÜLLER-GATERMANN, Gert, FR 1992, S. 500.

[270]Vgl. BFH-U. v. 5.2.1992, I R 127/90, BStBl. II 1992, S. 534.

[271]Vgl. oben Pkt. 3.3.3.1. und 3.3.3.2.

4.3.2. Tatbestandsvoraussetzungen des § 8a KStG

4.3.2.1. Grundsatz

Nach § 8a Abs. 1 S. 1 KStG gelten Vergütungen für Fremdkapital, das eine unbeschränkt steuerpflichtige Kapitalgesellschaft von ihrem wesentlich beteiligten, nichtanrechnungsberechtigten Anteilseigner erhalten hat, als verdeckte Gewinnausschüttungen, wenn bei dem vom Gesellschafter überlassenen Kapital eine bestimmte Relation von Eigen- zu Fremdkapital nicht eingehalten wird.
In seinem persönlichen Anwendungsbereich betrifft § 8a KStG nur fremdfinanzierte, unbeschränkt steuerpflichtige Kapitalgesellschaften. Als Fremdkapitalempfänger kommt nach der Gesetzesbegründung und dem Wortlaut der Vorschrift nur eine Kapitalgesellschaft i.S.v. § 1 Abs. 1 Nr. 1 KStG in Betracht,[272] soweit diese nicht persönlich von der Körperschaftsteuer befreit ist. Darüber hinaus fallen nach Ansicht der Finanzverwaltung auch ausländische Gesellschaften, deren Geschäftsleitung zwar im Inland, aber deren Sitz im Ausland liegt, unter die Regelung, wenn sie aufgrund eines Typenvergleichs einer inländischen Kapitalgesellschaft i.S.d. § 1 Abs. 1 Nr. 1 KStG entsprechen.[273] Ursache dafür ist, daß diese Gesellschaften nach der Rechtsprechung des BFH[274] als unbeschränkt steuerpflichtig gelten.[275]
SCHWEBEL[276] lehnt dies m.E. zu Recht ab. Bei diesen Gesellschaften handelt es sich um nichtrechtsfähige Vereine i.S.v. § 1 Abs. 1 Nr. 5 KStG, die nach der Intention der Vorschrift nicht erfaßt werden sollten. Die Finanzverwaltung dehnt folglich den Anwendungsbereich zu weit aus und begibt sich somit in Widerspruch zu Gesetzesbegründung und -wortlaut.[277]

---

[272] Vgl. BT-DrS 12/4487, S. 37, BLÜMICH/MENCK, Kommentar, a.a.O., § 8a KStG, Rz. 9.
[273] Vgl. Einführungsschreiben des BMF zu § 8a KStG v. 15.12.1994, IV B 7-S 2742a-63/94, Rdn. 6, in: DB 1995, Beil. 1. Zustimmend: GAIL, Winfried/DÜLL, Alexander/SCHUBERT, Christiane/ HESS-EMMERICH, Ulrike: Bilanzielle und steuerliche Überlegungen des GmbH-Geschäftsführers und seines Beraters zum Jahresende 1994, in: GmbHR 1994, S. 760, HEY, Friedrich: Gesellschafterfremdfinanzierung, in: RIW 1995, S. 305.
[274] Vgl. BFH-U. v. 23.6.1992, IX R 182/87, BStBl. II 1992, S. 973. Vgl. auch BFH-B. v. 13.11.1991, I B 72/91, BStBl. II 1992, S. 264.
[275] Der BFH folgt damit der im Zivilrecht vorherrschenden Sitztheorie. Vgl. dazu: GAIL, Winfried/ DÜLL, Alexander/SCHUBERT, Christiane/HESS-EMMERICH, Ulrike, GmbHR 1994, S. 761. Vgl. auch: EBENROTH, Carsten Thomas/AUER, Thomas: Die Vereinbarkeit der Sitztheorie mit europäischem Recht, GmbHR 1994, S. 16ff, KNOBBE-KEUK, Brigitte: Der Wechsel von der beschränkten zur unbeschränkten Körperschaftsteuerpflicht und vice versa, in: StuW 1990, S. 372ff.
[276] Vgl. SCHWEBEL, Manfred, in: DEJW, Kommentar, a.a.O., § 8a KStG, Tz. 6. Zustimmend: IDW-Steuerfachausschuß: Stellungnahme der Arbeitsgruppe "Gesellschafterfremdfinanzierung (§ 8a KStG)" zum Entwurf eines Einführungsschreibens zu § 8a KStG, in: WPg 1994, S. 471.
[277] A.A.: HERZIG, Norbert: Standortsicherungsgesetz: Gesetzliche Regelung der Gesellschafter-Fremdfinanzierung in § 8a KStG, in: DB 1994, S. 113. HERZIG erkennt zwar an, daß diese Gesellschaften nach dem Gesetzeswortlaut nicht einzubeziehen sind, fordert aber unter Hinweis auf § 43 KStG eine Nachbesserung des Gesetzestextes, damit sie in Zukunft unter die Vorschrift fallen.

§ 8a KStG gilt nicht für Gesellschaften, deren Sitz und Geschäftsleitung sich im Ausland befindet, die aber aufgrund einer inländischen Betriebsstätte veranlagt werden und folglich ihren Gewinn aus Gewerbebetrieb ermitteln müssen.
Die Regelung betrifft nur Anteilseigner, die nicht zur Anrechnung von Körperschaftsteuer berechtigt[278] und gleichzeitig wesentlich an der Kapitalgesellschaft beteiligt sind.

In seinem sachlichen Anwendungsbereich betrifft § 8a KStG alle Vergütungen für die Überlassung von Fremdkapital. Nach Auffassung von MENCK[279] liegt Fremdkapital dann vor, wenn die dafür entrichteten Vergütungen beim Anteilseigner materiell Einkünfte aus Kapitalvermögen sind, und es sich nicht um Einkommensverwendung handelt.
In ihrem zeitlichen Anwendungsbereich gilt die Regelung gemäß § 54 Abs. 6b KStG erstmals für das Wirtschaftsjahr, das nach dem 31.12.1993 beginnt. Für Fremdkapital, das vor dem 9.12.1992 überlassen wurde, gilt, sofern die Vergütung nicht in einem Bruchteil des Kapitals bemessen wird, nach § 54 Abs. 6b S. 2 KStG eine Übergangsregelung für Wirtschaftsjahre, die vor dem 31.12.1997 enden.
Das Gesetz bestimmt einen Bereich von steuerlich anerkanntem Fremdkapital (Freibereich, safe haven, Toleranzbereich). Diesen darf der Gesellschafter durch Überlassung von Fremdkapital ausnutzen. Vergütungen für den Freibereich übersteigendes Fremdkapital werden nicht als Betriebsausgabe anerkannt, sondern grundsätzlich in verdeckte Gewinnausschüttungen umqualifiziert. Eine Ausnahme ist nur möglich, wenn die Gesellschaft bei der Überlassung von ergebnisunabhängig verzinstem Fremdkapital nachweist, daß sie dieses auch von fremden Dritten erhalten hätte. Die Höhe des safe havens ergibt sich durch Anwendung eines Vervielfachers auf das anteilige Eigenkapital des Gesellschafters, wobei die Höhe des Vervielfachers davon abhängt, ob die Vergütung gewinn- bzw. umsatzabhängig ist oder nicht.

4.3.2.2. Fremdkapitalbegriff des § 8a KStG

Die Anwendung des § 8a Abs. 1 KStG setzt voraus, daß der Gesellschaft Fremdkapital überlassen wurde. Nutzungsentgelte für die Überlassung anderer Wirtschaftsgüter können somit nicht unter die Vorschrift subsumiert werden.[280]
In § 8a KStG ist nicht definiert, welche Finanzierungsformen als Fremdkapital i.S.d. Vorschrift gelten. Der Begriff ist deshalb grundsätzlich weit zu fassen und beinhaltet sämtliche passivierungsfähigen Kapitalzuführungen in Geld, die nicht zum Eigenkapital gehören, z.B. fest und variabel verzinsliche Darlehen, typische

---

[278] Siehe dazu oben Pkt. 4.2.3.3.1.
[279] Vgl. BLÜMICH/MENCK, Kommentar, a.a.O., § 8a KStG, Rz. 11.
[280] Vgl. STRECK, Michael: Kommentar zum Körperschaftsteuergesetz mit Nebengesetzen, 4. Aufl., München, 1995, § 8a KStG, Anm. 5.

stille Beteiligungen, partiarische Darlehen, bestimmte Formen von Genußrechtskapital,[281] Gewinnschuldverschreibungen.
Die atypische stille Beteiligung fällt nicht darunter.[282] Da sie steuerlich als Mitunternehmerschaft qualifiziert wird, unterliegt der Gesellschafter mit seinen Gewinnanteilen der deutschen Besteuerung nach den Vorschriften des § 49 Abs. 1 Nr. 2 Buchst. a EStG; die Einbeziehung in § 8a KStG erübrigt sich daher.[283] Dem widerspricht WIDMANN.[284] Er weist darauf hin, daß die Forderung des atypisch stillen Gesellschafters handelsrechtlich nicht zum Eigenkapital der Gesellschaft gehöre. Da § 8a KStG auf das Handelsrecht zurückgreife, falle auch die atypisch stille Beteiligung unter das Fremdkapital. Die Vorschrift des § 8a KStG greift aber m.E. nur hinsichtlich der Bestimmung des anteiligen Eigenkapitals des Anteilseigners auf das Handelsrecht zurück, der Begriff des Fremdkapitals ist nach einer steuerlichen Wertung einzustufen.
Unerheblich ist, ob das Fremdkapital zivilrechtlich als eigenkapitalersetzend eingestuft wird. Dies ist sachgerecht, da das Kapital stets seine Qualität als Fremdkapital behält.
Ist die Kapitalgesellschaft als Leasingnehmer wirtschaftlicher Eigentümer des Leasinggegenstandes, muß sie das Wirtschaftsgut aktivieren und gleichzeitig eine Verbindlichkeit in Höhe der Anschaffungskosten gegenüber dem Leasinggeber ausweisen.[285] Ist der Anteilseigner Leasinggeber, gilt der Finanzierungsanteil der Verbindlichkeit als Fremdkapital i.S.v. § 8a KStG.[286]

---

[281] Genußrechtskapital, mit dem das Recht auf Beteiligung am Gewinn und Liquidationserlös verbunden ist, gehört nicht zum Fremdkapital, da die Vergütungen gemäß § 8 Abs. 3 S. 2 KStG nicht abziehbar sind. Zu Einzelheiten vgl. WINTER, Willi: Steuerliche Behandlung von Genußrechten, in: GmbHR 1993, S. 31ff, ANGERER, H.-Peter: Genußrechte bzw. Genußscheine als Finanzierungsinstrument, in: DStR 1994, S. 41ff.

[282] Vgl. KORN, Klaus: Kapitalgesellschafter-Fremdfinanzierungen - Reichweite des § 8a KStG und Beratungserwägungen, in: DStZ 1993, S. 738, SCHILD, Claus: Hybride Finanzierungen: Stille Beteiligungen: Bilanz- und Steuerrecht, in: Rechtliche, bilanzielle und steuerliche Fragen der Unternehmensfinanzierung, JbFSt 1994/95, S. 623, WALTER, Wolfgang: § 8a KStG und die GmbH & Atypisch Still, in: DStZ 1994, S. 113, OHO, Wolfgang/SCHNEIDER, Jutta/BEHRENS, Stefan: Keine Umqualifizierung von an einen ausländischen Anteilseigner gezahlten Darlehenszinsen gem. § 8a KStG bei gleichzeitiger atypisch stiller Beteiligung, in: DB 1996, S. 2519, OFD Düsseldorf, Vfg. v. 5.7.1989, S 2118a A - St 11 H 1, DStR 1989, S. 540.

[283] Die atypisch stille Gesellschaft wird als Mitunternehmerschaft qualifizert, wenn der Stille an stillen Reserven und Firmenwert beteiligt ist und ihm mindestens die Rechte eines Kommanditisten laut HGB zustehen. Vgl. WALTER, Wolfgang, DStZ 1994, S. 113. Vgl. auch: SARRAZIN, Viktor, StbJb 1985/86, S. 142f, HOFFMANN, Wolf-Dieter: Zum Problem der stillen Beteiligung ausländischer Anteilseigner an inländischen Beteiligungsunternehmen, in: DB 1979, S. 1195ff.

[284] Vgl. WIDMANN, Siegfried, Diskussionsbeitrag, in: JbFSt 1994/95, S. 628f.

[285] Vgl. Leasingerlaß des BMF v. 19.4.1971, IV B 2-S 2170-31/71, BStBl. I 1971, S. 265, unter V.1., und BMF-Schr. v. 21.3.1972, F/IV B 2-S 2170-11/72, BStBl. I 1972, S. 188 unter II.2.a.

[286] Vgl. KÖSTER, Beate-Katrin: Zweifelsfragen und Gestaltungsalternativen bei der Gesellschafterfremdfinanzierung, in: RIW 1994, S. 314. A.A.: HEY, Friedrich: Gesellschafterfremdfinanzierung, in: RIW 1993, S. 834f. Vgl. dazu auch: HENKEL, Udo: Leasing und § 8a KStG, in: Rechtliche, bilanzielle und steuerliche Fragen der Unternehmensfinanzierung, JbFSt 1994/95, S. 653f.

Erhaltene Anzahlungen, die als Verbindlichkeit passiviert werden, sind nach ihrem wirtschaftlichen Gehalt Vorleistungen auf einen Leistungsaustausch. Solange mit der Erfüllung der Leistungspflicht von seiten des Anzahlungsempfängers zu rechnen ist, liegt m.E. kein Fremdkapital i.S.d. § 8a KStG vor. Ebensowenig stellen passive Rechnungsabgrenzungsposten, z.B. bei Dauerschuldverhältnissen (§ 250 HGB), Fremdkapital dar.[287]

Überläßt der Anteilseigner seiner Gesellschaft kurzfristig Fremdkapital, z.B. auf der Grundlage von Waren- oder Lieferantenkrediten, fällt dieses nicht unter die Regelung, da der Bezug zum Warenaustausch und nicht die Finanzierung im Vordergrund steht.[288] Voraussetzung ist, daß Lieferant und Kreditgeber identisch sind. Aus Vereinfachungsgründen erkennt die Finanzverwaltung eine Laufzeit bis zu sechs Monaten als kurzfristig an. Auch eine längere Laufzeit ist unschädlich, wenn diese in der jeweiligen Branche üblich ist.[289] Die Einstufung erfolgt dabei unabhängig vom gewerbesteuerlichen Dauerschuldbegriff.[290] Als nicht kurzfristig betrachtet die Finanzverwaltung[291] Forderungen des Anteilseigners, die in ein Kontokorrentverhältnis einzustellen sind. Damit soll verhindert werden, daß der Anteilseigner laufende Schulden stehen läßt und dadurch die Gesellschaft unter Umgehung des § 8a KStG im Ergebnis langfristig finanziert.[292]

Die Herausnahme von kurzfristigem Fremdkapital ist sachgerecht, da die Regelung insgesamt darauf zielt, das Fremdkapital zu treffen, das angeblich materiell Eigenkapital ist und dieses nur ersetzt. Es macht folglich keinen Sinn, kurzfristige Lieferantenkredite einzubeziehen, deren Höhe am Bilanzstichtag zumeist zufallsbedingt ist.[293]

Nach Auffassung der Finanzverwaltung fällt auch unverzinslich überlassenes Fremdkapital unter die Vorschrift des § 8a KStG.[294]

Da § 8a KStG nur Vergütungen für die Überlassung von Fremdkapital betrifft, greift die Vorschrift nicht, wenn der Anteilseigner Sachkapital anstelle des Fremdkapitals ausreicht. Erwirbt der Anteilseigner ein Wirtschaftsgut und überläßt es gegen Miet-, Pacht-, Leasing- oder Lizenzzahlungen an die inländische

---

[287] Vgl. KÖSTER, Beate-Katrin, RIW 1994, S. 314.

[288] Vgl. BLÜMICH/MENCK, Kommentar, a.a.O., § 8a KStG, Rz. 11. A.A.: HEY, Friedrich, RIW 1993, S. 834. HEY will kurz- und langfristiges Fremdkapital gleichbehandeln.

[289] Vgl. BMF-Schr. v. 15.12.1994, a.a.O., Rdn. 47f. Z.B. im Bereich der langfristigen Fertigung.

[290] Zu diesem siehe Abschn. 47 GewStR. Der IDW-Steuerfachausschuß hingegen befürwortet einen Rückgriff auf bekannte Fremdkapitalgrößen und will folglich den Dauerschuldbegriff heranziehen. Vgl. IDW-Steuerfachausschuß, WPg 1994, S. 473.

[291] Vgl. BMF-Schr. v. 15.12.1994, a.a.O., Rdn. 49.

[292] Kritisch: BELLSTEDT, Christoph: Das Einführungsschreiben zu § 8a KStG, in: DB 1995, S. 13.

[293] Die Bundessteuerberaterkammer spricht sich dafür aus, Lieferantenschulden generell, also auch bei Langfristigkeit, von § 8a KStG auszunehmen, da hier kaum Ansatzpunkte für einen Mißbrauch möglich seien. Vgl. dies.: Stellungnahme der Bundessteuerberaterkammer zu dem Entwurf des Bundesministeriums der Finanzen zu einem Einführungsschreiben zu § 8a KStG in der Fassung vom 22.4.1994, in: IStR 1994, S. 328.

[294] Vgl. BMF-Schr. v. 15.12.1994, a.a.O., Rdn. 44. A.A.: STRECK, Michael, Kommentar, a.a.O., § 8a KStG, Anm. 5. Vgl. dazu unten Pkt. 4.3.2.3.6.

Kapitalgesellschaft, sind die Tatbestandsvoraussetzungen des § 8a KStG nicht erfüllt, es sei denn, der Nutzende wird wirtschaftlicher Eigentümer (§ 39 Abs. 2 AO).[295] Vor der Fremdkapitalgewährung sollten sich die beteiligten Parteien überlegen, ob sie nicht diesen Weg wählen wollen.

4.3.2.3. Regelungsinhalt bei Vergütungen für Fremdkapital

4.3.2.3.1. Begriff der Vergütung

Als Vergütung gilt grundsätzlich jedes Entgelt, das für die Nutzungsüberlassung auf der Grundlage eines obligatorischen Vertrages gezahlt wird.[296] Dafür kommen nicht nur Zinsen mit einem festen oder variablen Zinssatz in Frage, sondern auch Umsatz- oder Gewinnbeteiligungen. Zur Verhinderung einer Umgehung fallen darunter auch sonstige Zahlungen an den Darlehensgeber, die Vergütungscharakter haben, z.B. Disagio, Vorfälligkeitsentschädigungen, Gebühren, Provisionen.[297]
Nicht als Vergütung i.S.d. § 8a KStG gilt die Factoring-Gebühr, die die Tochtergesellschaft beim Verkauf von Forderungen an ihre Mutter an diese entrichtet.[298]

4.3.2.3.2. Nicht in einem Bruchteil des Kapitals bemessene Vergütung

Überläßt der Anteilseigner seiner Gesellschaft Fremdkapital, ist zu prüfen, ob die dafür zu entrichtenden Vergütungen in einem Bruchteil des Kapitals bemessen sind. Als nicht in einem Bruchteil des Kapitals bemessene Vergütungen gelten solche, die in irgendeiner Form von den Erwerbschancen und -risiken der Gesellschaft abhängen.[299] In erster Linie sind dies Darlehen, die gewinn- und/oder umsatzabhängig verzinst werden, z.B. partiarische Darlehen. Auch stille Beteiligungen fallen darunter. Als ergebnisabhängig gilt eine Vergütungen mit einem festen Prozentsatz, wenn die Entstehung der Zinsen oder ihre genaue Höhe von betriebsinternen Daten abhängt (z.B. "7% Zinsen, aber nur in Gewinnjahren" oder "7% Zinsen, wenn der Gewinn 1 Million nicht übersteigt, 8%, wenn er 1 Million übersteigt").[300] Gewinn- oder umsatzabhängig sind auch Vergütungen,

---

[295] Vgl. PRINZ, Ulrich: Gestaltungsmöglichkeiten und -grenzen bei § 8a KStG, in: FR 1994, S. 627. Für die Kapitalgesellschaft hat diese Gestaltung gewerbesteuerliche Auswirkungen: § 8 Nr. 7 und § 12 Abs. 2 Nr. 2 GewStG sehen Hinzurechnungen vor. Außerdem ist darauf zu achten, ob eine beschränkte Steuerpflicht entsteht. Zur Vorteilhaftigkeit dieser Gestaltung vgl. auch HEY, Friedrich, RIW 1993, S. 837f.
[296] Vgl. STRECK, Michael, Kommentar, a.a.O., § 8a KStG, Anm. 5.
[297] Vgl. BMF-Schr. v. 15.12.1994, a.a.O., Rdn. 51. Einschränkend: Bundessteuerberaterkammer, IStR 1994, S. 328, wonach Provisionen nicht stets und Gebühren nie Zinscharakter haben.
[298] Vorausgesetzt wird "echtes Factoring". Vgl. THÖMMES, Otmar: Neue steuerliche Regelungen der grenzüberschreitenden Unternehmenstätigkeit - Aktualitäten zum Standortsicherungsgesetz und Mißbrauchsbekämpfungsgesetz, in: JbFSt 1994/95, S. 89f.
[299] Z.B. Vergütungen auf Gewinnobligationen, stille Beteiligungen, Genußrechtskapital.

die unmittelbar vom Jahreserfolg abhängen, aber eine feste Mindest- und/oder Höchstverzinsung aufweisen (z.B. "mindestens 5% auf das Kapital, höchstens 15%"). Dies ist auch der Fall, wenn die Vergütung für ein Darlehen über eine feste Mindestverzinsung hinaus eine gewinnabhängige Zusatzverzinsung vorsieht.[301] Nach MENCK ist ein Darlehen auch dann gewinnabhängig vergütet, wenn feste Verzinsung und ein Disagio vereinbart wurden, aber die Laufzeit von betriebsinternen Daten abhängt (z.B. Rückzahlung bei Eintritt in die Gewinnsphäre).[302] Das Disagio ist als Bestandteil der Vergütung grundsätzlich über die Laufzeit des Darlehens zu verteilen. Ist die Laufzeit gewinnabhängig, hängt folglich auch die Aufteilung des Disagios auf die Laufzeit und somit die Verbuchung als Aufwand vom Eintritt des Gewinnes ab. M.E. kann folglich der Auffassung von MENCK gefolgt werden.

In den Fällen einer gewinn- oder umsatzabhängigen Vergütung wird wegen der Nähe zum Eigenkapital nur ein relativ geringer safe haven gewährt.[303] Die steuerliche Nichtaufgriffsgrenze bestimmt sich nach § 8a Abs. 1 S. 1 Nr. 1 KStG, der einen Vervielfacher von 0,5 vorsieht. Der safe haven des Anteilseigners, innerhalb dessen die Fremdfinanzierung gegen gewinn- oder umsatzabhängige Vergütung anerkannt wird, beträgt somit die Hälfte des anteiligen Eigenkapitals des Anteilseigners.

Daraus ergibt sich folgende Beziehung:

Gesellschafterfremdkapital	< oder =	0,5 x anteiliges Eigenkapital
Anteiliges Eigenkapital	> oder =	2 x Gesellschafterfremdkapital

Beispiel: Ein Gesellschafter mit einem anteiligen Eigenkapital von DM 100.000 räumt seiner Gesellschaft ein partiarisches Darlehen in Höhe von DM 80.000 ein. Die angemessene Vergütung beträgt 8.000. Der safe haven beträgt 0,5 x 100.000 = 50.000. Die Vergütung für DM 50.000 wird von § 8a KStG nicht erfaßt, die für den übersteigenden Betrag (30.000) ist umzuqualifizieren. Die verdeckte Gewinnausschüttung beträgt 3/8 von 8.000, also 3.000.

CURTIUS-HARTUNG lehnt die vom Gesetz vorgesehene Umqualifizierung der gesamten, den safe haven übersteigenden Vergütung ab und befürwortet dagegen nur eine Umqualifizierung der unangemessenen Vergütung. Es verweist darauf, daß die Rechtsprechung hinsichtlich der stillen Beteiligung bereits Kriterien zur Beurteilung der Angemessenheit entwickelt habe.[304] Würde dieser Auffassung gefolgt, könnte der Anwendungsbereich des § 8a KStG nach Belieben umgangen

---

[300] Vgl. HERZIG, Norbert, DB 1994, S. 170f.

[301] Vgl. BMF-Schr. v. 15.12.1994, a.a.O., Rdn. 53, 55, BLÜMICH/MENCK, Kommentar, a.a.O., § 8a KStG, Rz. 27f.

[302] Vgl. BLÜMICH/MENCK, Kommentar, a.a.O., § 8a KStG, Rz. 28.

[303] Vgl. HERZIG, Norbert: Gesellschafter-Fremdfinanzierung von Kapitalgesellschaften, in: StuW 1993, S. 243, ders.: DB 1994, S. 170, UELNER, Adalbert, in: IFSt, Brief 198, S. 18.

[304] Vgl. CURTIUS-HARTUNG, Rudolf: Aktuelle Entwicklungen im Körperschaftsteuerrecht, in: StbJb 1985/86, S. 12 mit Verweis auf BFH-U. v. 6.2.1980, I R 50/76, BStBl. II 1980, S. 477.

werden. Trotzdem sollte m.E. ein Drittvergleich bei gewinn- oder umsatzabhängigen Vergütungen möglich sein.

4.3.2.3.3. In einem Bruchteil des Kapitals bemessene Vergütungen

Hierunter fallen nur Vergütungen, die ausschließlich in einem Bruchteil des Kapitals bemessen sind, also unabhängig vom Gewinn, Umsatz oder sonstigen betriebsinternen Daten anfallen.[305]
Nach Auffassung der Finanzverwaltung sind Vergütungen, die ausschließlich eine feste Verzinsung vorsehen, aber in Verlustjahren gestundet werden, ebenfalls als gewinnabhängige Vergütungen anzusehen, die unter § 8a Abs. 1 S. 1 Nr. 1 KStG fallen.[306] Dem kann m.E. nicht gefolgt werden. Handelt es sich um ein festverzinsliches Darlehen, entsteht beim Gesellschafter ein Anspruch auf Verzinsung des überlassenen Kapitals. Für die Gesellschaft entsteht entsprechend der Kapitalnutzung unabhängig von ihrer Geschäftslage eine passivierungspflichtige Zinsverbindlichkeit. Die Entstehung der Verbindlichkeit und somit die Vergütung selbst ist weder abhängig von der Gewinnhöhe, noch von der Entstehung eines Gewinnes. Es bestehen folglich keinerlei Möglichkeiten, Höhe oder Entstehung zu beeinflussen, weder durch die Geschäftsleitung, noch durch den Gesellschafter. Daran ändert auch eine Stundungsabrede nichts. Nur die Auszahlung, also die Fälligkeit einer zuvor bereits entstandenen Vergütung richtet sich nach der Gewinnsituation. Daher kann die Stundungsabrede nicht mit der Gewinnabhängigkeit der Vergütung gleichgesetzt werden.[307] Sofern der Verlust nicht ausschließlich auf Aufwand aus Gesellschafterdarlehen beruht, fallen in einem Verlustjahr ohnehin keine steuerpflichtigen Erträge an, die ungerechtfertigterweise durch überhöhte Fremdfinanzierung unbelastet ins Ausland verschoben werden könnten. Lediglich der steuerpflichtige Gewinn eines anderen Wirtschaftsjahres kann durch einen höheren Vor- oder Rücktrag gemindert werden, wenn die Zinsen als Betriebsausgaben anerkannt würden.
Ein Mißbrauch wird außerdem dadurch verhindert, daß die Vergütung für das festverzinsliche Darlehen unter die Vorschrift des § 8a Abs. 1 S. 1 Nr. 2 KStG fällt. Überläßt der Anteilseigner seiner Gesellschaft Fremdkapital gegen feste Verzinsung und stundet er später die Zinsauszahlung, sollte daher m.E. entgegen der Auffassung der Finanzverwaltung die Regelung des § 8a Abs. 1 S. 1 Nr. 2

---

[305] Vgl. BMF-Schr. v. 15.12.1994, a.a.O., Rdn. 54.
[306] Vgl. ebenda, Rdn. 55. So auch BLÜMICH/MENCK, Kommentar, a.a.O., § 8a KStG, Rz, 28. MENCK sieht eine gewinnabhängige Vergütung dann als gegeben an, wenn eine entsprechende Stundung bereits bei Darlehensgewährung in einer Zusatzvereinbarung verabredet wurde. Problematisch ist der Beweis einer solchen Vereinbarung, die auch stillschweigend oder mündlich möglich ist. Zustimmend: SCHWEBEL, in: DEJW, Kommentar, a.a.O., § 8a KStG, Tz. 12b.
[307] So auch BELLSTEDT, Christoph, DB 1995, S. 13, IDW-Steuerfachausschuß, WPg 1994, S. 473, Bundessteuerberaterkammer, IStR 1994, S. 328, HERZIG, Norbert, DB 1994, S. 171, DAUTZENBERG, Mark/NIEPOTH, Daniela: Der Begriff der Fremdkapitalvergütung im Sinne von §8a KStG, in: DStR 1995, S. 406.

KStG für in einem Bruchteil des Kapitals bemessene Vergütungen angewendet werden.
Um jedoch im Hinblick auf die anderslautende Auffassung der Finanzverwaltung Probleme zu vermeiden, bietet sich an, die Stundung nicht in die Vergütungsabrede aufzunehmen, sondern fallweise zu vereinbaren oder von vornherein im Darlehensvertrag eine Zinsfälligkeit erst bei Fälligkeit des Darlehens zu vereinbaren. Dann kann die Stundung nicht mehr als ergebnisabhängig betrachtet werden.[308]
Die Finanzverwaltung will auch Vergütungen für Wandelschuldverschreibungen als gewinnabhängig behandeln.[309] Auch das ist m.E. nicht sachgerecht. Die Verzinsung einer solchen Anleihe ist regelmäßig völlig unabhängig von den internen Betriebsdaten der Gesellschaft. Nur weil ein Recht auf Umtausch in Gesellschaftsanteile mit der feststehenden Verzinsung verbunden ist, ändert sich nicht der Charakter der Schuldverschreibung. Das Umtauschrecht beeinflußt auch in keiner Weise den festen Zinsanspruch, den der Gläubiger bis zum Zeitpunkt des Umtausches hat. Nach diesem Zeitpunkt besitzt der Anteilseigner statt der festverzinslichen Forderung Mitgliedschaftsrechte, deren Vergütung Gewinnausschüttung und nicht Betriebsausgabe ist. Auch Vergütungen für Wandelschuldverschreibungen sollten folglich nicht unter § 8a Abs. 1 S. 1 Nr. 1 KStG subsumiert werden, sondern für sie sollte der größere safe haven der Nr. 2 gelten.

Ebenfalls in einem Bruchteil des Kapitals bemessen ist die Vergütung, wenn sie sich an Marktdaten ausrichtet. Es ist unschädlich, wenn sich der ansonsten feste Prozentsatz am Libor-Satz orientiert (z.B. 2% über Libor).[310] Ebenso ist eine Änderung des festen Zinssatzes von Jahr zu Jahr eine feste Verzinsung, wobei die Anpassung des Zinssatzes entsprechend den allgemeinen Kriterien für Verträge zwischen Gesellschafter und Gesellschaft im voraus zu erfolgen hat.

§ 8a Abs. 1 S. 1 Nr. 2 KStG bestimmt bei Fremdkapital, für das eine gewinn- oder umsatzunabhängige Vergütung vereinbart wurde, einen safe haven, bis zu dessen Grenze die Fremdkapitalüberlassung steuerlich anerkannt wird, in Höhe des dreifachen des anteiligen Eigenkapitals des Anteilseigners.

Daraus ergibt sich die Relation:

Gesellschafterfremdkapital	< oder =	3 x anteiliges Eigenkapital
Anteiliges Eigenkapital	> oder =	1/3x Gesellschafterfremdkapital

<u>Beispiel:</u> Ein Gesellschafter mit einem anteiligen Eigenkapital von DM 100.000 überläßt seiner Gesellschaft ein festverzinsliches Darlehen von DM 400.000 zu einem angemessenen Zinssatz von 8%.

[308] Vgl. DAUTZENBERG, Mark/NIEPOTH, Daniela, DStR 1995, S. 406.
[309] Vgl. BMF-Schr. v. 15.12.1994, a.a.O., Rdn. 55.
[310] Vgl. BLÜMICH/MENCK, Kommentar, a.a.O., § 8a KStG, Rz. 27.

Der safe haven beträgt 3 x 100.000 = 300.000. Die auf das übersteigende Fremdkapital (100.000) entfallenden Vergütungen sind umzuqualifizieren. Die verdeckte Gewinnausschüttung beträgt 8% auf 100.000 = 8.000, wenn ein Fremdvergleich nicht möglich ist. Als Betriebsausgabe werden 8% auf 300.000, also 24.000 anerkannt.

Diese Begrenzung des safe haven greift nicht, wenn die Gesellschaft im Rahmen eines Drittvergleichs nachweisen kann, daß ein fremder Dritter das Darlehen unter denselben Bedingungen gewährt hätte.[311]
Ein Gesellschafter, der sein Darlehen gewinnabhängig verzinst ausgereicht hat, sollte eine Umwandlung der Vergütung in eine gewinnunabhängige prüfen, um den größeren safe haven des § 8a Abs. 1 S. 1 Nr. 2 KStG in Anspruch nehmen zu können.

4.3.2.3.4. Berücksichtigung mehrerer Darlehen

Gewährt der Gesellschafter mehrere Darlehen in unterschiedlicher Höhe und/ oder mit unterschiedlichem Zinssatz, ist zu klären, nach welchem Verfahren diese auf den Freibereich anzurechnen sind.
Die Finanzverwaltung betrachtet die Darlehen einzeln und legt dabei die zeitliche Reihenfolge der Entstehung der Darlehensverbindlichkeit zugrunde.[312]

<u>Beispiel:</u> Das anteilige Eigenkapital des Gesellschafters beträgt am 31.12.00 DM 250.000. Er gewährt:
Darlehen 1: DM 500.000 am 1.4.01 zu 7% fest (angemessen)
Darlehen 2: DM 300.000 am 1.12.01 zu 8% fest (angemesen)
Darlehen 3: DM 100.000 am 1.3.02 zu 9% fest (angemessen)
Die Darlehen werden im Jahr 02 nicht getilgt. Der safe haven beträgt 3 x 250.000 = 750.000. Ab 1.12.01 ist er in Höhe von 50.000 überschritten. Als vGA sind im Jahr 02 anzusetzen: 8% auf 50.000 + 9% auf 100.000 (zeitanteilig), also 4.000 + 9.000 x 10/12 = 11.500. Bei der Ermittlung der Betriebsausgaben für das Jahr 02 sind bei unverändertem Eigenkapital abzugsfähig: 7% auf 500.000 + 8% auf 250.000, also 35.000 + 20.000 = 55.000.

Nach jeder Darlehenstilgung ist die Höhe des Gesellschafterfremdkapitals neu zu berechnen. Dieses ist zeitanteilig anzusetzen.
<u>Variante des Beispiels:</u> Von Darlehen 1 werden am 31.3.02 DM 300.000 getilgt.
<u>Lösung:</u> 1.1. - 31.3.02: Der safe haven beträgt 750.000. Umzuqualifizieren sind: 8% auf 50.000 für 3 Monate (0,08 * 50.000 * 3/12 = 1.000) und 9% auf 100.000 für 1 Monat (0,09 * 100.000 * 1/12 = 750), also insgesamt 1750.
1.4. - 31.12.02: Der safe haven beträgt 750.000. Nach der Tilgung ist das Gesellschafter-Fremdkapital auf DM 600.000 zurückgegangen. Eine Umqualifizierung findet nicht statt.

[311] Zum Fremdvergleich siehe Pkt. 4.3.2.6.1. Bei gewinnabhängig verzinsten Darlehen ist ein Fremdvergleich nicht möglich.
[312] Vgl. BMF-Schr. v. 15.12.1994, a.a.O., Rdn. 71.

Anders dagegen der IDW-Steuerfachausschuß und FROTSCHER, die ein Wahlrecht der Kapitalgesellschaft fordern. Danach könne die Gesellschaft selbst bestimmen, welcher Fremdkapitalteil in den safe haven fällt und für welchen die Vergütungen umzuqualifizieren sind.[313] Die Gesellschaft habe das Recht, die für sich günstigste Lösung zu wählen, indem sie den safe haven dem Fremdkapital mit der höchsten Verzinsung zuordnet, während niedrigere Vergütungen dann umqualifiziert würden. Dem ist m.E. zuzustimmen. Da eine Rechtsgrundlage fehlt, sollte die Lösung zulässig sein, die sich für den Steuerpflichtigen als am günstigsten erweist.

Für diese Lösung sprechen auch Gründe der Praktikabilität, denn bei Kreditprolongationen kommt es sonst zu Problemen bei der zeitlichen Einordnung.[314] FROTSCHER geht sogar noch darüber hinaus und gesteht der Gesellschaft zu, in jedem Wirtschaftsjahr eine neue Zuordnung vornehmen zu dürfen.[315]

4.3.2.3.5. Mischfinanzierungen

Werden der Gesellschaft vom Gesellschafter mehrere Darlehen eingeräumt, von denen mindestens eines gewinnabhängig bzw. mindestens eines gewinnunabhängig verzinst wird, ergibt sich nach § 8a Abs. 1 S. 1 Nr. 2, 2. HS KStG eine abweichende Berechnung des safe haven. Zunächst sind dabei die Darlehen einzeln zu betrachten[316] und der zeitlichen Reihenfolge der Vergabe nach in gewinnabhängige und gewinnunabhängige aufzuteilen. Für das gewinnabhängig verzinste Fremdkapital ist zunächst der safe haven des § 8a Abs. 1 S. 1 Nr. 1 KStG auszuschöpfen. Wird dieser voll verbraucht, sind die auf den übersteigenden Betrag entfallenden Zinsen als verdeckte Gewinnausschüttung zu behandeln. Dies gilt auch für die gesamte gewinnunabhängige Vergütung, da in diesem Fall der Freibereich für das gewinnunabhängig verzinste Fremdkapital entfällt.

Übersteigt das gewinnabhängig verzinste Fremdkapital den safe haven nach Nr. 1 nicht, und verbleibt folglich ein nicht ausgeschöpfter Restbetrag, ergibt sich für das gewinnunabhängig verzinste Fremdkapital ein safe haven in Höhe des Sechsfachen des noch verbleibenden Freibereichs nach Nr. 1.[317] Dadurch soll eine Kumulation beider Freibereiche verhindert werden.[318]

---

[313] Vgl. IDW-Steuerfachausschuß: Zweifelsfragen zu § 8a KStG, in: WPg 1993, S. 747, FROTSCHER, Gerrit: Gesellschafter-Fremdfinanzierung durch nicht anrechnungsberechtigte Anteilseigner, in: IStR 1994, S. 204. So auch KÖSTER, Beate-Katrin, RIW 1994, S. 313, HERZIG, Norbert: Gesetzliche Regelung der Gesellschafter-Fremdfinanzierung (§ 8a KStG) - Zweifelsfragen und Auswirkungen auf die Unternehmenspolitik -, in: Standort Deutschland: Grundsatzfragen und aktuelle Perspektiven für die Besteuerung, die Prüfung und das Controlling, FS f. Anton Heigl, hrsg. v. V. Peemöller u. P. Uecker, Berlin, 1995, S. 204.

[314] Vgl. HERZIG, Norbert: Gesetzliche Regelung..., a.a.O., S. 204.

[315] Vgl. FROTSCHER, Gerrit, IStR 1994, S. 204.

[316] Vgl. BMF-Schr. v. 15.12.1994, a.a.O., Rdn. 71.

[317] Vgl. SCHWEBEL, in: DEJW, Kommentar, a.a.O., § 8a KStG, Tz. 20, BLÜMICH/MENCK, Kommentar, a.a.O., § 8a KStG, Rz. 37.

[318] Vgl. BMF-Schr. v. 15.12.1994, a.a.O., Rdn. 73, SCHWEBEL, in: DEJW, Kommentar, a.a.O., § 8a

Diese Vorschrift gilt nur, wenn mehrere Darlehen vergeben wurden. Enthält ein einzelnes Darlehen sowohl gewinnabhängige als auch gewinnunabhängige Verzinsungskomponenten, ist das gesamte Darlehen als gewinnabhängig verzinst einzustufen und unterliegt § 8a Abs. 1 S. 1 Nr. 1 KStG.

Für Mischfinanzierungen ergibt sich folgende Relation:[319]

gewinnunabh. FK	< oder =	6 x (0,5 x anteil. EK - gew.abh. FK)
anteil. EK	> oder =	2 x gew.abh. FK + 1/3 gew.unabh. FK

Ein negativer Klammerausdruck wird nicht berücksichtigt.

Beispiel: Ein Gesellschafter mit einem anteiligen Eigenkapital von DM 100.000 gewährt seiner Gesellschaft ein festverzinsliches Darlehen von DM 200.000 und ein partiarisches Darlehen von DM 40.000.
Zunächst ist der Freibereich für gewinnabhängige Darlehen zu bestimmen. Dieser beträgt die Hälfte des anteiligen Eigenkapitals, also 0,5 x 100.000 = 50.000. Das Sechsfache des nicht verbrauchten Teils dieses safe havens (10.000) gilt als Freibereich für das festverzinsliche Darlehen. Dessen safe haven beträgt dann 6 x 10.000 = 60.000. Das festverzinsliche Darlehen übersteigt den Freibereich um DM 140.000. Die Vergütungen, die auf diese 140.000 geleistet werden, sind als vGA zu qualifizieren. Die Vergütungen, die auf die 60.000 und das partiarische Darlehen entfallen, sind als Betriebsausgabe abziehbar.

Bei Mischfinanzierungen ist das gewinnabhängig verzinste Fremdkapital stets vorrangig zu beachten. Nach Auffassung der Finanzverwaltung sind innerhalb der jeweiligen Gruppe der gewinnabhängig bzw. -unabhängig verzinsten Darlehen die einzelnen Kredite wiederum nach der zeitlichen Entstehung der Verbindlichkeit berücksichtigt.[320] Auch hier sollte m.E. ein Wahlrecht für die Gesellschaft möglich sein.

Beispiel: (zur Auffassung der Finanzverwaltung): Das anteilige Eigenkapital des Gesellschafters beträgt DM 100.000. Am 1.4.01 gewährt er ein festverzinsliches Darlehen von DM 400.000 zu einem angemessenen Zinssatz von 8%, am 1.10.01 ein partiarisches Darlehen von DM 30.000.
Lösung: 1.4.01 - 30.9.01: Der safe haven beträgt 3 x 100.000 = 300.000 Als vGA umzuqualifizieren sind 8% auf 100.000 für 6 Monate, also 4.000. Als Betriebsausgabe anzuerkennen sind 8% auf 300.000 für 6 Monate, also 12.000.
1.10.01 - 31.12.01: Der safe haven nach § 8a Abs. 1 S. 1 Nr. 1 KStG beträgt 0,5 x 100.000 = 50.000. Durch das gewinnabhängig verzinste Fremdkapital (30.000) wird er nicht voll ausgeschöpft. Das Sechsfache der verbleibenden Differenz (20.000) gilt als safe haven für das festverzinsliche Fremdkapital. Dieser beträgt dann 120.000. Die Vergütung für das partiarische Darlehen ist voll als Betriebs-

---

KStG, Tz. 5.
[319]Vgl. dazu das Beispiel in Anhang 10. Vgl. auch die Darstellung bei BAREIS, Peter: Gesellschafter-Fremdfinanzierung bei Nichtanrechnungsberechtigten, in: RIW 1994, S. 147f.
[320]Vgl. BMF-Schr. v. 15.12.1994, a.a.O., Rdn. 71.

ausgabe abziehbar. Das festverzinsliche Darlehen (400.000) übersteigt den Freibereich (120.000) um 280.000. Als vGA sind umzuqualifizieren: 8% auf 280.000 für 3 Monate, also 5.600. Als Betriebsausgabe abziehbar bleibt: 8% auf 120.000 für 3 Monate, also 2.400. Für das Jahr 01 ergibt sich insgesamt eine vGA von 4.000 + 5.600 = 9.600.

4.3.2.3.6. Unverzinsliche Darlehen

Nach Ansicht der Finanzverwaltung ist unentgeltlich überlassenes Fremdkapital unter das gewinnabhängig verzinste Fremdkapital einzuordnen.[321] Anders dagegen MENCK,[322] der es als gewinnunabhängig verzinstes Fremdkapital unter den größeren Freibereich des § 8a Abs. 1 S. 1 Nr. 2 KStG einordnen will.
Auch nach HEY zählen unverzinsliche Darlehen zum Fremdkapital i.S.d. § 8a KStG, da die Regelung nur allgemein von "Fremdkapital" spreche und sich unabhängig von der Vergütungshöhe auf die Relation zwischen Eigen- und Fremdkapital beziehe.[323]
Würde dem gefolgt, zehrte das unverzinsliche Fremdkapital den safe haven nach Nr. 1 oder 2 zumindest teilweise auf. Da die Darlehen nach Auffassung der Finanzverwaltung nach ihrer zeitlichen Vergabe auf den safe haven anzurechnen sind, kommt es für das nachfolgend überlassene Fremdkapital schneller zu einer Umqualifzierung.

Beispiel: Ein ausländischer Anteilseigner überläßt seiner Gesellschaft zwei Darlehen, jeweils in Höhe des safe haven. Wird das unverzinsliche Darlehen zuerst überlassen, ist der safe haven durch dieses ausgeschöpft. Die Vergütungen für das nachfolgend überlassene, verzinsliche Darlehen werden umqualifiziert, wenn ein Fremdvergleich nicht gelingt (bei ergebnisunabhängiger Vergütung). Wird zuerst das verzinsliche Darlehen überlassen und später das unverzinsliche, wird der safe haven durch das verzinsliche ausgenutzt. Für das unverzinsliche Darlehen kann es nicht zu einer Umqualifizierung kommen, da keine Vergütungen anfallen. In beiden Fällen ist die Kapitalausstattung durch den Gesellschafter und die Relation zwischen Gesellschaftereigen- und -fremdkapital identisch, es kommt aber zu unterschiedlichen steuerlichen Folgen.

Die Auffassungen von MENCK, HEY und der Finanzverwaltung können nicht überzeugen, führen zu unbefriedigenden Ergebnissen und sind m.E. abzulehnen. Schon allein der Charakter des Darlehens als unverzinslich macht deutlich, daß es sich hier weder um gewinnabhängig noch -unabhängig verzinstes Kapital handeln kann, da es überhaupt nicht verzinst wird. Die Freibereiche des § 8a Abs. 1

---

[321] Vgl. ebenda, Rdn. 56.

[322] Vgl. BLÜMICH/MENCK, Kommentar, a.a.O., § 8a KStG, Rz. 28.

[323] Vgl. HEY, Friedrich: Gesellschafterfremdfinanzierung, in: RIW 1994, S. 228. HEY ordnet das Fremdkapital allerdings weder unter § 8a Abs. 1 S. 1 Nr. 1 KStG, noch unter Nr. 2 ein, sondern will den gewogenen Durchschnitt an Zinsen für die Berechnung der verdeckten Gewinnausschüttung heranziehen. Ähnlich auch DÖRNER, Bernhard: Die Neuregelung der Gesellschafter-Fremdfinanzierung, in: Inf 1993, S. 440 (Bsp. 4).

S. 1 Nr. 1 und 2 KStG geben den Rahmen an, innerhalb dessen Zinszahlungen gestattet sein sollen. Ein Abzug als Betriebsausgabe ist folglich bei Vergütungen für Fremdkapital, das diese Grenzen nicht übersteigt, zulässig. Die Finanzverwaltung schränkt diesen Grundsatz in einer vom Gesetz nicht mehr gedeckten Weise ein, wenn sie unverzinsliches Fremdkapital auf die Freibereiche anrechnet. Erreicht das unverzinslich überlassene Fremdkapital die Höhe des Freibereichs, ist die gesamte Vergütung weiterer Darlehen als verdeckte Gewinnausschüttung umzuqualifizieren. Ein Abzug von Zinsen als Betriebsausgabe wäre nicht möglich, obwohl gerade dies die Freibereiche dem Gesellschafter garantieren. So kann der Gesetzgeber die Regelung nicht geplant haben.
Im übrigen ist § 8a KStG eingeführt worden, um Zinszahlungen, die unbesteuert in das Ausland fließen, einzudämmen. Vom Zweck der Regelung ausgehend ergibt sich kein Grund, das unverzinsliche Fremdkapital in den safe haven einzubeziehen, schließlich werden hier gerade keine Gewinne aufgrund überhöhter Fremdfinanzierung in das Ausland verschoben. Da für dieses Kapital überhaupt keine Zinsen anfallen, wird auch der Gewinn der inländischen Kapitalgesellschaft nicht ungerechtfertigt geschmälert. Für ein Eingreifen des § 8a KStG gibt es folglich keine sachliche Begründung.
Im Schrifttum wird daher zu Recht gefordert, daß unverzinsliches Fremdkapital nicht als Fremdkapital i.S.d. § 8a KStG gelten sollte.[324] Da es aber auch nicht als Eigenkapital gewertet werden kann, wäre die Problematik zu lösen, indem der Gesellschaft ein Wahlrecht auf die Reihenfolge der Einbeziehung gewährt würde. Das unverzinsliche Fremdkapital würde dann zuletzt einbezogen und verbrauchte somit keinen safe haven.

4.3.2.4. Von § 8a KStG erfasste Darlehensgeber

4.3.2.4.1. Anteilseigner als Darlehensgeber

Nach dem Wortlaut des § 8a Abs. 1 S. 1 KStG muß der Kapitalgesellschaft das Fremdkapital von einem nicht zur Anrechnung von Körperschaftsteuer berechtigten Anteilseigner überlassen werden. Da der Gesetzestext keine weiteren Einschränkungen enthält, können sowohl Körperschaften, Personenvereinigungen und Vermögensmassen als auch natürliche Personen darunter fallen.[325]
In § 8a KStG ist der Begriff des Anteilseigners nicht definiert. Fraglich ist somit, ob nur der unmittelbar Beteiligte oder zusätzlich auch der mittelbar Beteiligte als Anteilseigner im Sinne der Vorschrift gilt. Die Finanzverwaltung[326] geht in ihrem

---

[324] Zustimmend: STRECK, Michael, Kommentar, a.a.O., § 8a KStG, Anm. 5, BELLSTEDT, Christoph, DB 1995, S. 13, KORN, Klaus, DStZ 1993, S. 738, IDW-Steuerfachausschuß, WPg 1994, S. 475, KÖSTER, Beate-Katrin, RIW 1994, S. 313.

[325] Zur allgemeinen Problematik, ob im Außensteuerrecht auf die Personengesellschaft selbst oder auf deren Gesellschafter abzustellen ist, vgl. KAUFMANN, Jürgen: Die Körperschaftsteuerbelastung..., a.a.O., S. 21ff.

Einführungsschreiben davon aus, daß sowohl unmittelbar als auch mittelbar Beteiligte Anteilseigner i.S.v. § 8a Abs. 1 S. 1 KStG sind. Im Schrifttum folgen STAIGER,[327] WILKE[328] und PRINZ[329] dieser Auffassung, jedoch ist eine Begründung nur bei PRINZ zu finden. Nach dem Haupttatbestand des § 8a Abs. 1 S. 1 KStG muß die inländische Kapitalgesellschaft das Fremdkapital von einem wesentlich beteiligten, nicht anrechnungsberechtigten Anteilseigner erhalten. PRINZ sieht in der Vorschrift des § 8a Abs. 3 KStG eine tatbestandsbestimmende Ergänzungsregelung zu § 8a Abs. 1 KStG. Es heißt in Abs. 3 S. 1: "Eine wesentliche Beteiligung liegt vor, wenn der Anteilseigner am Grund- oder Stammkapital der Kapitalgesellschaft zu mehr als einem Viertel unmittelbar oder mittelbar -auch über eine Personengesellschaft- beteiligt ist." Aus dem Zusammenspiel von Abs. 1 und Abs. 3 folgert PRINZ, daß auch der mittelbar Beteiligte Anteilseigner im Sinne der Regelung sei. Unterstützt wird diese These durch eine Aussage zu § 8a Abs. 3 KStG in der Regierungsbegründung. Dort heißt es: "In Absatz 3 wird klargestellt, daß die Vorschrift des § 8a KStG für die Fremdfinanzierung durch Anteilseigner gilt, die unmittelbar oder mittelbar an der Gesellschaft beteiligt sind."[330]
Für PRINZ ergibt sich daraus, daß auch nur mittelbar Beteiligte von dem Haupttatbestand des § 8a Abs. 1 S. 1 KStG erfaßt werden. Sie können seiner Ansicht nach deshalb nicht als nahestehende Personen angesehen werden und somit auch nicht von der Hilfsregelung des Abs. 1 S. 2 erfaßt werden.[331] Danach wären sämtliche in aufsteigender Linie verbundenen Unternehmen (Mutter, Großmutter, Urgroßmutter) Anteilseigner im Sinne von Abs. 1 S. 1. Als nahestehende Personen i.S.v. Abs. 1 S. 2 würden nur Unternehmen in der Seitenlinie erfaßt (Schwestergesellschaften).[332]

Die Auffassung der Finanzverwaltung und von PRINZ hat folgende Konsequenzen: Ist sowohl der mittelbar als auch der unmittelbar Beteiligte als Anteilseigner anzusehen, stellt sich ein erstes Problem bei der Ermittlung des jeweiligen safe haven. Dieser ermittelt sich als Vielfaches des anteiligen Eigenkapitals. Nach § 8a Abs. 2 S. 1 KStG ist das anteilige Eigenkapital des Anteilseigners der Teil des Eigenkapitals der Kapitalgesellschaft, der dem Anteil des Anteilseigners am gezeichneten Kapital entspricht.[333] Der ausschließlich mittelbar Beteiligte hat

---

[326]Vgl. BMF-Schr. v. 15.12.1994, a.a.O., Rdn. 7.
[327]Vgl. STAIGER, Jürgen, in: LADEMANN, Kommentar zum Körperschaftsteuergesetz, Stuttgart u.a., 1993, § 8a KStG, Anm. 84.
[328]Vgl. WILKE, Kay-Michael, in: MÖSSNER/SEEGER, Kommentar zum Körperschaftsteuergesetz, Herne/Berlin, 1979, § 8a KStG, Rdnr. 20.
[329]Vgl. PRINZ, Ulrich, in: HERMANN/HEUER/RAUPACH (HHR), Kommentar zum Einkommensteuer- und Körperschaftsteuergesetz, 21. Aufl., Köln, 1950/1996, § 8a KStG, Anm. 65, 160.
[330]BT-DrS 12/5016, S. 92.
[331]Vgl. dazu auch: PRINZ, Ulrich: § 8a KStG: Gegenthesen zum Anteilseignerbegriff von *Wassermeyer*, in: IStR 1995, S. 379.
[332]Vgl. PRINZ, in: HHR, Kommentar, a.a.O., § 8a KStG, Anm. 124.

aber keinen Anteil am gezeichneten Kapital. Somit würden zwei Anteilseigner existieren, aber nur ein safe haven.
Überläßt nur der mittelbar Beteiligte der inländischen Kapitalgesellschaft Fremdkapital, wäre das Problem dadurch zu lösen, daß ihm der safe haven des unmittelbaren Anteilseigners zugerechnet wird. Schwieriger wird die Zurechnung, wenn mehrere mittelbare Anteilseigner Darlehen gewähren. Aber selbst dann wäre eine Zurechnung im Verhältnis der Darlehensbeträge oder nach einem anderen Schlüssel noch möglich.

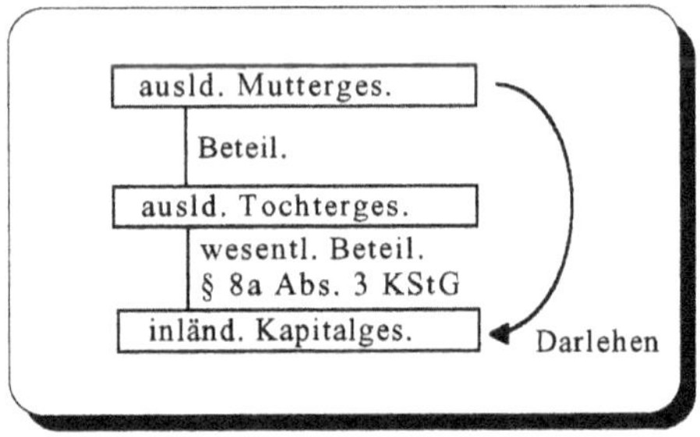

Abb. 6

In diesem Beispiel wäre die ausländische Muttergesellschaft mittelbarer Anteilseigner. Sie erhielte den Freibereich der ausländischen Tochter zugerechnet und könnte durch Gewährung eines Darlehens an die inländischen Kapitalgesellschaft (Enkel) den safe haven ausschöpfen.
Problematischer wird die Zurechnung des safe haven, wenn nicht nur der mittelbare, sondern zusätzlich auch der unmittelbare Anteilseigner Darlehen vergeben.

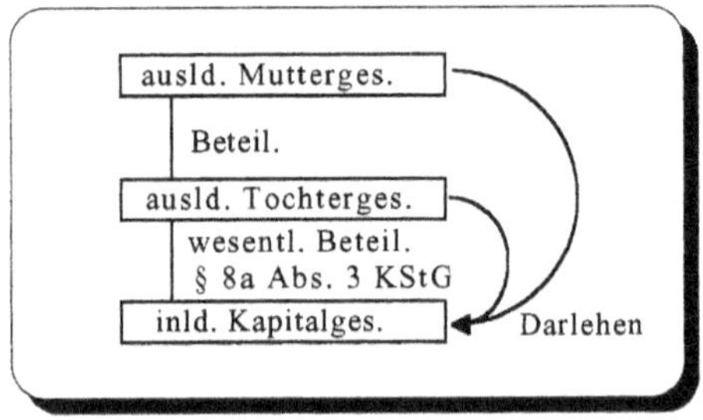

Abb. 7

Beispiel: Die deutsche Kapitalgesellschaft habe ein Eigenkapital in Höhe von DM 100.000. Für gewinnunabhängig verzinstes Fremdkapital ergibt sich daraus für den 100%-Eigner ein safe haven von DM 300.000. Sowohl die Drittland-Tochter als auch die ausländische Muttergesellschaft gewähren ein Darlehen von jeweils DM 200.000. Der safe haven wird somit um 100 überschritten.

[333] Einzelheiten zur Ermittlung des anteiligen Eigenkapitals siehe unten, Pkt. 4.3.2.7.

Sind mittelbar und unmittelbar Beteiligte gleichberechtigte Anteilseigner, stellt sich die Frage nach der Aufteilung des safe haven. Da dieser insgesamt nur einmal ausgenutzt werden darf, kann er entweder zuerst auf den unmittelbar Beteiligten entfallen, wobei der Restbetrag dem mittelbaren zugerechnet wird oder umgekehrt. Als weitere Möglichkeit käme eine Zurechnung im Verhältnis der Darlehensbeträge oder eine hälftige Zurechnung in Frage. Darüber hinaus könnte der Kapitalgesellschaft ein Wahlrecht eingeräumt werden, so daß sie bestimmt, auf welche Anteilseigner der safe haven verteilt werden soll. Auch die Zurechnung nach der Reihenfolge der Darlehensvergabe wäre denkbar.
Ein weiteres Problem tritt auf, wenn die jeweiligen Beteiligungshöhen nicht übereinstimmen: Die Höhe der mittelbaren Beteiligung kann sowohl niedriger als auch höher als die der unmittelbaren sein. In beiden Fällen wird die Aufteilung des Freibereichs sehr problematisch. Die mittelbare Beteiligung ist niedriger als die unmittelbare, wenn z.B. die Mutter nur mit 70% an der Tochter beteiligt ist, diese aber ihrerseits 100% an der Enkelgesellschaft hält (beide gewähren Darlehen). Die mittelbare Beteiligung ist höher als die unmittelbare, wenn die Mutter an drei Tochtergesellschaften zu je 100% beteiligt ist, von denen jede 33 1/3% an der Enkelgesellschaft hält (die Mutter und eine Tochter gewähren Darlehen). Die Aufteilungsmöglichkeiten würden sich dann weiter steigern.
Das Problem der Zurechnung vervielfacht sich, wenn die Enkelgesellschaft neben Darlehen der Mutter- und Tochtergesellschaft noch weitere Darlehen von anderen Konzerngesellschaften erhält. Auch wenn nach PRINZ[334] nur die in gerader Linie verbundenen Unternehmen Anteilseigner sein sollen, während die Gesellschaften in der Seitenlinie nur als nahestehend betrachtet werden, wären prinzipiell sämtliche Obergesellschaften mittelbar an der Enkelgesellschaft beteiligt. Würden alle diese Gesellschaften somit als Anteilseigner gelten, wäre eine willkürfreie Zurechnung des safe haven auf die einzelnen Anteilseigner kaum noch möglich. Außerdem widerspricht eine Berücksichtigung der mittelbaren Beteiligung bei der Aufteilung des safe haven dem klaren Wortlaut des § 8a Abs. 2 S. 1 KStG. Danach bemißt sich der Freibereich nach dem Anteil am gezeichneten Kapital.
Wichtiger noch als die mangelnde Handhabbarkeit dieses Verfahrens ist die Tatsache, daß sich diese Folgen nicht mehr aus dem Gesetz ableiten lassen. Die Auffassung der Finanzverwaltung und von PRINZ sind nicht vom Gesetzeswortlaut abgedeckt.

WASSERMEYER lehnt diese Auffassung deshalb ab. Nach seiner Ansicht ist nur ein unmittelbar Beteiligter als Anteilseigner im Sinne des § 8a KStG zu betrachten. Mittelbar Beteiligte können nur nahestehende Personen i.S.v. Abs. 1 S. 2 sein.[335]

---

[334]Vgl. Prinz, in: HHR, Kommentar, a.a.O., § 8a KStG, Anm. 160.
[335]Vgl. WASSERMEYER, Franz: Der Anteilseignerbegriff des § 8a KStG, in: IStR 1995, S. 107.

Nach WASSERMEYER[336] kann die Vorschrift des § 8a Abs. 3 S. 1 KStG nicht herangezogen werden, um die Auffassung der Finanzverwaltung zu begründen. Ein Rückschluß auf den Anteilseignerbegriff sei nicht möglich, da dort nur der Begriff der wesentlichen Beteiligung definiert werde. Abs. 3 habe nur die ausschließliche Funktion, Umgehungen von § 8a KStG zu vermeiden, die auftreten, wenn ein Darlehensgeber zwischen sich und den Darlehensnehmer weitere Gesellschaften zwischenschaltet und die inländische Kapitalgesellschaft somit nicht ausschließlich unmittelbar hält. Unmittelbare Beteiligungen, die alleine für sich noch keine wesentlichen sind, würden gedanklich um mittelbare erhöht. Überschreite die Beteiligungshöhe dadurch die in Abs. 3 S. 1 festgelegte Grenze von 25%, gelte das Tatbestandsmerkmal der wesentlichen Beteiligung, das selbständig neben der Tatbestandsvoraussetzung der Anteilseignerschaft stehe, als erfüllt. Der Anteilseigner werde dann als wesentlich beteiligt betrachtet. Bereits der Wortlaut des Abs. 3 zeige, daß es nur das Ziel dieser Vorschrift ist, festzustellen, ob das Merkmal der Wesentlichkeit der Beteiligung erfüllt sei.
Weiterhin weist WASSERMEYER darauf hin, daß die Vorschrift des Abs. 3 über die Zusammenrechnung einer unmittelbaren und mittelbaren Beteiligung dem § 17 Abs. 1 S. 4 EStG nachgebildet sei. Auch dort ist nur der unmittelbar Beteiligte steuerpflichtig, aber bei der Feststellung, ob eine wesentliche Beteiligung vorlag, werden auch mittelbar gehaltene Anteile berücksichtigt.[337]
Als weiteres Argument für seine Auffassung führt WASSERMEYER den Wortlaut des § 8a Abs. 2 S. 1 KStG heran. Danach ist das anteilige Eigenkapital des Anteilseigners der Teil des Eigenkapitals der Kapitalgesellschaft, der dem Anteil des Anteilseigners am gezeichneten Kapital entspricht. Aus diesem Wortlaut folgert WASSERMEYER, daß nur ein unmittelbar beteiligter Gesellschafter Anteilseigner i.S.v. § 8a KStG sein kann. Schließlich habe ein mittelbar beteiligter Gesellschafter keinen Anteil am gezeichneten Kapital. Wäre auch ein mittelbar Beteiligter als Anteilseigner i.S.v. § 8a KStG anzusehen, so wäre die Vorschrift des § 8a Abs. 2 S. 1 KStG unsinnig, da sie auf diesen nicht anwendbar ist.[338]
Die Vorschrift des § 8a Abs. 2 S. 1 KStG spricht deutlich davon, daß der Anteilseigner einen Anteil am gezeichneten Kapital habe. Insofern ist der Ansicht WASSERMEYERS m.E. zuzustimmen. Auch wenn der Anteilseignerbegriff nicht definiert ist, sieht der Gesetzeswortlaut nur den unmittelbar beteiligten Gesellschafter als Anteilseigner im Sinne der Vorschrift an.

---

[336]Vgl. ebenda, S. 106. Zustimmend: HERZIG, Norbert: Anmerkungen zum BMF-Schreiben zu § 8a KStG, in: Gesellschafterfremdfinanzierung und Beteiligung an ausländischen Gesellschaften im Körperschaftsteuerrecht, hrsg. v. N. Herzig, Köln, 1995, S. 165.
[337]Vgl. WASSERMEYER, Franz, IStR 1995, S. 106. Das erkennt auch PRINZ an. Vgl. ders., in: HHR, Kommentar, a.a.O., § 8a KStG, Anm. 160. Gleichzeitig stellt er aber fest, daß Überlegungen zu §17 EStG keine direkte Auslegungsrelevanz für § 8a KStG haben. Vgl. PRINZ, Ulrich, IStR 1995, S. 379. Dem ist m.E. zuzustimmen. Im folgenden wird sich aber zeigen, daß wesentlich gewichtigere Gründe als die Analogie zu § 17 EStG für die Richtigkeit der Auffassung von Wassermeyer sprechen.
[338]Vgl. WASSERMEYER, Franz, IStR 1995, S. 106.

Weiterhin prüft WASSERMEYER, ob sich aus sonstigen Vorschriften des KStG oder des EStG Anhaltspunkte für die Auslegung des Anteilseignerbegriffes ergeben. Zunächst weist er darauf hin, daß im Körperschaftsteuergesetz der Begriff des Anteilseigners nicht definiert ist, sondern durch einen Verweis auf §20 EStG bestimmt wird. Anteilseigner ist, wer Einnahmen i.S.d. § 20 Abs. 1 Nr. 1-3 oder Abs. 2 Nr. 2 Buchst. a EStG hat (§ 51 KStG). Im Standortsicherungsgesetz 1993 wurde gleichzeitig mit § 8a KStG auch § 20 Abs. 2a EStG neu eingeführt. Dieser Absatz enthält in S. 2 eine Definition des Anteilseigners. Danach ist ein Anteilseigner derjenige, dem nach § 39 AO die Anteile am Kapitalvermögen i.S.d. § 20 Abs. 1 Nr. 1 EStG im Zeitpunkt des Gewinnverteilungsbeschlusses zuzurechnen sind. Für die verdeckte Gewinnausschüttung muß das gleiche gelten. Anteilseigner kann folglich nur sein, wem die Anteile am Kapitalvermögen i.S.d. § 20 Abs. 1 Nr. 1 EStG steuerlich zuzurechnen sind. Das kann aber nur ein unmittelbar Beteiligter sein, denn ein Gesellschafter kann aus einer mittelbar bestehenden Beteiligung keine Beteiligungserträge nach § 20 Abs. 1 Nr. 1 EStG erzielen. Nach § 8 Abs. 1 KStG ist dieser Grundsatz auch anzuwenden, wenn Kapitalgesellschaften Empfänger der Kapitalerträge sind.
Im übrigen weist WASSERMEYER darauf hin, daß innerhalb desselben Gesetzes (Standortsicherungsgesetz) der Anteilseignerbegriff einheitlich auszulegen sei. Deshalb könne § 8a KStG nicht von § 20 Abs. 2a EStG abweichen.[339]

WASSERMEYER geht davon aus, daß der Anteilseignerbegriff des § 8a Abs. 1 S. 1 KStG mit dem des S. 2 übereinstimmt.[340] Nach seiner Auffassung handelt es sich bei S. 2 um eine Ergänzung von S. 1. Ziel dieses Satzes ist es, Umgehungshandlungen zu vermeiden, denn der Anteilseigner könnte das Fremdkapital nicht selbst überlassen, sondern eine ihm nahestehende Person (z.B. andere Konzerngesellschaft) damit beauftragen.[341] Nach seiner Ansicht kann eine nahestehende Person folglich nur eine Person sein, die dem wesentlich beteiligten, nichtanrechnungsberechtigten Anteilseigner i.S.d. S. 1 nahesteht,[342] weshalb eine Person nicht gleichzeitig Anteilseigner und eine demselben nahestehende Person sein kann. Ist eine Person nur bei unmittelbarer Beteiligung Anteilseigner, kann der ausschließlich mittelbar Beteiligte nur als eine dem Gesellschafter nahestehende Person unter § 8a KStG fallen. Ebenso kann eine nahestehende Person nicht gleichzeitig Dritter i.S.d. S. 2 sein.

---

[339]Vgl. WASSERMEYER, Franz, IStR 1995, S. 107. Zustimmend: HERZIG, Norbert: Anmerkungen zum BMF-Schreiben..., a.a.O., S. 165.

[340]Zustimmend: AMMELUNG, Ulrich: § 8a KStG und ausländische Umwegfinanzierung deutscher Konzerne, in: DB 1996, S. 602.

[341]Vgl. REGNERY, Bernhard/SCHERER, Thomas: Internationale Konzernfinanzierung - § 8a Abs. 1 Satz 2 KStG, in: IStR 1994, S. 528.

[342]Vgl. WASSERMEYER, Franz: Stellungnahme zu ausgewählten Zweifelsfragen bei der Anwendung des § 8a KStG, in: Gesellschafterfremdfinanzierung und Beteiligung..., a.a.O., S. 6. Zustimmend: REGNERY, Bernhard/SCHERER, Thomas, IStR 1994, S. 528.

Unberührt davon kann m.E. jedoch eine Person gleichzeitig Anteilseigner und eine einem anderen Gesellschafter nahestehende Person sein.

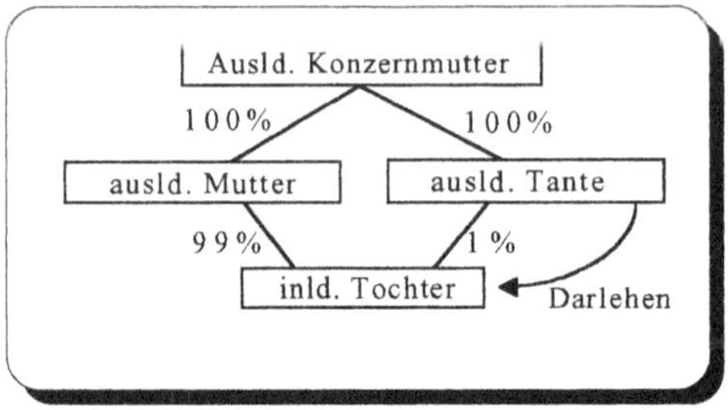

Abb. 8

Auch wenn als Anteilseigner nur der unmittelbar Beteiligte in Frage kommt, kann der Anteilseigner gleichzeitig nahestehende Person eines anderen Gesellschafters sein. In Abb. 8 ist das Darlehen der Tante an die inländische Tochtergesellschaft wegen der zu geringen Beteiligung unproblematisch. Die Tante steht jedoch der ausländischen Mutter nahe. Daher findet § 8a KStG Anwendung. Die Tante kann hier jedoch den vollen safe haven ausschöpfen: 1% aus ihrer unmittelbaren Beteiligung, 99% aus der mittelbaren. Könnte der Anteilseigner nicht gleichzeitig nahestehende Person eines anderen Gesellschafters sein, wäre § 8a KStG leicht zu umgehen.

Die Grundüberlegung WASSERMEYERS, daß nur der unmittelbar Beteiligte als Anteilseigner im Sinne des § 8a KStG anzusehen ist, hat weitreichende Konsequenzen.
So ergibt sich vor allem ein Problem bei folgendem Fall:

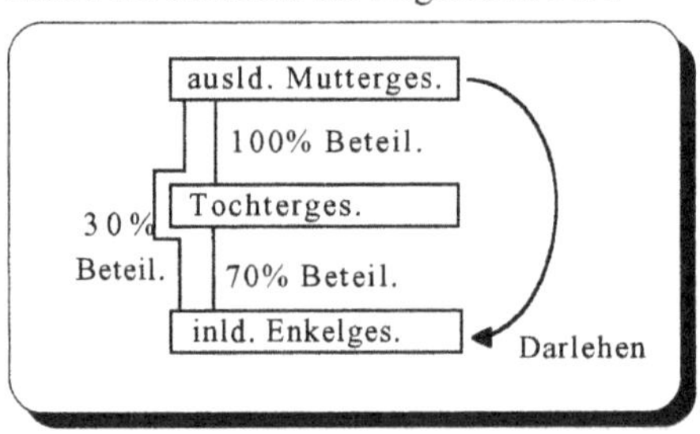

Abb. 9

Folgt man der Auffassung der Finanzverwaltung, die sowohl die Tochter- als auch die Muttergesellschaft als Anteilseigner betrachtet, kann der volle safe haven der inländischen Enkelgesellschaft der darlehensgewährenden ausländischen Muttergesellschaft zugerechnet werden, da diese insgesamt (unmittelbar und mittelbar) 100% des gezeichneten Kapitals des Enkels hält.

Auch WASSERMEYER betrachtet die Muttergesellschaft als Anteilseigner, da sie neben ihrer mittelbaren auch eine unmittelbare Beteiligung hält. Dem Wortlaut des § 8a Abs. 2 S. 1 KStG folgend, gilt jedoch nur die 30%-Beteiligung als ihr anteiliges Eigenkapital und somit als Grundlage ihres safe haven. Der übrige Freibereich steht der Tochtergesellschaft zu, die den Rest des gezeichneten Kapitals hält. Gewährt die Mutter das Darlehen direkt an den Enkel, kommt es infolge ihres geringen safe haven wesentlich eher zu einer Umqualifizierung der Vergütungen als nach der Auffassung der Finanzverwaltung.
Zur Vermeidung dieser nachteiligen Folgen müßte das Darlehen entsprechend den Beteiligungsquoten zu 70% über die Tochtergesellschaft und nur zu 30% direkt gewährt werden. Andernfalls müßte die Mutter ihre unmittelbare Beteiligung am Enkel aufgeben.
M.E. ist dies jedoch nicht notwendig. Da die ausländische Mutter nicht nur Anteilseigner, sondern auch nahestehende Person der Tochter ist, kann diese ihren safe haven auf die Mutter übertragen.

Ein weiteres Problem ergibt sich aus dem Wortlaut der Vorschrift, der sich auf nichtanrechnungsberechtigte Anteilseigner bezieht.

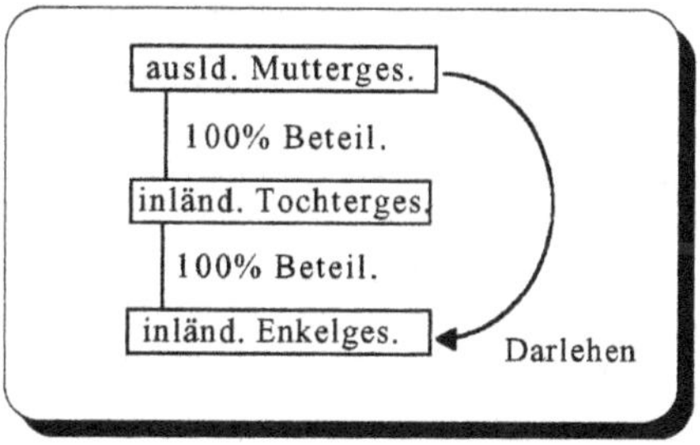

Abb. 10

Wird nur der unmittelbar Beteiligte als Anteilseigner betrachtet, gilt die ausländische Muttergesellschaft in Abb. 10 nicht als Anteilseigner. Nach seinem Wortlaut ist § 8a Abs. 1 S. 1 KStG nicht anwendbar, da die unbeschränkt steuerpflichtige Enkelgesellschaft das Fremdkapital nicht von einem wesentlich beteiligten, nichtanrechnungsberechtigten Anteilseigner erhalten hat, sondern von einer nichtanrechnungsberechtigten nahestehenden Person. Auch die Vorschrift des Abs. 1 S. 2 greift nicht, weil sie die Fremdkapitalüberlassung von einer Person voraussetzt, die einem nichtanrechnungsberechtigten Anteilseigner nahesteht. Der Anteilseigner selbst ist aber hier anrechnungsberechtigt.
Im Ergebnis läßt sich die Anwendung des § 8a KStG vollständig vermeiden, wenn zwischen die darlehensgewährende ausländische Mutter und den inländischen Darlehensempfänger eine inländische Kapitalgesellschaft zwischengeschaltet wird. An den Rechtsfolgen einer verdeckten Gewinnausschüttung kann der Gesetzgeber in diesem Fall nicht interessiert sein, denn die inländische

Tochter könnte das Körperschaftsteuerguthaben anrechnen und damit den gewollten Effekt zunichte machen. Voraussetzung dafür ist aber, daß die inländische Tochtergesellschaft nicht als Holding i.S.v. § 8a Abs. 4 KStG gilt. Wäre dies der Fall, könnte eine Umqualifizierung der Vergütungen nach § 8a Abs. 4 S. 2 KStG erfolgen.[343]
Die Finanzverwaltung empfindet dieses Resultat als unbefriedigend. Deshalb sieht das Einführungsschreiben vor, daß Vergütungen an nahestehende, nichtanrechnungsberechtigte Personen auch dann als verdeckte Gewinnausschüttung umqualifiziert werden sollen, wenn der Anteilseigner selbst anrechnungsberechtigt ist.[344]
M.E. ist die Vorgehensweise der Finanzverwaltung nicht vom Gesetz gedeckt, denn der Wortlaut der Vorschrift läßt diese Lösung nicht zu. Die Finanzverwaltung schafft hierdurch einen neuen Tatbestand, der vom Gesetzgeber so nicht geregelt wurde. Ihre Auffassung ist deshalb abzulehnen.
Auch aus dem Sinn des S. 2 ergibt sich, daß eine Umqualifizierung von Vergütungen nicht erforderlich ist, solange der Anteilseigner anrechnungsberechtigt ist: Abs. 1 S. 2 dient der Prävention von Umgehungshandlungen. Eine Behandlung von Zinszahlungen an eine nahestehende Person als verdeckte Gewinnausschüttungen kommt nach seinem Sinn nur dann in Betracht, wenn auch eine Umqualifizierung nach Abs. 1 S. 1 vorgenommen worden wäre, wenn der Anteilseigner selbst das Fremdkapital gewährt hätte. Die Vorschrift des S. 2 soll somit nur die Umgehung des S. 1 ausschließen, nicht aber einen neuen Umqualifizierungstatbestand schaffen. Greift bereits Abs. 1 S. 1 nicht ein, kann seine Ergänzung in S. 2 ebensowenig angewendet werden.[345] Im übrigen bringt die Umqualifizierung bei einem anrechnungsberechtigten Anteilseigner kein höheres Steueraufkommen, da dieser das Körperschaftsteuerguthaben anrechnen kann.[346]

Darüber hinaus spricht noch ein weiterer Grund dafür, daß nur ein unmittelbar Beteiligter Anteilseigner i.S.v. § 8a KStG ist. Nach den allgemeinen Vorschriften ist die verdeckte Gewinnausschüttung stets dem Anteilseigner als Beteiligungsertrag zuzurechnen. Wäre die ausländische Mutter Anteilseigner, müßte ihr die verdeckte Gewinnausschüttung zugerechnet werden. Da sie aber nicht unmittelbar beteiligt ist, kann sie keinen Beteiligungsertrag erzielen.[347]
Die Regelungen des § 8a KStG sind gesellschafterbezogen. Das Bestehen der Tatbestandsvoraussetzungen ist folglich für jeden Anteilseigner einzeln zu prüfen. Hat die unbeschränkt steuerpflichtige Kapitalgesellschaft mehrere Anteilseigner, so errechnet sich für jeden Einzelnen auf der Grundlage seines Anteils am

---

[343] Zu den Einzelheiten der Holdingregelung in Abs. 4 siehe unten Pkt. 4.3.2.8.
[344] Vgl. BMF-Schr. v. 15.12.1994, a.a.O., Rdn. 19.
[345] Vgl. REGNERY, Bernhard/SCHERER, Thomas, IStR 1994, S. 529.
[346] Eine Regelung für anrechnungsberechtigte Anteilseigner wurde daher nicht für notwendig erachtet. Vgl. MÜLLER-GATERMANN, Gert, FR 1993, S. 386f.
[347] Vgl. WASSERMEYER, Franz, DB 1987, S. 1116.

gezeichneten Kapital ein safe haven, den er bei Darlehensgewährung nur persönlich ausschöpfen kann.

4.3.2.4.2. Nahestehende Personen als Darlehensgeber

Die Überlassung von Fremdkapital fällt auch dann unter die Vorschrift des § 8a KStG, wenn statt des wesentlich beteiligten, nichtanrechnungsberechtigten Anteilseigners eine diesem Gesellschafter nahestehende Person Empfänger der Vergütungen ist (§ 8a Abs. 1 S. 2 KStG).
Der Gesetzgeber verweist in § 8a Abs. 1 S. 2 KStG zur Bestimmung des Begriffes der nahestehenden Person auf § 1 Abs. 2 AStG. Eine Person steht folglich nur dann dem Anteilseigner nahe, wenn die Kriterien des § 1 Abs. 2 AStG erfüllt sind. Damit gelten die von der Rechtsprechung zur verdeckten Gewinnausschüttung nach § 8 Abs. 3 S. 2 KStG als Nahestehende qualifizierten Personen nur dann als Nahestehende i.S.v. § 8a KStG, wenn sie die Bedingungen des § 1 Abs. 2 AStG erfüllen.[348] Darüber hinaus muß die nahestehende Person nach dem Gesetzeswortlaut nichtanrechnungsberechtigt sein.

Der Verweis auf § 1 Abs. 2 AStG ist zunächst verwirrend, da diese Vorschrift nur von einem Steuerpflichtigen und einer (nahestehenden) Person spricht, die miteinander in Geschäftsbeziehung stehen. Übertragen auf die Anwendung des §8a KStG könnte man darunter die Darlehensgewährung verstehen und untersuchen, ob die in § 1 Abs. 2 AStG angegebenen Bedingungen auf die Beziehung zwischen Darlehensgeber und -nehmer zutreffen. So ist aber der Verweis im Gesetzestext wohl nicht gemeint.
§ 1 Abs. 2 AStG beschreibt, unter welchen Voraussetzungen zwei Personen als einander nahestehend betrachtet werden. Die dort angegebenen Bedingungen müssen folglich in der Beziehung zwischen dem Anteilseigner und dem Darlehensgeber (nahestehende Person) erfüllt sein. Unter dem Begriff "Steuerpflichtiger" in § 1 Abs. 2 AStG ist also nicht die unbeschränkt steuerpflichtige Kapitalgesellschaft zu verstehen, sondern der wesentlich beteiligte, nichtanrechnungsberechtigte Anteilseigner.[349]

In § 1 Abs. 2 AStG werden vier Sachverhalte aufgezählt, von denen mindestens einer erfüllt sein muß, um eine Person als nahestehend zu qualifizieren:[350]

---

[348] Vgl. STRECK, Kommentar, a.a.O., § 8a KStG, Anm. 11. Zur nahestehenden Person bei verdeckten Gewinnausschüttungen nach § 8 Abs. 3 S. 2 KStG vgl. LANGE, Joachim: Verdeckte Gewinnausschüttungen, a.a.O., S. 54ff, Rz. 32ff. m.w.N.
[349] Vgl. PRINZ, in: HHR, Kommentar, a.a.O., § 8a KStG, Anm. 123, WILKE, in: MÖSSNER/SEEGER, Kommentar, a.a.O., § 8a KStG, Rdnr. 24ff.
[350] Vgl. FLICK, Hans/WASSERMEYER, Franz/BECKER, Helmut: Kommentar zum Außensteuerrecht, Bd. I, 5. Aufl., Köln, 1990, § 1 AStG, Anm. 288.

1.) Es muß eine unmittelbare oder mittelbare Beteiligung von mindestens 25% vorliegen (§ 1 Abs. 2 Nr. 1, 2 AStG).
2.) Es muß die Möglichkeit zur Ausübung eines beherrschenden Einflusses gegeben sein (§ 1 Abs. 2 Nr. 1, 2 AStG).
3.) Es muß für den Darlehensgeber oder Anteilseigner die Möglichkeit gegeben sein, aus Gründen, die außerhalb der Geschäftsbeziehung liegen, Einfluß auf die Vereinbarung der Bedingungen einer Geschäftsbeziehung mit dem jeweils anderen zu nehmen (§ 1 Abs. 2 Nr. 3 AStG).
4.) Es muß ein eigenes Interesse des Anteilseigners oder des Darlehensgebers an der Erzielung der Einkünfte des jeweils anderen bestehen (§ 1 Abs. 2 Nr. 3 AStG).

Nach § 1 Abs. 2 Nr. 1 AStG muß eine unmittelbare oder mittelbare Beteiligung von mindestens 25% vorliegen. Übertragen auf die Anwendung innerhalb von §8a KStG bedeutet dies, daß der Darlehensgeber dann als eine dem Anteilseigner nahestehende Person zu behandeln ist, wenn der Anteilseigner an ihm unmittelbar oder mittelbar zu mindestens 25% beteiligt ist. Da § 8a Abs. 1 S. 2 KStG zusätzlich erfordert, daß die nahestehende Person nichtanrechnungsberechtigt ist, muß das Fremdkapital von einer ausländischen Tochter überlassen werden.

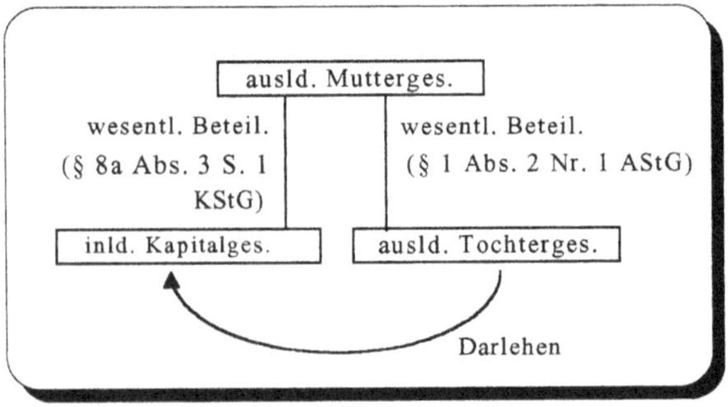

Abb. 11

Auch im umgekehrten Fall gilt der Darlehensgeber (Nichtanteilseigner) als Nahestehender, weil er am Anteilseigner unmittelbar oder mittelbar zu mindestens 25% beteiligt ist.
Hierdurch werden Upstream-Zahlungen für Darlehen erfaßt, die der inländischen Kapitalgesellschaft von übergeordneten Konzerngesellschaften gewährt werden, die nicht unmittelbar an ihr beteiligt sind und folglich nicht das Kriterium der Anteilseignerschaft erfüllen.

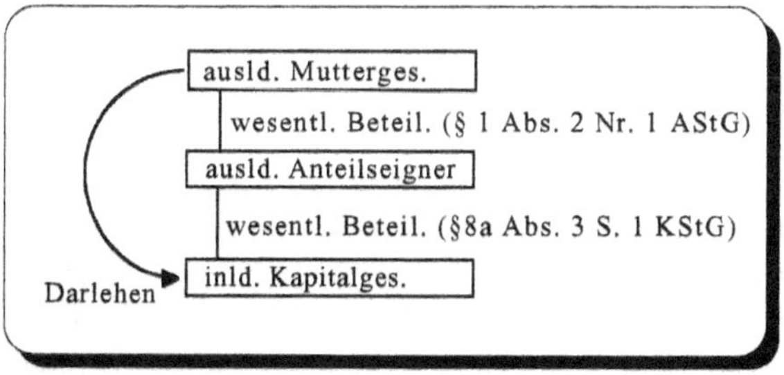

Abb. 12

Das BMF-Schreiben enthält hier einen Widerspruch. Als Anteilseigner wird dort sowohl der unmittelbar als auch der mittelbar an der inländischen Kapitalgesellschaft Beteiligte bezeichnet (Rdn. 7). Nach Rdn. 18 jedoch gilt die Mutter des Anteilseigners als nahestehende Person. Somit kommt es zu einer Überschneidung. Dieselbe Person kann aber nicht gleichzeitig (mittelbarer) Anteilseigner und nahestehende Person sein. Auch dies bekräftigt die Auffassung, daß als Anteilseigner stets nur der unmittelbar Beteiligte gilt.

Die wesentliche Beteiligung nach § 1 Abs. 2 Nr. 1 AStG unterscheidet sich von der wesentlichen Beteiligung nach § 8a Abs. 3 S. 1 KStG. Während nach dem AStG bereits ein Anteil von genau 25% ausreicht, muß nach dem KStG die Beteiligung 25% übersteigen.[351]

Bei der Errechnung der Beteiligungshöhe ist neben einer unmittelbaren Beteiligung auch eine mittelbare zu berücksichtigen. Diese kann durch einen Treuhänder (§ 39 Abs. 2 Nr. 1 S. 2 AO), eine Personengesellschaft oder eine Kapitalgesellschaft vermittelt werden. Wird die Beteiligung über eine deutsche Personengesellschaft gehalten, erhält jeder Gesellschafter der Personengesellschaft einen Anteil an der mittelbar gehaltenen Gesellschaft zugerechnet, der seiner Beteiligungsquote an der Personengesellschaft entspricht. Diese Zurechnung ergibt sich daraus, daß die Personengesellschaft kein eigenständiges Steuersubjekt ist.[352] Wird z.B. die Beteiligung des Anteilseigners am Darlehensgeber über eine Kapitalgesellschaft gehalten, könnte die rechnerische Beteiligungsquote maßgeblich sein. Andererseits ist aber unsicher, ob dies auch gilt, wenn an der zwischengeschalteten Kapitalgesellschaft nur eine Minderheitsbeteiligung besteht. FLICK/ WASSERMEYER/BECKER fordern in diesem Zusammenhang, daß eine mittelbare Beteiligung nur dann bei der Ermittlung der wesentlichen Beteiligung i.S.v. § 1 Abs. 2 Nr. 1 AStG berücksichtigt werden darf, wenn die die Beteiligung vermittelnde Kapitalgesellschaft beherrscht wird (z.B. Mehrheit der Stimmrechte).[353]

[351] Auch nach § 17 Abs. 1 S. 4 EStG liegt eine wesentliche Beteiligung nur dann vor, wenn die Anteile 25% übersteigen.
[352] Vgl. FLICK/WASSERMEYER/BECKER, Kommentar, a.a.O., § 1 AStG, Anm. 297b.
[353] Vgl. ebenda, Anm. 298ff.

Dem ist für Zwecke des § 8a KStG m.E. nicht zu folgen. Nach § 1 Abs. 2 Nr. 1 AStG führt bei einer unmittelbaren Beteiligung bereits eine Quote von 25% dazu, daß die Person als nahestehend betrachtet wird. Dies gilt auch für den Fall, daß die restlichen 75% von einem fremden Dritten gehalten werden, der andere Interessen verfolgt. Wenn also noch nicht einmal die unmittelbar gehaltene Gesellschaft beherrscht werden muß, um ein Nahestehen zu begründen, kann nicht verlangt werden, daß die die mittelbare Beteiligung vermittelnde Gesellschaft beherrscht werden muß. Es bleibt folglich bei der Ermittlung der wesentlichen Beteiligung anhand der rechnerischen Quote.

Das Kriterium der wesentlichen unmittelbaren oder mittelbaren Beteiligung des Darlehensgebers am Anteilseigner kann umgangen werden: Gibt nicht die Muttergesellschaft, sondern eine übergeordnete Konzerngesellschaft das Darlehen, kann es dazu kommen, daß die Beteiligungsquote des Darlehensgebers am Anteilseigner 25% unterschreitet.

> Beispiel: Die ausländische Muttergesellschaft als Darlehensgeberin hält die Beteiligung am Anteilseigner über zwei Tochtergesellschaften. Die Mutter ist an Tochter 1 zu 60% beteiligt, Tochter 1 ist an Tochter 2 zu 60% beteiligt und Tochter 2 an dem ausländischen, nichtanrechnungsberechtigten Anteilseigner ebenso zu 60%. Es ist zu prüfen, ob die ausländische Mutter eine dem Anteilseigner nahestehende Person ist, d.h., ob sie an ihm wesentlich beteiligt ist. Die rechnerische Quote ihrer mittelbaren Beteiligung beträgt 60 x 60 x 60, also 21,6%. Somit ist der Tatbestand einer mittelbaren Beteiligung von mindestens 25% nicht erfüllt.
> Das gleiche Problem kann im umgekehrten Fall auftreten. Auch dort läßt sich eine wesentliche Beteiligung des Anteilseigners am Darlehensgeber vermeiden, wenn der Darlehensgeber nur weit genug unter dem Anteilseigner angesiedelt ist. Liegen genügend andere Gesellschaften dazwischen, kann die Höhe der mittelbaren Beteiligung 25% unterschreiten.

Um diese Umgehungsmöglichkeit auszuschließen, sieht § 1 Abs. 2 Nr. 1 AStG eine weitere Möglichkeit vor, nach der ein Darlehensgeber auch dann als dem Gesellschafter nahestehend zu behandeln ist, wenn die Bedingung der wesentlichen Beteiligung nicht erfüllt wird. Der Darlehensgeber ist auch dann eine nahestehende Person, wenn er auf den Anteilseigner unmittelbar oder mittelbar einen beherrschenden Einfluß nehmen kann oder umgekehrt dieser auf ihn.
Nach dieser Vorschrift, die § 17 Abs. 1 AktG nachempfunden ist, genügt bereits die Möglichkeit, beherrschenden Einfluß auszuüben. Voraussetzung dafür ist, daß der Beherrschende über soviel Herrschaftsmacht verfügt, um seine Vorstellungen gegenüber dem Beherrschten durchzusetzen zu können.[354] Dabei muß er dessen Verhalten durch seinen Einfluß auf das Geschäftsführungs- und Verwaltungsorgan soweit steuern können, wie es bei einer Mehrheitsbeteiligung

---

[354] Vgl. BIEDENKOPF, Kurt/KOPPENSTEINER, Hans-Georg: Kölner Kommentar zum Aktiengesetz, Bd. I, hrsg. v. W. Zöllner, Köln, 1985, § 17 AktG, Anm. 15ff.

möglich wäre. Die Möglichkeit der Einflußnahme muß so beschaffen sein, daß es dem Beherrschenden über einen längeren Zeitraum hinweg gelingen kann, die Geschäfts- und Unternehmenspolitik des Beherrschten nach seinen Vorstellungen zu bestimmen.
Das Kriterium des beherrschenden Einflusses ist insbesondere dann entscheidend, wenn die Beteiligung nicht wesentlich ist. So kann das Vorliegen einer geringen Beteiligung zusammen mit tatsächlichen, rein wirtschaftlichen Abhängigkeiten zu einem beherrschenden Einfluß führen.[355]
Unklar ist, ob tatsächliche Abhängigkeiten allein (z.B. aufgrund von Austauschverträgen), die gesellschaftsrechtlich nicht abgesichert sind, schon eine Beherrschung begründen können. Nach MENCK[356] kann dies der Fall sein, wenn mit den Austauschverträgen Kontrollrechte und erhebliche Einflußmöglichkeiten auf die Geschäftsführung verbunden sind. Der BGH[357] lehnt dies jedoch wegen der Unübersichtlichkeit der Vielfalt möglicher Abhängigkeiten ab und weist darauf hin, daß diese Abhängigkeiten als allgemeine Risiken einer marktwirtschaftlichen Betätigung aufzufassen sind. Somit ergeben sie sich allein aus der Marktlage. Hat eine Person nur allein aufgrund einer günstigen Marktlage Einfluß auf eine andere, folgt daraus noch keine Beherrschung. Darüber hinaus treten bei der Feststellung, ob eine tatsächliche Abhängigkeit vorliegt, regelmäßig Probleme auf.
Im Interesse einer sicheren Rechtsanwendung ist m.E. dem BGH zu folgen. Nur allein aufgrund von tatsächlichen Abhängigkeiten ist eine Beherrschung nicht anzunehmen. Folglich kann allein dadurch eine Person nicht zu einem Nahestehenden werden.[358]
Neben beteiligungsähnlichen Rechten kann die beherrschende Stellung vor allem durch Unternehmensverträge (§§ 291, 292 AktG), Eingliederungen (§ 319 AktG), eine einheitliche Leitung (§ 18 AktG), wechselseitige Beteiligungen (§ 19 AktG) oder durch Beteiligung derselben Person in der Geschäftsleitung vermittelt werden.[359]

Nach § 1 Abs. 2 Nr. 2 AStG stehen sich zwei Personen nahe, wenn an beiden eine dritte Person wesentlich beteiligt ist oder auf beide unmittelbar oder mittelbar einen beherrschenden Einfluß ausüben kann.
Auch hier kann die wesentliche Beteiligung unmittelbar oder mittelbar vermittelt werden, es kann somit auf die Ausführungen weiter oben verwiesen werden. Nach dem Tatbestand in Nr. 2 sind Anteilseigner und Nahestehender Schwestergesellschaften, die unter einer gemeinsamen Mutter stehen.

---

[355]Vgl. FLICK/WASSERMEYER/BECKER, Kommentar, a.a.O., § 1 AStG, Anm. 302m.
[356]Vgl. BLÜMICH/MENCK, Kommentar, a.a.O., § 1 AStG, Rz. 30.
[357]Vgl. BGH-U. v. 26.3.1984, II ZR 171/83, ZIP 1984, S. 577. Zustimmend: FLICK/WASSERMEYER/BECKER, Kommentar, a.a.O., § 1 AStG, Anm. 302l.
[358]Zu weiteren Beherrschungsmitteln im einzelnen vgl. FLICK/WASSERMEYER/BECKER, Kommentar, a.a.O., § 1 AStG, Anm. 302p.
[359]Vgl. dazu auch BFH-U. v. 13.12.1989, I R 45/84, NV 1990, S. 456.

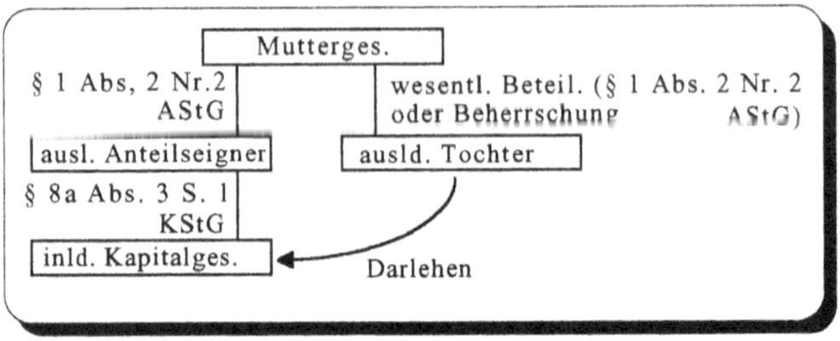

Abb. 13

Nach § 1 Abs. 2 Nr. 3 AStG stehen sich Anteilseigner und Darlehensgeber nahe, wenn einer der beiden imstande ist, bei der Vereinbarung der Bedingungen einer Geschäftsbeziehung mit dem jeweils anderen einen Einfluß von einigem Gewicht auszuüben, welcher auf Gründen außerhalb dieser Geschäftsbeziehung beruht. Es handelt sich hierbei um eine Auffangvorschrift, die Einflußmöglichkeiten außerhalb der wesentlichen Beteiligung erfassen soll.

Während in Nr. 1 und 2 eine unwiderlegbare Vermutung aufgestellt wird, muß nach Nr. 3 eine Person tatsächlich und nachweisbar in der Lage sein, Einfluß zu nehmen. Dabei kommt es nicht darauf an, daß dieser ausgeübt wird. Es genügt bereits die Möglichkeit der Einflußnahme.[360] Die Einflußmöglichkeit muß sich dabei auf das konkrete Geschäft auswirken können, also das Ob und Wie bestimmen.[361]

Nicht eindeutig ist, auf welchen Verbindungen der Einfluß beruhen darf. Nach der Auffassung von WILKE[362] genügt jeglicher Einfluß aufgrund von rechtlichen, tatsächlichen, persönlichen, gesellschaftsrechtlichen oder verwandtschaftlichen Verbindungen. FLICK/WASSERMEYER/BECKER hingegen betonen m.E. zu Recht, daß es aufgrund einer derart ausgedehnten Anwendung an Voraussehbarkeit und Bestimmtheit der Gesetzesanwendung fehlt. Die Feststellung einer Einflußnahme ist in der Praxis damit nicht mehr durchführbar. Im Interesse der Rechtssicherheit wollen sie die Anwendung deshalb auf wirtschaftlich ausgerichtete Einflußmöglichkeiten begrenzen. Somit führt nicht jedweder Einfluß aufgrund o.g. Verbindungen zu einer Einflußnahme nach § 1 Abs. 2 Nr. 3 AStG, sondern nur der wirtschaftlich ausgerichtete.[363]

Die Art der Verbindung wird von den Autoren nicht eingeschränkt. Folglich kann unter diesen Voraussetzungen ein Nahestehen aufgrund persönlicher oder verwandtschaftlicher Beziehungen begründet werden.

Die Möglichkeit, Marktmacht auszunutzen (z.B. Monopolstellung) und auf diese Weise die Bedingungen einer Geschäftsbeziehung zu beeinflussen, gilt nicht als Einflußnahme i.S.d. Vorschrift.[364]

[360] Vgl. FLICK/WASSERMEYER/BECKER, Kommentar, a.a.O., § 1 AStG, Anm. 315f.
[361] Vgl. ebenda, Anm. 319a.
[362] Vgl. WILKE, in: MÖSSNER/SEEGER, Kommentar, a.a.O., § 8a KStG, Rdnr. 27.
[363] Vgl. FLICK/WASSERMEYER/BECKER, Kommentar, a.a.O., § 1 AStG, Anm. 320, 324f.

In der zweiten Fallgruppe des § 1 Abs. 2 Nr. 3 AStG wird ein Nahestehen angenommen, wenn der Anteilseigner ein eigenes Interesse daran hat, daß der Darlehensgeber Einkünfte erzielt oder umgekehrt. Neben einem wirtschaftlichen Interesse kann auch ein persönliches ein Nahestehen begründen.[365] Ein persönliches Interesse setzt allerdings eine Interessengemeinschaft voraus. Bei Angehörigen kann diese nicht einfach vermutet werden, sondern ihr Vorliegen ist nach den allgemeinen Grundsätzen zu beurteilen.[366]

Der dem Anteilseigner Nahestehende muß nach dem Gesetzeswortlaut ein in- oder ausländischer Nichtanrechnungsberechtigter sein. Dies entspricht dem Sinn der Vorschrift, nach der die Vergütungen erfaßt werden sollen, die in den steuerfreien Bereich eines Inländers bzw. in das Ausland fließen und somit im Inland nicht mehr besteuert werden. Damit ist die Anwendung von § 8a Abs. 1 S. 2 KStG nicht möglich, wenn es sich bei dem Darlehensgeber um einen anrechnungsberechtigten Inländer handelt. Abs. 1 S. 2 greift nur, wenn sowohl der wesentlich beteiligte Anteilseigner als auch der darlehensgewährende Nahestehende nichtanrechnungsberechtigt sind.
Die Finanzverwaltung ist anderer Auffassung: Sie nimmt auch dann eine verdeckte Gewinnausschüttung an, wenn die Vergütungen zwar an einen nichtanrechnungsberechtigten Nahestehenden gezahlt werden, aber der Anteilseigner selbst anrechnungsberechtigt ist.[367] Damit würden vor allem Finanzierungsgestaltungen über ausländische Finanzierungsgesellschaften deutscher Konzerne getroffen.

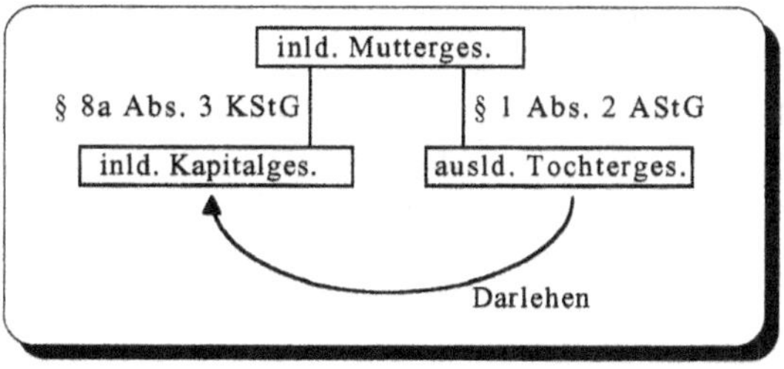

Abb. 14

Diese Auslegung durch die Finanzverwaltung stellt m.E. eine unzulässige Ausweitung des gesetzlich vorgegebenen Tatbestandes dar. Nach dem Gesetzestext

[364] Vgl. ebenda, Anm. 320a.
[365] Vgl. WILKE, in: MÖSSNER/SEEGER, Kommentar, a.a.O., § 8a KStG, Rdnr. 28. Vgl. dazu auch BFH-U. v. 19.1.1994, I R 93/93, BStBl. II 1994, S. 726.
[366] Vgl. dazu insbesondere den Beschluß des BVerfG zur Behandlung von Ehegatten: BVerfG-B. v. 12.3.1985, I BvR 571/81, 494/82, 47/83, BStBl. II 1985, S. 481.
[367] Vgl. BMF-Schr. v. 15.12.1994, a.a.O., Rdn. 19. Zustimmend: SCHWEBEL, in: DEJW, Kommentar, a.a.O., § 8a KStG, Tz. 9, MENCK, Thomas: Unterkapitalisierung von Kapitalgesellschaften - § 8a KStG und das Einführungsschreiben des BMF vom 15.12.1994, in: DStR 1995, S. 397, THIEL, Jochen, in: Diskussion, in: Gesellschafterfremdfinanzierung..., hrsg. v. N. Herzig, a.a.O., S. 27f.

soll eine Umqualifizierung ausdrücklich nur dann möglich sein, wenn die inländische Kapitalgesellschaft von nichtanrechnungsberechtigten Anteileignern gehalten wird. Bereits der Wortlaut der Vorschrift ist insoweit eindeutig und läßt eine Anwendung des gesamten § 8a KStG nicht zu, wenn es an einem nichtanrechnungsberechtigten Anteilseigner fehlt.[368]
Weiterhin spricht gegen die Auffassung der Finanzverwaltung, daß es sich bei Abs. 1 S. 2 um einen Auffangtatbestand handelt, der S. 1 ergänzen soll.[369] Tatbestandsvoraussetzung für die nahestehende Person ist folglich, daß sie einem in S.1 beschriebenen Anteilseigner nahesteht. Dieser muß aber nach S. 1 nichtanrechnungsberechtigt sein. Bei einer ausländischen Finanzierungstochter einer inländischen Muttergesellschaft erfüllt weder der Anteilseigner noch der Nahestehende die erforderlichen Tatbestandsvoraussetzungen: Der Anteilseigner ist anrechnungsberechtigt und der Nahestehende steht nicht einem wesentlich beteiligten, nichtanrechnungsberechtigten Anteilseigner nahe. Will die Finanzverwaltung die Vergütungen trotzdem umqualifizieren, verstößt sie gegen das Gesetz.
PRINZ betont außerdem, daß gerade bei ausländischen Finanzierungsgesellschaften mißbräuchliche Gestaltungen durch die Vorschriften der Hinzurechnungsbesteuerung[370] größtenteils ausgeschlossen werden.[371]
Im übrigen erweist sich die Auslegung der Finanzverwaltung auch aus folgendem Grund als unbrauchbar: Nach h.M. ist die verdeckte Gewinnausschüttung stets dem Anteilseigner zuzurechnen.[372] Als Folge der verdeckten Gewinnausschüttung ist bei der zinszahlenden Tochter die Ausschüttungsbelastung herzustellen, Kapitalertragsteuer abzuführen und bei der Mutter ein Beteiligungsertrag anzunehmen. Ist diese eine inländische Gesellschaft und somit anrechnungsberechtigt, kann sie sowohl die Kapitalertragsteuer als auch die Körperschaftsteuer anrechnen. Somit läuft die Anwendung des § 8a KStG leer und es ist genau der Fall eingetreten, den der Gesetzgeber als nicht regelungsbedürftig eingestuft hat. Aus diesem Grund hat er den Anteilseignerbegriff in Abs. 1 auf Nichtanrechnungsberechtigte beschränkt.[373]

Gewährt sowohl der Anteilseigner als auch eine ihm nahestehende Person der inländischen Kapitalgesellschaft ein Darlehen, ist zunächst der safe haven des An-

---

[368] Vgl. REGNERY, Bernhard/SCHERER, Thomas, IStR 1994, S. 529, HEY, Friedrich, RIW 1995, S. 305, MAYER, Horst/LEHLEITER, Robert: § 8a KStG - Irrungen ohne Ende?, in: DStR 1995, S. 1298. MAYER/LEHLEITER weisen darauf hin, daß der Vorteil der Änderung des § 8 Abs. 1 Nr. 7 AStG durch das StandOG (ausländische Finanzierungsgesellschaften dürfen jetzt inländische Töchter finanzieren) wegfiele, wenn der Auffassung der Finanzverwaltung gefolgt würde.
[369] Vgl. PRINZ, in: HHR, Kommentar, a.a.O., § 8a KStG, Anm. 124. PRINZ weist darauf hin, daß durch die Auffassung der Finanzverwaltung der Kreis der betroffenen Anteilseigner im Auffangtatbestand des S. 2 größer wäre als im Grundtatbestand des S. 1.
[370] Siehe dazu §§ 7 Abs. 6 i.V.m. 10 Abs. 6 AStG, 8 Abs. 1 Nr. 7 AStG.
[371] Vgl. PRINZ, in: HHR, Kommentar, a.a.O., § 8a KStG, Anm. 124.
[372] Vgl. BMF-Schr. v. 15.12.1994, a.a.O., Rdn. 19.
[373] Vgl. MÜLLER-GATERMANN, Gert, FR 1993, S. 386f.

teilseigners zu ermitteln. Dieser ergibt sich durch Anwendung des entsprechenden Vervielfachers auf den Anteil des Anteilseigners am gezeichneten Kapital. Nach der Reihenfolge im Gesetzestext wird der safe haven nach Abs. 1 S. 1 zuerst durch das Darlehen des Anteilseigners verbraucht. Der noch nicht ausgeschöpfte Freibereich kann für Darlehen von Nahestehenden verwendet werden.[374] Ein übersteigender Betrag wird dann umqualifiziert.

Übersteigt bereits das Darlehen des Anteilseigners den safe haven, wird der übersteigende Betrag ebenso wie das gesamte Darlehen des Nahestehenden als verdeckte Gewinnausschüttung qualifziert. Auf diese Weise wird sichergestellt, daß Anteilseigner und Nahestehender zusammen nur einmal den safe haven ausschöpfen. Sind mehrere Darlehensgeber als nahestehende Personen desselben Anteilseigners zu qualifizieren, muß der vom Anteilseigner selbst nicht verbrauchte safe haven auf die Darlehen der Nahestehenden verteilt werden. Dabei gibt es zahlreiche Möglichkeiten der Zuordnung: So können z.B. die zuerst ausgereichten Darlehen, die mit dem höchsten Zinssatz oder jedes Darlehen anteilig in den Freibereich fallen. M.E. sollte auch hier der Gesellschaft ein Wahlrecht eingeräumt werden.[375]

Damit der safe haven nur einmal ausgenutzt wird, ist das vom Anteilseigner gewährte Fremdkapital mit dem des Nahestehenden zusammenzurechnen, bzw. das Darlehen des Nahestehenden ist dem Anteilseigner zuzurechnen.

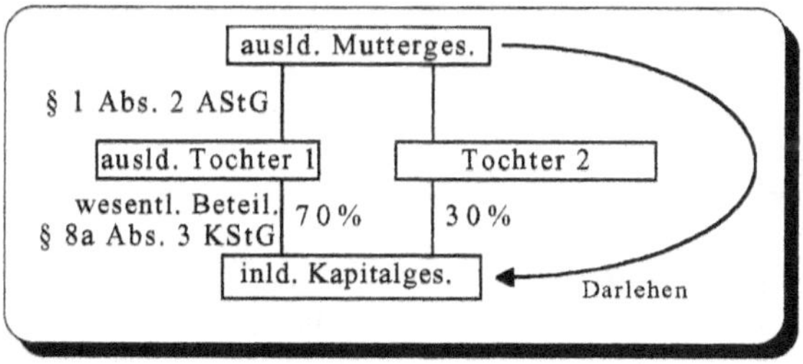

Abb. 15

Die ausländische Muttergesellschaft ist hier nahestehende Person zu Tochter 1 und 2. Da sie beiden Anteilseignern gleich nahe steht, könnte ihr Darlehen zu gleichen Teilen auf beide Töchter verteilt werden. Ein günstigeres Ergebnis wird jedoch erzielt, wenn das Darlehen den Töchtern entsprechend deren Beteiligungsquote an der inländischen Kapitalgesellschaft zugerechnet wird, da sich dann deren safe haven besser ausnutzen läßt.[376]

Es bleibt bei dieser Zurechnung anhand der Beteiligungsquoten auch dann, wenn Tochter 2 anrechnungsberechtigt und somit nicht Anteilseigner i.S.v. § 8a Abs. 1 S. 1 KStG ist. Der Darlehensteil, der Tochter 2 zuzurechnen ist, fällt dann aber

---

[374] Vgl. BLÜMICH/MENCK, Kommentar, a.a.O., § 8a KStG, Rz. 69.

[375] Zustimmend: BLÜMICH/MENCK, Kommentar, a.a.O., Rz. 69.

[376] Vgl. WASSERMEYER, Franz: Stellungnahme zu ausgewählten Zweifelsfragen..., in: Gesellschafterfremdfinanzierung und Beteiligung..., a.a.O., S. 7f.

nicht mehr unter die Regelung des § 8a KStG, weil gegenüber einer inländischen Tochter 2 eine verdeckte Gewinnausschüttung nicht angenommen wird. Zwar gilt die Mutter wegen ihrer Beteiligung an Tochter 1 noch immer als nahestehende Person, trotzdem wäre es nicht sachgerecht, dann das volle Darlehen nur noch Tochter 1 zuzurechnen, weil es somit leichter zu einer verdeckten Gewinnausschüttung kommt.

Erhält die inländische Tochtergesellschaft Fremdkapital von einer ausländischen Enkelgesellschaft, ist fraglich, ob letztere als eine dem Anteilseigner nahestehende Person anzusehen ist. Nach den Voraussetzungen des § 1 Abs. 2 AStG wäre dies z.B. gegeben, wenn der Anteilseigner mittelbar über die inländische Kapitalgesellschaft zu mindestens 25% an ihr beteiligt ist. In diesem Fall wären nach dem Wortlaut des § 8a Abs. 1 S. 2 KStG Zinszahlungen der inländischen Tochter an den ausländischen Enkel als verdeckte Gewinnausschüttungen an die übergeordnete ausländische Mutter zu betrachten, wenn der safe haven überschritten ist.

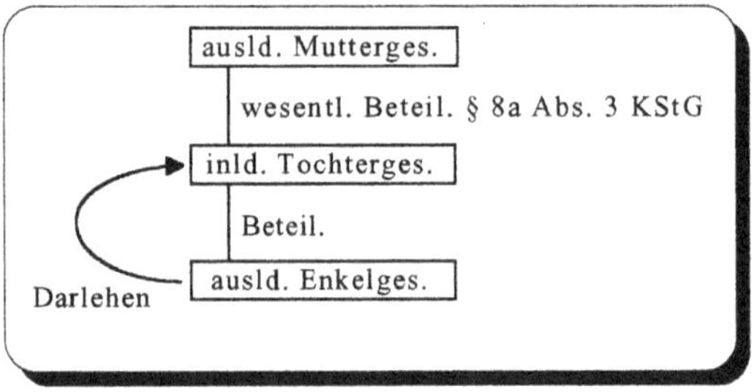

Abb. 16

Die Finanzverwaltung nimmt in ihrem Einführungsschreiben zu diesem Fall nicht Stellung. Sie will ihn folglich nach den allgemeinen Grundsätzen behandeln. MEILICKE und FROTSCHER dagegen wollen die Vorschrift des § 8a KStG hier nicht anwenden.[377] Nach ihrer Auffassung verstoße seine Anwendung auf diesen Sachverhalt gegen den Sinn der Vorschrift. Zwar fließe die Vergütung in das Ausland ab und unterliege nicht der deutschen Besteuerung, aber über die offene Gewinnausschüttung der ausländischen Tochter, die grundsätzlich der deutschen Besteuerung unterliege, fließe die Zahlung später wieder in das Inland zurück. Außerdem solle nach der Konzeption des § 8a KStG nur die Erfassung von Upstream-Zahlungen an Übergeordnete sichergestellt werden. Eine verdeckte Gewinnausschüttung der Tochter an die Enkelin könne auch bereits deshalb nicht vorliegen, weil die Enkelin gar nicht in der Lage wäre, die Tochter mit

[377] Vgl. MEILICKE, Wienand: Erste Probleme mit § 8a des Körperschaftsteuergesetzes, in: BB 1994, S. 117, FROTSCHER, Gerrit, IStR 1994, S. 207. So auch MAYER, Horst/LEHLEITER, Robert, DStR 1995, S. 1298.

Kapital auszustatten. Insofern liege hier eher eine Einlage der inländischen Kapitalgesellschaft an die ausländische Enkelin vor.
MEILICKE weist darüber hinaus darauf hin, daß bei Anwendung des § 8a KStG eine Diskriminierung ausländischer Anteilseigner vorläge, da sich eine inländische Kapitalgesellschaft mit inländischen Anteilseignern ungehindert von § 8a KStG bei ihrer ausländischen Tochter finanzieren könne, während dies nicht mehr möglich sei, wenn sie ausländische Anteilseigner hat.[378]
MEILICKE, FROTSCHER und PRINZ fordern daher eine teleologische Reduktion des Abs. 1 S. 2.[379]
Dieser Auffassung ist m.E. zuzustimmen. Die Vorschrift des § 8a Abs. 1 S. 2 KStG sollte auf Darlehen von Tochtergesellschaften nicht angewendet werden. Im übrigen wurde oben darauf hingewiesen, daß mißbräuchliche Gestaltungen durch Finanzierungen über ausländische Töchter bereits Gegenstand der Hinzurechnungsbesteuerung sind. Eine weitere Regelung zum Ausschluß eines Mißbrauchs mit unterschiedlichem Anwendungsbereich ist nicht notwendig.

4.3.2.4.3. Dritte als Darlehensgeber

In § 8a Abs. 1 S. 2 KStG hat der Gesetzgeber eine zweite Alternative vorgesehen, bei der Vergütungen für Fremdkapital, das ein Nichtanteilseigner der inländischen Kapitalgesellschaft überläßt, als verdeckte Gewinnausschüttung umqualifiziert werden, wenn der safe haven überschritten ist: Danach greift § 8a KStG auch dann, wenn ein fremder Dritter Fremdkapital ausreicht und gleichzeitig auf den Anteilseigner oder eine diesem nahestehende Person zurückgreifen kann.
Auch diese Vorschrift, die als Auffangtatbestand konzipiert ist, ergänzt Abs. 1 S. 1 und soll verhindern, daß die Regelung des S. 1 durch Einschaltung einer außerhalb des Konzerns stehenden Person als Darlehensgeber umgangen wird. Insbesondere sollen damit sog. Back-to-back-Finanzierungen getroffen werden, bei denen das Darlehen zwar durch einen fremden Dritten gewährt wird, gleichzeitig aber die Muttergesellschaft eine Einlage in derselben Höhe und Fristigkeit beim Dritten unterhält, die als Sicherheit für das Darlehen haftet. Weiterhin soll die Möglichkeit ausgeschlossen werden, daß das Darlehen zwar von einem fremden Dritten gewährt wird, aber die Muttergesellschaft sich für ihre Tochter gegenüber dem Dritten verbürgt. Diese Fälle entsprechen wirtschaftlich betrachtet einer Darlehensgewährung durch die Mutter, weshalb nach dem Willen des Gesetzgebers auch hier die Regelungen des § 8a KStG angewendet werden sollen.[380]

---

[378] Vgl. MEILICKE, Wienand, BB 1994, S. 117. Zum Diskriminierungsverbot siehe Pkt. 4.4.2.
[379] Vgl. MEILICKE, Wienand, BB 1994, S. 117, FROTSCHER, Gerrit, IStR 1994, S. 207, PRINZ, in: HHR, Kommentar, a.a.O., § 8a KStG, Anm. 125.
[380] Vgl. BT-DrS 12/5016, S. 92, BLÜMICH/MENCK, Kommentar, a.a.O., § 8a KStG, Rz. 74.

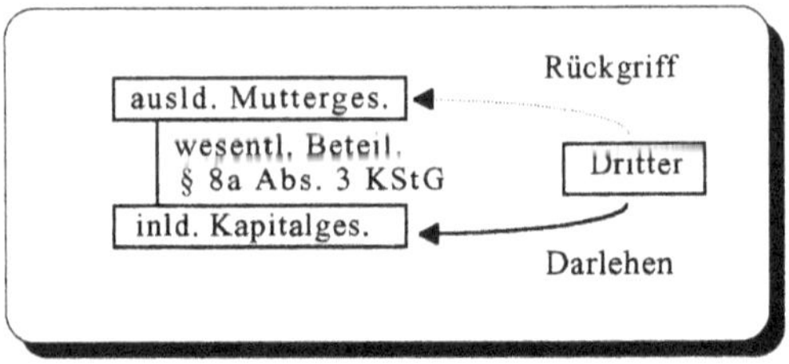

Abb. 17

Aufgrund der Konzeption als Auffangtatbestand ist für die Anwendung der Vorschrift der Anteilseignerbegriff aus Abs. 1 S. 1 zu übernehmen. Ebenso müssen für den Begriff der nahestehenden Person die Voraussetzungen des § 1 Abs. 2 AStG erfüllt sein.

Daraus ergibt sich, daß die Umgehungsvorschrift des Abs. 1 S. 2 nicht anwendbar ist, wenn ein wesentlich beteiligter, nichtanrechnungsberechtigter Anteilseigner oder eine nichtanrechnungsberechtigte, ihm nahestehende Person nicht existiert.[381]

Für die Person des Dritten ist Voraussetzung, daß er selbst weder Anteilseigner, noch nahestehende Person ist, denn sonst fiele er unter die o.g. Vorschriften für diesen Personenkreis.[382] Aus dem Gesetzestext ergeben sich für ihn keine weiteren Merkmale. Folglich ist davon auszugehen, daß jeder Darlehensgeber mit Rückgriffsrecht unabhängig von seiner Ansässigkeit Dritter i.S.d. Vorschrift sein kann.[383] Weiterhin ergibt sich aus dem Wortlaut nicht, ob der Dritte nichtanrechnungsberechtigt sein muß.

Die Finanzverwaltung dehnt in ihrem Einführungsschreiben den Begriff des Dritten sehr weit aus und will die Regelungen des § 8a KStG auch dann anwenden, wenn der Darlehensgeber anrechnungsberechtigt ist, sofern der Anteilseigner, auf den er zurückgreifen kann, nichtanrechnungsberechtigt ist.[384] In diesem Fall[385] läßt die Finanzverwaltung in einer Art Billigkeitsregelung eine Ausnahme zu: So wird eine verdeckte Gewinnausschüttung nicht angenommen, wenn die inländische Kapitalgesellschaft (Darlehensempfänger) nachweist, daß die Vergütungen bei dem Dritten im Rahmen der deutschen Besteuerung erfaßt werden. Außerdem dürfen bei dem Dritten nicht gleichzeitig Ausgaben anfallen, deren unmittelbarer oder mittelbarer Empfänger der Anteilseigner oder eine ihm nahestehende Person ist. Es darf also keine Back-to-back-Finanzierung vorliegen. Diese Regelung betrifft vor allem inländische Banken und inländische Zweigniederlassungen

---

[381] So auch FROTSCHER, der darauf hinweist, daß der Dritte auf den nichtanrechnungsberechtigten Anteilseigner oder eine ihm nahestehende, nichtanrechnungsberechtigte Person zurückgreifen können muß. Vgl. FROTSCHER, Gerrit, IStR 1994, S. 207.

[382] Vgl. BMF-Schr. v. 15.12.1994, a.a.O., Rdn. 20, FROTSCHER, Gerrit, IStR 1994, S. 205.

[383] Z.B. Banken, Versicherungen, Lieferanten, institutionelle Anleger etc.

[384] Vgl. BMF-Schr. v. 15.12.1994, a.a.O., Rdn. 23.

[385] Das gleiche gilt auch bei einem Rückgriff auf eine dem Anteilseigner nahestehende Person.

ausländischer Banken,[386] die als konzernfremde Dritte Darlehen an die inländische Kapitalgesellschaft ausreichen.
Hat der anrechnungsberechtigte Dritte eine Rückgriffsmöglichkeit nicht auf den Anteilseigner selbst, sondern auf eine nahestehende Person, muß für die Anwendung des § 8a KStG unterschieden werden:[387]

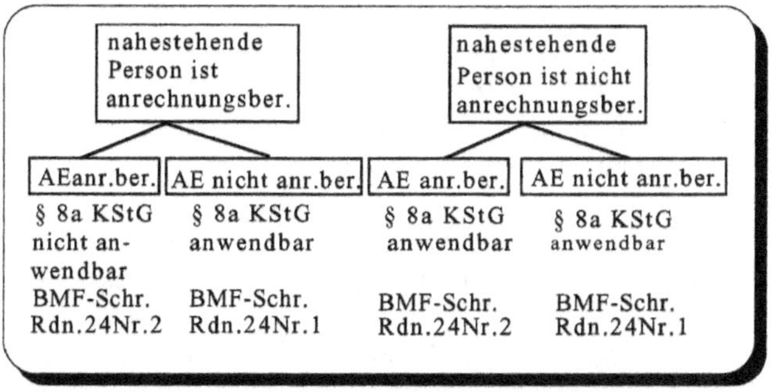

Abb. 18

Die Finanzverwaltung wendet die Vorschrift des § 8a KStG unabhängig davon an, ob der darlehensgewährende Dritte selbst nichtanrechnungsberechtigt oder anrechnungsberechtigt ist. Lediglich die Billigkeitsregelung, die der Kapitalgesellschaft die Möglichkeit des Beweises eröffnet, daß keine Back-to-back-Finanzierung vorliegt, ist bei einem nichtanrechnungsberechtigten Dritten nicht möglich.
Für die Anwendung des § 8a KStG ist zu unterscheiden: Liegt kein Back-to-back-Darlehen vor, und ist der Dritte als Darlehensgeber anrechnungsberechtigt, unterliegen die empfangenen Vergütungen bei ihm der deutschen Besteuerung. Da die Einmalbelastung der Vergütungen mit deutscher Steuer gesichert ist, erübrigt sich in diesem Fall die Einbeziehung anrechnungsberechtigter Dritter in die Regelung des § 8a KStG. Im Schrifttum wird insofern zu Recht eine teleologische Reduktion des § 8a Abs. 1 S. 2 KStG verlangt.[388] Dieser Auffassung folgt auch die Finanzverwaltung, da sie bei anrechnungsberechtigten Vergütungsempfängern einen Gegenbeweis als Billigkeitsregelung gestattet. Ansonsten käme es zu einer Mehrfachbelastung mit inländischen Steuern, da zunächst der Kapitalgesellschaft der Betriebsausgabenabzug für die Vergütungen verweigert wird, welche später erneut beim inländischen Empfänger versteuert werden. Speziell bei einem Rückgriff aufgrund von Bürgschaften oder ähnlichen Sicherheiten

---

[386] Vgl. Vfg. der OFD Hannover v. 6.12.1995-S 2742-141-St H 231/S 2741-267-StO 214, WPg 1996, S. 132.

[387] Vgl. BMF-Schr. v. 15.2.1994, a.a.O., Rdn. 24, PRINZ, in: HHR, Kommentar, a.a.O., § 8a KStG, Anm. 130.

[388] Vgl. PRINZ, in: HHR, Kommentar, a.a.O., § 8a KStG, Anm. 131, STRECK, Kommentar, a.a.O., § 8a KStG, Anm. 11, IDW-Steuerfachausschuß, WPg 1994, S. 471f, MEILICKE, Wienand, BB 1994, S. 119, HERZIG, Norbert: Gesetzliche Regelung..., a.a.O., S. 203.

ergäbe sich eine Doppelbelastung, da den Zinserträgen des inländischen Dritten keine Aufwendungen gegenüberständen, die in das Ausland abfließen.[389] Finanzierungsgestaltungen im Rahmen von Back-to-back-Darlehen[390] sind demgegenüber anders zu beurteilen. Würde § 8a KStG nicht eingreifen, wenn ein konzernfremder Dritter (z.B. Bank) als Darlehensgeber auftritt, bei dem der Anteilseigner eine Einlage hält, wäre die Regelung sehr leicht zu umgehen. Kein Anteilseigner würde das Darlehen mehr direkt an seine Gesellschaft geben, sondern nur noch auf dem Umweg über eine Bank. Hält der Anteilseigner bei dieser eine Einlage in Höhe und Fristigkeit des Darlehens, die er als Kreditsicherheit zur Verfügung stellt,[391] ist die Kreditwürdigkeit des Darlehensempfängers für die Bank unwichtig, und sie gewährt in jedem Falle einen Kredit an die inländische Kapitalgesellschaft. Die Vergütung ist zwar ein steuerpflichtiger, betrieblicher Ertrag der Bank, diese kann aber Refinanzierungsaufwendungen gegenrechnen. Infolge der Refinanzierung der Bank durch die Einlage des ausländischen Anteilseigners wird letztlich nur die Zinsspanne[392] besteuert. Handelt es sich um eine inländische Bank, wird von der Vergütung nur die Zinsmarge in Deutschland besteuert, somit fließt die Vergütung weitgehend unbesteuert an den Anteilseigner. Bei einer ausländischen Bank fließen die Vergütungen direkt und unbesteuert in das Ausland, um von dort an den Anteilseigner weitergeleitet zu werden. Allein aufgrund der Tatsache, daß nur die Zinsmarge der Bank der Besteuerung unterliegt, ist allerdings noch kein Mißbrauch anzunehmen, denn diese ergibt sich aus den allgemeinen Gewinnermittlungsvorschriften. Die Refinanzierungsaufwendungen fallen in unmittelbarem Zusammenhang mit den Einnahmen an und stellen abzugsfähige Betriebsausgaben dar. Wenn sich eine inländische Bank nicht beim Anteilseigner, sondern bei einem fremden Dritten im Ausland refinanziert hätte, wäre die Gestaltung anerkannt und in Deutschland ebenso nur die Zinsmarge besteuert worden. Letztlich wird bei Banken stets nur die Zinsspanne besteuert.

M.E. ist es folglich unerheblich, ob die Vergütung aufgrund der Refinanzierung letztendlich in das Ausland fließt oder im Inland verbleibt. Allerdings ist sehr wohl zu unterscheiden, ob die Bank sich bei dem Anteilseigner oder bei fremden Dritten refinanziert. Dies allein sollte über die Anerkennung der Gestaltung entscheiden, denn die einfache Umgehung des § 8a KStG durch ein Back-to-back-Darlehen ist unbefriedigend. Dabei sollten in- und ausländische Banken in glei-

---

[389] Vgl. HERZIG, Norbert: Gesetzliche Regelung..., a.a.O., S. 203.

[390] Die Finanzverwaltung nimmt ein Back-to-back-Darlehen bereits dann an, wenn die Bank gleichzeitig eine Einlage der Mutter und eine Forderung gegenüber der Tochter hält. Ein bewußter Zusammenhang sei nicht erforderlich. Vgl. OFD Hannover, Vfg. v. 26.6.1995, S 2742-141-StH 231, DStR 1995, S. 1309, OFD Frankfurt, Vfg. v. 1.11.1995, S 2742A-6-St II 10, DB 1995, S. 2449.

[391] Die Abstimmung hinsichtlich Höhe und Fristigkeit und die Haftungsfunktion sind die wesentlichen Voraussetzungen für die Annahme eines Back-to-back-Darlehens, denn nicht jede Einlage der Mutter bei einer Bank, bei der (zufällig) auch die Tochter einen Kredit aufgenommen hat, führt zu einer Erfassung als mißbräuchliche Finanzierungsgestaltung.

[392] Diese Marge wird häufig mit Null vereinbart.

cher Weise erfaßt werden. Back-to-back-Finanzierungen dürfen daher generell nicht anerkannt werden, gleich über welche Banken die Zahlungen fließen. MEILICKE vertritt die Auffassung, daß bei Back-to-back-Darlehen der Anteilseigner, welcher bei der Bank die Einlage unterhält, bereits wirtschaftlicher Eigentümer des Darlehens i.S.v. § 39 AO sei, so daß er bereits als Vergütungsempfänger i.S.v. § 8a KStG anzusehen sei. MEILICKE vertritt deshalb die Ansicht, daß diese Fälle durch § 42 AO hätten erfaßt werden können.[393] Diese Folgerung geht m.E. zu weit.

In der Praxis stellt sich das Problem, Back-to-back-Gestaltungen als solche zu identifizieren. Werden die Darlehen nicht nur über eine Bank geleitet, sondern über mehrere, läßt sich kaum noch nachvollziehen, ob tatsächlich ein Back-to-back-Darlehen vorliegt.

Haftet der ausländische Anteilseigner gegenüber dem Dritten aufgrund einer Bürgschaft, treten nach dem Gesetzeswortlaut die Rechtsfolgen des § 8a KStG ein. Eine mißbräuchliche Umleitung des Finanzierungsstromes über den Dritten kann m.E. aber nicht angenommen werden, da dem Anteilseigner weder unmittelbar noch mittelbar Vergütungen zugeflossen sind. M.E. sollte deshalb ein Drittkredit bei Vorliegen einer Bürgschaft oder einer ähnlichen Sicherheit nicht unter die Regelung des § 8a KStG fallen. Trotzdem ist die Vorschrift nach dem derzeitigen Gesetzestext bei einem Rückgriff auf den Anteilseigner anzuwenden. In diesen Fällen ist unklar, welche Rückgriffsformen in Frage kommen. Dabei ist zu unterscheiden, ob der Rückgriff auf einer rechtlichen Verpflichtung oder nur einer wirtschaftlichen bzw. faktischen Beziehung beruht, wobei nach dem Gesetzeswortlaut nicht nur ein Rückgriff auf den Anteilseigner selbst, sondern auch auf eine diesem nahestehende Person ausreicht.
Da die Rückgriffsmöglichkeit ein Tatbestandsmerkmal von § 8a KStG ist, kommt dessen Anwendung nur für den Zeitraum in Betracht, in dem diese Möglichkeit gegeben ist.[394]
Nach Auffassung der Finanzverwaltung[395] ist ein konkreter, rechtlich durchsetzbarer Anspruch nicht notwendig. Stattdessen reiche es, wenn der Anteilseigner faktisch für die Schuld einstehe. Eine Vermerkpflicht in der Bilanz,[396] eine dingliche Sicherheit oder eine harte oder weiche Patronatserklärung genüge bereits. Insbesondere in Konzernfällen nimmt die Finanzverwaltung regelmäßig an, daß die Mutter für die Verbindlichkeiten der Tochter einsteht. Eine Widerlegung durch die Mutter ist aber möglich.[397]

---

[393] Vgl. MEILICKE, Wienand, BB 1994, S. 118.
[394] Vgl. PRINZ, in: HHR, Kommentar, a.a.O., § 8a KStG, Anm. 132.
[395] Vgl. BMF-Schr. v. 15.12.1994, a.a.O., Rdn. 21.
[396] Z.B. als Eventualverbindlichkeit nach § 251 S. 1 HGB.
[397] Vgl. BMF-Schr. v. 15.12.1994, a.a.O., Rdn. 22. Kritisch zur Auffassung der Finanzverwaltung: BORGGRÄFE, Karin/JAKOBS, Norbert: Darlehensgewährung durch Dritte i.S.d. § 8a Abs. 1 Satz 2

Eine rechtlich verbindliche Verpflichtung der Mutter für die Tochter begründet unstreitig einen Rückgriff des Dritten auf die Mutter, insbesondere aufgrund einer Bürgschaft, einer wechsel- oder scheckrechtlichen Haftung, eines Garantievertrages, eines Schuldbeitritts, einer Grundschuldbestellung oder einer harten Patronatserklärung.[398] Soweit herrscht im Schrifttum Einigkeit.[399] Darüber hinaus nimmt MENCK auch dann einen Rückgriff an, wenn der darlehensgewährende Dritte eine rechtlich gesicherte Möglichkeit hat, gegen eine Einlage des Anteilseigners bei ihm aufzurechnen.[400]

Unklar ist aber, inwieweit bereits faktisches Einstehen als Rückgriffsmöglichkeit gewertet werden kann. Die Finanzverwaltung zieht den Kreis möglichst weit, um Umgehungsmöglichkeiten auszuschließen. Im Schrifttum wird diese Auffassung überwiegend abgelehnt, da die Auslegung der Finanzverwaltung dem Gesetz nicht mehr zu entnehmen sei. Stattdessen wird ein rechtlich einklagbarer Rückgriffsanspruch gefordert.[401] Würde die Vermutung des faktischen Einstehens genügen, wäre eine Rückgriffsmöglichkeit bereits gegeben, wenn ein Anteilseigner existiert und leistungsfähig ist.[402] Das führt zu unsinnigen Ergebnissen. Ob eine Konzerngesellschaft faktisch für die Schuld einer anderen einsteht, kann erst festgestellt werden, wenn es tatsächlich zum Einstehen kommt. Würde bis dahin angenommen, daß die Konzerngesellschaften füreinander einstehen, fiele jede Fremdfinanzierung im Konzern unter § 8a KStG. Damit würde der Anwendungsbereich der Vorschrift unangemessen weit ausgedehnt.[403] Außerdem hat der Gesetzgeber keine Beweislastumkehr im Gesetz verankert. Eine entsprechende Vermutung ist nur dann zulässig, wenn sie gesetzlich geregelt ist.[404] Die von der Mutter zu widerlegende Vermutung, daß eine Konzernmuttergesellschaft stets gegenüber dem Dritten für Verbindlichkeiten einer Tochter einstehen müsse, ist insoweit nicht haltbar.[405] HERZIG betont darüber hinaus, daß die Wortwahl dem

---

KStG, in: FR 1995, S. 359.

[398] Bei einer harten Patronatserklärung sagt die Mutter bestimmte Maßnahmen im Hinblick auf die Liquidität oder Kreditwürdigkeit der Tochter verbindlich zu. Vgl. LIMMER, Peter: "Harte" und "weiche" Patronatserklärungen in der Konzernpraxis, in: DStR 1993, S. 1750, KÜFFNER, Peter: Patronatserklärungen im Bilanzrecht, DStR 1996, S. 147.

[399] Vgl. BLÜMICH/MENCK, Kommentar, a.a.O., § 8a KStG, Rz. 75 mit einer Aufzählung von Möglichkeiten, SCHWEBEL, in: DEJW, Kommentar, a.a.O., Tz. 9, STRECK, Kommentar, a.a.O., § 8a KStG, Anm. 11, PRINZ, in: HHR, Kommentar, a.a.O., Anm. 132 mit weiteren Beispielen in Anm. 133.

[400] Vgl. BLÜMICH/MENCK, Kommentar, a.a.O., § 8a KStG, Rz. 75.

[401] Vgl. STRECK, Kommentar, a.a.O., § 8a KStG, Anm. 11, PRINZ, in: HHR, Kommentar, a.a.O., § 8a KStG, Anm. 132, IDW-Steuerfachausschuß, WPg 1993, S. 747, Bundessteuerberaterkammer, IStR 1994, S. 326, HEY, Friedrich, RIW 1994, S. 224, HERZIG, Norbert, DB 1994, S. 115, FROTSCHER, Gerrit, IStR 1994, S. 207, KRAUSHAAR, Rolf, a.a.O., S. 264, MEIER, Norbert: Die Übernahme von Bankbürgschaften für kommunale Eigen- und Beteiligungsgesellschaften, in: FR 1995, S. 184f.

[402] Vgl. IDW-Steuerfachausschuß, WPg 1994, S. 471.

[403] Vgl. Bundessteuerberaterkammer, IStR 1994, S. 326.

[404] Vgl. HERZIG, Norbert: Gesetzliche Regelung..., a.a.O., S. 202.

[405] Vgl. BLÜMICH/MENCK, Kommentar, a.a.O., Rz. 76, BORGGRÄFE, Karin/JAKOBS, Norbert, FR 1995, S. 359.

Wertpapierrecht entlehnt sei. Dort sei ebenfalls ein rechtlicher Anspruch erforderlich.[406]

Auch der pauschalen Einbeziehung weicher Patronatserklärungen durch die Finanzverwaltung kann m.E. so nicht gefolgt werden, denn es kann sich dabei sowohl um unverbindliche Absichtserklärungen als auch um Zusagen handeln, aus denen der Kreditgeber bei Nichteinhaltung Schadensersatzansprüche geltend machen kann. Im allgemeinen enthalten weiche Patronatserklärungen Zusagen der Muttergesellschaft hinsichtlich des Beteiligungsverhältnisses oder der Geschäftspolitik der Tochter, z.B., daß die Mutter ihre Beteiligung nicht vor Beendigung des Kreditverhältnisses veräußern werde oder daß sie im Rahmen der gesellschaftsrechtlichen Möglichkeiten auf die Tochter einwirken werde, damit diese die Kreditverpflichtungen erfülle.[407] Da aber konkrete Verpflichtungen der Mutter in den Zusagen meist nicht enthalten sind, ist unklar, ob sie gegenüber dem Darlehensgeber haftet und dieser somit ein Rückgriffsrecht hat.

Der BGH hat entschieden, daß eine Patronatserklärung, in der die Mutter erklärt, daß sie ihren Einfluß als Anteilseignerin in einer Weise geltend machen wird, daß die Tochter ihrer Darlehensverbindlichkeit gegenüber dem Dritten vereinbarungsgemäß nachkommt, keine Zahlungsverpflichtung der Mutter begründet, wenn noch nicht einmal eine Eventualverbindlichkeit i.S.v. § 251 HGB bei ihr anzunehmen sei.[408]

Nach diesem Urteil kann im Gegensatz zur Auffassung der Finanzverwaltung nicht mehr davon ausgegangen werden, daß jede weiche Patronatserklärung zu einem Rückgriff i.S.d. § 8a Abs. 1 S. 2 KStG führt. Vielmehr kommt es darauf an, welche konkreten Pflichten für die Mutter vereinbart wurden. Ist der Vereinbarung kein Rechtsbindungswillen der Mutter zu entnehmen, geht sie keine rechtliche Verpflichtung ein, und ein Rückgriff des Dritten auf sie ist nicht möglich. In diesem Fall ist § 8a KStG nicht anzuwenden.

Enthält die Erklärung jedoch konkrete Zusagen, führen diese zu einer rechtlichen Bindung der Mutter. Die Nichteinhaltung dieser Zusagen führt beim Darlehensgeber in der Regel zu Schadensersatzansprüchen.[409] Somit besteht eine Rückgriffsmöglichkeit für den Dritten, und § 8a KStG ist anwendbar.

In jedem Falle sind pauschale Wertungen weicher Patronatserklärungen unzulässig, und es ist für den jeweiligen Einzelfall zu prüfen, ob tatsächlich ein Rückgriffsrecht besteht.

---

[406] Vgl. § 40 ScheckG, Art. 43 WechselG. Vgl. HERZIG, Norbert: Anmerkungen zum BMF-Schreiben ..., a.a.O., S. 166.

[407] Vgl. LIMMER, Peter, DStR 1993, S. 1751.

[408] Vgl. BGH-B. v. 12.7.1993, II ZR 179/92, DStR 1993, S. 1754, ebenso die Vorinstanz: OLG Karlsruhe, U. v. 7.8.1992, 15 U 123/91, DStR 1993, S. 487.

[409] Vgl. BGH-B. v. 12.7.1993, II ZR 179/92, DStR 1993, S. 1753, GERTH, Axel: Atypische Kreditsicherheiten - Liquiditätsgarantien und Patronatserklärungen deutscher und ausländischer Muttergesellschaften, 2. Aufl., Frankfurt, 1980, mit Beispielen, insbesondere S. 110. Differenzierend: SCHNEIDER, Uwe H.: Patronatserklärungen gegenüber der Allgemeinheit, in: ZIP 1989, S. 621.

Ein Drittkredit bei Vorliegen einer Bürgschaft oder ähnlichen Sicherheit sollte auch aus einem weiteren Grund nicht unter § 8a KStG fallen, da ansonsten die Finanzierungsrealität international tätiger Konzerne nicht berücksichtigt würde. Greift § 8a KStG bereits dann, wenn die inländische Kapitalgesellschaft bei einer konzernfremden Bank einen Kredit aufnimmt, für den sich die ausländische Mutter verbürgt, wird ein wesentlicher Finanzierungsweg verbaut. Gerade in Deutschland neu gegründete Tochtergesellschaften ausländischer Konzerne haben in der Regel keine ausreichende Bonität, um ohne eine Bürgschaft ihrer Mutter Kredite aufzunehmen. Ist diese nicht gewillt oder in der Lage, die Eigenkapitalquote der deutschen Tochter bei 25% zu halten, kommt es zu einer Umqualifizierung, weil die Tochter Bankkredite aufgenommen hat und Zinsen dafür zahlt. Darüber hinaus kann die Tochter bei der Vorlage einer Bürgschaft günstigere Konditionen erzielen. Somit trifft § 8a KStG auch wirtschaftlich sinnvolle Gestaltungen.[410] Besonders kritisch ist die Tatsache, daß eine verdeckte Gewinnausschüttung an den Anteilseigner fingiert wird, obwohl nicht dieser oder eine ihm nahestehende Person eine Zahlung erhalten hat, sondern ein konzernfremder Dritter.
Die Einbeziehung von Drittkrediten infolge einer Bürgschaft der Mutter erweist sich somit als Investitionshindernis, trägt den wirtschaftlichen Erfordernissen nicht Rechnung und sollte m.E. abgeschafft werden.

Für Fremdkapital, das als Back-to-back-Darlehen oder infolge einer Bürgschaft von § 8a KStG erfaßt wird, gilt die allgemeine Regelung: Übersteigt das Fremdkapital den safe haven des Anteilseigners, kommt es zu einer Umqualifizierung der Vergütungen in eine verdeckte Gewinnausschüttung.
Übersteigt bei Back-to-back-Gestaltungen das Darlehen des Dritten an die Kapitalgesellschaft die vom Anteilseigner an den Dritten geleistete Einlage, fällt infolge des vom Gesetz verlangten engen Zusammenhangs zwischen Darlehen und Rückgriff nur ein Betrag in Höhe der Einlage unter die Regelung von § 8a Abs. 1 S. 2 KStG. Da für den übersteigenden Betrag keine Rückgriffsmöglichkeit besteht, ist er nicht zu berücksichtigen.[411] Gewährt der Dritte mehrere Darlehen an die Tochter und ist die Einlage der Muttergesellschaft keinem von diesen direkt zurechenbar, befürwortet PRINZ ein Wahlrecht der Tochter, welche Darlehen zuerst auf den safe haven angerechnet werden sollen. Als weitere Möglichkeit ist eine Berücksichtigung nach dem Zeitpunkt der Darlehensvergabe oder eine Berechnung eines Durchschnittszinssatzes denkbar.[412]

---

[410] Vgl. HEY, Friedrich, RIW 1994, S. 224, MEILICKE, Wienand, BB 1994, S. 118.
[411] Vgl. WASSERMEYER, Franz: Stellungnahme zu ausgewählten Zweifelsfragen..., a.a.O., S. 10.
[412] Vgl. PRINZ, in: HHR, Kommentar, a.a.O., § 8a KStG, Anm. 134.

4.3.2.5. Begriff der wesentlichen Beteiligung

In § 8a Abs. 1 S. 1 KStG ist als weitere Tatbestandsvoraussetzung festgelegt, daß der nichtanrechnungsberechtigte Anteilseigner zu einem Zeitpunkt im Wirtschaftsjahr wesentlich am Grund- oder Stammkapital der inländischen Kapitalgesellschaft beteiligt sein muß. Ziel dieser Einschränkung ist es, nur die Fremdkapitalgeber zu erfassen, deren Einfluß bzw. Interesse unternehmerisch ist, weil sie eine Beteiligung in einer nicht unerheblichen Höhe besitzen.[413] Nur bei einer gewissen Mindestbeteiligungshöhe vermutet der Gesetzgeber einen maßgebenden wirtschaftlichen Einfluß auf die Gesellschaft und ihre Finanzierungsverhältnisse und somit eine Einflußnahme zum eigenen Vorteil.[414] Unerheblich ist, ob der Anteilseigner die Rechte, die sich aus seiner wesentlichen Beteiligung ergeben, tatsächlich nutzt, um Einfluß auf die Gesellschaft zu nehmen. Allein aufgrund der Beteiligungshöhe vermutet der Gesetzgeber einen fehlenden Interessengegensatz zwischen Anteilseigner und Gesellschaft, was zur Anwendung von § 8a KStG führt.[415] In den Fällen einer geringeren Beteiligung ist ein Mißbrauch bei der Kapitalüberlassung grundsätzlich nicht anzunehmen.

Eine eigenständige Definition der wesentlichen Beteiligung für Zwecke des § 8a KStG findet sich in § 8a Abs. 3 KStG.[416] Nach Abs. 3 S. 1 liegt eine wesentliche Beteiligung vor, wenn der Anteilseigner am Grund- oder Stammkapital der darlehensempfangenden Kapitalgesellschaft zu mehr als einem Viertel unmittelbar oder mittelbar über eine Personen- oder Kapitalgesellschaft beteiligt ist. Maßgebend ist dabei die Beteiligungshöhe am Kapital, nicht die Höhe der Stimmrechte.[417] Bei einer mittelbaren Beteiligung ist nach Auffassung der Finanzverwaltung auf die rechnerische Quote abzustellen. Unerheblich ist dabei, ob die die Beteiligung vermittelnde Gesellschaft beherrscht wird oder ob nur ein geringer Anteil an ihr gehalten wird.[418] Es genügt für die Anwendung des § 8a KStG, daß die Summe aus der unmittelbaren Beteiligung und der auf den Anteilseigner entfallenden rechnerischen Quote aus mittelbaren Beteiligungen die 25%-Grenze übersteigt.

---

[413] Vgl. HERZIG, Norbert, StuW 1993, S. 242.

[414] A.A.: Stellungnahme des IDW-Steuerfachausschusses, WPg 1992, S. 795f: Der Ausschuß will die Anwendung des § 8a KStG auf Fälle echter Beherrschung beschränken (wohl Mehrheit der Stimmrechte). Eine nur wesentliche Beteiligung reiche nicht aus, um Einfluß auf die Kapitalstruktur zu nehmen.

[415] Vgl. SCHWEBEL, in: DEJW, Kommentar, a.a.O., § 8a KStG, Tz. 26.

[416] Daneben gibt es andere Definitionen einer wesentlichen Beteiligung in den §§ 17 Abs. 1 EStG, 1 Abs. 2 AStG.

[417] Vgl. BMF-Schr. v. 15.12.1994, a.a.O., Rdn. 10, BLÜMICH/MENCK, Kommentar, a.a.O., § 8a KStG, Rz. 19.

[418] Die Finanzverwaltung beruft sich dabei auf die BFH-Urteile vom. 12.6.1980, IV R 128/77, BStBl. II 1980, S. 646 und vom 28.6.1978, I R 90/76, BStBl. II 1978, S. 590. HERZIG weist darauf hin, daß sich die Regelung in § 8a Abs. 3 S. 1 KStG an die Vorschriften zu § 17 EStG anlehnt. Auch dort ist eine Beherrschung der die Beteiligung vermittelnden Gesellschaft nicht notwendig. Vgl. HERZIG, Norbert, DB 1994, S. 115.

Beispiel: Eine ausländische Muttergesellschaft hält an der inländischen Kapitalgesellschaft unmittelbar eine Beteiligung von 15% und an einer ausländischen Tochtergesellschaft 40% (die restlichen 60% werden von einer konzernfremden Gesellschaft gehalten). Die ausländische Tochter hält an der inländischen Kapitalgesellschaft 30%. Ergebnis: Die Summe aus unmittelbarer Beteiligung (15%) und mittelbarer (40% x 30% = 12%) beträgt 27% und übersteigt somit 25%. Die ausländische Mutter gilt als wesentlich beteiligt.

Diese Zusammenrechnung ist nicht unproblematisch. Es kann dazu kommen, daß die Muttergesellschaft als wesentlich beteiligt behandelt wird, obwohl sie weder direkt noch indirekt über eine Möglichkeit verfügt, die Geschäftsleitung oder das Finanzierungsverhalten der inländischen Kapitalgesellschaft zu beeinflussen. Trotzdem kann auf die Einbeziehung mittelbarer Beteiligungen nicht verzichtet werden, da § 8a KStG sonst leicht zu umgehen wäre.
Bei der Anteilsberechnung sind Treuhandverhältnisse nach § 39 Abs. 2 Nr. 1 S. 2 AO dem Treugeber zuzurechnen, bei der Sicherungsübereignung dem Sicherungsgeber. Hält die Kapitalgesellschaft eigene Anteile,[419] ist das Grund- bzw. Stammkapital um diese zu kürzen, und die 25%-Grenze bezieht sich auf das verminderte Nennkapital.[420]
In § 8a Abs. 3 S. 2 und 3 KStG finden sich Regelungen, die eine Umgehung der Vorschrift verhindern sollen. So ist eine wesentliche Beteiligung auch dann anzunehmen, wenn die Beteiligung des Anteilseigners für sich genommen 25% des Nennkapitals nicht übersteigt, aber der Anteilseigner zusammen mit anderen Anteilseignern zu mehr als einem Viertel beteiligt ist,

(1) wenn er mit diesen eine Personenvereinigung bildet, oder
(2) wenn er von diesen beherrscht wird, oder
(3) wenn er diese beherrscht, oder
(4) wenn er mit diesen gemeinsam beherrscht wird.

Für diese vier Fälle werden die Beteiligungsquoten der so verbundenen Personen zusammengerechnet, unabhängig davon, ob die Anteilseigner anrechnungsberechtigt sind oder nicht.[421] Übersteigt die Summe 25% des Nennkapitals, ist § 8a KStG anzuwenden. Diese Regelung gilt nach ihrem Wortlaut nur für Anteilseigner. Nahestehende Personen oder Dritte mit Rückgriffsrecht werden danach nicht einbezogen.
Der Begriff der Personenvereinigung unter (1) ist mangels Definition im Gesetz grundsätzlich weit auszulegen. Es muß sich dabei nicht um eine rechtsfähige Person handeln. Ebenso ist unerheblich, welche Personen darin zusammengefaßt sind, so daß sowohl anrechnungsberechtigte als auch nichtanrechnungsberech-

---

[419]Nach § 71 AktG ist dies nur sehr eingeschränkt möglich. Vgl. dazu auch § 93 Abs. 3 Nr. 3 AktG. Eine Lockerung dieser Regelung ist zur Zeit in der politischen Diskussion. Vgl. dazu o.V.: FAZ vom 21.10.1996, S. 30. Für die GmbH siehe § 33 GmbHG.
[420]Vgl. BMF-Schr. v. 15.12.1994, a.a.O., Rdn. 10 mit Hinweis auf BFH-U. v. 24.9.1970, IV R 138/69, BStBl. II 1971, S. 89.
[421]Vgl. BLÜMICH/MENCK, Kommentar, a.a.O., § 8a KStG, Rz. 64.

tigte Anteilseigner in Frage kommen. Als entscheidendes Kriterium gilt, daß die Personenvereinigung der gemeinsamen Willensbildung der Anteilseigner dient, z.B. zur gemeinsamen Verwaltung der Anteile. Dieses ist im Einzelfall zu prüfen.[422]
Die unter (2) - (4) aufgeführten Fälle setzen eine Beherrschung voraus und sind der Regelung des § 1 Abs. 2 Nr. 1 und 2 AStG nachgebildet.[423] Im Gegensatz zum AStG muß hier jedoch der beherrschende Einfluß tatsächlich ausgeübt werden. Die bloße Möglichkeit der Beherrschung reicht nicht aus.[424] Nach Auffassung der Finanzverwaltung[425] gilt für den Beherrschungsbegriff Abschn. 31 Abs. 6 KStR entsprechend. Danach setzt ein Beherrschungsverhältnis im Regelfall voraus, daß der Herrschende über mehr als 50% der Stimmrechte verfügt, jedoch kann unter Umständen auch eine geringere Quote genügen, wenn die Beherrschung auf andere Weise sichergestellt ist (z.B. durch Regelungen im Gesellschaftsvertrag oder sonstige vertragliche Abmachungen).[426] Weiterhin soll auch genügen, wenn Gesellschafter mit gleichgerichteten Interessen zusammenwirken, um eine einheitliche Willensbildung herbeizuführen, die ihren Interessen entspricht.[427]

Hält ein Anteilseigner weder allein noch zusammen mit anderen eine Beteiligung, die 25% des Nennkapitals übersteigt, gilt er nach § 8a Abs. 3 S. 3 KStG auch dann für Zwecke des § 8a KStG als wesentlich beteiligt, wenn er allein oder im Zusammenwirken mit anderen Anteilseignern einen beherrschenden Einfluß auf die Kapitalgesellschaft ausübt. Diese Beherrschung kann z.B. durch Mehrfachstimmrechte vermittelt werden. Auch hier muß die Beherrschung tatsächlich ausgeübt werden, zum Beherrschungsbegriff gilt das oben angeführte.[428] Ein beherrschender Einfluß durch Zusammenwirken mehrerer Anteilseigner kann nur angenommen werden, wenn tatsächliche Absprachen vorliegen. Diese sind jedoch kaum nachweisbar.[429] Ein übereinstimmendes Abstimmungsverhalten in der Haupt- bzw. Gesellschafterversammlung reicht nicht aus.[430]
Problematisch ist der Nachweis der Beteiligungshöhe bzw. der Beherrschung, wenn Anteile an der Börse gehandelt werden. Hier sind dem Finanzamt weder der Inhaber noch dessen Beteiligungshöhe bekannt. Zwar sieht § 21 des Wert-

---

[422]Vgl. PRINZ, in: HHR, Kommentar, a.a.O., § 8a KStG, Anm. 168.
[423]Zu diesen siehe Pkt. 4.3.2.4.2. der Arbeit.
[424]Vgl. SCHWEBEL, in: DEJW, Kommentar, a.a.O., § 8a KStG, Tz. 25.
[425]Vgl. BMF-Schr. v. 15.12.1994, a.a.O., Rdn. 14.
[426]So die Finanzverwaltung in Abschn. 31 Abs. 6 S. 4 und 5 KStR mit Hinweis auf BFH-U. v. 23.10.1985, I R 247/81, BStBl. II 1986, S. 195, BFH-U. v. 21.7.1976, I R 223/74, BStBl. II 1976, S. 734. Zustimmend: PRINZ, in: HHR, Kommentar, a.a.O., § 8a KStG, Anm. 169.
[427]Vgl. Abschn. 31 Abs. 6 S. 7 KStR.
[428]Vgl. SCHWEBEL, in: DEJW, Kommentar, a.a.O., § 8a KStG, Tz. 25, FROTSCHER, Gerrit, IStR 1994, S. 206.
[429]Vgl. WOLFF, Ulrich: Die außensteuerlich bedeutsamen Regelungen des Standortsicherungsgesetzes, in: IStR 1993, S. 451.
[430]Vgl. PRINZ, in: HHR, Kommentar, a.a.O., § 8a KStG, Anm. 172.

papierhandelsgesetzes[431] meldepflichtige Grenzen vor, jedoch beziehen diese sich nur auf die Stimmrechtsanteile. Außerdem bleibt gerade bei mittelbaren Beteiligungen genügend Raum, kurzfristige Überschreitungen der 25%-Grenze zu verbergen. Nimmt die Gesellschaft Fremdkapital auf, indem sie frei handelbare Genußrechte emittiert, kann zusätzlich das Problem auftreten, daß die Gesellschaft selbst nicht mehr feststellen kann, wer gerade ihr Gläubiger ist. In diesem Fall ist der Gesellschaft unbekannt, ob ein Anteilseigner gleichzeitig auch Gläubiger wird.[432]

Die Einbeziehung von Anteilseignern, die zwar nicht über eine Beteiligung von über 25% verfügen, aber auf andere Weise die inländische Kapitalgesellschaft beherrschen, ist sachgerecht, da ansonsten die Vorschrift des § 8a KStG leicht zu umgehen wäre. Nicht erfaßt wird jedoch der Fall, daß die Kapitalgesellschaft von Personen, die keine Beteiligung halten, faktisch beherrscht wird.[433]
Um Ausweichhandlungen zu vermeiden, soll es nach dem Gesetzeswortlaut und der Auffassung der Finanzverwaltung genügen, wenn die wesentliche Beteiligung nur zu irgendeinem Zeitpunkt im Wirtschaftsjahr bestand.[434] Auch ein sehr kurzfristiges Überschreiten der 25%-Grenze bewirkt, daß § 8a KStG auf Vergütungen, die den safe haven übersteigen, anzuwenden ist.[435] Im Grenzfall genügt es, wenn der Anteilseigner an einem einzigen Tag im Jahr mit mehr als 25% an der unbeschränkt steuerpflichtigen Kapitalgesellschaft beteiligt ist, um ihn als wesentlich beteiligt zu betrachten.
Problematisch ist, daß nach § 8a Abs. 1 S. 1 KStG bereits ein kurzfristiges Überschreiten der 25%-Grenze den Anteilseigner für das gesamte Wirtschaftsjahr als wesentlich Beteiligten qualifiziert, denn somit läßt sich nicht vermeiden, daß Vergütungen für Darlehen umqualifiziert werden, die für einen Zeitraum gewährt werden, in denen der Anteilseigner weder tatsächlich wesentlich beteiligt ist, noch einen beherrschenden Einfluß ausübt.

> Beispiel: Die Muttergesellschaft hält am 1.1.01 noch 40 % einer inländischen Kapitalgesellschaft mit einem Eigenkapital (Stammkapital) in Höhe von DM 100.000. Sie verkauft am 5.1.01 einen Anteil von 20% an einen konzernfremden Dritten und hält somit für den Rest des Jahres 01 nur noch einen Anteil von 20%. Am 1.7.01 gewährt sie der Kapitalgesellschaft ein festverzinsliches Darlehen über DM 200.000 zu 8% (angemessen). Da sich ihr anteiliges Eigenkapital nach der Handelsbilanz zum Ende des vorangegangenen Jahres bestimmt, beträgt es DM 40.000, ihr

[431] Vgl. Gesetz über den Wertpapierhandel v. 26.7.1994, BGBl. I 1994, S. 1749.
[432] Vgl. SCHWEBEL, in: DEJW, Kommentar, a.a.O., § 8a KStG, Tz. 10.
[433] Vgl. HEY, Friedrich, RIW 1993, S. 834, FROTSCHER, Gerrit, IStR 1994, S. 206.
[434] Vgl. BMF-Schr. v. 15.12.1994, a.a.O., Rdn. 11, zustimmend: BLÜMICH/MENCK, Kommentar, a.a.O., § 8a KStG, Rz. 19.
[435] Eine ähnliche Regelung sieht § 17 EStG vor. Auch dort kommt es nicht darauf an, wie lange die wesentliche Beteiligung bestand. Vgl. dazu BFH-U. v. 7.7.1992, VIII R 54/88, BStBl. II 1993, S. 332. Allerdings dient die Regelung des § 17 EStG einem anderen Zweck. Insofern ist diese Parallele für die Anwendung des § 8a KStG unbedeutend.

safe haven folglich das Dreifache, also DM 120.000. Die Vergütungen auf den übersteigenden Betrag von DM 80.000 (8% von 80.000 für 1/2 Jahr, also DM 3.200) fallen unter § 8a KStG und sind als verdeckte Gewinnausschüttungen umzuqualifizieren, weil die Muttergesellschaft als wesentlich beteiligt gilt.

Die Ausdehnung der Vorschrift hat weitreichende Auswirkungen. Es werden Darlehen von Anteilseignern erfaßt, welche während der Darlehenslaufzeit nicht wesentlich beteiligt sind und auch sonst keinen Einfluß auf die Kapitalgesellschaft geltend machen können. Dies schießt weit über das Ziel hinaus, denn durch die Anknüpfung an einen beliebigen Zeitpunkt im Wirtschaftsjahr sollten ursprünglich nur Umgehungsmöglichkeiten verhindert werden, die sich ergäben, wenn auf den Besitz einer wesentlichen Beteiligung am Bilanzstichtag abgestellt würde.[436]
Der Gesetzgeber geht davon aus, daß die Fremdkapitalausstattung der inländischen Kapitalgesellschaft nur dann mißbräuchlich sein kann, wenn die Beteiligung eine bestimmte Höhe erreicht. Wenn der Gesetzgeber also somit das Zusammentreffen einer nicht unbedeutenden Beteiligung mit einem entsprechenden Darlehen als sanktionswürdigen Tatbestand ansieht, führt es zu nicht mehr sachgerechten Ergebnissen, wenn § 8a KStG auf Darlehen angewendet wird, obwohl der Anteilseigner in diesem Zeitraum nur noch unwesentlich beteiligt ist und somit keine Möglichkeit der Beeinflussung bzw. Manipulation hat. Die Regelung will verhindern, daß wesentlich beteiligte Anteilseigner ihrer Gesellschaft Fremd- statt Eigenkapital überlassen. § 8a KStG kann folglich nur greifen, wenn der Anteilseigner gleichzeitig wesentlich beteiligt ist und ein Darlehen gewährt. Nur dann ist mittels § 8a KStG zu prüfen, ob die Fremdfinanzierung nach den Maßstäben des Gesetzgebers überhöht sein könnte. Eine Ausdehnung auf während der Darlehenslaufzeit nicht mehr oder noch nicht wesentlich Beteiligte führt zu Ergebnissen, die nicht mehr mit der Gesetzesintention übereinstimmen. M.E. sollten die wesentliche Beteiligung (bzw. Beherrschung) und das Gesellschafterdarlehen gleichzeitig vorliegen.[437]
Ansonsten droht eine Ungleichbehandlung gleicher Sachverhalte:

Beispiel: Es gilt der Ausgangsfall des vorangegangenen Beispiels. Die Muttergesellschaft veräußert den 20%-Anteil nicht am 5.1.01, sondern am 30.12.00 und bleibt während des Jahres 01 mit 20% beteiligt. Am 1.7.01 gewährt sie das Darlehen. Stimmt das Wirtschaftsjahr der inländischen Kapitalgesellschaft mit dem Kalenderjahr überein, ist § 8a KStG nicht anzuwenden, weil die Muttergesellschaft im Jahr 01 nicht wesentlich beteiligt war. Während der Darlehenslaufzeit ist aber die Situation identisch.

---

[436] Vgl. SCHWEBEL, in: DEJW, Kommentar, a.a.O., § 8a KStG, Tz. 10.
[437] Zustimmend: KORN, Klaus, DStZ 1993, S. 739, DÖRNER, Bernhard, Inf 1993, S. 413, 439.

Aus der Forderung, daß die wesentliche Beteiligung gleichzeitig mit dem Darlehen bestehen muß, ergibt sich, daß eine Umqualifizierung nur für diesen Zeitraum erfolgen kann.[438]

> Beispiel: Eine mit 20% beteiligte ausländische Muttergesellschaft gewährt am 1.1.01 ihrer inländischen Tochter ein festverzinsliches Darlehen über DM 100.000 zu 8% (angemessen). Ihr anteiliges Eigenkapital beträgt DM 20.000, ihr safe haven somit DM 60.000. Am 1.12.01 stockt sie ihre Beteiligung um 10% auf und ist folglich mit 30% wesentlich beteiligt. Ihr safe haven ändert sich dadurch nicht, da auf die Handelsbilanz zum Ende des vorangegangenen Jahres abgestellt wird.
> Nach Auffassung des Gesetzgebers wären die Vergütungen für das gesamte Jahr für den den safe haven übersteigenden Betrag (8% von 40.000 = 3.200) als verdeckte Gewinnausschüttung zu behandeln. M.E. darf eine Umqualifizierung nur für den Zeitraum vorgenommen werden, in dem die wesentliche Beteiligung besteht, also nur für Dezember. Danach wären nur DM 267 umzuqualifizieren (0,08 x 40.000 x 1/12). Nur im Dezember ist der Tatbestand der wesentlichen Beteiligung erfüllt, in der Zeit davor kann § 8a KStG nicht angewendet werden.

Eine Umqualifizierung, wie sie in der derzeitigen Gesetzesfassung vorgesehen ist, führt zu unsinnigen Ergebnissen. Eine Muttergesellschaft, die zunächst nicht wesentlich beteiligt ist und ihrer Tochter Fremdkapital überläßt, wird von § 8a KStG behindert, die Beteiligung auf über 25% aufzustocken, weil sonst für das gesamte Wirtschaftsjahr mit einer Umqualifizierung zu rechnen ist. Somit verhindert bzw. sanktioniert diese Vorschrift ein höheres Eigenkapitalengagement der Mutter und erschwert folglich gerade das, was § 8a KStG eigentlich bezwecken will. Wird eine Umqualifizierung nur für den Zeitraum vorgenommen, in dem Darlehen und wesentliche Beteiligung gleichzeitig bestehen, wird der Zu- und Verkauf von Beteiligungen nicht so stark behindert und die Mutter kann günstige Gelegenheiten des An- oder Verkaufs besser nutzen.

Das Tatbestandsmerkmal der wesentlichen Beteiligung ist nicht erfüllt, wenn die Anteile an der inländischen Kapitalgesellschaft auf mindestens vier Gesellschaften aufgeteilt werden. Allerdings ist dabei zu beachten, daß neben der Beteiligungsquote auch eine tatsächliche Beherrschung eine wesentliche Beteiligung begründet. Im übrigen kann § 42 AO greifen, wenn für die Aufteilung auf vier Gesellschaften keine wirtschaftlichen Gründe sprechen.[439]

4.3.2.6. Ausnahmen von der Umqualifizierung

Übersteigt das von dem wesentlich beteiligten, nichtanrechnungsberechtigten Anteilseigner überlassene Fremdkapital dessen safe haven, werden die Vergütungen, die auf den übersteigenden Teil entfallen, grundsätzlich in eine verdeckte

---

[438] Vgl. GREFE, Cord: Gesellschafter-Fremdfinanzierung, in: SteuerStud 1994, S. 202. A.A.: SCHWEBEL, in: DEJW, Kommentar, a.a.O., § 8a KStG, Tz. 26.

[439] Vgl. HERZIG, Norbert: Gesetzliche Regelung..., a.a.O., S. 215.

Gewinnausschüttung umqualifiziert. Ist eine vom Umsatz bzw. Gewinn unabhängige Vergütung vereinbart worden, sieht § 8a Abs. 1 S. 1 Nr. 2 KStG zwei Ausnahmen vor, unter denen es nicht zu einer Umqualifizierung kommt.

4.3.2.6.1. Durchführung eines Drittvergleichs

4.3.2.6.1.1. Grundsatz der Regelung

Eine Umqualifizierung wird nicht vorgenommen, wenn die Kapitalgesellschaft nachweist,[440] daß sie das den safe haven übersteigende Fremdkapital bei sonst gleichen Umständen auch von einem fremden Dritten hätte erhalten können. In diesem Fall wird ein Mißbrauch nicht angenommen.[441] Dabei ist nicht das gesamte vom Anteilseigner überlassene Fremdkapital zu überprüfen, sondern nur der Teil, der den safe haven übersteigt. Überläßt ein Anteilseigner seiner Gesellschaft ein Darlehen, das den safe haven übersteigt, ist bei dem Fremdvergleich irrelevant, ob ein fremder Dritter im Zeitpunkt der Einräumung dieses Neukredites auch den gesamten Altbestand an Darlehen finanziert hätte. Es ist nur festzustellen, ob er dieses zusätzliche Darlehen zu diesem Zeitpunkt ebenfalls gegeben hätte.[442] Die Darlehen bzw. Tranchen sind in der Reihenfolge ihrer Überlassung[443] jeweils einzeln zu betrachten. Die Kapitalgesellschaft muß folglich einen Nachweis lediglich für jedes einzelne, den safe haven übersteigende Darlehen führen.[444]

Ein Fremdvergleich zur Vermeidung einer Umqualifizierung ist nicht nur bei Darlehen des Anteilseigners möglich, sondern auch bei Darlehen von Nahestehenden oder Dritten mit Rückgriffsrecht.

Auch wenn der Gesetzestext von "einem fremden Dritten"[445] spricht, reicht es m.E. aus, wenn mehrere Kreditgeber zusammen das entsprechende Fremdkapital zur Verfügung stellen, denn entscheidend ist, ob die Gesellschaft von außen dasselbe Fremdkapital erhalten hätte.[446] Allerdings muß jeder einzelne Dritte über die Höhe der übrigen Kreditangebote informiert sein. Es muß also nicht nachgewiesen werden, ob das gesamte den safe haven übersteigende Fremdkapital eines Anteilseigners von einem einzigen Kreditgeber überlassen worden wäre.

---

[440]Die Darlegungs- und Beweislast liegt bei der Kapitalgesellschaft. Vgl. STRECK, Kommentar, a.a.O., § 8a KStG, Anm. 7.

[441]Vgl. PRINZ, in: HHR, Kommentar, a.a.O., § 8a KStG, Anm. 99.

[442]Vgl. BELLSTEDT, Christoph, DB 1995, S. 9.

[443]Vgl. BMF-Schr. v. 15.12.1994, a.a.O., Rdn. 71.

[444]Vgl. ebenda, Rdn. 60, BLÜMICH/MENCK, Kommentar, a.a.O., § 8a KStG, Rz. 40. Dagegen will PRINZ nicht jedes einzelne Darlehen überprüfen, sondern das Gesamtfinanzierungsvolumen eines Anteilseigners anhand von Durchschnittszinssätzen einem Fremdvergleich unterwerfen. Vgl. PRINZ, in: HHR, Kommentar, a.a.O., § 8a KStG, Anm. 100.

[445]§ 8a Abs. 1 S. 1 Nr. 2 KStG.

[446]Die Finanzverwaltung stimmt dem nur bei Konsortialkrediten zu. Vgl. BMF-Schr. v. 15.12.1994, a.a.O., Rdn. 61.

Die Kapitalgesellschaft muß das Fremdkapital von dem Dritten nicht zu demselben Zinssatz wie vom Anteilseigner erhalten können. Finanziert der Dritte zu einem Zinssatz innerhalb der üblichen Spannbreite, gilt der Fremdvergleich als erfüllt.[447]

Würde ein Dritter das Darlehen zu vergleichbaren Bedingungen gewähren, folgt daraus, daß die zwischen Gesellschaft und Anteilseigner vereinbarten Konditionen in etwa den Marktbedingungen entsprechen. Die Vergütung für das Gesellschafterdarlehen erfolgt in Abhängigkeit von den verfügbaren Sicherheiten und vom Risiko des Kreditengagements zu einem angemessenen Preis, also Marktpreis. Das heißt aber nicht, daß der Drittvergleich für jedes Gesellschafterdarlehen, das zu Marktkonditionen an die Gesellschaft ausgereicht wird, erfüllt ist. Bei steigendem Kreditvolumen steigt das Risiko des Kreditgebers. Erschöpfen sich dann die Kreditsicherheiten, fordert der Kreditgeber eine Risikoprämie. Würde ein fremder Dritter der Kapitalgesellschaft ein Darlehen zu einem höheren Zinssatz als dem Marktzins gewähren, weil er wegen nicht ausreichenden Sicherheiten eine Risikoprämie verlangt, wäre der Fremdvergleich erfüllt. Beim Fremdvergleich kommt es nämlich nicht darauf an, ob der Zinssatz dem allgemein am Markt geforderten Zinssatz für ähnliche Ausleihungen entspricht, sondern ob ein fremder Dritter in dem konkreten Fall dieser Gesellschaft unter Berücksichtigung ihrer spezifischen Situation Kapital überlassen hätte. Allerdings ist der Höhe der Risikoprämie eine Grenze gesetzt. Der Fremdvergleich kann nur erfüllt werden, wenn sich diese innerhalb einer normalen Bandbreite für seriöse Darlehen bewegt. Damit soll verhindert werden, daß im Regelfall immer ein Dritter gefunden werden könnte, wenn die Prämie nur hoch genug angesetzt wird.[448]

Ob ein Dritter das Fremdkapital zu vergleichbaren Bedingungen wie der Anteilseigner überläßt, hängt folglich im wesentlichen von der Bonität der Kapitalgesellschaft und der Risikobereitschaft des Dritten ab. Besitzt die Kapitalgesellschaft genügend Kreditsicherheiten, um Fremdkapital von einem Dritten zu erhalten, und kann sie dies durch ein bindendes Kreditangebot nachweisen, ist der Fremdvergleich erfüllt. Der Anteilseigner darf ihr dann ein entsprechendes Darlehen einräumen, ohne dafür Sicherheiten zu verlangen. Auch wenn ein Fremder in diesem Fall auf Sicherheiten bestanden hätte, ist der Fremdvergleich gelungen, da die Gesellschaft das Kapital von einem Dritten nachweislich erhalten hätte. Es wäre unbillig, den Fremdvergleich hier nicht anzuerkennen, denn es darf der Kapitalgesellschaft nicht verwehrt sein, Vorteile aus ihrer Konzernzugehörigkeit zu ziehen. Die von der Muttergesellschaft nicht beanspruchten Kreditsicherheiten, die ein Fremder aber gefordert hätte, gelten dann für weitere Fremdvergleiche als verbraucht. Auf diese Weise ist gesichert, daß nicht dieselben Sicherheiten für einen zweiten Fremdvergleich bei erneuter Kapitalaufnahme genutzt werden, bei der die Mutter ggf. wieder auf Sicherheiten verzichtet hätte. Im Fremdvergleich

---

[447] Vgl. HEY, Friedrich, RIW 1994, S. 225.

[448] Vgl. HEY, Friedrich, RIW 1994, S. 226f.

zeigt sich somit, ob sich die Kapitalgesellschaft aus eigener Kraft am freien Markt wie ein eigenständiges Unternehmen bei Dritten finanzieren könnte.[449]

Vereinbart der Anteilseigner einen überhöhten Zinssatz, der nicht mehr dem Marktpreis[450] entspricht, muß für den Fremdvergleich geprüft werden, ob ein Dritter das Fremdkapital zum Marktpreis überlassen hätte. Andernfalls gelänge der Fremdvergleich immer, da jeder Kreditgeber Kapital zu einem überhöhten Zinssatz ausreichen würde. Eine Umqualifizierung nach § 8a KStG wäre damit nie möglich. Im Fall eines unangemessen hohen Zinssatzes gelten aber stets die allgemeinen Regelungen der verdeckten Gewinnausschüttung nach § 8 Abs. 3 S. 2 KStG.[451]

Bei der Prüfung, ob ein Dritter das Fremdkapital zu sonst gleichen Umständen wie der Anteilseigner ausreichen würde, sind nach Ansicht der Finanzverwaltung neben den konkreten Vertragsbedingungen auch sonstige Verhältnisse des Einzelfalls zu berücksichtigen, wie z.B. Höhe des Zinssatzes, Höhe des eigenen Vermögens und Sicherungsmittel der Kapitalgesellschaft, ihre allgemeine Finanzstruktur und Bonität.[452] PRINZ weist darauf hin, daß nicht allein auf den Nominalzinssatz abgestellt werden darf. Wegen unterschiedlicher Vereinbarungen bezüglich des Disagios, der Tilgungsmodalitäten und evtl. Bearbeitungsgebühren schlägt er vor, zur besseren Vergleichbarkeit einen Effektivzinssatz zu berechnen. Der Fremdvergleich gilt dann als erfüllt, wenn ein fremder Dritter bei Gewährung derselben Sicherheiten das Fremdkapital zu einem vergleichbaren Effektivzinssatz überläßt. Dabei ist eine Schwankung von 25 Basispunkten tolerierbar.[453]
Der Fremdvergleich ist nicht mehr erfüllt, wenn zwischen Anteilseigner und Kapitalgesellschaft Bedingungen vereinbart werden, die ein fremder Dritter so nicht hinnehmen würde. Dabei sind alle Umstände einzubeziehen, die eine Kreditgewährung im allgemeinen beeinflussen können. So ist der Fremdvergleich z.B. nicht erfüllt, wenn die Kapitalgesellschaft auf dem freien Markt Kapital zu den mit dem Anteilseigner vereinbarten Bedingungen nicht erhalten hätte, wenn der Anteilseigner im Gegensatz zu fremden Dritten einem vertraglichen Rangrücktritt zustimmt oder wenn ein fremder Dritter mangels Sicherheiten kein Darlehen gewährt hätte.[454]
Der Drittvergleich hängt somit wesentlich von der Bonität der Kapitalgesellschaft ab. Kann diese dem Kreditgeber noch genügend Sicherheiten zur Verfügung stellen, wird sich in der Regel ein Dritter finden, der einen Kredit zu vergleichbaren

---

[449] Vgl. ebenda, S. 226, BLÜMICH/MENCK, Kommentar, a.a.O., § 8a KStG, Rz. 39.
[450] Der Marktpreis für das konkrete Darlehen schließt die Risikoprämie bereits ein.
[451] Zu weiteren Einzelheiten bei überhöhten Zinszahlungen siehe Pkt. 4.3.3.
[452] Vgl. BMF-Schr. v. 15.12.1994, a.a.O., Rdn. 60.
[453] Vgl. PRINZ, in: HHR, Kommentar, a.a.O., § 8a KStG, Anm. 102.
[454] Vgl. BLÜMICH/MENCK, Kommentar, a.a.O., § 8a KStG, Rz. 41 mit weiteren Beispielen.

Konditionen einräumt. Unter Konzerngesellschaften kann es aber üblich sein, daß die Mutter Darlehen ohne Besicherung gewährt. Somit werden durch derartige Darlehen bei der Tochter keine Kreditsicherheiten verbraucht. Die inländische Tochter könnte folglich den safe haven durch Darlehen ihrer Mutter ausschöpfen und ihre unverbrauchten Kreditsicherheiten dazu nutzen, von fremden Dritten Fremdkapital aufzunehmen. Da das Gesellschafterfremdkapital den safe haven nicht übersteigt, gibt es für § 8a KStG keinen Ansatzpunkt, auch wenn die gesamte Finanzierungsstruktur so einem Drittvergleich wohl nicht standhält. Da nur der den safe haven übersteigende Betrag einem Drittvergleich zu unterwerfen ist, kommt es nicht darauf an, ob die Kreditbeziehungen zwischen Mutter und Tochter innerhalb des safe haven dem Fremdvergleich entsprechen.[455]

Bei der Frage, ob die Kreditsicherheiten der Gesellschaft für die Fremdkapitalaufnahme noch ausreichen, und ein Dritter deshalb ein Darlehen gewähren würde, sind nach Auffassung der Finanzverwaltung nur die eigenen Sicherheiten der Gesellschaft zu berücksichtigen. Ein etwaiges Rückgriffsrecht des Dritten auf den Anteilseigner oder eine ihm nahestehende Person bleibt außer Betracht, denn sonst fiele der fremde Dritte unter die Regelung für den Dritten mit Rückgriffsrecht nach § 8a Abs. 1 S. 2 KStG.[456]

Für den Nachweis, daß ein Dritter das Fremdkapital bei sonst gleichen Umständen ausgereicht hätte, läßt die Finanzverwaltung alle sachdienlichen Beweismittel zu. Beispielhaft werden spezifizierte Kreditangebote von Banken und Ergebnisse von Kreditwürdigkeitsanalysen, aus denen sich der Darlehensbetrag, der Zinssatz, die Laufzeit und die Sicherheiten ergeben, genannt.[457] Im allgemeinen wird ein verbindliches Kreditangebot erforderlich sein. Reine Gefälligkeitsbescheinigungen oder bloße Kreditangebote ohne Verbindlichkeit dagegen reichen nicht aus.[458] Nach HEY ist der Fremdvergleich auch erfüllt, wenn ein Dritter kurze Zeit später der Kapitalgesellschaft Fremdkapital zu vergleichbaren Bedingungen überläßt.[459]

Die Finanzverwaltung will den Fremdvergleich laufend führen. Danach muß der Fremdvergleich erfüllt sein, während das Gesellschafterdarlehen den safe haven übersteigt.[460] Demgegenüber fordert MENCK, daß der Fremdvergleich nur im Zeitpunkt der Entstehung des Schuldverhältnisses zu führen ist.[461] Spätere Veränderungen wären somit unerheblich: Gelänge der Fremdvergleich bei Darlehens-

---

[455] Kritisch dazu: BLÜMICH/MENCK, Kommentar, a.a.O., § 8a KStG, Rz. 35, 40.

[456] Vgl. BMF-Schr. v. 15.12.1994, a.a.O., Rdn. 62. A.A.: WASSERMEYER, Franz: Stellungnahme zu ausgewählten Zweifelsfragen..., a.a.O., S. 12f. Wassermeyer will ein vorhandendes Rückgriffsrecht im Rahmen der "sonst gleichen Umstände" berücksichtigen.

[457] Vgl. BMF-Schr. v. 15.12.1994, a.a.O., Rdn. 61.

[458] Vgl. BLÜMICH/MENCK, Kommentar, a.a.O., § 8a KStG, Rz. 43, SCHWEBEL, in: DEJW, Kommentar, a.a.O., § 8a KStG, Tz. 16. SCHWEBEL will Kreditwürdigkeitsanalysen nicht anerkennen. A.A.: KRAUSHAAR, Rolf, a.a.O., S. 260: Formlose Bankbestätigungen reichen aus.

[459] Vgl. HEY, Friedrich, RIW 1994, S. 226.

[460] Vgl. BMF-Schr. v. 15.12.1994, a.a.O., Rdn. 61.

[461] Vgl. BLÜMICH/MENCK, Kommentar, a.a.O., § 8a KStG, Rz. 44.

gewährung nicht, führte es nicht zur Heilung, wenn später Dritte Darlehen zu vergleichbaren Bedingungen gewährt hätten. Umgekehrt würde ein bei Darlehensgewährung erfolgreicher Fremdvergleich nicht hinfällig und unbeachtlich, wenn nachfolgende fremde Darlehensgeber sich auf diese Bedingungen nicht eingelassen hätten. Verschlechtert sich die wirtschaftliche Lage der Kapitalgesellschaft während der Laufzeit, ist der Fremdvergleich nur dann erfüllt, wenn der fremde Dritte ihr das Fremdkapital trotz eines ggf. vorhandenen außerordentlichen Kündigungsrechtes belassen hätte.[462] Deshalb ist PRINZ[463] zuzustimmen, der einen erneuten Fremdvergleich auch zu Zeitpunkten von Kündigungsmöglichkeiten oder beim Auslaufen von Zinsbindungsfristen fordert, da die Darlehensverlängerung mit einer Neugewährung vergleichbar ist.

Hinsichtlich der Person des fremden Dritten ist darauf hinzuweisen, daß es sich weder um einen Anteilseigner noch eine diesem nahestehende Person handeln darf. Ist ein Fremdvergleich mit außenstehenden fremden Dritten nicht möglich, befürwortet PRINZ die Anerkennung von Anteilseignern mit einem Zwerganteil als Fremde, da diese aufgrund ihrer geringen Beteiligung nicht über Minderheitsrechte verfügen und somit einem Fremden sehr ähnlich sind.[464]

Ist der Fremdvergleich nur für einen Teil des Darlehens möglich, muß der übersteigende Betrag umqualifiziert werden.[465]

> Beispiel: Der safe haven des Anteilseigners beträgt DM 150.000, er gewährt aber ein Darlehen von DM 500.000 zu einem angemessenen Zinssatz von 8%. Der Gesellschaft liegt ein verbindliches Kreditangebot über DM 400.000 zu 8% vor. Ergebnis: Der Anteilseigner kann nachweisen, daß ein fremder Dritter zu sonst gleichen Umständen ein Darlehen gewährt hätte. In Höhe dieses Darlehens kommt eine Umqualifizierung nicht in Betracht. Nach § 8a Abs. 1 S. 1 Nr. 2 KStG ist eine verdeckte Gewinnausschüttung in Höhe von DM 8.000 (8% von DM 100.000) anzunehmen.

Problematisch wird die Durchführung des Fremdvergleichs, wenn mehrere Anteilseigner der Gesellschaft Darlehen zu unterschiedlichen Bedingungen gewähren.

> Beispiel: Der safe haven des Anteilseigners A beträgt DM 45.000, der des B 60.000. A gewährt ein Darlehen über DM 80.000 zu 8% und B eines über DM 90.000 zu 8,5%. Der Gesellschaft liegt ein Kreditangebot über DM 150.000 vor.

Gesellschafter	A	B
safe haven	45.000	60.000
Fremdkapital	80.000	90.000
Differenz	35.000	30.000

[462] Vgl. HEY, Friedrich, RIW 1994, S. 226.
[463] Vgl. PRINZ, in: HHR, Kommentar, a.a.O., § 8a KStG, Anm. 102.
[464] Vgl. PRINZ, in: HHR, Kommentar, a.a.O., § 8a KStG, Anm. 101.
[465] Vgl. Bundessteuerberaterkammer, IStR 1994, S. 329.

Ein Fremdvergleich ist bis zur Höhe von DM 150.000 möglich. Tatsächlich wurden der Gesellschaft aber Gesellschafterdarlehen über DM 170.000 gewährt. Da die Regelung des § 8a KStG eine gesellschafterbezogene Betrachtung erfordert, ist ein Betrag in Höhe des Drittvergleichs (DM 150.000) auf die Anteilseigner aufzuteilen. Wie eine solche Aufteilung vorgenommen werden soll, ist nicht geregelt. Für die Gesellschaft wäre ein Wahlrecht am günstigsten. Darlehen mit dem höchsten Zinssatz würden zuerst unter den Drittvergleich fallen, so daß deren Vergütung abzugsfähig bleibt. Vergütungen für übersteigende Beträge werden umqualifiziert. Das Darlehen des B würde dem Drittvergleich somit voll genügen, für das Darlehen des A bleiben nur DM 60.000 übrig. Vergütungen auf die übersteigenden DM 20.000 wären eine verdeckte Gewinnausschüttung.
Denkbar wäre auch eine anteilige Aufteilung des Drittvergleichsbetrages: A könnte dann für sich einen Betrag von 80/170 von DM 150.000 beanspruchen, der einem Fremdvergleich genügt, B den verbleibenden Betrag von 90/170 von DM 150.000. Diese Alternative sollte m.E. angewendet werden, da sie der gesellschafterbezogenen Betrachtung am nächsten kommt. (Auch möglich: A bekommt 45/105, B 60/105).
Auch die Reihenfolge der Darlehensvergabe könnte zugrunde gelegt werden, so daß das zuerst eingeräumte Darlehen auch zuerst auf den Fremdvergleich angerechnet wird.

4.3.2.6.1.2. Niedrig verzinsliche Darlehen

Nach dem Wortlaut der Gesetzesbegründung sollen die Regelungen des § 8a KStG nicht angewendet werden, wenn zwischen Anteilseigner und Kapitalgesellschaft für das überlassene Fremdkapital ein niedrigerer Zins als unter Fremden üblich vereinbart wurde.[466]
Durch die Vereinbarung eines niedrigeren Zinssatzes entsteht bei rentablen Investitionen bei der Kapitalgesellschaft in Deutschland steuerpflichtiger Gewinn. Auch diesen könnte der Anteilseigner durch hohe Fremdfinanzierung frei von inländischer Steuer in das Ausland transferieren.

Die Finanzverwaltung bezieht sich auf die Grundsätze zur internationalen Gewinnabgrenzung[467] in Art. 9 OECD-MA und wendet für niedrig verzinsliches Fremdkapital eine dreistufige Prüfung an:[468]

(1) Übersteigt das Gesellschafterfremdkapital den safe haven des Anteilseigners nicht, erfolgt keine Umqualifizierung.
(2) Übersteigt das Gesellschafterdarlehen den safe haven, findet eine Umqualifizierung nicht statt, wenn die Gesellschaft nachweist, daß sie dieses Darlehen aufgrund ihrer Bonität in dieser Höhe von einem fremden Dritten zum Marktzins erhalten hätte.

---

[466]Vgl. BT-DrS 12/5016, S. 92. Vgl. auch RENDELS, Heinz: Schwerpunkte des Standortsicherungsgesetzes: Änderung des KStG, sonstige Änderungen, Ausblick, in: DStR 1993, S. 1090. Zu hochverzinslichen Gesellschafterdarlehen siehe Pkt. 4.3.3.
[467]Weitere Einzelheiten dazu siehe unter Pkt. 4.4.1.
[468]Vgl. BMF-Schr. v. 15.12.1994, a.a.O., Rdn. 65.

(3) Übersteigt das Gesellschafterdarlehen auch den Betrag, den ein fremder Dritter zum Marktzins hingegeben hätte, werden die auf den übersteigenden Betrag entfallenden Zinsen als verdeckte Gewinnausschüttung behandelt.

Beispiel:

	Darlehen	Zinssatz	Zinsbetrag
safe haven	300.000		
Drittvergleich bei angemessenen Zinsen	400.000	8%	32.000
Darlehen des Anteilseigners	800.000	5%	40.000
übersteigendes Kapital	400.000	5%	20.000

Ein fremder Dritter hätte der Gesellschaft aufgrund ihrer Bonität DM 400.000 zum Marktzins von 8% überlassen. Fremdkapital bis zu dieser Höhe wird folglich von §8a KStG nicht betroffen, auch wenn der Fremdvergleich hinsichtlich des den safe haven übersteigenden Betrages von DM 100.000 nicht gelingen kann, da ein fremder Dritter statt 5% den Marktzins von 8% verlangt hätte. Vergütungen, die auf den den Drittvergleichsbetrag von DM 400.000 übersteigenden Betrag (DM 400.000) entfallen, werden als verdeckte Gewinnausschüttung behandelt. Maßgebend sind dabei die tatsächlich gezahlten Zinsen in Höhe von 5%. Es liegt somit eine vGA in Höhe von DM 20.000 vor.

Diese Auslegung der Finanzverwaltung berücksichtigt die Tatsache, daß ein Fremdvergleich für niedrig verzinsliches Fremdkapital nie gelingen kann, da Dritte stets den höheren Marktzins fordern. Deshalb gilt der Fremdvergleich bereits als erfüllt, wenn die Kapitalgesellschaft das Fremdkapital aufgrund ihrer Bonität zum Marktzinssatz hätte aufnehmen können. Sinn der Regelung des § 8a KStG ist es, eine künstliche Minderung des inländischen Gewinnes durch überhöhte, nicht der inländischen Besteuerung unterliegenden Zinszahlungen zu vermeiden. Es widerspräche dem Sinn der Vorschrift, die Kapitalgesellschaft dafür zu bestrafen, wenn sie Fremdkapital nicht zum höheren Marktzins, sondern bei ihrem Anteilseigner zu einem niedrigeren Zinssatz aufnimmt, denn ihr im Inland steuerpflichtiger Gewinn wird durch den zu niedrigen Zinsaufwand erhöht. Die Anerkennung des Drittvergleichs aufgrund der Bonität der Gesellschaft führt deshalb zu einem sachgerechten Ergebnis.
SCHWEBEL[469] dagegen stellt nicht auf die Höhe des Fremdkapitals, sondern auf den Zinsaufwand ab. Nach dem Drittvergleich wäre ein Zinsaufwand von DM 32.000 (8% von 400.000) als abzugsfähig anerkannt worden. Das Gesellschafterdarlehen verursacht einen Aufwand von DM 40.000 (5% von 800.000). Da die Regelung des § 8a KStG dazu dienen soll, ungerechtfertigt hohen Zinsaufwand bei der Kapitalgesellschaft zu vermeiden, will SCHWEBEL nur die Aufwandsdif-

[469] Vgl. SCHWEBEL, in: DEJW, Kommentar, a.a.O., § 8a KStG, Tz. 17d, zustimmend: PRINZ, in: HHR, Kommentar, a.a.O., § 8a KStG, Anm. 103, HERZIG, Norbert, DB 1994, S. 172.

ferenz von DM 8.000 als verdeckte Gewinnausschüttung betrachten. Demnach entfiele eine Umqualifizierung ganz, wenn der Anteilseigner eine Vergütung von DM 32.000 (4% von DM 800.000) erhielte. Unter Hinweis auf die Grundsätze des Vorteilsausgleichs weist SCHWEBEL darauf hin, daß die Kapitalgesellschaft im Ergebnis besteuert würde, als hätte sie ein Darlehen von DM 400.000 zum Marktzins von 8% hingegeben und ein weiteres Darlehen von DM 400.000 zum Zinssatz von Null.
SCHWEBEL geht davon aus, daß § 8a KStG nicht an das Fremdkapital an sich, sondern an den durch die Zinszahlungen entstehenden, steuermindernden Aufwand anknüpft. Ein entsprechender Zinsaufwand solle folglich in der Höhe anerkannt werden, wie er auch bei Darlehen, die die Gesellschaft aufgrund ihrer Bonität von Dritten erhalten hätte, entstanden wäre. Nur der übersteigende Betrag sei dann nach Maßgabe des § 8a KStG umzuqualifizieren. M.E. ist dieser Vorschlag jedoch nicht vom Gesetzeswortlaut gedeckt.

4.3.2.6.2. Finanzierung banküblicher Geschäfte

Eine Umqualifizierung der Vergütungen wird nach § 8a Abs. 1 S. 1 Nr. 2 KStG nicht vorgenommen, wenn die Kapitalgesellschaft nachweist, daß es sich bei dem den safe haven übersteigenden Fremdkapital um Mittel handelt, die der Finanzierung banküblicher Geschäfte dienen. Auch diese Ausnahmeregelung gilt nur für gewinn- oder umsatzunabhängige Vergütungen.
Betroffen davon sind Kreditinstitute in der Rechtsform der Kapitalgesellschaft mit nichtanrechnungsberechtigten Anteilseignern (z.B. inländische Töchter ausländischer Kreditinstitute). Diese müssen sich im Regelfall über ihre ausländische Mutter refinanzieren, da ihr Passivgeschäft nicht dem deutscher Kreditinstitute entspricht. Somit werde den Besonderheiten der Eigenkapitalausstattung von Banken Rechnung getragen.[470]
Die betroffenen Kapitalgesellschaften dürfen unbeschränkt Fremdkapital von ihren Anteilseignern aufnehmen, ohne infolge der Höhe ihres safe haven steuerliche Auswirkungen in Kauf nehmen zu müssen. Einen Fremdvergleich brauchen sie nicht zu führen. Allerdings gilt diese Ausnahme nur für ergebnisunabhängig verzinstes Fremdkapital. Dies eröffnet dem Anteilseigner die Möglichkeit, seiner Gesellschaft festverzinsliche, nachrangige Gesellschafterdarlehen einzuräumen, die gleichzeitig nach § 10 Abs. 5a KWG unter bestimmten Bedingungen dem haftenden Eigenkapital zuzurechnen sind. Somit wird es dem Gesellschafter erleichtert, die Eigenkapitalerfordernisse des § 10 KWG zu erfüllen. Für ergebnisabhängig verzinsliches Fremdkapital sieht § 8a KStG eine Ausnahme für Banken nicht vor. Folglich wird eine stille Beteiligung des Anteilseigners an der Bank nicht begünstigt, obwohl gerade diese nach § 10 Abs. 4 KWG unter den dort ge-

[470]Vgl. BT-DrS 12/5016, S. 92, BMF-Schr. v. 15.12.1994, a.a.O., Rdn. 69, HERZIG, Norbert, DB 1994, S. 170.

nannten Voraussetzungen dem haftenden Eigenkapital hinzugerechnet werden könnte. Die Regelungen von § 8a KStG und § 10 KWG sind kaum aufeinander abgestimmt.[471]

Aus dem Gesetzeswortlaut geht nicht hervor, ob nur Kreditinstitute i.S.v. § 1 Abs. 1 KWG oder auch andere Unternehmen, die sich banküblich refinanzieren (z.B. Factoring- oder Leasinggesellschaften als Finanzinstitute i.S.d. § 1 Abs. 3 KWG) von der Ausnahmeregelung erfaßt werden. Die Finanzverwaltung wendet diese nur für Kreditinstitute mit einer Zulassung gemäß § 32 KWG an. Da diese nur für Bankgeschäfte i.S.d. § 1 Abs. 1 KWG notwendig ist, folgt daraus, daß nur Kreditinstitute nach § 1 Abs. 1 KWG begünstigt sind.[472]
Unerheblich ist, ob die ausländische Muttergesellschaft tatsächlich ein Kreditinstitut ist. Es genügt, wenn die inländische Tochter die Zulassung als solches hat.[473] Nicht unter die Ausnahme fallen inländische Versicherungsgesellschaften als Töchter ausländischer Anteilseigner. Für sie besteht keine Notwendigkeit der Einbeziehung, da sie sich überwiegend aus Prämien im Rahmen ihres inländischen Versicherungsgeschäfts finanzieren.[474]

Die Finanzverwaltung definiert bankübliche Geschäfte unter Bezugnahme auf § 1 KWG. Der Begriff wird somit weit ausgelegt und umfaßt sämtliche nach § 1 KWG erlaubten Geschäfte, nicht aber die Weiterleitung der Mittel über die Bank an andere inländische, konzernabhängige Töchter der ausländischen Mutter, die nicht selbst Kreditinstitut sind.[475] Auch dies soll die Anwendung von Back-to-back-Darlehen verhindern, denn die ausländische Mutter könnte die Rechtsfolgen des § 8a KStG, die sich ergäben, wenn sie das Fremdkapital direkt an die inländische Nichtbank-Tochter ausreichte, vermeiden, wenn sie dieses über ihre inländische Bank-Tochter leitete.
Der Auffassung der Finanzverwaltung ist m.E. jedoch aus zwei Gründen zu widersprechen: Zum einen ist die Bank-Tochtergesellschaft bereits nahestehende Person des ausländischen Anteilseigners. Somit würde die inländische Kapitalgesellschaft (Nichtbank) Fremdkapital von einem Nahestehenden erhalten. Nach §8a Abs. 1 S. 2 KStG ist jedoch Tatbestandsvoraussetzung, daß die nahestehende Person selbst nichtanrechnungsberechtigt ist. Dabei ist irrelevant, ob es sich bei ihr um eine Bank i.S.d. KWG oder um eine Nichtbank handelt. Dies entspricht dem Sinn der Vorschrift, da § 8a KStG die Vergütungen treffen will, die in das Ausland abfließen bzw. nicht im Inland besteuert werden, nicht aber

---

[471] Vgl. KÖSTER, Beate-Katrin, RIW 1994, S. 312.
[472] Vgl. BMF-Schr. v. 15.12.1994, a.a.O., Tz. 70. Zustimmend: HÄUSELMANN, Holger/PACHMANN, Thomas: Gesellschafterfremdfinanzierung, Bankgeschäft und bankübliches Geschäft, in: RIW 1994, S. 232, HERZIG, Norbert, DB 1994, S. 170.
[473] Vgl. HÄUSELMANN, Holger/PACHMANN, Thomas, RIW 1994, S. 232.
[474] Vgl. HERZIG, Norbert, DB 1994, S. 170.
[475] Vgl. BMF-Schr. v. 15.12.1994, a.a.O., Rdn. 70.

solche, die einem anderen Inländer zufließen und bei ihm der deutschen Besteuerung unterliegen. Folglich geht die Einschränkung durch die Finanzverwaltung über den Gesetzeszweck hinaus, wenn Mittelaufnahmen zur Finanzierung bankühlicher Geschäfte nicht mehr begünstigt wären, nur weil die inländische Bank-Tochter andere inländische Konzerngesellschaften finanziert, denn die Bank-Tochter ist anrechnungsberechtigt und die gezahlten Vergütungen unterliegen bei ihr der deutschen Besteuerung. Lediglich echte Back-to-back-Finanzierungen, bei denen die Einlage der Mutter bei der inländischen Bank-Tochter als Sicherheit für deren Kredite an Konzernunternehmen gilt, und bei denen Betrag, Laufzeit und Zinssatz aufeinander abgestimmt sind, werden nicht anerkannt.
Zum anderen ist, von den Fällen des Back-to-back-Darlehens abgesehen, nicht einzusehen, warum die inländische Bank nur wegen ihres ausländischen Anteilseigners in den Möglichkeiten ihrer Geschäftsausübung beschnitten werden soll, solange ihre Geschäfte denen fremder Dritter entsprechen. Entspricht die Darlehensvergabe an Konzernunternehmen den üblichen Bankgepflogenheiten unter Verwendung üblicher Sicherheiten und angemessener Vertragsvereinbarungen, liegt also ein Geschäft wie unter fremden Dritten vor, sollte es nicht schädlich sein, wenn die Bank-Tochter neben Konzernfremden auch Konzerngesellschaften finanziert.

Im Ergebnis gilt die Ausnahmeregelung somit für Kreditinstitute i.S.d. § 1 Abs. 1 KWG, und begünstigt sämtliche Geschäfte, die in § 1 KWG aufgeführt sind.[476]

4.3.2.6.3. Beurteilung des Fremdvergleichs

Die inländische Kapitalgesellschaft kann unbeschränkt von ihrem nichtanrechnungsberechtigten Anteilseigner Fremdkapital aufnehmen, wenn sie einen Fremdvergleich führt und nachweist, daß sie das Kapital auch von Fremden erhalten hätte. Das Gelingen des Fremdvergleichs hängt in erster Linie von der Bonität und Kreditwürdigkeit der Gesellschaft ab. Gutgehende Unternehmen verfügen regelmäßig über eine hohe Bonität und Kreditwürdigkeit, so daß bei ihnen der Fremdvergleich in der Regel gelingen dürfte. Schwieriger wird es bei Unternehmen, deren Ertragschancen schlecht sind, oder die nicht mehr genügend Sicherheiten bieten können. Hier kann eher der Fall auftreten, daß fremde Dritte nicht bereit sind, ihnen Fremdkapital zu überlassen.
Der Zweck der Regelung des § 8a KStG liegt darin, Zinszahlungen, die in das Ausland oder den steuerfreien bzw. nicht steuerbaren Bereich von Inländern fließen, im Inland der Besteuerung zu unterwerfen. Dazu sieht die Vorschrift Freigrenzen vor, bei deren Überschreiten eine Umqualifizierung der Zinsen in eine

[476] Vgl. BMF-Schr. v. 15.12.1994, a.a.O., Rdn. 70. A.A.: HÄUSELMANN, Holger/PACHMANN, Thomas, RIW 1994, S. 232, Bundessteuerberaterkammer, IStR 1994, S. 329: Sämtliche Geschäfte, die üblicherweise von Banken durchgeführt werden, seien begünstigt. Dies betreffe nicht nur die in § 1 KWG aufgeführten, sondern auch Nichtbankengeschäfte.

verdeckte Gewinnausschüttung vorgenommen wird. Diese Folge läßt sich durch den Fremdvergleich vermeiden.
Eine gutgehende Tochtergesellschaft einer nichtanrechnungsberechtigten Mutter ist liquiditätsmäßig in der Lage, hohe Zinszahlungen an ihre Anteilseigner zu leisten. Sie wäre demnach primärer Angriffspunkt für eine Mißbrauchsbekämpfung. Gerade hier aber versagt die Regelung, weil gutgehende Gesellschaften den Drittvergleich meist problemlos führen können. In diesem Fall läuft die Vorschrift des § 8a KStG somit ins Leere. Sie ist nicht geeignet, ihren eigentlichen Sinn zu erfüllen. Selbst Gesellschaften mit geringer Kreditwürdigkeit und mittelmäßigen Ertragsaussichten könnten den Fremdvergleich noch führen, wenn sie über genügend Sicherheiten verfügen.
Es bleiben folglich nur schlechtgehende Gesellschaften, bei denen der Fremdvergleich nicht gelingen wird. Gerade weil hier aber die Geschäfte schlecht laufen, ist ein Eingreifen des § 8a KStG unnötig. Diese Gesellschaften verfügen nicht über hohe Gewinne, die mittels künstlich überhöhter Zinszahlungen unter Vermeidung einer deutschen Besteuerung in das Ausland verlagert werden könnten. Es zeigt sich, daß die Konzeption des Fremdvergleichs dem Sinn des § 8a KStG nicht gerecht wird.

4.3.2.7. Ermittlung des anteiligen Eigenkapitals des Anteilseigners

Gezahlte Vergütungen werden grundsätzlich umqualifiziert, wenn das Gesellschafterfremdkapital den safe haven des Anteilseigners übersteigt. Der safe haven selbst errechnet sich nach § 8a Abs. 1 S. 1 Nr. 1 und 2 KStG als Vielfaches des anteiligen Eigenkapitals des Anteilseigners. Bei gewinn- oder umsatzabhängiger Vergütung entspricht der safe haven der Hälfte, bei gewinn- oder umsatzunabhängiger Vergütung dem Dreifachen des anteiligen Eigenkapitals.
Grundlage des safe haven ist somit das anteilige Eigenkapital des Anteilseigners. Dieses basiert auf dem Eigenkapital der Gesellschaft. Im folgenden werden zunächst die Vorschriften zur Ermittlung des Eigenkapitals der Gesellschaft betrachtet, bevor der auf den Gesellschafter entfallende Anteil bestimmt wird.

4.3.2.7.1. Bestimmung des Eigenkapitals der Kapitalgesellschaft

Für Zwecke des § 8a KStG enthält die Vorschrift eigens eine Definition des Eigenkapitals. Nach § 8a Abs. 2 S. 2 KStG ergibt sich das Eigenkapital der Gesellschaft nach folgender Berechnung:

gezeichnetes Kapital
- ausstehende Einlagen
+ Kapitalrücklage
+ Gewinnrücklage
+ Gewinnvortrag/Jahresüberschuß

- Verlustvortrag/Jahresfehlbetrag
+ 1/2 des Sonderpostens mit Rücklageanteil nach §§ 273, 281 HGB

Wird die Bilanz nach § 268 Abs. 1 HGB unter Berücksichtigung der vollständigen oder teilweisen Verwendung des Jahresergebnisses aufgestellt, tritt an die Stelle des Jahresüberschusses bzw. -fehlbetrages und des Gewinn- bzw. Verlustvortrages der Posten Bilanzgewinn bzw. -verlust. Bei der Berechnung der Eigenkapitalhöhe ist dieser Betrag heranzuziehen.[477]
Für die Eigenkapitalhöhe des laufenden Wirtschaftsjahres ist jeweils die Handelsbilanz[478] zum Schluß des vorangegangenen Wirtschaftsjahres maßgebend.[479] Das Gesetz verweist dabei auf die §§ 266 Abs. 3 Abschn. A und 272 HGB.[480] DÖRNER hingegen bezeichnet dies als rechtspolitisch verfehlt.[481] Nach seiner Auffassung sollte das steuerliche Eigenkapital zugrunde gelegt werden, da es das handelsrechtliche "in aller Regel"[482] übersteigt. Dies ergibt sich vor allem durch Anwendung strengerer steuerlicher Bewertungs- und Abschreibungsvorschriften, die oft dazu führen, daß der Steuerbilanzgewinn den handelsrechtlichen übersteigt.[483] Ein Abstellen auf das niedrigere handelsbilanzielle Eigenkapital wäre für den Steuerpflichtigen ungünstiger.

Die Finanzverwaltung hat ein Interesse daran, das Eigenkapital und somit auch die safe haven, möglichst gering zu halten. Nach ihrer Auffassung ist die Aufzählung der Eigenkapitalpositionen in § 8a Abs. 2 S. 2 KStG deshalb abschließend.[484] Somit gehören die Posten, die zwar handelsrechtlich zum Eigenkapital gehören, aber hier nicht erwähnt werden, nicht zum Eigenkapital i.S.d. § 8a KStG.[485] Demgegenüber wollen PRINZ und STAIGER an das handelsrechtliche

---

[477] Vgl. BMF-Schr. v. 15.12.1994, a.a.O., Rdn. 32.
[478] Eigenkapitaldefinitionen anderer Gesetze sind damit nicht zu beachten (z.B. haftendes Eigenkapital nach dem KWG).
[479] Kritisch dazu im Hinblick auf Umwandlungsfälle: PRINZ, Ulrich: Probleme der Gesellschafter-Fremdfinanzierung (§ 8a KStG) bei Umwandlungsfällen, in: FR 1995, S. 774.
[480] Soweit es infolge einer Aktivierung von Aufwendungen für Ingangsetzung und Erweiterung des Geschäftsbetriebes (§ 269 HGB) zu einer Erhöhung des bilanziellen Eigenkapital kommt, ist dieses nach Auffassung der Finanzverwaltung zu berücksichtigen. Vgl. OFD Hannover, Vfg. v. 26.6.1995, S 2742-141-StH 231, GmbHR 1995, S. 749.
[481] Vgl. DÖRNER, Bernhard, Inf 1993, S. 411f. Kritisch auch LOOS, der auf hohe stille Reserven in der Handelsbilanz hinweist. Vgl. LOOS, Gerold, StbJb 1988/89, S. 295.
[482] DÖRNER, Bernhard, Inf 1993, S. 411.
[483] Z.B. Eingeschränkte steuerliche Rückstellungsbildung, eingeschränkte steuerliche Abschreibungen und längere Abschreibungsfristen (z.B. beim Firmenwert), höhere handelsrechtliche Bewertungsspielräume, z.B. bei den Herstellungskosten.
[484] Vgl. BMF-Schr. v. 15.12.1994, a.a.O., Rdn. 28, zustimmend: BLÜMICH/MENCK, Kommentar, a.a.O., § 8a KStG, Rz. 32.
[485] Je nach Ausgestaltung ist Genußrechtskapital nach § 221 AktG als Eigenkapital auszuweisen. Vgl. dazu ZIEBE, Jürgen: Kapitalbeschaffung durch Genußscheine, BB 1988, 225. Ähnliches gilt für das Kapital stiller Gesellschafter. Vgl. dazu ADS, 5. Aufl., a.a.O., § 266 HGB Tz. 179, HENSE, Heinz H.: Die stille Gesellschaft im handelsrechtlichen Jahresabschluß, Düsseldorf, 1990, S. 257ff. Weiterhin kommen Sonderrücklagen nach den Vorschriften des DMBilG, nachrangiges Kapital nach § 16 Abs. 3

Eigenkapital unter Einschluß sämtlicher Sonderposten anknüpfen.[486] Der Gesetzestext verweise auf die §§ 266 Abs. 3 und 272 HGB und umfasse folglich sämtliche im Eigenkapital ausgewiesenen Posten. Dies werde durch § 265 Abs. 5 HGB bekräftigt, wonach weitere Untergliederungen der einzelnen Posten zulässig sind. Dieser Auffassung ist m.E. zuzustimmen. Infolge des Verweises auf die handelsrechtlichen Vorschriften ist das gesamte Eigenkapital heranzuziehen. Überläßt der Anteilseigner seiner Gesellschaft Eigenkapital, welches in der Handelsbilanz als solches ausgewiesen wird, wäre es m.E. nicht sachgerecht, dieses Eigenkapital nicht anzuerkennen, nur weil es nicht den genannten Eigenkapitalformen entspricht. Gerade weil § 8a Abs. 2 KStG ausdrücklich an das Handelsrecht anknüpft, sollte das gesamte handelsrechtliche Eigenkapital als Grundlage der safe haven dienen.
Darüber hinaus weisen PRINZ und das IDW darauf hin, daß die Finanzverwaltung Genußrechtskapital i.S.d. § 8 Abs. 3 S. 2 KStG nicht als Fremdkapital ansehe.[487] Folgerichtig müßte sie diese Genußrechte, mit denen das Recht auf Beteiligung am Gewinn und Liquidationserlös verbunden ist, als Eigenkapital i.S.d. § 8a KStG anerkennen. Dem ist m.E. nicht zu folgen. Genußrechte, die unter § 8 Abs. 3 S. 2 KStG fallen, müssen nicht unbedingt zum Eigenkapital zählen, da es sich bei § 8 Abs. 3 S. 2 KStG um eine steuerliche Einkommensermittlungsvorschrift handelt. Für die Bestimmung des Eigenkapitals i.S.d. § 8a KStG ist aber unabhängig von der steuerlichen Behandlung auf die handelsrechtliche Jahresbilanz abzustellen. Folglich bestimmt allein die handelsrechtliche Qualifikation, ob Genußrechte dem Eigen- oder Fremdkapital zuzuordnen sind.

Das gezeichnete Kapital ist als Grund- bzw. Stammkapital[488] nach § 272 Abs. 1 S. 1 HGB der Betrag, auf den die Haftung der Gesellschafter für die Verbindlichkeiten der Gesellschaft gegenüber den Gläubigern beschränkt ist. Von der Gesellschaft gehaltene eigene Anteile sind davon abzuziehen.[489] Nach dem Gesetzeswortlaut ist das gezeichnete Kapital um ausstehende Einlagen zu kürzen. Der Posten "ausstehende Einlagen" ist ein Korrekturposten zum gezeichneten Kapital.[490] Eine Kürzung des gezeichneten Kapitals entspricht dem Sinn des § 8a KStG. Die Vorschrift basiert auf einer Gegenüberstellung von Gesellschafter-

---

S. 2 DMBilG und ein Ertrag aufgrund höherer Bewertung gemäß dem Ergebnis einer Sonderprüfung bzw. gemäß gerichtlicher Entscheidung (§ 261 Abs. 1 S. 6, Abs. 2 S. 2 AktG) in Frage. Vgl. dazu WP-Handbuch 1992, 10. Aufl., Bd. I, Tz. 208.

[486] Vgl. PRINZ, in: HHR, Kommentar, a.a.O., § 8a KStG, Anm. 151, ders.: Ausgewählte Problemfälle zu § 8a KStG aus der Beratungspraxis, in: Gesellschafterfremdfinanzierung und Beteiligung..., a.a.O., S. 57, STAIGER, in: LADEMANN, Kommentar, a.a.O., § 8a KStG, Anm. 101. So auch Stellungnahme des IDW, WPg 1994, S. 476.

[487] Vgl. PRINZ, in: HHR, Kommentar, a.a.O., § 8a KStG, Anm. 151, Stellungnahme des IDW, WPg 1994, S. 476 zu BMF-Schr. v. 15.12.1994, a.a.O., Rdn. 44.

[488] §§ 152 Abs. 1 S. 1 AktG, 5 Abs. 1, 42 Abs. 1 GmbHG.

[489] § 71 AktG, vgl. FROTSCHER, Gerrit, IStR 1994, S. 206.

[490] Vgl. STREIM, Hannes, a.a.O., S. 138.

fremdkapital und anteiligem Eigenkapital. Deshalb ist nicht auf den nicht eingezahlten, aber voll ausgewiesenen Haftungsbetrag des Anteilseigners abzustellen, sondern auf den Betrag, der der Gesellschaft tatsächlich als Eigenkapital überlassen wurde. Im Fall der ersten Ausweisalternative des § 272 Abs. 1 HGB sind die gesamten ausstehenden Einlagen abzuziehen, auch wenn ein Teil davon eingefordert ist, im zweiten Fall ist von der innerhalb des Eigenkapitals ausgewiesenen Position "eingefordertes Kapital" der als Forderung ausgewiesene Posten "eingeforderter, aber noch nicht eingezahlter Betrag" abzuziehen.
Erwirbt die Kapitalgesellschaft eigene Anteile (§ 71 AktG), muß sie nach § 272 Abs. 4 HGB eine Rücklage für eigene Anteile bilden. Diese soll als Ausschüttungssperre gläubigerschützend wirken.[491] Weil es sich nur um eine Gegenposition zum Aktivposten "eigene Anteile" und nicht um eine echte Rücklage handele, fordert FROTSCHER, daß die Kapitalrücklage bei der Ermittlung der Eigenkapitalhöhe um die Rücklage für eigene Anteile zu kürzen ist.[492] Dem ist nicht zu folgen. Da diese Rücklage aus dem Jahresüberschuß, aus dem Gewinnvortrag oder durch die Auflösung vorhandener Gewinnrücklagen gebildet wird, handelt es sich um einen echten Eigenkapitalbestandteil.

Ausgangspunkt der Ermittlung des anteiligen Eigenkapitals und somit auch des safe haven ist das handelsrechtliche Eigenkapital zum Schluß des vorangegangenen Jahres.[493] Änderungen des Eigenkapitals im laufenden Jahr wirken sich somit erst im folgenden Wirtschaftsjahr auf die Berechnung des anteiligen Eigenkapitals aus.[494] So erhöht eine Einlage, die der Anteilseigner im laufenden Jahr tätigt, erst im folgenden Wirtschaftsjahr das zur Berechnung seines Anteils maßgebende Eigenkapital. Ausschüttungen des laufenden Jahres mindern das maßgebende Eigenkapital erst für das folgende Jahr. Diese Regelung gewährleistet Planungssicherheit. Die Kapitalgesellschaft soll nicht bei jeder Einlage oder Ausschüttung ihre Finanzierung ändern müssen, weil sich der safe haven des Anteilseigners verändert hat.
Bei Bareinlagen im Rahmen einer Nennkapitalerhöhung erkennt die Finanzverwaltung die Einlagen erst an, wenn die Handelsregistereintragung erfolgt ist. Bis dahin werden die Einlagen (Nennbetrag einschließlich Agio) in einem gesonderten Passivposten "Zur Durchführung einer beschlossenen Kapitalerhöhung geleisteten Einlagen" ausgewiesen. Sind die Einlagen am Bilanzstichtag geleistet, sollen sie nur dann das Eigenkapital für das folgende Jahr erhöhen, wenn die Regi-

---

[491] Vgl. ebenda, S. 140.
[492] Vgl. FROTSCHER, Gerrit, IStR 1994, S. 205.
[493] Da sich das handelsrechtliche Eigenkapital sowohl vor als auch nach der Feststellung des Jahresabschlusses verändern kann, schlägt das IDW vor, die Eigenkapitalhöhe der festgestellten Handelsbilanz zu entnehmen. Vgl. Stellungnahme des IDW, WPg 1994, S. 476.
[494] Die Berechnung der Beteiligungsquote richtet sich aber nach dem laufenden Jahr. Sie wird für die Feststellung benötigt, ob eine wesentliche Beteiligung vorliegt.

stereintragung bis zur Bilanzaufstellung erfolgt ist,[495] denn erst mit Eintragung wird die Kapitalerhöhung wirksam.[496]
Die Auffassung der Finanzverwaltung ist abzulehnen. Hat der Gesellschafter alles seinerseits Erforderliche getan, also den Erhöhungsbeschluß im alten Jahr gefaßt, die Eintragung beim Handelsregister angemeldet[497] und das Eigenkapital vor dem Ende des Wirtschaftsjahres eingezahlt, darf es nicht vom mehr oder minder zufälligen, nicht beeinflußbaren Eintragungstermin der Registerbehörde abhängen, ob die Kapitalerhöhung berücksichtigt wird. Offene und verdeckte Einlagen würden unterschiedlich behandelt: Sind die jeweiligen Einlagen am Bilanzstichtag eingezahlt, würde die offene benachteiligt, wenn sie im folgenden Jahr mangels Eintragung nicht berücksichtigt wird. Sowohl offene als auch verdeckte Einlagen sollten gleichbehandelt werden und deshalb bei erfolgter Leistung unabhängig von der Eintragung im folgenden Jahr das Eigenkapital erhöhen.[498]

Steuerliche verdeckte Einlagen, die sich gleichzeitig auf das handelsrechtliche Jahresergebnis auswirken, erhöhen das Eigenkapital im Jahr ihrer Zuführung und somit das anteilige Eigenkapital des Anteilseigners im darauffolgenden Jahr.[499] Maßgebend ist dabei die handelsrechtliche Beurteilung, da die Einlage das Eigenkapital in der Handelsbilanz erhöhen muß.[500]

Ein Sonderposten mit Rücklageanteil nach den §§ 273 und 281 HGB ist hälftig in das Eigenkapital einzubeziehen. In der Steuerbilanz können unter bestimmten Voraussetzungen sogenannte steuerfreie Rücklagen[501] zu Lasten des steuerpflichtigen Gewinnes gebildet werden. Nach dem Prinzip der umgekehrten Maßgeblichkeit in § 5 Abs. 1 S. 2 EStG ist eine entsprechende Rücklage auch in der Handelsbilanz (als Sonderposten mit Rücklageanteil) anzusetzen. Steuerfreie Rücklagen mindern zwar im Jahr ihrer Bildung die Ertragsteuerbelastung, aber infolge einer ertragswirksamen Auflösung innerhalb bestimmter Fristen bewirken sie nur eine Steuerstundung und haben damit einen Finanzierungseffekt zur Fol-

---

[495] Vgl. BMF-Schr. v. 15.12.1994, a.a.O., Rdn. 31.
[496] § 189 AktG, § 54 Abs. 3 GmbHG.
[497] Vgl. dazu §§ 184, 188 AktG, 57 GmbHG.
[498] Zustimmend: BLÜMICH/MENCK, Kommentar, a.a.O., § 8a KStG, Rz. 57 unter "Kapitalerhöhung", BELLSTEDT, Christoph, DB 1995, S. 11, Bundessteuerberaterkammer, IStR 1994, S. 327. Vgl. dazu auch BACMEISTER, Friedrich: Bilanzierung von Nennkapitalerhöhungen vor Eintragung im Spannungsfeld zwischen Gläubigerschutz und § 8a KStG, in: WPg 1994, S. 451. Der IDW-Steuerfachausschuß befürwortet eine Berücksichtigung geleisteter Einlagen nur dann, wenn die Handelsregistereintragung bis zum Ende des folgenden Jahres durchgeführt wird. Vgl. IDW-Steuerfachausschuß, WPg 1994, S. 472.
[499] Vgl. BMF-Schr. v. 15.12.1994, a.a.O., Rdn. 30.
[500] SCHWEBEL will auch handelsrechtliches Fremdkapital dem Eigenkapital zurechnen, wenn es sich steuerlich um eine verdeckte Einlage handelt. Vgl. SCHWEBEL, in: DEJW, Kommentar, a.a.O., § 8a KStG, Tz. 21a.
[501] Z.B. Reinvestitionsrücklage nach § 6b EStG, Ersatzbeschaffungsrücklage nach R 35 EStR.

ge. Insofern ist der Sonderposten ein Mischposten aus Eigen- und Fremdkapital. In Höhe der zukünftigen Ertragsteuerbelastung, die aus Vereinfachungsgründen mit 50% angesetzt wird, liegt Fremdkapital vor. Der verbleibende Betrag ist eine Rücklage und somit Eigenkapital.[502] Ein Ansatz des hälftigen Sonderpostens bei der Ermittlung des Eigenkapitals führt folglich zu vernünftigen Ergebnissen. Kapitalgesellschaften dürfen nach § 281 Abs. 1 HGB nicht nur steuerfreie Rücklagen, sondern auch die Differenz zwischen dem handelsrechtlichen zulässigen Wertansatz (§ 253 i.V.m. § 279 HGB) und dem steuerlich möglichen, niedrigeren Wertansatz (§ 254 HGB) aufgrund nur steuerlich zulässiger Abschreibungen[503] in einen Sonderposten einstellen. Der Sonderposten wird über die Nutzungsdauer des Wirtschaftsgutes aufgelöst. Somit liegt auch in diesem Fall nur eine Steuerstundung vor. Auch hier wird die zukünftige Ertragsteuerbelastung mit 50% angesetzt, so daß eine hälftige Einbeziehung in das Eigenkapital sachgerecht ist.[504]

Der Rückgriff auf das handelsbilanzielle Eigenkapital ist problematisch, denn das deutsche Bilanzrecht ist vorwiegend gläubigerschutzorientiert.[505] Die Ansatz- und Bewertungsvorschriften[506] führen eher zur Bildung stiller Reserven und somit zu relativ niedrigen Eigenkapitalquoten. Diese wiederum dienen als Ausgangsgröße der Ermittlung des safe haven. Die steuerlichen Folgen sind insofern abhängig von der Bilanzpolitik des Anteilseigners. Diese selbst leitet sich aus seinem Zielsystem ab.

4.3.2.7.2. Der Anteil des Anteilseigners

Das anteilige Eigenkapital des Anteilseigners ist nach § 8a Abs. 2 S. 1 KStG der Teil des gesamten Eigenkapitals, der seinem Anteil am gezeichneten Kapital entspricht. Dabei ist auf das Eigenkapital zu Schluß des vorangegangenen Wirtschaftsjahres abzustellen. Dieses Eigenkapital wird dann den einzelnen Anteilseignern entsprechend ihrer quotalen Beteiligung am gezeichneten Kapital zugerechnet, wobei nach Auffassung der Finanzverwaltung[507] die Beteiligungsquote zum Schluß des vorangegangenen Jahres maßgebend ist. Nach dem Gesetzeswortlaut ist die Kapitalbeteiligung entscheidend. Eine davon abweichende Stimmrechtsverteilung bleibt unberücksichtigt.[508]

---

[502] Vgl. STREIM, Hannes, a.a.O., S. 70.

[503] Vor allem erhöhte Abschreibungen und Sonderabschreibungen, z.B. im Fördergebietsgesetz.

[504] A.A.: SCHWEBEL, in: DEJW, Kommentar, a.a.O., § 8a KStG, Tz. 21a. Zur Vorteilhaftigkeit indirekter Abschreibungen siehe unter 4.3.2.7.4.

[505] Vgl. KÜTING, Karlheinz: Europäisches Bilanzrecht und Internationalisierung der Rechnungslegung, in: BB 1993, S. 36f.

[506] Z.B. das Vorsichtsprinzip in Gestalt des Realisations- und Imparitätsprinzips, das Anschaffungskosten-, das Niederstwertprinzip, das Verbot der Bilanzierung selbsterstellter immaterieller Vermögensgegenstände etc.

[507] Vgl. BMF-Schr. v. 15.12.1994, a.a.O., Rdn. 41.

[508] Vgl. SCHWEBEL, in: DEJW, Kommentar, a.a.O., § 8a KStG, Tz. 20b.

Wird sowohl für das Eigenkapital selbst als auch für die Beteiligungsquote auf das Ende des vorangegangenen Jahres abgestellt, steht das anteilige Eigenkapital und damit auch die Höhe des safe haven des Gesellschafters für das laufende Jahr fest. Auf diese Weise wird Rechts- und Planungssicherheit für Gesellschafter und Gesellschaft erreicht, denn Veränderungen des laufenden Jahres in der Höhe des Eigenkapitals oder der Beteiligungsquoten wirken sich erst im Folgejahr aus. Die Gesellschafter können durch die Höhe der Fremdkapitalüberlassung dann selbst bestimmen, ob sie ihren safe haven überschreiten wollen.[509]
Ist das Eigenkapital der Gesellschaft im Vergleich zum Vorjahr gesunken, muß der Gesellschafter, wenn er Umqualifizierungen im Folgejahr vermeiden will und den safe haven bereits voll ausgeschöpft hat, entweder zum Jahresende das Eigenkapital durch eine Einlage erhöhen oder sein Fremdkapital zumindest teilweise abziehen. Im zweiten Fall kann dies bei der Gesellschaft zu Liquiditätsengpässen führen, die zusammen mit dem sinkendem Eigenkapital Finanzierungsprobleme aufwerfen können.

Sehr problematisch ist, daß sich eine Einlage als Erhöhung des Eigenkapitals und des safe haven stets erst im folgenden Jahr günstig für den Anteilseigner auswirkt, während die Überlassung von Fremdkapital sofort berücksichtigt wird. Werden Fremd- und Eigenkapital gleichzeitig überlassen, kommt es im Wirtschaftsjahr der Überlassung zu unbilligen Ergebnissen. Verfügt der Anteilseigner nicht mehr über einen unausgenutzten safe haven, hat er keine Möglichkeit, die Folgen des § 8a KStG zu umgehen, selbst wenn er die dort verlangte Eigenkapitalquote von 25% einhält, indem er der Gesellschaft entsprechendes Eigenkapital zuführt. Im darauffolgenden Wirtschaftsjahr entfällt dieses Problem wieder, da dann das erhöhte Eigenkapital zugrunde gelegt wird. HERZIG bezeichnet die Regelung aus diesem Grund als Akquisitionshindernis. Er schlägt als Lösung vor, für das Jahr der gleichzeitigen Eigen- und Fremdkapitalzuführung den Drittvergleich stets als erfüllt zu betrachten, wenn im Folgejahr ein ausreichender safe haven existiert.[510]

Ein ähnliches Problem stellt sich beim Neueintritt einer darlehensgewährenden Person während des laufenden Jahres. Weil für den Neugesellschafter kein anteiliges Eigenkapital zum Ende des vorangegangenen Wirtschaftsjahres existiert, will die Finanzverwaltung[511] sämtliche Vergütungen, die im Eintrittsjahr an ihn gezahlt werden, umqualifizieren, wenn ein Fremdvergleich nicht gelingt.[512]

---

[509] Nach HERZIG waren Praktikabilitätsaspekte für diese Regelung maßgebend. Vgl. HERZIG, Norbert, DB 1994, S. 169.

[510] Vgl. HERZIG, Norbert: Gesetzliche Regelung..., a.a.O., S. 204f.

[511] Vgl. BMF-Schr. v. 15.12.1994, a.a.O., Rdn. 41. Ablehnend: BLÜMICH/MENCK, Kommentar, a.a.O., § 8a KStG, Rz. 31. Darüber hinaus weist MENCK darauf hin, daß nur die Vergütungen umqualifiziert werden können, die ab dem Zeitpunkt des Eintritts anfallen. Ebenso ablehnend: WILKE, in: MÖSSNER/SEEGER, Kommentar, a.a.O., § 8a KStG, Rdnr. 79.

[512] Der Fremdvergleich ist dabei für den Zeitraum zu führen, in dem der Neugesellschafter gleichzeitig

Dieses Ergebnis führt zu unbilligen Härten und ist m.E. abzulehnen. § 8a KStG soll einer überhöhten Fremdfinanzierung entgegenwirken. Entspricht das Verhältnis zwischen Gesellschaftereigen- und -fremdkapital der in § 8a KStG vorgesehenen Relation, ist nicht einzusehen, warum die Vergütungen nicht anerkannt werden, obwohl das Eigenkapital tatsächlich in der geforderten Höhe eingezahlt ist. Der Rückgriff auf die Handelsbilanz des vorangegangenen Jahres soll die Planungssicherheit erhöhen, weil damit die safe haven für das laufende Jahr feststehen.[513] Bei unveränderter Geschäftsfortführung ist dies auch durchaus sinnvoll. Bei Eintritt eines Neugesellschafters jedoch ändert sich die geplante Finanzierung ohnehin. Es macht also keinen Sinn, in diesem Fall unter Hinweis auf die Planungssicherheit auf die Schlußbilanz des vergangenen Jahres abzustellen und Vergütungen umzuqualifizieren, nur weil der Neugesellschafter Ende letzten Jahres noch nicht beteiligt war. Außerdem soll durch § 8a KStG nicht der Beteiligungserwerb unnötig erschwert werden, so daß nur noch zum 31.12., 24 Uhr erworben wird.[514]

Der Neueintritt eines Gesellschafters während des laufenden Jahres kann sich im Rahmen einer Kapitalerhöhung, oder durch eine Veräußerung eines Teils der Anteile der Altgesellschafter an den Neuen vollziehen. Im ersten Fall erhöht sich das Eigenkapital der Gesellschaft, im zweiten bleibt es konstant. Nach Eintritt des Neuen sind die Beteiligungsquoten der Altgesellschafter gesunken und die des Neuen gestiegen. Bei Zugrundelegung der Handelsbilanz des vorangegangenen Jahres hätte dies keine Auswirkungen auf das laufende Jahr. Die Beteiligungsquoten zum Jahresende ergeben mit der dann bestehenden Eigenkapitalhöhe die safe haven der Anteilseigner für das Folgejahr. In diesem hätte dann auch der Neue einen safe haven. Dieses Ergebnis ist jedoch unbefriedigend. Stattdessen bieten sich für das Eintrittsjahr andere Möglichkeiten an, die zu einem sinnvolleren Ergebnis führen und den Beteiligungserwerb bzw. eine Kapitalerhöhung nicht so stark beeinträchtigen.

Nach SCHWEBEL soll die Quote der im Eintrittsjahr erworbenen Beteiligung auf das Eigenkapital zum Schluß des vorangegangenen Jahres angewendet werden.[515] Auch STRECK befürwortet, auf die Eigenkapitalquote zum Eintrittszeitpunkt abzustellen,[516] macht aber keine Aussage darüber, ob er die Quoten auf das Eigenkapital zum Ende des vorangegangenen oder des laufenden Jahres beziehen will. In dieselbe Richtung geht der Vorschlag, die Beteiligungsquote zum Schluß des Eintrittsjahres zugrunde zu legen.[517] Aus allen hier wiedergegebenen Auffassungen wird deutlich, daß es nicht sachgerecht wäre, Veränderungen der

---

wesentlich beteiligter Anteilseigner und Kreditgeber ist.

[513] Vgl. PRINZ, in: HHR, Kommentar, a.a.O., § 8a KStG, Anm. 140.

[514] Vgl. HERZIG, Norbert, in: Diskussion, in: Gesellschafterfremdfinanzierung und Beteiligung..., a.a.O., S. 31.

[515] Vgl. SCHWEBEL, in: DEJW, Kommentar, a.a.O., § 8a KStG, Tz. 20d.

[516] Vgl. STRECK, Kommentar, a.a.O., § 8a KStG, Anm. 14, Bundessteuerberaterkammer, IStR 1994, S. 328.

[517] Vgl. IDW-Steuerfachausschuß, WPg 1994, S. 473.

Beteiligungsquoten infolge eines Neueintritts im laufenden Jahr nicht zu berücksichtigen. Dem ist zuzustimmen. M.E. sollte aber nicht die Beteiligungsquote am Eigenkapital zum Schluß des Eintrittsjahres für das ganze Jahr rückwirkend gelten, sondern es sollte zeitanteilig gerechnet werden. Damit würde auch vermieden, daß es zu Mehrfachnutzungen des Eigenkapitals kommt.[518]
Gleiches gilt für Änderungen von Beteiligungsquoten aufgrund von Anteilsveräußerungen innerhalb des bestehenden Gesellschafterkreises.[519]

> Beispiel: A und B sind an einer GmbH zu je 50% beteiligt. Am 1.7.01 veräußern sie je 1/6 ihrer Beteiligung an C. Ab 1.7. sind dann A, B und C zu je 33,3% beteiligt. Würde die Auffassung der Finanzverwaltung gelten, hätte C im Jahr 01 keinen safe haven. Die an ihn gezahlten Vergütungen für Gesellschafterdarlehen würden vollständig umqualifiziert. Würde dagegen die Beteiligungsquote zum Eintrittszeitpunkt oder zum Schluß des Eintrittsjahres für das ganze Jahr gelten, hätten A und B für die Zeit vom 1.1.-30.6.01 einen safe haven, der auf einer Beteiligungsquote von 33,3% beruht. Für diese Zeit würde ihnen aber ein höherer zustehen.
> Eine sachgerechte Lösung wäre m.E. gegeben, wenn A und B für die Zeit vom 1.1.- 30.6.01 ihren safe haven auf der Grundlage ihrer 50%-Beteiligung erhielten. Ab 1.7. erhielten dann A, B und C je einen safe haven, der ihrer 33,3%-Beteiligung entspricht.

> Beispiel: A und B sind zu je 50% an einer GmbH beteiligt. Am 1.7. verkauft A Teile seines Anteiles an B, so daß A nur noch 30% und B 70% hält.
> Auch hier sollte m.E. zeitanteilig gerechnet werden. Für die Zeit vom 1.1.- 30.6. erhalten beide einen safe haven, der einer 50%-Beteiligung entspricht, für die Zeit danach ermittelt sich der safe haven des A auf der Grundlage seiner 30%Beteiligung, der des B aufgrund seines 70%-Anteils.

Erfolgt der Neueintritt eines Gesellschafters im Rahmen einer Kapitalerhöhung, ist fraglich, ob auf das Eigenkapital zum Ende des vorangegangenen Jahres zurückgegriffen werden sollte oder auf das nunmehr erhöhte zum Ende des laufenden Jahres.
Nach dem Gesetzestext hat die Kapitalerhöhung keine Auswirkung auf das laufende Jahr, da die Handelsbilanz zum Ende des vorangegangenen Jahres zugrunde zu legen ist. M.E. entspricht es nicht dem Gesetzessinn, eine Kapitalerhöhung erst im Folgejahr zu berücksichtigen. Der Neugesellschafter würde somit sanktioniert, obwohl er Eigenkapital zugeführt hat. Überläßt er seiner Gesellschaft nach der Kapitalerhöhung Fremdkapital, müßte das von ihm neu eingebrachte Eigenkapital seinen safe haven entsprechend seiner Beteiligungsquote am Eigenkapital der Gesellschaft sofort erhöhen. Eine sachgerechte Lösung wäre m.E. erreicht,

---

[518]Würde nur für den Neugesellschafter auf das Jahresende abgestellt, während für die Altgesellschafter die vorangegangene Handelsbilanz gilt, kann es bei einer Veränderung der Beteiligungsquoten zu Problemen kommen. Bsp.: Die Altgesellschafter halten am 31.12.00 70% der Gesellschaft, und der Neue hält am 31.12.01 ebenfalls 70%. Eine mehrfache Verwendung des Eigenkapitals ist auszuschließen.
[519]Vgl. DÖRNER, Bernhard, Inf 1993, S. 439 (Bsp. 3).

wenn in Jahren einer Kapitalerhöhung ausnahmsweise auf das Eigenkapital der Schlußbilanz abgestellt würde.

> Beispiel: A und B sind zu je 50% mit je DM 50.000 an einer GmbH beteiligt, deren Stammkapital DM 100.000 beträgt. Am 1.12.01 wird eine Kapitalerhöhung durchgeführt, in der C ebenfalls DM 50.000 einzahlt. A und B sind ab dem 1.12. nur noch mit je 33,3% beteiligt, das Eigenkapital der GmbH beträgt ab diesem Zeitpunkt DM 150.000.
> Würde die Kapitalerhöhung in diesem Jahr nicht berücksichtigt, erhielte C keinen safe haven. Würde dagegen das Eigenkapital laut Schlußbilanz für das gesamte Jahr gelten, käme es zu einem korrekten Ergebnis, wenn mit den neuen Beteiligungsquoten gerechnet würde. Für A und B ändert sich in diesem Fall nichts. Ihr anteiliges Eigenkapital bleibt gleich, da 33,3% von DM 150.000 dem Betrag von 50% von DM 100.000 entspricht. Auch für C ergibt sich gemäß seiner Beteiligungsquote von 33,3% am neuen Stammkapital von DM 150.000 ein anteiliges Eigenkapital von DM 50.000, auf dessen Grundlage ihm für die Zeit vom 1.12.-31.12. ein safe haven zustehen sollte. Überläßt er der GmbH Fremdkapital, sollten Vergütungen für den Dezember nur umqualifiziert werden, soweit sein Gesellschafterfremdkapital den safe haven auf der Grundlage seiner 33,3%-Beteiligung übersteigt.

Das Zurückgreifen der Finanzverwaltung auf die Beteiligungsquoten und das Eigenkapital des Vorjahres ist zwar einfach und praktikabel, erweist sich jedoch in vielen Fällen als zu unflexibel. Wie sich hier gezeigt hat, führt es zu Ergebnissen, die nicht mit der wirtschaftlichen Realität übereinstimmen.

Bei einem Gesellschafterwechsel schlagen PRINZ[520] und WASSERMEYER[521] vor, dem Neueintretenden das anteilige Eigenkapital des ausscheidenden Altgesellschafters zuzurechnen, so daß er dessen safe haven nutzen kann. Die Eigenkapitalhöhe und die Beteiligungsquoten ändern sich in diesem Fall nicht, so daß dieser Vorschlag zu einem sinnvollen Ergebnis führt.

Hat die inländische Kapitalgesellschaft mehrere Anteilseigner, kommt es zu Zurechnungsproblemen, wenn ein Anteilseigner seinen Anteil nicht voll einzahlt.

> Beispiel: A und B sind zu je 50% an der Kapitalgesellschaft beteiligt. Diese hat ein gezeichnetes Kapital in Höhe von DM 1.000.000. A zahlt DM 500.000 ein, B aber nur DM 400.000. Die Gesellschaft weist folglich ausstehende Einlagen gegenüber B in Höhe von DM 100.000 aus.
> Ergebnis: Nach Auffassung der Finanzverwaltung[522] wird das Eigenkapital der Gesellschaft pauschal um die ausstehenden Einlagen gekürzt. Das verbleibende Eigenkapital von DM 900.000 ist beiden Anteilseignern gemäß ihrem Anteil am gezeichneten Kapital (je 50%) zuzurechnen. Es ergibt sich damit für A und B jeweils ein

[520]Vgl. PRINZ, in: HHR, Kommentar, a.a.O., § 8a KStG, Anm. 144.
[521]Vgl. WASSERMEYER, Franz: Stellungnahme zu ausgewählten Zweifelsfragen..., a.a.O., S. 11. So auch STAIGER, in: LADEMANN, Kommentar, a.a.O., § 8a KStG, Anm. 108.
[522]Vgl. BMF-Schr. v. 15.12.1994, a.a.O., Rdn. 40.

anteiliges Eigenkapital in Höhe von DM 450.000. Würde die ausstehende Einlage B direkt zugerechnet, hätte A ein anteiliges Eigenkapital von DM 500.000 und B eines von DM 400.000.

Im Fall der pauschalen Kürzung erhält der Anteilseigner, der seinen Anteil nicht voll einzahlt, auf Kosten der übrigen ein in bezug auf seine tatsächliche Kapitalüberlassung zu hohes anteiliges Eigenkapital. Dementsprechend ist das anteilige Eigenkapital der anderen Anteilseigner gemessen an ihrer Einzahlung zu niedrig. Die pauschale Kürzung führt somit zu unbefriedigenden Ergebnissen. Wesentliches Grundprinzip des § 8a KStG ist die gesellschafterbezogene Betrachtungsweise.[523] Deshalb sollten ausstehende Einlagen m.E. stets dem jeweiligen Anteilseigner direkt zugerechnet werden. Sie wirken sich dann nur auf die Höhe seines eigenen anteiligen Eigenkapitals aus und beeinträchtigen nicht noch die anderen Gesellschafter.[524] Auch wenn der Gesetzeswortlaut in § 8a Abs. 2 S. 2 KStG die Kürzung des Eigenkapitals um die ausstehenden Einlagen vorschreibt, sollte für den Fall der Mehrzahl von Anteilseignern stets die direkte Zurechnung bevorzugt werden, denn nur dadurch wird ein den wirtschaftlichen Gegebenheiten entsprechendes Ergebnis erreicht.[525]
Um eine direkte Zurechnung ausstehender Einlagen auf den betreffenden Anteilseigner vornehmen zu können, ist die Reihenfolge von Kürzung und Zurechnung umzukehren. Während die Finanzverwaltung zuerst das Eigenkapital kürzt und die verbleibende Größe auf die Anteilseigner aufteilt, müßte bei einer direkten Zurechnung zuerst das Eigenkapital nach den Beteiligungsquoten auf die Anteilseigner verteilt werden. Anschließend wird beim jeweiligen Anteilseigner seine ausstehende Einlage abgezogen.
Zahlen sämtliche Anteilseigner ihren Anteil nur mit einer bestimmten Quote ein, führt die pauschale Kürzung wieder zu korrekten Ergebnissen. Probleme treten nur auf, wenn die Anteilseigner ihre Anteile mit unterschiedlich hoher Quote einzahlen. Setzt sich die Auffassung der Finanzverwaltung durch, müssen die Anteilseigner, die ihren Anteil voll oder sehr hoch einzahlen, auf einen gesellschaftsrechtlichen Ausgleich drängen, wenn andere Gesellschafter absprachewidrig ihre Einzahlungen nicht vornehmen. PRINZ schlägt vor, für diesen Fall Ausgleichspflichten im Gesellschaftsvertrag zu verankern.[526]

---

[523] Vgl. HERZIG, Norbert, StuW 1993, S. 242.

[524] Zustimmend: KORN, Klaus, DStZ 1993, S. 740, DÖRNER, Bernhard, Inf 1993, S. 412f. Einschränkend: Bundessteuerberaterkammer, IStR 1994, S. 327: Die Kammer will ausstehende Einlagen nur dann individuell zurechnen, wenn Gesellschafter absprachewidrig nicht leisten.

[525] Nach PRINZ verbietet der Gesetzeswortlaut eine gesellschafterspezifische Zuordnung nicht. Vgl. PRINZ, in: HHR, Kommentar, a.a.O., § 8a KStG, Anm. 148.

[526] Vgl. PRINZ, in: HHR, Kommentar, a.a.O., § 8a KStG, Anm. 148. Auch MENCK spricht sich für einen zivilrechtlichen Ausgleich aus. Vgl. BLÜMICH/MENCK, Kommentar, a.a.O., § 8a KStG, Rz. 57 unter "Einlagen".

Wird eine Kapitalgesellschaft gegründet, gibt es kein vorangegangenes Wirtschaftsjahr, auf dessen handelsbilanzielles Eigenkapital abgestellt werden könnte. Es bleibt somit die Möglichkeit, das anteilige Eigenkapital des Anteilseigners aus der Eröffnungsbilanz oder der Schlußbilanz des ersten Jahres zu bestimmen. Die Finanzverwaltung will die Eröffnungsbilanz heranziehen.[527] Würde die Gesellschaft allerdings nur mit dem gesellschaftsrechtlichen Mindestkapital gegründet (§ 7 Abs. 2 GmbHG) und weiteres Eigenkapital erst später gleichzeitig mit dem Fremdkapital zugeführt, käme es zu unbilligen Ergebnissen, da das zugeführte Eigenkapital im Gründungsjahr das anteilige Eigenkapital nicht erhöht. Gelingt der Fremdvergleich nicht, käme es trotz Einhaltung der Eigenkapitalquote von 25% im Gründungsjahr zu Umqualifizierungen. Gegen eine Heranziehung der Eröffnungsbilanz spricht auch, daß ein safe haven des Anteilseigners nicht existiert, wenn die dort ausgewiesenen ausstehenden Einlagen die Höhe des Eigenkapitals erreichen, obwohl der Anteilseigner gerade durch die Festlegung eines relativ hohen gezeichneten Kapitals deutlich macht, daß er bereit ist, der Gesellschaft ausreichend Eigenkapital zu überlassen.[528] BELLSTEDT fordert daher, das Gründungsjahr generell von § 8a KStG auszunehmen. Erst im darauffolgenden Jahr sei das Tatbestandsmerkmal "Schluß des vorangegangenen Jahres" erfüllt.[529] Zu einem anderen Ergebnis gelangt HEY. Danach soll das Eigenkapital der Schlußbilanz zugrunde gelegt werden.[530]

Dem ist m.E. zu folgen. Das Eigenkapital der Schlußbilanz des ersten Wirtschaftsjahres sollte somit für das Gründungs- und das Folgejahr gelten. Danach kann wie vorgesehen auf das Kapital zum Ende des vorangegangenen Jahres abgestellt werden. Damit würde der verbreiteten Finanzierungspraxis Rechnung getragen werden, denn meist wird eine Gesellschaft erst nach dem Gründungsakt mit dem notwendigen Kapital ausgestattet. Bei einem Rückgriff auf die Schlußbilanz des ersten Geschäftsjahres verbliebe der Gesellschaft genügend Zeit, ihre Finanzierungsverhältnisse bis zur Aufnahme des Geschäftsbetriebes zu ordnen.

Eine andere Möglichkeit besteht darin, bei der Neugründung ein Rumpfgeschäftsjahr einzurichten, welches mit der Zuführung des betriebsnotwendigen Kapitals endet. Dieses steht dann zum Ende des Geschäftsjahres zur Verfügung und erhöht im darauffolgenden Jahr den safe haven des Anteilseigners.[531]

---

[527] Vgl. BMF-Schr. v. 15.12.1994, a.a.O., Rdn. 42 und 29. Zustimmend: PAUKA, Dietmar, NWB, F. 4, S. 3963, HERZIG, Norbert, DB 1994, S. 169, FROTSCHER, Gerrit, IStR 1994, S. 206.

[528] Vgl. STAIGER, in: LADEMANN, Kommentar, a.a.O., § 8a KStG, Anm. 102.

[529] Vgl. BELLSTEDT, Christoph, DB 1995, S. 11.

[530] Vgl. HEY, Friedrich, RIW 1994, S. 222f. So auch IDW-Steuerfachausschuß, WPg 1994, S. 472, Bundessteuerberaterkammer, IStR 1994, S. 327.

[531] Vgl. PRINZ, Ulrich, FR 1994, S. 632. Auch HERZIG verweist auf eine Umstellung des Geschäftsjahres. Vgl. HERZIG, Norbert: Anmerkungen zum BMF-Schreiben..., a.a.O., S. 168. Dabei ist aber §4a Abs. 1 Nr. 2 EStG zu berücksichtigen.

4.3.2.7.3. Ausnahmeregelung für vorübergehende Verluste

Nach § 8a Abs. 2 S. 3 KStG ist eine vorübergehende Minderung des Eigenkapitals durch einen Jahresfehlbetrag unbeachtlich, wenn bis zum Ablauf des dritten auf das Wirtschaftsjahr des Verlustes folgenden Wirtschaftsjahres das ursprüngliche Eigenkapital durch Gewinnrücklagen oder Einlagen wieder hergestellt wird. Ein auf diese Weise ausgeglichener Verlust vermindert somit weder das Eigenkapital der Gesellschaft, noch das anteilige Eigenkapital des Anteilseigners oder seinen safe haven.

Auch diese Regelung soll die Rechts- und Planungssicherheit erhöhen. Sie verhindert, daß während der Darlehenslaufzeit eintretende, vorübergehende Verluste zu Umqualifizierungen führen, obwohl bei Darlehensüberlassung die Relation zwischen Eigen- und Fremdkapital den Anforderungen des § 8a KStG entsprochen hat. Somit wird berücksichtigt, daß in diesem Fall keine gezielte Finanzierungsgestaltung vorgenommen wurde, um der deutschen Besteuerung zu entgehen.[532]

Unklar ist, ob der Verlust als ganzes vorübergehend sein muß, d.h., ob die Kapitalgesellschaft spätestens im dritten auf das Verlustjahr folgende Wirtschaftsjahr wieder die Gewinnzone erreichen muß. Nach Auffassung der Finanzverwaltung[533] bleiben Eigenkapitalminderungen auch bei dauerhaften Verlusten unberücksichtigt, sofern der Verlust eines Jahres jeweils bis zum Ende des dritten Wirtschaftsjahres, das auf dieses Verlustjahr folgt, wieder ausgeglichen ist. Dieser Auffassung ist m.E. zuzustimmen. Der Verlust eines einzelnen Jahres ist nur vorübergehend, wenn er innerhalb der genannten Frist wieder ausgeglichen wird. Dies entspricht auch dem Wortlaut des Gesetzes.

Erleidet die Kapitalgesellschaft einen Verlust, schmälert dieser zunächst nicht das für § 8a KStG maßgebende Eigenkapital. Für den safe haven erfolgt somit keine Änderung. Die Steuer von Gesellschaft und Gesellschafter wird zunächst vorläufig festgesetzt (§ 165 Abs. 1 AO). Erst wenn sich am Ende des dritten darauffolgenden Wirtschaftsjahres herausstellt, daß dieser Verlust nicht durch Einlagen oder zwischenzeitlich erwirtschaftete Gewinnrücklagen ausgeglichen wurde, wird das Eigenkapital rückwirkend gemindert. Für die vergangenen Jahre wird dann der safe haven des Gesellschafters auf der Grundlage des geminderten Eigenkapitals errechnet. Die Veranlagung von Gesellschaft und Gesellschafter wird dann gemäß § 165 Abs. 2 AO geändert.[534]

STAIGER widerspricht dieser Auslegung und fordert, den Verlust erst im dritten auf das Verlustjahr folgenden Wirtschaftsjahr zu berücksichtigen. Damit würde

---

[532]Vgl. HERZIG, Norbert, StuW 1993, S. 247, Bundessteuerberaterkammer: Stellungnahme zur Gesellschafter-Fremdfinanzierung im Rahmen der Körperschaftsbesteuerung, in: DStR 1986, S. 518.

[533]Vgl. BMF-Schr. v. 15.12.1994, a.a.O., § 8a KStG, Rdn. 33. Zustimmend: STAIGER, in: LADEMANN, Kommentar, a.a.O., § 8a KStG, Anm. 113, PRINZ, Ulrich: Ausgewählte Problemfälle..., a.a.O., S. 62f.

[534]Vgl. BMF-Schr. v. 15.12.1994, a.a.O., Rdn. 33.

sich der Verlust erst im vierten Wirtschaftsjahr durch ein vermindertes Eigenkapital auf den safe haven auswirken. Er lehnt die rückwirkende Änderung aller Veranlagungen ab, weil damit zu rechnen ist, daß die Anteilseigner wegen des Verlustes ohnehin die Eigenkapitalbasis stärken bzw. entsprechende Maßnahmen ergreifen. Im übrigen führte eine rückwirkende Änderung zu Problemen in der Handelsbilanz: Für die zusätzliche Steuerbelastung hätten Rückstellungen gebildet werden müssen, die ihrerseits wiederum den Verlust erhöht und somit das handelsbilanzielle Eigenkapital gemindert hätten.[535]
Der Auffassung von STAIGER ist m.E. nicht zu folgen. Zweck der Verlustregelung ist es, längerfristige Darlehensbeziehungen von Schwankungen des Eigenkapitals unberührt zu lassen, die wenig später wieder ausgeglichen werden. Die Finanzverwaltung hat es deshalb vorgezogen, zunächst die Eigenkapitalziffer nicht zu verringern und später rückwirkend das Eigenkapital zu verändern. Dieses Verfahren ist einfacher, als bereits ab dem ersten Verlustjahr Umqualifizierungen in verdeckte Gewinnausschüttungen vorzunehmen, die später infolge des Verlustausgleichs wieder rückgängig gemacht werden müssen. Die Verlustjahre bewirken lediglich, daß die Rechtsfolge aufgeschoben wird, bis Klarheit herrscht. Es stünde daher nicht mit dem Gesetz in Einklang, einen Verlust in diesen drei Jahren überhaupt nicht zu berücksichtigen, zumal in § 8a KStG eindeutig festgelegt ist, daß das handelsbilanzielle Eigenkapital maßgebend ist.

Das ursprüngliche Eigenkapital kann durch eine Einlage wiederhergestellt werden. Bei einer ordentlichen Kapitalerhöhung (§ 182ff AktG) steigt das gezeichnete Kapital um den Nennwert der Anteile und die Kapitalrücklage um das Agio. Bei einer freiwilligen Zuzahlung des Gesellschafters hängt es von seinem Willen ab, ob sie als Leistung in das Eigenkapital (§ 272 Abs. 2 Nr. 4 HGB) oder erfolgswirksam verbucht wird. In letzterem Fall gleicht die Zuzahlung nur dann den Verlust aus, wenn vom Jahresüberschuß mindestens ein Betrag in Höhe des Verlustes nicht ausgeschüttet, sondern in die Gewinnrücklagen eingestellt wird. Neben den Einlagen bzw. Zuzahlungen kann das Eigenkapital auch durch nicht ausgeschüttete, in die Gewinnrücklagen eingestellte Beträge aus Jahresüberschüssen der drei dem Verlustjahr folgenden Wirtschaftsjahren wiederhergestellt werden. Es ist auch möglich, den Verlustvortrag mit dem Jahresüberschuß eines der drei Folgejahre zu verrechnen.[536] Ein Ausgleich des Verlustes mit Gewinnvorträgen und Gewinnrücklagen aus der Zeit vor dem Verlustjahr ist hingegen nicht möglich.[537] Somit wird sichergestellt, daß der Ausgleich nur mit neu zu-

---

[535]Vgl. STAIGER, in: LADEMANN, Kommentar, a.a.O., § 8a KStG, Anm. 116. Auch KÖSTER spricht sich dafür aus, in Abhängigkeit von der Wahrscheinlichkeit einer Umqualifizierung nach dem Vorsichtsprinzip die Körperschaftsteuerrückstellung so zu berechnen, als würde eine vGA erfolgen. Vgl. KÖSTER, Beate-Katrin, RIW 1994, S. 315.
[536]§§ 58 Abs. 1 S. 3, Abs. 2 S. 4 AktG, 29 Abs. 1, 2 GmbHG.
[537]Vgl. BMF-Schr. v. 15.12.1994, a.a.O., Rdn. 34. A.A.: BELLSTEDT, Christoph, DB 1995, S. 12.

geführtem Kapital (Einlage) oder mit einbehaltenen Gewinnen (Gewinnrücklage) erfolgt, und die Eigenkapitalbasis insofern gestärkt wird.
Infolge der geforderten Einstellung in die Gewinnrücklage wird hier in einem weiteren Punkt die Handelsbilanz von steuerrechtlichen Vorschriften beeinflußt.[538] Im Hinblick auf die unterschiedlichen Zwecke[539] der beiden Regelungswerke ist dies sehr problematisch. Außerdem wurde dabei nicht beachtet, daß der in die Gewinnrücklagen eingestellte Betrag im folgenden Jahr ausgeschüttet werden kann, wenn er nicht in der gesetzlichen oder satzungsmäßigen Rücklage gebunden ist. Diese Ausschüttung mindert dann zwar das anteilige Eigenkapital des Anteilseigners, macht aber einen bereits vorgenommenen Verlustausgleich nicht rückwirkend ungültig, da eine entsprechende Ausschüttungssperre der Gewinnrücklagen dem Gesetz nicht zu entnehmen ist. Eine Verbesserung der Eigenkapitalbasis läßt sich folglich nur für kurze Zeit sichern.
Die Ursache des Verlustes ist irrelevant. Er kann durch Zinszahlungen im Rahmen der Gesellschafterfremdfinanzierung entstanden sein, auch wenn diese steuerlich nicht anerkannt werden sollte. Maßgeblich ist aber der Ausgleich des Verlustes in der Handelsbilanz. Bloß steuerrechtlich wirkende Vorgänge reichen daher nicht aus.[540]
Es ist unerheblich, ob der Ausgleich des Verlustes von dem nichtanrechnungsberechtigten Anteilseigner selbst oder von anderen vorgenommen wird. Gleichen z.B. inländische Anteilseigner den Verlust aus, wirkt dies auch für den Nichtanrechnungsberechtigten. Jedoch kann sich dadurch seine Beteiligungsquote am gezeichneten Kapital und somit sein anteiliges Eigenkapital verändern.[541] [542]

Die Regelung setzt nach Auffassung der Finanzverwaltung ferner voraus, daß das ursprüngliche Eigenkapital wieder vollständig hergestellt wird. Eine teilweise Auffüllung genügt nicht.[543] Dem wird in weiten Teilen des Schrifttums widersprochen. Falls ein voller Ausgleich des Eigenkapitals nicht notwendig ist, weil ein geringerer safe haven dem Anteilseigner für seine Darlehensüberlassung ausreicht, soll es bereits genügen, wenn ein Ausgleich des Verlustes nur bis zu dem geringeren Betrag, der zum Erreichen des safe haven notwendig ist, erfolgt.[544]

---

[538] Vgl. STAIGER, in: LADEMANN, Kommentar, a.a.O., § 8a KStG, Anm. 118.
[539] Zum Zweck der handelsrechtlichen Rechnungslegung vgl. STREIM, Hannes, a.a.O., S. 8ff.
[540] Vgl. BLÜMICH/MENCK, Kommentar, a.a.O., § 8a KStG, Rz. 57 unter "Fehlbeträge".
[541] Vgl. PRINZ, in: HHR, Kommentar, a.a.O., § 8a KStG, Anm. 157, ALTHEIM, Michael: Gestaltungsspielräume nach Einführung des § 8a KStG, in: IStR 1995, S. 411.
[542] Zum Verlustausgleich bei Umwandlung vgl. ORTH, Manfred: Anwendung des § 8a KStG in Umwandlungsfällen, in: DB 1995, S. 1987.
[543] Vgl. BMF-Schr. v. 15.12.1994, a.a.O., Rdn. 35. Zustimmend: STRECK, Kommentar, a.a.O., § 8a KStG, Anm. 14, HEY, Friedrich, RIW 1994, S. 223.
[544] Vgl. SCHWEBEL, in: DEJW, Kommentar, a.a.O., § 8a KStG, Tz. 24a. SCHWEBEL fordert eine teleologische Reduktion, WILKE, in: MÖSSNER/SEEGER, Kommentar, a.a.O., § 8a KStG, Rdnr. 74, BELLSTEDT, Christoph, DB 1995, S. 12, HERZIG, Norbert, DB 1994, S. 169, ALTHEIM, Michael, IStR 1995, S. 411.

Beispiel: Der nichtanrechnungsberechtigte Anteilseigner A ist zu 100% an einer inländischen GmbH beteiligt. Er überläßt der Gesellschaft ein festverzinsliches Darlehen in Höhe von DM 240.000. Sein anteiliges Eigenkapital beträgt DM 100.000, sein safe haven folglich DM 300.000. Im Jahr 01 macht die Gesellschaft einen Verlust von DM 30.000. Das anteilige Eigenkapital würde somit auf DM 70.000, der safe haven auf DM 210.000 sinken, wenn ein Ausgleich nicht bis zum Ende des Jahres 04 erfolgt.
Ergebnis: (1) Nach Auffassung der Finanzverwaltung muß A den gesamten Verlust von DM 30.000 bis Ende 04 ausgleichen. Führt er nur einen geringeren Betrag zu, wird unabhängig von der Höhe dieser Zuzahlung für Zwecke des § 8a KStG ein safe haven von DM 210.000 zugrunde gelegt.
(2) Nach anderer Auffassung könnte A das Eigenkapital durch eine Zuzahlung von DM 10.000 auf DM 80.000 erhöhen. Da er nur ein Darlehen über DM 240.000 gewährt hat, benötigt er nur Eigenkapital in Höhe von DM 80.000, um einen safe haven von DM 240.000 zu erreichen. Erfolgt diese Zuzahlung bis zum Ende des Jahres 04, könnte der Verlust unberücksichtigt bleiben.

Der im Schrifttum geäußerten Kritik ist m.E. zu folgen. Der Wortlaut fordert zwar einen vollständigen[545] Ausgleich des Verlustes, es würde aber ein dem Zweck des § 8a KStG angemesseneres Ergebnis erzielt, wenn das Eigenkapital höchstens bis zu dem Betrag wieder aufgefüllt werden müßte, der einen ausreichenden safe haven bedingt. Wird von dem Anteilseigner verlangt, einen höheren Betrag einzuzahlen, würde er die Anforderungen des § 8a KStG übererfüllen, da sein Eigenkapital relativ zu hoch wäre. Bei festverzinslichem Gesellschafterfremdkapital erfordert das Gesetz nur eine Eigenkapitalquote von 25%. Müßte der Anteilseigner den Verlust stets voll ausgleichen, würde er gezwungen, eine Quote von über 25% hinzunehmen. Das läßt sich nicht mehr mit dem Gesetzeszweck vereinbaren und dehnt die Vorschrift zu weit aus.

Beispiel: Es gilt der Fall aus dem vorangegangenen Beispiel. Muß der Anteilseigner den Verlust von DM 30.000 voll ausgleichen und das Eigenkapital wieder auf DM 100.000 auffüllen, ergibt sich eine Relation von Eigen- zu Fremdkapital von 1:2,4. Die gesetzlich geforderte Relation beträgt 1:3. Seine Eigenkapitalquote beträgt somit 29,41%, die gesetzlich geforderte nur 25%.

Bei der Wiederherstellung des Eigenkapitals durch Einlagen oder einbehaltene Jahresüberschüsse sind diese zunächst mit der Minderung des Eigenkapitals zu verrechnen. Das Eigenkapital erhöht sich nicht, bis die Verluste ausgeglichen sind. Erst wenn die Einlage oder der Jahresüberschuß die Verluste übersteigen, wirken sie sich auf das Eigenkapital aus. Die Verrechnung erfolgt nach der zeitlichen Reihenfolge ohne ein Wahlrecht des Anteilseigners.[546]

Beispiel: Die inländische Kapitalgesellschaft hat zum 31.12.00 ein Eigenkapital von DM 500.000. Die Ergebnisse der Jahre 01-05 lauten:

[545] In § 8a Abs. 2 S. 3 KStG heißt es "das ursprüngliche Eigenkapital".
[546] Vgl. BMF-Schr. v. 15.12.1994, a.a.O., Rdn. 34.

01: - 80.000
02: - 90.000
03: +10.000
04: 0
05: +40.000

Im Jahr 04 leistet der Alleingesellschafter eine Einlage von DM 100.000 in die Kapitalrücklage, die Gewinne der Jahre 03 und 05 werden in die Gewinnrücklage eingestellt.

Ergebnis: Der Verlust der Jahres 01 (DM 80.000) wird durch den Jahresüberschuß in 03 (DM 10.000) und die Einlage in 04 (DM 100.000) ausgeglichen und schmälert folglich das Eigenkapital für Zwecke des § 8a KStG nicht. Der Jahresüberschuß aus 03 ist somit verbraucht, ebenso werden von der Einlage DM 70.000 verbraucht, die nicht mehr für den Ausgleich des späteren Verlustes genutzt werden können. Der Verlust aus 02 (DM 90.000) wird nicht vollständig ausgeglichen, denn die noch nicht verbrauchte Einlage (DM 30.000) und der Jahresüberschuß aus 05 (DM 40.000) reichen nicht aus. Nach Auffassung der Finanzverwaltung schmälert dieser Verlust das Eigenkapital der Gesellschaft unabhängig davon, ob die Wiederauffüllung in Höhe von DM 70.000 (30.000 + 40.000) zur Abdeckung des Gesellschafterdarlehens genügt hätte.

Somit ergibt sich folgendes anteiliges Eigenkapital:

Eigenkapital 31.12.00 (maßgebend für 01) DM 500.000

Der Verlust aus 01 wird ausgeglichen und mindert das Eigenkapital nicht.

Eigenkapital 31.12.01 (maßgebend für 02) DM 500.000

Der Verlust aus 02 wird nicht ausgeglichen und mindert das Eigenkapital.

Eigenkapital 31.12.02 (maßgebend für 03) DM 410.000

Der Jahresüberschuß 03 wird zum Ausgleich des Verlustes aus 01 verbraucht und erhöht das Eigenkapital nicht.

Eigenkapital 31.12.03 (maßgebend für 04) DM 410.000

Die Einlage aus 04 wird in Höhe von DM 70.000 für den Ausgleich des Verlustes verbraucht und erhöht das Eigenkapital nur um DM 30.000.

Eigenkapital 31.12.04 (maßgebend für 05) DM 440.000

Der Jahresüberschuß aus 05 wird nicht zum Verlustausgleich verbraucht und erhöht folglich das Eigenkapital.

Eigenkapital 31.12.05 (maßgebend für 06) DM 480.000

Kontrolle: Den Verlusten in Höhe von DM 170.000 stehen Jahresüberschüsse und Einlagen von DM 150.000 gegenüber. Folglich mindert sich das Eigenkapital insgesamt um DM 20.000 (500.000 - 480.000).

4.3.2.7.4. Möglichkeiten der Beeinflussung des anteiligen Eigenkapitals

Verfolgen Unternehmen mit ihrer Bilanzpolitik das Ziel der Steuerbarwertminimierung,[547] nutzen sie die gegebenen Spielräume in der Regel dazu, Aufwand zeitlich möglichst vorzuverlagern und Erträge nachzuverlagern. Dadurch läßt sich ein Steuerstundungseffekt erreichen. Da Handels- und Steuerbilanz über das Maßgeblichkeitsprinzip und dessen Umkehrung miteinander verbunden sind, ist

[547] Zur Steuerbarwertminimierung vgl. SCHULT, Eberhard: Betriebswirtschaftliche Steuerlehre, 2. Aufl., München, 1996, S. 387ff. Grundlegend dazu auch SIEGEL, Theodor: Steuerwirkungen und Steuerpolitik..., a.a.O., S. 182ff.

eine unabhängige Bilanzierung in beiden Rechenwerken nicht möglich. Steuerliche Wahlrechte sind in Übereinstimmung mit der Handelsbilanz auszuüben. Da die Handelsbilanz aber anderen Zwecken als die Steuerbilanz dient,[548] ergeben sich daraus Zielkonflikte.[549]
Sieht das Steuerrecht Vergünstigungen vor (z.B. Sonderabschreibungen, erhöhte Absetzung für Abnutzung), ist deren steuerliche Berücksichtigung davon abhängig, daß sie auch in die Handelsbilanz übernommen werden. Dies führt nicht nur zu einer Deformierung der Handelsbilanz, die dazu führt, daß sie ihren Zweck noch weniger erfüllen kann, sondern offenbart den Zielkonflikt beider Rechenwerke. Will der Steuerpflichtige die steuerlichen Vergünstigungen einer Sonderabschreibung wahrnehmen, mindert er infolge der Übernahme in die Handelsbilanz über das Jahresergebnis das Eigenkapital und somit auch die Basis seiner zukünftigen Fremdfinanzierung. Will der Steuerpflichtige durch Zuschreibungen bzw. die Aufdeckung stiller Reserven das handelsrechtliche Eigenkapital erhöhen, kommt es zu einer Besteuerung des aufgedeckten Ertrages und die gewünschte Erhöhung findet nur in geringerem Ausmaß statt. Dieses Problem ist jedoch nicht mit der Regelung der Gesellschafterfremdfinanzierung enstanden, sondern beruht auf der Beziehung zwischen Handels- und Steuerbilanz.
Während in der Steuerbilanz grundsätzlich niedrige Vermögensansätze und hohe Aufwendungen bevorzugt werden, um die Steuerbelastung zu mindern, darf das Vermögen und Ergebnis in der Handelsbilanz hoch sein, um gegenüber Aktionären ein gutes Bild der Vermögens-, Finanz- und Ertragslage darzustellen, und um gegenüber gegenwärtigen und zukünftigen Gläubigern Kreditwürdigkeit zu signalisieren.
Nach der Einführung des § 8a KStG wird dieser Zielkonflikt verschärft, da eine geringe Steuerbelastung ein hohes handelsrechtliches Eigenkapital erfordert. Neben dem Fremdvergleich entscheidet vor allem die Höhe des handelsbilanziellen Eigenkapitals darüber, ob die Gesellschafterfremdfinanzierung anerkannt wird. Im Hinblick auf diese Vorschrift ist für die Gesellschaft nun ein hohes Eigenkapital wünschenswert. Sie kann gegebene Bilanzierungs- und Bewertungsspielräume nutzen, um dieses Ziel zu erreichen. Allerdings sind bei Ausnutzung der Spielräume die übrigen Ziele und deren Beeinflussung zu berücksichtigen, denn deren Erreichung wird durch die Ausnutzung beeinträchtigt. Die Entscheidung erfolgt dann nach Abwägung aller Konsequenzen.
Insbesondere ist der Zinseffekt, der bei einer Aufwandsvorverlagerung in der herkömmlichen Bilanzpolitik entsteht, mit dem Vorteil aus einem vergrößerten safe haven aufgrund eines höheren Eigenkapitals zu vergleichen.

---

[548] Zum Zweck der handelsrechtlichen Rechnungslegung vgl. STREIM, Hannes, a.a.O., S. 8ff.
[549] Vgl. HERZIG, Norbert, DB 1994, S. 169. Zur Vereinbarkeit verschiedener Ziele vgl. BITZ, Michael/ SCHNEELOCH, Dieter/WITTSTOCK, Wilfried: Der Jahresabschluß, 2. Aufl., München, 1995, S. 459ff.

Um eine möglichst hohe Eigenkapitalziffer zu realisieren, bietet es sich für die Kapitalgesellschaft an, steuerliche Abschreibungsvergünstigungen nicht mehr aktivisch abzusetzen, sondern einen Sonderposten mit Rücklageanteil zu bilden. Dieser erhöht nach § 8a Abs. 2 S. 2 KStG das Eigenkapital i.S.d. § 8a KStG hälftig, während die aktivische Minderung das Jahresergebnis und damit das Eigenkapital voll verringert. Da es sich hier nur um zwei unterschiedliche Ausweismöglichkeiten desselben Sachverhalts handelt, wird die Erlangung der Vergünstigung selbst nicht berührt.[550]

Eine Eigenkapitalerhöhung kann sowohl durch Einlagen der Gesellschafter als auch durch eine entsprechende Ausschüttungspolitik der Gesellschaft erzielt werden. Der nicht ausgeschüttete Teil des Jahresergebnisses erhöht das Eigenkapital. Das Schütt-aus-Hol-zurück-Verfahren könnte dabei eingesetzt werden, um den hohen Körperschaftsteuer-Thesaurierungssatz auf den niedrigeren Ausschüttungssatz zu senken.

Daneben kann die Kapitalgesellschaft ihr Eigenkapital erhöhen, indem sie stille Reserven durch Zuschreibungen (§ 280 Abs. 1 HGB) oder Veräußerungen aufdeckt. Die aufgedeckten Beträge sind jedoch grundsätzlich steuerpflichtig. Erst der nach Steuern verbleibende Betrag erhöht das Eigenkapital. Eine Besteuerung aufgedeckter stiller Reserven wird vermieden, wenn die Kapitalgesellschaft Anteile einer ausländischen Gesellschaft unter den Voraussetzungen des § 8b Abs. 2 KStG veräußert.

Ebenso hat die Kapitalgesellschaft die Möglichkeit, durch Einbringung eines Betriebes, Teilbetriebes oder Mitunternehmeranteils stille Reserven ohne nachteilige Besteuerungsfolgen aufzudecken. Überträgt sie gemäß § 20 UmwStG einen Teilbetrieb in eine Tochterkapitalgesellschaft gegen Gewährung von Gesellschaftsrechten, kann dieser dort mit seinem Zeitwert angesetzt werden. Der Zeitwert gilt dann für den Einbringenden als Veräußerungspreis und Anschaffungskosten der Gesellschaftsanteile. Die auf diese Weise aufgedeckten stillen Reserven erhöhen das handelsrechtliche Eigenkapital der einbringenden Kapitalgesellschaft. Grundsätzlich wäre die Differenz zwischen Buch- und Zeitwert ein steuerpflichtiger Veräußerungsgewinn. Nach § 20 Abs. 2 S. 2 UmwStG ist jedoch ein Ansatz zum Buchwert in der Steuerbilanz der Tochter auch dann zulässig, wenn in ihrer Handelsbilanz ein höherer Wert angesetzt werden muß.[551] Somit könnte in der Handelsbilanz der Tochterkapitalgesellschaft der hohe Zeitwert angesetzt werden, während in ihre Steuerbilanz der Buchwert übernommen wird. Die Differenz wird durch einen aktiven Ausgleichsposten in der Steuerbilanz ausgeglichen. Da die Tochter in der Steuerbilanz den Buchwert ansetzt, ergibt sich für die einbringende Kapitalgesellschaft kein steuerpflichtiger Veräußerungsgewinn.[552]

---

[550] Vgl. PRINZ, in: HHR, Kommentar, a.a.O., § 8a KStG, Anm. 155.

[551] Vgl. dazu WIDMANN, Siegfried/MAYER, Dieter: Umwandlungsrecht, Kommentar zum UmwG und UmwStG, Bonn, 1997, § 20 UmwStG, Rz. 6930ff, insbesondere Rz. 6932.

[552] Vgl. DIERS, Fritz-Ulrich: Die Einbringung von Vermögensgegenständen in Tochtergesellschaften als Mittel zur Erhöhung der Eigenkapitalquote, in: GmbHR 1993, S. 632.

4.3.2.8. Sonderregelung für verbundene Unternehmen

§ 8a Abs. 4 KStG umfaßt zwei unterschiedliche Regelungen. In Satz 1 und 2 finden sich Vorschriften für Holdinggesellschaften, in Satz 3 für sonstige verbundene Unternehmen (Beteiligungsketten).

4.3.2.8.1. Zweck der Regelung

Bei Unternehmensverbindungen wollte der Gesetzgeber einerseits sinnvollen betriebswirtschaftlichen Konzernfinanzierungsformen Rechnung tragen, andererseits aber auch die Vervielfachung des safe haven bei Beteiligungsketten (sog. Kaskadeneffekt) unterbinden.[553]

> Beispiel: Die ausländische Muttergesellschaft A überläßt ihrer inländischen Tochter B, an der sie zu 100% beteiligt ist, Eigenkapital in Höhe von DM 500.000 und festverzinsliches Fremdkapital in zulässiger Höhe von DM 1.500.000. B gibt die DM 2.000.000 an ihre inländische 100%-Tochter C als Eigenkapital weiter. A könnte nun C Fremdkapital in Höhe von DM 6.000.000 überlassen. Bei weiteren Beteiligungsstufen vervielfacht sich der Effekt. Obwohl auf jeder Stufe die Relation von Eigen- zu Fremdkapital von 1:3 eingehalten wurde, steht aus Sicht des Gesamtkonzerns dem Eigenkapital von DM 500.000 Fremdkapital in Höhe von DM 7.500.000 gegenüber. Somit ergibt sich eine Relation von 1:15.

Zur Lösung sieht § 8a Abs. 4 KStG zwei Möglichkeiten vor. Bei qualifizierten Holdinggesellschaften darf nur die Spitzeneinheit mit Fremdkapital ausgestattet werden, nicht aber die nachgeordneten Untergesellschaften. Die Konzernfinanzierung erfolgt dann als Top-down-Finanzierung über die Holding. Bei den sonstigen verbundenen Unternehmen wird das jeweilige Eigenkapital um den Beteiligungsbuchwert gekürzt. Ein ungeschmälerter safe haven steht nur auf der untersten Stufe zur Verfügung. Dem letzten Glied in der Beteiligungskette wird dann das Fremdkapital überlassen, so daß die Unternehmensverbindung von unten finanziert werden kann (Bottom-up-Finanzierung).

4.3.2.8.2. Vorschriften für Holdinggesellschaften

4.3.2.8.2.1. Holdingbegriff

Nach § 8a Abs. 4 S. 1 KStG gilt ein Unternehmen als Holdinggesellschaft, wenn es zumindest einen der beiden in S. 1 aufgeführten Tatbestände erfüllt. Entweder (1) die Haupttätigkeit des Unternehmens besteht darin, Beteiligungen an Kapitalgesellschaften zu halten und diese Kapitalgesellschaften zu finanzieren,
oder

---

[553] Vgl. BT-DrS 12/5016, S. 93, HERZIG, Norbert, DB 1994, S. 173.

(2) das Vermögen des Unternehmens besteht zu mehr als 75% seiner Bilanzsumme aus Beteiligungen an Kapitalgesellschaften.
Der Gesetzgeber verwendet zwar den Holdingbegriff[554] nicht, stellt aber zwei Kriterien auf, mit deren Hilfe eine Einordnung erfolgt. Das erste ist tätigkeitsbezogen, das zweite bilanzsummenbezogen. Ihre Erfüllung ist unabhängig von der Vergütungsform zu prüfen.

Nach Kriterium (1) muß die unbeschränkt steuerpflichtige Kapitalgesellschaft, die von ihrem wesentlich beteiligten, nichtanrechnungsberechtigten Anteilseigner Fremdkapital erhalten hat, als Haupttätigkeit Beteiligungen an Kapitalgesellschaften halten und diese finanzieren. Schwerpunkt ihrer Tätigkeit muß daher die Verwaltung und Finanzierung sein, nicht aber das operative Geschäft, das aber als Nebentätigkeit zulässig ist.[555]
Nach Auffassung der Finanzverwaltung ist das Kriterium erfüllt, wenn die Bruttoerträge der Kapitalgesellschaft im Durchschnitt der drei vorausgegangenen Jahre zu mindestens 75% aus dem Halten von Beteiligungen und Finanzieren der gehaltenen Gesellschaften stammen.[556] Für den Regelfall genügt folglich ein Erreichen der 75%-Grenze, wobei nicht nur Beteiligungs-, sondern auch Zinserträge zu den Bruttoerträgen zählen. Darüber hinaus erkennt die Finanzverwaltung auch dann eine Holding an, wenn die Kapitalgesellschaft auf andere Art nachweist, daß sie in ihrer Haupttätigkeit Holdingfunktionen ausübt. Nach SCHWEBEL[557] und STAIGER[558] reicht es bereits aus, wenn die Beteiligungserträge die übrigen Erträge übersteigen. Auch nach PRINZ[559] ist nicht allein die von der Finanzverwaltung aufgestellte 75%-Grenze maßgebend. Seiner Ansicht nach soll die Erfüllung der Holdingeigenschaft anhand des Gesamtbilds der Verhältnisse beurteilt werden. Somit reiche es aus, wenn das Unternehmen dem typischen Gesamtbild einer Holding entspreche und kumulativ Funktionen des Haltens und Fi-

---

[554]Zur Typisierung des Holdingbegriffs vgl. GROTHERR, Siegfried: Besteuerungsfragen und -probleme bei der Einschaltung inländischer Holdinggesellschaften im grenzüberschreitenden Konzern, in: BB 1995, S. 1511.
[555]Vgl. HEY, Friedrich, RIW 1994, S. 229.
[556]Vgl. BMF-Schr. v. 15.12.1994, a.a.O., Rdn. 81. Die Bruttoerträge bestimmen sich nach Abschnitt 76 Abs. 8 S. 1 KStR. Als Bruttoerträge gelten nur Erträge aus aktiver Tätigkeit, nicht aber solche aus der Auflösung von Rückstellungen oder aufgrund des Eingangs abgeschriebener Forderungen. Vgl. dazu Erl. des Sächsischen Staatsministeriums v. 5.7.1996, 33-S 2742-4/45-38562, DStR 1996, S. 1365. Wortgleich: Vfg. der OFD Hamburg v. 10.10.1996-S 2742a-1/96-St 31, WPg 1996, S. 880.
[557]Vgl. SCHWEBEL, in: DEJW, Kommentar, a.a.O., § 8a KStG, Tz. 29b. SCHWEBEL lehnt sich danach an § 7 AStG an. Er rechnet nicht nur Dividenden und Zinsen zu den Beteiligungserträgen, sondern auch Management- und Konzernumlagen. A.A.: Erl. d. Sächs. Staatsmin. v. 5.7.1996, DStR 1996, S. 1365, OFD Hannover, Vfg. v. 7.10.1996-S 2742-141-StH 231, S 2741-267-StO 214, DB 1996, S. 2259.
[558]Vgl. STAIGER, in: LADEMANN, Kommentar, a.a.O., § 8a KStG, Anm. 151. Zustimmend: IDW-Steuerfachausschuß, WPg 1994, S. 475, ders. in: WPg 1993, S. 748.
[559]Vgl. PRINZ, in: HHR, Kommentar, a.a.O., § 8a KStG, Anm. 180. Zustimmend: IDW-Steuerfachausschuß, WPg 1994, S. 475, HEY, Friedrich, RIW 1994, S. 229, HERZIG, Norbert: Anmerkungen zum BMF-Schreiben..., a.a.O., S. 173, GROTHERR, Siegfried, BB 1995, S. 1565.

nanzierens ausübe, während ein wesentliches operatives Geschäft dagegen schädlich sei. Dem ist m.E. zuzustimmen. Durch eine Einstufung anhand des Gesamtbilds der Verhältnisse wird verhindert, daß die Obergesellschaft die Holdingeigenschaften nicht mehr erfüllt, wenn ihre Tochter mangels Gewinn keine Ausschüttungen mehr leistet, und der Anteil der Beteiligungserträge somit unter 75% sinkt.

Nach Kriterium (2) muß das Vermögen der inländischen Kapitalgesellschaft zu mehr als 75% aus Beteiligungen an Kapitalgesellschaften bestehen. Da die Regelung auf die Bilanzsumme abstellt, sind die Buchwerte, nicht die Zeitwerte maßgebend. Überschreitet das Vermögen der Kapitalgesellschaft die 75%-Grenze, gilt sie als Holding i.S.d. § 8a Abs. 4 KStG, denn der Gesetzeswortlaut sieht eine unwiderlegbare Vermutung vor. Ihre tatsächliche Tätigkeit ist folglich unbedeutend. Entsprechend der Ermittlung des anteiligen Eigenkapitals in § 8a Abs. 2 KStG ist auch in Abs. 4 hinsichtlich der Bilanzsumme und der Beteiligungsbuchwerte auf die Handelsbilanz zum Schluß des vorangegangenen Jahres abzustellen, während bei einer Neugründung die Eröffnungsbilanz heranzuziehen ist.[560]
Daraus resultieren für die Kapitalgesellschaft erhebliche Gestaltungsspielräume, die sie durch gesellschaftsrechtliche Maßnahmen nutzen kann. Die Gesellschaft könnte z.B. die Bilanzposition "Beteiligungen" zu Lasten des sonstigen Vermögens erhöhen, indem sie einen Betrieb, Teilbetrieb oder Mitunternehmeranteil nach § 20 UmwStG gegen Gewährung von Gesellschaftsrechten in eine Kapitalgesellschaft einbringt.[561] Außerdem könnte sie das nicht aus Beteiligungen bestehende Vermögen reduzieren, indem sie Wirtschaftsgüter mit hohem Buchwert zusammen mit den dazugehörigen Verbindlichkeiten in eine Personengesellschaft einlegt. In ihrer Bilanz ist dann statt des hohen Buchwertes nur noch der Anteil am Kapitalkonto der Personengesellschaft auszuweisen. Dieser weist aber nur die Höhe des Saldos zwischen Buchwert und Verbindlichkeiten auf.[562] Weiterhin könnte die Obergesellschaft ihr sonstiges Vermögen verringern, indem sie Teilbetriebe ergebnisneutral auf nachgeordnete Gesellschaften ausgliedert.[563] Nicht zuletzt können durch die Bilanzpolitik Spielräume genutzt werden, die auf den 75%-Anteil der Beteiligungen an der Bilanzsumme Einfluß haben.
Finanziert die Obergesellschaft ihre Tochtergesellschaften mit Fremdkapital, weist sie in ihrer Bilanz tendenziell relativ hohe Forderungen bzw. Ausleihungen an verbundene Unternehmen aus. Somit kann der Fall auftreten, daß die Kapital-

---

[560] Vgl. BMF-Schr. v. 15.12.1996, a.a.O., Rdn. 83, so auch HEY, Friedrich, RIW 1994, S. 229, KRAUSHAAR, Rolf, a.a.O., S. 271.
[561] In Frage kommt hier eine Abspaltung. Vgl. auch HEY, Friedrich, RIW 1993, S. 838, BADER, Axel, NWB, F. 4, S. 3988. Vgl. dazu auch den Spaltungserlaß des BMF v. 9.1.1992, IV B 7-S 1978-37/91, BStBl. I 1992, S. 47.
[562] Vgl. SCHWEBEL, in: DEJW, Kommentar, a.a.O., § 8a KStG, Tz. 29c.
[563] Vgl. PRINZ, Ulrich, FR 1994, S. 629.

gesellschaft Schwierigkeiten hat, den Anteil der Beteiligungen an der Bilanzsumme über 75% zu halten. Im Ergebnis würde die Obergesellschaft durch die Fremdfinanzierung von Tochtergesellschaften, also weil bzw. während sie ihre Holdingfunktion tatsächlich ausübt, nicht als Holding anerkannt, wenn die Forderungen bzw. Ausleihungen 25% der Bilanzsumme erreichen. Dies würde zu einem unbilligen Ergebnis führen. Der Gesetzgeber hat dieses Problem nicht beachtet und im Gesetzestext keine Regelung vorgesehen. Die Finanzverwaltung[564] hingegen kürzt die Bilanzsumme der Holdinggesellschaft um Forderungen aus der Finanzierung nachgeordneter Gesellschaften und führt das Problem einer sachgerechten Lösung zu, auch wenn sie sich damit von Gesetzeswortlaut entfernt.[565]

Beispiel: Eine unbeschränkt steuerpflichtige Kapitalgesellschaft weist folgende Buchwerte in ihrer Handelsbilanz aus:

Grund und Boden	DM 200.000
Gebäude	DM 200.000
Beteiligung an Tochter 1	DM 800.000
Beteiligung an Tochter 2	DM 600.000
Beteiligung an Tochter 3	DM 700.000
Forderung an Tochter 2	DM 300.000
sonstige Aktiva	DM 100.000

Die Bilanzsumme insgesamt beträgt DM 2.900.000, 75% davon sind DM 2.175.000. Wird die Forderung an Tochter 2 miteinbezogen, erreicht die Summe der Beteiligungsbuchwerte (DM 2.100.000) nur 72,4% der Bilanzsumme. Die Gesellschaft wäre somit keine Holding i.S.v. § 8a Abs. 4 S. 1 KStG. Wird die Forderung aus der Finanzierung nachgeordneter Gesellschaften nicht in die Bilanzsumme einberechnet, ergibt sich eine berichtigte Bilanzsumme von DM 2.600.000. 75% davon sind DM 1.950.000. Da die Beteiligungsbuchwerte (DM 2.100.000) diese Grenze übersteigen, gilt die Gesellschaft als Holding.

Die beiden Kriterien in § 8a Abs. 4 S. 1 KStG setzen nicht voraus, daß die Holding Führungs- bzw. Leitungsaufgaben wahrnimmt. Sie sind unabhängig vom Holdingbegriff des Organschaftsrechts[566] zu prüfen. Nimmt die Obergesellschaft eine geschäftsleitende Tätigkeit wahr oder eine Organträgerstellung ein, steht dies einer Qualifizierung als Holding nicht entgegen.[567]

Der Gesetzestext spricht von "Beteiligungen an Kapitalgesellschaften". Die Finanzverwaltung folgert daraus, daß die Holding mindestens zwei Beteiligungen

[564]Vgl. BMF-Schr. v. 15.12.1994, a.a.O., Rdn. 83.

[565]Der Finanzverwaltung zustimmend: PRINZ, in: HHR, Kommentar, a.a.O., § 8a KStG, Anm. 185.

[566]Vgl. dazu PRINZ, Ulrich: Aktuelle Entwicklungen und Beratungsfragen im steuerlichen Organschaftsrecht, in: FR 1993, S. 730, GROTHERR, Siegfried, BB 1995, S. 1561ff, BFH-U. v. 13.9.1989, I R 110/88, BStBl. II 1990, S. 24.

[567]Vgl. BMF-Schr. v. 15.12.1994, a.a.O., Rdn. 82. Weiter geht das IDW: Danach begründet dies gerade unabhängig vom Umfang der Erträge eine Vermutung für das Vorliegen einer Holding. Vgl. Stellungnahme des IDW, WPg 1994, S. 477, STAIGER, in: LADEMANN, Kommentar, a.a.O., § 8a KStG, Anm. 156.

halten muß, um den Tatbestand zu erfüllen, wobei Beteiligungen an funktionslosen Gesellschaften, die nach § 42 AO unbeachtlich sind, unberücksichtigt bleiben.[568] Dem widersprechen weite Teile des Schrifttums. Da hinsichtlich der Beteiligungen auf die Handelsbilanz abzustellen sei, beziehe sich der Gesetzestext auf die handelsrechtliche Bilanzposition in § 266 Abs. 2 Buchst. A III Nr. 3 HGB. Auch im Gliederungsschema des § 266 HGB werde "Beteiligungen" im Plural verwendet. Trotzdem falle bereits eine einzige Beteiligung darunter. Deshalb reiche es für die Qualifikation als Holding aus, wenn die Kapitalgesellschaft nur eine einzige Beteiligung halte.[569] Außerdem spreche der Gesetzestext in § 8a Abs. 4 S. 3 KStG lediglich von einer Beteiligung, so daß auch für die Anwendung des Satzes 1 keine Mehrzahl von Beteiligungen erforderlich sei.[570] Dem ist m.E. zuzustimmen. Gesellschaften, die nur eine Beteiligung halten, aber die Funktion einer Holding ausüben, sollten infolge der Betrachtung des Gesamtbildes als Holding i.S.d. Vorschrift gelten, wenn ihre Haupttätigkeit das Halten und Finanzieren dieser Beteiligung ist oder wenn der Buchwert dieser Beteiligung 75% ihrer Bilanzsumme übersteigt. Ihr Ausschluß läßt sich nicht damit rechtfertigen, daß der Gesetzestext den Plural verwendet. Da es nicht nur auf die Anzahl der Beteiligungen ankommt, sondern auch auf die Ausübung der Holdingfunktion, läßt sich weitgehend ausschließen, daß durch die bloße Zwischenschaltung einer Kapitalgesellschaft die Obergesellschaft bereits zur Holding wird. In § 8a KStG selbst wird der Beteiligungsbegriff nicht definiert. Es ist somit auf das Handelsrecht zurückzugreifen.[571] Nach § 271 Abs. 1 S. 1 HGB sind Beteiligungen "Anteile an anderen Unternehmen, die bestimmt sind, dem eigenen Geschäftsbetrieb durch Herstellung einer dauernden Verbindung zu jenen Unternehmen zu dienen".[572] Nach § 271 Abs. 1 S. 3 HGB gelten Anteile an Kapitalgesellschaften, die 20% des Nennkapitals übersteigen, im Zweifel als Beteiligung, wobei das Nennkapital um eigene Anteile zu kürzen ist. Reine Portfolio-Beteiligungen als Kapitalanlage fallen nicht darunter.[573] SCHWEBEL spricht sich dafür aus, Splitterbeteiligungen nicht als Beteiligungen i.S.d. § 271 Abs. 1 HGB anzuerkennen.[574] Dem kann m.E. nicht gefolgt werden. Der Tatbestand einer Beteiligung nach § 271 Abs. 1 HGB ist ausschließlich von der Beteiligungsabsicht ab-

---

[568]Vgl. BMF-Schr. v. 15.12.1994, a.a.O., Rdn. 84. Zustimmend: SCHWEBEL, in: DEJW, Kommentar, a.a.O., § 8a KStG, Tz. 29a, STAIGER, in: LADEMANN, Kommentar, a.a.O., § 8a KStG, Anm. 153, KÖSTER, Beate-Katrin, RIW 1994, S. 315.

[569]Vgl. WILKE, in: MÖSSNER/SEEGER, Kommentar, a.a.O., § 8a KStG, Rdnr. 99, Stellungnahme des IDW, WPg 1994, S. 477, HEY, Friedrich, RIW 1994, S. 228, IDW-Steuerfachausschuß, WPg 1993, S. 747, KRAUSHAAR, Rolf, a.a.O., S. 270, BADER, Axel: Gesellschafter-Fremdfinanzierung durch nicht-anrechnungsberechtigte Gesellschafter (§ 8a KStG), in: NWB, F. 4, S. 3985.

[570]Vgl. PRINZ, in: HHR, Kommentar, a.a.O., § 8a KStG, Anm. 181, IDW-Steuerfachausschuß, WPg 1993, S. 747.

[571]Vgl. BMF-Schr. v. 15.12.1994, a.a.O., Rdn. 83, STRECK, Kommentar, a.a.O., § 8a KStG, Anm. 18.

[572]§ 271 Abs. 1 S. 1 HGB.

[573]Vgl. BADER, Axel, NWB, F. 4, S. 3986, HEY, Friedrich, RIW 1993, S. 836.

[574]Vgl. SCHWEBEL, in: DEJW, Kommentar, a.a.O., § 8a KStG, Tz. 29a.

hängig, nicht von der Beteiligungshöhe.[575] Auch eine Splitterbeteiligung kann eine entsprechende Beteiligung vermitteln, im Grenzfall genügt bereits eine Beteiligung in Höhe einer Aktie, wenn diese der Beginn des Aufbaus einer höheren Beteiligung ist, die dem eigenen Geschäftsbetrieb durch Herstellung einer dauernden Verbindung dienen soll. Nicht durchgesetzt hat sich die Auffassung von WILKE, der unter Hinweis auf zahlreiche steuerliche Einzelvorschriften eine Beteiligung unabhängig vom Handelsrecht bei einem Anteil von 10% am Nennkapital annimmt.[576]
Im Gegensatz zur Finanzverwaltung vertritt HEY die Auffassung, daß auch Beteiligungen an Personengesellschaften zu den Beteiligungen i.S.d. § 8a Abs. 4 S. 1 KStG gehören und somit die Holdingfunktion vermitteln.[577] Auch Obergesellschaften, die nachgeordnete Personengesellschaften halten und finanzieren, sollten danach in den Genuß des Holdingprivilegs eines vergrößerten safe haven kommen. Dieser Forderung ist m.E. zuzustimmen, jedoch verlangt der Gesetzeswortlaut eindeutig Beteiligungen an Kapitalgesellschaften. Eine Änderung des Gesetzestextes wäre hier wünschenswert.
Während die Finanzverwaltung auch Beteiligungen an ausländischen Kapitalgesellschaften[578] anerkennt, verlangt sie unter Hinweis auf den Gesetzeswortlaut unmittelbare Beteiligungen. Mittelbare Beteiligungen an Kapitalgesellschaften über Personengesellschaften können danach die Holdingeigenschaft nicht begründen.[579] Nach PRINZ hingegen reichten für eine Qualifizierung als Holding auch mittelbar über eine Personengesellschaft gehaltene Beteiligungen an Kapitalgesellschaften aus, da der Gesetzgeber hinsichtlich der Beteiligungsqualität keine näheren Einzelheiten geregelt habe. Auch praktische Erfordernisse des Konzernaufbaus sprächen dafür, mittelbare Beteiligungen anzuerkennen.[580] Dem kann m.E. nicht gefolgt werden. Der Beteiligungsbegriff des § 271 Abs. 1 HGB umfaßt nur unmittelbare Beteiligungen.[581] Da die Holdingregelung des § 8a KStG

---

[575] Vgl. KÜTING/WEBER, Handbuch der Rechnungslegung, Kommentar, a.a.O., § 271 HGB, Rz. 29, ADLER/DÜRING/SCHMALTZ, Kommentar, 5. Aufl., a.a.O., § 271 HGB, Tz. 15, BIEG, Hartmut: Ermessensentscheidungen beim Handelsbilanzausweis von "Finanzanlagen" und "Wertpapieren des Umlaufvermögens" - auch bei neuem Bilanzrecht?, in: DB 1985, Beil. 24, S. 10.

[576] Vgl. WILKE, in: MÖSSNER/SEEGER, Kommentar, a.a.O., § 8a KStG, Rdnr. 101. WILKE verweist u.a. auf §§ 8b Abs. 5, 26 Abs. 2 KStG, § 102 BewG. So auch Stellungnahme des IDW, WPg 1994, S. 476.

[577] Vgl. HEY, Friedrich, RIW 1994, S. 228. A.A.: KRAUSHAAR, Rolf, a.a.O., S. 270.

[578] In Zweifelsfällen der Einordnung der Auslandsbeteiligung ist ein sog. Typenvergleich durchzuführen. Vgl. dazu BFH-U. v. 23.6.1992, IX R 182/87, BStBl. II 1992, S. 974.

[579] Vgl. BMF-Schr. v. 15.12.1994, a.a.O., Rdn. 85. Eine mittelbare Beteiligung liegt z.B. vor, wenn die Beteiligung an einer Kapitalgesellschaft über eine Personengesellschaft gehalten wird. Dem BMF zustimmend: SCHWEBEL, in: DEJW, Kommentar, a.a.O., § 8a KStG, Tz. 29a.

[580] Vgl. PRINZ, in: HHR, Kommentar, a.a.O., § 8a KStG, Anm. 181. Auch der IDW-Steuerfachausschuß erkennt mittelbare Beteiligungen an, weil die Personengesellschaft kein eigenes Steuersubjekt ist. Vgl. IDW-Steuerfachausschuß, WPg 1993, S. 747.

[581] Vgl. ADLER/DÜRING/SCHMALTZ, Kommentar, 5. Aufl., a.a.O., § 271 HGB, Tz. 2, STAIGER, in: LADEMANN, Kommentar, a.a.O., § 8a KStG, Anm. 153.

inhaltlich an diesen anknüpft, können nur unmittelbar gehaltene Beteiligungen eine Holding begründen.

4.3.2.8.2.2. Regelungsinhalt der Holdingklausel

Erfüllt die inländische Obergesellschaft die Voraussetzungen einer Holding nach § 8a Abs. 4 S. 1 KStG, räumt ihr der Gesetzgeber einen gegenüber Nichtholdinggesellschaften wesentlich größeren safe haven ein. Nach § 8a Abs. 4 S. 1 KStG beträgt dieser für gegen gewinn- oder umsatzunabhängige Vergütungen überlassenes Fremdkapital anstelle des Dreifachen nun das Neunfache des anteiligen Eigenkapitals des nichtanrechnungsberechtigten Gesellschafters. Der safe haven für Fremdkapital, das gegen gewinn- oder umsatzabhängige Vergütungen überlassen wurde, wird dagegen nicht erhöht. Nimmt der Anteilseigner Mischfinanzierungen vor, indem er Fremdkapital sowohl gegen ergebnisabhängige, als auch -unabhängige Vergütungen ausreicht, tritt an die Stelle des Sechsfachen des Unterschiedsbetrages nun das Achtzehnfache.
Bei einer inländischen Beteiligungskette werden die Untergesellschaften jeweils unmittelbar von einer inländischen Gesellschaft gehalten. Die Holding ist folglich die einzige inländische Kapitalgesellschaft innerhalb des Unternehmensverbundes, die eine wesentlich beteiligte, nichtanrechnungsberechtigte Person zum Anteilseigner hat und somit die Tatbestandsvoraussetzungen des § 8a Abs. 1 S. 1 KStG erfüllt. Überläßt dieser Anteilseigner seiner inländischen Holding Fremdkapital, kommt es bei Überschreiten des vergrößerten safe haven zu einer Umqualifizierung der Vergütungen.
Als Folge der Vergrößerung des safe haven bei der Holding bestimmt § 8a Abs. 4 S. 2 KStG, daß eine Fremdkapitalüberlassung durch in § 8a Abs. 1 KStG bezeichnete Personen an sämtliche der Holding nachgeordnete, inländische Untergesellschaften in der Rechtsform einer Kapitalgesellschaft steuerlich nicht anerkannt wird, da diese Personen bei den Untergesellschaften nicht über einen eigenen safe haven verfügen. Dies betrifft nicht nur die Gesellschaften, an denen die Holding unmittelbar, sondern auch an denen sie mittelbar, z.B. über eine Personengesellschaft beteiligt ist.[582] Überläßt ein Anteilseigner i.S.d. § 8a Abs. 1 S. 1 KStG, eine ihm nahestehende, nichtanrechnungsberechtigte Person oder ein Dritter i.S.d. Abs. 1 S. 2 den Untergesellschaften Fremdkapital, gelten die Vergütungen wegen des fehlenden safe haven als verdeckte Gewinnausschüttungen. Eine Umqualifizierung der Vergütungen wird nicht vorgenommen, wenn es sich um ergebnisunabhängig verzinstes Fremdkapital handelt, für das die nachgeordnete Gesellschaft einen Fremdvergleich[583] führen kann, oder wenn es sich um Mittel-

---

[582]Vgl. STAIGER, in: LADEMANN, Kommentar, a.a.O., § 8a KStG, Anm. 164, KRAUSHAAR, Rolf, a.a.O., S. 272.
[583]Zur Durchführung des Fremdvergleichs siehe Pkt. 4.3.2.6.1.

aufnahmen zur Finanzierung banküblicher Geschäfte[584] handelt. In diesem Fall ist der Kaskadeneffekt nicht eingeschränkt.[585]
Unterhält der nichtanrechnungsberechtigte Anteilseigner eine inländische Obergesellschaft, die die Holdingeigenschaften besitzt, sieht § 8a KStG vor, daß er das Fremdkapital nur noch an diese ausreicht.[586] Somit kann er ihren vergrößerten safe haven ausnutzen. Der inländische Konzern wird somit über die Spitzeneinheit finanziert. Um Umqualifizierungen der Vergütungen zu vermeiden, darf der Anteilseigner den der Holding nachgeordneten Gesellschaften unmittelbar kein Fremdkapital mehr überlassen, sondern nur noch indirekt über die Holding. Dazu darf ein Schuldverhältnis nur zwischen Anteilseigner und Holding bzw. zwischen Holding und Tochtergesellschaften bestehen.
Stattet die Holding die ihr nachgeordneten Gesellschaften mit Fremdkapital aus, das sie von ihrem Anteilseigner erhalten hat, ist bei den Schuldverhältnissen zwischen Holding und Untergesellschaften § 8a KStG nicht anwendbar, da das Fremdkapital diesen nicht von einem nichtanrechnungsberechtigten Anteilseigner überlassen wurde, sondern von der anrechnungsberechtigten Holding.[587] Folgerichtig gilt für sie nicht die Begrenzung des Gesellschafterfremdkapitals nach § 8a Abs. 1 S. 1 Nr. 1 und 2 KStG auf die Relationen 1:0,5 bzw. 1:3. Das entspricht dem Sinn des § 8a KStG. Eine Einschränkung der Fremdfinanzierung nachgeordneter Töchter durch die inländische Holding ist nicht notwendig, da die Zinszahlungen bei der Holding der inländischen Besteuerung unterliegen. Zu einer Umqualifizierung kann es in diesem Fall nur bei der Holding selbst kommen, wenn bei ihr das Gesellschafterfremdkapital den erweiterten safe haven des Anteilseigners übersteigt. Bei der Holding nicht ausgenutzte safe haven können nicht auf nachgeordnete Gesellschaften übertragen werden.[588]
Um den vergrößerten safe haven nach der Holdingregelung in Anspruch nehmen zu können, bietet sich bei spartenmäßig strukturierten Unternehmen eine Gestaltungsmöglichkeit an. Da in § 8a KStG nicht vorgeschrieben ist, daß ein ausländischer Anteilseigner seine Geschäfte in nur einer inländischen Holding bündeln muß, kann er durch den Aufbau mehrerer Holdinggesellschaften seinen Fremdfinanzierungsspielraum vergrößern. Bei jeder der Holdinggesellschaften kann er dann einen safe haven in Höhe des Neunfachen seines anteiligen Eigenkapitals ausnutzen.[589] Dient diese Gestaltung keinem wirtschaftlichen Zweck, sondern erfolgt nur allein aus steuerlichen Motiven, liegt jedoch ein Mißbrauch vor. Um ein

---

[584] Die Voraussetzungen entsprechen den bereits oben aufgeführten. Siehe dazu Pkt. 4.3.2.6.2.
[585] Vgl. BLÜMICH/MENCK, Kommentar, a.a.O., § 8a KStG, Rz. 83.
[586] Nach einer empirischen Untersuchung von BÜHNER praktiziert die Mehrheit der in Deutschland ansässigen Holdinggesellschaften eine zentrale Kapitalbeschaffung für den Konzern. Vgl. BÜHNER, Rolf: Management-Holding in der Praxis, in: DB 1993, S. 288.
[587] Vgl. PRINZ, in: HHR, Kommentar, a.a.O., § 8a KStG, Anm. 191, BLÜMICH/MENCK, Kommentar, a.a.O., § 8a KStG, Rz. 80.
[588] Vgl. PRINZ, in: HHR, Kommentar, a.a.O., § 8a KStG, Anm. 192.
[589] Vgl. PRINZ, Ulrich, FR 1994, S. 629. Insgesamt vergrößert sich der safe haven gegenüber einer einzigen Obergesellschaft nur, wenn das Eigenkapital der neuen Holding das der alten übersteigt.

Eingreifen des § 42 AO zu verhindern, müssen für die Errichtung der jeweiligen Holdinggesellschaften wirtschaftliche oder sonst beachtliche Gründen vorliegen.[590]

4.3.2.8.3. Vorschriften für sonstige verbundene Unternehmen

Ist eine Kapitalgesellschaft am Grund- oder Stammkapital einer anderen beteiligt, erfüllt aber die Holdingeigenschaften des § 8a Abs. 4 S. 1 KStG nicht, so bestimmt Abs. 4 S. 3, daß ihr Eigenkapital i.S.d. § 8a Abs. 2 KStG unabhängig von ihrer Beteiligungshöhe um den Buchwert der Beteiligungen an nachgeordneten Kapitalgesellschaften zu kürzen ist.[591] Die Ermittlung des Eigenkapitals der jeweiligen Obergesellschaft nach § 8a Abs. 2 S. 2 KStG erfolgt dann nach folgenden Muster:

gezeichnetes Kapital
- ausstehende Einlagen
+ Kapital- und Gewinnrücklagen
+/- Gewinnvortrag/Verlustvortrag
+/- Jahresüberschuß/Jahresfehlbetrag
+ 1/2 des Sonderpostens mit Rücklageanteil
- Buchwert der Beteiligungen an Kapitalgesellschaften

Verbleibt nach der Kürzung ein positives Eigenkapital, kann der Anteilseigner seiner Obergesellschaft Fremdkapital in Höhe des Einhalb- bzw. Dreifachen seines anteiligen Eigenkapitals überlassen. Der Berechnung des anteiligen Eigenkapitals liegt dabei das gekürzte Resteigenkapital zugrunde. Ergibt sich nach der Kürzung ein negativer Betrag oder Null, existiert für diese Gesellschaft kein safe haven. Negative Eigenkapitalbeträge werden nicht mit dem Eigenkapital nachgeordneter Stufen verrechnet. Die zulässige Gesellschafterfremdfinanzierung der Obergesellschaft wird somit stark eingeschränkt. Nach § 8a Abs. 1 S. 1 Nr. 2 KStG bleibt aber auf allen Stufen ein Fremdvergleich möglich.[592]

Die Vorschrift sieht nach ihrem ausdrücklichen Wortlaut nur eine Kürzung um Buchwerte von Beteiligungen an Kapitalgesellschaften vor. Hält die inländische Obergesellschaft die Kapitalgesellschaften mittelbar über eine Personengesellschaft, kann eine entsprechende Kürzung vermieden werden, und dem Anteilseigner verbleibt ein safe haven in Höhe des Einhalb- bzw. Dreifachen seines anteiligen Eigenkapitals.[593]

---

[590] Vgl. ARNDT, Hans-Wolfgang/RINGEL, Elke: Inländische Holdinggesellschaften und § 42 AO, in: BB 1988, S. 2148f.

[591] Demgegenüber hält LOOS eine Kürzung für verzichtbar, wenn die nachgeordnete Tochtergesellschaft kein Gesellschafterfremdkapital aufgenommen hat. Vgl. LOOS, Gerold, StbJb 1988/ 89, S. 296.

[592] Vgl. BMF-Schr. v. 15.12.1994, a.a.O., § 8a KStG, Rdn. 89.

[593] Vgl. STAIGER, in: LADEMANN, Kommentar, a.a.O., § 8a KStG, Anm. 164. STAIGER macht jedoch darauf aufmerksam, daß für die Zwischenschaltung einer Personengesellschaft wirtschaftlich bedeutsame Gründe vorliegen müssen, um die Anwendung des § 42 AO zu vermeiden. Vgl. ebenda, Anm. 165. So auch KRAUSHAAR, Rolf, a.a.O., S. 272. Vgl. auch PRINZ, Ulrich: Ausgewählte Problem-

Nach dem Gesetzestext erfolgt bei Beteiligungsketten eine Kürzung des Eigenkapitals um den Beteiligungsbuchwert auf jeder Stufe.[594] Als Folge ergibt sich, daß nur bei der untersten Gesellschaft mangels weiterer Beteiligung das Eigenkapital voll erhalten bleibt. Somit ergäbe sich nur für diese ein ungeminderter safe haven, den der Anteilseigner der Obergesellschaft voll ausschöpfen könnte. Daher sollte er nach der Intention des Gesetzgebers das Gesellschafterfremdkapital der untersten Gesellschaft überlassen und von dieser aus die übergeordneten Gesellschaften finanzieren.[595] Verbliebe auf höheren Stufen nach der Kürzung um den Beteiligungsbuchwert noch ein positives Eigenkapital, könnte der Anteilseigner der Obergesellschaft zusätzlich auch dort nach Maßgabe seines anteiligen Eigenkapitals Fremdkapital zuführen. In diesem Zusammenhang weist NEYER darauf hin, daß es zulässig sei, die Finanzierungsströme im Konzern mittels Umschuldung so neuzugestalten, daß der erweiterte safe haven ausgenutzt werden kann.[596]

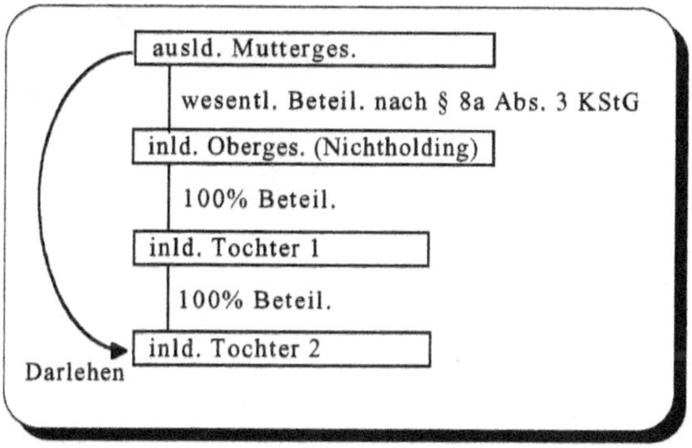

Abb. 19

Nach Auffassung der Finanzverwaltung erhält Tochter 2 als unbeschränkt steuerpflichtige Kapitalgesellschaft von dem wesentlich beteiligten, nichtanrechnungsberechtigten ausländischen Anteilseigner Fremdkapital und erfüllt somit den Tatbestand des § 8a Abs. 1 S. 1 KStG. Die ausländische Muttergesellschaft gilt als Anteilseigner von Tochter 2, da die Finanzverwaltung[597] auch mittelbar Beteiligte als Anteilseigner i.S.d. § 8a Abs. 1 S. 1 KStG ansieht. Ihr Darlehen an Tochter 2 muß sich deshalb der Höhe nach an dem anteiligen Eigenkapital orientieren und

---

fälle..., a.a.O., S. 99, MATTAUSCH, Hubert: Die internationale Konzernfinanzierung unter dem Einfluß des § 8a KStG, in: Wirtschaftsstandort Deutschland im Internationalen Steuerrecht, hrsg. v. L. Fischer, Köln, 1994, S. 107.

[594] Dies ist gleichbedeutend mit der Fiktion der ausschließlichen Eigenfinanzierung von Beteiligungen. Vgl. IDW-Steuerfachausschuß, in: WPg 1986, S. 395, ebenso: Stellungnahme der Bundessteuerberaterkammer, in: DStR 1986, S. 767.

[595] Vgl. BT-DrS 12/5016, S. 93, ebenso auch BMF-Schr. v. 15.12.1994, a.a.O., Rdn. 89.

[596] Ein Mißbrauch nach § 42 AO könne daher nicht vorliegen. Vgl. NEYER, Wolfgang: Gesellschafterfremdfinanzierung: Mißbrauch durch Umschuldung im Konzern?, in: IStR 1996, S. 428.

[597] Vgl. BMF-Schr. v. 15.12.1994, a.a.O., Rdn. 7.

darf die Hälfte bzw. das Dreifache dessen nicht übersteigen. Da der mittelbar Beteiligte keinen Anteil am gezeichneten Kapital und folglich kein anteiliges Eigenkapital an Tochter 2 besitzt, wird ihm der Anteil des unmittelbar Beteiligten zugerechnet. Übersteigt das Darlehen der ausländischen Mutter den safe haven bei Tochter 2, werden die Vergütungen als verdeckte Gewinnausschüttungen umqualifiziert.

Aus dem Gesetzestext ergeben sich jedoch andere Folgen. Bereits oben wurde nachgewiesen, daß nur ein unmittelbar Beteiligter Anteilseigner i.S.v. § 8a Abs. 1 S. 1 KStG sein kann.[598] Die ausländische Muttergesellschaft ist somit nicht Anteilseigner von Tochter 2, sondern nur Anteilseigner der inländischen Obergesellschaft. Als Anteilseigner von Tochter 2 kommt ausschließlich Tochter 1 in Frage. Da diese anrechnungsberechtigt ist, mangelt es Tochter 2 an einem nichtanrechnungsberechtigten Anteilseigner, und § 8a KStG kann nicht greifen. Die ausländische Mutter ist zwar im Regelfall eine nichtanrechnungsberechtigte, nahestehende Person von Tochter 1, jedoch setzt die Anwendung des § 8a Abs. 1 S. 1 KStG voraus, daß diese Person einem nichtanrechnungsberechtigten Anteilseigner nahesteht. Die ausländische Mutter kann auch nicht als Dritter mit Rückgriffsrecht angesehen werden, da ein Rückgriff auf einen nichtanrechnungsberechtigten Anteilseigner oder eine ihm nahestehende, nichtanrechnungsberechtigte Person in diesem Fall nicht möglich ist. Im Ergebnis ist für diese Finanzierungsbeziehung der Tatbestand des § 8a KStG nicht erfüllt. Die ausländische Mutter muß sich bei der Fremdfinanzierung von Tochter 2 nicht an einem safe haven orientieren, sondern kann ihr unbeschränkt Fremdkapital überlassen. Darüber hinaus kann sie auch an Tochter 1 unbeschränkt Fremdkapital ausreichen. Auch hier greift § 8a KStG nicht, da die Anteile von Tochter 1 von einem anrechnungsberechtigten Anteilseigner gehalten werden. Die Kürzung des Eigenkapitals um den Beteiligungsbuchwert geht ins Leere, wenn die Tatbestandsvoraussetzungen des § 8a KStG nicht erfüllt sind, und die Höhe des anteiligen Eigenkapitals ist irrelevant.

Lediglich in der Beziehung zwischen der inländischen Obergesellschaft und dem ausländischen Anteilseigner sind die Voraussetzungen des Abs. 1 S. 1 erfüllt. Überläßt die ausländische Mutter der inländischen Obergesellschaft Fremdkapital, werden die Vergütungen umqualifiziert, wenn das Fremdkapital das Einhalb- bzw. Dreifache ihres anteiligen Eigenkapitals übersteigt. Hier wirkt sich die Kürzung um den Beteiligungsbuchwert voll aus, so daß im Regelfall nur ein sehr geringer safe haven zur Verfügung steht.

Im Ergebnis kann die ausländische Mutter sämtlichen nachgeordneten Gesellschaften unbeschränkt Fremdkapital überlassen, nicht aber der inländischen Obergesellschaft (Nichtholding), da es hier leicht zu Umqualifizierungen kommt. Die Rechtsfolgen des § 8a KStG lassen sich somit für die nachgeordneten Ge-

---

[598] Siehe Pkt. 4.3.2.4.1.

sellschaften durch die Zwischenschaltung einer inländschen Kapitalgesellschaft vollständig vermeiden. Dieses Ergebnis war vom Gesetzgeber nicht beabsichtigt.

Dasselbe Problem ergibt sich beim Holdingfall. Auch hier haben sämtliche Konzerngesellschaften mit Ausnahme der Holding selbst einen anrechnungsberechtigten Anteilseigner. Finanziert die inländische Holding selbst die nachgeordneten Gesellschaften, fehlt es für die Anwendung von § 8a KStG an einem nichtanrechnungsberechtigten Fremdkapitalgeber. Finanziert der ausländische Anteilseigner der Holding die nachgeordneten Gesellschaften unmittelbar, fehlt es jeweils auf den einzelnen Konzernstufen an einem nichtanrechnungsberechtigten Anteilseigner. Grundsätzlich sind auch hier die Tatbestandsvoraussetzungen des § 8a KStG nicht erfüllt. Allerdings bestimmt § 8a Abs. 4 S. 2 KStG, daß Vergütungen, die von den nachgeordneten Gesellschaften gezahlt werden, als verdeckte Gewinnausschüttungen gelten. Im Holdingfall wird folglich der Tatbestand des § 8a Abs. 1 S. 1 KStG erweitert. Auch wenn die einzelnen Konzerngesellschaften einen anrechnungsberechtigten Anteilseigner haben, greift die Vorschrift des § 8a KStG, wenn das Fremdkapital von einem wesentlich beteiligten, nichtanrechnungsberechtigten Anteilseigner der Holding überlassen wurde.

Mit Hilfe einer Erweiterung des Tatbestandes könnte auch die Problematik der sonstigen verbundenen Unternehmen gelöst werden. Dazu wäre es erforderlich, verdeckte Gewinnausschüttungen auch dann anzunehmen, wenn die jeweilige Gesellschaft in der Beteiligungskette einen anrechnungsberechtigten Anteilseigner hat. Vergütungen wären dann verdeckte Gewinnausschüttungen, wenn das der jeweiligen nachgeordneten Gesellschaft von dem ausländischen Anteilseigner der inländischen Obergesellschaft überlassene Fremdkapital den safe haven bei der jeweiligen nachgeordneten Gesellschaft übersteigt. Zur Ermittlung des safe haven muß das jeweilige Eigenkapital um den Beteiligungsbuchwert gekürzt werden. Das verbleibende anteilige Eigenkapital des unmittelbar beteiligten Gesellschafters wird dem ausländischen Fremdkapitalgeber zugerechnet und kann somit von ihm ausgenutzt werden. Durch die Kürzung würden die safe haven bei den einzelnen nachgeordneten Gesellschaften stark eingeschränkt. Nur bei der untersten Gesellschaft verbliebe ein unverminderter Freibereich, der die Fremdkapitalvergabe an diese begünstigt. Somit würde das gesetzgeberische Ziel erreicht. Gleichzeitig ist die mehrfache Ausnutzung des safe haven einer Gesellschaft ausgeschlossen, da Fremdkapitalüberlassungen von anrechnungsberechtigten Gliedern der Beteiligungskette nicht unter § 8a KStG fallen und somit den safe haven nicht verbrauchen.
Für diese Erweiterung des Tatbestandes ist jedoch eine gesetzliche Regelung notwendig. In § 8a Abs. 4 KStG sollten folgende Sätze eingefügt werden: "Vergütungen für Fremdkapital, das ein Anteilseigner i.S.d. Absatzes 1, eine ihm nahestehende Person oder ein Dritter mit Rückgriffsrecht einer Kapitalgesellschaft

innerhalb einer Beteiligungskette überläßt, gelten auch dann als verdeckte Gewinnausschüttungen, wenn die Kapitalgesellschaft einen anrechnungsberechtigten Anteilseigner hat. Dies gilt nicht, wenn das Fremdkapital nicht das Einhalb- bzw. Dreifache des nach der Kürzung verbleibenden Eigenkapitals übersteigt."

Unklar ist, ob das Eigenkapital um den Buchwert jeder Beteiligung zu kürzen ist. Man könnte den Buchwert jeglicher Beteiligungen unter Einschluß von Portfolio- oder Splitterbeteiligungen heranziehen oder nur Beteiligungen nach § 271 Abs. 1 HGB. Denkbar wäre auch eine Kürzung erst ab einer Mindestbeteiligungshöhe (5 oder 10%).[599] Dem Gesetzeswortlaut läßt sich nichts entnehmen. Auch die Finanzverwaltung äußert sich dazu nicht. Es ist deshalb anzunehmen, daß sie das Eigenkapital um den Buchwert sämtlicher Beteiligungen kürzen will. M.E. sollte wie auch in § 8a Abs. 4 S. 1 KStG auf den Beteiligungsbegriff des § 271 Abs. 1 HGB abgestellt werden.[600] Reine Portfolio-Beteiligungen als Kapitalanlage in Wertpapieren fallen daher nicht unter die Kürzungsvorschrift. Das führt zu einem sinnvollen Ergebnis, da der Anteilseigner bei diesen keine Kaskadeneffekte erreichen kann.[601] Im übrigen soll Abs. 4 die Konzernproblematik lösen, so daß zumindest eine qualifizierte Beteiligung vorausgesetzt wird.[602] Das Eigenkapital wird dabei nur um die Buchwerte von Beteiligungen an inländischen Kapitalgesellschaften gekürzt. Beteiligungen an ausländischen Gesellschaften bleiben unberücksichtigt.[603]
Hält die Gesellschaft Beteiligungen an Personengesellschaften, findet nach dem ausdrücklichen Wortlaut des § 8a Abs. 4 S. 3 KStG eine Kürzung nicht statt. Eine mögliche Gestaltung wäre folglich die Zwischenschaltung einer Personengesellschaft zwischen die Obergesellschaft und die nachgeordneten Kapitalgesellschaften.[604]
Der Gesetzeswortlaut spricht außerdem von der Kürzung um Beteiligungen am Grund- oder Stammkapital. Nicht zu kürzen sind folglich Beteiligungen, die nicht am Nennkapital bestehen, wie z.B. typische oder atypische stille Beteiligungen.[605]

4.3.2.8.4. Problembereiche bei verbundenen Unternehmen

Erfüllt die inländische Kapitalgesellschaft die Holdingkriterien, gilt für sie die Regelung des § 8a Abs. 4 S. 1 und 2 KStG. Ein Wahlrecht auf Kürzung des Ei-

---

[599]Vgl. PRINZ, Ulrich, FR 1994, S. 625. PRINZ will eine Kürzung nur bei nicht geringfügigen Beteiligungen vornehmen. Als Grenzwert schlägt er 5% vor.
[600]So auch: WASSERMEYER, Franz: Stellungnahme zu ausgewählten Zweifelsfragen..., a.a.O., S. 14, MATTAUSCH, Hubert: Die internationale Konzernfinanzierung..., a.a.O., S. 100.
[601]Vgl. BLÜMICH/MENCK, Kommentar, a.a.O., § 8a KStG, Rz. 81, HEY, Friedrich, RIW 1993, S. 835.
[602]Vgl. PRINZ, in: HHR, Kommentar, a.a.O., § 8a KStG, Anm. 195.
[603]Vgl. BMF-Schr. v. 15.12.1994, a.a.O., Rdn. 90, so auch HEY, Friedrich, RIW 1993, S. 835.
[604]Vgl. PRINZ, Ulrich, FR 1994, S. 629.
[605]Vgl. PÖLLATH, Reinhard: Fälle zu § 8a KStG, in: JbFSt 1982/83, S. 332.

genkapitals um die Beteiligungsbuchwerte steht ihr nicht zu.[606] Bei der Gestaltung der Beteiligungsverhältnisse kann jedoch darauf geachtet werden, daß die Holdingkriterien erfüllt oder nicht erfüllt werden. Insofern besteht ein faktisches Wahlrecht.[607]
Auch durch Umstrukturierungsmaßnahmen kann die Holdingeigenschaft erlangt werden. So könnte eine bestehende Kapitalgesellschaft Teilbetriebe mit operativem Geschäft nach § 20 UmwStG steuerneutral in neu zu gründende Tochterkapitalgesellschaften einbringen, um anschließend selbst nur noch die Tätigkeit einer geschäftsleitenden Holding auszuüben.[608]
Umgekehrt kann eine Holdingstruktur auch erreicht werden, wenn der ausländische Anteilseigner seine Anteile an einer inländischen Kapitalgesellschaft an eine neu zu gründende inländische Gesellschaft veräußert, die dadurch zur Holding wird. Wird die übertragene Beteiligung bei der Holding mit ihrem Zeitwert angesetzt, ergibt sich durch den entsprechend hohen Eigenkapitalansatz ein hoher Fremdfinanzierungsspielraum.[609]
Bei Teilwertabschreibungen auf Beteiligungen und Beteiligungsveräußerungen ist bei dem bilanzsummenbezogenen Kriterium darauf zu achten, daß die 75%-Grenze nicht unterschritten wird.[610]
Hält die inländische Holding auch Anteile an ausländischen Gesellschaften, sollten diese besser direkt vom ausländischen Anteilseigner und nicht von der inländischen Holding finanziert werden, damit das Fremdkapital nicht den safe haven der Holding verbraucht.[611]

Liegen die Voraussetzungen einer Holding vor, läßt der ausländische Anteilseigner in der Regel die gesamte Konzernfinanzierung über die Holding laufen, um den erweiterten safe haven auszunutzen. Ein Problem ergibt sich dann, wenn die Erfüllung der Holdingkriterien im Zeitablauf nicht immer gegeben ist. Übersteigt z.B. der Anteil der Beteiligungen an Kapitalgesellschaften in einem Jahr nicht mehr 75% der Bilanzsumme, müßte anstelle des § 8a Abs. 4 S. 1 und 2 KStG dann S. 3 angewendet werden. Es käme dann zu einer Eigenkapitalkürzung bei der inländischen Obergesellschaft mit der Folge einer weitgehenden Umqualifizierung der Vergütungen, wenn die Obergesellschaft nicht einen Fremdvergleich führen kann.

---

[606] Vgl. BMF-Schr. v. 15.12.1994, a.a.O., Rdn. 88, zustimmend: SCHWEBEL, in: DEJW, Kommentar, a.a.O., § 8a KStG, Tz. 29e. Kritisch dazu: BLÜMICH/MENCK, Kommentar, a.a.O., § 8a KStG, Rz. 82.
[607] Vgl. HERZIG, Norbert: Gesetzliche Regelung..., a.a.O., S. 211.
[608] Vgl. KRAUSHAAR, Rolf, a.a.O., S. 276f, HERZIG, Norbert: Gesetzliche Regelung..., a.a.O., S. 211.
[609] Vgl. KRAUSHAAR, Rolf, a.a.O., S. 277. KRAUSHAAR weist darauf hin, daß das Besteuerungsrecht am Veräußerungsgewinn in der Regel aufgrund von DBA dem ausländischen Sitzstaat der Mutter zusteht. Ggf. besteht ein Schachtelprivileg.
[610] Vgl. MATTAUSCH, Hubert: Die internationale Konzernfinanzierung..., a.a.O., S. 101.
[611] Vgl. HERZIG, Norbert: Gesetzliche Regelung..., a.a.O., S. 212.

SCHWEBEL[612] macht auf ein weiteres Problem aufmerksam. Eine Kürzung des Eigenkapitals um den Beteiligungsbuchwert muß nach § 8a Abs. 4 S. 3 KStG auch dann vorgenommen werden, wenn die Obergesellschaft das von ihrem Anteilseigner erhaltene Fremdkapital nicht an eine ihr nachgeordnete Gesellschaft weiterleitet, und somit die Gefahr eines Kaskadeneffektes nicht gegeben ist. Durch die Eigenkapitalkürzung kann es folglich dazu kommen, daß eine ansonsten unschädliche Gesellschafterfremdfinanzierung, die in dem von § 8a Abs. 1 S. 1 KStG vorgegebenen Rahmen bleibt, nicht anerkannt wird, wenn ein Fremdvergleich nicht gelingt. Erfolgt die Fremdfinanzierung gegen ergebnisabhängige Vergütungen, ist noch nicht einmal ein Fremdvergleich möglich. SCHWEBEL hält diese Folge für verfassungsrechtlich bedenklich und schlägt deshalb vor, das Eigenkapital der Obergesellschaft quotal auf die Bereiche "Beteiligung" und "eigenes operatives Geschäft" aufzuteilen. Der auf das eigene operative Geschäft entfallende Eigenkapitalanteil solle dann nicht um den Beteiligungsbuchwert gekürzt werden, sondern für Gesellschafterfremdfinanzierungen zur Verfügung stehen. Nach GROTHERR dagegen soll das Eigenkapital nur insoweit um den Beteiligungsbuchwert gekürzt werden, wie bei den nachfolgenden Gesellschaften tatsächlich Fremdkapital vom Anteilseigner zugeführt wurde. Ansonsten solle eine Kürzung unterbleiben.[613]

Erfüllt die Obergesellschaft die Holdingkriterien, wird der Anteilseigner sein Fremdkapital bei ihr konzentrieren. Die Holding vergibt dann einzelne Darlehen an die jeweiligen nachgeordneten Konzerngesellschaften. Als Folge dieser Aufteilung der Darlehensströme kann es zu einer gewerbesteuerlichen Doppelbelastung kommen: Besteht keine gewerbesteuerliche Organschaft zwischen der Holding und den Untergesellschaften, kommt es zu einer doppelten Hinzurechnung von Dauerschuldzinsen (§ 8 Nr. 1 GewStG), denn dasselbe Fremdkapital ist sowohl bei der Holding als auch bei den Untergesellschaften als Verbindlichkeit auszuweisen.[614] Eine gewerbesteuerliche Organschaft liegt nach § 2 Abs. 2 S. 2 GewStG vor, wenn die Voraussetzungen des § 14 Nr. 1 und 2 KStG[615] erfüllt sind.[616] Der Gewerbeertrag von Organgesellschaft und -träger sind zwar weiterhin getrennt zu ermitteln, jedoch gilt die Organgesellschaft als Betriebsstätte des Organträgers, so daß ihr Gewerbeertrag dem Organträger zuzurechnen ist. Zur Vermeidung einer doppelten Belastung mit Gewerbesteuer werden bei Organschaften Hinzurechnungen nach § 8 GewStG nicht vorgenommen, soweit die

---

[612]Vgl. SCHWEBEL, in: DEJW, Kommentar, a.a.O., § 8a KStG, Tz. 30a. So auch GROTHERR, Siegfried: Enthält die Beteiligungsbuchwertkürzung gem. § 8a Abs. 4 Satz 3 KStG einen Systemfehler?, in: IStR 1995, S. 53.
[613]Vgl. GROTHERR, Siegfried, IStR 1995, S. 55.
[614]Vgl. MEILICKE, Wienand, BB 1994, S. 120f, GROTHERR, Siegfried, IStR 1995, S. 54f.
[615]Dazu gehören die finanzielle, wirtschaftliche und organisatorische Eingliederung.
[616]Zu weiteren Voraussetzungen vgl. KRATZER, W.: Grundzüge des Gewerbesteuerrechts, in: NWB, F. 5, S. 1270f.

hinzuzurechnenden Beträge bereits im Gewerbeertrag des Organträgers enthalten sind.[617]
Erfüllt die inländische Obergesellschaft die Holdingkriterien, stellt HERZIG[618] folgende Strategie auf: Die nachgeordneten Gesellschaften weisen einen maximalen Gewinn aus und schütten diesen an die anrechnungsberechtigte Holding aus. Diese schöpft den vergrößerten safe haven durch Gesellschafterfremdkapital aus. Die Zinszahlungen an den Anteilseigner auf dieses Fremdkapital sind im Rahmen des erhöhten safe haven abzugsfähig. Ansonsten nutzt die Holding das Schütt-aus-Hol-zurück-Verfahren, um den hohen Thesaurierungssatz zu vermeiden.

Durch die im Standortsicherungsgesetz neu eingefügte Vorschrift des § 8b KStG sollte eine Verbesserung des Holdingstandortes Deutschland erreicht werden. So können jetzt steuerfreie Schachtelerträge aus ausländischen Tochtergesellschaften im Inland ohne die Herstellung der Ausschüttungsbelastung an übergeordnete Gesellschaften weitergeleitet werden.[619] Die Durchleitung ausländischer Erträge an Konzernobergesellschaften ohne weitere Steuerbelastung im Inland soll insbesondere ein Anreiz sein, Zwischenholdings unter Beteiligung ausländischer Obergesellschaften (z.B. im Rahmen von Joint Ventures) nicht mehr im Ausland, sondern im Inland zu gründen.[620] Die Einschränkung der Fremdfinanzierungsmöglichkeit einer inländischen Zwischenholding durch Fremdkapital ausländischer Anteilseigner und die nachfolgende Umqualifizierung von Zinszahlungen in Gewinnausschüttungen bei Überschreiten des safe haven sorgen jedoch dafür, daß ein Teil der durch § 8b KStG erreichten Verbesserung wieder verloren geht.[621]

4.3.2.9. Vorschriften zu Umgehungsmöglichkeiten des § 8a KStG

In § 8a Abs. 5 KStG sind zwei Regelungen aufgeführt, die der Verhinderung von Umgehungsmöglichkeiten bei der Anwendung von § 8a Abs. 1 - 4 KStG dienen sollen. Die erste stellt auf die Einkommensebene ab, während die zweite an die Vermögensebene anknüpft.[622]

---

[617] Vgl. KRATZER, W., NWB, F. 5, S. 1290, 1324, LIEB, Ralf: Steuerliche Sonderfragen bei Organschaftsverhältnissen, in: NWB, F. 2, S. 5996. Vgl. auch Abschn. 42 und 83 GewStR.
[618] Vgl. HERZIG, Norbert: Gesetzliche Regelung..., a.a.O., S. 212f.
[619] Vgl. §§ 8b, 30 Abs. 2 Nr. 1, 40 S. 1 Nr. 1 KStG.
[620] Vgl. HENKEL, Udo: Die deutsche Zwischenholding nach dem Standortsicherungsgesetz, in: DB 1993, S. 895.
[621] Vgl. HENKEL, Udo, DB 1993, S. 898.
[622] Vgl. PRINZ, in: HHR, Kommentar, a.a.O., § 8a KStG, Anm. 198.

4.3.2.9.1. Unmittelbare Fremdkapitalüberlassung bei mittelbarer Beteiligung

§ 8a Abs. 5 Nr. 1 KStG schreibt vor, daß die Vorschriften des Abs. 1 - 4 auch dann anzuwenden sind, wenn der Anteilseigner nur deshalb anrechnungsberechtigt ist, weil die Einkünfte aus der Beteiligung Betriebseinnahmen eines inländischen Betriebs sind. Damit wird der Fall aufgegriffen, daß der ausländische Anteilseigner die Beteiligung an einer inländischen Kapitalgesellschaft nicht unmittelbar, sondern über eine inländische, gewerblich tätige Personengesellschaft[623] oder Betriebsstätte hält und der Kapitalgesellschaft unmittelbar Fremdkapital überläßt.[624]

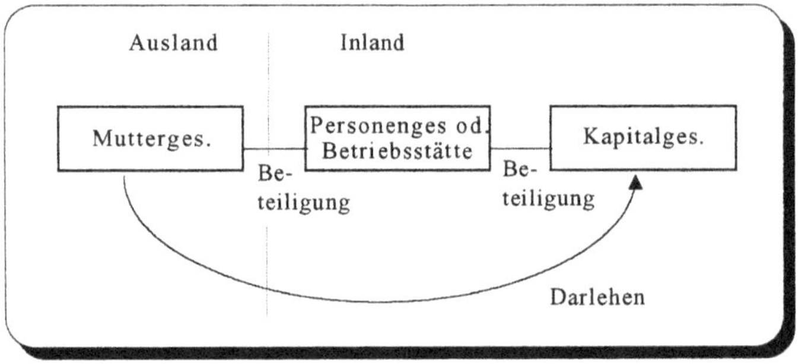

Abb. 20

Die von der inländischen Kapitalgesellschaft ausgeschütteten Dividenden sind Einkünfte des inländischen gewerblichen Betriebes der Personengesellschaft bzw. der Betriebsstätte, da diese die Anteile in ihrem Betriebs- bzw. Betriebsstättenvermögen hält. Der ausländische Anteilseigner ist mit diesen Einkünften beschränkt steuerpflichtig (§ 1 Abs. 4 EStG bzw. § 2 Nr. 1 KStG i.V.m. § 49 Abs. 1 Nr. 2 Buchst. a EStG) und insoweit anrechnungsberechtigt (§§ 50 Abs. 5 S. 3 EStG, 50 Abs. 1 Nr. 2, 51 KStG).[625]

Die ausländische Mutter fällt aber mit den von der inländischen Kapitalgesellschaft geleisteten Zinszahlungen im Regelfall nach § 49 Abs. 1 Nr. 5 EStG nicht unter die beschränkte Steuerpflicht. Die Zinsen würden somit ohne inländische Steuerbelastung in das Ausland fließen, was durch § 8a KStG gerade eingeschränkt werden soll. Deshalb soll die Vorschrift des Abs. 5 Nr. 1 die Anwendung des § 8a KStG sicherstellen, wenn das Tatbestandsmerkmal der Nichtanrechnungsberechtigung des Anteilseigners nicht erfüllt ist.

[623]Die Beteiligung an einer Personengesellschaft wirkt wie eine Betriebsstätte des einzelnen Mitunternehmers. Vgl. BFH-U. v. 22.1.1992, I R 42/91, NV 1992, S. 601, BFH-U. v. 31.7.1991, I R 60/90, BFHE Bd. 165, S. 510, BFH-U. v. 27.2.1991, I R 15/89, BStBl. II 1991, S. 446.

[624]Vgl. BT-DrS 12/5016, S. 93.

[625]Zu weiteren Einzelheiten siehe Pkt. 4.2.3.3.2.4.1. und 4.2.3.3.2.5.3.

Nach dem Gesetzeswortlaut des § 8a Abs. 5 Nr. 1 KStG müssen die Einkünfte aus der Beteiligung Betriebseinnahmen eines inländischen Betriebes des Anteilseigners sein. Der inländische Betrieb muß dabei ein gewerblicher bzw. land- oder forstwirtschaftlicher sein, da ansonsten die Anrechnungsberechtigung nicht vermittelt wird (§ 50 Abs. 1 Nr. 2 KStG). Eine ausländische Betriebsstätte oder Personengesellschaft vermittelt die Anrechnungsberechtigung nicht.
Die Regelung in Nr. 1 geht weiter davon aus, daß nicht der zwischengeschaltete inländische Betrieb als unmittelbarer Gesellschafter der inländischen Kapitalgesellschaft, sondern der Eigner der Personengesellschaft Anteilseigner i.S.d. Vorschrift ist. Gleiches gilt auch für das ausländische Stammhaus als Eigner der Betriebsstätte.[626]
Außerdem kommt es nicht darauf an, ob in einem Wirtschaftsjahr tatsächlich Betriebseinnahmen des inländischen Betriebes vorliegen. Auch in Jahren ohne Ausschüttungen greift die Vorschrift, wenn die Beteiligung im Betriebsvermögen des inländischen Betriebes gehalten wird. Allerdings ist eine wesentliche Beteiligung des Anteilseigners an der Kapitalgesellschaft nach § 8a Abs. 3 KStG notwendig,[627] da die Ergänzungsvorschrift des Abs. 5 nicht weiter gehen darf als der Grundtatbestand des Abs. 1.

Sollen nach § 8a Abs. 5 Nr. 1 KStG die Vorschriften des Abs. 1 - 4 angewendet werden, folgt daraus, daß sämtliche Regelungen hinsichtlich des Fremdvergleichs, banküblicher Geschäfte sowie der Ausdehnung bei Fremdfinanzierung durch Nahestehende und Dritte mit Rückgriffsrecht zur Anwendung kommen. Auch die Sonderregelungen für Holdinggesellschaften und der Verweis auf das Handelsrecht bei der Bestimmung des Eigenkapitals kommen zur Geltung.[628] Insbesondere ist der Anteilseigner trotz seiner Anrechnungsberechtigung bei der Überlassung von Fremdkapital an die Grenzen des § 8a Abs. 1 S. 1 Nr. 1 und 2 KStG gebunden. Übersteigt sein Gesellschafterfremdkapital das Einhalb- bzw. Dreifache seines anteiligen Eigenkapitals, werden die Vergütungen zu verdeckten Gewinnausschüttungen umqualifiziert. Die Höhe seines anteiligen Eigenkapitals an der inländischen Kapitalgesellschaft bestimmt sich nach seinem rechnerischen Anteil. Die Quote, mit der er an der Personengesellschaft beteiligt ist, wird dabei mit der Beteiligungsquote der Personengesellschaft an der Kapitalgesellschaft multipliziert. Voraussetzung ist, daß die Beteiligung im Gesamthandsvermögen der Personengesellschaft gehalten wird. Bei einer Betriebsstätte ergibt sich sein Anteil am Eigenkapital nach der Beteiligungsquote der Betriebsstätte an der inländischen Kapitalgesellschaft.
Hält der ausländische Anteilseigner den Anteil an der inländischen Kapitalgesellschaft im Sonderbetriebsvermögen einer inländischen Personengesellschaft, lie-

---

[626] Vgl. BMF-Schr. v. 15.12.1994, a.a.O., Rdn. 94.
[627] Vgl. PRINZ, in: HHR, Kommentar, a.a.O., § 8a KStG, Anm. 200.
[628] Vgl. ebenda, Anm. 205.

gen ebenso Betriebseinnahmen eines inländischen Betriebes vor. Auch hier greift § 8a Abs. 5 Nr. 1 KStG. Da das Sonderbetriebsvermögen ausschließlich dem jeweiligen Gesellschafter zuzurechnen ist, bestimmt sich das anteilige Eigenkapital des ausländischen Anteilseigners an der inländischen Kapitalgesellschaft nicht mehr nach der rechnerischen Quote. Sein Anteil richtet sich nur noch nach der Beteiligungsquote des im Sonderbetriebsvermögen gehaltenen Anteils an der Kapitalgesellschaft.

Die Tatbestandsvoraussetzungen des § 8a Abs. 5 Nr. 1 KStG sind relativ unscharf formuliert. Aus dem Gesetzestext wird nicht deutlich, daß die Vorschrift nur greifen soll, wenn der ausländische Anteilseigner das Fremdkapital unmittelbar an die inländische Kapitalgesellschaft ausreicht. Der Gesetzestext stellt nur auf die Beteiligung ab. Das kann aber zu Ergebnissen führen, die über den Zweck des § 8a KStG hinausgehen. So greift Abs. 5 Nr. 1 auch dann, wenn das Fremdkapital über die inländische Betriebsstätte geleitet wird. Hält die inländische Betriebsstätte bzw. Personengesellschaft die Forderung in ihrem Betriebsvermögen, sind die Zinserträge in Deutschland steuerpflichtig.[629] In diesem Fall besteht keine Notwendigkeit für ein Eingreifen des § 8a KStG, da die Zinszahlungen nicht unbelastet von deutscher Steuer in das Ausland abfließen. Eine Beschränkung der Höhe des Gesellschafterfremdkapitals wäre hier nicht notwendig.[630] Dies gilt unabhängig davon, ob die Betriebsstätte oder Personengesellschaft Betriebsausgaben gegenrechnen kann und somit im Ergebnis in Deutschland keine Steuern zahlt.[631]

4.3.2.9.2. Mittelbare Fremdkapitalüberlassung bei mittelbarer Beteiligung

Nach § 8a Abs. 5 Nr. 2 KStG sind die Absätze 1 - 4 auch anzuwenden, wenn die Beteiligung über eine Personengesellschaft gehalten und das Fremdkapital über diese geleitet wird.

---

[629] Die Betriebsstätteneinkünfte sind nach Art. 7 Abs. 1 OECD-MA in Deutschland steuerpflichtig, wenn eine Betriebsstätte i.S.d. Art. 5 DBA vorliegt. Im Nicht-DBA-Fall muß eine Betriebsstätte nach § 12 AO vorliegen. Deren Einkünfte sind nach § 49 Abs. 1 Nr. 2 Buchst. a EStG in Deutschland steuerpflichtig.

[630] Vgl. FROTSCHER, Gerrit, IStR 1994, S. 209. A.A.: HEY hält eine teleologische Reduktion der Vorschrift für den Fall, daß die Zinsen einem inländischen Betrieb zufließen, nicht für möglich. Vgl. HEY, Friedrich, RIW 1994, S. 229.

[631] Der IFA-Kongreß spricht sich dafür aus, daß Dividenden, die eine inländische Betriebsstätte bezieht, den gleichen steuerlichen Bedingungen unterliegen sollen wie Dividenden, die eine ansässige Gesellschaft bezieht. Vgl. DANN, Wilfried: 47. Kongreß der IFA vom 3.-8.10.1993 in Florenz, in: IStR 1994, S. 71.

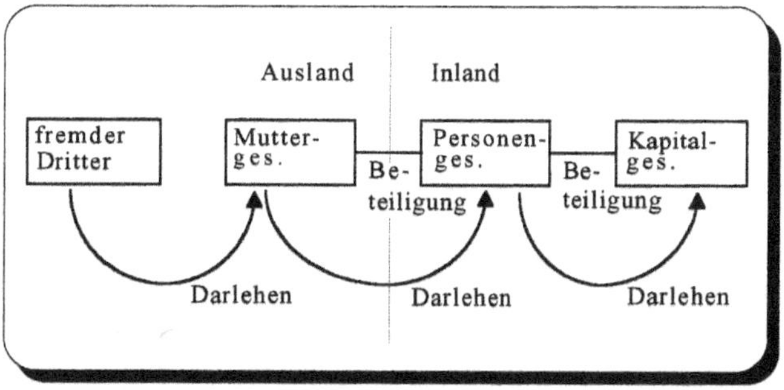

Abb. 21

Zivilrechtlich ist die Personengesellschaft Gläubiger der Zinserträge aus dem der inländischen Kapitalgesellschaft überlassenen Fremdkapital. Steuerlich werden die Erträge unmittelbar und anteilig von den Mitunternehmern erzielt. Die Zinszahlungen der inländischen Kapitalgesellschaft erhöhen dabei den gewerblichen Gewinn der Mitunternehmer. Die ausländische Muttergesellschaft unterliegt als Mitunternehmerin mit ihrem Gewinnanteil aus der Personengesellschaft nach § 49 Abs. 1 Nr. 2 Buchst. a EStG der inländischen beschränkten Steuerpflicht (§ 2 Nr. 1 KStG bzw. § 1 Abs. 4 EStG bei einer natürlichen Person als Mutter). Die von der Personengesellschaft an die Mutter entrichteten Zinsen mindern dabei den Gewinn der Personengesellschaft nicht, sondern gehören nach § 15 Abs. 1 Nr. 2, 2. HS EStG als Einkünfte aus Gewerbebetrieb zu dem Gewinnanteil, mit dem die Mutter im Inland beschränkt steuerpflichtig ist. Besteht zwischen dem Sitzstaat der Mutter und Deutschland ein DBA, gilt die Beteiligung an einer inländischen Personengesellschaft regelmäßig als inländische Betriebsstätte. Das Besteuerungsrecht an den Betriebsstätteneinkünften steht nach Art. 7 OECD-MA Deutschland zu und richtet sich nach dem innerstaatlichen Recht.

Refinanziert die Mutter ihre Beteiligung (Einlage) im Ausland, kann sie die im Ausland anfallenden Schuldzinsen (Refinanzierungskosten) bei der einheitlichen und gesonderten Gewinnfeststellung[632] für die Personengesellschaft als Sonderbetriebsausgaben von dem im Inland steuerpflichtigen Gewinnanteil absetzen, weil das ausländische Darlehen negatives Sonderbetriebsvermögen II darstellt. Somit kann sie weitgehend eine Belastung mit deutscher Steuer vermeiden, es bleibt im wesentlichen nur die Belastung mit Gewerbesteuer.[633]

Die Regelung des Abs. 5 Nr. 2 soll die Anwendung des § 8a KStG absichern, auch wenn der ausländischen Mutter wie auch im Fall des Abs. 5 Nr. 1 die Anrechnungsberechtigung vermittelt wird, weil sie die Beteiligung an der inländischen Kapitalgesellschaft in einem inländischen Betriebsvermögen hält.

---

[632] Vgl. §§ 179, 180 AO.

[633] Vgl. BT-DrS 12/5016, S. 93f. Refinanziert sich die ausländische Muttergesellschaft bei einer konzerneigenen Finanzierungsgesellschaft mit Sitz in einer Steueroase, kann sie die Zinsen letztlich ohne Steuerbelastung vereinnahmen.

Der Gesetzgeber hat die Tatbestandsvoraussetzungen nicht klar präzisiert. Es kommt nicht deutlich zum Ausdruck, daß § 8a KStG nur eingreifen soll, wenn die Anrechnungsberechtigung aufgrund der Tatsache erlangt wird, daß die Beteiligung in einem inländischen gewerblichen oder land- oder forstwirtschaftlichen Betriebsvermögen gehalten wird.[634] Außerdem soll die Regelung nur dann zum Tragen kommen, wenn sich der ausländische Anteilseigner im Ausland refinanziert und somit Sonderbetriebsausgaben geltend macht. Diese wesentliche Tatbestandsvoraussetzung wird aber im Gesetz nicht genannt, so daß auch all die Fälle von § 8a Abs. 5 Nr. 2 KStG betroffen werden, in denen Fremdkapital aus dem Ausland über eine Personengesellschaft weitergeleitet wird, ohne daß eine Refinanzierung im Ausland stattfindet. In diesem Fall läßt sich aber ein Eingreifen des § 8a KStG nicht begründen, da die Fremdkapitalzinsen der Kapitalgesellschaft im Inland besteuert werden, und die Belastung des inländischen Gewinnanteils mit deutscher Steuer somit gesichert ist.[635]

Darüber hinaus muß die inländische Kapitalgesellschaft über eine Personengesellschaft gehalten werden. Erforderlich ist dabei eine gewerblich tätige, inländische Personengesellschaft oder eine inländische Betriebsstätte einer ausländischen Personengesellschaft, in deren Betriebsvermögen die Beteiligung gehalten wird, denn ansonsten kommt es nicht zur Anrechnungsberechtigung (§ 50 Abs. 1 Nr. 2 KStG). Der Gesetzeswortlaut ist auch hier unpräzise. Abs. 5 Nr. 2 wäre auch anzuwenden, wenn das Fremdkapital über eine ausländische Personengesellschaft ohne inländische Betriebsstätte geleitet wird. Dann jedoch macht die Vorschrift keinen Sinn, da der Anteilseigner nichtanrechnungsberechtigt bleibt, und bereits die Absätze 1 - 4 die Gesellschafterfremdfinanzierung beschränken.[636]

Weiterhin muß eine wesentliche Beteiligung der ausländischen Mutter an der inländischen Kapitalgesellschaft nach § 8a Abs. 3 KStG vorliegen, denn bereits der Grundtatbestand erfordert diese.[637]

Außerdem verlangt der Gesetzgeber, daß das Fremdkapital über die Personengesellschaft geleitet wird. Das Kapital muß zwar wohl nicht in gleicher Höhe, aber zumindest zeitgleich von der Mutter an die Personengesellschaft und von dieser an die inländische Kapitalgesellschaft ausgereicht werden. Die Fremdkapitalüberlassung an die Personengesellschaft darf folglich nicht durch deren eigene betriebliche Zwecke begründet sein, sondern nur durch betriebliche Zwecke der Kapitalgesellschaft, die der eigentliche Empfänger ist.[638] PRINZ verweist hier auf

---

[634]Hält der Anteilseigner seine Beteiligung über eine vermögensverwaltende inländische Personengesellschaft, die Einkünfte aus Kapitalvermögen erzielt, wird er nicht anrechnungsberechtigt. Nach dem Wortlaut des § 8a Abs. 5 Nr. 2 KStG ist die Vorschrift auch hier anzuwenden. Vgl. SCHWEBEL, in: DEJW, Kommentar, § 8a KStG, Tz. 33a.

[635]Vgl. STAIGER fordert daher für diesen Fall eine teleologische Reduktion des Anwendungsbereichs der Vorschrift. Vgl. STAIGER, in: LADEMANN, Kommentar, a.a.O., § 8a KStG, Anm. 174, HEY, Friedrich, RIW 1994, S. 229, FROTSCHER, Gerrit, IStR 1994, S. 209.

[636]Vgl. SCHWEBEL, in: DEJW, Kommentar, a.a.O., § 8a KStG, Tz. 33a.

[637]Vgl. PRINZ, in: HHR, Kommentar, a.a.O., § 8a KStG, Anm. 203.

[638]Vgl. ebenda, Anm. 203.

die bestehende Rechtsunsicherheit, die durch die fehlende nähere Bestimmung des Durchleitungsbegriffs entsteht.[639]

Ist der Tatbestand des § 8a Abs. 5 Nr. 2 KStG erfüllt, gelten die allgemeinen Regeln der Abs. 1 - 4. Die ausländische Mutter als Anteilseigner der inländischen Kapitalgesellschaft muß sich an die Fremdkapitalgrenzen des § 8a Abs. 1 S. 1 KStG halten. Will sie Umqualifizierungen der Vergütungen vermeiden, darf ihr Gesellschafterfremdkapital, das über die Personengesellschaft durchgeleitet wird, ihren safe haven bei der Kapitalgesellschaft nicht übersteigen. Auch hier richtet sich die Berechnung des safe haven grundsätzlich nach der rechnerischen Quote der Mutter. Eine andere Schlußfolgerung ziehen FRANZ/ RUPP. Danach soll mit "entsprechender Anwendung" die Nichtanerkennung des Zinsaufwandes (Sonderbetriebsausgaben) bei der Personengesellschaft gemeint sein.[640] Dem ist m.E. nicht zuzustimmen. § 8a KStG läßt die Gewinnermittlungsvorschriften des EStG unberührt und bezieht sich nur auf die Einkommensermittlung von Kapitalgesellschaften.

Die Regelung des § 8a Abs. 5 Nr. 2 KStG ist sehr umstritten. PRINZ macht verfassungsrechtliche Zweifel geltend, weil die Norm in ihrem Tatbestand in einem erheblichen Ausmaß unbestimmt sei. Dies sei in Anbetracht der gebotenen Eingriffsschärfe bedenklich. Ebenso unbestimmt seien die Rechtsfolgen der Vorschrift. Deshalb hält er die Regelung für verfehlt.[641] Einen Schritt weiter geht FROTSCHER, der die gesamte Regelung als nicht mit dem Gleichheitssatz des Art. 3 GG vereinbar ansieht.[642] Die Regelung sei verfassungswidrig und damit nichtig, da sie einen Nichtanrechnungsberechtigten ohne sachlichen Grund benachteilige. Ein Nichtanrechnungsberechtigter soll wegen seiner Refinanzierung im Ausland unter § 8a KStG fallen. Ein inländischer Anteilseigner, der seiner Kapitalgesellschaft Fremdkapital überläßt und sich im Ausland refinanziert, bleibt dagegen verschont. In beiden Fällen mindern die Refinanzierungskosten als Betriebsausgaben den in Deutschland steuerpflichtigen Gewinn und sorgen dafür, daß bei gleicher Höhe von Aufwand und Ertrag die Vergütungen letztlich im Inland unbesteuert bleiben. Dem anrechnungsberechtigten Inländer entstehen aber daraus im Gegensatz zu dem Nichtanrechnungsberechtigten keine nachteiligen Folgen.

4.3.2.9.3. Verbleibende Umgehungsmöglichkeiten

Die Vorschrift des Abs. 5 hat bestimmte Umgehungsgestaltungen zum Ziel. Da sie genau auf diese abstellt, ist sie auf andere Gestaltungen nicht anwendbar.

---

[639] Vgl. ebenda, Anm. 203. PRINZ schlägt zur Lösung einen Rückgriff auf § 10 Abs. 6 AStG oder § 50d Abs. 1a EStG vor.

[640] Vgl. FRANZ, Roland/RUPP, Thomas: Das Standortsicherungsgesetz, in: BB 1993, Beil. 20, S. 22.

[641] Vgl. PRINZ, in: HHR, Kommentar, a.a.O., § 8a KStG, Anm. 202.

[642] Vgl. FROTSCHER, Gerrit, IStR 1994, S. 209. Zustimmend: PRINZ, in: HHR, Kommentar, a.a.O., § 8a KStG, Anm. 202.

Überläßt der ausländische Anteilseigner seiner inländischen Personengesellschaft Fremdkapital, das diese als Eigenkapital weiterreicht, kann § 8a KStG nicht angewendet werden. Die inländische Kapitalgesellschaft wird nicht fremdfinanziert, da eine Weiterleitung von Fremdkapital nicht stattfindet.[643] Auch wird die Fremdfinanzierung von inländischen Personengesellschaften vom Gesetzgeber nicht beanstandet.
Auf der Ebene der inländischen Kapitalgesellschaft fallen infolge der Eigenfinanzierung keine den körperschaftsteuerpflichtigen Gewinn mindernden Zinszahlungen an. Im Vergleich zur Fremdfinanzierung bedeutet dies auf der Ebene der Kapitalgesellschaft eine höhere Belastung mit Gewerbesteuer, da die Zinszahlungen auf Darlehen den Gewerbeertrag hälftig gemindert hätten (§ 8 Nr. 1 GewStG). Auf der Ebene des Gesellschafters erfolgt allerdings eine Kürzung des Gewinnanteils (§ 9 Nr. 2a GewStG).
Mangels Zinsaufwand kann die Kapitalgesellschaft eine höhere Dividende an die Personengesellschaft zahlen. Für steuerliche Zwecke werden die Beteiligungserträge einschließlich der anzurechnenden Körperschaft- und Kapitalertragsteuer als Einkünfte aus Gewerbebetrieb (§ 20 Abs. 3 EStG) den Gesellschaftern entsprechend dem Gewinnverteilungsschlüssel zugerechnet.[644] Refinanziert sich die Personengesellschaft bei ihrer ausländischen Mutter, können die Gesellschafter ihre Refinanzierungskosten als Sonderbetriebsausgaben bei der Einkünfteermittlung der Personengesellschaft geltend machen.[645] Verbleibt daraufhin kein steuerpflichtiger Gewinn mehr, kommt es zu einer Erstattung der anrechenbaren Körperschaft- und Kapitalertragsteuer. Wird die Beteiligung an der Kapitalgesellschaft später veräußert, erzielen die Mitunternehmer über ihre Personengesellschaft einen in Deutschland steuerpflichtigen Veräußerungsgewinn (§ 49 Abs. 1 Nr. 2 Buchst. e EStG).[646]

Auch im umgekehrten Fall greift § 8a KStG nicht. Überläßt der ausländische Anteilseigner seiner inländischen Personengesellschaft Eigenkapital, das diese als Fremdkapital an die Kapitalgesellschaft weiterreicht, erfolgt die Finanzierung nicht durch einen Nichtanrechnungsberechtigten. Eine Durchleitung von Fremdkapital findet ebenfalls nicht statt.[647]
Die Zinszahlungen der Kapitalgesellschaft an die Personengesellschaft erhöhen deren gewerblichen Gewinn und somit den Gewinnanteil, mit dem der ausländische Anteilseigner in Deutschland steuerpflichtig ist (§ 49 Abs. 1 Nr. 2 Buchst. a EStG). Hat dieser seine Einlage in die Personengesellschaft fremdfinanziert, kann

[643] Vgl. HEY, Friedrich, RIW 1994, S. 229f, SCHWEBEL, in: DEJW, Kommentar, a.a.O., § 8a KStG, Tz. 33c, WOLFF, Ulrich, IStR 1993, S. 451, HERZIG, Norbert, DB 1994, S. 175.
[644] Vgl. BFH-U. v. 22.11.1995, I R 114/94, BFHE Bd. 179, S. 298.
[645] Vgl. KÖSTER, Beate-Katrin, RIW 1994, S. 317, SCHWEBEL, in: DEJW, Kommentar, a.a.O., § 8a KStG, Tz. 33c.
[646] Würde der ausländische Anteilseigner die Beteiligung direkt aus dem Ausland halten, wäre dieser kraft DBA in Deutschland steuerfrei. Vgl. HEY, Friedrich, RIW 1994, S. 230.
[647] Vgl. HENKEL, Udo, JbFSt 1994/95, S. 597f.

er den Zinsaufwand als Sonderbetriebsausgabe bei der Ermittlung seines Gewinnanteils abziehen, da das Refinanzierungsdarlehen negatives Sonderbetriebsvermögen II darstellt. Auch hier kommt es zu einer Erstattung von Körperschaft- und Kapitalertragsteuer, wenn im Inland kein steuerpflichtiger Gewinn anfällt. Entfaltet die Personengesellschaft jedoch keine eigene wirtschaftliche Tätigkeit, und leitet sie die empfangenen Mittel tatsächlich durch, kann eventuell § 42 AO greifen.[648]

Eine weitere Gestaltungsmöglichkeit ergibt sich durch die Nachschaltung einer Personengesellschaft im Inland. Dabei hält der ausländische Anteilseigner die inländische Kapitalgesellschaft unmittelbar. Diese hält dann die inländische Personengesellschaft unmittelbar. Überläßt der ausländische Anteilseigner das Fremdkapital nicht der Kapitalgesellschaft, sondern der nachgeschalteten inländischen Personengesellschaft, sind die Tatbestandsvoraussetzungen des § 8a KStG nicht erfüllt. Die Fremdkapitalüberlassung an inländische Personengesellschaften ist nicht schädlich. Auch § 8a Abs. 5 KStG ist nicht anzuwenden, da nicht der ausländische Anteilseigner, sondern die inländische Kapitalgesellschaft Mitunternehmer der Personengesellschaft ist.[649] Zur Gründung der Personengesellschaft könnte nach § 24 UmwStG ein Teilbetrieb der Kapitalgesellschaft steuerneutral in sie eingebracht werden.

4.3.3. Konkurrenz zwischen § 8a KStG und § 8 Abs. 3 S. 2 KStG

Überläßt ein nichtanrechnungsberechtigter Anteilseigner seiner Kapitalgesellschaft Fremdkapital zu einem überhöhten Zinssatz, der einem Fremdvergleich nicht standhält, weil ein ordentlicher und gewissenhafter Geschäftsführer eine entsprechende Vereinbarung mit einem fremden Dritten in dieser Weise nicht getroffen hätte, ist bei Erfüllung der übrigen Voraussetzungen eine verdeckte Gewinnausschüttung nach § 8 Abs. 3 S. 2 KStG anzunehmen. Wenn dieses Darlehen gleichzeitig den nach § 8a KStG zulässigen safe haven des Anteilseigners übersteigt, treten die beiden Normen in Konkurrenz, und es stellt sich die Frage, welche der beiden Vorschriften vorrangig anzuwenden ist.

WOLFF,[650] BELLSTEDT[651] und PRINZ[652] vertreten unter Hinweis auf die amtliche Gesetzesbegründung[653] die Auffassung, § 8a KStG sei lex specialis und schließe in seinem Anwendungsbereich daher die Anwendung des § 8 Abs. 3 S.

[648] Vgl. KÖSTER, Beate-Katrin, RIW 1994, S. 317, STAIGER, in: LADEMANN, Kommentar, a.a.O., § 8a KStG, Anm. 177.
[649] Vgl. PRINZ, Ulrich, FR 1994, S. 626f, KRAUSHAAR, Rolf, a.a.O., S. 276.
[650] Vgl. WOLFF, Ulrich, IStR 1993, S. 450, zustimmend: GREFE, Cord, Steuerstud 1994, S. 204f, KÖSTER, Beate-Katrin, RIW 1994, S. 312.
[651] Vgl. BELLSTEDT, Christoph, DB 1995, S. 9.
[652] Vgl. PRINZ, in: HHR, Kommentar, a.a.O., § 8a KStG, Anm. 20.
[653] Vgl. BT-DrS 12/5016, S. 92.

2 KStG aus. Die Gesellschafter-Fremdfinanzierung sei durch den Gesetzgeber in einer eigenständigen Vorschrift geregelt worden. Im Interesse der Rechts- und Planungssicherheit komme eine parallele Geltung der allgemeinen Vorschriften des §8 Abs. 3 S. 2 KStG daher nicht in Frage. Dies ergebe sich auch aus dem Wortlaut der Vorschrift: Nach § 8a Abs. 1 S. 1 KStG sind Fremdkapitalvergütungen umzuqualifizieren, sofern das Gesellschafterfremdkapital den safe haven übersteigt. Da der Gesetzestext nicht zwischen angemessenen und überhöhten Vergütungen unterscheide, gelte die Vorschrift für beide Vergütungsteile, die somit als verdeckte Gewinnausschüttung nach § 8a KStG umzuqualifizieren seien. Die allgemeine Regelung des § 8 Abs. 3 S. 2 KStG gelte dann nur für den überhöhten Teil des Zinses innerhalb des safe haven.[654]

Beispiel: Ein nichtanrechnungsberechtigter Anteilseigner überläßt seiner Kapitalgesellschaft Fremdkapital in Höhe von DM 500.000 zu einem Zinssatz von 15%, obwohl sein safe haven nur DM 300.000 beträgt. Der Marktzins liegt bei 8%.
Bei der vorrangigen Anwendung des § 8a KStG ergibt sich folgende Lösung: Der gesamte auf den den safe haven übersteigenden Fremdkapitalbetrag entfallende Zinsaufwand gilt als verdeckte Gewinnausschüttung. Bei einem übersteigenden Betrag von DM 200.000 und einem Zinssatz von 15% führt dies zu einer Umqualifizierung von DM 30.000. Ergänzend wird anschließend § 8 Abs. 3 S. 2 KStG angewandt, nach dem die überhöhte Zinszahlung innerhalb des safe haven in eine vGA umqualifiziert wird. Da der Zinssatz um 7 Prozentpunkte überhöht ist, ergibt sich eine verdeckte Gewinnausschüttung von DM 21.000 (7% von DM 300.000). Insgesamt beträgt der umzuqualifizierende Betrag somit DM 51.000.

Die Finanzverwaltung[655] und die h.M. im Schrifttum folgen dieser Ansicht nicht, sondern vertreten die Auffassung, daß die Vorschrift des § 8a KStG nur die allgemeine Regelung der verdeckten Gewinnausschüttung in § 8 Abs. 3 S. 2 KStG ergänze. Die Aufgabe des § 8a KStG sei es, nur die nicht bereits nach den allgemeinen Grundsätzen als verdeckte Gewinnausschüttung zu behandelnde Vergütung unter den genannten Voraussetzungen dem Einkommen der Gesellschaft hinzuzurechnen. Dafür werde die Fiktion der Annahme einer verdeckten Gewinnausschüttung aufgestellt. Für überhöhte Vergütungen sei deren Anwendung nicht notwendig, da bereits die allgemeinen Grundsätze greifen. Da die Vorschrift des § 8a KStG somit nur auf die Umqualifizierung an sich angemessener Zinszahlungen ziele, müsse § 8 Abs. 3 S. 2 KStG vorrangig angewendet werden.[656]

---

[654] Vgl. GREFE, Cord, Steuerstud 1994, S. 204f.
[655] Vgl. BMF-Schr. v. 15.12.1994, a.a.O., Rdn. 3, 67f.
[656] Vgl. SCHWEBEL, in: DEJW, Kommentar, a.a.O., § 8a KStG, Tz. 4, STAIGER, in: LADEMANN, Kommentar, a.a.O., § 8a KStG, Anm. 36, 180, BLÜMICH/MENCK, Kommentar, a.a.O., § 8a KStG, Rz. 14, DÖRNER, Bernhard, Inf 1993, S. 439, HERZIG, Norbert, DB 1994, S. 172f, CATTELAENS, Heiner, WPg 1993, S. 561, FROTSCHER, Gerrit, IStR 1994, S. 203, IDW-Steuerfachausschuß, WPg 1994, S. 474. Zu diesem Ergebnis gelangt auch HENKEL, Udo, JbFSt 1994/95, S. 594f.

Somit wäre der überhöhte Zins für das gesamte Gesellschafterfremdkapital, auch innerhalb des safe haven, nach § 8 Abs. 3 S. 2 KStG umzuqualifizieren. Daran anschließend ist nach § 8a KStG die angemessene Zinszahlung für den den safe haven übersteigenden Betrag dem Einkommen der Gesellschaft hinzuzurechnen.

> Beispiel: Ein nichtanrechnungsberechtigter Anteilseigner überläßt seiner Kapitalgesellschaft Fremdkapital in Höhe von DM 500.000 zu einem Zinssatz von 15%, obwohl sein safe haven nur DM 300.000 beträgt. Der Marktzins liegt bei 8%.
> Der überhöhte Zins (7 Prozentpunkte) für das gesamte Fremdkapital ist als verdeckte Gewinnausschüttung nach § 8 Abs. 3 S. 2 KStG anzusehen. Daraus ergibt sich eine vGA in Höhe von DM 35.000 (7% von DM 500.000). Ergänzend ist nach § 8a KStG der angemessene Zins von 8% umzuqualifizieren, der auf den den safe haven übersteigenden Betrag entfällt. Dies entspricht einer vGA in Höhe von DM 16.000 (8% von DM 200.000). Insgesamt werden DM 51.000 umqualifiziert.

Anhand der beiden Beispiele wird deutlich, daß sich der dem Einkommen hinzuzurechnende Betrag unabhängig davon ergibt, welche Norm vorrangig anzuwenden ist. Bedeutsam ist diese Frage jedoch für die Ermittlung des Gewerbeertrags. Nach § 9 Nr. 10 S. 1 GewStG wird die nach § 8a KStG vorzunehmende Hinzurechnung der verdeckten Gewinnausschüttung zum Gewinn der Kapitalgesellschaft für Zwecke der Gewerbeertragsteuer durch eine Kürzung wieder neutralisiert.[657] Diese Kürzung wird nur dann vorgenommen, wenn eine verdeckte Gewinnausschüttung im Sinne des § 8a KStG vorliegt. Eine Hinzurechnung zum Einkommen nach § 8 Abs. 3 S. 2 KStG hingegen soll mit Gewerbeertragsteuer belastet werden, weshalb im Gewerbesteuergesetz keine entsprechende Kürzung vorgesehen ist. Im Hinblick auf die Gewerbesteuerbelastung bleibt es somit von Bedeutung, welche Norm vorrangig anzuwenden ist.
M.E. überzeugt ein Vorrang des § 8a KStG vor den allgemeinen Regelungen des § 8 Abs. 3 S. 2 KStG nicht. Ein entsprechender Vorrang würde dazu führen, daß die Zahlung einer überhöhten Vergütung auf den den safe haven übersteigenden Betrag durch die Kürzungsvorschrift des § 9 Nr. 10 GewStG gewerbesteuerlich privilegiert würde. Da überhöhte Vergütungen aber stets mit Gewerbeertragsteuer belastet sein sollen, und eine Besserstellung von überhöhten Zinszahlungen gegenüber anderen Nutzungsentgelten (Miete, Pacht etc.) nicht vertretbar ist, führt ein Vorrang von § 8a KStG zu einem unbefriedigenden Ergebnis. Daher ist der Auffassung der Finanzverwaltung und der h.M. im Schrifttum zu folgen und ein Vorrang von § 8a KStG vor § 8 Abs. 3 S. 2 KStG abzulehnen. Dieses Ergebnis führt zwar für die steuerpflichtige Kapitalgesellschaft zu einer höheren Gewerbesteuerbelastung, doch ist der höhere Gewerbesteueraufwand als Betriebsausgabe abziehbar.

---

[657] Nach § 9 Nr. 10 S. 2 GewStG sind unabhängig von der Kürzung nach S. 1 die gewerbesteuerlichen Hinzurechnungsvorschriften des § 8 Nr. 1 und 3 GewStG zu beachten.

4.3.4. Rechtsfolgen des § 8a KStG

4.3.4.1. Grundlagen

Sind die Tatbestandsvoraussetzungen des § 8a KStG erfüllt, so bestimmt Abs. 1 S. 1 der Vorschrift, daß die Vergütungen, die auf das den safe haven übersteigende Fremdkapital entfallen, als verdeckte Gewinnausschüttungen gelten. Ein Abzug als Betriebsausgabe ist somit nicht möglich. Weitere Einzelheiten hinsichtlich der Rechtsfolgen enthält der Gesetzeswortlaut nicht. Daher richten sich diese nach den allgemeinen Grundsätzen, die für verdeckte Gewinnausschüttungen i.S.d § 8 Abs. 3 S. 2 entwickelt wurden.
Die Rechtsfolgenverweisung[658] des § 8a Abs. 1 S. 1 KStG bestimmt, daß die Vergütungen als verdeckte Gewinnausschüttungen behandelt werden sollen und schafft damit einen selbständigen Tatbestand. Dabei ist unerheblich, ob die Tatbestandsvoraussetzungen einer verdeckten Gewinnausschüttung nach § 8 Abs. 3 S. 2 KStG[659] erfüllt sind.[660]

4.3.4.2. Rechtsfolgen auf der Gesellschaftsebene

Vergütungen für Fremdkapital, die nach § 8a KStG als verdeckte Gewinnausschüttungen gelten, sind bei der Ermittlung des Einkommens der Kapitalgesellschaft nicht als Betriebsausgabe abziehbar. Da die Vergütungen handelsrechtlich als Aufwand verbucht wurden, sind sie für Zwecke der Besteuerung dem steuerpflichtigen Einkommen wieder hinzuzurechnen.[661] Die Hinzurechnung erfolgt außerhalb der Bilanz[662] und beschränkt sich auf den Betrag, um den das Einkommen vorher gemindert wurde. Das um die verdeckte Gewinnausschüttung erhöhte Einkommen wird zunächst der tariflichen Körperschaftsteuer unterworfen,[663] wobei sich infolge der Einkommenserhöhung auch das verwendbare

---

[658] Vgl. BLÜMICH/MENCK, Kommentar, a.a.O., § 8a KStG, Rz. 50.

[659] Eine verdeckte Gewinnausschüttung nach § 8 Abs. 3 S. 2 KStG ist eine Vermögensminderung oder verhinderte Vermögensmehrung, die durch das Gesellschaftsverhältnis veranlaßt ist, sich auf die Höhe des Einkommens auswirkt und nicht auf einem den gesellschaftsrechtlichen Vorschriften beruhenden Gewinnverteilungsbeschluß beruht. Vgl. BFH-U. v. 11.10.1989, I R 12/87, BStBl. II 1990, S. 89, BFH-U. v. 22.2.1989, I R 44/85, BStBl. II 1989, S. 475, Abschn. 31 Abs. 3 KStR.

[660] SCHWEBEL, in: DEJW, Kommentar, a.a.O., § 8a KStG, Tz. 3, PRINZ, in: HHR, Kommentar, a.a.O., § 8a KStG, Anm. 20, 70.

[661] Dies folgt aus dem Grundsatz des § 8 Abs. 3 S. 1 KStG, wonach die Einkommensermittlung unabhängig von der Einkommensverteilung zu erfolgen hat. Vgl. auch LANGE, Joachim/REISS, Wolfram: Lehrbuch der Körperschaftsteuer, 7. Aufl., Herne/Berlin, 1994, S. 209ff, Rz. 225ff.

[662] Vgl. BFH-U. v. 29.6.1994, I R 137/93, BFHE Bd. 175, S. 350, DÖTSCH, in: DEJW, Kommentar, a.a.O., § 27 KStG, Tz. 174, WASSERMEYER, Franz: Die verdeckte Gewinnausschüttung rechtssystematisch gesehen, in: StVj 1993, S. 222 m.w.N., ARNDT, Hans-Wolfgang/LEIST, Matthias: Verdeckte Gewinnausschüttungen und verdeckte Einlagen im inländischen GmbH-Konzern, in: SteuerStud 1993, Beil. 2, S. 4. A.A.: MEYER-SIEVERS, Jürgen: Der "neue" Begriff der verdeckten Gewinnausschüttung im Verhältnis zum Betriebsvermögensbegriff des § 4 Abs. 1 EStG und zum Bestandsvergleich, in: DStR 1990, S. 544f.

Eigenkapital erhöht. In der Eigenkapitalgliederung ist der Zugang zum Schluß des Wirtschaftsjahres auszuweisen, in dem die verdeckte Gewinnausschüttung dem Einkommen hinzugerechnet wurde.[664]

Bei Abfluß der Mittel muß die Kapitalgesellschaft die Ausschüttungsbelastung herstellen[665] (§ 27 Abs. 1 KStG).[666]
Da der Gesellschafter einen zivilrechtlichen Anspruch auf die volle vereinbarte Vergütung hat, beträgt die Ausschüttungsbelastung bei der Gesellschaft 3/7 des ausgezahlten bzw. umqualifizierten Betrages.
Bei der verdeckten Gewinnausschüttung handelt es sich um eine andere Ausschüttung i.S.d. § 27 Abs. 3 S. 2 KStG. Nach § 28 Abs. 2 S. 2 KStG ist sie mit dem verwendbaren Eigenkapital zu verrechnen, das sich zum Schluß des Wirtschaftsjahres ergibt, in dem die Ausschüttung erfolgte. Somit verringert die verdeckte Gewinnausschüttung das verwendbare Eigenkapital erst in dem auf das Ausschüttungsjahr folgenden Jahr.[667] Die Körperschaftsteuerbelastung der Gesellschaft sowie die Verringerung des verwendbaren Eigenkapitals sind jeweils davon abhängig, welche Teile des verwendbaren Eigenkapitals als für die Ausschüttung verwendet gelten.[668]

> Beispiel: Zinsen in Höhe von 100 werden in eine verdeckte Gewinnausschüttung umqualifiziert. Der Gewinn ist 0.
> Das zu versteuernde Einkommen der Gesellschaft erhöht sich um 100. Nach Abzug der Tarifbelastung (45%) ergibt sich ein Zugang zum EK_{45} in Höhe von 55. Weiterhin wird eine Ausschüttung in Höhe von 100 angenommen.
> Fall 1: Das verwendbare Eigenkapital der Gesellschaft beträgt 0.
> Für die vGA gelten der EK_{45}-Bestand von 55 und die Körperschaftsteuerminderung von 15 (15/55 von 55) als verwendet. Die restlichen 30 werden dem EK_{02} entnommen, wodurch dieses negativ wird. Weiterhin ist eine Körperschaftsteuererhöhung von 3/7 von 30 (= 12,86) vorzunehmen, welche das negative EK_{02} weiter erhöht.
> Fall 2: Das verwendbare Eigenkapital weist EK_{45} in Höhe von 100 auf.
> Nach Abzug der Tarifbelastung von 45 ergibt sich ein Zugang zum EK_{45} in Höhe von 55. Dieses hat somit vor Ausschüttung einen Stand von 155. Bei Ausschüttung

---

663 Gemäß § 23 Abs. 1 KStG liegt der Steuersatz bei 45%.

664 Vgl. DÖTSCH/CATTELAENS u.a.: Körperschaftsteuer, a.a.O., Rz. 1168.

665 Vgl. BLÜMICH/FREERICKS, Kommentar, a.a.O., § 27 KStG, Rz. 96, JOHN, Gerd: Bemerkungen zum Rechtsinstitut der verdeckten Gewinnausschüttung, in: zfbf 1984, S. 433.

666 Vgl. BFH-U. v. 9.12.1987, I R 260/83, BStBl. II 1988, S. 462. Eine Ausnahme sieht § 40 KStG vor.

667 Der Eigenkapitalzugang aus der Einkommenserhöhung ist in jedem Fall geringer als die Eigenkapitalverringerung aus der Ausschüttung, da die verdeckte Gewinnausschüttung nur mit dem Nominalbetrag hinzugerechnet wird. Sie verbraucht also verwendbares Eigenkapital. Vgl. DÖTSCH/CATTELAENS u.a.: Körperschaftsteuer, a.a.O., Rdn. 1186, PEZZER, Heinz-Jürgen: Die verdeckte Gewinnausschüttung im Körperschaftsteuerrecht, a.a.O., S. 169f, ARNDT, Hans-Wolfgang/LEIST, Matthias, SteuerStud 1993, Beil. 2, S. 4. Zu einem Vergleich hinsichtlich der Körperschaftsteuerbelastung einer offenen und verdeckten Gewinnausschüttung siehe DÖTSCH, in: DEJW, Kommentar, a.a.O., § 27 KStG, Tz. 206.

668 Vgl. BMF-Schr. v. 15.12.1994, a.a.O., Rdn. 76. Zur Änderung der Körperschaftsteuer vgl. DÖTSCH/CATTELAENS u.a.: Körperschaftsteuer, a.a.O., Rz. 1131ff, 1187.

von 100 verringert sich das EK_{45} um 78,57 (55/70 von 100). Daneben gilt auch die KSt-Minderung von 21,43 (15/55 von 78,57) als für die Ausschüttung verwendet.

Werden die Vergütungen nicht im Jahr ihrer Entstehung an den Anteilseigner ausgezahlt, sondern von der Kapitalgesellschaft passiviert, muß das Einkommen der Gesellschaft in demselben Jahr durch die Hinzurechnung erhöht werden, in dem der Zinsaufwand angefallen ist. Da die Ausschüttungsbelastung erst bei Abfluß der Mittel hergestellt wird, fallen hier Hinzurechnung beim Einkommen und Herstellung der Ausschüttungsbelastung zeitlich auseinander.[669]

Da es sich bei der verdeckten Gewinnausschüttung für den Anteilseigner um einen Kapitalertrag i.S.d. § 20 Abs. 1 Nr. 1 EStG handelt, muß die Kapitalgesellschaft nach Auffassung der Finanzverwaltung[670] und des überwiegenden Teils des Schrifttums[671] bei Auszahlung der Mittel Kapitalertragsteuer nach § 43 Abs. 1 S. 1 Nr. 1 einbehalten. Diese beträgt nach § 43a Abs. 1 Nr. 1 EStG grundsätzlich 25% des Kapitalertrags, kann aber aufgrund besonderer Vorschriften ermäßigt werden.[672] Die Gesellschaft haftet dabei für die Abführung der Kapitalertragsteuer. Belastet die Gesellschaft den Anteilseigner nicht mit Kapitalertragsteuer, sondern trägt diese selbst, liegt darin eine weitere verdeckte Gewinnausschüttung.[673]
FROTSCHER[674] hingegen vertritt die Ansicht, daß die Kapitalertragsteuer nicht zu erheben sei, da die Umqualifizierung nur die Ebene der Gesellschaft betreffe, nicht aber den Vergütungsempfänger. Da dieser weiterhin Zinseinkünfte erziele, seien die Voraussetzungen des § 43 EStG für den Kapitalertragsteuerabzug nicht erfüllt. Die Vorschrift des § 8a KStG gelte nur für die Körperschaftsteuer und nicht für die Kapitalertragsteuer, welche eine Steuer des Vergütungsempfängers sei.
Weder die Behandlung der verdeckten Gewinnausschüttung beim Anteilseigner noch der Abzug von Kapitalertragsteuer wird von § 8a KStG gesetzlich festgelegt. Daher muß auf die allgemeinen Regeln zurückgegriffen werden, wonach die Umqualifizierung auch Wirkung für den Anteilseigner hat.

---

[669] Vgl. SCHWEBEL, in: DEJW, Kommentar, a.a.O., § 8a KStG, Tz. 4a, ACHENBACH, in: DEJW, Kommentar, a.a.O., § 8 KStG, Tz. 82, WASSERMEYER, Franz: Reform der "ungerechten" Vorschriften über verdeckte Gewinnausschüttungen, in: GmbHR 1994, S. 31.
[670] Vgl. BMF-Schr. v. 15.12.1994, a.a.O., Rdn. 76.
[671] Vgl. DÖRNER, Bernhard, Inf 1993, S. 440, BADER, Axel, NWB, F. 4, S. 3979, HERZIG, Norbert: Gesetzliche Regelung..., a.a.O., S. 201.
[672] Auf die Ermäßigung der Kapitalertragsteuer auf der Grundlage innerstaatlicher Vorschriften (z.B. §44d EStG) oder DBA wurde bereits oben hingewiesen.
[673] Vgl. BLÜMICH/FREERICKS, Kommentar, a.a.O., § 8 KStG, Rz. 139, BLÜMICH/LINDBERG, ebenda, § 43 EStG, Rz. 31.
[674] Vgl. FROTSCHER, Gerrit, IStR 1994, S. 208. Zustimmend: GAIL, Winfried/DÜLL, Alexander/ SCHUBERT, Christine/HESS-EMMERICH, Ulrike, GmbHR 1994, S. 761, MEILICKE, Wienand, BB 1994, S. 119, HEY, Friedrich, RIW 1994, S. 225.

Für den Abzug der Kapitalertragsteuer sollte aber m.E. weiter differenziert werden. Erfolgt die verdeckte Gewinnausschüttung an den Anteilseigner oder eine ihm nahestehende Person, ist gemäß den allgemeinen Grundsätzen Kapitalertragsteuer einzubehalten, da ein Zufluß beim Gläubiger vorliegt. Auch eine Zahlung an eine dem Anteilseigner nahestehende Person gilt als Zufluß. Wenn jedoch ein Dritter mit Rückgriffsrecht Empfänger der Vergütung ist, ergeben sich andere Folgen: Die Kapitalertragsteuer entsteht nach § 44 Abs. 1 S. 2 EStG erst zu dem Zeitpunkt, in dem die Kapitalerträge dem Gläubiger zufließen. Dabei wird jedoch ein Zufluß beim Gesellschafter oder einer ihm nahestehenden Person vorausgesetzt.[675] Ein Zufluß bei einem Dritten reicht nicht aus, da ein Vorteil beim Gesellschafter nicht eintritt. Deshalb sollte in diesem Fall ein Kapitalertragsteuerabzug unterbleiben.[676]

Die Hinzurechnung zum Einkommen der Gesellschaft erhöht zunächst den Gewerbeertrag, da dieser nach § 7 GewStG an den körperschaftsteuerlichen Gewinn aus Gewerbebetrieb anknüpft. In § 9 Nr. 10 GewStG ist jedoch eine entsprechende Kürzung vorgesehen, so daß sich die Hinzurechnung hinsichtlich der Gewerbesteuer nicht auswirkt. Die Folgen der Umqualifizierung von Zinszahlungen in eine verdeckte Gewinnausschüttung bleiben daher - anders als bei der verdeckten Gewinnausschüttung nach § 8 Abs. 3 S. 2 KStG - auf die Körperschaftsteuer beschränkt. Die allgemeinen Hinzurechungsvorschriften des § 8 Nr. 1 und 3 GewStG sind jedoch für Gesellschafterdarlehen anzuwenden.

4.3.4.3. Rechtsfolgen und Zurechnungsprobleme auf der Gesellschafterebene

4.3.4.3.1. Anteilseigner als Fremdkapitalgeber

Entsprechend den allgemeinen Vorschriften über die verdeckte Gewinnausschüttung wird die Zinszahlung an den unmittelbar beteiligten, darlehensgewährenden Gesellschafter aufgeteilt. Vergütungen, die auf denjenigen Kapitalteil entfallen, welcher den safe haven des nichtanrechnungsberechtigten Anteilseigners nicht übersteigt, stellen für den Empfänger Einkünfte aus Kapitalvermögen i.S.d. § 20 Abs. 1 Nr. 7 EStG dar.[677] Vergütungen auf den übersteigenden Betrag werden nach § 8a Abs. 1 S. 1 KStG in Einkünfte aus Kapitalvermögen i.S.v. § 20 Abs. 1 Nr. 1 EStG umqualifiziert.[678] Dies ergibt sich aus der Vorschrift des § 20

[675] Vgl. WINTER, Willi: Die Belastungsfolgen des neuen § 8a KStG, in: GmbHR 1994, S. 41.

[676] Vgl. PRINZ, in: HHR, Kommentar, a.a.O., § 8a KStG, Anm. 22. Wenn hinsichtlich des Tatbestandes von § 8a KStG nach verschiedenen Kreditgebern differenziert wird, muß dies nach PRINZ auch für für die Rechtsfolgen gelten. Zum gleichen Ergebnis kommen der IDW-Steuerfachausschuß, WPg 1994, S. 475 und HEY, Friedrich, RIW 1995, S. 307. Ähnlich auch: MENCK, Thomas, DStR 1995, S. 398.

[677] Wird das Fremdkapital im Rahmen einer typischen stillen Gesellschaft oder als partiarisches Darlehen überlassen, liegen Einkünfte nach § 20 Abs. 1 Nr. 4 vor, bei Besicherung durch Grundvermögen nach § 20 Abs. 1 Nr. 5 EStG.

[678] Vgl. STAIGER, in: LADEMANN, Kommentar, a.a.O., § 8 KStG, Anm. 258f.

Abs. 1 Nr. 1 S. 2 EStG, nach der verdeckte Gewinnausschüttungen Einnahmen i.S.d. § 20 Abs. 1 Nr. 1 EStG sind.
Für die beiden Vergütungsteile treten dann die allgemeinen Rechtsfolgen ein. Mit Zinseinkünften nach § 20 Abs. 1 Nr. 4, 5 oder 7 EStG unterliegt der ausländische Anteilseigner der beschränkten Steuerpflicht, wenn Einkünfte nach § 49 Abs. 1 Nr. 5 EStG vorliegen. Sind die Voraussetzungen des § 43 Abs. 1 S. 1 Nr. 2, 3 oder 7 EStG erfüllt, führt die auszahlende Gesellschaft in Abhängigkeit der Form der Fremdkapitalüberlassung Kapitalertragsteuer ab.[679] Für beschränkt Steuerpflichtige ist damit die Einkommen- bzw. Körperschaftsteuer abgegolten,[680] andernfalls wird der Empfänger im Inland veranlagt.[681]

Für den Teil der Zinszahlung, welcher als verdeckte Gewinnausschüttung betrachtet wird, gelten die allgemeinen Vorschriften über Dividendenzahlungen. Der ausländische Fremdkapitalgeber wird mit den Einkünften i.S.d. § 20 Abs. 1 Nr. 1 EStG nach § 49 Abs. 1 Nr. 5 Buchst. a EStG beschränkt steuerpflichtig. Durch die nach § 43 Abs. 1 S. 1 Nr. 1 EStG einbehaltene und ggf. ermäßigte Kapitalertragsteuer ist die Einkommen- bzw. Körperschaftsteuer abgegolten.[682]

Wenn zwischen dem ausländischen Sitzstaat des nichtanrechnungsberechtigten Anteilseigners und Deutschland kein DBA abgeschlossen wurde, kann es zu Qualifikationsproblemen hinsichtlich der Vergütung kommen. Es wird damit zu rechnen sein, daß der ausländische Fiskus die deutsche Qualifikation nicht nachvollzieht. Der Anteilseigner hat dann gemäß Welteinkommensprinzip sowohl die Zinszahlung als auch die Dividende als steuerpflichtige Zinseinkünfte anzusetzen, kann aber im Regelfall die in Deutschland einbehaltene Kapitalertragsteuer nach nationalem ausländischen Steuerrecht anrechnen. Vollzieht der ausländische Fiskus die Umqualifizierung nach, versteuert der Anteilseigner im Ausland sowohl Zins- als auch Beteiligungserträge. Während die Zinserträge steuerpflichtig sind und eine ggf. erhobene Kapitalertragsteuer im Regelfall anrechenbar ist, ist die Steuerbelastung der Dividenden im Ausland davon abhängig, ob das nationale ausländische Steuerrecht eine Freistellung ausländischer Beteiligungserträge aufgrund eines nationalen Schachtelprivilegs vorsieht. In diesem Fall wären die Beteiligungserträge zwar im Ausland von der Besteuerung freigestellt, gleichzeitig entfiele aber eine Anrechnung der Kapitalertragsteuer. Existiert kein Schachtelprivileg, sind die Beteiligungserträge steuerpflichtig. Dann richtet sich die ausländische Besteuerung danach, ob das ausländische Recht eine Anrechnung ausländischer Kapitalertrag- und Gewinnsteuern vorsieht.

[679] Auch hier ist eine Ermäßigung nach § 44d EStG oder DBA möglich.
[680] § 50 Abs. 5 S. 1 EStG und § 50 Abs. 1 Nr. 2 KStG.
[681] Zu weiteren Einzelheiten siehe oben Pkt. 4.2.3.3.2.4.2. und 4.2.3.3.2.5.4.
[682] Vgl. § 50 Abs. 5 S. 1 EStG und § 50 Abs. 1 Nr. 2 KStG. Zu weiteren Einzelheiten siehe oben Pkt. 4.2.3.3.2.4.1. und 4.2.3.3.2.5.3.

4.3.4.3.2. Nahestehende Person als Fremdkapitalgeber

Wird der Kapitalgesellschaft das Fremdkapital nicht von einem unmittelbar beteiligten, nichtanrechnungsberechtigten Anteilseigner überlassen, sind die Rechtsfolgen strittig. Nach Auffassung der Finanzverwaltung[683] gilt auch der nur mittelbar Beteiligte als Anteilseigner i.S.d. § 8a KStG. Da verdeckte Gewinnausschüttungen nach § 20 Abs. 2a EStG stets dem Anteilseigner zuzurechnen sind, will die Finanzverwaltung diese folglich wohl direkt dem nur mittelbar Beteiligten zurechnen.[684] Damit stößt sie nicht nur im Schrifttum auf Widerspruch,[685] sondern wendet sich auch von den allgemeinen Grundsätzen der vGA-Zurechnung ab. So kann eine verdeckte Gewinnausschüttung stets nur dem unmittelbar beteiligten Anteilseigner zugerechnet werden.[686] Ein mittelbar Beteiligter kann mangels Beteiligung keinen Beteiligungsertrag i.S.v. § 20 Abs. 1 Nr. 1 EStG erzielen.

Die Problematik des mittelbar Beteiligten wurde bereits oben[687] mit dem Ergebnis behandelt, daß ein nur mittelbar Beteiligter ausschließlich als nahestehende Person eines unmittelbar und wesentlich beteiligten, nichtanrechnungsberechtigten Anteilseigners unter § 8a KStG fallen kann. Im folgenden soll also davon ausgegangen werden, daß für eine verdeckte Gewinnausschüttung an den nur mittelbar beteiligten Darlehensgeber die Rechtsfolgen für nahestehende Personen gelten.
Eine verdeckte Gewinnausschüttung an eine dem Anteilseigner nahestehende Person wird steuerlich stets dem Anteilseigner selbst zugerechnet.[688] Die weitere steuerliche Behandlung ist davon abhängig, welches Verhältnis zwischen der nahestehenden Person als Zuwendungsempfänger und dem Anteilseigner besteht. Möglich ist, daß die nahestehende Person selbst eine Tochtergesellschaft des nichtanrechnungsberechtigten Anteilseigners, also eine Schwestergesellschaft der inländischen Kapitalgesellschaft ist.

---

683 Vgl. BMF-Schr. v. 15.12.1994, a.a.O., Rdn. 7. Siehe dazu auch oben Pkt. 4.3.2.4.1.

684 Vgl. BMF-Schr. v. 15.12.1994, a.a.O., Rdn. 77. So auch THIEL, Jochen, in: Diskussion, in: Gesellschafterfremdfinanzierung und Beteiligung..., a.a.O., S. 21.

685 Ablehnend: HERZIG, Norbert: Gesetzliche Regelung..., a.a.O., S. 201.

686 Vgl. BFH-U. v. 25.10.1963, I 325/61 S, BStBl. III 1964, S. 19. DÖTSCH/CATTELAENS u.a.: Körperschaftsteuer, a.a.O., Rz. 436, WASSERMEYER, Franz, DB 1987, S. 1116.

687 Siehe dazu Pkt. 4.3.2.4.1. und 4.3.2.4.2.

688 Vgl. DÖLLERER, Georg: Verdeckte Gewinnausschüttungen und verdeckte Einlagen bei Kapitalgesellschaften, a.a.O., S. 46, BLÜMICH/FREERICKS, Kommentar, a.a.O., § 8 KStG, Rz. 97, STAIGER, in: LADEMANN, Kommentar, a.a.O., § 8 KStG, Anm. 188, 234, 261, ACHENBACH, in: DEJW, Kommentar, § 8 KStG, Tz. 61, 66, HERZIG, Norbert, DB 1994, S. 115, WICHMANN, Gerd: Verdeckte Gewinnausschüttungen an Nichtgesellschafter?, in: DB 1994, S. 2102, WASSERMEYER, Franz, DB 1987, S. 1120. A.A.: MEILICKE, Wienand, BB 1994, S. 119.

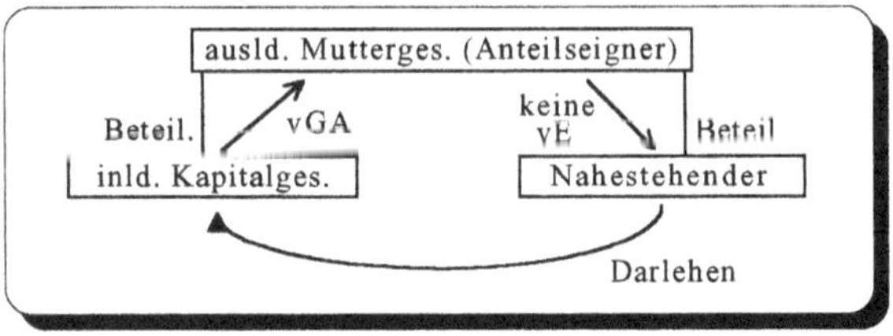

Abb. 22

In diesem Fall greifen die Grundsätze, die der BFH in seinem Beschluß vom 26.10.1987 aufgestellt hat:[689] Die Zuwendung zwischen Schwestergesellschaften wird so behandelt, als habe die inländische Kapitalgesellschaft ihrem Anteilseigner die Mittel für die Zuwendung an den Nahestehenden zur Verfügung gestellt. Die verdeckte Gewinnausschüttung der inländischen Kapitalgesellschaft an den Nahestehenden wird für Zwecke der Besteuerung folglich dem Anteilseigner zugerechnet und gilt bei ihm als zugeflossen. Weiterhin geht der BFH davon aus, daß der Anteilseigner (ausländische Muttergesellschaft) den von der inländischen Kapitalgesellschaft zugewendeten Vorteil für die Zwecke seiner Beteiligung am Nahestehenden verbraucht hat. Da die Nutzungsüberlassung von Kapital an den Nahestehenden kein einlagefähiges Wirtschaftsgut darstellt, kann es sich nicht um eine verdeckte Einlage des Anteilseigners handeln.[690] Stattdessen ist beim Anteilseigner Aufwand anzunehmen, so daß sich bei ihm der Beteiligungsertrag aus der Zurechnung der verdeckten Gewinnausschüttung und der Aufwand aus dem Vorteilsverbrauch ausgleichen.[691]

Beim Nahestehenden kann mangels Beteiligung an der inländischen Kapitalgesellschaft kein Beteiligungsertrag angenommen werden. Ebensowenig liegt eine Einlage des Anteilseigners vor. Folglich erzielt der Nahestehende einen Zinsertrag, so als hätte die inländische Kapitalgesellschaft die Zinsen für den Anteilseigner an den Nahestehenden gezahlt.

Für die Anwendung des § 8a KStG muß sowohl der Anteilseigner als auch die ihm nahestehende Person nichtanrechnungsberechtigt sein. Insofern ist es für die inländische Besteuerung unerheblich, ob die verdeckte Gewinnausschüttung dem Anteilseigner oder dem Nahestehenden zugerechnet wird. Das Anrechnungsguthaben ist in jedem Fall verloren. Auch die Frage, ob beim Anteilseigner ein Vorteilsverbrauch oder eine Weiterausschüttung anzunehmen ist, beeinflußt die steuerliche Behandlung in Deutschland zunächst nicht, da der Anteilseigner eine Gesellschaft mit Sitz oder Geschäftsleitung im Ausland ist.

[689] Vgl. BFH-B. v. 26.10.1987, GrS 2/86, BStBl. II 1988, S. 356, ebenso BFH-U. v. 23.10.1985, I R 247/81, BStBl. II 1986, S. 199.

[690] A.A.: LANG, Joachim: Besteuerung verdeckter Gewinnausschüttungen bei verbundenen Unternehmen, in: FR 1984, S. 637.

[691] Vgl. SCHIRMER, Hans-J.: Die Steuerwirkung der verdeckten Gewinnausschüttung und verdeckten Einlage bei verbundenen Unternehmen nach dem Steuerreformgesetz 1990, in: GmbHR 1989, S. 520.

Infolge dieser Zurechnung wird der nichtanrechnungsberechtigte Anteilseigner mit der verdeckten Gewinnausschüttung im Inland beschränkt steuerpflichtig. Seine Steuer ist durch den Abzug von Kapitalertragsteuer abgegolten,[692] für dessen Abführung die Kapitalgesellschaft haftet.[693]

Die Frage, ob ein Vorteilsverbrauch oder eine Weiterausschüttung vorliegt, kann aber in einem anderen Fall für die inländische Besteuerung Bedeutung erlangen: Ist die nahestehende Person nicht eine Schwestergesellschaft der inländischen Kapitalgesellschaft, sondern ein weiter oben im Konzern angesiedeltes Unternehmen, ist nach den allgemeinen Regeln eine Durchschüttung der verdeckten Gewinnausschüttung durch alle Konzerngesellschaften anzunehmen.[694] Ist eine der Gesellschaften, durch die durchgeschüttet wird, eine inländische, wird der Vorgang für die inländische Besteuerung relevant.

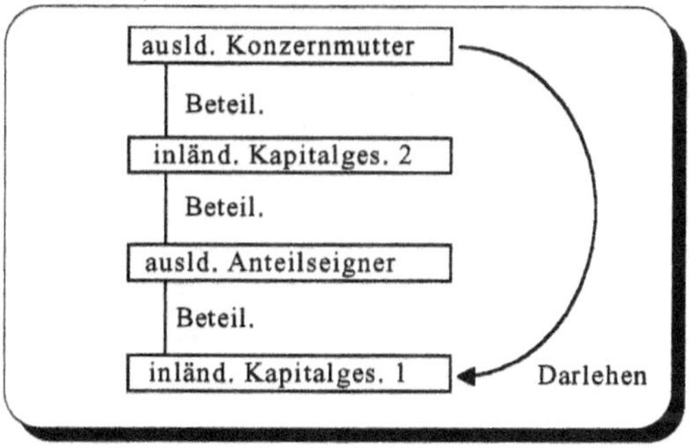

Abb. 23

Hier ist die ausländische Konzernmutter, die zentral alle Konzerngesellschaften mit Fremdkapital versorgt, eine dem Anteilseigner nahestehende Person. Beim Anteilseigner kann in diesem Falle kein Verbrauch des Vorteils für Zwecke der Beteiligung vorliegen, da er nicht am Darlehensgeber beteiligt ist. Die Grundsätze des o.g. BFH-Beschlusses können somit nicht angewendet werden. Stattdessen ist eine Durchschüttung durch sämtliche verbundenen Unternehmen bis zur ausländischen Konzernmutter anzunehmen. Dabei wird für jede einzelne Gesellschaft eine verdeckte Gewinnausschüttung an ihren unmittelbaren Anteilseigner fingiert. Im Ergebnis entspricht die Anzahl der einzelnen Ausschüttungen dann den Stufen des Konzerns.[695]

[692]Vgl. GROH, Manfred: Nutzungseinlage, Nutzungsentnahme und Nutzungsausschüttung, in: DB 1988, S. 574f.

[693]Vgl. BFH-U. v. 22.10.1986, I R 107/82, BStBl. II 1987, S. 295, SENDER, Lothar: Verdeckte Gewinnausschüttung und Kapitalertragsteuerabzug, in: StB 1994, S. 52.

[694]Vgl. LANG, Joachim: Verdeckte Gewinnausschüttungen bei verbundenen Unternehmen - Steuerrecht, in: JbFSt 1984/85, S. 525, STAIGER, in: LADEMANN, Kommentar, a.a.O., § 8 KStG, Anm. 218, HERZIG, Norbert: Gesetzliche Regelung..., a.a.O., S. 201. Auch BFH-U. v. 23.10.1985, I R 247/81, BStBl. II 1986, S. 199.

[695]Vgl. WASSERMEYER, Franz: Stellungnahme zu ausgewählten Zweifelsfragen..., a.a.O., S. 4f.

Haben sämtliche übergeordneten Gesellschaften Sitz oder Geschäftsleitung im Ausland, ist die Lösung hinsichtlich der inländischen Besteuerung unproblematisch. Schwieriger wird der Fall, wenn mindestens eine dieser Gesellschaften eine inländische ist (siehe Abbildung oben). In diesem Fall würde eine verdeckte Gewinnausschüttung vorliegen zwischen der inländischen Kapitalgesellschaft 1 und ihrem Anteilseigner, zwischen dem Anteilseigner und der inländischen Kapitalgesellschaft 2 und zwischen dieser und der ausländischen Konzernmutter. Für Kapitalgesellschaft 1 ergäben sich die oben[696] genannten Rechtsfolgen. Daneben hätte die Durchschüttungsfiktion Auswirkungen auf Kapitalgesellschaft 2: Bei dieser wäre ein Beteiligungsertrag (ohne Körperschaftsteuerguthaben) anzunehmen, der grundsätzlich steuerpflichtig ist. Eine Ausnahme ergäbe sich nur, wenn die Voraussetzungen eines Schachtelprivilegs erfüllt wären, und der Ertrag dem EK_{01} zuzurechnen wäre. Eine steuerfreie Weiterleitung von Auslandserträgen nach § 8b Abs. 1 KStG käme hier nicht in Betracht, da die Kapitalgesellschaft 2 die Bezüge nicht von einer unbeschränkt steuerpflichtigen Kapitalgesellschaft oder Körperschaft i.S.d. § 43 KStG erhielte. Weiterhin würde eine verdeckte Gewinnausschüttung von Kapitalgesellschaft 2 an die ausländische Konzernmutter angenommen. Hierfür müßte nicht nur die Ausschüttungsbelastung hergestellt werden, sondern auch erneut Kapitalertragsteuer abgeführt werden.[697] Ein weiteres Problem ergäbe sich, wenn das belastete verwendbare Eigenkapital für die Ausschüttung nicht mehr ausreichte, so daß EK_0 verwendet werden müßte. Dann nähme die Körperschaftsteuerbelastung von Kapitalgesellschaft 2 zu, obwohl sie die Fremdfinanzierung von Kapitalgesellschaft 1 durch die Konzernmutter nicht berührt.[698]

Die Durchschüttungsfiktion wird in Anbetracht dieser Mängel von WASSERMEYER[699] abgelehnt. Nach seiner Auffassung soll die verdeckte Gewinnausschüttung an eine dem Anteilseigner nahestehende Person in Übereinstimmung mit den allgemeinen Regeln dem Anteilseigner zugerechnet werden. Anschließend wird aber keine Weiterausschüttung über alle Konzernstufen angenommen, sondern eine Zinszahlung vom Anteilseigner an den Nahestehenden (Darlehensgeber). Diese Zahlung führt an der Beteiligungskette vorbei direkt zur Konzernmutter und hat somit für die dazwischenliegenden, übergeordneten Konzerngesellschaften keine Auswirkungen.

Der als Zinszahlung anerkannte Betrag wird hiervon nicht berührt. Für den als verdeckte Gewinnausschüttung qualifizierten Teil der Zinszahlung erfolgt die steuerliche Behandlung so, als habe die Konzernmutter dem Anteilseigner

PRINZ spricht sich für eine behutsam zu interpretierende Weiterausschüttungsfiktion aus. Vgl. PRINZ, in: HHR, Kommentar, a.a.O., § 8a KStG, Anm. 32.

[696] Vgl. Pkt. 4.3.4.2.

[697] Wenn die Konzernmutter in einem anderen Staat als der unmittelbare Anteilseigner ansässig wäre, stellte sich außerdem die Frage, welches DBA anzuwenden sei.

[698] Da diese steuerlichen Nachteile auch bei offenen Gewinnausschüttungen vorliegen, dürften solche Konstruktionen nur in Ausnahmefällen anzutreffen sein.

[699] Vgl. WASSERMEYER, Franz: Stellungnahme zu ausgewählten Zweifelsfragen..., a.a.O., S. 4f.

Fremdkapital zugeführt, das dieser als Eigenkapital an die inländische Kapitalgesellschaft weitergeleitet hat. Die Kapitalgesellschaft hat dann Zinsen an die Konzernmutter für ihren Anteilseigner gezahlt.[700]
Für die inländische Kapitalgesellschaft ergeben sich hieraus die allgemeinen Folgen einer verdeckten Gewinnausschüttung.[701] Beim Anteilseigner ist aufgrund der verdeckten Gewinnausschüttung ein Beteiligungsertrag anzunehmen. Das Körperschaftsteuerguthaben verfällt, da der Anteilseigner nichtanrechnungsberechtigt ist. Gleichzeitig liegt bei ihm Zinsaufwand in gleicher Höhe vor, der aus der Zinszahlung an den Nahestehenden resultiert.[702] Die ausländische Konzernmutter erzielt folgerichtig einen Zinsertrag. Somit kommt es bei ihr nicht zu Qualifikationsproblemen, da sie Fremdkapital ausreicht und Empfänger von Zinszahlungen ist.

Der Vorschlag von WASSERMEYER weicht von den allgemeinen Rechtsfolgen einer verdeckten Gewinnausschüttung, die eine Durchschüttung vorsehen, ab. Daher stellt sich die Frage, ob es die Reichweite des § 8a KStG erlaubt, eine verdeckte Gewinnausschüttung nur auf der ersten Stufe zwischen der inländischen Kapitalgesellschaft und ihrem Anteilseigner anzunehmen, oder ob eine solche auf allen Stufen anzunehmen sei.
Nach WASSERMEYER bestimmt sich die Auswirkung einer verdeckten Gewinnausschüttung beim Gesellschafter nicht nach dem KStG, sondern nach § 20 Abs. 1 Nr. 1 EStG.[703] Folglich könne eine Durchschüttung bis hin zur nahestehenden Person nur dann erfolgen, wenn dieser infolge einer stufenweisen Durchleitung durch die einzelnen Konzerngesellschaften ein Vermögensvorteil zugewendet wurde. Nach den allgemeinen Regeln sei eine solche Zuwendung Tatbestandsvoraussetzung des § 20 Abs. 1 Nr. 1 S. 2 EStG. Im Fall der Fremdfinanzierung aber erhalte die Konzernmutter keinen Vermögensvorteil, sondern nur ein angemessenes Entgelt für die Fremdkapitalüberlassung. Außerdem gebe es ihr gegenüber keine Rechtsgrundlage für eine Umqualifizierung angemessener Zinsen in eine verdeckte Gewinnausschüttung.[704]
Der Argumentation von WASSERMEYER ist m.E. zu folgen. Gegenüber der Konzernmutter kann eine verdeckte Gewinnausschüttung nicht angenommen werden. Es muß daher für sie bei einer Zinszahlung bleiben. Im übrigen werden infolge dieser Sichtweise auch die Probleme vermieden, die aus einer Durchschüttung resultieren würden.

---

[700] Vgl. WASSERMEYER, Franz: Stellungnahme zu ausgewählten Zweifelsfragen..., a.a.O., S. 5, ders. in: IStR 1995, S. 107f.
[701] Vgl. oben Pkt. 4.3.4.2.
[702] Auf diese Weise wird der Anteilseigner im Ergebnis entsprechend dem BFH-B. v. 26.10.1987 behandelt.
[703] Vgl. WASSERMEYER, Franz, in: Diskussion, in: Gesellschafterfremdfinanzierung und Beteiligung, a.a.O., S. 21.
[704] Vgl. ebenda, S. 23, ders. in: IStR 1995, S. 107f.

Der nichtanrechnungsberechtigte Anteilseigner wird mit dem als verdeckte Gewinnausschüttung qualifizierten Teil der Vergütung beschränkt steuerpflichtig.[705] Die Steuer ist durch den Abzug von Kapitalertragsteuer abgegolten.[706] Infolge der Abgeltungswirkung darf der Anteilseigner Betriebsausgaben, die mit der Einnahme zusammenhängen, nicht abziehen.[707] Der Vorteilsverbrauch (Zinsaufwand) durch die Weiterleitung der Zahlung an den Nahestehenden mindert daher die inländische Steuerbelastung nicht.[708] Für den Kapitalertragsteuerabzug gilt aufgrund der Zurechnungsvorschrift die Beziehung zwischen der inländischen Kapitalgesellschaft und dem Anteilseigner.[709]

Die nichtanrechnungsberechtigte, dem Anteilseigner nahestehende Person wird im Inland mit dem als Zinszahlung qualifizierten Teil der Vergütung beschränkt steuerpflichtig, wenn die Tatbestände des § 49 Abs. 1 Nr. 5 EStG erfüllt sind. Liegen die Voraussetzungen des § 43 Abs. 1 S. 1 Nr. 2, 3 oder 7 EStG vor, wird Kapitalertragsteuer einbehalten, welche Abgeltungswirkung hat. Unter Umständen wird der beschränkt Steuerpflichtige veranlagt.[710] Für den Kapitalertragsteuerabzug gilt hier die Beziehung zwischen der inländischen Kapitalgesellschaft und dem Nahestehenden.

> Beispiel: Eine inländische Kapitalgesellschaft K nimmt bei einer dem Anteilseigner AE nahestehenden Person N ein Darlehen auf. Die Vergütung beträgt DM 200.000. Ein Teil von DM 100.000 wird als Zinszahlung anerkannt, während die restlichen DM 100.000 als verdeckte Gewinnausschüttung qualifiziert werden.
> Die vGA wird AE zugerechnet, der beschränkt steuerpflichtige Einnahmen in Höhe von DM 100.000 hat. Auf diesen Betrag muß die Kapitalgesellschaft die Ausschüttungsbelastung herstellen (3/7 von 100.000 = 42.857). Nach Abzug der Kapitalertragsteuer ist die Steuerpflicht des AE im Inland abgegolten (max. 25% von 100.000 = 25.000).
> N erzielt als Zinsempfänger Einnahmen in Höhe von DM 100.000. Unterliegen seine Zinseinnahmen der beschränkten Steuerpflicht, kommt es entweder zum Kapitalertragsteuerabzug mit Abgeltungswirkung, oder er wird veranlagt. Andernfalls werden die Zinseinnahmen nicht mit einer Steuer belastet. An N dürfen somit nur DM 175.000 ausgezahlt werden (Dividende: 100.000-25.000 KapESt + Zinsen 100.000).

Hat die inländische Kapitalgesellschaft mehrere Anteilseigner, ist nach den allgemeinen Regeln die verdeckte Gewinnausschüttung den Anteilseignern entsprechend ihrer Beteiligungsquote zuzurechnen.[711]

---

[705] § 2 Nr. 1 KStG, § 1 Abs. 4 EStG und § 49 Abs. 1 Nr. 5 Buchst. a EStG.
[706] § 50 Abs. 5 S. 1 EStG, § 50 Abs. 1 Nr. 1 und 2 KStG, § 43 Abs. 1 S. 1 Nr. 1 EStG.
[707] § 43a Abs. 2 S. 1 EStG, § 8 Abs. 7 KStG.
[708] Zu weiteren Einzelheiten siehe Pkt. 4.2.3.3.2.4.1. und 4.2.3.3.2.5.3.
[709] Ist der Anteilseigner im EU-Ausland ansässig, gilt § 44d EStG, auch wenn der Nahestehende nicht EU-Ausländer ist.
[710] § 50 Abs. 5 S. 1 EStG, § 50 Abs. 1 Nr. 1 oder 2 KStG. Zu weiteren Einzelheiten siehe Pkt. 4.2.3.3.2.4.2. und 4.2.3.3.2.5.4.

Sind sowohl der Anteilseigner als auch der Nahestehende ausländische Gesellschaften, wird der ausländische Fiskus die unterschiedliche Zurechnung der Einnahmen nach deutschem Recht in den meisten Fällen nicht nachvollziehen. Wenn nach ausländischem Steuerrecht daher beim Anteilseigner kein Beteiligungsertrag angesetzt wird, entfällt für ihn nicht nur die direkte Anrechnung der Kapitalertragsteuer, sondern auch eine etwaige indirekte Anrechnung der deutschen Körperschaftsteuer.
Denkbar wäre aber, daß der Nahestehende zumindest die Kapitalertragsteuer anrechnen kann, wenn der ausländische Staat die Umqualifizierung nicht nachvollzieht, sondern die in Deutschland einbehaltene Steuer als vom Nahestehenden entrichtet und als auf dessen Zinseinkünfte entfallend wertet. Dies ist aber nur möglich, wenn nach DBA die Erhebung einer Quellensteuer auf Zinsen überhaupt zulässig ist. Die ggf. auf die Zinszahlung erhobene Kapitalertragsteuer kann der Nahestehende in der Regel anrechnen.

4.3.4.3.3. Dritte als Fremdkapitalgeber

Für den Fall, daß die inländische Kapitalgesellschaft das Fremdkapital von einem Dritten mit Rückgriffsrecht aufnimmt, der weder Anteilseigner ist, noch einem solchen nahesteht, ist zwischen dem Rückgriff aufgrund einer Back-to-back-Finanzierung und einer Bürgschaft oder ähnlichen Kreditsicherheit zu unterscheiden.
Bei einem Back-to-back-Darlehen fließt die Zinszahlung wirtschaftlich betrachtet nach Abzug einer beim Dritten verbleibenden Zinsspanne dem Anteilseigner zu. Übersteigt das von dem Dritten aufgenommene Fremdkapital den safe haven des Anteilseigners, sieht § 8a KStG die Annahme einer verdeckten Gewinnausschüttung vor. Auch diese ist nach den allgemeinen Grundsätzen dem Anteilseigner zuzurechnen.[712] Da der Dritte weder gesellschaftsrechtlich mit der Kapitalgesellschaft oder dem Anteilseigner verbunden, noch als nahestehende Person zu qualifizieren ist, kann er nicht Empfänger der verdeckten Gewinnausschüttung sein. Der als verdeckte Gewinnausschüttung qualifizierte Teil der Zinszahlung gilt mit Auszahlung als dem nichtanrechnungsberechtigten Anteilseigner zugeflossen. Dieser erzielt somit Einnahmen i.S.d. § 20 Abs. 1 Nr. 1 EStG und wird beschränkt steuerpflichtig, wobei die Steuer durch den Abzug von Kapitalertragsteuer abgegolten ist. Für diese ist infolge der Zurechnungsfiktion die Beziehung zwischen der inländischen Kapitalgesellschaft und dem Anteilseigner maßgebend.

Der als Zinszahlung anerkannte Teil der Vergütung gilt dann bei dem Dritten als zugeflossen. Ist dieser nichtanrechnungsberechtigt, wird er beschränkt steuer-

---

[711] Vgl. HEY, Friedrich, RIW 1994, S. 227.
[712] Vgl. BMF-Schr. v. 15.12.1994, a.a.O., Rdn. 25, HERZIG, Norbert, DB 1994, S. 115.

pflichtig, wenn die Tatbestände des § 49 Abs. 1 Nr. 5 EStG erfüllt sind. Bei Erfüllung der Voraussetzungen des § 43 Abs. 1 S. 1 Nr. 2, 3 oder 7 EStG wird Kapitalertragsteuer einbehalten, wodurch die inländische Steuer abgegolten ist. Die an den Anteilseigner gezahlten Zinsen sind dabei nicht als Betriebsausgaben oder Werbungskosten abziehbar. Möglich ist auch, daß der Steuerpflichtige veranlagt wird oder die Zinsen ohne steuerliche Belastung im Inland erhält. Falls Kapitalertragsteuer einbehalten wird, richtet sich diese nach der Beziehung zwischen der inländischen Kapitalgesellschaft und dem Dritten.
Die Rechtsfolgen des § 8a KStG gelten auch, wenn der Dritte anrechnungsberechtigt ist. In diesem Fall unterliegt er mit dem als Zinszahlung i.S.d. § 20 Abs. 1 Nr. 4, 5 oder 7 EStG qualifizierten Teil der Vergütung der unbeschränkten Steuerpflicht. Die Subsidiaritätsklausel des § 20 Abs. 3 EStG ist zu beachten. Der Dritte kann die aufgrund des Back-to-back-Darlehens an den Anteilseigner zu zahlenden Zinsen als Betriebsausgabe bzw. Werbungskosten ansetzen. Gegebenenfalls einbehaltene Kapitalertragsteuer kann er nach § 36 Abs. 2 Nr. 2 EStG anrechnen.[713]
Wenn der Dritte der unbeschränkten Steuerpflicht unterliegt, wird für die inländische Besteuerung die Beziehung zwischen dem Anteilseigner und dem Dritten wieder relevant. Eine Durch- bzw. Weiterausschüttung der verdeckten Gewinnausschüttung durch den Anteilseigner an den Dritten kann nicht in Frage kommen, da zwischen beiden keine gesellschaftsrechtliche Beziehung besteht. Fraglich ist, ob eine Zinszahlung des Anteilseigners an den Dritten angenommen werden kann. Wird der als verdeckte Gewinnausschüttung qualifizierte Teil der Vergütung nach WASSERMEYER[714] so behandelt, als habe der Dritte dem Anteilseigner Fremdkapital überlassen, das dieser als Eigenkapital an die inländische Kapitalgesellschaft weitergeleitet hat, kommt man zu dem Ergebnis, daß die inländische Kapitalgesellschaft die Zinsen für den Anteilseigner an den Dritten gezahlt hat. Der verdeckten Gewinnausschüttung bei der inländischen Kapitalgesellschaft steht dann ein Beteiligungsertrag beim Anteilseigner gegenüber. Weiterhin wäre bei diesem ein Zinsaufwand anzunehmen,[715] der sich allerdings infolge der Nichtanrechnungsberechtigung des Anteilseigners nicht auf die inländische Besteuerung auswirkt. Der Anteilseigner gibt die verdeckte Gewinnausschüttung dann als Zinszahlung an den unbeschränkt steuerpflichtigen Dritten weiter. Für diesen müßte dann ein entsprechender, im Inland steuerpflichtiger Zinsertrag[716] angenommen werden.

---

[713] HERZIG weist darauf hin, daß es zu einer Übermaßbesteuerung kommt, wenn der Dritte Inländer ist. Zum einen wird die Vergütung bei der inländischen Kapitalgesellschaft als vGA versteuert, zum anderen erneut beim Dritten mit deutscher Steuer belastet. Vgl. HERZIG, Norbert, DB 1994, S. 115.
[714] Vgl. WASSERMEYER, Franz: Stellungnahme zu ausgewählten Zweifelsfragen..., a.a.O., S. 4f.
[715] So auch HERZIG, Norbert, DB 1994, S. 115.
[716] Auch wenn der Dritte die Zinsen von einem Nichtanrechnungsberechtigten bezieht, handelt es sich nicht um steuerfreie Einnahmen.

Dieses Ergebnis scheint auf den ersten Blick unbefriedigend, da die verdeckte Gewinnausschüttung nicht nur bei der inländischen Kapitalgesellschaft besteuert wird, sondern auch für den Anteilseigner Kapitalertragsteuer einbehalten wird, und schließlich der inländische Dritte den verbleibenden Betrag als Zinseinnahme versteuert. Trotzdem ist dies die Lösung, die sich aus den allgemeinen Regeln ergibt. Im übrigen fällt die Besteuerung der Zahlung bei dem Dritten nicht ins Gewicht, da dieser die an den Anteilseigner entrichteten Refinanzierungsaufwendungen aus dem Back-to-back-Darlehen abziehen kann.

Auch für den Fall, daß kein Back-to-back-Darlehen vorliegt, sondern der Rückgriff des Dritten auf einer Bürgschaft (oder harten Patronatserklärung) des Anteilseigners basiert, soll eine verdeckte Gewinnausschüttung angenommen werden.[717] Damit treten dieselben Rechtsfolgen für Anteilseigner und Dritten ein, wie bei einem Back-to-back-Darlehen. Die verdeckte Gewinnausschüttung wird zunächst dem Anteilseigner zugerechnet und von diesem als Zinszahlung an den Dritten weitergeleitet. Die als Zinszahlung anerkannte Vergütung wird direkt dem Dritten zugerechnet. Auch hier muß unterschieden werden, ob der Dritte anrechnungsberechtigt ist oder nicht.
Falls er Inländer ist, wird der als verdeckte Gewinnausschüttung qualifizierte Teil der Vergütung im Inland einer mehrfachen Belastung unterworfen. Zunächst unterliegt der Betrag bei der inländischen Kapitalgesellschaft infolge der Hinzurechnung zum Einkommen der Körperschaftsteuer. Für den Anteilseigner wird anschließend Kapitalertragsteuer abgeführt. Zuletzt erhöht der Betrag das steuerpflichtige Einkommen des Dritten. Da hier aber kein Back-to-back-Darlehen vorliegt, sondern der Dritte nur ein Rückgriffsrecht aufgrund einer Bürgschaft hat, leitet er die Mittel nicht an den Anteilseigner weiter. Insofern kann er auch keine Refinanzierungsaufwendungen geltend machen.
Bereits oben wurde darauf hingewiesen, daß unter diesen Umständen das gesetzgeberische Ziel, die Einmalbelastung herzustellen, verfehlt wird.[718] Der Gesetzeszweck erfordert die Einbeziehung eines inländischen Dritten in diesem Fall nicht. Auch nach Betrachtung der Rechtsfolgen im einzelnen zeigt sich, daß eine Anwendung der allgemeinen Regeln einer verdeckten Gewinnausschüttung für den Fall einer Darlehensgewährung durch einen anrechnungsberechtigten Dritten zu keinem sinnvollen und wirtschaftlich gerechtfertigten Ergebnis kommt. Da hier dem Anteilseigner weder indirekt noch direkt Mittel zufließen, und eine gesellschaftsrechtliche Beziehung zu dem Dritten nicht besteht, führt es zu nicht mehr sachgerechten Ergebnissen, dem Anteilseigner eine verdeckte Gewinnausschüttung zuzurechnen, nur weil er eine Bürgschaft abgegeben hat. Im Interesse einer den wirtschaftlichen Gegebenheiten möglichst nahekommende steuerliche

---

[717] Zu weiteren Einzelheiten siehe Pkt. 4.3.2.4.3.
[718] Vgl. dazu Pkt. 4.3.2.4.3. Zu Recht weisen HERZIG und PRINZ auf die Gefahr einer Übermaßbesteuerung hin. Vgl. HERZIG, Norbert, DB 1994, S. 115, PRINZ, in: HHR, Kommentar, a.a.O., § 8a KStG, Anm. 136.

Behandlung sollte daher m.E. der Fall einer Bürgschaftsübernahme aus dem Anwendungsbereich des § 8a KStG ausgenommen werden.[719]

4.3.4.3.4. Rechtsfolgen des § 8a Abs. 5 KStG

4.3.4.3.4.1. Unmittelbare Fremdkapitalüberlassung

Im Fall des § 8a Abs. 5 Nr. 1 KStG hält der nichtanrechnungsberechtigte Anteilseigner seine Beteiligung an der inländischen Kapitalgesellschaft in einem inländischen Betriebsvermögen (Personengesellschaft, Betriebsstätte) und gewährt ihr das Fremdkapital unmittelbar.
Für die Finanzverwaltung bedeutet eine entsprechende Anwendung der Abs. 1 - 4, daß der als verdeckte Gewinnausschüttung qualifizierte Teil der Vergütung direkt dem hinter der inländischen Betriebsstätte bzw. Personengesellschaft stehenden nichtanrechnungsberechtigten Anteilseigner zugerechnet wird.[720] Wie die Zinszahlungen solle auch die verdeckte Gewinnausschüttung an der Betriebsstätte vorbei dem Anteilseigner unmittelbar zufließen. Infolge der Umqualifizierung empfinge dieser dann statt Zinseinnahmen Einkünfte i.S.d. § 20 Abs. 1 Nr. 1 EStG. Mit diesen würde er beschränkt steuerpflichtig, wobei die Steuer durch den Kapitalertragsteuerabzug abgegolten wäre. Da die Betriebsstätte aufgrund der unmittelbaren Darlehensgewährung keine Zinseinnahmen erzielt hätte, käme es bei ihr folglich auch nicht zu Betriebs- bzw. Sonderbetriebseinnahmen in Form von Beteiligungserträgen.
Durch diese unmittelbare Zurechnung wird ein Ergebnis erzielt, als halte der nichtanrechnungsberechtigte Anteilseigner die Beteiligung in seinem ausländischen Betriebsvermögen. Die Ausschüttungsbelastung würde für den Anteilseigner mangels Anrechnungsberechtigung definitiv, obwohl die Beteiligung im inländischen Betriebsvermögen an sich zur Anrechnung berechtigte.[721]
Begründen läßt sich dieses Vorgehen damit, daß die Personengesellschaft bzw. Betriebsstätte nach deutschem Recht kein eigenes Steuersubjekt ist. Insofern erfolgt ein Durchgriff auf die dahinter stehende Person.

Eine andere Auffassung wird von SCHWEBEL[722] vertreten. Er vergleicht eine Gestaltung i.S.d. § 8a Abs. 5 Nr. 1 KStG mit einer Beteiligungskette und will somit auch die Rechtsfolgen einer solchen anwenden. Analog den Rechtsfolgen bei einer verdeckten Gewinnausschüttung an eine nahestehende Person solle die

---

[719] In diese Richtung geht bereits die Billigkeitsregelung der Finanzverwaltung. Siehe dazu das BMF-Schr. v. 15.12.1994, a.a.O., Rdn. 23. Vgl. auch Pkt. 4.3.2.4.3.

[720] Vgl. BMF-Schr. v. 15.12.1994, a.a.O., Rdn. 94. Zustimmend: PRINZ, in: HHR, Kommentar, a.a.O., § 8a KStG, Anm. 206, WOLFF, Ulrich, IStR 1993, S. 451, BLÜMICH/MENCK, Kommentar, a.a.O., § 8a KStG, Rz. 88.

[721] Zu weiteren Einzelheiten siehe Pkt. 4.3.2.9.1.

[722] Vgl. SCHWEBEL, in: DEJW, Kommentar, a.a.O., § 8a KStG, Tz. 32b.

Umqualifizierung nicht nur die Einkunftsart verändern, sondern auch die Zurechnung an den Zahlungsempfänger. Die Einkunftsart würde verändert, indem statt Zins- nun Beteiligungserträge angenommen würden. Die Zurechnung würde verändert, indem die Beteiligungserträge nicht mehr dem Zahlungsempfänger zugerechnet würden, sondern dem, der die Beteiligung unmittelbar hielte.
Da als unmittelbarer Anteilseigner nur die inländische Betriebsstätte bzw. Personengesellschaft in Frage komme, führten die Beteiligungserträge folglich zu Betriebs- bzw. Sonderbetriebseinnahmen. Da der Nichtanrechnungsberechtigte über die Betriebsstätte bzw. Personengesellschaft anrechnungsberechtigt wäre, könnte er nicht nur die Kapitalertragsteuer, sondern auch die Körperschaftsteuer anrechnen bzw. sich erstatten lassen.
SCHWEBELS Begründung ist einleuchtend. Ziel des § 8a KStG ist es, durch steuerliche Nichtanerkennung einer "zu hohen" Fremdfinanzierung dem Gesellschafter einen steuerlichen Anreiz zu setzen, seiner Gesellschaft mehr Eigenkapital zur Verfügung zu stellen. Würde dieser mehr Eigenkapital zuführen und anschließend Dividendenzahlungen dafür erhalten, könnte er die auf der Ausschüttung lastende Kapitalertrag- und die Körperschaftsteuer anrechnen, wenn er seine Beteiligung in einem inländischen Betriebsvermögen hielte.
Nach der Vorschrift des § 8a KStG soll nun eine Fremdkapitalüberlassung bei zu geringer Eigenkapitalquote mit Hilfe der Fiktion einer verdeckten Gewinnausschüttung steuerlich so behandelt werden, als hätte der Anteilseigner seiner Kapitalgesellschaft Eigenkapital zugeführt. Deshalb müsse es ihm auch in diesem Fall möglich sein, die auf der Ausschüttung lastende Körperschaft- und Kapitalertragsteuer anzurechnen, sofern die Beteiligung in einem inländischen Betriebsvermögen gehalten würde.[723]

SCHWEBELS Vorschlag führt offenkundig dazu, daß die Umgehungsvorschrift des § 8a Abs. 5 Nr. 1 KStG ins Leere läuft. Der Zweck dieser Vorschrift wird daher nur erreicht, wenn der Auffassung der Finanzverwaltung gefolgt und der Anteilseigner von der Anrechnungsberechtigung ausgeschlossen wird.
M.E. ist trotzdem die Lösung SCHWEBELS überzeugend. Auch wenn die Betriebsstätte oder Personengesellschaft kein selbständiges Steuersubjekt ist, und ein Durchgriff insofern naheliegt, sind die wirtschaftlichen Gegebenheiten zu berücksichtigen. Maßgebend ist, ob die Beteiligung in einem inländischen Betriebsvermögen gehalten wird. Außerdem wird ein ausländischer Anteilseigner wohl kaum eine Beteiligung ohne wirtschaftlichen Grund in eine inländische Betriebsstätte einbringen, nur um die Anrechnungsberechtigung zu erlangen, da die Beteiligungserträge trotz Anrechnung der inländischen Besteuerung dem relativ hohen Steuersatz von 42%[724] anstelle der Ausschüttungsbelastung von 30% zzgl. Kapitalertragsteuer unterliegen. Ein Mißbrauch ist somit nicht zu fürchten.

[723] Vgl. SCHWEBEL, in: DEJW, Kommentar, a.a.O., § 8a KStG, Tz. 32b.
[724] § 23 Abs. 2, 3 KStG.

4.3.4.3.4.2. Mittelbare Fremdkapitalüberlassung

Im Fall des § 8a Abs. 5 Nr. 2 KStG hält der Nichtanrechnungsberechtigte die Beteiligung an der inländischen Kapitalgesellschaft über eine inländische Personengesellschaft, über die er auch das Fremdkapital an die Kapitalgesellschaft leitet.[725] Die Finanzverwaltung[726] fingiert für den tatsächlich durchgeleiteten Betrag eine unmittelbare Darlehensgewährung zwischen dem Nichtanrechnungsberechtigten und der Kapitalgesellschaft. Für die Personengesellschaft bedeutet dies, daß sowohl bei der Ermittlung ihres Betriebsvermögens als auch ihres Gewinnes[727] das durchgeleitete Fremdkapital und die Vergütungen außer Betracht bleiben.[728] Desweiteren nimmt die Finanzverwaltung die gleichen Rechtsfolgen an, wie bei der unmittelbaren Fremdkapitalüberlassung. Sie unterstellt einen Durchgriff durch die Personengesellschaft und rechnet die verdeckte Gewinnausschüttung direkt dem Nichtanrechnungsberechtigten zu. Dieser könne sich folglich nicht auf die von der inländischen Personengesellschaft vermittelte Anrechnungsberechtigung berufen, sondern werde mit seinen Einkünften i.S.d. § 20 Abs. 1 Nr. 1 EStG beschränkt steuerpflichtig. Mit dem Abzug von Kapitalertragsteuer sei die Steuerpflicht dann abgegolten. Dadurch würde die Ausschüttungsbelastung mangels Anrechnungsberechtigung definitiv.

SCHWEBEL[729] hingegen geht davon aus, daß auch die Regelung des § 8a Abs. 5 Nr. 2 KStG hinsichtlich der beim Zahlungsempfänger beabsichtigten Rechtsfolgen ins Leere läuft. Nach seiner Auffassung könne diese Vorschrift nicht zu einer Abweichung von den sonst üblichen Zurechnungsvorschriften einer verdeckten Gewinnausschüttung führen. Es bleibe daher bei der durch die Personengesellschaft vermittelten Anrechnungsberechtigung. Für den Anteilseigner folge daraus, daß sich sein Gewinnanteil aus der Personengesellschaft noch um das Körperschaftsteuer-Anrechnungsguthaben erhöhe.

Zu Recht sind auch PRINZ[730] und MENCK[731] der Ansicht, daß ein Durchgriff, wie ihn die Finanzverwaltung vornehmen will, nicht vom Wortlaut der Vorschrift gedeckt ist. PRINZ bezeichnet diese daher insgesamt als verfehlt.

[725] Zu weiteren Einzelheiten siehe Pkt. 4.3.2.9.2.

[726] Vgl. BMF-Schr. v. 15.12.1994, a.a.O., Rdn. 98. Zustimmend: WOLFF, Ulrich, IStR 1993, S. 451.

[727] Bei der Personengesellschaft wird nach den §§ 179, 180 AO eine einheitliche und gesonderte Gewinnfeststellung durchgeführt.

[728] Das Betriebsvermögen der Personengesellschaft ändert sich bei einer Durchleitung ohnehin nicht, da der Forderung eine gleichhohe Verbindlichkeit gegenübersteht. Gleiches gilt für ihren Gewinn, wenn sie das Kapital zu demselben Zinssatz weiterreicht, zu dem sie es aufgenommen hat.

[729] Vgl. SCHWEBEL, in: DEJW, Kommentar, a.a.O., § 8a KStG, Tz. 33b.

[730] Vgl. PRINZ, in: HHR, Kommentar, a.a.O., § 8a KStG, Anm. 207.

[731] Vgl. BLÜMICH/MENCK, Kommentar, a.a.O., § 8a KStG, Rz. 92.

4.3.4.4. Sonstige Rechtsfolgen

Wenn infolge der Annahme einer verdeckten Gewinnausschüttung auf der Ebene der Gesellschaft die Ausschüttungsbelastung hergestellt werden muß, kommt es zwangsläufig zu einer Verringerung des künftigen Ausschüttungspotentials. Insofern werden sämtliche Gesellschafter einer Kapitalgesellschaft belastet und in ihrer Vermögensposition beeinträchtigt. Das gleiche gilt für eine verdeckte Gewinnausschüttung, die eintritt, weil die Kapitalgesellschaft anstelle des Nichtanrechnungsberechtigten die Ausschüttungsbelastung und die Kapitalertragsteuer trägt.[732] Als Lösung bietet sich eine vertragliche oder gesellschaftsrechtliche Ausgleichspflicht oder eine Änderung der Gewinnverteilungsabrede an.[733]
Die Vermögensverschiebungen zwischen den Anteilseignern sind jedoch eine systemimmanente Folge des körperschaftsteuerlichen Anrechnungsverfahrens. Sie treten auch bei einer verdeckten Gewinnausschüttung nach § 8 Abs. 3 S. 2 KStG auf und sind daher nicht primär ein Problem, das mit der Einführung des § 8a KStG verursacht wurde.
Inländische Gesellschafter stellen sich somit gegenüber einem rein inländischen Gesellschafterkreis schlechter, wenn sie gleichzeitig mit wesentlich beteiligten Nichtanrechnungsberechtigten an einer Kapitalgesellschaft beteiligt sind. DÖRNER und KNOBBE- KEUK bezweifeln daher, ob dieses Ergebnis mit Art. 3 GG vereinbar ist.[734]

4.4. Umqualifizierung und Doppelbesteuerungsrecht

4.4.1. Gewinnberichtigung bei verbundenen Unternehmen nach Art. 9 DBA

Doppelbesteuerungsabkommen (DBA) begrenzen grundsätzlich die Möglichkeit der Vertragsstaaten, ihr innerstaatliches Besteuerungsrecht uneingeschränkt auszuüben. Die Regelungen der bestehenden DBA sind daher zu prüfen, wenn der Anteilseigner, eine ihm nahestehende Person oder der Dritte mit Rückgriffsrecht in einem Staat ansässig sind, mit dem ein DBA abgeschlossen wurde, und die Person abkommensberechtigt ist.
Art. 9 OECD-MA gewährt den beteiligten Unternehmen Abkommensschutz gegen Gewinnberichtigungen, die ein Vertragsstaat vornehmen will. Im Fall des §8a KStG wäre denkbar, daß die inländische Kapitalgesellschaft vor einer Um-

---

[732] Vgl. HERZIG, Norbert, DB 1994, S. 176, FRIAUF, Karl Heinrich: Konsequenzen der verdeckten Gewinnausschüttung im neuen Körperschaftsteuerrecht, in: StbJb 1979/80, S. 559.
[733] Vgl. RATH, Wolf-Dieter: Gesellschafter-Fremdfinanzierung nach § 8a KStG, Konsequenzen für die Unternehmensfinanzierung, in: Die Unternehmensbesteueung im Standortsicherungsgesetz, hrsg. v. N. Herzig, Köln, 1994, S. 71, ENGL, Richard: Benachteiligung von Minderheitsgesellschaftern durch den Gesetzentwurf zu § 8 Abs. 3 KStG, in: FR 1980, S. 111.
[734] Vgl. DÖRNER, Bernhard, Inf 1993, S. 441, KNOBBE-KEUK, Brigitte: Die Fremdfinanzierung inländischer Kapitalgesellschaften durch nichtanrechnungsberechtigte Anteilseigner, in: StuW 1982, S. 217f.

qualifizierung der Zinszahlungen in Dividenden und einer Belastung mit deutscher Körperschaftsteuer nach nationalem deutschen Steuerrecht durch die Regelung des Art. 9 OECD-MA geschützt wäre.

Nach dem Wortlaut des Art. 9 Abs. 1 OECD-MA darf ein Vertragsstaat den Gewinn eines dort ansässigen Unternehmens nur dann korrigieren (erhöhen) und besteuern, wenn dieses in seinen kaufmännischen oder finanziellen Beziehungen zu einem verbundenen Unternehmen in einem DBA-Staat Bedingungen vereinbart, die nicht dem Fremdvergleich entsprechen.[735] Die Korrektur ist dabei begrenzt. Der Gewinn darf nach der Korrektur nur die Höhe erreichen, die er auch bei der Vereinbarung von Bedingungen wie unter fremden Dritten erreicht hätte.[736] Vor weitergehenden Korrekturen schützt Art. 9 OECD-MA.[737] Die Vorschrift stellt dabei nach deutscher Auffassung keine eigenständige Rechtsgrundlage für die Gewinnberichtigung dar, sondern eröffnet den Vertragsstaaten die Möglichkeit, innerstaatliche Berichtigungsnormen anzuwenden.[738]
Verbundene Unternehmen i.S.d. Art. 9 OECD-MA liegen vor, wenn ein ausländisches Unternehmen oder eine ausländische Person unmittelbar oder mittelbar an der Geschäftsleitung, der Kontrolle oder dem Kapital der inländischen Kapitalgesellschaft beteiligt ist.[739] Ferner müssen Bedingungen vereinbart oder auferlegt sein, die von denen abweichen, die unabhängige Unternehmen miteinander vereinbaren würden. Diese Bedingungen müssen die Ursache dafür sein, daß die inländische Kapitalgesellschaft einen zu niedrigen Gewinn erzielt.[740] Der

[735]Vgl. Stellungnahme der Bundessteuerberaterkammer, in: DStR 1986, S. 767, VOGEL, Klaus, DBA-Kommentar, a.a.O., Art. 9, Rz. 18, LANG, Michael: Hybride Finanzierungen im Internationalen Steuerrecht: Rechtsgrundlagen der Doppelbesteuerungsabkommen zur Beurteilung von Mischformen zwischen Eigen- und Fremdkapital, Wien, 1991, S. 64.

[736]Nach VOGEL dient Art. 9 der Gewinnabgrenzung bei verbundenen Unternehmen mit Hilfe des Fremdvergleichs, ebenso wie Art. 7 OECD-MA der Gewinnabgrenzung bei Betriebsstätten dient. Vgl. VOGEL, Klaus, DBA-Kommentar, a.a.O., Art. 9, Rz. 17.

[737]Vgl. OECD-Kommentar zum OECD-MA, Art. 9, Ziff. 1, Rz. 2, VOGEL, Klaus, DBA-Kommentar, a.a.O., Art. 9, Rz. 16f, 44, POTT, Hans-Michael: Die Vereinbarkeit des Entwurfs eines § 8a KStG (KSt ÄndG 1982) mit dem Völkerrecht, StuW 1982, S. 224f, LOOS, Gerold: Gesellschafter-Fremdfinanzierung durch nichtanrechnungsberechtigte Anteilseigner, in: BB 1989, S. 535, PÖLLATH, Reinhard/RÄDLER, Albert: Gewinnberichtigungen zwischen verbundenen Unternehmen ohne Rücksicht auf Abkommensrecht?, in: DB 1982, S. 562f, 565, 618f, dies.: Die vorgeschlagene Erweiterung des § 8 Abs. 3 KStG - Voraussetzungen und Wirkungen nach innerstaatlichem und Abkommensrecht, in: DB 1980, Beil. 8, S. 20, LÜHTI, Daniel/KOLB, Andreas, IWB, F. 10, Gr. 2, S. 878. A.A.: KRABBE, Helmut: Maßnahmen gegen unangemessene Gesellschafterfremdfinanzierung und das Recht der Doppelbesteuerungsabkommen, in: RIW 1984, S. 128, MENCK, Thomas: Unterkapitalisierung und DBA. Zu § 8a KStG und zum OECD-Musterabkommen, in: FR 1994, S. 71f, WEBER, Ernst, in: IFSt, Brief 204, S. 14. Nach WEBER schränkt Art. 9 OECD-MA die nationalen Gewinnermittlungsvorschriften nicht ein.

[738]Vgl. BAUMHOFF, Hubertus: Einkunftsabgrenzung bei international verbundenen Unternehmen, in: MÖSSNER, Jörg Manfred: Steuerrecht international tätiger Unternehmen, Köln, 1992, S. 286f, Tz. 225, WINGERT, Karl-Dieter/KRAUSE, Michael: Handkommentar der wichtigsten DBA, Herne/Berlin, 1993, S. 21, LANG, Michael: Hybride Finanzierungen..., a.a.O., S. 63f. Vgl auch BFH-U. v. 21.1.1981, I R 153/77, BStBl. II 1981, S. 517 zu Art. 5 DBA-Frankreich.

[739]Zu weiteren Einzelheiten siehe VOGEL, Klaus, DBA-Kommentar, a.a.O., Art. 9, Rz. 19ff.

besteuernde Vertragsstaat darf dann bei der Besteuerung den Gewinn zugrunde legen, den das Unternehmen erzielt hätte, wenn es das betreffende Geschäft mit einem fremden Dritten anstelle des verbundenen Unternehmens abgeschlossen hätte.
Im Falle der Darlehensgewährung durch den ausländischen Anteilseigner an eine inländische Kapitalgesellschaft liegen infolge der Kapitalverflechtung zweifellos verbundene Unternehmen vor.[741] Für die Wirksamkeit der Umqualifizierung von Zinszahlungen nach § 8a KStG ist zu überprüfen, ob die Unternehmen Bedingungen vereinbart haben, die nicht dem Fremdvergleich entsprechen. Nur dann ist eine Ergebniskorrektur zulässig. In allen anderen Fällen sind die beteiligten Unternehmen vor einer Ergebniserhöhung in einem Vertragsstaat durch Art. 9 OECD-MA geschützt, da diese Vorschrift eine Sperrwirkung entfaltet.[742]

Von entscheidender Bedeutung für die Reichweite des Art. 9 OECD-MA ist die Frage, was unter den Bedingungen zu verstehen ist, die einem Fremdvergleich nicht entsprechen.
Bei enger Sichtweise wäre eine Gewinnkorrektur nur zulässig, wenn das Gesellschafterdarlehen zu einem unangemessenen Zinssatz gewährt würde. Die Darlehensbedingungen entsprächen dann nicht dem Fremdvergleich. Eine Umqualifizierung von Zinsen nach § 8a KStG käme aufgrund von Art. 9 OECD-MA nicht in Frage, wenn die Vergütungen für das Gesellschafterdarlehen angemessen wären.
Nach Auffassung des OECD-Steuerausschusses[743] ist diese Sichtweise jedoch zu eng. Nicht nur die Bedingungen der Darlehensgewährung, sondern die Vergabe des Darlehens selbst seien in einen Fremdvergleich einzubeziehen. Entspreche die Darlehensgewährung an sich nicht dem Fremdvergleich, weil ein fremder Dritter ein entsprechendes Darlehen nicht gegeben hätte, ließe Art. 9 OECD-MA eine Gewinnkorrektur zu. Auch VOGEL stimmt dem zu und fordert, daß sowohl die Voraussetzungen für das Zustandekommen als auch die Abwicklung des Darlehensverhältnisses dem Fremdvergleich entsprechen müssen, um eine Umqualifizierung zu vermeiden.[744]

---

740 Vgl. VOGEL, Klaus, DBA-Kommentar, a.a.O., Art. 9, Rz. 31.
741 Es bleibt dem nationalen Recht jedes Staates überlassen, die gesellschaftsrechtlichen Einflußmöglichkeiten zu bestimmen, die zu einer Gewinnberichtigung führen können. Vgl. VOGEL, Klaus, DBA-Kommentar, a.a.O., Art. 9, Rz. 23. Daher kann Deutschland auch Nahestehende oder Dritte mit Rückgriff unter verbundene Unternehmen subsumieren.
742 Vgl. HERZIG, Norbert, DB 1994, S. 114.
743 Vgl. OECD-Kommentar zum OECD-MA, a.a.O., Art. 9, Ziff. 2, Rz. 2a.
744 Vgl. VOGEL, Klaus, DBA-Kommentar, a.a.O., Art. 9, Rz. 30. Einschränkend: BECKER, Helmut: Die Finanzierung von Betriebsstätten und Tochtergesellschaften ausländischer Unternehmen, in: IWB, F. 3, Gr. 1, S. 1182. BECKER spricht sich dafür aus, daß nur die Bedingungen der Geschäftsbeziehung korrigiert werden dürfen, nicht aber die Geschäftsbeziehung selbst.

Da auch § 8a KStG einen Fremdvergleich vorsieht, ist im folgenden zu überprüfen, ob die Anwendung dieser Vorschrift durch Art. 9 OECD-MA eingeschränkt wird. Dabei ist zwischen den verschiedenen Vergütungsarten des § 8a Abs. 1 S. 1 KStG zu differenzieren.
Bei festverzinslichen bzw. gewinn- oder umsatzunabhängigen Vergütungen wird nach § 8a Abs. 1 S. 1 Nr. 2 KStG eine Umqualifizierung von Zinsen in Dividenden nicht vorgenommen, wenn die Kapitalgesellschaft das Kapital bei sonst gleichen Umständen[745] von einem fremden Dritten erhalten hätte. Da bei Erfüllung dieses Drittvergleichs bereits nach nationalem Recht eine Umqualifizierung nicht in Frage kommt, erübrigt sich die Frage, ob Art. 9 OECD-MA anzuwenden ist.
Kann die Kapitalgesellschaft dagegen für die Darlehensgewährung[746] den Fremdvergleich nicht führen, weil ein fremder Dritter ein Darlehen überhaupt nicht oder nicht zu diesen Bedingungen gegeben hätte, nimmt § 8a KStG eine Umqualifizierung vor.[747] Diese wird auch von Art. 9 OECD-MA nicht verhindert, da Bedingungen vorliegen, die unter unabhängigen Unternehmen so nicht vereinbart worden wären.[748]
Bei festverzinslichen Darlehen kommt es folglich nicht zu einer Kollision zwischen dem nationalen Recht in § 8a KStG und Art. 9 OECD-MA, da in beiden Fällen eine Umqualifizierung nur dann vorgenommen wird, wenn ein Fremdvergleich nicht möglich ist. In diesem Fall wird das Darlehen behandelt, als wäre es nur aufgrund der Verbundenheit der Unternehmen gewährt worden. Art. 9 OECD-MA beschränkt sich dann nicht nur auf eine Korrektur unangemessener Zinsen, sondern erlaubt auch die Versagung des Betriebsausgabenabzugs von Zinsen auf den nicht anerkannten Darlehensteil. Die Vergütungen dürfen in Dividenden umzuqualifiziert werden.[749] Hinsichtlich der Vereinbarkeit von § 8a KStG mit Art. 9 OECD-MA bleibt es allerdings bei dem Problem, daß der Fremdvergleich in Art. 9 auf die Relation von Eigen- und Fremdkapital auf Gesellschaftsebene abstellt und in § 8a KStG auf die Gesellschafterebene.[750]
Für gewinn- oder umsatzabhängige Vergütungen ergibt sich ein anderes Ergebnis, da das nationale Recht keinen Fremdvergleich vorsieht. Kommt es nach

[745]Zur Erfüllung des Fremdvergleichs führt BELLSTEDT einige Beispiele an. Vgl. BELLSTEDT, Christoph, DB 1995, S. 8.
[746]Es ist nur der den safe haven übersteigende Betrag einem Fremdvergleich zu unterwerfen.
[747]Zu prüfen ist, ob Dritte der Gesellschaft Eigen- statt Fremdkapital überlassen hätten. Vgl. PORTNER, Rosemarie: Vereinbarkeit des § 8a KStG mit den Doppelbesteuerungsabkommen, in: IStR 1996, S. 27.
[748]Nach Auffassung der OECD sind die Unterkapitalisierungsregeln des nationalen Rechts grundsätzlich mit Art. 9 OECD-MA vereinbar, solange bei der Gewinnermittlung die Grundsätze des Fremdvergleichs beachtet werden. Vgl. OECD-Kommentar zun OECD-MA, a.a.O., Art. 9, Ziff. 2, Rz. 2a.
[749]Zustimmend: PORTNER, Rosemarie, IStR 1996, S. 27, MENCK, Thomas, FR 1994, S. 73f.
[750]Nach Auffassung von KNOBBE-KEUK dagegen ist infolge dieses Unterschiedes eine Vereinbarkeit von § 8a KStG mit Art. 9 OECD-MA nicht gegeben. Vgl. KNOBBE-KEUK, Brigitte: Wieder einmal ein Entwurf zu § 8a KStG - Wiederauflage einer Regelung zur Gesellschafterfremdfinanzierung im Standortsicherungsgesetz, in: DB 1993, S. 64.

Überschreiten des safe haven zu einer Umqualifizierung von Vergütungen nach § 8a Abs. 1 S. 1 Nr. 1 KStG, ist zu prüfen, ob Art. 9 OECD-MA dem entgegensteht. Nach Art. 9 OECD-MA wäre eine Umqualifizierung nur wirksam, wenn die vereinbarten Bedingungen einem Drittvergleich nicht standhielten.[751] Kann die Kapitalgesellschaft aber nachweisen, daß sie das gewinn- oder umsatzabhängig verzinste Kapital zu vergleichbaren Bedingungen auch von einem fremden Dritten erhalten hätte, verbietet Art. 9 OECD-MA die Umqualifizierung.[752] Es kommt zur Kollision von nationalem Recht und DBA. Da völkerrechtliche Verträge nach § 2 AO dem nationalen Recht vorgehen, wird die Umqualifizierung nach § 8a KStG nicht wirksam. Die inländische Kapitalgesellschaft kann sich auf die Sperrwirkung des Art. 9 OECD-MA berufen und braucht die Regelung des § 8a KStG nicht gegen sich gelten zu lassen.[753]

Der Gesetzgeber sieht dies jedoch anders.[754] Nach seiner Auffassung stehen die Vorschriften des § 8a KStG in Einklang mit den DBA.[755] Dabei beruft er sich auf nicht näher bezeichnete OECD-Verlautbarungen,[756] nach denen ein Darlehensverhältnis nicht vorliege, wenn eine Gewinnbeteiligung vereinbart sei, nach der die Mittelzuführung am Unternehmensrisiko teilnehme. Einer Erfassung dieser Vergütungen als verdeckte Gewinnausschüttung stehe daher nichts im Wege. Auch KRABBE[757] unterstützt diese Auffassung. Er weist darauf hin, daß die deutsche Abkommenspolitik bemüht ist, auf gewinnabhängige Vergütungen stets den Dividendenartikel anzuwenden. Die Zahlungen würden bei einer entsprechenden Dividendendefinition in den DBA für Zwecke des Abkommensrechts ohnehin als Gewinnausschüttungen behandelt. Dies werde durch Art. 9 OECD-MA nicht verhindert.

---

[751] Vgl. HERZIG, Norbert, DB 1994, S. 114, OECD-Kommentar zum OECD-MA, a.a.O., Art. 9 Ziff. 1, Rz. 2, Bundessteuerberaterkammer: Stellungnahme, in: DStR 1982, S. 394. Auch der OECD-Bericht zur Unterkapitalisierung betont, daß das Übersteigen eines safe haven allein noch nicht ausreicht, den Fremdvergleich als nicht gelungen zu betrachten. Für die Kapitalgesellschaft muß es zulässig sein, nachzuweisen, daß sie das entsprechende Kapital von einem fremden Dritten erhalten hätte. Erst wenn dieser Fremdvergleich nicht gelingt, darf umqualifiziert werden. Vgl. OECD: Thin Capitalization, in: Issues in International Taxation No.2, Paris, 1987, Tz. 79ff. A.A.: KRABBE, Helmut, RIW 1984, S. 128.

[752] Vgl. POTT, Hans-Michael, StuW 1982, S. 225, SCHRÖDER, Siegfried, StBp 1991, S. 181, BECKER, Helmut, IWB, F. 3, Gr. 1, S. 1182.

[753] Vgl. PÖLLATH, Reinhard/RÄDLER, Albert, DB 1982, S. 619f, PORTNER, Rosemarie, IStR 1996, S. 27f, Stellungnahme des IDW, WPg 1992, S. 796, SCHAUHOFF, Stephan: Tax Planning under Germany's new 'Thin Capitalization' Rules, in: Intertax 1993, S. 469, LANG, Michael: Hybride Finanzierungen..., a.a.O., S. 67.

[754] Vgl. BT-DrS 12/4487, S. 37.

[755] Zu diesem Ergebnis kommt auch PRINZ, da die Regelung grundsätzlich am Fremdvergleich ausgerichtet und die safe haven im internationalen Vergleich angemessen seien. Vgl. PRINZ, in: HHR, Kommentar, a.a.O., § 8a KStG, Anm. 25. Ebenso MENCK, Thomas, FR 1994, S. 69, FLOCKERMANN, Paul, DStR 1982, S. 341.

[756] Gemeint ist wohl der OECD-Bericht "Thin Capitalization".

[757] Vgl. KRABBE, Helmut: Das neue OECD-Musterabkommen und die deutsche Abkommenspolitik, in: StbJb 1993/94, S. 39.

Hier ist KRABBE m.E. nicht zu folgen. Selbst wenn gewinnabhängige Vergütungen nach Art. 10 OECD-MA als Dividenden anzusehen sind, hat dies nur Folgen für den Abzug von Kapitalertragsteuer in Deutschland, nicht aber für die zwischenstaatliche Einkommensabgrenzung. Diese richtet sich weiterhin nach Art. 9 OECD-MA, wobei Einkommenskorrekturen durch den Fremdvergleich beschränkt werden. Die Vorschrift des Art. 9 OECD-MA zur Gewinnabgrenzung kann nicht durch Definitionen in den Art. 10, 11 OECD-MA außer Kraft gesetzt werden. M.E. bleibt es daher bei der Schutzwirkung durch Art. 9 OECD-MA.

4.4.2. Abkommensrechtliches Diskriminierungsverbot nach Art. 24 DBA

4.4.2.1. Grundlagen

Art. 24 OECD-MA enthält als Grundsatz das Verbot einer steuerlichen Diskriminierung. Die Vertragsstaaten verpflichten sich durch eine entsprechende Übernahme der Regelung in ihre bilateralen DBA, die genannten Personen oder Unternehmen steuerlich gegenüber Inländern nicht zu benachteiligen. Verstoßen Vorschriften des innerstaatlichen Rechts gegen das Diskriminierungsverbot, werden sie aufgehoben. Es kommen dann die Vorschriften für Inländer bzw. Staatsangehörige zur Anwendung.[758]

4.4.2.2. Diskriminierung wegen Staatsangehörigkeit

Nach Art. 24 Abs. 1 OECD-MA dürfen Staatsangehörige eines Vertragsstaates im anderen Vertragsstaat keiner Besteuerung unterworfen werden, die anders oder belastender ist, als die Besteuerung, der Staatsangehörige des anderen Staates unter gleichen Verhältnissen unterworfen sind.
Ein Verstoß gegen dieses Diskriminierungsverbot kann nur angenommen werden, wenn die Staatsangehörigkeit die alleinige Ursache der Schlechterstellung ist.[759] In Deutschland richtet sich die Unterscheidung zwischen In- und Ausländerbesteuerung nach dem Kriterium des Wohnsitzes bzw. Sitzes und somit nach der Ansässigkeit. Eine Benachteiligung von Nichtansässigen gegenüber Ansässigen ist jedoch keine Diskriminierung i.S.v. Art. 24 Abs. 1 OECD-MA und daher zulässig.[760] Eine ungerechtfertigte Schlechterstellung läge nur vor, wenn ein ausländischer Ansässiger gegenüber einem inländischen Ansässigen benachteiligt würde.
Die Vorschrift des § 8a KStG knüpft nicht an die Staatsangehörigkeit, sondern an die Anrechnungsberechtigung an. Während ein im Ausland ansässiger Deutscher beschränkt steuerpflichtig und somit nichtanrechnungsberechtigt ist, unterliegt

---

[758] Vgl. VOGEL, Klaus, DBA-Kommentar, a.a.O., Art. 24, Rz. 4.
[759] Vgl. ebenda, Art. 24, Rz. 29.
[760] Vgl. ebenda, Rz. 29a, ebenso OECD-Kommentar zum OECD-MA, a.a.O., Art. 24, Ziff. 4, Rz. 18.

ein in Deutschland ansässiger Ausländer der unbeschränkten Steuerpflicht und ist anrechnungsberechtigt. Eine Diskriminierung nach Art. 24 Abs. 1 OECD-MA ist daher durch § 8a KStG nicht gegeben.[761]

4.4.2.3. Diskriminierung wegen Nichtansässigkeit

In Art. 24 Abs. 4 OECD-MA 1995[762] ist festgelegt, daß Zinsen,[763] die ein im Inland ansässiges Unternehmen an eine im anderen Vertragsstaat ansässige Person zahlt, bei der Ermittlung des steuerpflichtigen Gewinnes des inländischen Unternehmens unter den gleichen Bedingungen abzugsfähig sein müssen wie Zahlungen an eine im Inland ansässige Person. Eine Ausnahme gilt nur, wenn Bedingungen (überhöhte Zinsen) vereinbart wurden, die nicht dem Fremdvergleich entsprechen, so daß durch Art. 9 Abs. 1 oder 11 Abs. 6 OECD-MA eine Einkommenskorrektur ermöglicht wird.
Durch die Vereinbarung einer entsprechenden Klausel wollen die Vertragsparteien verhindern, daß Zinszahlungen nur dann abzugsfähig sind, wenn der Empfänger im Inland ansässig oder steuerpflichtig ist. Wenn den Zahlungen bei Abfluß in das Ausland die Anerkennung als Betriebsausgabe versagt wird, kann sich das zahlende Unternehmen auf das Diskriminierungsverbot berufen.[764] Die Vorschrift kommt folglich dann zur Geltung, wenn die Zinszahlung als Betriebsausgabe bei dem inländischen Unternehmen anerkannt würde, sobald sie einem im Inland Ansässigen zufließt, aber nicht anerkannt würde, weil sie an eine Person im anderen Vertragsstaat fließt.[765] Die Anerkennung richtet sich dabei nach dem nationalen Steuerrecht des Staates, in dem das zahlende Unternehmen ansässig ist.
Die Regelung des Art. 24 Abs. 4 OECD-MA setzt auf der Ebene des zinszahlenden Unternehmens an. Im Falle eines Verstoßes gegen das Diskriminierungsverbot könnte dieses verlangen, daß die Zinszahlungen wie Zahlungen an Ansässige behandelt würden.[766]

Die Bundesregierung geht davon aus, daß die Regelung des § 8a KStG nicht gegen das Diskriminierungsverbot des Art. 24 Abs. 4 OECD-MA verstoße, weil sie

---

[761] Vgl. POTT, Hans-Michael, StuW 1982, S. 225, KRATZ, Peter: Steuerliches "Verbot" der stillen Gesellschaft zwischen Kapitalgesellschaften und ausländischen Gesellschaftern, in: DB 1980, S. 1814.

[762] In früheren Fassungen des OECD-MA war dies Absatz 5.

[763] Gemeint sind Zinsen i.S.d. Art. 11 OECD-MA. Zahlungen, die ohnehin bereits nach der Definition der Art. 10, 11 als Dividenden qualifiziert werden (z.B. Vergütungen für eine typische stille Gesellschaft), werden nicht erfaßt. Vgl. WEBER, Ernst, IFSt, Brief 204, S. 30f.

[764] Vgl. OECD-Kommentar zum OECD-MA, a.a.O., Art. 24, Ziff. 55, Rz. 141, VOGEL, Klaus, DBA-Kommentar, a.a.O., Art. 24, Rz. 145.

[765] Vgl. VOGEL, Klaus, DBA-Kommentar, a.a.O., Art. 24, Rz. 149. Es soll damit die Diskriminierung aufgrund von Nichtansässigkeit oder des Fehlens der unbeschränkten Steuerpflicht verhindert werden. Vgl. dazu ebenda, Rz. 150. Ähnlich LANG, Michael: Hybride Finanzierungen..., a.a.O., S. 68.

[766] Vgl. VOGEL, Klaus, DBA-Kommentar, a.a.O., Art. 24, Rz. 152.

nicht auf die Ansässigkeit, sondern auf die Anrechnungsberechtigung des Anteilseigners abstelle. Es handele sich nicht um eine Diskriminierung, da auch bedeutende Gruppen[767] inländischer Anteilseigner nicht anrechnungsberechtigt und daher von § 8a KStG betroffen seien.[768]
Nach KNOBBE-KEUK und POTT dagegen verstößt § 8a KStG gegen das Diskriminierungsverbot, da Art. 24 Abs. 4 OECD-MA ausdrücklich bestimme, daß Zinszahlungen über die Grenze unter den gleichen Bedingungen wie Zahlungen im Inland abzugsfähig sein müßten.[769]
M.E. ist bei der Beurteilung des § 8a KStG zu differenzieren. Die Abzugsfähigkeit der Zinszahlung richtet sich nach der Anrechnungsberechtigung. Sind die Zahlungsempfänger natürliche Personen, und haben sie einen Wohnsitz oder ihren gewöhnlichen Aufenthalt im Inland und sind daher ansässig, dann sind sie unbeschränkt steuerpflichtig und somit anrechnungsberechtigt. Sind sie nicht ansässig, dann unterliegen sie der beschränkten Steuerpflicht und sind nichtanrechnungsberechtigt. Bei natürlichen Personen stimmt somit Anrechnungsberechtigung und Ansässigkeit überein.[770] Wird der inländischen Gesellschaft der Betriebsausgabenabzug versagt, weil der Zahlungsempfänger nichtanrechnungsberechtigt ist, entspricht dies einer Diskriminierung von Nichtansässigen und verstößt gegen das Diskriminierungsverbot.
Handelt es sich bei den Zahlungsempfängern um Körperschaften, stimmt die Anrechnungsberechtigung nicht mehr mit der Ansässigkeit überein, da es auch Inländer gibt, die von der Anrechnung ausgeschlossen sind. Ist die Abzugsfähigkeit der Zinszahlungen nur von der Anrechnungsberechtigung abhängig, liegt dann keine Diskriminierung aufgrund der Ansässigkeit vor.[771] Ein Verstoß gegen das Diskriminierungsverbot läge nur dann vor, wenn sämtliche Zinszahlungen, die in das Ausland fließen, nicht abzugsfähig wären, während sämtliche Zahlungen, die im Inland verbleiben, als Betriebsausgabe anerkannt würden. Das ist nach § 8a KStG nicht der Fall, da auch Zahlungen an bestimmte inländische Körperschaften vom Abzugsverbot erfaßt werden.

Einen Schritt weiter geht VOGEL. Nach seiner Auffassung verbietet Art. 24 Abs.4 OECD-MA nicht nur die Diskriminierung aufgrund der Ansässigkeit, sondern auch aufgrund fehlender unbeschränkter Steuerpflicht.[772] Danach verstoße

---

[767] MANKE weist in diesem Zusammenhang darauf hin, daß etwa die Hälfte des gesamten Anteilsbesitzes Nichtanrechnungsberechtigten gehört, und zwar zu gleichen Teilen In- und Ausländern. Vgl. MANKE, Klaus: Steuerreform und Doppelbesteuerungsabkommen, in: WPg 1989, S. 74.
[768] Vgl. BT-DrS 12/4487, S. 37, ebenso KRABBE, Helmut, StbJb 1993/94, S. 40, FRANZ, Roland/ RUPP, Thomas, BB 1993, Beil. 20, S. 23, MANKE, Klaus, WPg 1989, S. 74. So auch bereits DOX, in: Fremdfinanzierung und Doppelbesteuerungsabkommen, in: FR 1980, S. 353f.
[769] Vgl. KNOBBE-KEUK, Brigitte, DB 1993, S. 63, POTT, Hans-Michael, StuW 1982, S. 227.
[770] Vgl. LOOS, Gerold, BB 1989, S. 536.
[771] Vgl. WEBER, Ernst, IFSt, Brief 204, S. 32.
[772] Vgl. VOGEL, Klaus, DBA-Kommentar, a.a.O., Art. 24, Rz. 150. Ähnlich auch PÖLLATH, Reinhard/ RÄDLER, Albert, DB 1980, Beil. 8, S. 21f.

es gegen das Diskriminierungsverbot, wenn das inländische Unternehmen Zinszahlungen nur dann als Betriebsausgabe geltend machen darf, wenn es die Zahlung an unbeschränkt Steuerpflichtige leiste, aber nicht, wenn die Zinszahlung nicht unbeschränkt Steuerpflichtigen zufließe.
Bei dieser Sichtweise würde § 8a KStG gegen das Diskriminierungsverbot verstoßen, da die Vorschrift eine derartige Differenzierung vornimmt.[773]
Die OECD und auch VOGEL selbst betonen aber, daß das abkommensrechtliche Diskriminierungsverbot einer nationalen Vorschrift, die, ähnlich wie § 8a KStG, bestimmte Zinszahlungen nicht zum Abzug zuläßt, um eine zu hohe Fremdfinanzierung zu verhindern, nicht im Wege steht.[774] Danach liegt eine Diskriminierung selbst dann nicht vor, wenn die Nichtanerkennung nur Zinszahlungen an nichtansässige Anteilseigner betrifft, solange sich die nationale Korrekturnorm innerhalb der Schranken des Art. 9 Abs. 1 OECD-MA bewegt. Damit läge kein Verstoß des § 8a KStG gegen Art. 24 Abs. 4 OECD-MA vor.

4.4.2.4. Diskriminierung aufgrund ausländischer Beteiligung

Nach Art. 24 Abs. 5 OECD-MA 1995[775] dürfen Unternehmen eines Vertragsstaates, deren Kapital ganz oder teilweise einer im anderen Vertragsstaat ansässigen Person gehört oder ihrer Kontrolle unterliegt, im Ansässigkeitsstaat keiner anderen oder belastenderen Besteuerung unterliegen, als ähnliche Unternehmen des Ansässigkeitsstaates.
Durch diese Vorschrift soll eine steuerliche Schlechterstellung von Unternehmen verhindert werden, die nur darauf beruht, daß im Ausland ansässige Personen beteiligt sind. Die Höhe der Beteiligung ist dabei unerheblich, ein beherrschender Einfluß wird nicht vorausgesetzt.[776] Ziel der Regelung ist es, das Unternehmen selbst vor benachteiligenden Vorschriften in seinem Ansässigkeitsstaat zu schützen. Eine unterschiedliche Besteuerung von in- und ausländischen Gesellschaftern ist nach Art. 24 Abs. 5 OECD-MA daher zulässig.[777]

Nach erstem Anschein sieht § 8a KStG eine solche Diskriminierung vor. Während ein Abzug von Zinszahlungen als Betriebsausgabe ungehindert möglich ist, wenn nur Inländer an einer inländischen Kapitalgesellschaft beteiligt sind, schränkt § 8a KStG den Abzug ein, wenn dieselbe Gesellschaft von Ausländern gehalten wird. Trotzdem nimmt der Gesetzgeber unter Hinweis auf bedeutende

---

[773] So auch LANG, Michael: Hybride Finanzierungen..., a.a.O., S. 68.
[774] Vgl. OECD-Kommentar zum OECD-MA, a.a.O., Art. 24, Ziff. 56, Rz. 141a, VOGEL, Klaus, DBA-Kommentar, a.a.O., Art. 24, Rz. 147a.
[775] In früheren Fassungen des Musterabkommens war dies Absatz 6.
[776] Vgl. VOGEL, Klaus, DBA-Kommentar, a.a.O., Art. 24, Rz. 163, WEBER, Ernst, IFSt, Brief 204, S. 22.
[777] Vgl. OECD-Kommentar zum OECD-MA, a.a.O., Art. 24, Ziff. 57, Rz. 158, VOGEL, Klaus, DBA-Kommentar, a.a.O., Art. 24, Rz. 164.

Gruppen inländischer Nichtanrechnungsberechtigter eine Diskriminierung nicht an.[778]

Zur Feststellung einer Diskriminierung ist das Unternehmen, an dem Ausländer beteiligt sind, mit einem ähnlichen Unternehmen zu vergleichen, an dem ausschließlich Inländer beteiligt sind. Nach VOGEL sind sich die zu vergleichenden Unternehmen dann ähnlich, wenn sie in derselben Rechtsform betrieben werden.[779] Auf eine ähnliche Tätigkeit ist dabei nur ergänzend abzustellen.[780]
Die Anwendung des § 8a KStG führt dazu, daß Unternehmen, deren Anteilseigner Ausländer sind, nur teilweise mit Unternehmen, deren Anteilseigner Inländer sind, gleichbehandelt werden. Eine Gleichbehandlung der im Besitz ausländischer Anteilseigner stehenden Gesellschaft ist gegenüber einem inländisch beherrschten Unternehmen nur dann gegeben, wenn es sich bei dessen Anteilseigner um eine juristische Person des öffentlichen Rechts oder um eine steuerbefreite Körperschaft, die im Wirtschaftsleben eine untergeordnete Bedeutung spielen, handelt. In allen anderen Fällen ist eine Gleichbehandlung nicht gegeben, so z.B. bei unbeschränkt steuerpflichtigen Anteilseignern.
Die Gleichbehandlung mit einer Gruppe von Unternehmen reicht nicht aus, um eine Diskriminierung auszuschließen,[781] da die Gesellschaft gegenüber einer wesentlich größeren und wichtigeren Gruppe von Unternehmen benachteiligt wird. Daher wird im Schrifttum ein Verstoß des § 8a KStG gegen das abkommensrechtliche Diskriminierungsverbot angenommen.[782]
KRABBE[783] dagegen legt den Begriff des ähnlichen Unternehmens anders aus. Dieser Begriff beziehe sich nicht nur auf die Rechtsform oder Tätigkeit der Gesellschaft, sondern schließe Merkmale der Anteilseigner mit ein. Ein ausländisch beherrschtes Unternehmen mit nichtanrechnungsberechtigten Anteilseignern sei daher mit einem inländisch beherrschten Unternehmen mit nichtanrechnungsberechtigten Anteilseignern zu vergleichen. In diesem Fall könne mangels Ungleichbehandlung nicht mehr von einer Diskriminierung gesprochen werden.
M.E. ist KRABBES Auslegung jedoch abzulehnen.[784] Der Wortlaut des Art. 24 OECD-MA spricht von ähnlichen Unternehmen. KNOBBE-KEUK weist zu Recht darauf hin, daß es unzureichend sei, die inländische Tochtergesellschaft eines ausländischen Automobilherstellers mit dem Verlag einer gemeinnützigen Körperschaft zu vergleichen. Stattdessen bestehe eine Ähnlichkeit vielmehr zur

[778]Vgl. BT-DrS 12/4487, S. 37. So auch FROTSCHER, Gerrit, IStR 1994, S. 210, UELNER, Adalbert, IFSt, Brief 198, S. 29f, MENCK, Thomas, FR 1994, S. 71, KREBS, Hans-Joachim: Geplante Änderungen des Körperschaftsteuergesetzes, in: BB 1982, S. 1917.
[779]Vgl. VOGEL, Klaus, DBA-Kommentar, a.a.O., Art. 24, Rz. 166.
[780]So auch KNOBBE-KEUK, Brigitte, DB 1993, S. 63.
[781]Vgl. KRABBE, Helmut, RIW 1984, S. 129, POTT, Hans-Michael, StuW 1982, S. 226.
[782]Vgl. POTT, Hans-Michael, StuW 1982, S. 226, KRATZ, Peter, DB 1980, S. 1815.
[783]Vgl. KRABBE, Helmut, RIW 1984, S. 129. A.A.: PÖLLATH, Reinhard/RÄDLER, Albert, DB 1980, Beil. 8, S. 23.
[784]So auch LOOS, Gerold, BB 1989, S. 537.

Volkswagen-AG.[785] Dieser Einwand ist sachgerecht. Bei dem Vergleich der steuerlichen Behandlung ähnlicher Unternehmen müssen wirklich ähnliche Konstellationen betrachtet werden. Dabei reicht es nicht aus, die inländische Tochter eines ausländischen Konzerns mit einer Kapitalgesellschaft zu vergleichen, deren Anteilseigner z.B. eine Kirche, Innung, Kammer oder Gebietskörperschaft ist. Stattdessen müssen Unternehmen verglichen werden, deren Anteilseigner am wirtschaftlichen Verkehr voll teilnehmen.[786] Dann aber ergibt sich durch § 8a KStG eine Schlechterstellung für Unternehmen mit ausländischen Anteilseignern gegenüber Unternehmen mit inländischen.

§ 8a KStG widerspricht daher dem Diskriminierungsverbot des Art. 24 Abs. 5 OECD-MA.[787]

Nach Auffassung der OECD soll jedoch Art. 24 Abs. 5 OECD-MA hinter die Bestimmungen des Abs. 4 zurücktreten.[788] Da Abs. 4 eine Gewinnveränderung aufgrund nationaler Unterkapitalisierungsregeln im Rahmen des Fremdvergleichs zulasse, könne Abs. 5 eine Gewinnkorrektur nicht verhindern, auch wenn das Diskriminierungsverbot verletzt sei.

Deutschland hat die Regelung des Abs. 4 jedoch nur in wenige DBA aufgenommen.[789] Weist das jeweilige DBA keine entsprechende Vorschrift auf, kommt Abs. 5 zur Geltung. Für diesen Fall verhindert das Diskriminierungsverbot die Anwendung des § 8a KStG.

4.4.3. Einordnung der Vergütung in Art. 10 oder 11 OECD-MA

Die Regelung des § 8a KStG sieht als Rechtsfolge vor, daß Zinszahlungen in verdeckte Gewinnausschüttungen umqualifiziert werden. Dabei ist zu prüfen, ob diese Umqualifizierung, die auf nationalem Recht beruht, gegenüber der abkommensrechtlichen Einordnung der Vergütung unter Art. 10 oder 11 OECD-MA wirksam wird.

Die Art. 10 und 11 OECD-MA regeln bei Erträgen aus der Anlage von Kapital die Steueraufteilung zwischen den betroffenen Staaten. Dabei legen sie gegenüber dem Quellenstaat Höchstgrenzen für die Einbehaltung von Quellensteuer

---

[785] Vgl. KNOBBE-KEUK, Brigitte, DB 1993, S. 63.

[786] Vgl. KRATZ, Peter, DB 1980, S. 1815, POTT, Hans-Michael, StuW 1982, S. 226, LOOS, Gerold, BB 1989, S. 537f, PÖLLATH, Reinhard: Fremdfinanzierung und Doppelbesteuerungsabkommen - eine Ergänzung, in: FR 1980, S. 432, MEILICKE, Wienand: Ausländer-Diskriminierung bei der stillen Gesellschaft, in: FR 1980, S. 106, SIEGEL, Theodor: Gesellschafter-Fremdfinanzierung, in: StuW 1989, S. 346f.

[787] Zustimmend: LOOS, Gerold, BB 1989, S. 537f, MEILICKE, Wienand, BB 1994, S. 118, KNOBBE-KEUK, Brigitte, DB 1993, S. 63, SIEGEL, Theodor, StuW 1989, S. 347. MICHIELSE, Geerten: Zur Regelung der Gesellschafter-Fremdfinanzierung in EU-Mitgliedstaaten und in Doppelbesteuerungsabkommen, in: StuW 1994, S. 339.

[788] Vgl. OECD-Kommentar zum OECD-MA, a.a.O., Art. 24, Ziff. 58, Rz. 158a. So auch VOGEL, Klaus, DBA-Kommentar, a.a.O., Art. 24, Rz. 160. A.A.: LANG, Michael: Hybride Finanzierungen..., a.a.O., S. 70.

[789] Vgl. die Übersicht bei VOGEL, Klaus, DBA-Kommentar, a.a.O., Art. 24, Rz. 155.

fest. Nach Art. 10 Abs. 2 darf der Quellenstaat bei Dividenden höchstens 15% des Bruttobetrages der Dividenden einbehalten. Bei Schachtelbeteiligungen wird dieser Satz auf 5% reduziert.[790] Art. 11 Abs. 2 OECD-MA bestimmt, daß die Quellensteuer bei Zinszahlungen höchstens 10% des Bruttobetrages der Zinsen betragen darf.

Wird die innerstaatliche Umqualifizierung gegenüber dem DBA wirksam, sind auch für Zwecke des Abkommens Dividenden statt Zinszahlungen anzunehmen. Für den deutschen Fiskus bedeutet dies, daß er von der Vergütung Kapitalertragsteuer wie von Dividenden einbehalten darf. Da in den wichtigsten deutschen DBA bei Zinszahlungen auf einen Abzug von Quellensteuer verzichtet wird, aber bei Dividenden in der Regel ein Abzug von 5 oder 15% vorgesehen ist, würde der deutsche Fiskus von der Umqualifizierung doppelt profitieren. Zum einen mindern die Vergütungen nicht den im Inland zu versteuernden Gewinn der Kapitalgesellschaft, zum anderen wird beim Abfluß der Vergütungen in das Ausland die höhere Kapitalertragsteuer für Dividenden fällig. Die Einordnung hat jedoch auch Auswirkungen für den Staat, in dem der Zahlungsempfänger ansässig ist. Nach VOGEL wird die Frage, ob die Vergütungen abkommensrechtlich als Dividenden anzusehen sind, auch für diesen Staat verbindlich geregelt.[791]

Für die Einordnung der umqualifizierten Vergütungen unter Art. 10 oder 11 OECD-MA ist zunächst die Definition der Dividenden- bzw. Zinszahlung im DBA heranzuziehen. Nach Art. 10 Abs. 3 OECD-MA bezeichnet der Ausdruck "Dividende" Einkünfte aus Aktien, Genußrechten oder Genußscheinen, Kuxen, Gründeranteilen oder anderen Rechten - ausgenommen Forderungen - mit Gewinnbeteiligung sowie aus sonstigen Gesellschaftsanteilen stammende Einkünfte, die nach dem Recht des Quellenstaates den Einkünften aus Aktien steuerlich gleichgestellt sind.

Art. 11 Abs. 3 OECD-MA definiert Zinsen als Einkünfte aus Forderungen jeder Art, auch wenn die Forderung durch Pfandrechte an Grundstücken gesichert oder mit einer Beteiligung am Gewinn des Schuldners ausgestattet ist.[792]

Bei der Frage, ob sich umqualifizierte Zinsen unter Art. 10 subsumieren lassen, wird davon ausgegangen, daß Deutschland in seinen DBA eine dem OECD-MA entsprechende Definition in die Art. 10 und 11 übernommen hat. Da den umqualifizierten Vergütungen weiterhin eine Forderung zugrunde liegt, kann es sich nicht um Einkünfte aus Aktien, Genußrechten oder -scheinen, Kuxen oder Gründeranteilen handeln. Ebensowenig können Rechte mit Gewinnbeteiligung vorliegen, da Forderungen ausdrücklich ausgenommen sind.

[790] Eine Schachtelbeteiligung liegt nach Art. 10 Abs. 3 OECD-MA vor, wenn eine ausländische Gesellschaft als Nutzungsberechtigte unmittelbar mindestens 25% der zahlenden Gesellschaft hält. Vgl. dazu auch § 8b Abs. 5 KStG und § 44d EStG.

[791] Vgl. VOGEL, Klaus, DBA-Kommentar, a.a.O., Art. 10, Rz. 184. So auch PÖLLATH, Reinhard, FR 1980, S. 432. Siehe dazu Pkt. 4.4.4.

[792] Eine Übersicht über bestehende deutsche DBA bieten: RIEGLER, Bernhard/SALOMON, Klaus: Der Dividenden- und Zinsbegriff nach den Doppelbesteuerungsabkommen der Bundesrepublik Deutschland, in: DB 1991, S. 2205ff.

Auch Einkünfte aus sonstigen Gesellschaftsanteilen, die nach dem Recht des Quellenstaates den Einkünften aus Aktien steuerlich gleichgestellt sind, fallen unter Art. 10. Durch diesen Verweis auf das nationale Recht könnte die innerstaatliche Qualifikation auf das Abkommen übergreifen. Nach § 8a KStG werden Zinszahlungen nach dem Recht des Quellenstaates Gewinnausschüttungen gleichgestellt.

Nach KNOBBE-KEUK ist ein Übergreifen jedoch nicht möglich, da es sich bei den Zinsen auf die Darlehensforderung nicht um Einkünfte aus sonstigen Gesellschaftsanteilen handelt.[793] Zustimmend weist PORTNER darauf hin, daß die Definition in Art. 10 Abs. 3 OECD-MA Forderungen aus dem Dividendenbegriff ausdrücklich ausnimmt. Nach ihrer Ansicht würden Forderungen auch dann nicht zu Gesellschaftsanteilen, wenn sie im Verhältnis zum Eigenkapital besonders hoch sind. Auch wenn das Gesellschafterfremdkapital aufgrund seiner Höhe einem besonderen kaufmännischen Risiko unterliege, bleibe es eine Forderung und werde nicht zu Gesellschaftskapital.[794] Als Folge ergäbe sich, daß die Vergütungen zwar nach innerstaatlichem Recht als Gewinnausschüttungen gelten, aber für Zwecke der DBA weiterhin Zinszahlungen anzunehmen sind. Die im Inland abzuführende Kapitalertragsteuer würde durch den in Art. 11 vereinbarten Quellensteuersatz beschränkt.

Allerdings bleibt es den Vertragsstaaten unbenommen, in den DBA zu vereinbaren, daß eine Umqualifizierung auch unabhängig davon abkommenswirksam wird, ob die Vergütungen auf Gesellschaftsanteile entfallen.[795] Fehlt daher die Einschränkung, daß die nach innerstaatlichem Recht den Dividenden gleichgestellten Einkünfte aus "sonstigen Gesellschaftsanteilen" stammen müssen,[796] wirkt durch den Verweis auf das jeweilige innerstaatliche Recht des Quellenstaates die nationale Qualifikation auch für das Abkommen.[797]

Eine andere Interpretation dieser Klausel führt VOGEL an. Danach stammen Einkünfte aus Forderungen dann aus dem Gesellschaftsanteil, wenn ein "unabhängiger Dritter in der konkreten Situation und unter den konkreten Bedingungen kein Fremdkapital gegeben hätte".[798] Hält das Darlehensverhältnis einem Fremdvergleich nicht stand, beruhe das Geschäft selbst und somit auch die Bezüge auf der Gesellschaftsbeteiligung. Damit wäre die Gesellschafterstellung für die Einkunftserzielung ursächlich, die Einkünfte stammten aus dem Gesellschaftsanteil

---

[793] Vgl. KNOBBE-KEUK, Brigitte, DB 1993, S. 64. Zustimmend: KRABBE, Helmut, RIW 1984, S. 130, PORTNER, Rosemarie, IStR 1996, S. 66, ALTHEIM, Michael, IStR 1995, S. 374, LANG, Michael: Hybride Finanzierungen..., a.a.O., S. 90. A.A.: MENCK, Thomas, FR 1994, S. 72.

[794] Vgl. PORTNER, Rosemarie, IStR 1996, S. 67.

[795] Vgl. OECD-Kommentar zum OECD-MA, a.a.O., Art. 10, Ziff. 23, Rz. 173.

[796] Z.B. in den DBA mit den USA, Kanada, Italien, Schweden, Australien, Frankreich, Neuseeland, Norwegen.

[797] Vgl. PORTNER, Rosemarie: Doppelbesteuerungsabkommen - Uneingeschränktes Quellenbesteuerungsrecht bei Abzugsfähigkeit von Vergütungen auf gewinnabhängige Finanzierungsinstrumente, in: IStR 1996, S. 410.

[798] VOGEL, Klaus, DBA-Kommentar, a.a.O., Art. 10, Rz. 200a.

und könnten abkommensrechtlich als Dividenden behandelt werden. Wenn dasselbe Darlehen so auch von einem fremden Dritten gegeben worden wäre, stammten die Einkünfte dagegen nicht aus dem Gesellschaftsanteil, sondern aus einem anzuerkennenden Finanzierungsgeschäft. In diesem Fall wären abkommensrechtlich Zinsen anzunehmen.[799]
Bezogen auf § 8a KStG bedeutet diese Sichtweise, daß die innerstaatliche Umqualifizierung von gewinnunabhängigen Vergütungen nach § 8a Abs. 1 S. 1 Nr. 2 KStG abkommensrechtlich wirksam würde. Da eine Umqualifizierung der Vergütungen bereits nach nationalem Recht nur dann vorgenommen wird, wenn ein Fremdvergleich nicht gelingt, ist dann davon auszugehen, daß das Gesellschaftsverhältnis für die Fremdkapitalüberlassung ursächlich ist. Somit ist die abkommensrechtliche Bedingung für die Wirksamkeit der Umqualifizierung erfüllt, die Vergütungen stammen aus dem Gesellschaftsanteil.
Auch gewinnabhängige Vergütungen i.S.d. § 8a Abs. 1 S. 1 Nr. 1 KStG werden abkommensrechtlich als Dividenden behandelt, wenn nach den Grundsätzen des Fremdvergleichs kein echtes Finanzierungsgeschäft anzunehmen ist. Allerdings sieht das nationale Recht keinen Fremdvergleich vor. Unabhängig davon ist m.E. die Umqualifizierung für Zwecke des DBA in Anwendung der o.g. Regeln nur dann wirksam, wenn ein Fremdvergleich nicht geführt werden kann. Gelingt dem Darlehensnehmer der Nachweis, daß er das gewinnabhängige Darlehen von einem fremden Dritten erhalten hätte, ist das Gesellschaftsverhältnis nicht ursächlich für die Kapitalüberlassung und die Einkommenserzielung des Gesellschafters. Daher müssen für die Anwendung des DBA Zinszahlungen angenommen werden.[800] Der Quellensteuerabzug ist somit durch Art. 11 beschränkt.

Ist ein DBA dem OECD-Musterabkommen nachgebildet, werden Vergütungen auf Forderungen mit Gewinnbeteiligung und Wandelschuldverschreibungen grundsätzlich als Zinsen anerkannt.[801] Soweit der Darlehensgeber die von der Kapitalgesellschaft eingegangenen Risiken tatsächlich teilt,[802] besteht jedoch ein allgemeiner Konsens innerhalb der OECD-Staaten, daß Zinsen nach den jeweiligen nationalen Unterkapitalisierungsregeln in Dividenden umqualifiziert werden dürfen. Ein entsprechender Wille kommt im OECD-Kommentar zum Ausdruck. Hier

---

[799] Vgl. VOGEL, Klaus, DBA-Kommentar, a.a.O., Art. 10, Rz. 188, 200a.

[800] Auch nach VOGEL ist die Berufung auf den Fremdvergleich abkommensrechtlich zulässig, auch wenn das nationale Recht einen solchen nicht vorsieht. Vgl. VOGEL, Klaus, DBA-Kommentar, a.a.O., Art. 11, Rz. 63d.

[801] Vgl. OECD-Kommentar zum OECD-MA, a.a.O., Art. 10, Ziff. 24, Rz. 174, Art. 11, Ziff. 19, Rz. 51.

[802] Dies ist im Einzelfall unter Beachtung der Gesamtumstände zu ermitteln. Indiz für eine Teilnahme am Risiko ist die Darlehenshöhe im Vergleich zum Eigenkapital, die Besicherung, eine Gewinnbeteiligung des Darlehensgebers, die Nachrangigkeit des Darlehens, die Gewinnabhängigkeit der Zinsen oder der Zinsauszahlungen oder ein fehlender Rückzahlungstermin. Vgl. OECD-Kommentar zum OECD- MA, a.a.O., Art. 10, Ziff. 25, Rz. 176, Art. 11, Ziff. 19, Rz. 51. Vgl. dazu auch VOGEL, Klaus, DBA-Kommentar, a.a.O., Art. 10, Rz. 189, Art. 11, Rz. 60.

wird festgestellt, daß die Art. 10 und 11 einer Umqualifizierung nach nationalem Recht nicht entgegenstehen.[803] Daher wird im Schrifttum behauptet, daß die Vergütungen i.S.v. § 8a Abs. 1 S. 1 Nr. 1 KStG infolge ihrer Gewinnabhängigkeit ohnehin als Dividende zu betrachten sind und unter Art. 10 fallen.[804] Dem ist nicht zu folgen. In Art. 11 Abs. 3 OECD-MA ist ausdrücklich bestimmt, daß Vergütungen auf gewinnabhängige Darlehen zu den Zinsen i.S.d. Art. 11 gehören.[805] Eine abkommenswirksame Umqualifizierung ist daher nur zulässig, wenn ein Fremdvergleich nicht gelingt. Keinesfalls sind von vornherein Dividenden anzunehmen.
Davon abgesehen steht es den Vertragsstaaten frei, in den bilateralen Verhandlungen bestimmte Zahlungen als Dividenden oder Zinsen zu qualifizieren oder gegenseitig innerstaatliche Umqualifizierungen anzuerkennen.[806] So findet sich z.B. in Art. 10 Abs. 4 DBA-USA eine sehr weite Dividendendefinition, die die Anwendung nationaler Unterkapitalisierungsregeln nicht einschränkt.[807]

Durch die Umqualifizierung kann es jedoch auch zu einem geringeren Abzug von Kapitalertragsteuer kommen. Manche DBA sehen für gewinnabhängige Vergütungen grundsätzlich den vollen Abzug der Kapitalertragsteuer von 25% vor. Werden die Zahlungen als verdeckte Gewinnausschüttungen angesehen, wird nur der niedrigere Steuersatz für Dividenden einbehalten.[808]

Ein besonderes Problem stellt sich, wenn die Vergütungen nicht an den Anteilseigner selbst gezahlt werden, sondern an eine ihm nahestehende Person oder einen fremden Dritten mit Rückgriffsrecht, und der Zahlungsempfänger gleichzeitig nicht in demselben Staat wie der Anteilseigner ansässig ist. Fraglich ist hier, welches DBA anzuwenden ist. Da die Höhe des Kapitalertragsteuerabzuges in verschiedenen DBA unterschiedlich geregelt ist, ist diese Frage von großer Bedeutung.
Das OECD-MA stellt bei der Frage der DBA-Anwendung auf das Land des Nutzungsberechtigten ab. Es ist dabei das DBA mit dem Ansässigkeitsstaat des Nahestehenden oder Dritten anzuwenden, wenn dieser eine echte gesellschafterähnliche Stellung hat.[809] Hat er dagegen das Darlehen nur durchgeleitet und ist

[803]Vgl. OECD-Kommentar zum OECD-MA, a.a.O., Art. 10, Ziff. 25, Rz. 176.
[804]Vgl. KRABBE, Helmut, StbJb 1993/94, S. 39f.
[805]So auch VOGEL, Klaus, DBA-Kommentar, a.a.O., Art. 11, Rz. 60. Nach VOGEL ist die Gewinnabhängigkeit von Zinsen allein kein ausreichender Grund für die Annahme von Dividenden.
[806]Vgl. OECD-Kommentar zum OECD-MA, a.a.O., Art. 11, Ziff. 21, Rz. 53. In zahlreichen DBA ist für die stille Gesellschaft und das partiarische Darlehen daher ausdrücklich eine Behandlung als Dividende vereinbart. Vgl. dazu JACOB, Friedhelm: Treatment of Interest, in: ET 1988, S. 90.
[807]Vgl. dazu DEBATIN, Helmut/ENDRES, Dieter: Das neue Doppelbesteuerungsabkommen USA/Bundesrepublik Deutschland, a.a.O., Art. 10, Rz. 32. Vgl. auch MANKE, Klaus, WPg 1989, S. 75.
[808]Vgl. MENCK, Thomas, FR 1994, S. 70, ders. in: BLÜMICH, Kommentar, a.a.O., § 8a KStG, Rz. 96.
[809]Vgl. BLÜMICH/MENCK, Kommentar, a.a.O., § 8a KStG, Rz. 97. MENCK begründet dies damit, daß in diesem Land die Vergütung zufließt.

daher nicht Nutzungsberechtigter der Erträge, ist das DBA mit dem Staat des Anteilseigners heranzuziehen.[810]
Daher ist die Zahlung nach den allgemeinen Regeln aufzuteilen. Der als Zinszahlung anerkannte Teil wird dem Zahlungsempfänger zugerechnet. Daher ist das DBA mit seinem Ansässigkeitsstaat anzuwenden. Anderes gilt aber für den als verdeckte Gewinnausschüttung qualifizierten Teil. Dieser wird dem Anteilseigner zugerechnet. Daher ist hier auf das DBA mit dessen Ansässigkeitsstaat abzustellen.[811]

4.4.4. Auswirkungen der Umqualifizierung für den Ansässigkeitsstaat

Wenn die Umqualifizierung der Zinsen in Dividenden abkommensrechtlich wirksam wird, wendet die Bundesrepublik zu Recht den Dividendenartikel des DBA an. Folglich wird im Regelfall eine höhere Quellensteuer einbehalten.
Unklar ist dabei, ob der ausländische Ansässigkeitsstaat des Anteilseigners die Umqualifizierung nachvollzieht. Das OECD-MA läßt bei Zinszahlungen zwar einen Quellensteuerabzug von maximal 10% zu, so daß der Ansässigkeitsstaat grundsätzlich eine Steueranrechnung gewähren muß, allerdings verzichtet Deutschland in den wichtigsten DBA auf die Erhebung von Kapitalertragsteuer. Würden die Vergütungen also weiterhin als Zinsen qualifiziert, hätte der ausländische Staat das volle Besteuerungsrecht für diesen Betrag.
Vollzieht er eine Umqualifizierung der Vergütungen nach, sind zwei Fälle zu unterscheiden. Wenn im DBA die Anrechnungsmethode vereinbart ist, muß der Ansässigkeitsstaat die in Deutschland einbehaltene Abzugssteuer auf die eigene Steuer anrechnen lassen. Da die auf Dividenden erhobene deutsche Quellensteuer die auf Zinsen erhobene meist übersteigt, ergibt sich für das Ausland ein höherer Anrechnungsbetrag und somit eine geringere Steuereinnahme. Sieht das DBA hingegen die Freistellung von (Schachtel-)dividenden im Ansässigkeitsstaat vor, verliert das Ausland sein Besteuerungsrecht vollends durch die Umqualifizierung.[812] Es wird deutlich, daß der ausländische Ansässigkeitsstaat durch die Nachvollziehung der deutschen Umqualifizierung finanzielle Einbußen infolge geringerer Steuereinnahmen hinnehmen muß. Er hat daher keinen Anreiz, der Umqualifizierung zu folgen.[813] Auch für den Anteilseigner kann die Umqualifizie-

---

[810] Vgl. MENCK, Thomas, FR 1994, S. 70f. Auch VOGEL sieht insbesondere bei einem Back-to-back-Darlehen den Zahlungsempfänger nicht als Nutzungsberechtigten an. Vgl. VOGEL, Klaus, DBA-Kommentar, a.a.O., Art. 11, Rz. 43. Ähnlich auch ELLIS, Maarten: Steuerliche Gestaltungen bei grenzüberschreitenden Finanztransaktionen aus den Erfahrungen einer Beraterpraxis, in: Zinsen im internationalen Steuerrecht, Heft 9 der Münchener Schriften zum Internationalen Steuerrecht, S. 32f. ELLIS weist darauf hin, daß hier die Frage des Abkommensmißbrauchs zu prüfen ist. Zum Abkommensmißbrauch allgemein vgl. KRAFT, Gerhard: Die mißbräuchliche Inanspruchnahme von Doppelbesteuerungsabkommen, Heidelberg, 1991, zugl. Diss. Heidelberg, 1990.

[811] Vgl. WASSERMEYER, Franz: Stellungnahme zu ausgewählten Zweifelsfragen..., a.a.O., S. 7.

[812] Auch die indirekte Anrechnung der deutschen Körperschaftsteuer ist eine Form des Schachtelprivilegs.

rung nachteilige Folgen haben. Hat er sein Darlehen refinanziert, ist denkbar, daß ihm aufgrund der Schachtelfreistellung der Abzug von Refinanzierungsaufwendungen versagt wird.[814]
Vollzieht der ausländische Staat die Umqualifizierung nicht nach, kommt es zu einer Mehrfachbelastung der Vergütungen. Zunächst unterliegen sie als verdeckte Gewinnausschüttungen der deutschen Körperschaftsteuer. Beim Abfluß wird Kapitalertragsteuer abgezogen, die der Höhe nach durch die Dividendenvorschrift des entsprechenden DBA begrenzt ist.[815] Der ausländische Staat hingegen nimmt bei dem Empfänger Zinszahlungen an, für die er nach Art. 11 das Besteuerungsrecht hat und unterwirft die Zahlungen noch einmal der Besteuerung. Die Anrechnung der deutschen Quellensteuer wird ebenfalls versagt, wenn im DBA für Zinsen eine Erhebung nicht vorgesehen ist.[816] Dieses Vorgehen hätte fundamentale Konsequenzen für den internationalen Kapitalverkehr und kann daher nicht im Interesse der beteiligten Staaten liegen. Lediglich eine Einigung im Verständigungsverfahren[817] würde hier Abhilfe schaffen.
Nach meiner Ansicht ist davon auszugehen, daß die innerstaatliche Qualifikation des Quellenstaates für beide Vertragsstaaten verbindlich ist, sofern sie abkommensrechtlich wirksam ist.[818] Gelingt der Fremdvergleich nicht, werden die Vergütungen für Zwecke der Abkommensanwendung als Dividenden klassifiziert. Da für das Abkommen nur ein einheitlicher Dividendenbegriff möglich ist, muß die Vergütung, die Dividende i.S.v. Art. 10 ist, auch Dividende i.S.v. Art. 23 sein.[819] Art. 23 DBA, der die steuerliche Behandlung der Dividenden im Ansässigkeitsstaat regelt, nimmt zur Vermeidung der Doppelbesteuerung auf den Dividendenartikel Bezug und übernimmt somit dessen Qualifikation für seine eigene Anwendung.[820]

---

[813]Im Schrifttum wird daher die Aufnahme einer Bestimmung zu übereinstimmender Behandlung als Dividende in die DBA gefordert. Vgl. HÖHN, Ernst/SCHMID, Werner: "Fremdfinanzierung" von Kapitalgesellschaften durch Anteilseigner: Vergleichende Darstellung der Regelung in ausgewählten Staaten, in: "Fremdfinanzierung" von Kapitalgesellschaften durch Anteilseigner, hrsg. v. K. Vogel, München, 1982, S. 21.

[814]Dies wäre möglich, wenn im Ausland eine Regelung analog zu § 3c EStG besteht.

[815]Ggf. entfällt der Abzug nach § 44d EStG.

[816]Vgl. HOFMANN, Heinz: Doppelbesteuerung von Zinsen trotz DBA und Gestaltungen zu deren Vermeidung, in: Zinsen im Internationalen Steuerrecht, a.a.O., S. 17f.

[817]Vgl. dazu das BMF-Schr. v. 1.4.1993, IV C 5 - S 1300 - 158/92, BStBl. I 1993, S. 332ff und Art. 25 OECD-MA. Ebenso MENCK, Thomas, FR 1994, S. 74f. Das Verständigungsverfahren könnte den anzuwendenden Kapitalertragsteuersatz, die korrespondierende Gegenberichtigung und die Behandlung von ausländischem Refinanzierungsaufwand klären. Es besteht allerdings kein Einigungszwang. Vgl. PRINZ, in: HHR, Kommentar, a.a.O., § 8a KStG, Anm. 33.

[818]So auch MICHIELSE, Geerten, StuW 1994, S. 337. Ähnlich: BARANOWSKI, Karl-Heinz: Anmerkung zum BFH-U. v. 31.5.1995, in: IWB, F. 3a, Gr. 1, S. 464.

[819]Vgl. PÖLLATH, Reinhard, FR 1980, S. 432. A.A.: FLOCKERMANN, Paul, DStR 1982, S. 343.

[820]Vgl. VOGEL, Klaus, DBA-Kommentar, a.a.O., Art. 10, Rz. 184. A.A.: WEBER, Ernst, IFSt, Brief 204, S. 48: WEBER geht davon aus, daß die Dividendendefinition in Art. 10 nur für den Quellenstaat gilt. Der Ansässigkeitsstaat ist daran nicht gebunden, sondern kann die Wertungen seines innerstaatlichen Steuerrechts anwenden.

Nicht ganz soweit geht der OECD-Kommentar. Hier wird dem Ansässigkeitsstaat nur anempfohlen, die Änderung des Quellenstaates zur Vermeidung der Doppelbesteuerung nachzuvollziehen.[821]
Eine vertragliche Verpflichtung für den Ansässigkeitsstaat, die Änderungen des Quellenstaates zu übernehmen, enthält Art. 9 Abs. 2 OECD-MA. Danach muß eine korrespondierende Änderung vorgenommen werden, wenn der Quellenstaat das Einkommen eines Unternehmens in Übereinstimmung mit den Fremdvergleichsgrundsätzen korrigiert. Die Klausel dieser sog. Gegenberichtigung wurde jedoch von deutscher Seite lediglich in ganz wenigen DBA[822] vereinbart, weil die Bundesrepublik dem jeweiligen Vertragspartner keinen Anreiz zu Erstkorrekturen geben wollte. Außerdem sollte den Unternehmen nicht das Risiko der Doppelbesteuerung genommen werden, um sie nicht zu Gewinnverschiebungen zu veranlassen.[823] Durch die Gegenberichtigung würde zwar die Doppelbesteuerung wirksam vermieden, jedoch kann sich der Steuerpflichtige auf sie nicht berufen, wenn sie im DBA nicht vereinbart ist. Die Vorschrift hat daher praktisch keine Relevanz.

Insgesamt bleibt festzustellen, daß die nationalen Unterkapitalisierungsregeln zahlreiche Schwierigkeiten für die betroffenen Unternehmen verursachen können. Die deutsche Finanzverwaltung sollte daher nicht zu hart gegen ausländisch beherrschte Unternehmen vorgehen, um nicht ein ähnliches Vorgehen ausländischer Staaten gegenüber deutschen Gesellschaften im Ausland zu provozieren. In diesem Zusammenhang empfiehlt die OECD, daß sich die Unternehmen im Ausland an die im eigenen Staat geltenden Unterkapitalisierungsregeln halten sollen.[824]
Innerhalb der EU-Staaten tritt diese Problematik nur in abgemilderter Form auf. Eine weitgehend übereinstimmende Gewinnberichtigung wird durch die EG-Schiedsverfahrens-Konvention[825] erreicht, die eine Verpflichtung der Mitgliedstaaten zur Beseitigung der Doppelbesteuerung vorsieht.

---

[821] Vgl. OECD-Kommentar zum OECD-MA, a.a.O., Art. 23, Ziff. 68, Rz. 135b. Vgl. dazu auch MENCK, Thomas: "Fremdfinanzierung" als Mehrstaaten-Problem, in: IStR 1994, S. 575.
[822] Vgl. dazu VOGEL, Klaus, DBA-Kommentar, a.a.O., Art. 9, Rz. 84.
[823] Vgl. BAUMHOFF, Hubertus: Einkunftsabgrenzung..., a.a.O., S. 286, Tz. 224.
[824] Vgl. BLÜMICH/MENCK, Kommentar, a.a.O., § 8a KStG, Rz. 100.
[825] Übereinkommen über die Beseitigung der Doppelbesteuerung im Falle von Gewinnberichtigungen zwischen verbundenen Unternehmen, Nr. 90/436/EWG, ABl. Nr. L 225 v. 20.8.1990, S. 10. Vgl. dazu VOGEL, Klaus, DBA-Kommentar, a.a.O., Art. 9, Rz. 83a, Art. 25, Rz. 10f. m.w.N., FÖRSTER, Jutta: Das EG-Schiedsübereinkommen, in: BFuP 1993, S. 487ff.

4.5. Umqualifizierung und Europarecht

4.5.1. Allgemeines Diskriminierungsverbot des Art. 6 EGV

Art. 6 EGV[826] verbietet allgemein jede Diskriminierung aus Gründen der Staatsangehörigkeit.[827] Es handelt sich dabei um einen unmittelbar geltenden Maßstab für die Vereinbarkeit des nationalen Steuerrechts mit dem Europarecht, der auch in Bereichen gilt, in denen eine Harmonisierung bisher nicht vorgenommen wurde.[828]

Das Diskriminierungsverbot schützt nicht nur die Staatsangehörigen der Mitgliedstaaten, sondern auch juristische Personen, die nach den Rechtsvorschriften eines Mitgliedstaates gegründet wurden und ihren satzungsmäßigen Sitz, ihre Hauptverwaltung oder ihre Hauptniederlassung innerhalb der EU haben.[829] Aus dem Verbot einer Benachteiligung folgt, daß die von einem EU-Ausländer erzielten Einkünfte im Inland nicht anders besteuert werden dürfen, als die von einem Inländer erzielten. Eine Diskriminierung kann dagegen nicht vorliegen, wenn EU-Ausländer nicht schlechter behandelt werden als Inländer.[830] Die Regelung des Art. 6 EGV verbietet neben der offenen Diskriminierung auch die versteckte.[831] Diese liegt vor, wenn eine Regelung nicht direkt an die Staatsangehörigkeit anknüpft, sondern an Merkmale, die typischerweise oder überwiegend von Ausländern erfüllt sind.[832]

Eine steuerlich differenzierende Behandlung der In- und Ausländer ist jedoch zulässig, wenn sachliche Gründe dies rechtfertigen.[833] Daher ist eine Gleichstellung von Ansässigen und Nichtansässigen nicht allgemein geboten.

---

826 Bis zum Inkrafttreten der Vertragsänderungen durch den Maastricht-Vertrag war diese Vorschrift in Art. 7 EWGV enthalten.

827 Zur Überschneidung von Regelungsbereichen zwischen DBA- und Europarecht allgemein vgl. SCHERER, Thomas: Doppelbesteuerung und Europäisches Gemeinschaftsrecht, München, 1995, S. 107ff.

828 Vgl. ECKHOFF, Rolf: Diskriminierung im Bereich der Besteuerung des Einkommens und Vermögens, in: Handbuch des europäischen Steuer- und Abgabenrechts, hrsg. v. D. BIRK, Herne/Berlin, 1995, S. 463, Rz. 1.

829 Vgl. ebenda, S. 480, Rz. 25.

830 Vgl. ebenda, S. 489, Rz. 35.

831 Vgl. EuGH-U. v. 12.2.1974, Rs. 152/73, EuGHE 1974, S. 164 (Sotgiu).

832 Vgl. ECKHOFF, Rolf, a.a.O., S. 490ff, Rz. 38f. Vgl. dazu auch EuGH-U. v. 8.5.1990, Rs. C-175/88, EuGHE 1990, S. 1792 (Biehl). Ähnlich auch EuGH-U. v. 14.2.1995, Rs. C-279/93, DB 1995, S. 408 (Schumacker). Vgl. weiterhin KAEFER, Wolfgang/SASS, Gert: Beschränkte Steuerpflicht und Diskriminierungsverbot im Licht des EuGH-Urteils vom 14.2.1995, in: DB 1995, S. 643, SASS, Gert: Zum Einfluß der Rechtsprechung des EuGH auf die beschränkte Einkommen- und Körperschaftsteuerpflicht, in: DB 1992, S. 858.

833 Die differenzierende Regelung muß dabei Teil eines besonderen Steuersystems sein, das insgesamt gerechtfertigt ist, und das nicht teilweise aufgehoben werden kann, ohne die Kohärenz von Vor- und Nachteilen zu zerstören. Vgl. ECKHOFF, Rolf, a.a.O., S. 499, Rz. 51, insbesondere EuGH-U. v. 28.1.1992, Rs. C-204/90, EuGHE 1992, S. 283f (Bachmann). Vgl. dazu auch VOGEL, Klaus, DBA-Kommentar, a.a.O., Art. 24, Rz. 5c.

Im folgenden ist zu prüfen, wie sich das europarechtliche Diskriminierungsverbot des Art. 6 EGV auf die Anwendung des § 8a KStG auswirkt. Verstößt die innerstaatliche Regelung gegen den EG-Vertrag, ist sie nichtig und darf nicht angewandt werden.[834]
Zunächst könnte gegen das Eingreifen des Diskriminierungsverbotes eingewendet werden, daß sich § 8a KStG nicht unmittelbar gegen den ausländischen Gesellschafter richtet, sondern in erster Linie steuerliche Folgen für die inländische Gesellschaft anordnet. Dieses Argument ist m.E. jedoch nicht stichhaltig, da sich die Umqualifizierung auch auf den Anteilseigner auswirkt. Dieser erhält statt Zinsen nun Dividenden und unterliegt der beschränkten Steuerpflicht.
Da aber das deutsche Steuerrecht nicht nach der Staatsangehörigkeit unterscheidet, sondern nach der Ansässigkeit, liegt grundsätzlich eine Diskriminierung nicht vor. Schließlich ist eine Differenzierung zwischen Ansässigen und Nichtansässigen zulässig.[835]
In einem Fall hingegen kommt es infolge des § 8a KStG zu einer ungerechtfertigten Schlechterstellung eines Ausländers. Hält der Anteilseigner seine Beteiligung in einem inländischen Betriebsvermögen, so daß die Voraussetzungen des §8a Abs. 5 KStG erfüllt sind, soll der Betriebsstätte die Körperschaftsteueranrechnung verweigert werden.[836] Das Diskriminierungsverbot gebietet jedoch, die inländische Betriebsstätte einer ausländischen Gesellschaft nicht schlechter als inländische Gesellschaften zu behandeln.[837] Daher muß die Finanzverwaltung die entsprechende Anrechnung gewähren.

4.5.2. Grundsatz der Niederlassungsfreiheit

In den Art. 52ff. EGV wird das allgemeine Diskriminierungsverbot des Art. 6 EGV konkretisiert. Dabei handelt es sich bei Art. 52 um eine lex specialis zu Art. 6.[838] Auch die Regelungen der Art. 52 bis 58 EGV haben Auswirkungen auf das nationale Steuerrecht, denn sie verbieten Vorschriften, welche die Niederlassungsfreiheit behindern. Eine solche Behinderung wird angenommen, wenn ein

[834] Vgl. ECKHOFF, Rolf, a.a.O., S. 499, Rz. 52, KAEFER, Wolfgang: Steuernachteile für beschränkt steuerpflichtige EG-Bürger nach der Rechtsprechung des Europäischen Gerichtshofes verfassungswidrig, in: DStR 1991, S. 672.
[835] Aus denselben Gründen wird auch das Diskriminierungsverbot des Art. 24 Abs. 1 OECD-MA nicht zum Einsatz kommen. Siehe dazu Pkt. 4.4.2.2.
[836] Vgl. BMF-Schr. v. 15.12.1994, a.a.O., Tz. 94, 98.
[837] Vgl. ECKHOFF, Rolf, a.a.O., S. 490, Rz. 36 mit Verweis auf EuGH-U. v. 28.1.1986, Rs. 270/83, EuGHE 1986, S. 302f (avoir fiscal) und EuGH-U. v. 13.7.1993, Rs. C-330/91, EuGHE 1993, S. 4043 (Commerzbank).
[838] Vgl. VOGEL, Klaus, DBA-Kommentar, a.a.O., Art. 24, Rz. 5b. So auch BLUMENWITZ, Dieter: Rechtsprobleme im Zusammenhang mit der Angleichung von Rechtsvorschriften auf dem Gebiet des Niederlassungsrechts der freien Berufe, in: NJW 1989, S. 622, KEWENIG, Wilhelm: Niederlassungsfreiheit, Freiheit des Dienstleistungsverkehrs und Inländerdiskriminierung, in: JZ 1990, S. 20. Grundlegend zu Art. 52 EGV: KNOBBE-KEUK, Brigitte: Niederlassungsfreiheit: Diskriminierungs- oder Beschränkungsverbot?, in: DB 1990, S. 2573ff.

Staat für Unternehmen oder Personen aus ausländischen Mitgliedstaaten andere Bestimmungen erläßt, als für eigene Angehörige.[839]
Aufgrund der Niederlassungsfreiheit haben Unternehmen die Möglichkeit, ihren Sitz in einen anderen Mitgliedsstaat zu verlegen. Stattdessen können sie aber auch dort eine Betriebsstätte oder Tochtergesellschaft erwerben oder gründen.[840] Auch diese Formen der Niederlassung sind durch Art. 52 EGV geschützt, so daß sowohl die wirtschaftliche Betätigung über eine Tochtergesellschaft als auch die Beziehung zwischen Mutter- und Tochtergesellschaft nicht diskriminiert werden darf.[841] Daher ist insbesondere zu prüfen, ob es mit dem Grundsatz der Niederlassungsfreiheit vereinbar ist, wenn inländische Kapitalgesellschaften mit ausländischen Anteilseignern wegen dieses Auslandsbezuges schlechter behandelt werden als vergleichbare Gesellschaften mit inländischen Gesellschaftern. Art. 52 EGV verbietet nicht nur eine offene Diskriminierung, sondern auch eine versteckte bzw. verschleierte.[842]
Übt eine ausländische Muttergesellschaft ihr Niederlassungsrecht durch Gründung einer Tochtergesellschaft aus, kann sie nach Art. 52 EGV verlangen, daß ihre Tochter so behandelt wird, wie andere vergleichbare inländische Gesellschaften.[843]
Voraussetzung für die Anwendung des § 8a KStG ist, daß die Vergütung an einen nichtanrechnungsberechtigten Anteilseigner fließt. Auch hier geht der Gesetzgeber davon aus, daß keine unzulässige Diskriminierung vorliegt, da auch bedeutende Gruppen von Inländern unter die Regelung fallen.[844] Diese sind jedoch keine der ausländischen Mutter vergleichbaren inländischen Gesellschaften, da sie nur wegen ihres steuerfreien Status nichtanrechnungsberechtigt sind.[845] Hinsichtlich einer Diskriminierung ist daher die ausländische Muttergesellschaft mit einer steuerpflichtigen inländischen Mutter zu vergleichen. Als Resultat ergibt sich, daß nach § 8a KStG eine Umqualifizierung nicht erfolgt, wenn die Kapitalgesellschaft eine inländische Mutter hat. Steht dieselbe Gesellschaft dagegen im Besitz einer ausländischen Mutter, kommt es nach Übersteigen des safe haven zu einer Umqualifizierung.

---

[839]Vgl. ECKHOFF, Rolf: Niederlassungsfreiheit, in: Handbuch des europäischen Steuer- und Abgabenrechts, a.a.O., S. 546, Rz. 2.
[840]Vgl. EVERLING, Ulrich: Das Niederlassungsrecht in der Europäischen Gemeinschaft, in: DB 1990, S. 1853.
[841]Vgl. ECKHOFF, Rolf, Niederlassungsfreiheit, a.a.O., S. 560f, Rz. 32. Ebenso KNOBBE-KEUK, Brigitte, DB 1993, S. 62.
[842]Eine verschleierte Diskriminierung liegt vor, wenn nicht nach der Staatsangehörigkeit, sondern nach anderen Kriterien (z.B. Ansässigkeit) differenziert wird, aber trotzdem das gleiche Ergebnis erreicht wird. Vgl. ECKHOFF, Rolf: Niederlassungsfreiheit, a.a.O., S. 552, Rz. 16. Zu Gründen, die eine unterschiedliche Behandlung rechtfertigen vgl. ebenda, S. 564ff, Rz. 37ff.
[843]Vgl. KNOBBE-KEUK, Brigitte, DB 1993, S. 62.
[844]Vgl. BT-DrS 12/4487, S. 37, so auch HERZIG, Norbert, DB 1994, S. 114, FROTSCHER, Gerrit, IStR 1994, S. 210.
[845]Vgl. KNOBBE-KEUK, Brigitte, DB 1993, S. 62. Zustimmend: MEILICKE, Wienand: Finanzierungsfreiheit und Europarecht, in: FR 1995, S. 301.

Im Ergebnis wird der inländischen Kapitalgesellschaft nur deshalb der Abzug von Zinszahlungen als Betriebsausgabe verweigert, weil sie ausländische Anteilseigner hat. Die Regelung des § 8a KStG, welche auslandsbeherrschte Kapitalgesellschaften klar benachteiligt, knüpft zwar nicht unmittelbar an die Staatsangehörigkeit der Anteilseigner an, diskriminiert diese jedoch versteckt, da es sich um eine Vorschrift handelt, die besonders zum Nachteil ausländischer Staatsangehöriger wirksam wird. Daher verstößt die Vorschrift des § 8a KStG gegen das Gebot der Niederlassungsfreiheit.[846]
Art. 52 EGV ist eine unmittelbar geltende Bestimmung,[847] auf die sich der Steuerpflichtige direkt berufen kann. Entgegenstehendes nationales Recht wird insoweit verdrängt.[848]
Dieses Ergebnis wird auch durch den Vorbehalt hinsichtlich des Kapitels über den Kapitalverkehr in Art. 52 nicht berührt, denn dieser hat nach KNOBBE-KEUK keine Auswirkungen mehr, weil er mittlerweile überholt sei.[849]

4.6. Ausländische Regelungen zur Begrenzung der Gesellschafterfremdfinanzierung

Die nachfolgenden Ausführungen verdeutlichen, daß der deutsche Gesetzgeber keineswegs als einziger Regelungen zur Gesellschafterfremdfinanzierung erlassen hat. Vielmehr sehen mittlerweile etwa die Hälfte aller OECD-Staaten einschränkende Bestimmungen vor. Da diese sich jedoch hinsichtlich ihrer Tatbestandsvoraussetzungen und Rechtsfolgen erheblich unterscheiden, sollen nachfolgend einige Regelungen kurz dargestellt werden.[850]
Ausländische Vorschriften zur Unterkapitalisierung werden somit zu einem wichtigen Standortfaktor und müssen in jedem Fall vor der Vornahme einer ausländischen Direktinvestition in die Planung einbezogen werden.

---

[846] Vgl. KNOBBE-KEUK, Brigitte, DB 1993, S. 62 mit Verweis auf EuGH-U. v. 8.5.1990, Rs. C-175/88, EuGHE 1990, S. 1779 (Biehl). Ebenso HEY, Friedrich, RIW 1994, S. 225, BACHMANN, Birgit: Diskriminierungsverbote bei direkten Steuern im Regelungsbereich des EG-Vertrages, in: RIW 1994, S. 854f, MEILICKE, Wienand, FR 1995, S. 301f. MEILICKE weist darauf hin, daß auch die Kohärenz des deutschen Steuersystems eine solche Diskriminierung nicht rechtfertigt. Ähnlich auch SASS, Gert: Zu außensteuerrechtlichen Aspekten des Entwurfs für ein "Standortsicherungsgesetz", in: IWB, F. 2, S. 632f. A.A.: HERZIG, Norbert, DB 1994, S. 114, FRANZ, Roland/RUPP, Thomas, BB 1993, Beil. 20, S. 23.

[847] Vgl. EuGH-U. v. 21.6.1974, Rs. 2/74, EuGHE 1974, S. 631 und 652, DAUTZENBERG, Norbert: Der Europäische Gerichtshof und die direkten Steuern, in: BB 1992, S. 2401.

[848] Vgl. KIRCHHOF, Paul: Die Entwicklungen des deutschen Steuerrechts im Rahmen der Europäischen Union, in: JbFSt 1994/95, S. 42, ECKHOFF, Rolf, Niederlassungsfreiheit, a.a.O., S. 548, Rz. 9, MEILICKE, Wienand, BB 1994, S. 118f.

[849] Vgl. KNOBBE-KEUK, Brigitte, DB 1993, S. 63. Dagegen verweist ECKHOFF auf Art. 73d Abs. 1 Buchst. a EGV (ehem. Art. 67 EWGV). Vgl. ECKHOFF, Rolf, Niederlassungsfreiheit, a.a.O., S. 563, Rz. 35f.

[850] Zu einer Systematisierung der Regelungen siehe LAUBE, Peter: Die steuerliche Behandlung der Zinsen bei internationalen Wirtschaftsbeziehungen, in: IWB, F. 10, Gr. 2, S. 487ff.

4.6.1. Bestimmungen in den USA

In den USA wird für Zwecke der Bundeseinkommensteuer der Abzug von Zinsaufwendungen seit 1989 durch die Vorschrift der Sec. 163 (j) Internal Revenue Code (IRC) beschränkt.[851] Diese sog. "Earnings Stripping Rules" wurden durch das Haushaltsausgleichsgesetz 1993 verschärft.[852] Seitdem werden auch bisher ausgenommene Altdarlehen in den Regelungsbereich einbezogen.[853]
Unter diese Vorschrift fallen alle US-Kapitalgesellschaften, die von einer ausländischen Person oder Gesellschaft beherrscht werden und Fremdkapital von einer der Gesellschaft nahestehenden Person[854] (z.B. Anteilseigner) erhalten. In erster Linie sind daher US-Tochtergesellschaften ausländischer Mütter betroffen. Daneben greift die Regelung auch, wenn das Fremdkapital von fremden Dritten überlassen wurde (z.B. Banken), und die der Gesellschaft nahestehende Person für dessen Sicherheit garantiert.[855] Ziel der Regelung ist es, durch eine Einschränkung der Abzugsfähigkeit von Zinszahlungen an verbundene Personen eine Verringerung des in den USA zu versteuernden Einkommens zu vermeiden.[856] Daher ist die Vorschrift nur dann anwendbar, wenn die Zinszahlungen keiner oder einer niedrigen US-Steuer unterliegen.[857]
Der Regelungsinhalt von Sec. 163 (j) IRC sieht vor, daß der Betriebsausgabenabzug von Zinszahlungen, die an nahestehende Personen geleistet oder von diesen besichert werden, nur beschränkt anerkannt wird. Die nicht abzugsfähigen Zinsen werden zeitlich unbegrenzt vorgetragen und erhöhen den Zinsaufwand der Folgejahre.[858]

---

[851]Vgl. SMALL, David/SEUFERT, Ingrid: Das US-Steueränderungsgesetz 1989, in: IWB, F. 8, Gr. 2, S. 593f.
[852]Vgl. dazu SIEKER, Klaus: Weitreichende Änderungen des US-Steuerrechts durch den Revenue-Reconciliation-Act 1993, in: RIW 1993, S. 827ff.
[853]Vgl. FLICK, Hans: Gestaltungszwang und Gestaltungsmöglichkeiten bei der neuen Earnings Stripping Regelung in den USA, in: IStR 1994, S. 124.
[854]Die nahestehende Person bestimmt sich nach Sec. 267 (b) IRC und Sec. 707 (b) (1) IRC. Im allgemeinen muß eine Beteiligung vorliegen, die 50% der Kapitalanteile übersteigt. Vgl. RUDDEN, John/ WOYWODE, Uwe: US-Beschränkungen für den Zinsabzug betreffen auch deutsche Konzernmütter, in: DB 1993, S. 1046, SALEM, Irving: Debt or Equity? New Pathways - Another Dead End or The Yellow Brick Road?, in: The Tax Executive 1990, S. 96.
[855]Die besicherten Drittdarlehen fallen nur unter Sec. 163 (j) IRC, wenn die besichernde Person nicht in den USA ansässig oder von der US-Besteuerung befreit ist, und die Zinsen nicht bereits auf Basis der Bruttoeinkünfte der US-Steuer unterliegen (Quellensteuerabzug). Vgl. PUGH, Erich/ECKSTEIN, Hans-Martin: Verschärfte Begrenzung des Zinsabzuges bei Zahlungen an nahestehende Unternehmen durch neues US-Steuergesetz, in: IWB, F. 8, Gr. 2, S. 733f. Das Abzugsverbot entfällt, sofern der Garantiegeber mit den Zinsen, wären sie an ihn geleistet worden, der US-Besteuerung unterläge. Der Begriff der Besicherung wird weit ausgelegt, so daß auch weiche Patronatserklärungen den Tatbestand erfüllen. Vgl. ebenda, S. 734f, FLICK, Hans, IStR 1994, S. 124.
[856]Vgl. BOGENSCHÜTZ, Eugen/PUGH, Erich: Richtlinien-Entwurf der US-Steuerverwaltung zur Begrenzung des Zinsabzuges bei Zahlungen an nahestehende Unternehmen, in: IWB, F. 2, S. 569.
[857]Das ist immer der Fall, wenn das jeweilige DBA analog Art. 11 OECD-MA dem Ausland das Besteuerungsrecht an den Zinsen zuweist.
[858]Vgl. JANKA, Wolfgang: Earnings Stripping Rules in den USA, in: RIW 1991, S. 942.

Der Zinsaufwand ist bis zu einer Höhe von 50% des angepaßten zu versteuernden Einkommens der Gesellschaft abzugsfähig. Dieses ermittelt sich, indem der Nettozinsaufwand, die Absetzungen für Abnutzung und Verlustvorträge dem zu versteuernden Einkommen wieder hinzugerechnet werden.[859]
Die Beschränkung wird nur wirksam, wenn das Verhältnis von Eigen- zu Fremdkapital[860] am Bilanzstichtag schlechter als 1:1,5 ist, die Eigenkapitalquote also unter 40% liegt.[861] Die Quote ist dabei nicht gesellschafterbezogen, sondern richtet sich nach Eigen- und Fremdkapital der Gesellschaft selbst.[862]
Erreicht der Zinsaufwand die abzugsfähige Höhe von 50% nicht, kann die nicht ausgeschöpfte Abzugsbegrenzung auf die nachfolgenden drei Jahre vorgetragen werden und erhöht den maximal abzugsfähigen Zinsaufwand späterer Jahre.[863]
Auch der US-Kongreß sieht ähnlich wie der deutsche Gesetzgeber keine Verletzung von DBA-Vorschriften (Diskriminierungsverbote), da die Vorschrift auch auf in den USA ansässige, steuerbefreite Institutionen anzuwenden ist.[864]

Neben der Regelung in Sec. 163 (j) IRC sieht das US-Steuerrecht noch weitere Vorschriften zur Finanzierung durch Fremd- statt Eigenkapital vor. Diese können daneben angewandt werden, haben sich aber als nicht so effektiv erwiesen.[865]

US-Steuerverwaltung und Gesetzgeber verfolgen mit ihrer Regelung einen anderen Ansatz als der deutsche Gesetzgeber. Zunächst liegt eine interperiodische Zuweisung des Aufwandes vor, wonach Teile der Zinszahlungen ggf. in anderen Perioden abgezogen werden können. Für die nichtabzugsfähigen Zahlungen kommt es zu einer Doppelbesteuerung, da diese als Zinseinkünfte nach Art. 11 OECD-MA in Deutschland zu versteuern sind. Eine Umqualifizierung in Dividenden, auf die das Schachtelprivileg anzuwenden wäre, ist nicht vorgesehen.[866]

---

[859] Vgl. PUGH, Erich/ECKSTEIN, Hans-Martin, IWB, F. 8, Gr. 2, S. 731f, BOGENSCHÜTZ, Eugen/PUGH, Erich, IWB, F. 2, S. 570f, FLICK, Hans, IStR 1994, S. 124f.

[860] Bei der Ermittlung der Fremdkapitalhöhe werden kurzfristige Verbindlichkeiten und bestimmte Verbindlichkeiten, die mit dem Vorratsvermögen zusammenhängen, nicht berücksichtigt. Vgl. FLICK, Hans, IStR 1994, S. 125.

[861] Die Quote bestimmt sich anhand der steuerlichen Buchwerte. Vgl. FEINSCHREIBER, Robert: An Earnings Stripping Primer, in: The International Tax Journal 1990, S. 62.

[862] Vgl. WILLENS, Robert: Revenue Reconciliation Act will limit corporate planning, in: The Journal of Taxation 1990, S. 70. Bei verbundenen Unternehmen, die in den USA eine konsolidierte Bilanz erstellen, gelten Besonderheiten. Vgl. dazu BOGENSCHÜTZ, Eugen/PUGH, Erich, IWB, F. 2, S. 573f.

[863] Vgl. PUGH, Erich/ECKSTEIN, Hans-Martin, IWB, F. 8, Gr. 2, S. 732f mit Bsp., JANKA, Wolfgang, RIW 1991, S. 941.

[864] Vgl. PUGH, Erich/ECKSTEIN, Hans-Martin, IWB, F. 8, Gr. 2, S. 735.

[865] Siehe Sec. 385 IRC, 267 (a) (3) IRC, 163 (e) (3) IRC. Vgl. auch HEY, Friedrich: US-Steuergesetz 1989: Beschränkung der Abzugsfähigkeit von Zinsen bei Gesellschafter-Fremdfinanzierung, in: RIW 1990, S. 120. Zu Sec. 385 IRC vgl. STONE, Lawrence/McGEEHAN, Kevin: Distinguishing Corporate Debt from Stock under Section 385 IRC, in: Tax Law Review, Vol. 36, 1981, S. 343ff.

[866] Vgl. BOGENSCHÜTZ, Eugen/PUGH, Erich, IWB, F. 2, S. 572.

4.6.2. Bestimmungen in ausgewählten EU-Staaten

In Frankreich wird der Betriebsausgabenabzug von Zinszahlungen an Gesellschafter durch Art. 39 Code Général des Impôts (CGI) auf den durchschnittlichen Jahreszins der privat-emittierten Obligationen beschränkt. Dieser wird halbjährlich festgestellt und veröffentlicht.[867] Die Regelung differenziert nicht zwischen ansässigen und nichtansässigen Gesellschaftern, setzt aber eine Beteiligung von mehr als 50% voraus.[868]
Die Zinszahlungen sind jedoch nach Art. 212 CGI nur dann nicht abzugsfähig, wenn das Gesellschafterfremdkapital das 1,5fache des Nennkapitals der Gesellschaft übersteigt. Nicht abzugsfähige Zinsen werden in Dividenden umqualifiziert, wobei dem Zahlungsempfänger kein Anrechnungsguthaben zusteht.[869]
Die Abzugsbeschränkung tritt nach Art. 145 CGI auf Antrag jedoch nicht in Kraft, wenn die Zinszahlung von einer Tochtergesellschaft an ihre Mutter geleistet wird, für die das Schachtelprivileg des Art. 145 CGI gilt, und wenn die Mutter das Fremdkapital selbst auf dem Kapitalmarkt oder durch verhandelbare Schuldtitel erworben hat.[870] Weitere Voraussetzung für den Abzug von Zinsen auf Gesellschafterdarlehen ist, daß das Stammkapital voll eingezahlt ist.[871]

Ähnliche Beschränkungen der Höhe der abzugsfähigen Zinsen sehen Dänemark und Portugal vor. In Dänemark darf der Zinssatz für Gesellschafterdarlehen den Basiszinssatz der Nationalen Bank maximal um 4 v.H. übersteigen, andernfalls wird eine Umqualifizierung in Dividenden vorgenommen. In Portugal darf der an im Ausland ansässige Gläubiger gezahlte Zins den LIBOR-Satz bzw. den um 1 v.H. erhöhten international üblichen Zins nicht übersteigen.[872]

In Großbritannien werden nach Sec. 209 Income and Corporation Taxes Act (ICTA) sämtliche Zinszahlungen von ansässigen Kapitalgesellschaften an nichtansässige Gesellschafter als Dividenden behandelt, sofern der nichtansässige Anteilseigner eine Gesellschaft ist, die mit mindestens 75% an der britischen Kapitalgesellschaft beteiligt ist. Diese Regelung erfaßt sowohl kurz- als auch langfristige Darlehen, gilt unabhängig vom Verschuldungsgrad und berücksichtigt nicht, wieviel Fremdkapital der Nichtansässige zugeführt hat.[873] Infolge der Um-

---

[867] Vgl. MICHIELSE, Geerten, StuW 1994, S. 332f, JOA, Heike-Dagmar: Frankeich, in: Steuern in Europa, USA, Kanada und Japan, hrsg. v. A. Mennel, Herne/Berlin, 1980, S. 13.
[868] Vgl. GROTHERR, Siegfried: Vergleich der steuerlichen Regelungen zur Unterkapitalisierung in den OECD-Mitgliedstaaten, in: IWB, F. 10, Gr. 2, S. 1082f. Das Abzugsverbot greift nur bei unmittelbarer Darlehensgewährung zwischen Gesellschaft und Anteilseigner.
[869] Vgl. ebenda, S. 1083. Vgl. dazu auch: VIEGENER, Johannes: Beschränkungen des Zinsenabzugs auf Gesellschafterdarlehen im französischen Steuerrecht, in: RIW 1982, S. 103ff.
[870] Vgl. MICHIELSE, Geerten, StuW 1994, S. 333f.
[871] Vgl. TILLMANNS, Wolfhard: Das Steuerrecht Frankreichs, in: IWB, F. 5, Gr. 2, S. 892.
[872] Vgl. MICHIELSE, Geerten, StuW 1994, S. 333.
[873] Vgl. ebenda, S. 333, GROTHERR, Siegfried, IWB, F. 10, Gr. 2, S. 1083f, MÜSSENER, Ingo:

qualifizierung der Zinsen in Dividenden nach nationalem Recht muß die Kapitalgesellschaft die Ausschüttungskörperschaftsteuer entrichten und Kapitalertragsteuer abführen.
In den meisten DBA hat Großbritannien jedoch auf die Anwendung der Regelung verzichtet. Nach Auffassung der britischen Finanzverwaltung kann die Umqualifizierung je nach Formulierung des Fremdvergleichsgrundsatzes im jeweiligen DBA von der Einhaltung einer Eigenkapital-Fremdkapital-Relation abhängig gemacht werden. Übersteigt das Fremdkapital die Relation 1:1, muß die Fremdfinanzierung wirtschaftlich begründet werden, um eine Umqualifizierung zu vermeiden.[874]

In Spanien werden nach Art. 16 (9) Ley del Impuesto sobre Sociedades Zinsen, die eine spanische Kapitalgesellschaft an eine mit ihr verbundene, nichtansässige Person[875] zahlt, als Dividenden behandelt, sofern das direkt oder indirekt gewährte Gesellschafterfremdkapital das zweifache des steuerlichen Eigenkapitals übersteigt.[876] Dieses ermittelt sich als das durchschnittliche Eigenkapital des Steuerjahres, das anteilig auf den Fremdkapitalgeber entfällt.[877]
Die auf den übersteigenden Betrag entfallenden Zinsen sind als Dividenden zu behandeln. Dabei greift die Rechtsfolge sowohl für die spanische Schuldner- als auch Gläubigergesellschaft. Somit wurde eine reflektierende Regelung eingeführt.[878] Zur Zeit wird in Spanien darüber diskutiert, ob ein Fremdvergleich eingeführt werden soll, bei dessen Erfüllung die Zinsen nicht umqualifiziert werden.[879]

In den Niederlanden gibt es keine gesetzliche Festlegung einer Fremd- bzw. Eigenkapitalquote. Im Rahmen der Beantragung einer verbindlichen Auskunft über die Gewährung des Schachtelprivilegs hat sich in der Praxis gezeigt, daß die Finanzverwaltung die Einhaltung einer Fremdkapitalquote erwartet. Dananch soll das Verhältnis von Fremd- zu Eigenkapital die Relation 85:15 nicht übersteigen.[880]

Großbritannien, in: Steuern in Europa..., hrsg. v. A. Mennel, a.a.O., S. 27.
874 Vgl. GROTHERR, Siegfried, IWB, F. 10, Gr. 2, S. 1084.
875 Als verbundene Person gilt nicht nur der Anteilseigner, sondern auch der Geschäftsführer, ein anderes Unternehmen derselben Gruppe oder eine dem Anteilseigner nahestehende Person. Gleiches gilt, wenn an dem Fremdkapitalgeber und der Kapitalgesellschaft dieselbe Mutter mit mindestens 25% beteiligt ist. Zu weiteren Einzelheiten siehe GROTHERR, Siegfried, IWB, F. 10, Gr. 2, S. 1092. Die Beteiligungshöhe des Anteilseigners ist unerheblich.
876 Vgl. COLLADO, Albert/REY, Fernando: New Thin Capitalization Regulations in a Comparative Framework, in: ET 1993, S. 114.
877 Vgl. GROTHERR, Siegfried, IWB, F. 10, Gr. 2, S. 1092f.
878 Vgl. MICHIELSE, Geerten, StuW 1994, S. 334.
879 Vgl. GROTHERR, Siegfried, IWB, F. 10, Gr. 2, S. 1093.
880 Vgl. ebenda, S. 1090, MICHIELSE, Geerten, StuW 1994, S. 334.

Auch in Norwegen ist eine Relation von Fremd- und Eigenkapital gesetzlich nicht geregelt. Die Finanzverwaltung hat aber in Einzelfällen eine Eigenkapitalquote von 20%, d.h. ein Verhältnis von Fremd- zu Eigenkapital von 4:1 gefordert, um Zinszahlungen als Betriebsausgaben anzuerkennen.[881]

4.6.3. Bestimmungen in sonstigen wichtigen OECD-Staaten

In Kanada ist die steuerliche Behandlung der Unterkapitalisierung in Sec. 18 (4) - (6), (8) Income Tax Act (ITA) geregelt. Erhält eine in Kanada ansässige Kapitalgesellschaft Fremdkapital von einem wesentlich beteiligten, nichtansässigen Anteilseigner, sind die Zinsen nicht als Betriebsausgabe abziehbar, sofern das Verhältnis von Fremd- zu Eigenkapital die Relation von 3:1 übersteigt. Bei der Bestimmung der Fremdkapitalhöhe wird das Fremdkapital von sämtlichen wesentlich beteiligten, nichtansässigen Anteilseignern zusammengerechnet, wobei sich der Gesamtbetrag des Fremdkapitals dieser Gruppe von Anteilseignern nach dem höchsten Stand im Steuerjahr bestimmt. Auch die Zinsen werden für diese Gruppe zusammengefaßt, es erfolgt also keine gesellschafterbezogene Betrachtungsweise. Die nicht abziehbaren Zinsen bestimmen sich dann nach einer Verhältnisrechnung.[882]

In Japan wurden 1992 mit Art. 66-5 Special Taxation Measures Law (STML) Unterkapitalisierungsregeln eingeführt. Eine in Japan ansässige Kapitalgesellschaft darf Zinszahlungen nicht als Betriebsausgaben abziehen, wenn sie unterkapitalisiert ist und das überhöhte Fremdkapital von einer nichtansässigen, verbundenen Person[883] erhalten hat. Zur Feststellung des ersten Kriteriums wird ein doppelter Test durchgeführt. Zum einen muß für die Gesellschaft selbst das Verhältnis von Fremd- zu Eigenkapital die Relation 3:1 übersteigen. Zum anderen müssen die von der Gruppe der nichtansässigen verbundenen Personen überlassenen Fremdmittel mehr als das Dreifache ihres anteiligen Eigenkapitals betragen. Der durchschnittliche Fremdkapitalbestand wird dabei mit dem Eigenkapital am Ende des Steuerjahres verglichen.
Die Abzugsbeschränkung wird nicht angewandt, wenn die Kapitalgesellschaft einen Fremdvergleich führen und somit nachweisen kann, daß eine vergleichbare japanische Gesellschaft derselben Branche einen ebenso hohen Verschuldungsgrad aufweist. Wenn die Kapitalgesellschaft nachweisen kann, daß das vergleichbare japanische Unternehmen einen höheren Verschuldungsgrad aufweist, gestattet es der Fremdvergleich sogar, daß sie sich in gleicher Höhe verschulden darf.[884]

---

[881] Vgl. GROTHERR, Siegfried, IWB, F. 10, Gr. 2, S. 1091.
[882] Zu weiteren Einzelheiten vgl. GROTHERR, Siegfried, IWB, F. 10, Gr. 2, S. 1085ff.
[883] Diese muß zu mindestens 50% direkt oder indirekt an der Kapitalgesellschaft beteiligt sein.
[884] Vgl. ebenda, S. 1089f.

In der Schweiz sieht Art. 75 des Bundesgesetzes über die Direkte Bundessteuer vor, daß überhöhte Fremdkapitalzuführungen von Gesellschaftern in Eigenkapital umqualifiziert werden. Dementsprechend sind die darauf entfallenden Vergütungen als Dividenden zu behandeln. Im allgemeinen ist keine bestimmte Relation festgelegt. Daher wird in der Praxis angenommen, daß ein Verhältnis von 6:1 (Fremd- zu Eigenkapital) nicht zu beanstanden ist. Lediglich bei Grundbesitzgesellschaften soll die Relation 3:1 betragen. Weitergehende Vorschriften können allerdings durch kantonale Steuergesetze erlassen werden.[885]

Diese Übesicht zeigt, daß die Unterkapitalisierungsregeln in zahlreichen Staaten zu einem festen Bestandteil des nationalen Rechts geworden sind. Die einzelnen Regelungen weisen jedoch große Unterschiede auf. Die Tendenz geht mittlerweile dahin, daß Zinsen auf überhöhtes Fremdkapital nicht mehr in Dividenden umqualifiziert werden, sondern daß sie nicht als Betriebsausgaben abgezogen werden dürfen. Daraus folgt allerdings eine Doppelbesteuerung, weil die Zinsen sowohl im Quellen- als auch im Ansässigkeitsstaat steuerlich erfaßt werden. Auf diese Weise wollen die beteiligten Staaten die Gesellschaften zwingen, die vorgegebenen Regeln einzuhalten. Darüber hinaus gehen die jeweiligen Staaten davon aus, daß ihr nationales Recht nicht durch bestehende DBA eingeschränkt wird. Zur Unterstützung können sie auf ähnliche Regelungen in anderen Staaten verweisen. Für den Steuerpflichtigen bleibt schließlich nur die Erkenntnis, daß dieses Vorgehen infolge international nicht abgestimmter Regelungen letztlich zu seinen Lasten geht.

4.7. Ergebnis

Bei der Diskussion der einzelnen Aspekte des § 8a KStG hat sich gezeigt, daß die Regelung zahlreiche Anwendungsprobleme hervorruft und in vielen Bereichen stark verbesserungsbedürftig ist. Bei vielen Detailfragen wird sich letzte Klarheit wohl erst durch die höchstrichterliche Rechtsprechung ergeben.
Die Vorschrift verstößt teilweise gegen DBA-Recht. Hier bleibt abzuwarten, wie die Vertragspartner auf den Verstoß reagieren, wobei zu hoffen ist, daß die Streitigkeiten nicht zu Lasten der Steuerpflichtigen ausgetragen werden. In jedem Fall müssen ausländische Tochtergesellschaften deutscher Unternehmen damit rechnen, daß der ausländische Staat nun ebenfalls in bestehende DBA eingreifen wird.[886] Auch der Verstoß gegen europarechtliche Vorschriften ist bedenklich.
Insbesondere ist klar geworden, daß der steuerliche Grundsatz der Einmalbelastung die Umqualifizierung von Zinsen in Dividendenzahlungen nicht ausreichend begründen kann. Auch zur Erreichung gerechterer Wettbewerbsbedingun-

[885] Vgl. GROTHERR, Siegfried, IWB, F. 10, Gr. 2, S. S. 1091.
[886] Auch KÜFFNER befürchtet ausländische Retorsionsmaßnahmen. Vgl. KÜFFNER, Peter: Vernunft contra Nöte?, in: RIW 1982, S. 526.

gen ist eine derartige Vorschrift nicht geeignet. In dieser Hinsicht wäre eine Umqualifizierung nur gegenüber inländischen Nichtanrechnungsberechtigten notwendig, da diese die Zinszahlungen gänzlich ohne Steuerbelastung vereinnahmen. Ausländische Anteilseigner unterliegen jedoch mit den empfangenen Zinsen in ihrem Heimatstaat der Besteuerung, so daß aus Wettbewerbsgründen eine zusätzliche Belastung in Deutschland nicht angezeigt ist. Diese würde für die Ausländer sogar eine zweifache Besteuerung bedeuten, wenn das Ausland die Umqualifizierung nicht nachvollzieht.
Weiterhin hat sich gezeigt, daß es nicht begründbar ist, eine allgemein verpflichtende Kapitalstruktur und -ausstattung festzulegen. Steuerlich belastenden Maßnahmen wie § 8a KStG bleibt daher immer ein Beigeschmack von Willkür.[887] Gleiches gilt für die im Schrifttum[888] immer wieder angeführten Kriterien, nach denen angeblich beurteilt werden könne, ob das Fremdkapital in Wahrheit Eigenkapital sei. Der Gesetzgeber und die Finanzverwaltung sind den Nachweis schuldig geblieben, daß es sich bei dem Zinsaufwand der Gesellschaft tatsächlich um ihren Gewinn handelt, der nur in das Gewand von Zinszahlungen gekleidet ist. Daher sind auch diese Kriterien nur Indizien. Ein Mißbrauch läßt sich auch mit ihrer Hilfe nicht zweifels- und willkürfrei feststellen, weshalb sich eine steuerliche Umqualifizierung nicht darauf stützen darf.

Die Verschlechterung der steuerlichen Rahmenbedingungen durch § 8a KStG ist hinsichtlich der Wettbewerbsfähigkeit[889] Deutschlands sehr bedenklich. Infolge der fortschreitenden Internationalisierung der Produktion und des Abbaus der Handelsschranken wird sich der Wettbewerb um Investitionen und Arbeitsplätze in Zukunft noch weiter intensivieren. Die Steuerbelastung von Unternehmen, die neben anderen Faktoren eine wichtige Einflußgröße auf die Wettbewerbsposition Deutschlands ist, kann dabei einen wesentlichen Beitrag leisten, um konkurrenzfähige Produktionsbedingungen in Deutschland zu erhalten und neue Investitionen attraktiv zu machen.[890]

[887] Bereits § 3 KVStG scheiterte daran, daß nicht festgelegt werden konnte, was eine "nach der Sachlage gebotene Kapitalzuführung" sei. Vgl. SARRAZIN, Viktor: Das Eigen- und Fremdkapital der Kapitalgesellschaft unter Beteiligung von Inländern, in: JbFSt 1979/80, S. 392, KAMPRAD, Balduin: Gesellschafterdarlehen an die GmbH und GmbH & Co., 2. Aufl., Köln, 1980, S. 25.

[888] Vgl. LOHMANN, Martin, WPg 1959, S. 146, CENTRALE f. GmbH: Besteuerung von Gesellschafter-Fremdfinanzierung, in: GmbHR 1986, S. 218.

[889] Vgl. dazu auch die grundlegenden Ausführungen von FISCHER, Lutz: Die steuerliche Belastung der Unternehmensfinanzierung im internationalen Vergleich und ihr Einfluß auf die Wettbewerbsfähigkeit deutscher Unternehmen, in: DB 1984, S. 357ff. Zum Einfluß der Besteuerung auch WAGNER, Franz W.: Grundfragen und Entwicklungstendenzen der betriebswirtschaftlichen Steuerplanung, in: BFuP 1984, S. 207ff.

[890] In diesem Sinne auch: FISCHER, Lutz: Die effektive Steuerbelastung von Unternehmen, in: Besteuerung und Unternehmenspolitik, a.a.O., S. 133, BECKER, Helmut: Unternehmensbesteuerung als Standortproblem aus deutscher Sicht, in: DStJG, Bd. 17, 1994, S. 200, ENDRES, Dieter: Steuerliche Aspekte der europäischen Integration, in: RIW 1994, S. 573. Sehr kritisch zum StandOG auch SCHNEIDER, Dieter: Sichert das Standortsicherungsgesetz "die Attraktivität Deutschlands als Wirtschaftsstandort für ausländische Unternehmen"?, in: StuW 1994, S. 121ff. A.A.: MÜLLER-GATERMANN,

Ein wesentlicher Kritikpunkt an der Konzeption des § 8a KStG ist die gesellschafterbezogene Betrachtungsweise. Sobald hinsichtlich eines Gesellschafters die gesetzlich vorgesehene Eigen-Fremdkapital-Relation nicht eingehalten wird, und ein Fremdvergleich nicht gelingt, ist eine mißbräuchliche Gestaltung anzunehmen. M.E. kann sich jedoch eine Beurteilung der Angemessenheit der Kapitalausstattung nur auf das Eigen-Fremdkapital-Verhältnis bei der Gesellschaft beziehen, denn für die Kreditwürdigkeit und damit für den Fremdvergleich kommt es letztlich auf die Kapitalausstattung der gesamten Gesellschaft an.[891] Es darf nicht sein, daß die Regelung des § 8a KStG greift, obwohl die Gesellschaft an sich über ausreichend Eigenkapital verfügt.
Als Kompromiß könnte sich folgende Lösung anbieten: Es gilt zunächst die im Gesetz festgelegte gesellschafterbezogene Betrachtung. Weist der Gesellschafter nach, daß die Gesellschaft insgesamt die Relation von 1:3 einhält, wird § 8a KStG nicht angewandt.

Weiterhin ist an § 8a KStG zu bemängeln, daß die Besteuerung der Kapitalgesellschaft von der Zusammensetzung der Anteilseigner abhängt. Eine verdeckte Gewinnausschüttung nach § 8a KStG erhöht die Steuerbelastung der Gesellschaft, welche somit von Merkmalen der Anteilseigner beeinflußt wird. Im Schrifttum wird hierin ein Verstoß gegen den Grundsatz gesehen, daß die Körperschaft ein selbständiges Steuersubjekt und die Körperschaftsteuer materiell eine Steuer der Kapitalgesellschaft ist,[892] auch wenn sie wirtschaftlich infolge des Anrechnungsverfahrens wie eine Vorauszahlung auf die Steuer des Anrechnungsberechtigten wirkt.[893] Zwei Kapitalgesellschaften mit der gleichen Kapitalstruktur würden unterschiedlich besteuert, wenn an einer Ausländer und an der anderen Inländer beteiligt wären.[894] Dieser Argumentation ist zuzustimmen. Die

---

Gert, FR 1993, S. 386. Er nimmt an, daß es aufgrund von § 8a KStG kaum zum Abzug von Kapital aus Deutschland kommen wird.

[891] Zustimmend: KNOBBE-KEUK, Brigitte, DB 1993, S. 65, dies., StuW 1982, S. 210, UELNER, Adalbert: Die Unternehmensbesteuerung aus der aktuellen Sicht des Gesetzgebers, der Verwaltung und der Rechtsprechung, in: JbFSt 1984/85, S. 25, ders.: Zur Problematik der Gesellschafter-Fremdfinanzierung (§ 8a KStG), in: IDW-Steuerfachtagung 1985, S. 181.

[892] Vgl. BFH-B. v. 9.2.1982, VIII B 132/81, BStBl. II 1982, S. 402. Vgl. auch KNOBBE-KEUK, Brigitte: Der Gesetzgeber und die Fremdfinanzierung von Kapitalgesellschaften durch ausländische Anteilseigner, in: BB 1979, S. 1597, PÖLLATH, Reinhard: Kritische Fragen an den Gesetzentwurf des Bundes, in: "Fremdfinanzierung" von Kapitalgesellschaften..., a.a.O., S. 46.

[893] Vgl. DÖLLERER, Georg: Der Einfluß der Körperschaftsteuer-Reform 1977 auf das Verhältnis zwischen Handelsrecht und Steuerrecht der GmbH, in: GmbHR 1987, S. 133, TIPKE, Klaus/LANG, Joachim: Steuerrecht, 14. Aufl., Köln, 1994, § 11 Rz. 4, 7, S. 418f.

[894] Vgl. KNOBBE-KEUK, Brigitte: Was lange währt, wird nicht immer gut!, in: IWB, F. 2, S. 661, HERMS, Volkmar: Steuerliches "Verbot" der stillen Gesellschaft zwischen Kapitalgesellschaften und ausländischen Gesellschaftern, in: DB 1980, S. 21. HERMS sieht sogar den Gleichheitsgrundsatz des Art. 3 GG verletzt. Ähnlich LOOS, Gerold, BB 1989, S. 534, BIRK, Dieter/PÖLLATH, Reinhard: Fiktive Gewinnausschüttung durch Zinszahlungen an Ausländer und steuerfreie Inländer?, in: StuW 1980, S. 143f m.w.N. und KNOBBE-KEUK, Brigitte: Neuer Anlauf zu einem § 8a KStG?, in: IWB, F. 2, S. 616.

Verschärfung der Besteuerung der Kapitalgesellschaft ist der falsche Ansatzpunkt, denn die Nichtbesteuerung des Gläubigers darf nicht die Steuerlast des Schuldners erhöhen.
Zwar entstehen auch bei der herkömmlichen verdeckten Gewinnausschüttung nach § 8 Abs. 3 S. 2 KStG bei der Kapitalgesellschaft Steuerfolgen aufgrund der Gesellschaftereigenschaft des Leistungsempfängers, jedoch beinhaltet die herkömmliche vGA in der Regel einen Verstoß gegen das Zivilrecht, während die Gesellschafterfremdfinanzierung gesellschaftsrechtlich anerkannt ist.[895]
Zinszahlungen an Ausländer bei der Besteuerung der inländischen Schuldnergesellschaft zu erfassen, ist daher unsystematisch und nicht sachgerecht. Wenn es der Wille des Gesetzgebers ist, entsprechende Zahlungen an ausländische Empfänger zu besteuern, wäre es systematisch richtiger gewesen, die Zahlungen im Rahmen der beschränkten Steuerpflicht zu erfassen. Die Gesellschafterstruktur hätte damit keine Auswirkungen mehr auf die Besteuerung der inländischen Schuldnergesellschaft. Auch negative Auswirkungen auf die Mitgesellschafter würden damit vermieden. Da die Besteuerung beschränkt Steuerpflichtiger jedoch nach den DBA stark eingeschränkt ist, hat der Gesetzgeber durch das Ansetzen bei der Kapitalgesellschaft die Beschränkungen der DBA umgangen und den Ausländer indirekt trotzdem zu einer Steuer herangezogen.

---

[895] Vgl. LOOS, Gerold, BB 1989, S. 533f.

5. Alternative Vorschläge zur Lösung der Problematik

Der Ausschluß von Ausländern von der Körperschaftsteueranrechnung hat zusammen mit der steuerlichen Diskriminierung der Finanzierung mit Eigenkapital dazu geführt, daß Ausländer ihr Engagement in Deutschland mit möglichst wenig Eigenkapital durchführen. Im folgenden werden Lösungen vorgestellt, welche die steuerlichen Nachteile der Eigenfinanzierung für Ausländer beseitigen und somit die Finanzierungsneutralität erreichen.
Solange sich trotz ähnlicher Sachverhalte unterschiedliche Steuerbelastungen ergeben, werden die Steuerpflichtigen nach Ausweichhandlungen suchen. Durch §8a KStG werden die eigentlichen Belastungsunterschiede zwischen Eigen- und Fremdkapital nicht beseitigt. Daher bekämpft diese Regelung nur die Symptome und Auswirkungen der derzeitigen steuerlichen Rahmenbedingungen.[1] Die folgenden Lösungsvorschläge dagegen setzen an der Ursache der steuerlichen Fremdfinanzierungsanreize an und führen daher die Problematik einer sachgerechten Lösung zu. Auf dieser Grundlage wäre die Regelung des § 8a KStG nicht mehr notwendig, da steuerliche Anreize der Fremdfinanzierung weitgehend entfallen.[2] [3]

Zunächst werden Lösungsvorschläge innerhalb des bestehenden Steuersystems aufgezeigt, bevor anschließend ein systemveränderndes Modell vorgestellt wird.

5.1. Grenzüberschreitende Anrechnungsmodelle

5.1.1. Grundlagen

Ziel des in Deutschland[4] bestehenden Systems der Vollanrechnung ist es, ausgeschüttete Gewinne wirtschaftlich gesehen nur einmal zu belasten, nämlich mit dem individuellen Steuersatz des Anteilseigners. Auf diese Weise wird die wirtschaftliche Doppelbelastung ausgeschütteter Gewinne beseitigt.

---

[1] Auch KRÜGER weist darauf hin, daß der Gesetzgeber die Wettbewerbsstörungen, die § 8a KStG beseitigen soll, selbst herbeigeführt hat und weiterhin beibehalten will. Darunter fällt vor allem die Tatsache, daß das deutsche Steuerrecht nicht finanzierungs- und entscheidungsneutral ist. Vgl. KRÜGER, Dietrich: Zur Besteuerung von Kapitalgesellschaften bei Gesellschafter-Fremdfinanzierung, in: BB 1987, S. 1083. Ähnlich auch SCHNEELOCH, Dieter: Eigenfinanzierung oder Finanzierung durch Gesellschafterdarlehen, in: StuW 1984, S. 51f.

[2] Zustimmend: GROTHERR, Siegfried: Die Eignung des körperschaftsteuerlichen Vollanrechnungssystems als Modell für den Europäischen Binnenmarkt unter internationalem Blickwinkel, in: IStR 1993, Beihefter zu Heft 5, S. 6f, HERZIG, Norbert: Nationale und internationale Aspekte einer Reform der Körperschaftsteuer, in: StuW 1990, S. 34. Beide Autoren betrachten daher die grenzüberschreitende Körperschaftsteueranrechnung als sachgerechte Lösung.

[3] Es verbliebe lediglich die steuerliche Schlechterstellung des Eigenkapitals bei der Gewerbesteuer.

[4] Außer in Deutschland gibt es ein System der Vollanrechnung in Italien seit 1977, in Norwegen seit 1992 und in Frankreich seit 1993.

Bei grenzüberschreitenden Kapitalverflechtungen gibt es grundsätzlich zwei Möglichkeiten, eine investitionshemmende wirtschaftliche Doppelbelastung ausgeschütteter Gewinne zu verhindern. Zum einen könnten die ausländischen Anteilseigner einer inländischen Kapitalgesellschaft ebenso wie die inländischen zur Anrechnung vor Körperschaftsteuer berechtigt werden. Zum anderen könnten die ausländischen Anteilseigner analog zu § 26 Abs. 2 KStG im Ausland berechtigt werden, nicht nur die Kapitalertragsteuer, sondern auch die deutsche Körperschaftsteuer als Steuer auf den Gewinn der Kapitalgesellschaft auf ihre eigene Steuerschuld anzurechnen. Beide Möglichkeiten führen dazu, daß die Gewinne der deutschen Kapitalgesellschaft nur einmal mit Steuern belastet werden.
Aus fiskalischer Sicht führen diese Möglichkeiten für die beteiligten Steuerhoheiten jedoch zu einer Minderung ihrer finanziellen Handlungsspielräume. So führt die Erstattung von Körperschaftsteuer an Ausländer aufgrund des Mittelabflusses zu Steuermindereinnahmen des deutschen Fiskus, während die indirekte Anrechnung der deutschen Körperschaftsteuer auf die eigene ausländische Ertragsteuer die Steuereinnahmen des ausländischen Fiskus entsprechend mindert. Soll die aufwendige Errechnung von Kompensationszahlungen umgangen werden, wird sich die grenzüberschreitende Anrechnung unter Vermeidung einseitiger Nachteile nur erreichen lassen, wenn die beteiligten Staaten ausgeglichene Wirtschafts- und Kapitalströme aufweisen.

5.1.2. Körperschaftsteuererstattung in das Ausland

Ist der ausländische Anteilseigner zur Anrechnung von Körperschaftsteuer berechtigt, unterliegt er nicht mehr nur mit der Bardividende der beschränkten Steuerpflicht, sondern seine in Deutschland beschränkt steuerpflichtigen Einkünfte erhöhen sich um das Anrechnungsguthaben. Wird er veranlagt, kann er das Körperschaftsteuerguthaben auf seine inländische Steuerschuld anrechnen. Verbleibt ein übersteigender Betrag an Guthaben, wird dieser dem ausländischen Anteilseigner erstattet. Sofern es nicht zu einer Veranlagung kommt, und die Steuerpflicht des Ausländers bereits durch die Abführung von Kapitalertragsteuer abgegolten ist, wird regelmäßig eine Erstattung des Anrechnungsguthabens in das Ausland vorgenommen.
In seinem Sitzstaat unterliegt der Anteilseigner mit der Dividendenzahlung grundsätzlich der Besteuerung. Dabei zählt sowohl die Bardividende als auch das Anrechnungsguthaben zu den steuerpflichtigen Einkünften, wobei die von ihm in Deutschland auf die Dividende entrichtete Steuer im Regelfall angerechnet wird. Somit ist die wirtschaftliche Doppelbesteuerung beseitigt, und die ausgeschütteten Gewinne unterliegen nur einmal der Besteuerung.[5]

[5] Kritisch dazu: Ruding-Ausschuß der EU: Die Schlußfolgerungen und Empfehlungen des Ruding-Ausschusses, in: DB 1992, Beil. 5, S. 9. Der Ausschuß lehnt es ab, ausländischen Anteilseignern Steuergutschriften einzuräumen und präferiert dagegen die vorrangige Besteuerung im Quellenstaat mit Freistellung bzw. Entlastung im Wohnsitzstaat des Anteilseigners. Ähnlich: RÄDLER, Albert: Perspektiven

Die Freistellung einer Schachteldividende im Sitzstaat aufgrund eines DBA führt in diesem Zusammenhang jedoch nicht zu einem sachgerechten Ergebnis, da die Ausschüttung dann weder im Quellen- noch im Sitzstaat besteuert wird.
Nach Art. 20 DBA-Frankreich ist eine Steuergutschrift bzw. grenzüberschreitende Erstattung des Körperschaftsteuerguthabens (avoir fiscal) an deutsche Anteilseigner bereits möglich. So ist eine Steuergutschrift in Höhe von 50% der Dividende vor Kapitalertragsteuer, die der französische Fiskus den französischen Steuerpflichtigen gewährt, auch von den deutschen Steuerbehörden zu gewähren, wenn ein in Deutschland unbeschränkt Steuerpflichtiger Dividenden aus Frankreich bezieht.[6] Dabei wird grundsätzlich ein Finanzausgleich mit Deutschland vorgenommen.[7]

5.1.3. Indirekte Anrechnung im Ausland

Bei diesem Verfahren bleibt der ausländische Anteilseigner zwar nichtanrechnungsberechtigt, doch kann die wirtschaftliche Doppelbelastung beseitigt werden, indem der ausländische Anteilseigner die von der deutschen Kapitalgesellschaft entrichtete und auf die ausgeschütteten Gewinne entfallende Körperschaftsteuer auf seine eigene Steuerschuld im Ausland anrechnet.[8] Die Anrechnung der Kapitalertragsteuer bleibt davon unberührt.
Die indirekte Anrechnung führt dazu, daß die steuerliche Gesamtbelastung von dem Niveau des ausländischen Wohnsitzstaates bestimmt wird. Die ausländische Steuer kann dabei maximal auf Null sinken, eine Erstattung der ggf. höheren deutschen Steuer erfolgt nicht.[9]
Die indirekte Anrechnung im Ausland ist allerdings nur dann sinnvoll, wenn der ausländische Staat nicht ohnehin ein Schachtelprivileg für Dividenden gewährt. Besteht dagegen ein Schachtelprivileg, wäre eine zusätzliche indirekte Anrechnung eine doppelte Begünstigung und daher systemwidrig.
Bisher ist die indirekte Anrechnung nach nationalem, DBA- und Gemeinschaftsrecht in vielen Fällen möglich, jedoch im Regelfall Muttergesellschaften mit bestimmten Mindestbeteiligungen und Mindestbesitzzeiten der Anteile vorbehalten.[10]

---

der Unternehmensbesteuerung im Binnenmarkt, in: StbJb 1992/93, S. 53.

[6] Vgl. KAUFMANN, Jürgen: Die Körperschaftsteuerbelastung..., a.a.O., S. 163ff m.w.N., DÖTSCH/ CATTELAENS u.a.: Körperschaftsteuer, a.a.O., Rz. 922. Zu weiteren Einzelheiten siehe auch ROHRLACK-SOTH, Lars/KAUFMANN, Jürgen: Besteuerung französischer Gesellschaften und ihrer deutschen Anteilseigner, in: IStR 1992, S. 95ff, IStR 1993, S. 6ff.

[7] Zum Finanzausgleich siehe BMF-Schr. v. 25.3.1988, IV C 5-S 1301 Fra-30/88, BStBl. I 1988, S. 136.

[8] Vgl. GROTHERR, Siegfried, IStR 1993, Beihefter zu Heft 5, S. 3.

[9] Vgl. KAUFMANN, Jürgen: Die Körperschaftsteuerbelastung..., a.a.O., S. 107 m.w.N.

[10] Ggf. gibt es Aktivitätsvorbehalte. Im deutschen Steuerrecht findet sich die Regelung in § 26 Abs. 2 KStG. Auf Gemeinschaftsebene regelt Art. 4 der Mutter-Tochter-Richtlinie die indirekte Anrechnung. Diese ist in § 26 Abs. 2a KStG in deutsches Recht umgesetzt.

5.2. Aufgabe des Trennungsprinzips

SIEGEL nimmt an, daß Gesellschafterfremdkapital und Eigenkapital im wesentlichen dieselbe ökonomische Funktion haben.[11] Daher dürfe die Fremdfinanzierung steuerlich nicht ungünstiger als die Eigenfinanzierung behandelt werden. Da Gewerbetreibende nicht über eine höhere steuerliche Leistungsfähigkeit verfügten und daher nicht mit einer Sondersteuer belastet werden sollten, befürwortet SIEGEL als ersten Schritt für eine systemgerechte Lösung der Problematik der Gesellschafterfremdfinanzierung die Abschaffung der Gewerbesteuer für juristische Personen. Somit würden Gestaltungen zur Umgehung dieser Sondersteuer und eine steuerliche Benachteiligung des Fremdkapitals vermieden.[12]
Nach SIEGEL beinhaltet das deutsche Steuerrecht einen Widerspruch. Während bei der Gewerbesteuer (ehemals auch bei der Vermögensteuer) die Trennung zwischen Gesellschaft und Gesellschafter fortbestehe, sei diese nach Einführung des Anrechnungsverfahrens für die Einkommen- und Körperschaftsteuer wirtschaftlich aufgehoben. Da nicht die Gesellschaft als solche, sondern nur der Gesellschafter Träger steuerlicher Leistungsfähigkeit sein könne, fordert SIEGEL, das Trennungsprinzip aufzugeben und sämtliche Leistungsbeziehungen zwischen Gesellschafter und Gesellschaft nicht mehr anzuerkennen.[13]
Zu Recht weist SIEGEL darauf hin, daß aufgrund der Gewerbesteuer auch für Anrechnungsberechtigte ein steuerlicher Anreiz zur Fremdfinanzierung besteht. Bislang wurde dieser durch die Vermögensteuer noch verstärkt. Daher sei eine Lösung nur unter Einbeziehung der inländischen Anteilseigner sachgerecht.[14]
Als Lösung schlägt er daher vor, das Trennungsprinzip aufzuheben. Würden die Beziehungen zwischen Gesellschaft und Gesellschafter nicht mehr anerkannt, wären Vergütungen an Gesellschafter somit nicht mehr als Faktorentgelte, sondern generell als Gewinnverwendung zu qualifizieren. Nach dem wirtschaftlichen Gehalt handele es sich bei Zinsen für Gesellschafterfremdkapital um Gewinn, weshalb der zivilrechtlichen Beurteilung nicht gefolgt werden dürfe. Für Anrechnungs- und Nichtanrechnungsberechtigte seien Gewinnausschüttungen anzunehmen.[15]
Problematisch an diesem Vorschlag ist, daß die gegenwärtigen DBA eine generelle Umqualifizierung von Zinsen in Dividenden nicht zulassen. Die Lösung SIEGELS kann der inländische Gesetzgeber daher nicht allein verwirklichen. Die

[11] Vgl. SIEGEL, Theodor: § 8a KStG ist tot - Es lebe die Gesellschafterfremdfinanzierung (?), in: GmbHR 1990, S. 140.
[12] Vgl. ebenda, S. 141.
[13] Vgl. ebenda, S. 141.
[14] Vgl. ebenda, S. 140 und 141.
[15] Vgl. ebenda, S. 141, ebenso SIEGEL, Theodor, StuW 1989, S. 344f. A.A.: KAISER, Thomas: Verdecktes Nennkapital und Leistungsfähigkeitsprinzip, in: DStR 1991, S. 1107. Nach KAISER sind Gesellschafterdarlehen gerade wegen der Besteuerung nach der Leistungsfähigkeit als Darlehen zu behandeln, da es für die Gesellschaft keinen Unterschied bedeutet, ob sie dieses bei ihrem Gesellschafter oder fremden Dritten aufnimmt.

Nichtanrechnungsberechtigten kämen nach diesem Vorschlag nicht in den Genuß des Körperschaftsteuerguthabens. Gewährt ihr ausländischer Sitzstaat allerdings die Steuerfreistellung von Dividenden bzw. die indirekte Anrechnung, wäre dies für sie eine akzeptable Lösung.

5.3. Konsumorientierte Neuordnung des Steuersystems

5.3.1. Grundlagen

Die bisher dargestellten Alternativen modifizieren zwar das bisherige Steuersystem, verändern es aber nicht grundlegend. Durch eine systemverändernde Umstellung der Besteuerung auf eine Besteuerung des Konsums könnten ebenso die Ursachen der Gesellschafterfremdfinanzierung beseitigt werden. Daneben würde ein konsumorientiertes System gleichzeitig auch andere Mängel der derzeitigen Besteuerung beheben.

Der nach § 5 EStG vorgesehene Betriebsvermögensvergleich dient als Grundlage der Ermittlung der Steuerbemessungsgrundlage. Dieses Verfahren wird im Schrifttum zu Recht kritisiert, da auf diese Weise die Prinzipien einer ökonomisch entscheidungsneutralen Besteuerung verletzt würden.[16] Weiterhin wird bemängelt, daß die Besteuerungsregeln aufgrund der Einflechtung allgemein wirtschaftspolitischer, wohnungspolitischer, sozialpolitischer und anderer Ziele völlig an Übersichtlichkeit verloren hätten, und daher die eigentliche Steuerfunktion nicht mehr erkennbar sei.[17]

Bei einem konsumbasierten Steuersystem wird das Einkommen nicht zum Zeitpunkt der Wertschöpfung bzw. Entstehung besteuert, sondern erst, wenn der Steuerpflichtige Leistungen konsumiert. Daraus ergibt sich, daß die Kapitalbildung in Form des Sparens oder Investierens steuerfrei bleibt. Die Ersparnisbildung (gleichbedeutend mit Konsum zu einem späteren Zeitpunkt), die eine wesentliche Voraussetzung der gesamtwirtschaftlichen Wohlfahrt ist, wird begünstigt, während der Konsum belastet wird. Die ökonomische Wirkung der Steuern stimmt mit ihrem ökonomischen Ziel überein.[18]

---

[16] Vgl. WENGER, Ekkehard: Das Quellensteuerexperiment von 1987, in: ZBB 1990, S. 185, 187, ders.: Besteuerung und Kapitalbildung als intertemporales Optimierungsproblem, in: Zeitaspekte in betriebswirtschaftlicher Theorie und Praxis, hrsg. v. H. Hax u.a., Stuttgart, 1988, S. 285ff, ders.: Gleichmäßigkeit der Besteuerung von Arbeits- und Vermögenseinkünften, in: Finanzarchiv, 1983, S. 229, ROSE, Manfred: Eine konsumorientierte Neuordnung des Steuersystems für mehr Entscheidungsneutralität, Fairneß und Transparenz, in: Steuervereinfachung, FS f. Dietrich Meyding, hrsg. v. W. Bühler, Heidelberg, 1994, S. 233f. FISCHER wies darauf bereits 1970 hin. Vgl. FISCHER, Lutz: Die Finanzierungsneutralität der Besteuerung als Forderung der Betriebswirtschaftslehre, in: ZfB 1970, S. 313ff, 324f. Zu Beispielen vgl. SIGLOCH, Jochen: Verzerrende Wirkungen von Bemessungsgrundlagen und Tarif auf Unternehmensentscheidungen nach der Steuerreform 1990, in: StuW 1990, S. 230ff.

[17] Vgl. ROSE, Manfred: Eine konsumorientierte Neuordnung..., a.a.O., S. 234, HAASE, Klaus: Zur Steuerreform im Lichte betriebswirtschaftlicher Neutralitätspostulate, in: Betriebswirtschaftliche Steuerlehre und Steuerberatung, FS f. Gerd Rose, hrsg. v. N. Herzig, Wiesbaden, 1991, S. 241f.

[18] Vgl. ebenda, S. 234f. Ebenso: ROSE, Manfred: Plädoyer für ein konsumbasiertes Steuersystem, in:

Durch die Besteuerung könnten die relativen Güter- und Faktorpreise am Markt verändert und somit die Entscheidungen der Marktteilnehmer beeinflußt werden. Ein Steuersystem ist dann entscheidungsneutral, wenn Steuern die Rangordnung ökonomischer Aktivitäten nicht verändern. Steuern dürfen daher weder die Entscheidung zwischen heutigem Konsum und heutigem Sparen (morgigem Konsum),[19] noch die Rangordnung von Investitionsalternativen[20] beeinflussen.[21]
Die traditionelle Steuer auf Zinseinkünfte der Inländer schmälert den zukünftig konsumierbaren Ertrag des Sparens, sie verteuert den Zukunftskonsum und diskriminiert ihn gegenüber der Einkommensverwendung für den Sofortkonsum. Als Folge ergibt sich eine Verringerung des Sparens, die sich auf die Investitionstätigkeit auswirkt. Der Zinssatz am Kapitalmarkt steigt um die Zinssteuer. Für Unternehmen bedeutet dies, daß nur noch die Investitionen durchgeführt werden, die zusätzlich zu den Zinsen noch die Zinssteuer erbringen. Können die Investitionen diese Zusatzbelastung nicht tragen, werden sie aus steuerlichen Gründen nicht mehr durchgeführt.[22]
Nach dem herkömmlichen Verfahren der Gewinnbesteuerung ist der Wert der steuerlich berücksichtigungsfähigen Kapitalkosten von der Finanzierungsform abhängig. Die Besteuerungsform ist daher ebensowenig investitions- und finanzierungsneutral.[23]
Hieraus wird deutlich, daß das gegenwärtige Steuersystem nicht entscheidungsneutral ist. Im Gegensatz dazu ist ein konsumorientiertes entscheidungsneutral und verträgt sich daher mit der marktwirtschaftlichen Wirtschaftsordnung, deren Funktionsweise durch Steuern nicht beeinträchtigt werden darf.
Im folgenden wird zum besseren Verständnis zunächst die Konzeption einer konsumbasierten Steuer dargestellt, bevor deren Implikationen auf die Gesellschafterfremdfinanzierung diskutiert werden.

Konsumorientierte Neuordnung des Steuersystems, hrsg. v. M. Rose, Berlin, Heidelberg, New York, 1991, S. 9, 15ff.

[19] Hierbei handelt es sich um intertemporale Neutralität. Vgl. WAGNER, Franz/WENGER, Ekkehard: Theoretische Konzeption und legislative Transformation eines marktwirtschaftlichen Steuersystems in der Republik Kroatien, in: Regulierung und Unternehmenspolitik, hrsg. v. D. Sadowski u.a., Wiesbaden, 1996, S. 402.

[20] Hier handelt es sich um intersektorale Neutralität. Vgl. ebenda, S. 402. Vgl. auch WENGER, Ekkehard: Einkommensteuerliche Periodisierungsregeln, Unternehmenserhaltung und optimale Einkommensbesteuerung (Teil II), in: ZfB 1986, S. 138ff.

[21] Vgl. WENGER, Ekkehard, ZBB 1990, S. 187, ebenso: WAGNER, Franz/WISSEL, Harald: Entscheidungsneutralität der Besteuerung als Leitlinie einer Reform der Einkommensteuer, in: WiSt 1995, S. 67.

[22] Vgl. ROSE, Manfred: Eine konsumorientierte Neuordnung..., a.a.O., S. 239f mit Beispielen, ebenso WENGER, Ekkehard: Besteuerung und Kapitalbildung..., a.a.O., S. 282.

[23] Vgl. ROSE, Manfred: Eine konsumorientierte Neuordnung..., a.a.O., S. 241f mit Beispielen.

5.3.2. Praktische Ausgestaltung einer konsumorientierten Besteuerung[24]

Unter den verschiedenen Formen einer konsumorientierten Besteuerung hat sich im Schrifttum die zinsbereinigte Gewinn- und Einkommensbesteuerung durchgesetzt.[25]

5.3.2.1. Konzeption der Gewinnsteuer des Unternehmens

Unternehmen und selbständig Tätige unterliegen einer Gewinnsteuer, deren Bemessungsgrundlage mit Hilfe des traditionellen Betriebsvermögensvergleichs ermittelt wird. Die buchhalterische Gewinnermittlung bleibt somit weitgehend unberührt.
Der Bilanzgewinn wird anschließend im Rahmen der Zinsbereinigung um eine kalkulatorische Verzinsung des zu Periodenanfang gebundenen Kapitals gekürzt. Als gebundenes Kapital gilt das bilanzielle Reinvermögen, also Wirtschaftsgüter abzüglich Schulden, wobei jeweils die Buchwerte anzusetzen sind. Im Ergebnis wird der Bilanzgewinn somit um die kalkulatorische Verzinsung des bilanzierten Eigenkapitals gemindert.[26] Das Eigenkapital umfaßt die gezeichneten Einlagen, sämtliche Rücklagen und den laufenden Gewinn. Es muß um ausstehende Einlagen und um den Wert der Anteile an anderen gewinnsteuerpflichtigen Unternehmen gekürzt werden. Entnahmen und Einlagen wirken sich nicht auf den Gewinn aus. Zu- und Abgänge des Betriebsvermögens werden zeitanteilig berücksichtigt. Um eine doppelte Erfassung von Erträgen zu vermeiden, werden Erträge aus Beteiligungen von gewinnsteuerpflichtigen Unternehmen aus der Bemessungsgrundlage herausgerechnet. Der Zinssatz, der für die kalkulatorische Verzinsung auf das Eigenkapital anzuwenden ist, soll grundsätzlich dem Marktzinssatz gleichen. Als Annäherung daran kann ein Zinssatz dienen, der auf dem Realzins von 3% basiert, wobei dieser nach dem Erzeugerpreisindex auf einen Nominalzins umzurechnen ist.[27]
Durch den Abzug einer kalkulatorischen Verzinsung des Eigenkapitals ist der Zeitpunkt der Aufdeckung der stillen Reserven steuerlich irrelevant. Während die Eigenkapitalhöhe durch die Aufdeckung steigt, erhöht sich infolge der gestie-

---

[24] Im folgenden wird ein konsumorientiertes Steuersystem in der Ausprägung dargestellt, wie es in der Republik Kroatien zum 1.1.1994 in Kraft getreten ist. Vgl. dazu WAGNER, Franz/WENGER, Ekkehard, a.a.O., S. 401, 406ff.

[25] Neben dieser ist die sparbereinigte Besteuerung und die Cash-Flow-Steuer ebenfalls konsumorientiert. Vgl. dazu ROSE, Manfred: Plädoyer..., a.a.O., S. 10ff, ders.: Ein einfaches Steuersystem für Deutschland, in: Wirtschaftsdienst 1994, S. 424. Neben diesen direkten Steuern ist die Umsatzsteuer eine indirekte konsumorientierte Steuer.

[26] Vgl. WENGER, Ekkehard: Einkommensteuerliche Periodisierungsregeln, Unternehmenserhaltung und optimale Einkommensbesteuerung (Teil I), in: ZfB 1985, S. 724. Der abzugsfähige Zins wird auch als Standardverzinsung bezeichnet. Vgl. ROSE, Manfred: Eine konsumorientierte Neuordnung..., a.a.O., S. 249, WENGER, Ekkehard, ZBB 1990, S. 189.

[27] Vgl. WAGNER, Franz/WENGER, Ekkehard, a.a.O., S. 406f. ROSE befürwortet dagegen den Zinssatz für langfristige Staatsanleihen. Vgl. ROSE, Manfred: Plädoyer..., a.a.O., S. 32.

genen Buchwerte auch der Abzugsbetrag auf das gebundene Kapital. Somit wird die Erhöhung wieder ausgeglichen. Außerdem hätte die Wahl des Abschreibungsverfahrens keine Auswirkung auf die effektive Steuerlast der Gesellschaft.[28]

5.3.2.2. Konzeption der Einkommensteuer

Personengesellschaften, Einzelunternehmen und selbständig Tätige, die keinen Betriebsvermögensvergleich erstellen, unterliegen in diesem Besteuerungssystem der Einkommensteuer. Sie ermitteln ihre Einkünfte aus Gewerbebetrieb bzw. selbständiger Arbeit auf der Grundlage einer realwirtschaftlichen Überschußrechnung, in der Kreditbeziehungen steuerlich nicht erfaßt werden. Das Anlagevermögen wird in einem Verzeichnis dokumentiert und grundsätzlich zeitanteilig nach der Nutzungsdauer abgeschrieben. Auch hier ist ein kalkulatorischer Zinsbetrag auf das gebundene Kapital abziehbar, der sich nach dem Buchwert des Anlagevermögens zum Beginn des Kalenderjahres bemißt.[29]
Ein wesentliches Kennzeichen eines konsumorientierten Steuersystems ist es, die Ersparnisbildung und Investition nicht zu besteuern. Eine Einkunftsart "Einkünfte aus Kapitalvermögen" gibt es daher nicht. Zins- und Dividendenbezüge sind folglich beim Anteilseigner steuerfrei, sofern die Kapitalwerte in gewinn- oder einkommensteuerpflichtigen Unternehmen einmal besteuert wurden.[30] Eine Erfassung von Ausschüttungen ist somit nicht notwendig. Ein Anrechnungsverfahren erübrigt sich ebenso. Auch Kreditbeziehungen zwischen Anteilseigner und Gesellschaft werden einkommensteuerlich nicht anerkannt. Sie führen daher weder zu abzugsfähigem Zinsaufwand, noch zu steuerpflichtigen Zinseinnahmen.[31]

5.3.3. Beurteilung der konsumorientierten Besteuerung

Eine Besteuerung unter Vornahme der Zinsbereinigung ist im Ergebnis einer Besteuerung des Kapitalwertes von Investitionen vergleichbar. Die Besteuerung des Kapitalwertes stellt zusammen mit der faktischen Steuerfreistellung der üblichen Kapitalverzinsung sicher, daß die Besteuerung entscheidungsneutral ist. In die-

---

[28] Vgl. ROSE, Manfred: Eine konsumorientierte Neuordnung..., a.a.O., S. 250, ders.: Ein einfaches Steuersystem, a.a.O., S. 431, WENGER, Ekkehard: Gleichmäßigkeit der Besteuerung..., a.a.O., S. 230.

[29] Vgl. WAGNER, Franz/WENGER, Ekkehard, a.a.O., S. 408f, ROSE, Manfred: Eine konsumorientierte Neuordnung..., a.a.O., S. 247f, ders.: Ein einfaches Steuersystem..., a.a.O., S. 429.

[30] WENGER weist darauf hin, daß das Problem der Steuerhinterziehung gelöst werden kann, wenn Kapitaleinkommen nur bis zur Höhe der Standardverzinsung steuerbefreit werden. Vgl. WENGER, Ekkehard: Besteuerung und Kapitalbildung..., a.a.O., S. 291f. Damit wäre auch die Problematik überhöhter Zinszahlungen an den Gesellschafter gelöst, da die überhöhten (die Standardverzinsung übersteigenden) Leistungen dann bei diesem besteuert werden. Denkbar wäre auch eine Quellensteuer auf die überhöhten Leistungen.

[31] Vgl. WAGNER, Franz/WENGER, Ekkehard, a.a.O., S. 409f, ROSE, Manfred: Eine konsumorientierte Neuordnung..., a.a.O., S. 248.

sem System ist sowohl die intersektorale als auch die intertemporale Neutralität gegeben.[32]
Die Gewinnsteuer ist finanzierungsneutral. Es ist für die Steuerbelastung der Kapitalgesellschaft unerheblich, ob eine Investition mit Eigen- oder Fremdkapital finanziert wird. Beide Formen haben dieselbe Auswirkung auf die Steuerbemessungsgrundlage. Für die Gesellschaft bleibt es daher gleich, ob sie Eigen- oder Fremdkapital von ihrem Gesellschafter erhält.
Nimmt die Gesellschaft Fremdkapital bei ihrem Gesellschafter auf und nutzt sie dieses, um eine Investition durchzuführen, bei der sie die Marktrendite erzielt, hat dies auf Gesellschaftsebene folgende Konsequenzen: Die aus der Investition erzielten Einnahmen sind steuerpflichtiger Ertrag. Die Fremdkapitalzinsen sind im Rahmen des Vermögensvergleichs abzugsfähige Betriebsausgaben.[33] Entsprechen sie der Höhe nach dem Marktzins, gleichen sich Aufwand und Ertrag aus und es folgen keine steuerlichen Wirkungen. Nimmt die Gesellschaft Eigenkapital auf, um dieselbe Investition zu finanzieren, sind die Einnahmen aus der Investition ebenfalls steuerpflichtiger Ertrag. Gleichzeitig erhöht sich das Eigenkapital der Gesellschaft und somit auch der Abzugsbetrag, welcher der kalkulatorischen Verzinsung des Eigenkapitals entspricht. Im Ergebnis gleichen sich auch hier Aufwand und Ertrag bei der Gesellschaft aus, sofern bei der Investition die Marktrendite erzielt wird, und der Zinssatz für den Abzugsbetrag ebenso dem Marktzins entspricht.[34]
Im Ergebnis ist es für die Gesellschaft unerheblich, ob sie die Investition mit Eigen- oder Fremdkapital finanziert, da sie in beiden Fällen die Marktverzinsung auf das jeweils aufgenommene Kapital steuermindernd von ihrem Gewinn abziehen darf. Damit ist die Diskriminierung von Eigenkapital auf der Gesellschaftsebene beseitigt.
Steuerwirkungen aus der Finanzierung ergeben sich für die Gesellschaft lediglich dann, wenn sie aus ihrer Investition eine den Marktzins übersteigende Rendite erwirtschaftet, bzw. wenn die Rendite den Marktzins nicht erreicht. In erstem Fall kommt es zu einem steuerpflichtigen Gewinn, im zweiten zu einem entsprechenden Verlust. Die Steuerwirkungen sind jedoch nicht davon abhängig, ob mit Eigen- oder Fremdkapital finanziert wurde.
Nach Einführung eines konsumbasierten Steuersystems hätte der Anteilseigner aufgrund der identischen Steuerfolgen von Eigen- und Fremdfinanzierung keinen steuerlichen Anreiz mehr, seine Gesellschaft mit einer bestimmten Form von Kapital auszustatten. Auf diese Weise wäre die Ursache der Problematik der steuerlich induzierten Gesellschafterfremdfinanzierung beseitigt, da diese dann nicht mehr als eine mißbräuchliche Gestaltung mit dem Ziel der Steuerumgehung an-

---

[32] Vgl. WAGNER, Franz/WENGER, Ekkehard, a.a.O., S. 406, ROSE, Manfred: Eine konsumorientierte Neuordnung..., a.a.O., S. 242ff, WAGNER, Franz/WISSEL, Harald, WiSt 1995, S. 70, WENGER, Ekkehard, ZfB 1986, S. 141.
[33] Vgl. ROSE, Manfred: Eine konsumorientierte Neuordnung..., a.a.O., S. 250.
[34] Vgl. WAGNER, Franz/WENGER, Ekkehard, a.a.O., S. 408.

gesehen werden kann. Die mit schweren Mängeln behaftete Abgrenzung nach §8a KStG, die eine angemessene von einer mißbräuchlichen Gestaltung unterscheiden soll, erübrigte sich daher.
Es zeigt sich, daß die konsumbasierte Besteuerung eine gute Lösungsmöglichkeit darstellt. Dies gilt umso mehr, da das neue System relativ leicht einzuführen wäre[35] und gleichzeitig weitere Mängel des Vermögensvergleiches beseitigen würde. Nicht zuletzt würde somit ein Schritt im Richtung einer dringend erforderlichen Vereinfachung der Besteuerungsregeln getan. Allerdings ist nach derzeitiger Haushaltslage und politischer Willensbildung wegen der Mindereinnahmen nicht damit zu rechnen, daß es zu einer Einführung eines Abzugsbetrages auf das Eigenkapital kommen wird.

[35] In diesem Zusammenhang weist WENGER darauf hin, daß eine derartige Unternehmensbesteuerung schon einmal bestand: So konnten preußische Aktiengesellschaften von 1891 bis zum ersten Weltkrieg einen Betrag von 3,5% des Grundkapitals vom steuerpflichtigen Gewinn abziehen. Erst im KStG 1920 wurde diese Regelung wegen Geldmangels nach verlorenem Krieg abgeschafft. Vgl. WENGER, Ekkehard: Besteuerung und Kapitalbildung..., a.a.O., S. 292.

6. Schlußbetrachtung

Die vorstehenden Ausführungen haben gezeigt, daß bei der Finanzierung inländischer Kapitalgesellschaften durch ihre ausländischen Anteilseigner zahlreiche steuerliche Probleme auftreten, die die Vorteilhaftigkeit der Kapitalüberlassung berühren und damit die Investitionsneigung ausländischer Anleger negativ beeinflussen.

Es wird deutlich, daß auch die komplexe Regelung des § 8a KStG die Problematik der grenzüberschreitenden Gesellschafterfremdfinanzierung nicht sachgerecht zu lösen vermag. So ist auch nach Einführung der gesetzlichen Neuregelung nicht begründbar, warum Gesellschafterdarlehen ab einer bestimmten Grenze der bilanziellen Kapitalrelation steuerlich nicht mehr anerkannt werden. Weiterhin ist zu bemängeln, daß die Regelung zu zahlreichen Schwierigkeiten bei der Anwendung führt und oft Fälle treffen wird, in denen kein Mißbrauch beabsichtigt war. Eine sachgerechte Problemlösung ist außerdem durch den Umstand erschwert, daß auch nach Einführung des § 8a KStG zahlreiche Umgehungsmöglichkeiten bleiben. Somit werden entweder bald Nachbesserungen der Vorschrift notwendig, die diese noch umfangreicher und unverständlicher machen, oder sie läuft teilweise ins Leere. Im Hinblick auf die dringend erforderliche Vereinfachung des Steuerrechts ist § 8a KStG daher ein Rückschritt. Da die verbliebenen Lücken der Vorschrift baldige Änderungen erwarten lassen, ist die Planungssicherheit für langfristige Investitionen nicht mehr gesichert.

Wenn ausländische Anteilseigner zu einem höheren Eigenkapitalengagement in Deutschland bewegt werden sollen, genügt es nicht, durch eine gesetzliche Regelung zwangsweise die Fremdkapitalüberlassung zu beschränken, sondern es müssen entsprechende Anreize zur Eigenfinanzierung geschaffen werden. Es hat sich gezeigt, daß ausländische Anteilseigner ihrer inländischen Kapitalgesellschaft vorwiegend Fremdkapital überlassen, weil die Eigenkapitalhingabe grundsätzlich steuerlich diskriminiert wird. Will der Gesetzgeber die grenzüberschreitende Gesellschafterfremdfinanzierung eindämmen, muß er diese Diskriminierung mildern, indem er die Belastung der Eigenfinanzierung abbaut. Damit würde an der Ursache der Problematik angesetzt werden. Die Regelung des § 8a KStG dagegen bekämpft nicht die Ursache, sondern nur die Symptome.

Angesichts der zahlreichen Kritikpunkte wird deutlich, daß sich die Einführung des § 8a KStG ökonomisch nicht begründen läßt. Es drängt sich daher der Verdacht auf, daß es bei der gesetzlichen Regelung gar nicht um die Bekämpfung des Mißbrauchs durch Steuerpflichtige geht, sondern vielmehr um einen Streit der beteiligten Staaten über Besteuerungsrechte und die Verteilung der steuerlichen Bemessungsgrundlage. So dient die Regelung entgegen ihrer Einführung durch das Standortsicherungsgesetz[1] nicht der Verbesserung der Rahmenbedingungen, sondern eher der Haushaltsaufbesserung des deutschen Fiskus. Der Gesetzgeber wählte dabei den einfachsten Weg: Er verschlechterte die Bedingungen der nicht wahlberechtigten Ausländer. Deutlich wird dies in der Aussage, daß die Einführung des § 8a KStG der Gegenfinanzierung der Körperschaftsteuersatz-Senkung dienen sollte.[2]

An den Gesetzgeber richtet sich daher die Forderung, für eine Gleichbehandlung der Eigen- und Fremdfinanzierung sowohl bei Inländern als auch bei Ausländern zu sorgen. Der Wegfall der Vermögensteuer ist bereits ein Schritt in die richtige Richtung. Die indirekte Anrechnung oder grenzüberschreitende Körperschaftsteuererstattung sollten folgen. Dann löst sich die von § 8a KStG teilweise erfolglos bekämpfte Problematik von selbst.

---

[1] Zur Zielsetzung des Standortsicherungsgesetzes vgl. ENDRES, Dieter: Das Standortsicherungsgesetz, in: WPg 1993, S. 533. Eines der Ziele sollte die Stärkung der Attraktivität Deutschlands als Wirtschaftsstandort für ausländische Unternehmen sein.

[2] Vgl. LANG, Joachim: Das Standortsicherungsgesetz auf dem Prüfstand, in: StbJb 1993/94, S. 26, CARL, Dieter, Inf 1993, S. 61, MÜLLER-GATERMANN, Gert, FR 1993, S. 381.

Anhangverzeichnis

Anhang 1

Überblick über verschiedene Finanzierungsformen[1]

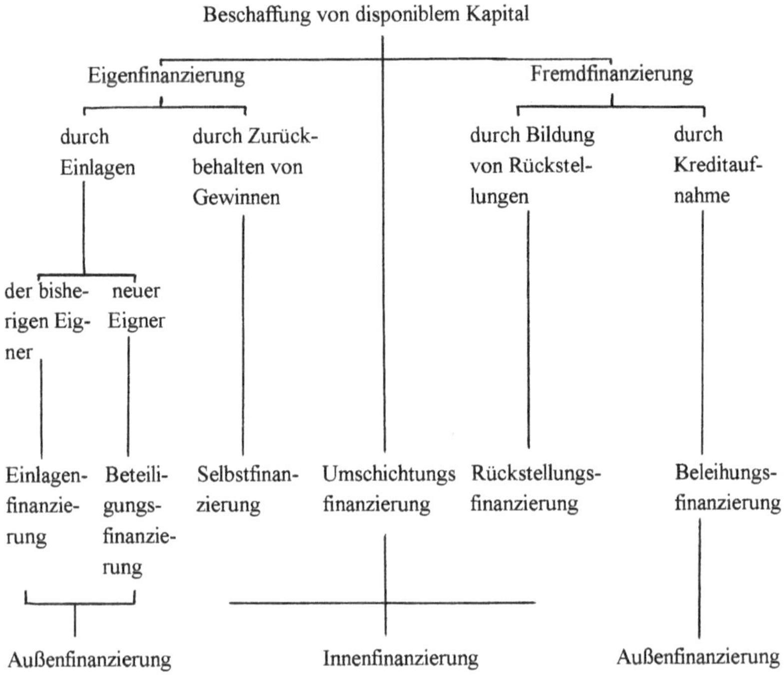

[1] Vgl. Vormbaum, Herbert: Finanzierung der Betriebe, Wiesbaden 1995, S. 33.

Anhang 2

Darstellung der Innenfinanzierungsmöglichkeiten[2]

Innenfinanzierung

- aus Vermögensumschichtung
  - Finanzierung von Reinvestitionen aus Umsatzerlösen
  - Finanzierung zusätzlicher Periodenkapazitäten aus Abschreibungen
  - Beschleunigung des Kapitalumschlags
  - Verminderung des betriebsnotwendigen Vermögens durch Rationalisierung
  - Verkauf von nicht betriebsnotwendigem Betriebsvermögen

- durch Kapitalbildung
  - Zurückbehaltung von Gewinnen
  - Bildung langfristiger Pensionsrückstellungen

---

[2] Vgl. WÖHE, Günter/BILSTEIN, Jürgen: Grundzüge der Unternehmensfinanzierung, 7. Aufl., München, 1994, S. 18.

Anhang 3

Darstellung der Außenfinanzierungsmöglichkeiten[3]

Außenfinanzierung

- Einlagen- bzw. Beteiligungsfinanzierung
  - Einlage von Einzelunternehmern und Personengesellschaftern
  - Nicht in Beteiligungspapieren verbriefte Anteile an Kapitalgesellschaften und Genossenschaften
  - In Beteiligungspapieren verbriefte Anteile an Kapitalgesellschaften

- Fremdfinanzierung
  - Über Geld- und Kapitalmarkt
    - kurzfristige Bankkredite
      - Kontokorrentkredite
      - Diskontkredite
      - Lombardkredite
      - Akzeptkredite
      - Avalkredite
    - langfristige Darlehen
      - unverbriefte Darlehen
      - Schuldscheindarlehen
      - Obligationen
  - Durch Kredite im Waren- und Leistungsverkehr
    - Lieferantenkredit
    - Kundenanzahlungen
  - Sonderformen der Fremdfinanzierung
    - Leasing
    - Factoring
    - Gesellschafterfremdfinanzierung

[3] Vgl. WÖHE, Günter/BILSTEIN, Jürgen: Grundzüge der Unternehmensfinanzierung, 7. Aufl., München, 1994, S. 15.

Anhang 4

Beispiel zur Berechnung der Eigenkapital- und Gesamtkapitalrendite[4]

Alternative	Betriebskapital	Gesamtkapitalrendite	Bruttogewinn	Fremdkapital	Grenzfremdkapitalzins in %	Fremdkapitalzins in DM	Nettogewinn
1	100.000	10	10.000	0	0	0	10.000
2	100.000	10	10.000	10.000	6	600	9.400
3	100.000	10	10.000	20.000	7	1.300	8.700
4	100.000	10	10.000	30.000	8	2.100	7.900
5	100.000	10	10.000	40.000	10	3.100	6.900
6	100.000	10	10.000	50.000	12	4.300	5.700

Alternative	Eigenkapital	Eigenkapitalrendite	freies Eigenkapital	externe Rendite in %	externer Gewinn	Gesamtgewinn	Gesamtkapitalrendite
1	100.000	0,1	0	9	0	10.000	0,1
2	90.000	0,1044	10.000	9	900	10.300	0,103
3	80.000	0,1088	20.000	9	1.800	10.500	0,105
4	70.000	0,1129	30.000	9	2.700	10.600	**0,106**
5	60.000	**0,115**	40.000	9	3.600	10.500	0,105
6	50.000	0,114	50.000	9	4.500	10.200	0,102

Die Eigenkapitalrendite erreicht in Alternative 5 ihr Maximum, da erst dort der Grenzfremdkapitalzinssatz (10%) die Gesamtkapitalrendite (10%) erreicht.
Die Gesamtkapitalrendite hat ihr Maximum in Alternative 4, da in den nachfolgenden Alternativen 5 und 6 der Grenzfremdkapitalzinssatz die extern erzielbare Rendite übersteigt.

[4] Vgl. VORMBAUM, Herbert: Finanzierung der Betriebe, 9. Aufl., Wiesbaden, 1995, S. 102

Anhang 5

Beispiel zur Anwendung der §§ 30, 31 GmbHG[5]

Nach den BGH-Regeln wird das eigenkapitalersetzende Darlehen nicht in voller Höhe verstrickt, sondern nur insoweit, wie es benötigt wird, um eine Unterdeckung des Stammkapitals auszugleichen.

Aktiva	Passiva
...	Stammkapital 50.000
nicht durch Eigen- kapital gedeckter Fehlbetrag 30.000	... Gesellschafterdarlehen 100.000

Das Rückzahlungsverbot des § 30 GmbHG umfaßt nicht den gesamten Kredit des Gesellschafters in Höhe von DM 100.000, sondern nur DM 80.000.

Der Rückforderungsanspruch der Gesellschaft nach § 31 GmbHG ist nicht auf die Höhe des Stammkapitals beschränkt, sondern besteht in der Höhe, in der das Darlehen nach § 30 GmbHG gebunden war.
Falls der GmbH-Geschäftsführer das Darlehen zurückzahlt, entsteht ein Erstattungsanspruch nach § 31 GmbHG in Höhe von DM 80.000.

[5] Vgl. LUTTER/HOMMELHOFF, Kommentar zum GmbH-Gesetz, 14. Aufl., Köln 1995, § 32a/b GmbHG, Anm. 78.

Anhang 6

Darstellung des körperschaftsteuerlichen Anrechnungsverfahrens[6]

Kapitalgesellschaft:

Bilanzgewinn vor Körperschaftsteuer		100
40% KSt-Tarifbelastung	40	
./. KSt-Minderung bei Vollausschüttung	10	
		30
Bilanzgewinn nach Körperschaftsteuer		70
Ausschüttung (Dividende)		70
./. Kapitalertragsteuer (25%)		17,5
Barausschüttung		52,5

Anteilseigner:

Zu versteuern: Gewinnausschüttung nach § 20 Abs. 1 Nr. 1 EStG 52,5 + 17,5	70
+Körperschaftsteuergutschrift nach § 20 Abs. 1 Nr. 3 EStG (3/7 von 70)	30
Zu versteuern (entspricht dem zu versteuernden Einkommen der Kapitalgesellschaft)	100

[6] Vgl. DÖTSCH/CATTELAENS/GOTTSTEIN/STEGMÜLLER/ZENTHÖFER: Körperschaftsteuer, 11. Aufl., Stuttgart, 1995, Rz. 1017.

Anhang 7

Beispiel zur Anrechnung im Ausland entrichteter Kapitalertragsteuer[7]

Einkommen insgesamt: 100
davon im Ausland: 20
im Wohnsitzstaat: 80

Wohnsitzstaat: Steuersatz 30%		
Quellenstaat: Steuersatz	Fall 1: 20%	im Ausland entrichtete Steuer: 4
	Fall 2: 40%	im Ausland entrichtete Steuer: 8

1.) Uneingeschränkte Anrechnung

	Fall 1	Fall 2
Wohnsitzstaat: Steuer 30% auf 100	30	30
abzgl. Steuer des Quellenstaates	4	8
Steuerschuld im Wohnsitzstaat	26	22
	4	8
Gesamtsteuerlast	30	30

2.) Gewöhnliche Anrechnung (eingeschränkt)

Höchstbetrag der Anrechnung: 30% von 20 = 6

	Fall 1	Fall 2
Wohnsitzstaat: Steuer 30% auf 100	30	30
abzgl. Steuer des Quellenstaates	4	6
Steuerschuld im Wohnsitzstaat	26	24
	4	8
Gesamtsteuerlast	30	32

[7] Vgl. OECD-Kommentar zum OECD-MA, Art. 23, Ziff. 23.

Anhang 8

Beispiel zur Steuerbelastung der Eigen- bzw. Fremdfinanzierung auf Gesellschaftsebene bei anrechnungsberechtigtem Anteilseigner[8]

Die nachfolgende Berechnung basiert auf einem Modell, bei welchem dem Gesellschafter aus Dividenden bzw. Zinsen ein Ertrag von 100 zufließen soll.

	Eigenfinanzierung	Fremdfinanzierung
Reinertrag	120	110
abzgl. Zinsen		-100
Zwischensumme	120	10
Gewerbeertrag vor Gewerbesteuer	120	
(Hälftige Hinzurechnung § 8 Nr. 1 GewStG) (+ 50)		60
Gewerbeertragsteuer 16,67%	-20	-10
Zwischensumme	100	0
KSt-Tarifbelastung	-40	
KSt-Minderung bei Vollausschüttung	+10	
Dividende	70	
Restbetrag	0	0

Zufluß bei Gesellschafter:	Dividende	70
	Anrechnungsguthaben	30
	Summe	100

Wegen geringerer Nettobelastung und geringerem Reinertragsbedarf zeigt sich die Fremdfinanzierung hinsichtlich der Gewinnbesteuerung der Eigenfinanzierung überlegen.

[8] Vgl. SIEGEL, Theodor, BFuP 1984, S. 226.

Anhang 9

Beispiel zur Steuerbelastung der Eigen- bzw. Fremdfinanzierung auf Gesellschaftsebene bei nichtanrechnungsberechtigtem Anteilseigner

Die nachfolgende Berechnung basiert auf einem Modell, bei welchem dem Gesellschafter aus Dividenden bzw. Zinsen ein Ertrag von 100 zufließen soll.

	Eigenfinanzierung	Fremdfinanzierung
Reinertrag	171,43	110
abzgl. Zinsen		-100
Zwischensumme	171,43	10
Gewerbeertrag vor Gewerbesteuer	171,43	
(Hälftige Hinzurechnung § 8 Nr. 1 GewStG)		60
Gewerbeertragsteuer 16,67%	-28,57	-10
Zwischensumme	142,86	0
KSt-Tarifbelastung 40%	-57,14	
KSt-Minderung bei Vollausschüttung	+14,28	
Dividende (Auszahlung)	100	
Restbetrag	0	0

Zufluß beim Gesellschafter:	Auszahlung	100
	Summe	100

Anhang 10

Beispiel zur Mischfinanzierung nach § 8a Abs. 1 S. 1 Nr. 2, 2. HS KStG[9]

(Anteilseigner überläßt gleichzeitig gewinnabhängiges und gewinnunabhängiges Darlehen)

anteiliges Eigenkapital des Anteilseigners: 50

Variabel verzinsliches Gesellschafterdarlehen: 10
Festverzinsliches Gesellschafterdarlehen: 95 mit 8%

Lösung:

Safe haven nach § 8a Abs. 1 S. 1 Nr. 1 KStG (1/2 x 50)	25
Variabel verzinsliches Darlehen	10
nicht verbrauchter safe haven (Unterschiedsbetrag)	15

Safe haven nach § 8a Abs. 1 S. 1 Nr. 2, 2. HS KStG für gewinnunabhängig verzinsliches Fremdkapital (6 x 15)	90
Festverzinsliches Gesellschafterdarlehen	95
den safe haven übersteigender Betrag	5

Vergütungen auf 5 sind in eine verdeckte Gewinnausschüttung umzuqualifizieren. Diese beträgt 0,4 (8% von 5).

[9] Vgl. BMF-Schr. v. 15.12.1994, DB 1995, Beil. 1, Rdn. 75.

Literaturverzeichnis

ADLER, Hans/DÜRING, Walter/SCHMALTZ, Kurt
Rechnungslegung und Prüfung der Unternehmen, Kommentar zum HGB, AktG, GmbHG, PublG nach den Vorschriften des Bilanzrichtlinien-Gesetzes, Bd. II
5. Aufl., Stuttgart 1987

ADLER/DÜRING/SCHMALTZ
Rechnungslegung und Prüfung der Unternehmen, Kommentar, Bd. I
6. Aufl., Stuttgart 1995

ADLER/DÜRING/SCHMALTZ
Rechnungslegung und Prüfung der Unternehmen, Kommentar, Bd. IV
6. Aufl., Stuttgart 1997

AKERLOF, George A.
The Market for "Lemons"
Quarterly Journal of Economics, Vol. 84, 1970, S. 488 - 500

ALBACH, Horst
Kapitalausstattung und Entwicklung der Wirtschaft
in: Bierich, M./Schmidt, R. (Hrsg.): Finanzierung deutscher Unternehmen heute: Diagnose und Vorschläge zur Verbesserung der Kapitalstruktur
Stuttgart 1984, S. 1 - 28

ALBACH, Horst/HUNSDIEK, Detlef/KOKALJ, Ljuba
Finanzierung mit Risikokapital
Stuttgart 1986

ALTHEIM, Michael
Unterkapitalisierung von Kapitalgesellschaften - Vermeidungsstrategien des Steuerberaters
Steuerberater-Kongreßreport 1988, S. 305 - 333

ALTHEIM, Michael
Gestaltungsspielräume nach Einführung des § 8a KStG
IStR 1995, S. 373 - 377, 409 - 415

AMMELUNG, Ulrich
§ 8a KStG und ausländische Umwegfinanzierungen deutscher Konzerne
DB 1996, S. 600 - 604

ANGERER, H.-Peter
Genußrechte bzw. Genußscheine als Finanzierungsinstrument
DStR 1994, S. 41 - 45

APITZ, Wilfried
Aktuelle Fragen zum Progressionsvorbehalt
DStZ 1993, S. 365 - 368

ARNDT, Hans-Wolfgang/LEIST, Matthias
Verdeckte Gewinnausschüttungen und verdeckte Einlagen im inländischen GmbH-Konzern
SteuerStud 1993, Beil. 2

ARNDT, Hans-Wolfgang/RINGEL, Elke
Inländische Holdinggesellschaften und § 42 AO
BB 1988, S. 2147 - 2153

BACHEM, Wilfried
Bilanzierung und Besteuerung eigenkapitalersetzender Maßnahmen
DB 1994, S. 1055 - 1058

BACHMANN, Birgit
Diskriminierungsverbote bei direkten Steuern im Regelungsbereich des EG-Vertrages
RIW 1994, S. 849 - 858

BACMEISTER, Friedrich
Bilanzierung von Nennkapitalerhöhungen vor Eintragung im Spannungsfeld zwischen Gläubigerschutz und § 8a KStG
WPg 1994, S. 449 - 453

BADER, Axel
Gesellschafter-Fremdfinanzierung durch nicht-anrechnungsberechtigte Gesellschafter (§ 8a KStG)
NWB, F. 4, S. 3975 - 3988

BÄCKER, Roland
Eigenkapitalersetzende Rechtshandlungen der GmbH-Gesellschafter und Dritter: zur Auslegung des § 32a III GmbHG
Bergisch Gladbach 1990, Diss. Bochum 1990

BALZ, Manfred/LANDFERMANN, Hans-Georg
Die neuen Insolvenzgesetze
Düsseldorf 1995

BARANOWSKI, Karl-Heinz
Anmerkung zum BFH-U. v. 31.5.1995
IWB, F. 3a, Gr. 1, S. 464

BAREIS, Peter
Gesellschafter-Fremdfinanzierung bei Nichtanrechnungsberechtigten
RIW 1994, S. 141 - 149

BAUMBACH, Adolf/HOPT, Klaus J.
Handelsgesetzbuch, Kommentar
29. Aufl., München 1995

BAUMBACH, Adolf/HUECK, Alfred
GmbH-Gesetz, Gesetz betreffend die Gesellschaften mit beschränkter Haftung, Kommentar
15. Aufl., München 1988

BAUMGÄRTEL, Martina
Steuerliche Probleme der Fremdfinanzierung von Kapitalgesellschaften durch ausländische Anteilseigner
Neuried 1986, Diss. München 1985

BAUMHOFF, Hubertus
Einkunftsabgrenzung bei international verbundenen Unternehmen
in: Mössner, J. M. (Hsrg.): Steuerrecht international tätiger Unternehmen
Köln 1992, S. 258 - 374

BECKER, Helmut
Die Finanzierung von Betriebsstätten und Tochtergesellschaften ausländischer Unternehmen
IWB, F. 3, Gr. 1, S. 1173 - 1186

BECKER, Helmut
Die Unternehmensbesteuerung als Standortproblem aus deutscher Sicht
DStJG, Bd. 17, 1994, S. 195 - 229

Beck´scher Bilanzkommentar: Der Jahresabschluß nach Handels- und Steuerrecht
bearb. v. W.D. Budde
3. Aufl., München 1995

BELLSTEDT, Christoph
Das Einführungsschreiben zu § 8a KStG
DB 1995, S. 8 - 14

BERTRAM, Frank
Der Progressionsvorbehalt bei ausländischen, durch ein DBA steuerbefreiten Einkünften
IWB, F. 2, S. 557 - 564

BIEG, Hartmut
Ermessensentscheidungen beim Handelsbilanzausweis von "Finanzanlagen" und "Wertpapieren des Umlaufvermögens" - auch bei neuen Bilanzrecht?
DB 1985, Beil. 24

BIEG, Hartmut
Zur Eigenkapitalausstattung der Unternehmungen in der Bundesrepublik Deutschland
in: John, G. (Hrsg.): Besteuerung und Unternehmenspolitik, FS f. G. Wöhe
München 1989, S. 23 - 48

BIERGANS, Enno
Einkommensteuer
6. Aufl., München 1992

BIERICH, Marcus
Der Einfluß der Besteuerung auf die Kapitalbeschaffung der Unternehmen
in: Bierich, M./Schmidt, R. (Hrsg.): Finanzierung deutscher Unternehmen heute: Diagnose und Vorschläge zur Verbesserung der Kapitalstruktur
Stuttgart 1984, S. 29 - 54

BIRK, Dieter/PÖLLATH, Reinhold
Fiktive Gewinnausschüttung durch Zinszahlungen an Ausländer und steuerfreie Inländer?
StuW 1980, S. 141 - 147

BITZ, Michael/SCHNEELOCH, Dieter/WITTSTOCK, Wilfried
Der Jahresabschluß

2. Aufl., München 1995
BLAUROCK, Uwe
Die GmbH & Still im Steuerrecht
BB 1992, S. 1969 - 1977

BLÜMICH
Kommentar zum Einkommensteuergesetz, Körperschaftsteuergesetz, Gewerbesteuergesetz, hrsg. v. K. Ebling
München, 1996

BLUMENWITZ, Dieter
Rechtsprobleme im Zusammenhang mit der Angleichung von Rechtsvorschriften auf dem Gebiet des Niederlassungsrechts der freien Berufe
NJW 1989, S. 621 - 627

BÖCKLI, Peter
Die Verweigerung der Steuergutschrift gegenüber Steuerausländern nach der deutschen Körperschaftsteuerreform 1977 aus der Sicht eines Vertragsstaates
StuW 1979, S. 1 - 15

BOGENSCHÜTZ, Eugen/PUGH, Erich
Richtlinien-Entwurf der US-Steuerverwaltung zur Begrenzung des Zinsabzuges bei Zahlungen an nahestehende Unternehmen
IWB, F. 2, S. 569 - 574

BORGGRÄFE, Karin/JAKOBS, Norbert
Darlehensgewährung durch Dritte i.S.d. § 8a Abs. 1 Satz 2 KStG
FR 1995, S. 358 - 363

BORSTELL, Thomas
Aussetzungsbeschluß des BFH zur Gesellschafter-Fremdfinanzierung
DB 1991, S. 2307 - 2309

BRAUN, Eberhard
Die Ableitung der Kreditunwürdigkeit gem. § 32a GmbHG aus dem Jahresabschluß der Gesellschaft
WPg 1990, S. 553 - 562, 593 - 597

BRENNER, Dieter
Verdeckte Gewinnausschüttung und Bilanzenzusammenhang
NWB, F. 4, S. 4041 - 4046

BÜCHTER, Dieter
Investitionsentscheidungen unter dem Einfluß ausgewählter Methoden der Erfolgsmessung
Diss. Münster 1990

BÜHNER, Rolf
Management-Holding in der Praxis
DB 1993, S. 285 - 290

Bundessteuerberaterkammer
Stellungnahme zum Referentenentwurf eines Körperschaftsteueränderungsgesetzes 1982
DStR 1982, S. 394 - 396

Bundessteuerberaterkammer
Stellungnahme zur Gesellschafter-Fremdfinanzierung im Rahmen der Körperschaftsbesteuerung
DStR 1986, S. 516 - 520, 766 - 767

Bundessteuerberaterkammer
Stellungnahme der Bundessteuerberaterkammer zu dem Entwurf des Bundesministeriums der Finanzen zu einem Einführungsschreiben zu § 8a KStG in der Fassung vom 22.4.1994
IStR 1994, S. 326 - 329

CARL, Dieter
Verdeckte Einlagen im Handels- und Steuerrecht
Inf 1993, S. 58 - 64

CATTELAENS, Heiner
Änderungen der Körperschaftsteuergesetzes durch das Gesetz zur Umsetzung des Föderalen Konsolidierungsprogramms und das Standortsicherungsgesetz
WPg 1993, S. 557 - 574

CENTRALE f. GMBH
Besteuerung von Gesellschafter-Fremdfinanzierung
GmbHR 1986, S. 217 - 218

CLAUSSEN, Carsten P.
Kapitalersetzende Darlehen und Sanierungen durch Kreditinstitute
ZHR 147 (1983), S. 195 - 219

CLAUSSEN, Carsten P.
Möglichkeiten und Grenzen der Kreditgewährung an kapitalschwache Unternehmen, in: IDW (Hrsg.): Unternehmensfinanzierung heute: eine Herausforderung für Unternehmer und Berater, Bericht über die Steuerfachtagung 1985
Düsseldorf 1985, S. 147 - 164

CLAUSSEN, Carsten P.
Kapitalersatzrecht und Aktiengesellschaft
AG 1985, S. 173 - 184

CLAUSSEN, Carsten P.
Betriebswirtschaft und Kapitalersatzrecht
in: Moxter, A. u.a. (Hrsg.): Rechnungslegung: Entwicklungen bei der Bilanzierung und Prüfung von Kapitalgesellschaften, FS f. K.-H. Forster
Düsseldorf 1992, S. 139 - 154

CLAUSSEN, Carsten P.
Zeitwende im Kapitalersatzrecht?
GmbHR 1994, S. 9 - 15

COLLADO, Albert/REY, Fernando
New Thin Capitalization Regulations in a Comparative Framework
ET 1993, S. 110 - 119

CURTIUS-HARTUNG, Rudolf
Aktuelle Entwicklungen im Körperschaftsteuerrecht
StbJb 1986/87, S. 9 - 23

DANN, Wilfried
47. Kongreß der IFA vom 3.-8.10.1993 in Florenz
IStR 1994, S. 70 - 72

DAUTZENBERG, Norbert
Der Europäische Gerichtshof und die direkten Steuern
BB 1992, S. 2400 - 2405

DAUTZENBERG, Mark/NIEPOTH, Daniela
Der Begriff der Fremdkapitalvergütung im Sinne von § 8a KStG
DStR 1995, S. 405 - 406

DEBATIN, Helmut
Handbuch der Vereinten Nationen für Verhandlungen über Doppelbesteuerungsabkommen zwischen Industriestaaten und Entwicklungsländern
DB 1980, Beilage 15

DEBATIN, Helmut
System und Auslegung der Doppelbesteuerungsabkommen
DB 1985, Beilage 23

DEBATIN, Helmut
Subjektfähigkeit ausländischer Wirtschaftsgebilde im deutschen Steuerrecht
BB 1988, S. 1155 - 1160

DEBATIN, Helmut
Subjektiver Schutz unter Doppelbesteuerungsabkommen
BB 1989, Beilage 2

DEBATIN, Helmut
Das neue Doppelbesteuerungsabkommen mit den USA
DB 1990, S. 598 - 603

DEBATIN, Helmut/ENDRES, Dieter
Das neue Doppelbesteuerungsabkommen USA-Bundesrepublik Deutschland
Kommentar, hrsg. v. Price Waterhouse
München 1990

DIERS, Fritz-Ulrich
Die Einbringung von Vermögensgegenständen in Tochtergesellschaften als Mittel zur Erhöhung der Eigenkapitalquote
GmbHR 1993, S. 630 - 635

DÖLLERER, Georg
Der Einfluß der Körperschaftsteuer-Reform 1977 auf das Verhältnis zwischen Handelsrecht und Steuerrecht der GmbH
GmbHR 1987, S. 133 - 139

DÖLLERER, Georg
Handelsrecht und Steuerrecht - Einheit der Rechtsordnung
StuW 1988, S. 203 - 209

DÖLLERER, Georg
Verdeckte Gewinnausschüttungen und verdeckte Einlagen bei Kapitalgesellschaften
2. Aufl., Heidelberg 1990

DÖLLERER, Georg
Bilanzrechtliche Fragen des kapitalersetzenden Darlehens und der kapitalersetzenden Miete
in: Moxter, A. u.a. (Hrsg.): Rechnungslegung: Entwicklungen bei der Bilanzierung und Prüfung von Kapitalgesellschaften, FS f. K.-H. Forster
Düsseldorf 1992, S. 199 - 213

DÖRNER, Bernhard
Die Neuregelung der Gesellschafter-Fremdfinanzierung
Inf 1993, S. 409 - 414, 439 - 442

DÖTSCH, Ewald
Solidaritätszuschlag zur Körperschaftsteuer ab 1995
GmbHR 1994, S. 592 - 596

DÖTSCH, Ewald/CATTELAENS, Heiner/GOTTSTEIN, Siegfried/STEGMÜLLER, Hubert/ZENTHÖFER, Wolfgang
Körperschaftsteuer
11. Aufl., Stuttgart 1995

DÖTSCH, Ewald/EVERSBERG, Horst/JOST, Werner/WITT, Georg
Die Körperschaftsteuer, Kommentar zum KStG und zu den einkommensteuerrechtlichen Vorschriften des Anrechnungsverfahrens
Stuttgart 1995

DOX
Fremdfinanzierung und Doppelbesteuerungsabkommen
FR 1980, S. 353 - 354

DREHER, Meinrad
Kapitalersetzende Darlehen von mittelbar über eine AG an einer GmbH beteiligten Nichtgesellschaftern nach § 32a Abs. 3 GmbHG
ZIP 1990, S. 79 - 84

DRUKARCZYK, Jochen
Finanzierung
6. Aufl., Stuttgart 1993

DRUKARCZYK, Jochen
Theorie und Politik der Finanzierung
2. Aufl., München 1993

DUSKE, Wilfried
Rechnungslegung beim Eigenkapitalersatz
DStR 1993, S. 925 - 927

EBENROTH, Carsten Thomas/AUER, Thomas
Die Vereinbarkeit der Sitztheorie mit europäischem Recht
GmbHR 1994, S. 16 - 27

EBLING, Klaus
Anerkennung der steuerlichen Rechtsfähigkeit ausländischer Unternehmungen
IWB, F. 10, Gr. 2, S. 649 - 658

ECKHOFF, Rolf
Diskriminierung im Bereich der Besteuerung des Einkommens und Vermögens
in: Birk, D. (Hrsg.): Handbuch des europäischen Steuer- und Abgabenrechts
Herne/Berlin 1995, S. 461 - 499

ECKHOFF, Rolf
Niederlassungsfreiheit
in: Birk, D. (Hrsg.): Handbuch des europäischen Steuer- und Abgabenrechts
Herne/Berlin 1995, S. 543 - 582

EISELE, Wolfgang
Technik des betrieblichen Rechnungswesens
5. Aufl., München 1993

ELLIS, Maarten
Steuerliche Gestaltungen bei grenzüberschreitenden Finanztransaktionen aus den Erfahrungen einer Beraterpraxis
in: Zinsen im Internationalen Steuerrecht, Münchener Schriften zum Internationalen Steuerrecht, Heft 9
S. 30 - 44

ENDRES, Dieter
Das Standortsicherungsgesetz
WPg 1993, S. 533 - 539

ENDRES, Dieter
Steuerliche Aspekte der europäischen Integration
RIW 1994, S. 572 - 584

ENGL, Richard
Benachteiligung von Minderheitsgesellschaftern durch den Gesetzentwurf zu § 8 Abs. 3 KStG
FR 1980, S. 111 - 114

EPPLER, Gerold
Neue Tendenzen beim verdeckten Stammkapital?
DStR 1986, S. 741 - 744

EVERLING, Ulrich
Das Niederlassungsrecht in der Europäischen Gemeinschaft
DB 1990, S. 1853 - 1859

FASSNACHT, Jürgen
Die Fremdfinanzierung von Kapitalgesellschaften durch deren Gesellschafter unter besonderer Berücksichtigung des Entwurfs eines § 8a KStG
Köln 1984, Diss. Bonn 1983

FEDERMANN, Rudolf
Bilanzierung nach Handelsrecht und Steuerrecht
10. Aufl., Berlin 1994

FEINSCHREIBER, Robert
An Earnings Stripping Primer
The International Tax Journal 1990, S. 59 - 66

FISCHER, Lutz
Die Finanzierungsneutralität der Besteuerung als Forderung der Betriebswirtschaftslehre
ZfB 1970, S. 313 - 328

FISCHER, Lutz
Die steuerliche Belastung der Unternehmensfinanzierung im internationalen Vergleich und ihr Einfluß auf die Wettbewerbsfähigkeit deutscher Unternehmen
DB 1984, S. 357 - 364

FISCHER, Lutz
Die effektive Steuerbelastung von Unternehmen
in: John, G. (Hrsg.): Besteuerung und Unternehmenspolitik, FS f. G. Wöhe
München 1989, S. 131 - 155

FLECK, Hans-Joachim
Das kapitalersetzende Gesellschafterdarlehen in der GmbH-Bilanz - Verbindlichkeit oder Eigenkapital?
GmbHR 1989, S. 313 - 323

FLECK, Hans-Joachim
Der Grundsatz der Kapitalerhaltung - seine Ausweitung und seine Grenzen
in: Lutter, M./Ulmer, P./Zöllner, W. (Hrsg.): FS 100 Jahre GmbH-Gesetz
Köln 1992, S. 391 - 419

FLICK, Hans
Gestaltungszwang und Gestaltungsmöglichkeiten bei der neuen Earnings-Stripping Regelung in den USA
IStR 1994, S. 124 - 126

FLICK, Hans/WASSERMEYER, Franz/BECKER, Helmut
Kommentar zum Außensteuerrecht, Bd.I
5. Aufl., Köln 1990

FLOCKERMANN, Paul
Unmittelbare und mittelbare Fremdfinanzierung durch nichtanrechnungsberechtigte Gesellschafter einer Kapitalgesellschaft
JbFSt 1981/82, S. 37 - 68

FLOCKERMANN, Paul
Die Fremdfinanzierung von Kapitalgesellschaften durch ihre nichtanrechnungsberechtigten Anteilseigner nach dem geplanten § 8a KStG
DStR 1982, S. 339 - 343

FLOCKERMANN, Paul
Neuer § 8a und Änderungen der §§ 27 bis 29 KStG
JbFSt 1982/83, S. 285 - 308

FÖRSTER, Jutta
in: IStR Länderbericht
IStR 1992, Beihefter 3, S. 1

FÖRSTER, Jutta
Das EG-Schiedsübereinkommen
BFuP 1993, S. 487 - 498

FRANCFORT, Alfred/RUDOLPH, Bernd
Zur Entwicklung der Kapitalstrukturen in Deutschland und in den Vereinigten Staaten von Amerika
zfbf 1992, S. 1059 - 1079

FRANKE, Günter/HAX, Herbert
Finanzwirtschaft des Unternehmens und Kapitalmarkt
3. Aufl., Berlin, Heidelberg, New York, Tokyo 1994

FRANZ, Roland/RUPP, Thomas
Das Standortsicherungsgesetz
BB 1993, Beil. 20

FREERICKS, Wolfgang
Zur Reform der Körperschaftsteuer: Grundzüge des Anrechnungsverfahrens
AG 1976, S. 253 - 262

FRIAUF, Karl-Heinrich
Konsequenzen der verdeckten Gewinnausschüttung im neuen Körperschaftsteuerrecht
StbJb 1979/80, S. 545 - 564

FROTSCHER, Gerrit
Gesellschafter-Fremdfinanzierung durch nichtanrechnungsberechtigte Anteilseigner
IStR 1994, S. 201 - 211

GAIL, Winfried/DÜLL, Alexander/SCHUBERT, Christiane/HESS-EMMERICH, Ulrike
Bilanzielle und steuerliche Überlegungen des GmbH-Geschäftsführers und seines Beraters zum Jahresende 1994
GmbHR 1994, S. 737 - 765

GEISSLER, Markus
Rechtsfragen um die Eigenkapitalersatzfunktion des in der Krise belassenen Gesellschafterdarlehens
GmbHR 1994, S. 152 - 159

GEISSLER, Markus
Fallstudien zum Gläubigerschutz beim eigenkapitalersetzenden Gesellschafterdarlehen
BB 1995, S. 1145 - 1152

GERTH, Axel
Atypische Kreditsicherheiten - Liquiditätsgarantien und Patronatserklärungen deutscher und ausländischer Muttergesellschaften
2. Aufl., Frankfurt 1980

GESSLER, Ernst
Zur Problematik bei kapitalersetzenden Gesellschafterdarlehen
ZIP 1981, S. 228 - 235

GLANEGGER, Peter/GÜROFF, Georg
Kommentar zum Gewerbesteuergesetz
3. Aufl., München 1994

GOERTZEN, Reiner
Die Rechtsprechungsgrundsätze zu eigenkapitalersetzenden Gesellschafterdarlehen
DB 1988, S. 2445 - 2448

GREFE, Cord
Gesellschafter-Fremdfinanzierung
SteuerStud 1994, S. 200 - 205

GROH, Manfred
Nutzungseinlage, Nutzungsentnahme, Nutzungsausschüttung
DB 1988, S. 571 - 575

GROH, Manfred
Eigenkapitalersatz in der Bilanz
BB 1993, S. 1882 - 1892

GROSSE-HOKAMP, Dieter
Das Schütt-aus-Hol-zurück-Verfahren
Diss. Münster 1985

GROTHERR, Siegfried
Die Eignung des körperschaftsteuerlichen Vollanrechnungssystems als Modell für den europäischen Binnenmarkt unter internationalem Blickwinkel
IStR 1993, Beihefter zu Heft 5

GROTHERR, Siegfried
Vergleich der steuerlichen Regelungen zur Unterkapitalisierung in den OECD-Mitgliedstaaten
IWB, F. 10, Gr. 2, S. 1077 - 1100

GROTHERR, Siegfried
Besteuerungsfragen und -probleme bei der Einschaltung inländischer Holdinggesellschaften im grenzüberschreitenden Konzern
BB 1995, S. 1510 - 1517, 1561 - 1569

GROTHERR, Siegfried
Enthält die Beteiligungsbuchwertkürzung gem. § 8a Abs. 4 Satz 3 KStG einen Systemfehler?
IStR 1995, S. 52 - 55

GUTENBERG, Erich
Zum Problem des optimalen Verschuldungsgrades
ZfB 1966, S. 681 - 703

HAASE, Klaus Dittmar
Die Finanzierung internationaler Unternehmen im Lichte der Besteuerung
StbJb 1982/83, S. 87 - 108

HAASE, Klaus Dittmar
Zur Steuerreform im Lichte betriebswirtschaftlicher Neutralitätspostulate
in: Herzig, N. (Hrsg.): Betriebswirtschaftliche Steuerlehre und Steuerberatung, FS f. G. Rose
Wiesbaden 1991, S. 239 - 253

HAASE, Klaus Dittmar/SCHNEELOCH, Dieter/SIEGEL, Theodor
Besteuerung der Gesellschafterfremdfinanzierung
Stuttgart 1983

HABERT, Ulrike/SMALL, David
Das US-Steueränderungsgesetz 1988
IWB, F. 8, Gr. 2, S. 555 - 560

HÄUSELMANN, Holger/PACHMANN, Thomas
Gesellschafterfremdfinanzierung, Bankgeschäft und bankübliches Geschäft
RIW 1994, S. 230 - 234

HEMMELRATH, Alexander
Bilanzierungsprobleme bei kapitalersetzender Nutzungsüberlassung
DStR 1991, S. 626 - 631

HENKEL, Udo
Die deutsche Zwischenholding nach dem Standortsicherungsgesetz
DB 1993, S. 893 - 899

HENKEL, Udo
Leasing und § 8a KStG
in: Rechtliche, bilanzielle und steuerliche Fragen der Unternehmensfinanzierung
JbFSt 1994/95, S. 653 - 654

HENSE, Heinz Hermann
Die stille Gesellschaft im handelsrechtlichen Jahresabschluß
Düsseldorf 1990, Diss. Münster

HERMS, Volkmar
Steuerliches "Verbot" der stillen Gesellschaft zwischen Kapitalgesellschaften und ausländischen Gesellschaftern
DB 1980, S. 21 - 25

HERRMANN, Harald
Der ungedeckte Fehlbetrag nach § 268 Abs. 3 HGB und die Folgepflichten für Abschlußprüfer und Gesellschaftsorgane in AG und GmbH
ZGR 1989, S. 273 - 304

HERRMANN/HEUER/RAUPACH
Kommentar zum Einkommensteuer- und Körperschaftsteuergesetz
21. Aufl., Köln 1950/1996

HERZIG, Norbert
Nationale und internationale Aspekte einer Reform der Körperschaftsteuer
StuW 1990, S. 22 - 39

HERZIG, Norbert
Gesellschafter-Fremdfinanzierung von Kapitalgesellschaften
StuW 1993, S. 237 - 248

HERZIG, Norbert
Standortsicherungsgesetz: Gesetzliche Regelung der Gesellschafter-Fremdfinanzierung in § 8a KStG
DB 1994, S. 110 - 115, 168 - 177

HERZIG, Norbert
Spannungsverhältnis zwischen Finanzierungsfreiheit und fehlender Finanzierungsneutralität der Besteuerung
FR 1994, S. 589 - 602

HERZIG, Norbert
Gesetzliche Regelung der Gesellschafter-Fremdfinanzierung (§ 8a KStG) - Zweifelsfragen und Auswirkungen auf die Unternehmenspolitik
in: Peemöller, V./Uecker, P. (Hrsg.): Standort Deutschland: Grundsatzfragen und aktuelle Perspektiven für die Besteuerung, die Prüfung und das Controlling, FS f. A. Heigl,
Berlin 1995, S. 199 - 218

HERZIG, Norbert
Anmerkungen zum BMF-Schreiben zu § 8a KStG
in: Herzig, N. (Hrsg.): Gesellschafterfremdfinanzierung und Beteiligung an ausländischen Gesellschaften im Körperschaftsteuerrecht
Köln 1995, S. 163 - 174

HERZIG, Norbert
Diskussionsbeitrag
in: Herzig, N. (Hrsg.): Gesellschafterfremdfinanzierung und Beteiligung an ausländischen Gesellschaftern im Körperschaftsteuerrecht
Köln 1995, S. 31

HEY, Friedrich
US-Steuergesetz 1989: Beschränkung der Abzugsfähigkeit von Zinsen bei Gesellschafter-Fremdfinanzierung
RIW 1990, S. 120 - 122

HEY, Friedrich
Gesellschafterfremdfinanzierung
RIW 1993, S. 833 - 838

HEY, Friedrich
Gesellschafterfremdfinanzierung
RIW 1994, S. 221 - 230

HEY, Friedrich
Gesellschafterfremdfinanzierung
RIW 1995, S. 304 - 315

HINTZEN, Lothar
Problematische stille Beteiligung einer ausländischen Muttergesellschaft an der "eigenen" GmbH
RIW/AWD 1978, S. 788 - 793

HOCK, Burkhard
Gesellschafter-Fremdfinanzierung der GmbH
Wiesbaden 1995, Diss. Bamberg 1994

HÖHN, Ernst/SCHMID, Werner
"Fremdfinanzierung" von Kapitalgesellschaften durch Anteilseigner: Vergleichende Darstellung der Regelung in ausgewählten Staaten
in: Vogel, K. (Hrsg.): "Fremdfinanzierung" von Kapitalgesellschaften durch Anteilseigner Münchener Schriften zum Internationalen Steuerrecht, Heft 6
München 1982, S. 13 - 21

HÖFLACHER, Stefan
Einlagen und Eigenkapital bei der handels- und steuerrechtlichen Erfolgsermittlung in ökonomischer Sicht
Bergisch Gladbach, Köln 1992, Diss. Hohenheim 1991

HOFFMANN, Wolf-Dieter
Zum Problem der stillen Beteiligung ausländischer Anteilseigner an inländischen Beteiligungsunternehmen
DB 1979, S. 1195 - 1198

HOFFMANN, Wolf-Dieter
Zur phasenkongruenten Vereinnahmung von Dividenden
BB 1995, S. 1075 - 1078

HOFMANN, Heinz
Doppelbesteuerung von Zinsen trotz DBA und Gestaltungen zu deren Vermeidung
in: Zinsen im Internationalen Steuerrecht, Münchener Schriften zum Internationalen Steuerrecht, Heft 9
S. 12 - 29

HOMMELHOFF, Peter
Rechtliche Überlegungen zur Vorbereitung der GmbH auf das Bilanzrichtlinie-Gesetz
WPg 1984, S. 629 - 639

HOMMELHOFF, Peter
Das Gesellschafterdarlehen als Beispiel institutioneller Rechtsfortbildung
ZGR 1988, S. 461 - 493

HOMMELHOFF, Peter/KLEINDIEK, Detlef
Flexible Finanzierungsinstrumente im GmbH-Recht
in: Lutter, M./Ulmer, P./Zöllner, W. (Hrsg.): Festschrift 100 Jahre GmbH-Gesetz
Köln 1992, S. 421 - 445

HORLEMANN, Heinz-Gerd
Gesellschafter-Fremdfinanzierung
DStZ 1992, S. 138 - 140

HORSCHITZ, Harald/GROSS, Walter/SCHNUR, Peter
Bewertung und Vermögensteuer
12. Aufl., Stuttgart 1994

IDW
HFA-Stellungnahme 2/77
WPg 1977, S. 463 - 464

IDW
HFA-Stellungnahme 2/93: Zur Bilanzierung von Personengesellschaften
WPg 1994, S. 22 - 24

IDW-Steuerfachausschuß
Gesetzentwurf zur Gesellschafterfremdfinanzierung
WPg 1986, S. 394 - 397

IDW-Steuerfachausschuß
Stellungnahme zu: Referentenentwurf eines Standortsicherungsgesetzes und Vereinfachung des körperschaftsteuerlichen Anrechnungsverfahrens
WPg 1992, S. 792 - 796

IDW-Steuerfachausschuß
Zweifelsfragen zu § 8a KStG
WPg 1993, S. 746 - 749

IDW-Steuerfachausschuß
Stellungnahme der Arbeitsgruppe "Gesellschafterfremdfinanzierung (§ 8a KStG)" zum Entwurf eines Einführungsschreibens zu § 8a KStG
WPg 1994, S. 470 - 477

JACOB, Friedhelm
Treatment of Interest
ET 1988, S. 88 - 90

JACOBS, Otto H.
Internationale Unternehmensbesteuerung
3. Aufl., München 1995

JANKA, Wolfgang
Earnings Stripping Rules in den USA
RIW 1991, S. 939 - 946

JANSEN, Helge
Kapitalstrukturentscheidungen bei bilanzorientierter Finanzplanung
Wiesbaden 1978

JOA, Heike-Dagmar
Frankreich
in: Mennel, A. (Hrsg.): Steuern in Europa, USA, Kanada und Japan
Herne/Berlin 1980

JOHN, Gerd
Bemerkungen zum Rechtsinstitut der verdeckten Gewinnausschüttung
zfbf 1984, S. 432 - 463

JOOST, Detlev
Grundlagen und Rechtsfolgen der Kapitalerhaltungsregeln in der GmbH
ZHR 148 (1984), S. 27 - 55

JUNKER, Abbo
Das eigenkapitalersetzende Aktionärsdarlehen
ZHR 156 (1992), S. 394 - 412

JURKAT, Werner
Korreferat zum Referat Sarrazin
JbFSt 1979/80, S. 405 - 430

KAEFER, Wolfgang
Steuernachteile für beschränkt steuerpflichtige EG-Bürger nach der Rechtsprechung des Europäischen Gerichtshofes verfassungswidrig
DStR 1991, S. 671 - 675

KAEFER, Wolfgang/SASS, Gert
Beschränkte Steuerpflicht und Diskriminierungsverbot im Licht des EuGH-Urteils vom 14.2.1995
DB 1995, S. 642 - 650

KAISER, Thomas
Verdecktes Nennkapital und Leistungsfähigkeitsprinzip
DStR 1991, S. 1105 - 1108

KAMPRAD, Balduin
Gesellschafterdarlehen an die GmbH und GmbH & Co
2. Aufl., Köln 1980

KAMPRAD, Balduin
Die Rechtsentwicklung kapitalersetzender Gesellschafterdarlehen seit dem Inkrafttreten der GmbH-Novelle am 1.1.1981
GmbHR 1984, S. 339 - 343

KAMPRAD, Balduin
Bilanz- und steuerrechtliche Folgen aus der Anwendung der §§ 32a und 32b GmbHG auf kapitalersetzende Gesellschafterkredite?
GmbHR 1985, S. 352 - 354

KAMPRAD, Balduin
Gesellschaftsteuer auf verdecktes Nennkapital und auf haftende Gesellschafterdarlehen i.S. der §§ 32a und 32b GmbHG?
GmbHR 1989, S. 127 - 132

KAUFMANN, Jürgen
Die Körperschaftsteuerbelastung von Gewinnanteilen und Verlustübernahmen inländischer Kapitalgesellschaften aus der Beteiligung an ausländischen Gesellschaften
Frankfurt 1992, Diss. Würzburg 1991

KAUFMANN, Jürgen
Der Zeitpunkt der Aktivierung von Gewinnansprüchen aus der Beteiligung an Kapitalgesellschaften
DStR 1992, S. 1677 - 1680

KETZER, Axel
Eigenkapitalersetzende Aktionärsdarlehen
Köln 1989, Diss. Bonn 1987

KEWENIG, Wilhelm
Niederlassungsfreiheit, Freiheit des Dienstleistungsverkehrs und Inländerdiskriminierung
JZ 1990, S. 20 - 24

KIRCHHOF, Paul
Die Entwicklungen des deutschen Steuerrechts im Rahmen der Europäischen Union
JbFSt 1994/95, S. 27 - 47

KLAUS, Hans
Die kapitalersetzende Nutzungsüberlassung aus ökonomischer Sicht
DStR 1994, S. 1059 - 1064, 1097 - 1100

KLAUS, Hans
Eigenkapitalersetzende Gesellschafterdarlehen in der Handelsbilanz der verpflichteten GmbH
BB 1994, S. 680 - 687

KLUGE, Volker
Die Anerkennung ausländischer Gesellschaften im deutschen Steuerrecht
DStR 1976, S. 365 - 369

KNOBBE-KEUK, Brigitte
Der Gesetzgeber und die Fremdfinanzierung von Kapitalgesellschaften durch ausländische Anteilseigner
BB 1979, S. 1596 - 1597

KNOBBE-KEUK, Brigitte
Die Fremdfinanzierung inländischer Kapitalgesellschaften durch nichtanrechnungsberechtigte Anteilseigner
StuW 1982, S. 201 - 222

KNOBBE-KEUK, Brigitte
Stille Beteiligung und Verbindlichkeiten mit Rangrücktrittsvereinbarung im Überschuldungsstatus und in der Handelsbilanz des Geschäftsinhabers
ZIP 1983, S. 127 - 131

KNOBBE-KEUK, Brigitte
Neuer Anlauf zu einem § 8a KStG?
IWB, F. 2, S. 615 - 618

KNOBBE-KEUK, Brigitte
Was lange währt, wird nicht immer gut!
IWB, F. 2, S. 661 - 664

KNOBBE-KEUK, Brigitte
Umzug von Gesellschaften in Europa
ZHR 154 (1990), S. 325 - 356

KNOBBE-KEUK, Brigitte
Niederlassungsfreiheit: Diskriminierungs- oder Beschränkungsverbot?
DB 1990, S. 2573 - 2584

KNOBBE-KEUK, Brigitte
Der Wechsel von der beschränkten zur unbeschränkten Körperschaftsteuerpflicht und vice versa
StuW 1990, S. 372 - 379

KNOBBE-KEUK, Brigitte
Diskussionsbeitrag
StbJb 1991/92, S. 375

KNOBBE-KEUK, Brigitte
Wieder einmal ein Entwurf zu § 8a KStG - Wiederauflage einer Regelung zur Gesellschafterfremdfinanzierung im Standortsicherungsgesetz
DB 1993, S. 60 - 66

KNOBBE-KEUK, Brigitte
Bilanz- und Unternehmenssteuerrecht
9. Aufl., Köln 1993

Kölner Kommentar zum Aktiengesetz
hrsg. v. W. Zöllner
Köln 1985

KÖSTER, Beate-Katrin
Zweifelsfragen und Gestaltungsalternativen bei der Gesellschafterfremdfinanzierung
RIW 1994, S. 310 - 317

KOLB, Andreas/LÜTHI, Daniel
Überblick über die Teilrevision 1994 des OECD-Musterabkommens
IWB, F. 10, Gr. 2, S. 1059 - 1066

KOLB, Andreas/LÜTHI, Daniel
Überblick über die Teilrevision 1995 des OECD-Musterabkommens
IWB, F. 10, Gr. 2, S. 1073 - 1076

KORN/DEBATIN
Doppelbesteuerung: Kommentar
9. Aufl., München 1989

KORN, Klaus
Kapitalgesellschafter-Fremdfinanzierungen - Reichweite des § 8a KStG und Beratungserwägungen
DStZ 1993, S. 737 - 742

KOTTKE, Klaus
Strategien des Steuerzahlers zur Verhinderung der unberechtigten Anwendung des Mißbrauchsparagraphen
DB 1995, S. 1836 - 1839

KRABBE, Helmut
Steuerliche Behandlung der griechischen GmbH
RIW 1976, S. 192 - 194

KRABBE, Helmut
Maßnahmen gegen unangemessene Gesellschafterfremdfinanzierung und das Recht der Doppelbesteuerungsabkommen
RIW 1984, S. 127 - 130

KRABBE, Helmut
Das neue OECD-Musterabkommen und die deutsche Abkommenspolitik
StbJb 1993/94, S. 31 - 45

KRAFT, Gerhard
Die mißbräuchliche Inanspruchnahme von Doppelbesteuerungsabkommen
Heidelberg 1991, Diss. Heidelberg 1990

KRATZ, Peter
Steuerliches "Verbot" der stillen Gesellschaft zwischen Kapitalgesellschaften und ausländischen Gesellschaftern
DB 1980, S. 1813 - 1815

KRATZER, W.
Grundzüge des Gewerbesteuerrechts
NWB, F. 5, S. 1235 - 1348

KRAUSHAAR, Rolf
Gesellschafter-Fremdfinanzierung (§ 8a KStG)
in: IDW (Hrsg.): Generalthema Steuergestaltung bei verbundenen Unternehmen in Europa, Bericht über die Steuerfachtagung 1993
Düsseldorf 1993, S. 251 - 292

KREBS, Hans-Joachim
Geplante Änderungen des Körperschaftsteuergesetzes
BB 1982, S. 1909 - 1918

KREBS, Hans-Joachim
Auswirkungen der Steuerreform auf das Körperschaftsteuerrecht aus nationaler und internationaler Sicht
GmbHR 1988, S. 228 - 237

KRÜGER, Dietrich
Zur Besteuerung von Kapitalgesellschaften bei Gesellschafter-Fremdfinanzierung
BB 1987, S. 1081 - 1083

KÜFFNER, Peter
Vernunft contra Nöte?
RIW 1982, S. 525 - 526

KÜFFNER, Peter
Rechnungslegung beim Eigenkapitalersatz
DStR 1993, S. 180 - 183

KÜFFNER, Thomas
Patronatserklärungen im Bilanzrecht
DStR 1996, S. 146 - 151

KÜTING, Karlheinz/WEBER, Claus
Handbuch der Rechnungslegung: Kommentar zur Bilanzierung und Prüfung
3. Aufl., Stuttgart 1990

KÜTING, Karlheinz
Europäisches Bilanzrecht und Internationalisierung der Rechnungslegung
BB 1993, S. 30 - 38

KUHN, Klaus
Probleme der Besteuerung von Kapitalgesellschaften und Konzernen
StbJb 1980/81, S. 167 - 195

LADEMANN
Kommentar zum Körperschaftsteuergesetz
Stuttgart 1993

LANG, Joachim
Besteuerung verdeckter Gewinnausschüttungen bei verbundenen Unternehmen
FR 1984, S. 629 - 639

LANG, Joachim
Verdeckte Gewinnausschüttungen bei verbundenen Unternehmen - Steuerrecht
JbFSt 1984/85, S. 515 - 541

LANG, Joachim
Das Standortsicherungsgesetz auf dem Prüfstand
StbJb 1993/94, S. 9 - 30

LANG, Michael
Hybride Finanzierungen im Internationalen Steuerrecht: Rechtsgrundlagen der Doppelbesteuerungsabkommen zur Beurteilung von Mischformen zwischen Eigen- und Fremdkapital
Wien 1991

LANGBEIN, Volker
"Treaty-Overriding" durch nationales Recht
RIW 1988, S. 875 - 881

LANGBEIN, Volker
Treaty-Overriding nach US-Recht
RIW 1989, S. 245

LANGE, Joachim
Verdeckte Gewinnausschüttungen
6. Aufl., Herne/Berlin 1993

LANGE, Joachim/REISS, Wolfram
Lehrbuch der Körperschaftsteuer
7. Aufl., Herne/Berlin 1994

LAUBE, Peter
Die steuerliche Behandlung der Zinsen bei internationalen Wirtschaftsbeziehungen
IWB, F. 10, Gr. 2, S. 487 - 496

LEISNER, Walter
Kein Anrechnungsverfahren für Steuerbefreite?
StuW 1984, S. 244 - 254

LIEB, Ralf
Steuerliche Sonderfragen bei Organschaftsverhältnissen
NWB, F. 2, S. 5993 - 5998

LIENAU, Alexander/LOTZ, Thomas
Die Abgrenzung zwischen stiller Gesellschaft und partiarischem Darlehen und die steuerlichen Konsequanzen
DStR 1991, S. 618 - 622

LIMMER, Peter
"Harte" und "weiche" Patronatserklärungen in der Konzernpraxis
DStR 1993, S. 1750 - 1752

LOHMANN, Martin
Zur Problematik der goldenen Bilanzregel
WPg 1959, S. 141 - 148

LOISTL, Otto
Grundzüge der betrieblichen Kapitalwirtschaft
Berlin, Heidelberg 1986

LOOS, Gerold
Neuregelung der Gesellschafter-Fremdfinanzierung bei Kapitalgesellschaften
StbJb 1988/89, S. 279 - 302

LOOS, Gerold
Gesellschafter-Fremdfinanzierung durch nichtanrechnungsberechtigte Anteilseigner
BB 1989, S. 532 - 540

LOTZ, Dieter
Die Grenzen der Fremdfinanzierung der Kapitalgesellschaft unter Beteiligung von Ausländern
JbFSt 1979/80, S. 434 - 450

LÜTHI, Daniel/KOLB, Andreas
Überblick über die erste Teilrevision des OECD-Abkommens 1977
IWB, F. 10, Gr. 2, 875 - 882

LUTTER, Marcus
Die GmbH-Novelle und ihre Bedeutung für die GmbH, die GmbH & Co. KG und die Aktiengesellschaft
DB 1980, S. 1317 - 1326

LUTTER, Marcus
Neues zum Gesellschafterdarlehen?
ZIP 1989, S. 477 - 484

LUTTER, Marcus/HOMMELHOFF, Peter
Nachrangiges Haftkapital und Unterkapitalisierung
ZGR 1979, S. 31 - 66

LUTTER, Marcus/HOMMELHOFF, Peter
Kommentar zum GmbH-Gesetz
14. Aufl., Köln 1995

MAENNER, Günter
Grundfragen der körperschaftsteuerlichen Anrechnungsverfahrens
Gelsenkirchen 1982

MÄRKLE, Rudi
Gestaltungen zur Vermeidung oder Minderung der Gewerbesteuer
DStR 1995, S. 1001 - 1010

MANKE, Klaus
Auswirkungen der Körperschaftsteuerreform auf das Außensteuerrecht
StbJb 1977/78, S. 268 - 294

MANKE, Klaus
Steuerreform und Doppelbesteuerungsabkommen
WPg 1989, S. 70 - 77

MATHIAK, Walter
Zum Bilanzsteuerrecht
StuW 1985, S. 273 - 279

MATTAUSCH, Hubert
Die internationale Konzernfinanzierung unter dem Einfluß des § 8a KStG
in: Fischer, L. (Hrsg.): Wirtschaftsstandort Deutschland im Internationalen Steuerrecht
Köln 1994, S. 89 - 112

MAYER, Dieter
Kapitalersetzende Darlehen im GmbH-Recht aus handels- und konkursrechtlicher Sicht
BB 1990, S. 1935 - 1943

MAYER, Dieter
Die Pflichten des GmbH-Gesellschafters/Geschäftsführers im Vorfeld der Insolvenz
WPg 1994, S. 129 - 136, 163 - 169

MAYER, Horst/LEHLEITER, Robert
§ 8a KStG - Irrungen ohne Ende?
DStR 1995, S. 1296 - 1298

MEERMANN, Albert
Kapitalersetzende Darlehen und Bürgschaften des GmbH-Gesellschafters
StBp 1988, S. 110 - 115

MEIER, Norbert
Die Übernahme von Bankbürgschaften für kommunale Eigen- und Beteiligungsgesellschaften
FR 1995, S. 183 - 185

MEILICKE, Wienand
Ausländer-Diskriminierung bei der stillen Gesellschaft
FR 1980, S. 105 - 109

MEILICKE, Wienand
Zum Zeitpunkt der Aktivierung von Dividendenansprüchen
FR 1990, S. 9 - 10

MEILICKE, Wienand
Diskussionsbeitrag
StbJb 1991/92, S. 365

MEILICKE, Wienand
Erste Probleme mit § 8a des Körperschaftsteuergesetzes
BB 1994, S. 117 - 121

MEILICKE, Wienand
Finanzierungsfreiheit und Europarecht
FR 1995, S. 297 - 303

MELLWIG, Winfried
Investition und Besteuerung
Wiesbaden 1985

MENCK, Thomas
Das OECD-Musterabkommen in der Revision 1992 - Eine Übersicht
IStR 1993, S. 249 - 255

MENCK, Thomas
Unterkapitalisierung und DBA. Zu § 8a KStG und zum OECD-Musterabkommen
FR 1994, S. 69 - 76

MENCK, Thomas
"Fremdfinanzierung" als Mehrstaaten-Problem
IStR 1994, S. 569 - 578

MENCK, Thomas
Unterkapitalisierung von Kapitalgesellschaften - § 8a KStG und das Einführungsscheiben des BMF vom 15.12.1994
DStR 1995, S. 393 - 400

MERTENS, Hans-Joachim
Kapitalverlust und Überschuldung bei eigenkapitalersetzenden Darlehen
in: Moxter, A. u.a. (Hrsg.): Rechnungslegung: Entwicklungen bei der Bilanzierung und Prüfung von Kapitalgesellschaften, FS f. K.-H. Forster
Düsseldorf 1992, S. 415 - 426

MEYER-SIEVERS, Jürgen
Der "neue" Begriff der verdeckten Gewinnausschüttung im Verhältnis zum Betriebsvermögensbegriff des § 4 Abs. 1 EStG und zum Bestandsvergleich
DStR 1990, S. 543 - 549

MICHIELSE, Geerten
Zur Regelung der Gesellschafter.Fremdfinanzierung in EU-Mitgliedstaaten und in Doppelbesteuerungsabkommen
StuW 1994, S. 331 - 340

MODIGLIANI, Franco/MILLER, Merton H.
The Cost of Capital, Corporation Finance and the Theory of Investment
in: Seelbach, H. (Hrsg.): Finanzierung
München 1980, S. 261 - 294

MODIGLIANI, Franco/MILLER, Merton H.
Corporate Income Taxes and the Cost of Capital: A Correction
The American Economic Review 1963, S. 433 - 443

MÖSSNER, Jörg Manfred
Rechtsschutz bei Treaty Overriding
in: Fischer, L. (Hrsg.): Besteuerung internationaler Konzerne
Köln 1993, S. 113 - 136

MÖSSNER/SEEGER
Kommentar zum Körperschaftsteuergesetz
Herne/Berlin 1979

MOSER, Ulrich
Kapitalersetzende Gesellschafterdarlehen bei der GmbH
Frankfurt 1989, Diss. Stuttgart 1989

MOXTER, Adolf
Optimaler Verschuldungsgrad und Modigliani-Miller-Theorem
in: Seelbach, H. (Hrsg.): Finanzierung
München 1980, S. 346 - 371

MÜLLER-GATERMANN, Gert
Besteuerung bei Gesellschafter-Fremdfinanzierung - ein Zwischenergebnis
FR 1992, S. 497 - 501

MÜLLER-GATERMANN, Gert
Die internationalen steuerlichen Auswirkungen des Standortsicherungsgesetzes
FR 1993, S. 381 - 388

MÜLLER-GATERMANN, Gert
Gesellschafter-Fremdfinanzierung nach § 8a KStG, Gesetzliche Regelung und praktische Anwendung aus der Sicht der Finanzverwaltung
in: Herzig, N. (Hrsg.): Die Unternehmensbesteuerung im Standortsicherungsgesetz
Köln 1994, S. 57 - 65

Münchener Handbuch des Gesellschaftsrechts, Bd. 3, GmbH
hrsg. v. Priester, H.-J./Mayer, D.
München 1996

MÜSSENER, Ingo
Großbritannien
in: Mennel, A. (Hrsg.): Steuern in Europa, USA, Kanada und Japan
Herne/Berlin 1980

MUTTER, Christoph
Kapitalersetzendes Darlehen und Gebrauchsüberlassung bei der GmbH
Frankfurt 1992, Diss. Mainz 1991

NEU, Norbert
Die Aktivierung von Dividendenforderungen in Handels- und Steuerbilanz
BB 1995, S. 399 - 405

NEYER, Wolfgang
Gesellschafterfremdfinanzierung: Mißbrauch durch Umschuldung im Konzern?
IStR 1996, S. 426 - 429

NIEMANN, Walter/MERTZBACH, Markus
Eigenkapitalersetzende Darlehen in der Handels- und Steuerbilanz von Gesellschaften mit beschränkter Haftung
DStR 1992, S. 929 - 936

OBERMÜLLER, Manfred
Patronatserklärungen und kapitalersetzende Darlehen
ZIP 1982, S. 915 - 921

OECD (Hrsg.)
Thin Capitalization
in: Issues in International Taxation, No.2
Paris 1987

OECD (Hrsg.)
Kommentar zum OECD-MA, abgedruckt bei VOGEL, Klaus: Doppelbesteuerungsabkommen der Bundesrepublik Deutschland auf dem Gebiet der Steuern vom Einkommen und Vermögen
3. Aufl., München 1996

OHO, Wolfgang/SCHNEIDER, Jutta/BEHRENS, Stefan
Keine Umqualifizierung von an einen ausländischen Anteilseigner gezahlten Darlehenszinsen gem. § 8a KStG bei gleichzeitiger atypisch stiller Beteiligung
DB 1996, S. 2516 - 2520

OLFERT, Klaus/KÖRNER, Werner/LANGENBECK, Jochen
Sonderbilanzen
3. Aufl., Ludwigshafen 1990

ORTH, Manfred
Anwendung des § 8a KStG in Umwandlungsfällen
DB 1995, S. 1985 - 1989

o.V.
Frankfurter Allgemeine Zeitung v. 21.10.1996, S. 30

PALMIERI, Nicola
Aktuelle Herausforderungen der Steuerpolitik in den USA
RIW 1990, S. 1007 - 1010

PASDIKA, Helmut
Zur zeitkongruenten Gewinnvereinnahmung der Dividenden von Tochtergesellschaften
AG 1977, S. 159 - 161

PAUKA, Dietmar
Änderungen des Körperschaftsteuergesetzes durch das Standortsicherungsgesetz
NWB, F. 4, S. 3957 - 3970

PERRIDON, Louis/STEINER, Manfred
Finanzwirtschaft der Unternehmung
8. Aufl., München 1995

PETERS, Klaus
Der vertragliche Rangrücktritt von Forderungen
WM 1988, S. 641 - 644, 685 - 694

PEZZER, Heinz-Jürgen
Die gesetzliche Erweiterung der verdeckten Gewinnausschüttung
StuW 1980, S. 11 - 18

PEZZER, Heinz-Jürgen
Die verdeckte Gewinnausschüttung im Körperschaftsteuerrecht
Köln 1986

PILTZ, Detlev J.
Die Personengesellschaft im internationalen Steuerrecht der Bundesrepublik Deutschland
Diss. Mannheim 1981

PILTZ, Klaus
Konzernfinanzierung unter Berücksichtigung internationaler Finanzierungsquellen
in: IDW (Hrsg.): Unternehmensfinanzierug heute: eine Herausforderung für Unternehmer und Berater, Bericht über die Steuerfachtagung 1985
Düsseldorf 1985, S. 39 - 45

PÖLLATH, Reinhold
Fremdfinanzierung und Doppelbesteuerungsabkommen - eine Ergänzung
FR 1980, S. 432 - 433

PÖLLATH, Reinhold
Fälle zu § 8a KStG
JbFSt 1982/83, S. 309 - 342

PÖLLATH, Reinhard
Kritische Fragen an den Gesetzentwurf des Bundes
in: Vogel, K. (Hrsg.): "Fremdfinanzierung" von Kapitalgesellschaften durch Anteilseigner, Münchener Schriften zum Internationalen Steuerrecht, Heft 6
München 1982, S. 39 - 53

PÖLLATH, Reinhard/RÄDLER, Albert
Die vorgeschlagene Erweiterung des § 8 Abs. 3 KStG - Voraussetzungen und Wirkungen nach innerstaatlichem und Abkommensrecht
DB 1980, Beil. 8

PÖLLATH, Reinhard/RÄDLER, Albert
Gewinnberichtigungen zwischen verbundenen Unternehmen ohne Rücksicht auf Abkommensrecht?
DB 1982, S. 561 - 565, 617 - 620

PORTNER, Rosemarie
Vereinbarkeit des § 8a KStG mit den Doppelbesteuerungsabkommen
IStR 1996, S. 23 - 30, 66 - 70

PORTNER, Rosemarie
Doppelbesteuerungsabkommen - Uneingeschränktes Quellenbesteuerungsrecht bei Abzugsfähigkeit von Vergütungen auf gewinnabhängige Finanzierungsinstrumente
IStR 1996, S. 409 - 411

POTT, Hans-Michael
Die Vereinbarkeit des Entwurfs eines § 8a KStG (KStÄndG) mit dem Völkerrecht
StuW 1982, S. 223 - 230

PRIESTER, Hans-Joachim
Sind eigenkapitalersetzende Gesellschafterdarlehen Eigenkapital?
DB 1991, S. 1917 - 1924

PRINZ, Ulrich
Aktuelle Entwicklungen und Beratungsfragen im steuerlichen Organschaftsrecht
FR 1993, S. 725 - 735

PRINZ, Ulrich
Gestaltungsmöglichkeiten und -grenzen bei § 8a KStG
FR 1994, S. 622 - 635

PRINZ, Ulrich
Probleme der Gesellschafter-Fremdfinanzierung (§ 8a KStG) bei Umwandlungsvorgängen
FR 1995, S. 772 - 779

PRINZ, Ulrich
§ 8a KStG: Gegenthesen zum Anteilseignerbegriff von *Wassermeyer*
IStR 1995, S. 378 - 380

PRINZ, Ulrich
Ausgewählte Problemfälle zu § 8a KStG aus der Beratungspraxis
in: Herzig, N. (Hrsg.): Gesellschafterfremdfinanzierung und Beteiligung an ausländischen Gesellschaften im Körperschaftsteuerrecht
Köln 1995, S. 39 - 106

PUGH, Erich/ECKSTEIN, Hans-Martin
Verschärfte Begrenzung des Zinsabzuges bei Zahlungen an nahestehende Unternehmen durch neues US-Steuergesetz
IWB, F. 8, Gr. 2, S. 731 - 736

RÄDLER, Albert
Perspektiven der Unternehmensbesteuerung im Binnenmarkt
StbJb 1992/93, S. 31 - 60

RAISER, Thomas
Recht der Kapitalgesellschaften: Ein Handbuch für Praxis und Wissenschaft
2. Aufl., München 1992

RATH, Wolf-Dieter
Gesellschafter-Fremdfinanzierung nach § 8a KStG, Konsequenzen für die Unternehmensfinanzierung
in: Herzig, N. (Hrsg.): Die Unternehmensbesteuerung im Standortsicherungsgesetz
Köln 1994, S. 67 - 74

RAUPACH, Arndt
Die Systematik der Grundvorschriften des Körperschaftsteuerlichen Anrechnungsverfahrens (§§ 20, 36 EStG, §§ 27, 41, 43 KStG)
FR 1978, S. 570 - 581

REGNERY, Bernhard/SCHERER, Thomas
Internationale Konzernfinanzierung - § 8a Abs. 1 S. 2 KStG
IStR 1994, S. 528 - 530

RENDELS, Heinz
Schwerpunkte des Standortsicherungsgesetzes: Änderungen des KStG, sonstige Änderungen, Ausblick
DStR 1993, S. 1089 - 1094

RIEGLER, Bernhard/SALOMON, Klaus
Der Dividenden- und Zinsbegriff nach den Doppelbesteuerungsabkommen der Bundesrepublik Deutschland
DB 1991, S. 2205 - 2208

RITTER, Wolfgang
Die deutsche Vertragspolitik zur Vermeidung der Doppelbesteuerung
BB 1991, S. 353 - 358

RÖHRICHT, Volker
Die Rechtsprechungssregeln zum Eigenkapitalersatz bei GmbH und GmbH & Co. KG
StbJb 1991/92, S. 313 - 343

ROHRLACK-SOTH, Lars/KAUFMANN, Jürgen
Besteuerung französischer Gesellschaften und ihrer deutschen Anteilseigner
IStR 1992, S. 95 - 98, IStR 1993, S. 6 - 11

ROSE, Gerd
Die Ertragsteuern
13. Aufl., Wiesbaden 1994

ROSE, Gerd/GLORIUS, Cornelia
Beratungsrelevante Erkenntnisse aus der jüngsten Rechtsprechung zu § 42 AO
DB 1992, S. 2207 - 2213

ROSE, Manfred
Plädoyer für ein konsumbasiertes Steuersystem
in: Rose, M. (Hrsg.): Konsumorientierte Neuordnung des Steuersystems
Berlin, Heidelberg, New York 1991, S. 7 - 34

ROSE, Manfred
Ein einfaches Steuersystem für Deutschland
Wirtschaftsdienst 1994, S. 423 - 432

ROSE, Manfred
Eine konsumorientierte Neuordnung des Steuersystems für mehr Entscheidungs-neutralität, Fairneß und Transparenz
in: Bühler, W. (Hrsg.): Steuervereinfachung, FS f. D. Meyding
Heidelberg 1994, S. 233 - 251

ROTH, Günter
Unterkapitalisierung und persönliche Haftung
ZGR 1993, S. 170 - 209

RUDDEN, John/WOYWODE, Uwe
US-Beschränkungen für den Zinsabzug betreffen auch deutsche Konzernmütter
DB 1993, S. 1045 - 1047

RUDING-Ausschuß der EU
Die Schlußfolgerungen und Empfehlungen des Ruding-Ausschusses
DB 1992, Beil. 5

RÜMKER, Dietrich
Bankkredite als kapitalersetzende Gesellschafterdarlehen unter besonderer Berücksichtigung der Sanierungssituation
ZIP 1982, S. 1385 - 1396

RÜMKER, Dietrich
Überlegungen zur gesellschafterlichen Finanzierungsverantwortung
ZGR 1988, S. 494 - 515

SALEM, Irving
Debt or Equity? New Pathways - Another Dead End or The Yellow Brick Road?
The Tax Executive 1990, S. 93 - 98

SARRAZIN, Viktor
Das Eigen- und Fremdkapital der Kapitalgesellschaft unter Beteiligung von Inländern
JbFSt 1979/80, S. 383 - 404

SARRAZIN, Viktor
Genußscheine und Gesellschafterdarlehen - steuerlich günstige Finanzierungen?
StbJb 1985/86, S. 135 - 156

SARRAZIN, Viktor
Bekämpfung unerwünschter Steuergestaltungen
DStZ 1994, S. 289 - 295

SASS, Gert
Zu außensteuerrechtlichen Aspekten des Entwurfs für ein "Standortsicherungsgesetz"
IWB, F. 2, S. 631 - 640

SASS, Gert
Zum Einfluß der Rechtsprechung des EuGH auf die beschränkte Einkommen- und Körperschaftsteuerpflicht
DB 1992, S. 857 - 864

SASS, Gert
Außensteuerrechtliche Aspekte des Umwandlungssteuergesetzes 1995 und EU-Steuerprobleme in einigen Mitgliedstaaten
BB 1995, S. 1439 - 1443

SCHAUB, Bernhard
Die GmbH in der Krise - Kriterien für die Feststellung von Zahlungsunfähigkeit, Überschuldung und Kreditunwürdigkeit
DStR 1993, S. 1483 - 1489

SCHAUHOFF, Stephan
Tax Planning under Germany´s new ´Thin Capitalization´ Rules
Intertax 1993, S. 466 - 473

SCHAUMBURG, Harald
Internationales Steuerrecht: Außensteuerrecht, Doppelbesteuerungsrecht
Köln 1993

SCHERER, Thomas
Doppelbesteuerung und Europäisches Gemeinschaftsrecht
München 1995

SCHILD, Claus
Hybride Finanzierungen: Stille Beteiligungen: Bilanz- und Steuerrecht
in: Rechtliche, bilanzielle und steuerliche Fragen der Unternehmensfinanzierung
JbFSt 1994/95, S. 620 - 628

SCHILDBACH, Thomas
Der handelsrechtliche Jahresabschluß
4. Aufl., Herne/Berlin 1995

SCHIRMER, Hans-Jürgen
Die Steuerwirkung der verdeckten Gewinnausschüttung und verdeckten Einlage bei verbundenen Unternehmen nach dem Steuerreformgesetz 1990
GmbHR 1989, S. 513 - 520

SCHLÜTTER, Egon
Personengesellschaft oder Kapitalgesellschaft?
DStJG 1985, S. 215 - 234

SCHMIDT, Karsten
Vom Konkursrecht der Gesellschaften zum Insolvenzrecht der Unternehmen
ZIP 1980, S. 233 - 238

SCHMIDT, Karsten
Kapitalersetzende Bankenkredite?
ZHR 147 (1983), S. 165 - 194

SCHMIDT, Karsten
Die Eigenkapitalausstattung der Unternehmen als rechtspolitisches Problem
JZ 1984, S. 771 - 786

SCHMIDT, Karsten
§ 32a GmbHG: ein Allheilmittel gegen unerwünschten Eigenkapitalersatz?
ZIP 1990, S. 69 - 79

SCHMIDT, Karsten
Eigenkapitalersatz und Überschuldungsfeststellung
GmbHR 1999, S. 9 - 15

SCHMIDT, Karsten
Gesellschaftsrecht
2. Aufl., Köln 1991

SCHMIDT, Ludwig
Kommentar zum Einkommensteuergesetz
15. Aufl., München 1996

SCHMIDT, Peter Jürgen
Grenzen zulässiger Gesellschafter-Fremdfinanzierung
in: IDW (Hrsg.): Generalthema Unternehmensbesteuerung und Steuerreform, Bericht über die Steuerfachtagung des IDW 1988
Düsseldorf 1988, S. 25 - 38

SCHMIDT, Reinhart
Das Finanzierungsverhalten der Unternehmen in der Bundesrepublik
in: Bierich, M./Schmidt, R. (Hrsg.): Finanzierung deutscher Unternehmen heute: Diagnose und Vorschläge zur Verbesserung der Kapitalstruktur
Stuttgart 1984, S. 91 - 105

SCHNEELOCH, Dieter
Eigenfinanzierung oder Finanzierung durch Gesellschafterdarlehen
StuW 1984, S. 40 - 52

SCHNEELOCH, Dieter
Verdecktes Nennkapital
DStR 1987, S. 458 - 463

SCHNEIDER, Dieter
Lücken bei der Begründung einer "Eigenkapitallücke"
DB 1986, S. 2293 - 2298

SCHNEIDER, Dieter
Messung des Eigenkapitals als Risikokapital
DB 1987, S. 185 - 191

SCHNEIDER, Dieter
Sofortabschreibung, sofortiger Verlustausgleich und Marktlenkung von Risikokapital
in: John, G. (Hrsg.): Besteuerung und Unternehmenspolitik, FS f. G. Wöhe
München 1989, S. 309 - 329

SCHNEIDER, Dieter
Investition, Finanzierung und Besteuerung
7. Aufl., Wiesbaden 1992

SCHNEIDER, Dieter
Sichert das Standortsicherungsgesetz "die Attraktivität Deutschlands als Wirtschaftsstandort für ausländische Unternehmen"?
StuW 1994, S. 121 - 130

SCHNEIDER, Kristian
Erfolgswirkungen der Kapitalstruktur
Frankfurt 1991, Diss. Frankfurt 1991

SCHNEIDER, Uwe H.
Patronatserklärungen gegenüber der Allgemeinheit
ZIP 1989, S. 619 - 625

SCHNEIDER, Uwe H.
Ist die Annahme von Gesellschafterdarlehen ein "erlaubnisbedürftiges Bankgeschäft"?
DB 1991, S. 1865 - 1869

SCHOLZ, Franz
Kommentar zum GmbH-Gesetz
8. Aufl., Köln 1993

SCHRÖDER, Siegfried
Gesellschafterfremdfinanzierung
StBp 1991, S. 177 - 182

SCHULT, Eberhard
Betriebswirtschaftliche Steuerlehre
2. Aufl., München 1996

SEELBACH, Horst
Finanzierung
München 1980

SENDER, Lothar
Bilanzielle und körperschaftsteuerliche Behandlung der Verbindlichkeit mit Rangrücktrittsvereinbarung und des Forderungsverzichts gegen Besserungsklausel
GmbHR 1992, S. 157 - 159

SENDER, Lothar
Verdeckte Gewinnausschüttung und Kapitalertragsteuerabzug
StB 1994, S. 52 - 55

SHANNON, Harry
Das OECD-Musterabkommen zur Vermeidung der Doppelbesteuerung im Vergleich mit dem US-Musterabkommen
RIW 1986, S. 271 - 283

SIEGEL, Theodor
Steuerwirkungen und Steuerpolitik in der Unternehmung
Würzburg, Wien 1982

SIEGEL, Theodor
Besteuerung und Kapitalstruktur
BFuP 1984, S. 223 - 242

SIEGEL, Theodor
Gesellschafter-Fremdfinanzierung
StuW 1989, S. 340 - 349

SIEGEL, Theodor
§ 8a KStG ist tot - Es lebe die Gesellschafterfremdfinanzierung (?)
GmbHR 1990, S. 138 - 142

SIEKER, Klaus
Weitreichende Änderungen des US-Steuerrechts durch den Revenue-Reconciliation-Act 1993
RIW 1993, S. 827 - 832

SIEKER, Susanne
Die Verzinsung eigenkapitalersetzender Darlehen
ZGR 1995, S. 250 - 285

SIGLOCH, Jochen
Verzerrende Wirkungen von Bemessungsgrundlagen und Tarif auf Unternehmensentscheidungen nach der Steuerreform 1990
StuW 1990, S. 229 - 239

SINGBARTL, Hans
Einschränkung der Fremdfinanzierung von Kapitalgesellschaften
DStR 1980, S. 219 - 222

SINGBARTL, Hans/DÖTSCH, Ewald/HUNDT, Florenz
Die Änderungen des KStG durch das Steuerreformgesetz 1990
DB 1988, 1871 - 1874

SMALL, David/SEUFERT, Ingrid
Das US-Steueränderungsgesetz 1989
IWB, F. 8, Gr. 2, S. 593 - 598

SPANGEMACHER, Gerd
Gewerbesteuer
9. Aufl., Achim 1989

STEHLE, Richard
Eigenkapitalquoten und Fremdkapitalstruktur börsennotierter deutscher Aktiengesellschaften
ZfB 1994, S. 811 - 837

STIMPEL, Walter
Zum Auszahlungsverbot des § 30 Abs. 1 GmbHG
in: Lutter, M./Ulmer, P./Zöllner, W. (Hrsg.): Festschrift 100 Jahre GmbH-Gesetz
Köln 1992, S. 335 - 361

STOBBE, Ludwig
Der Progressionsvorbehalt des EStG bei ausländischen Einkünften
DStZ 1989, S. 81 - 84

STONE, Lawrence/McGEEHAN, Kevin
Distinguishing Corporate Debt from Stock under Sec. 385 IRC
Tax Law Review, Vol. 36, 1981, S. 343 - 393

STRECK, Michael
Verdeckte Gewinnausschüttungen und verdeckte Einlagen in der Steuerpraxis
GmbHR 1987, S. 104 - 111

STRECK, Michael
Kommentar zum Körperschaftsteuergesetz mit Nebengesetzen
4. Aufl., München 1995

STREIM, Hannes
Grundzüge der handels- und steuerrechtlichen Bilanzierung
Stuttgart 1988

SÜCHTING, Joachim
Finanzmanagement: Theorie und Politik der Unternehmensfinanzierung
6. Aufl., Wiesbaden 1995

SWOBODA, Peter
Betriebliche Finanzierung
3. Aufl., Heidelberg 1994

THEISEN, Manuel
Partiarisches Darlehen als Finanzierungsalternative zur stillen Gesellschaft
GmbHR 1987, S. 64 - 69

THIEL, Jochen
Rechtsunsicheres Körperschaftsteuerrecht
StbJb 1989/90. S. 71 - 91

THIEL, Jochen
Diskussionsbeitrag
StbJb 1991/92, S. 371

THIEL, Jochen
Im Grenzbereich zwischen Eigen- und Fremdkapital - Ein Streifzug durch die ertragsteuerlichen Probleme der Gesellschafter-Fremdfinanzierung
GmbHR 1992, S. 20 - 29

THIEL, Jochen
Einlagen in Kapitalgesellschaften - Aktuelle Steuerfragen bei der Gesellschaft und beim Gesellschafter
DStR 1992, S. 1 - 7

THIEL, Jochen
Diskussionsbeitrag
in: Herzig, N. (Hrsg.): Gesellschafterfremdfinanzierung und Beteiligung an ausländischen Gesellschaften im Körperschaftsteuerrecht
Köln 1995, S. 21, 27

THÖMMES, Otmar
Anmerkung zum EuGH-Urteil
IWB, F. 11a, S. 112 - 114

THÖMMES, Otmar
Neue steuerliche Regelungen der grenzüberschreitenden Unternehmenstätigkeit - Aktualitäten zum Standortsicherungsgesetz und Mißbrauchsbekämpfungsgesetz
JbFSt 1994/95, S. 49 - 131

TILLMANN, Bert
Eigenkapital ersetzende Gesellschafterdarlehen und verdecktes Stammkapital
GmbHR 1981, S. 17 - 20

TILLMANN, Bert
Kapitalausstattung der GmbH - zivilrechtlich und steuerrechtlich
GmbHR 1987, S. 329 - 337

TILLMANNS, Wolfhard
Das Steuerrecht Frankreichs
IWB, F. 5, Gr. 2, S. 881 - 908

TIMM, Wolfram/GEUTING, Markus
Kapitalersatz im Unternehmensverbund und Disponibilität d. Kapitalersatzregeln
ZIP 1992, S. 525 - 531

TIPKE, Klaus/KRUSE, Heinrich-Wilhelm
Kommentar zur AO und FGO
14. Aufl., Köln 1991

TIPKE, Klaus/LANG, Joachim
Steuerrecht
14. Aufl., Köln 1994

TRIES, Hermann-Josef
Verdeckte Gewinnausschüttungen im GmbH-Recht
Köln 1991, Diss. Heidelberg 1989/90

UELNER, Adalbert
Steuerliche Probleme der Fremdfinanzierung von Kapitalgesellschaften
in: IFSt (Hrsg.), Brief 198

UELNER, Adalbert
Fremdfinanzierung durch Gesellschafter aus steuerrechtlicher Sicht
in: IDW (Hrsg.): Bericht über die Jubiläumsfachtagung "50 Jahre Wirtschaftsprüferberuf"
Düsseldorf 1981, S. 205 - 219

UELNER, Adalbert
Die Unternehmensbesteuerung aus der aktuellen Sicht des Gesetzgebers, der Verwaltung und der Rechtsprechung
JbFSt 1984/85, S. 13 - 38

UELNER, Adalbert
Zur Problematik der Gesellschafter-Fremdfinanzierung (§ 8a KStG)
in: IDW (Hrsg.): Unternehmensfinanzierung heute: eine Herausforderung für Unternehmer und Berater, Bericht über die Steuerfachtagung 1985
Düsseldorf 1985, S. 177 - 184

UHRMANN, Karl
Die Bedeutung von Doppelbesteuerungsabkommen für die Anrechnung von ausländischen Steuern
StBp 1987, S. 178 - 181

ULLRICH, Hanns
Gesellschafterdarlehen der Banken in der Finanzkrise der GmbH
GmbHR 1983, S. 133 - 146

ULMER, Peter
Umstrittene Fragen im Recht der Gesellschafterdarlehen (§32a GmbHG)
ZIP 1984, S. 1163 - 1174

ULMER, Peter
Gesellschafterhaftung gegenüber der GmbH bei Vorteilsgewährung unter Verstoß gegen § 30 Abs. 1 GmbHG
in: Lutter, M./Ulmer, P./Zöllner, W. (Hrsg.): Festschrift 100 Jahre GmbH-Gesetz
Köln, 1992, S. 363 - 389

VESELY, Heinz/KUMPF, Wolfgang
Stille Beteiligung ausländischer Gesellschafter an der "eigenen" GmbH
RIW/AWD 1977, S. 309 - 313

VIEGENER, Johannes
Beschränkungen des Zinsenabzugs auf Gesellschafterdarlehen im französischen Steuerrecht
RIW 1982, S. 103 - 107

VOGEL, Klaus
Doppelbesteuerungsabkommen und ihre Auslegung
StuW 1982, S. 111 - 124, 286 - 301

VOGEL, Klaus
Verbot des Verlustausgleichs für bestimmte ausländische Verluste
BB 1983, S. 180 - 188

VOGEL, Klaus
Doppelbesteuerungsabkommen der Bundesrepublik Deutschland auf dem Gebiet der Steuern vom Einkommen und Vermögen, Kommentar
3. Aufl., München 1996

VON GERKAN, Hartwin
Schwerpunkte und Entwicklungen im Recht der kapitalersetzenden Gesellschafterleistungen
GmbHR 1986, S. 218 - 225

VON GERKAN, Hartwin
Zum Stand der Rechtsentwicklung bei den kapitalersetzenden Gesellschafterleistungen
GmbHR 1990, S. 384 - 389

VON METTENHEIM, Heinrich
Zur Verfassungsmäßigkeit der Behandlung von beschränkt Steuerpflichtigen nach der Körperschaftsteuerreform
RIW/AWD 1978, S. 511 - 516

VORMBAUM, Herbert
Finanzierung der Betriebe
9. Aufl., Wiesbaden 1995

WAGNER, Franz W.
Grundfragen und Entwicklungstendenzen der betriebswirtschaftlichen Steuerplanung
BFuP 1984, S. 201 - 222

WAGNER, Franz W./DIRRIGL, Hans
Die Steuerplanung der Unternehmung
Stuttgart, New York 1980

WAGNER, Franz W./WENGER, Ekkehard
Theoretische Konzeption und legislative Transformation eines marktwirtschaftlichen Steuersystems in der Republik Kroatien
in: Sadowski, D., Czap, Wächter (Hrsg.): Regulierung und Unternehmenspolitik
Wiesbaden 1996, S. 399 - 415

WAGNER, Franz W./WISSEL, Harald
Entscheidungsneutralität der Besteuerung als Leitlinie einer Reform der Einkommensteuer
WiSt 1995, S. 65 - 70

WALTER, Wolfgang
§ 8a KStG und die GmbH & Atypisch Still
DStZ 1994, S. 113 - 115

WASSERMEYER, Franz
Einige grundsätzliche Überlegungen zur verdeckten Gewinnausschüttung
DB 1987, S. 1113 - 1120

WASSERMEYER, Franz
Eigenkapitalersetzende Leistungen im Steuerrecht
StbJb 1991/92, S. 345 - 362

WASSERMEYER, Franz
Eigenkapitalersetzende Leistungen aus der Sicht des Steuerrechts
ZGR 1992, 639 - 661

WASSERMEYER, Franz
Die verdeckte Gewinnausschüttung rechtssystematisch gesehen
StVj 1993, S. 208 - 226

WASSERMEYER, Franz
Reform der "ungerechten" Vorschriften über verdeckte Gewinnausschüttungen
GmbHR 1994, S. 27 - 33

WASSERMEYER, Franz
Der Anteilseignerbegriff des § 8a KStG
IStR 1995, S. 105 - 108

WASSERMEYER, Franz
Stellungnahme zu ausgewählten Zweifelsfragen bei der Anwendung des § 8a KStG
in: Herzig, N. (Hrsg.): Gesellschafterfremdfinanzierung und Beteiligung an ausländischen Gesellschaften im Körperschaftsteuerrecht
Köln 1995, S. 1 - 15

WASSERMEYER, Franz
Diskussionsbeitrag
in: Herzig N. (Hrsg.): Gesellschafterfremdfinanzierung und Beteiligung an ausländischen Gesellschaften im Körperschaftsteuerrecht
Köln 1995, S. 21, 23

WATERMEYER, H.-J.
§ 17 Abs. 4 EStG - Veräußerungsverlust durch eigenkapitalersetzende Gesellschafterdarlehen
BB 1993, S. 403 - 407

WEBER, Ernst
Ist eine steuerliche Umqualifizierung der Erträge aus Fremdfinanzierungen in verdeckte Gewinnausschüttungen gegenüber Doppelbesteuerungsabkommen wirksam?
in: IFSt (Hrsg.), Brief 204

WEBER, Hans-Jörg/LEPPER, Martin
Das eigenkapitalersetzende Darlehen des GmbH-Gesellschafters
DStR 1991, S. 980 - 985

WEBER, Klaus
Finanzierungsmittel naher Angehöriger sowie die Gebrauchsüberlassung durch nahe Angehörige als Eigenkapitalersatz
GmbHR 1992, S. 354 - 358

WEBER, Klaus
Eigenkapitalersetzende Darlehen des GmbH-Gesellschafters
BB 1992, S. 525 - 531

WEBER, Klaus
Ende der typisch stillen Beteiligung bei beherrschendem Einfluß?
DB 1992, S. 546 - 549

WEBER-FAS, Rudolf
Völkerrecht und Steuerhoheit
RIW/AWD 1979, S. 585 - 587

WEBER-GRELLET, Heinrich
Tendenzen der BFH-Rechtsprechung
StuW 1993, S. 195 - 212

WENGER, Ekkehard
Gleichmäßigkeit der Besteuerung von Arbeits- und Vermögenseinkünften
Finanzarchiv 1983, S. 207 - 252

WENGER, Ekkehard
Einkommensteuerliche Periodisierungsregeln, Unternehmenserhaltung und optimale Einkommensbesteuerung
ZfB 1985, S. 710 - 730, ZfB 1986, S. 132 - 151

WENGER, Ekkehard
Besteuerung und Kapitalbildung als intertemporales Optimierungsproblem
in: Hax, H., Kern, W., Schröder, H.-H. (Hrsg.): Zeitaspekte in betriebswirtschaftlicher Theorie und Praxis
Stuttgart 1988, S. 279 - 295

WENGER, Ekkehard
Das Quellensteuerexperiment von 1987
ZBB 1990, S. 177 - 190

WENGER, Ekkehard/TERBERGER, Eva
Die Beziehung zwischen Agent und Prinzipal als Baustein einer ökonomischen Theorie der Organisation
WiSt 1988, S. 506 - 514

WESTERFELHAUS, Herwarth
Verdecktes Stammkapital wieder aktuell
DB 1986, S. 713 - 719

WESTERFELHAUS, Herwarth
Die Definition der verdeckten Gewinnausschüttung - eine steuerrechtliche Studie mit Blick auf das Gesellschaftsrecht
GmbHR 1994, S. 224 - 232

WESTERMANN, Harm Peter
Banken als Kreditgeber und Gesellschafter
ZIP 1982, S. 379 - 391

WESTERMANN, Harm Peter
Zur Rückführung eines Überziehungskredits eines am Schuldnerunternehmen als Aktionär beteiligten Kreditinstituts
ZIP 1983, S. 1281 - 1289

WICHMANN, Gerd
Verdeckte Gewinnausschüttungen an Nichtgesellschafter?
DB 1994, S. 2101 - 2103

WIDMANN, Siegfried
Besteuerung kapitalersetzender Darlehen bei GmbH und Gesellschafter
StbJb 1993/94, S. 303 - 320

WIDMANN, Siegfried
Diskussionsbeitrag
JbFSt 1994/95, S. 628 - 629

WIDMANN, Siegfried/MAYER, Dieter
Umwandlungsrecht: Kommentar zum UmwG und UmwStG
Bonn 1997

WILKE, Kay-Michael
Lehrbuch des internationalen Steuerrechts
5. Aufl., Herne/Berlin 1994

WILLENS, Robert
Revenue Reconciliation Act will limit corporate planning
The Journal of Taxation 1990, S. 68 - 73

WINGERT, Karl-Dieter/KRAUSE, Michael
Handkommentar der wichtigsten DBA
Herne/Berlin 1993

WINTER, Willi
Korrektur einer verdeckten Gewinnausschüttung innerhalb oder außerhalb der Steuerbilanz
DStZ 1987, S. 269 - 271

WINTER, Willi
Steuerliche Behandlung von Genußrechten
GmbHR 1993, S. 31 - 33

WINTER, Willi
Die Belastungsfolgen des neuen § 8a KStG
GmbHR 1994, S. 39 - 41

Wirtschaftprüfer-Handbuch
hrsg. v. IDW
10. Aufl., Düsseldorf 1992

WÖHE, Günter
Finanzierung und Besteuerung
in: Betriebswirtschaftslehre und Unternehmensbesteuerung, ausgewählte Aufsätze, München 1984, S. 425 - 437

WÖHE, Günter
Betriebswirtschaftliche Steuerlehre Bd. I/1
6. Aufl., München 1988

WÖHE, Günter
Betriebswirtschaftliche Steuerlehre Bd. I/2
7. Aufl., München 1992

WÖHE, Günter/BILSTEIN, Jürgen
Grundzüge der Unternehmensfinanzierung
7. Aufl., München 1994

WOHLSCHLEGEL, Hanspeter
Doppelbesteuerungsabkommen: Treaty Override und Grundgesetz
FR 1993, S. 48 - 50

WOLFF, Ulrich
Die außensteuerlich bedeutsamen Regelungen des Standortsicherungsgesetzes
IStR 1993, S. 449 - 454

WREDE, Friedrich
Korreferat zum Referat Lotz
JbFSt 1979/80, S. 451 - 471

WÜST, Günther
Wege des Gläubigerschutzes bei materieller Unterkapitalisierung einer GmbH
DStR 1991, S. 1388 - 1393, 1424 - 1428

WURSTER, Hans-Jürgen
Die Anerkennung ausländischer Körperschaften im deutschen Ertragsteuerrecht
FR 1980, S. 588 - 591

ZACHARIAS, Erwin/SUTTMEYER, Johannes/RINNEWITZ, Jürgen
Zur gewerbesteuerrechtlichen Organschaft unter Beteiligung einer GmbH & atypisch Still
DStR 1988, S. 128 - 135

ZEITLER, Franz-Christoph
Auswirkungen des Standortsicherungsgesetzes auf die steuerliche Praxis
BB 1993, S. 1704 - 1710

ZIEBE, Jürgen
Kapitalbeschaffung durch Genußscheine
BB 1988, S. 225 - 229

ZIEGLER, Klaus
Kapitalersetzende Gebrauchsüberlassungsverhältnisse und Konzernhaftung bei der GmbH
Baden-Baden 1989, Diss. Tübingen 1988

ZILIAS, Manfred
Unterbilanz und Überschuldung der Aktiengesellschaft
WPg 1977, S. 445 - 455

Urteilsregister

A. Entscheidungen des Bundesverfassungsgerichts

	Datum	Aktenzeichen	Fundstelle	Seite
B	12.3.1985	1 BvR 571/81 u.a.	BStBl. II 1985	475
B	22.6.1995	2 BvL 37/91	BStBl. II 1995	655

B. Entscheidungen der Zivilgerichte

1. Entscheidungen des Bundesgerichtshofs

	Datum	Aktenzeichen	Fundstelle	Seite
U	14.12.1959	II ZR 187/57	GmbHR 1960	43
U	30.01.1970	V ZR 139/68	BGHZ 53	181
U	29.11.1971	II ZR 121/69	WM 1972	74
U	03.11.1975	II ZR 67/73	BGHZ 65	230
U	27.09.1976	II ZR 162/75	GmbHR 1977	105
U	03.11.1976	I ZR 156/74	WM 1977	73
U	04.05.1977	VIII ZR 298/75	GmbHR 1977	198
U	26.11.1979	II ZR 104/77	DB 1980	297
U	24.03.1980	II ZR 213/77	BB 1980	797
U	16.03.1981	II ZR 59/80	BB 1981	750
U	22.06.1981	II ZR 94/80	NJW 1982	99
U	13.07.1981	II ZR 256/79	BB 1981	1664
U	21.09.1981	II ZR 104/80	BB 1981	2026
U	28.09.1981	II ZR 223/80	GmbHR 1982	181
U	08.03.1982	II ZR 86/81	ZIP 1982	563
U	20.09.1982	II ZR 236/81	ZIP 1982	1320
U	10.10.1983	II ZR 233/82	GmbHR 1984	18
U	26.03.1984	II ZR 171/83	ZIP 1984	572
U	26.03.1984	II ZR 14/84	DB 1984	1338
U	19.11.1984	II ZR 84/84	BB 1985	424
U	06.05.1985	II ZR 132/84	BB 1985	1813
U	08.07.1985	II ZR 269/84	GmbHR 1986	21
U	14.10.1985	II ZR 280/84	ZIP 1986	30
U	14.10.1985	II ZR 276/84	ZIP 1986	456
U	25.11.1985	II ZR 93/85	WM 1986	447
U	09.10.1986	II ZR 58/86	GmbHR 1987	55
U	12.01.1987	II ZR 63/86	GmbHR 1987	226
U	09.02.1987	II ZR 104/86	BB 1987	728
U	11.05.1987	II ZR 226/86	DB 1987	1781

U	28.09.1987	II ZR 28/87	DB 1988	38
U	14.12.1987	II ZR 170/87	NJW 1988	1326
U	19.09.1988	II ZR 255/87	DB 1988	2141
U	07.11.1988	II ZR 46/88	GmbHR 1989	152
U	14.11.1988	II ZR 115/88	BB 1989	242
U	12.12.1988	II ZR 378/87	DB 1989	419
U	16.10.1989	II ZR 307/88	DB 1989	2470
U	27.11.1989	II ZR 310/88	GmbHR 1990	125
U	11.12.1989	II ZR 78/89	GmbHR 1990	209
U	05.02.1990	II ZR 114/89	GmbHR 1990	249
U	19.02.1990	II ZR 268/88	WM 1990	548
U	02.04.1990	II ZR 149/89	GmbHR 1990	258
U	24.09.1990	II ZR 174/89	BB 1990	2210
U	22.10.1990	II ZR 238/89	ZIP 1990	1593
U	03.12.1990	II ZR 215/89	DB 1991	691
U	18.02.1991	II ZR 259/89	GmbHR 1991	155
U	18.11.1991	II ZR 258/90	DStR 1992	402
U	09.12.1991	II ZR 43/91	GmbHR 1992	166
U	16.12.1991	II ZR 110/91	DStR 1992	330
U	16.12.1991	II ZR 294/90	GmbHR 1992	165
U	17.02.1992	II ZR 154/91	DB 1992	981
U	09.03.1992	II ZR 168/91	DB 1992	981
U	13.07.1992	II ZR 269/91	DB 1992	2022
B	07.12.1992	II ZR 125/90	DStR 1993	175
U	14.12.1992	II ZR 298/91	GmbHR 1993	87
B	14.12.1992	II ZR 185/92	DStR 1993	251
B	01.03.1993	II ZR 197/92	DStR 1993	614
B	12.07.1993	II ZR 179/92	DStR 1993	1753
U	20.09.1993	II ZR 151/92	GmbHR 1994	50
B	29.11.1993	II ZR 47/93	DStR 1994	144
U	06.12.1993	II ZR 102/93	ZIP 1994	295
B	20.12.1993	II ZR 94/93	DStR 1994	294
U	21.02.1994	II ZR 60/93	GmbHR 1994	394
B	21.07.1994	II ZR 82/93	BB 1994	1673
U	07.11.1994	II ZR 270/93	BB 1995	58
U	28.11.1994	II ZR 77/93	BB 1995	60
U	19.12.1994	II ZR 10/94	DStR 1995	814
U	30.01.1995	II ZR 42/94	DStR 1995	574
U	06.02.1995	II ZR 41/94	DStR 1995	616
U	06.04.1995	II ZR 108/94	DB 1995	1168
U	04.12.1995	II ZR 281/94	DB 1996	465
U	11.12.1995	II ZR 128/94	DB 1996	420

U	15.02.1996	IX ZR 245/94	DB 1996	1031
U	19.09.1996	IX ZR 249/95	DB 1996	2271

2. Entscheidungen der Oberlandesgerichte

	Datum	Ort	Aktenzeichen	Fundstelle	Seite
B	14.4.1987	Bayer. ObLG	RReg.4 St 34/87	BB 1988	1840
U	17.10.1991	OLG Düsseldorf	6 U 13/91	DStR 1993	175
U	22.04.1994	OLG Düsseldorf	16 U 168/93	ZIP 1994	897
U	23.06.1992	OLG Frankfurt	5 U 69/90	GmbHR 93	436
B	04.04.1984	Hans. OLG Hamburg	11 W 21/84	ZIP 1984	584
U	16.05.1986	Hans. OLG Hamburg	11 U 219/85	DB 1986	1328
U	18.07.1986	Hans. OLG Hamburg	11 U 77/84	DB 1986	2015
U	24.07.1987	Hans. OLG Hamburg	11 U 182/86	DB 1987	1778
U	17.02.1989	Hans. OLG Hamburg	11 U 241/88	GmbHR 90	130
U	13.10.1989	Hans. OLG Hamburg	11 U 108/89	ZIP 1990	791
U	25.05.1990	Hans. OLG Hamburg	11 U 77/90	DB 1990	2012
U	07.07.1986	OLG Hamm	8 U 278/85	DB 1986	2320
U	28.09.1989	OLG Hamm	27 U 81/88	ZIP 1989	1398
U	01.06.1992	OLG Hamm	8 U 252/91	GmbHR 92	754
U	25.06.1992	OLG Hamm	27 U 257/91	GmbHR 92	753
U	27.01.1993	OLG Hamm	8 U 54 u.124/92	GmbHR 94	53
U	07.08.1992	OLG Karlsruhe	15 U 123/91	DStR 1993	486
U	07.02.1992	OLG Koblenz	2 U 3/90	DStR 1993	251
U	20.01.1992	OLG München	17 U 4066/91	DStR 1993	614
U	13.03.1992	OLG München	14 U 840/91	GmbHR 93	439
U	27.05.1992	OLG München	15 U 5613/91	GmbHR 92	663
U	05.03.1993	OLG München	23 U 4873/92	GmbHR 93	429
B	08.07.1994	OLG München	3 Ws 87/94	NJW 1994	3112

3. Entscheidungen der Landgerichte

	Datum	Ort	Aktenzeichen	Fundstelle	Seite
U	28.7.1995	LG Waldshut-Tiengen	2 O 55/92	DB 1995	2157

C. Entscheidungen der Steuergerichte

1. Entscheidungen des Reichsfinanzhofs

	Datum	Aktenzeichen	Fundstelle	Seite
U	20.11.1928	I A 153/28	RStBl. 1929	40
U	12.02.1930	VI A 899/27	RFHE Bd. 27	73
U	08.09.1931	I A 18/31	RStBl. 1931	741
U	07.12.1932	III A 159/32	StuW 1933	286
U	19.09.1933	I A 272/31	RStBl. 1933	1220
U	27.09.1938	I 135/38	RStBl. 1939	173
U	31.10.1939	I 77/37	RStBl. 1940	35
U	21.11.1940	III 34/40	RStBl. 1941	269
U	29.09.1942	I 129/42	RStBl. 1942	1075
U	24.06.1943	III 34/43	RStBl. 1943	765
U	21.03.1944	I 216/43	RStBl. 1944	396

2. Entscheidungen des Bundesfinanzhofs

	Datum	Aktenzeichen	Fundstelle	Seite
U	7.11.1950	I 20/50 U	BStBl. III 1951	12
U	7.5.1952	II 56/52 U	BStBl. III 1952	181
U	15.05.1953	III 103/52 S	BStBl. III 1953	208
U	18.09.1953	III 64/53 U	BStBl. III 1953	328
U	20.08.1954	I 130/53 U	BStBl. III 1954	336
U	11.10.1955	I 117/54 U	BStBl. III 1956	11
U	18.03.1966	IV 218/65	BStBl. III 1966	197
U	20.03.1956	I 178/55 U	BStBl. III 1956	179
U	12.07.1957	VI 3/56 U	BStBl. III 1957	289
U	16.09.1958	I 351/56	BStBl. III 1958	462
U	04.11.1958	I 141/57 U	BStBl. III 1959	50
U	13.01.1959	I 44/57 U	BStBl. III 1959	197
U	05.05.1959	I 11/58 S	BStBl. III 1959	369
U	06.10.1959	I 136/59 U	BStBl. III 1960	10
U	15.07.1960	III 114/57 U	BStBl. III 1960	400
U	14.03.1961	I 224/60 U	BStBl. III 1961	363
U	25.10.1963	I 325/61 S	BStBl. III 1964	17
U	28.10.1964	I 198/62 U	BStBl. III 1965	119
U	25.11.1964	I 116/63 U	BStBl. III 1965	176
U	11.02.1965	IV 213/64 U	BStBl. III 1965	407
U	17.07.1968	I 121/64	BStBl. II 1968	695
B	03.02.1969	GrS 2/68	BStBl. II 1969	291

U	21.03.1969	III R 18/68	BStBl. II 1969	430
U	24.09.1970	IV R 138/69	BStBl. II 1971	89
U	10.03.1972	III R 52/69	BStBl. II 1972	518
U	30.10.1973	I R 67/72	BStBl. II 1974	234
U	22.02.1974	III R 5/73	BStBl. II 1974	330
U	30.04.1974	VIII R 123/73	BStBl. II 1974	541
U	02.05.1974	I R 194/72	BStBl. II 1974	585
U	30.07.1975	I R 110/72	BStBl. II 1976	74
U	10.12.1975	I R 135/74	BStBl. II 1976	226
U	21.07.1976	I R 223/74	BStBl. II 1976	734
U	26.04.1978	I R 97/76	BStBl. II 1978	628
U	28.06.1978	I R 90/76	BStBl. II 1978	590
U	06.03.1979	VIII R 26/78	BStBl. II 1979	510
U	06.02.1980	I R 50/76	BStBl. II 1980	477
U	02.04.1980	I R 75/76	BStBl. II 1980	702
U	12.06.1980	IV R 128/77	BStBl. II 1980	646
U	03.12.1980	I R 125/77	BStBl. II 1981	184
U	21.01.1981	I R 153/77	BStBl. II 1981	517
B	09.02.1982	VIII B 132/81	BStBl. II 1982	401
U	01.09.1982	I R 52/78	BStBl. II 1983	147
U	21.06.1983	VIII R 237/80	BStBl. II 1983	563
U	14.02.1984	VIII R 221/80	BStBl. II 1984	480
U	08.03.1984	I R 31/80	BStBl. II 1984	623
U	23.05.1984	I R 294/81	BStBl. II 1984	673
B	25.06.1984	GrS 4/82	BStBl. II 1984	751
U	02.10.1984	VIII R 36/83	BStBl. II 1985	320
U	13.08.1985	VII R 172/83	BStBl. II 1985	636
U	23.10.1985	I R 230/82	BFH/NV 1986	490
U	23.10.1985	I R 247/81	BStBl. II 1986	195
U	05.03.1986	I R 201/82	BStBl. II 1986	96
U	21.05.1986	I R 199/84	BStBl. II 1986	794
U	21.05.1986	I R 362/83	BFHE Bd. 147	37
U	21.05.1986	I R 190/81	BStBl. II 1986	815
U	22.10.1986	I R 261/82	BStBl. II 1987	171
U	22.10.1986	I R 107/82	BStBl. II 1987	293
U	04.02.1987	I R 252/83	BStBl. II 1987	682
U	11.02.1987	I R 177/83	BStBl. II 1987	461
U	28.04.1987	IX R 7/83	BStBl. II 1987	814
U	29.04.1987	I R 176/83	BStBl. II 1987	733
U	10.06.1987	I R 149/83	BStBl. II 1988	25
B	26.10.1987	GrS 2/86	BStBl. II 1988	348
U	28.10.1987	I R 110/83	BStBl. II 1988	301

U	09.12.1987	I R 260/83	BStBl. II 1988	460
U	03.02.1988	I R 134/84	BStBl. II 1988	588
U	27.07.1988	I R 68/84	BStBl. II 1989	57
U	07.12.1988	I R 25/82	BStBl. II 1989	248
U	01.02.1989	I R 215/84	BFH/NV 1989	807
U	01.02.1989	I R 73/85	BStBl. II 1989	522
U	22.02.1989	I R 44/85	BStBl. II 1989	475
U	22.02.1989	I R 9/85	BStBl. II 1989	631
U	08.03.1989	X R 9/86	BStBl. II 1989	714
U	26.04.1989	I R 172/87	BStBl. II 1989	673
U	26.04.1989	I R 96/85	BFH/NV 1990	63
U	28.06.1989	I R 89/85	BStBl. II 1989	854
B	30.08.1989	I B 39/89	BFH/NV 1990	161
U	13.09.1989	I R 110/88	BStBl. II 1990	24
U	21.09.1989	IV R 126/88	BFH/NV 1990	692
U	03.10.1989	VIII R 328/84	BFH/NV 1990	361
U	11.10.1989	I R 12/87	BStBl. II 1990	89
U	08.11.1989	I R 16/86	BStBl. II 1990	244
U	13.12.1989	I R 99/87	BStBl. II 1990	454
U	13.12.1989	I R 45/84	BFH/NV 1990	455
U	14.03.1990	I R 6/89	BStBl. II 1990	795
U	11.04.1990	I R 80/89	BFH/NV 1991	440
U	24.07.1990	VIII R 290/84	BFH/NV 1991	191
U	24.07.1990	VIII R 304/84	BFH/NV 1991	90
U	07.11.1990	I R 68/88	BStBl. II 1991	177
U	13.11.1990	VIII R 152/86	BStBl. II 1991	94
U	05.12.1990	I R 19/89	BFH/NV 1991	805
U	12.12.1990	I R 85/88	BFH/NV 1992	59
U	19.02.1991	VIII R 106/87	BStBl. II 1991	569
U	19.02.1991	VIII R 97/87	BFH/NV 1991	808
U	27.02.1991	I R 15/89	BStBl. II 1991	444
U	26.06.1991	XI R 24/89	BStBl. II 1991	877
U	31.07.1991	I R 60/90	BFHE Bd. 165	507
B	14.08.1991	I B 240/90	BStBl. II 1991	935
B	26.09.1991	VIII B 41/91	BStBl. II 1991	924
U	08.10.1991	VIII R 48/88	BStBl. II 1992	174
B	13.11.1991	I B 72/91	BStBl. II 1992	263
U	22.01.1992	I R 42/91	BFH/NV 1992	600
U	05.02.1992	I R 127/90	BStBl. II 1992	532
U	05.02.1992	I R 79/89	BFH/NV 1992	629
U	19.05.1992	VIII R 16/88	BStBl. II 1992	902
U	23.06.1992	IX R 182/87	BStBl. II 1992	972

U	07.07.1992	VIII R 54/88	BStBl. II 1993	331
U	05.11.1992	I R 39/92	BStBl. II 1993	388
U	30.03.1993	IV R 57/91	BStBl. II 1993	502
U	28.04.1993	I R 100/92	BStBl. II 1993	836
U	28.07.1993	I R 1/93	BFH/NV 1994	230
U	16.11.1993	VIII R 33/92	BStBl. II 1994	632
U	19.01.1994	I R 93/93	BStBl. II 1994	725
U	02.02.1994	I R 78/92	BStBl. II 1994	479
U	16.03.1994	I R 70/92	BStBl. II 1994	527
U	29.06.1994	I R 137/93	BFHE Bd. 175	347
U	13.07.1994	I R 120/93	BStBl. II 1995	129
U	22.11.1995	I R 114/94	BFHE Bd. 179	296

3. Entscheidungen der Finanzgerichte

	Datum	Ort	Aktenzeichen	Fundstelle	Seite
B	22.03.1990	FG Bad.-Württ.	III V 35/89	EFG 1990	410
U	10.08.1988	FG Düsseldorf	6 K 168/88 KA	EFG 1989	80
U	09.05.1990	FG Düsseldorf	6 K 15/88 K,H	EFG 1991	147
U	10.08.1994	FG Köln	11 K 3664/92	EFG 1995	109
B	08.02.1995	FG Köln	13 K 4812/94	EFG 1995	470
U	10.07.1989	FG Rhld.-Pf.	5 K 286/88	EFG 1990	198

D. Entscheidungen des Europäischen Gerichtshofs

	Datum	Aktenzeichen	Fundstelle	Seite
U	12.2.1974	Rs. 152/73	EuGHE 1974	153
U	21.6.1974	Rs. 2/74	EuGHE 1974	631
U	28.1.1986	Rs. 270/83	EuGHE 1986	285
U	8.5.1990	Rs. C-175/88	EuGHE 1990	1779
U	28.1.1992	Rs. C-204/90	EuGHE 1992	276
U	13.7.1993	Rs. C-330/91	EuGHE 1993	4038
U	14.2.1995	Rs. C-279/93	DB 1995	407
U	27.6.1996	Rs. C-234/94	BB 1996	1492

Verwaltungsanweisungen

A. BMF-Schreiben

Datum	Zeichen	Fundstelle	Seite
19.04.1971	IV B 2 - S 2170 - 31/71	BStBl. I 1971	264
21.03.1972	F/IV B 2 - S 2170 - 11/72	BStBl. I 1972	188
03.12.1976	IV B 8 - S 2600 R - 225/76	BStBl. I 1976	679
01.12.1980	IV B 7 - S 2741 - 20/80	DB 1981	139
09.01.1987	IV B 2 - S 2143 - 24/86	BStBl. I 1987	171
16.03.1987	IV B 7 - S 2742 - 3/87	BStBl. I 1987	373
04.09.1987	IV B 7 - S 2299a - 14/87		
	IV A 7 - S 0336 - 25/87	BStBl. I 1987	721
25.03.1988	IV C 5 - S 1301 Fra - 30/88	BStBl. I 1988	136
13.06.1991	IV C 6 - S 1311 - 69/91	BStBl. I 1991	746
09.01.1992	IV B 7 - S 1978 - 37/91	BStBl. I 1992	47
16.09.1992	IV B 7 - S 2742 - 61/92	BStBl. I 1992	653
01.04.1993	IV C 5 - S 1300 - 157/92	BStBl. I 1993	332
01.03.1994	IV C 5 - S 1300 - 49/94	BStBl. I 1994	203
15.12.1994	IV B 7 - S 2742a - 63/94	DB 1995 Beil. 1	
23.09.1996	IV B 7 - S 2252 - 3/96	WPg 1996	772

B. Länder-Erlasse

	Datum	Ort	Zeichen	Fundstelle	Seite
Erlaß	5.7.1996	Sächs. Staatsmin. d. Fin.	33-S 2742-4/45-38562	DStR 1996	1365

C. Oberfinanzdirektionen

	Datum	Ort	Zeichen	Fundstelle	Seite
Rdvfg.	15.7.1992,	OFD Frankfurt	S 2143 A - 43 - St II 2a	DStR 1993	203
Rdvfg.	16.7.1992	OFD Frankfurt	S 2299 A - 2 - St II 20	DStR 1993	204
Vfg.	1.11.1995	OFD Frankfurt	S 2742 A - 6 - St II 10	DB 1995	2448
Vfg.	21.8.1996	OFD Frankfurt	S 2299 A - 2 - St II 2a	BB 1996	2035
Vfg.	5.7.1989	OFD Düsseldorf	S 2118a A - St 11 H 1	DStR 1989	540
Vfg.	12.2.1992	OFD Düsseldorf	S 2143 A - St 11 H	FR 1992	181
Vfg.	10.10.1996	OFD Hamburg	S 2742a - 1/96 - St 31	WPg 1996	880
Vfg.	26.6.1995	OFD Hannover	S 2742 - 141 - StH 231		
			S 2741 - 267 - StO 214	GmbHR 1995	749

Vfg.	26.6.1995	OFD Hannover	S 2742 - 141 - StH 231		
			S 2742 - 267 - StO 214	DStR 1995	1309
Vfg.	6.12.1995	OFD Hannover	S 2742 - 141 - StH 231		
			S 2741 - 267 - StO 214	WPg 1996	132
Vfg.	7.10.1996	OFD Hannover	S 2742 - 141 - StH 231		
			S 2741 - 267 - StO 214	DB 1996	2258

Bestimmungen der Europäischen Gemeinschaften

EG-Richtlinie über das gemeinsame Steuersystem der Mutter- und Tochtergesellschaften verschiedener Mitgliedstaaten vom 23.7.1990 (Richtlinie Nr. 90/435/EWG)
ABl. EG Nr. L 225, 1990, S. 6 - 9

EG-Übereinkommen über die Beseitigung der Doppelbesteuerung im Falle von Gewinnberichtigungen zwischen verbundenen Unternehmen vom 20.8.1990 (Nr. 90/436/EWG)
ABl. EG Nr. L 225, 1990, S. 10 - 24

Drucksachen des Bundestages

BT-DrS 7/1470 vom 08.01.1974
Entwurf des dritten Steuerreformgesetzes

BT-DrS 8/3648 vom 08.02.1980
Entwurf eines Gesetzes zur Änderung des Einkommensteuergesetzes, des Körperschaftsteuergesetzes und anderer Gesetze

BT-DrS 11/2157 vom 19.04.1988
Entwurf eines Steuerreformgesetzes 1990

BT-DrS 12/4158 vom 20.01.1993
Entwurf des Standortsicherungsgesetzes

BT-DrS 12/4487 vom 05.03.1993
Entwurf des Standortsicherungsgesetzes

BT-DrS 12/5016 vom 25.05.1993
Beschlußempfehlung und Bericht des Finanzausschusses

FSC
www.fsc.org
MIX
Papier | Fördert
gute Waldnutzung
FSC® C083411

Kolibri 360 GmbH
Ferdinand-Jühlke-Straße 7
99095 Erfurt, Deutschland
produktsicherheit@kolibri360.de

Druck:
CPI Druckdienstleistungen GmbH
im Auftrag der
Kolibri 360 GmbH
Ferdinand-Jühlke-Str. 7
99095 Erfurt